Tschechien

Heinz Tomek und Eva Gründel

DUMONT RICHTIG REISEN

Inhalt

Wissenswertes über Tschechien

Wissenswertes für die Reise

Unterwegs in Tschechien

Kapitel 1 Prag und Umgebung

Inhalt

Kapitel 3 Westböhmen

Kapitel 4 Südböhmen

Kapitel 5 Mähren

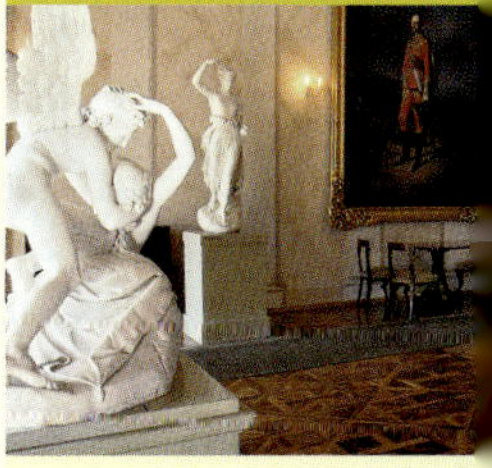

Inhalt

Themen

Alle Karten auf einen Blick

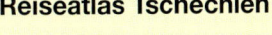

Südböhmische Bauernhäuser in Holašovice

Wissenswertes über Tschechien

Kulturland im Herzen Europas

Im zweiten Jahrzehnt nach der Wende ist Tschechien immer noch dabei aufzublühen. Die Natur regeneriert sich zusehends, Jahr für Jahr gibt es frisch restaurierte Kulturgüter zu entdecken, Schlösser, die nicht mehr nur bewahrt, sondern ganz neu präsentiert werden. War Prag schon immer eine Reise wert, so hat nun ganz Tschechien immer mehr für Kunstliebhaber, Naturfreunde und Aktivurlauber zubieten.

In Tschechien gibt es – mit Ausnahme von Meeresküsten oder Gletschern – so gut wie nichts, das es nicht gibt. Als wollte das Land unter Beweis stellen, dass es sich in jeder Hinsicht als Konzentrat Europas versteht, finden sich dichte, dunkle Wälder ebenso wie schroffe Gebirgszüge, sanftes Hügelland, fruchtbare Ebenen, liebliche Auen oder wilde Flusslandschaften. Als große Naturliebhaber und begeisterte Wanderer kennen die Tschechen jeden Winkel ihres Landes, das seit der Wende von 1989 seine kostbaren Ressourcen durch die Errichtung von Nationalparks schützt.

Gleichzeitig werden enorme Anstrengungen unternommen, um die Umweltsünden aus vier Jahrzehnten kommunistischer Ausbeutungspolitik zu beheben. Erste Erfolge sind bereits zu verzeichnen: In den Industriegebieten Nordböhmens und Nordmährens, wo die Luft buchstäblich zum Ersticken war, kann man nun endlich wieder aufatmen. Auch in den Gewässern dieser Landstriche, die schwer misshandelt worden sind, regt sich nunmehr neues Leben. Es gibt sie wieder, die traditionellen Jagdgründe und Fischreviere zwischen Altvater- und Erzgebirge, die nunmehr als Geheimtipp unter Waidmännern und Petrijüngern gehandelt werden.

Auch Wanderer zieht es immer häufiger in Gegenden, die lange Zeit als Stiefkinder des internationalen Fremdenverkehrs gegolten haben. Mittlerweile müssen die Tschechen nicht nur ihren berühmten Böhmerwald, sondern auch die Schönheiten ihres Böhmischen Paradieses ebenso mit Gästen aus aller Welt teilen wie die einzigartigen Felsformationen des Braunauer Ländchens oder das zu Polen grenzüberschreitende Riesengebirge, wo der legendäre Berggeist Rübezahl regiert.

Aktivurlauber kommen mittlerweile in ganz Tschechien, das ein mehrere Tausend Kilometer umfassendes Netz an Rad-, Wander- und Reitwegen durchzieht, ebenso auf ihre Kosten wie all jene, denen der Sinn nach Kunst und Kultur steht. Kaum ein anderes Land Europas kann eine solche Fülle an prachtvollen Schlössern aus allen Epochen aufweisen. So üppig wie der Adel baute auch der Klerus seine Kirchen und Klöster als mächtige Bollwerke des Glaubens. Mit gutem Grund, denn früher als anderswo hatten Religionskämpfe die Vormachtstellung des römischen Katholizismus in Frage gestellt. Mehr als ein Jahrhundert vor Luther war es der Reformator Jan Hus, der gegen Papst und Kaiser aufbegehrt und seinen Protest auf dem Scheiterhaufen von Konstanz 1415 mit dem Leben bezahlt hatte. Nach seinem Tod wütete die hussitische Revolution wie ein Flächenbrand im ganzen Land, in dem zwei Drittel der Bevölkerung von Rom abgefallen waren.

Das goldene Zeitalter Karls IV., der ein Jahrhundert zuvor Prag in eine der glanzvollsten Städte Europas verwandelt hatte, war für immer entschwunden. Doch von seinem städtebaulichen Erbe zehrt die Moldaumetropole noch heute. Unter der Regentschaft des Luxemburgers auf dem Kaiserthron verwandelte sich Prag, das auf das Dreifache seiner Größe anwuchs, in ein Wunderwerk der Gotik. Wie die Fremdenverkehrsstatistik belegt, unternimmt kaum jemand eine Tschechienreise, ohne der Hauptstadt einen Besuch abzustatten. Prag ist zwar im Vergleich zur Provinz recht teuer geworden, aber es lohnt sich allemal.

Zu den Höhepunkten gehören natürlich auch die Kunstschätze rund um die Metropole. An erster Stelle die Burg Karlštejn (Karlstein) aus dem 14. Jh. sowie die Moldau- und Elbe-Schlösser Nelahozeves, Veltrusy, Mělník und Libochovice. Diese Tagesausflüge führen nicht nur zu Kleinodien der Architektur, sondern sie bieten gleichzeitig Einblicke in den Alltag auf dem Lande, der sich gravierend vom pulsierenden Leben in der Weltstadt Prag unterscheidet. ›Pomalu‹ – immer nur schön langsam – lautet nämlich das Credo der Tschechen, denen Gemütlichkeit über alles geht.

In der Hitparade der wichtigsten Sehenswürdigkeiten dürfen vor allem zwei Ziele nicht fehlen: Telč (Teltsch) und Český Krumlov (Krumau). Selbst bei einem schmalen Zeitbudget sollte man eine zweitägige Rundreise von Prag aus einplanen. Über die alte Hussitenstadt Tábor führt der Weg nach Telč, wo den Besucher der schönste Marktplatz von ganz Tschechien sowie ein bezauberndes Renaissance-Schlösschen mitten im Zentrum erwarten. Zum Übernachten bietet sich das bezaubernde Český Krumlov mit seinem breit gefächerten Hotel-Angebot an. Zumindest einen halben Tag sollte man für eine Besichtigung des Schiele-Museums und Schwarzenberg-Schlosses veranschlagen, bevor es über Orlík, den Stammsitz der Fürsten Schwarzenberg, zurück nach Prag geht.

Telč in Südmähren

Steckbrief Tschechien

Daten und Fakten

Name: Česká Republika (Tschechische Republik)

Fläche: 78866 km^2 (Weltrang: 114)
Hauptstadt: Praha (Prag)
Amtssprache: Tschechisch

Einwohner: 10,3 Mio. (Weltrang: 76)
Lebenserwartung: Frauen: 78,1 Jahre; Männer: 71,4 Jahre.
Bevölkerungsdichte: 131 Einw./km^2
Bevölkerungsentwicklung: Die Sterberate liegt inzwischen höher als die Geburtenrate. Bis Anfang der 1990er Jahre wuchs die Bevölkerung noch jährlich um 0,2 %.

Währung: 1 Koruna česká (Kč; Tschechische Krone, intern. Abkürzung CZK) = 100 Haléř (Heller). Münzen zu 50 Heller und 1, 2, 5, 10, 20 Kronen, Banknoten zu 50, 100, 200, 500, 1000, 2000 und 5000 Kronen.

Zeit: Mitteleuropäische Zeit MEZ (inkl. Sommerzeit MESZ)

Landesvorwahl: +420
Kfz-Kennzeichen: CZ
Internet-Kennung: .cz

Landesflagge: Roter und weißer Streifen mit blauem Dreieck an der linken Seite.

Geographie

Die Tschechische Republik (Česká Republika) – Kurzform Tschechien (Česko) – grenzt im Süden an Österreich (466 km), im Westen und Nordwesten an Deutschland (810 km), im Norden an Polen (762 km) und im Osten an die Slowakische Republik (252 km). Höhere Mittelgebirge, die zugleich den Grenzverlauf markieren, bilden eine natürliche, hufeisenförmige Umrahmung des Staatsgebietes.

Höchste Erhebung des Landes ist mit 1602 m die Sněžka (Schneekoppe) im Riesengebirge. Erst im Südosten öffnet sich der Gebirgsring mit der Marchniederung zu Österreich und der Slowakei. Im Landesinneren erstrecken sich flachwellige Hochländer sowie die Beckenlandschaften von Elbe, Moldau und Eger. Die meisten tschechischen Flüsse münden in die Elbe und fließen somit in die Nordsee, die restlichen führen ihr Wasser über die Oder der Ostsee oder via Donau dem Schwarzen Meer zu.

Geschichte

Unter den Přemysliden, die Ende des 9. Jh. die Macht errangen, wurden Böhmen, Mähren und die Slowakei erstmals in einem Königreich zusammengefasst. Im 14. Jh., unter

Kaiser Karl IV., wurde Prag zur Hauptstadt des Heiligen Römischen Reiches und europäische Kulturmetropole. Nach den Hussitenkriegen fielen die böhmischen Länder 1526 an die Habsburger. Erst 1918 erlangte die Tschechoslowakische Republik ihre Souveränität, die sie jedoch 1939 an das faschistische Deutschland wieder verlor. Die KP-Herrschaft ab 1948 führte das Land in die Abhängigkeit des Warschauer Pakts. Nach der Wende 1989 wurde in den ersten freien Wahlen Václav Havel zum Staatspräsidenten der Tschechoslowakei gewählt. 1993 erfolgte nach der Abtrennung der Slowakei die Gründung der Tschechischen Republik, 1999 der Beitritt zur NATO, 2004 zur Europäischen Union.

Staat und Politik

Die ČR ist in 14 Regionen (kraje) gegliedert, die wiederum in Bezirke (okresy) untergeteilt sind. Hauptstadt ist die selbstständige Verwaltungseinheit Prag mit 1,2 Mio. Einwohnern. Die demokratische Gewalt wird von dem aus zwei Kammern bestehenden Parlament ausgeübt: von den 200 Mitgliedern des Abgeordnetenhauses (Wahl alle 4 Jahre) und den 81 Mitgliedern des Senats (für 6 Jahre gewählt, alle 2 Jahre zu einem Drittel erneuert). Der Staatspräsident wird vom Parlament mit absoluter Mehrheit für 5 Jahre gewählt, wobei eine unmittelbar folgende Wiederwahl nur einmal zulässig ist.

Wirtschaft und Tourismus

Mit den Industriestandorten Prag, Plzeň und Ostrava zählte die Tschechoslowakische Republik der Zwischenkriegszeit zu den reichsten Ländern des Kontinents. Zwar setzte auch das kommunistische Regime auf die traditionellen Industriezweige – Eisen, Stahl, Kohle, Maschinenbau, Glas, Porzellan, Textil, Holz, Papier, Zellstoff – sowie die Bierproduktion, doch mit den planwirtschaftlich organisierten Betrieben ging es innerhalb von 41 Jahren stetig bergab. Das heutige Tschechien übernahm ein katastrophales ökonomisches und ökologisches Erbe. Nach der Wende erlebte die zunehmend privatisierte Wirtschaft zunächst einen unglaublichen Boom, geriet aber 1997 wieder in eine Krise, was nicht zuletzt auch auf die kostspielige Sanierung der schwer geschädigten Umwelt zurückzuführen war.

Das Bruttoinlandsprodukt/Kopf lag 2004 bei 8351 € und damit innerhalb der EU zwischen jenem von Portugal und Ungarn. Das Wirtschaftswachstum betrug 4 %, die Inflationsrate 3,2 %. Die Arbeitslosenquote liegt – je nach Region – zwischen 3,5 % (Prag) und 22 % (Nordböhmen), im Landesdurchschnitt bei 9 %.

Der Fremdenverkehr spielt eine immer wichtigere Rolle, wobei die Schwerpunkte beim Kultur- und Städtetourismus mit dem Hauptziel Prag sowie bei den Kur- und Erholungsangeboten liegen.

Bevölkerung und Religion

93,3 % Tschechen, 3,1 % Slowaken, 3,0 % Roma (geschätzter Anteil, nach amtl. Statistik nur 0,3 %), 0,6 % Polen, 0,3 % Deutsche, 1,0 % andere Nationalitäten (u. a. Vietnamesen). Drei Viertel der Bevölkerung lebt in Städten.

Etwa 40 % der Bevölkerung sind römisch-katholisch, 2,5 % evangelisch, 1,7 % bekennen sich zur tschechisch-hussitischen Kirche; der Orthodoxen Kirche gehören 0.2 % an und etwa 3000 (0,3 %) Personen bekennen sich zum Judentum. Ein großer Teil der Bevölkerung ist konfessionslos.

Natur und Umwelt

Auf der einen Seite liebt kaum ein Volk die Schönheit seines Landes mehr als die Tschechen, die jede freie Minute am liebsten in der Natur verbringen. Andererseits aber wird es noch lange dauern, bis alle Wunden, die eine Umwelt verachtende Politik Jahrzehnte lang geschlagen hat, verheilt sein werden.

Geographie

Das Böhmische Massiv wird an allen Seiten von waldreichen Mittelgebirgen eingerahmt: Im Südwesten grenzen Böhmerwald (bis 1378 m, Nationalpark), Oberpfälzer Wald und Fichtelgebirge an Bayern, im Nordwesten Elster- und Erzgebirge (bis 1244 m) sowie Elbsandstein- und Lausitzergebirge an Sachsen. Iser- und Riesengebirge (bis 1602 m, Nationalpark), Adlergebirge, Glatzer Schneegebirge, Reichensteiner- und Altvatergebirge bilden im Norden und Nordosten die Grenze zu Polen. Im Osten sind es die Westkarpaten mit den Weißen Karpaten (bis 970 m), das Javornikgebirge (bis 1071 m) und die Mährisch-Schlesischen Beskiden (bis 1323 m) am Rand der Slowakischen Republik. An der Böhmisch-Mährischen Höhe umgibt sich das Böhmische Massiv ein letztes Mal mit einer breiten Schwelle, um Pilsen und Budweis hingegen muss es Beckeneinbrüche hinnehmen. Nur gegen Österreich riegelte die Natur das tschechische Territorium nicht ab. Die Thaya-Schwarzawa-Niederung südlich von Brünn gehört geologisch bereits zum Wiener Becken – fruchtbares Hügelland, wie auch die teils slowakische, teils österreichische March-Niederung im Südosten.

Mit ihren 358 km ist die am Glatzer Schneeberg entspringende March freilich nicht der längste Fluss des Landes. Diesen Titel darf die Moldau aus dem Böhmerwald mit 433 km für sich in Anspruch nehmen. Dafür kann sich die Elbe (Ursprung im Riesengebirge, 372 km auf tschechischem Gebiet, insgesamt 1165 km lang) des größten Wasserreichtums (306 m^3/sec) rühmen. Dennoch besitzt die ab Prag schiffbare Moldau bei Orlík nicht nur das ergiebigste Kraftwerk, sie speist bei Lipno auch den größten Stausee Tschechiens (4870 ha).

Tier-, Pflanzenwelt und Naturschutz

Bärenstarke Rückkehr

Naturforscher geraten angesichts der Vielfalt der Fauna hemmungslos ins Schwärmen, leben doch innerhalb des tschechischen Hoheitsgebietes neben Rotwild, Wildschweinen, Füchsen, Dachsen und Gämsen sogar Mufflons, Nerze und Otter. Selbst die in Mitteleuropa weitgehend ausgerotteten Luchse fühlen sich hier ebenso wohl wie die wachsende Population an Wölfen und Bären.

Keine Angst vor großen Tieren braucht man hingegen in den Feuchtgebieten im südlichen Böhmen und Mähren zu haben. Im Gegenteil, was sich hier in den Flüssen und Seen tummelt, haben die meisten von uns sogar zum Fressen gern: Forellen und Karpfen, Zander und Hechte, aber auch Huchen (Donaulachse) und Welse sind nur einige der delikaten Fischarten, die sowohl frei als auch in Zuchtteichen in großer Zahl vorkommen.

In tschechischen Kochtöpfen gerne gesehen sind aber auch Fasane, Rebhühner, Hasen sowie wild lebende Gänse, Enten oder

Pilzesammeln ist eine der großen Leidenschaften der Tschechen

Moorhühner. Um den Rest der mannigfaltigen Vogelwelt, zu der neben Adlern, Fischadlern, Geiern und Störchen auch so selten gewordene Arten wie Uhus, Waldhabichte, Sperber, Hohltauben, Grauspechte oder Halsbandschnäpper zählen, braucht man sich jetzt keine Sorgen mehr zu machen. Diese gefiederten Freunde stehen nämlich mittlerweile samt und sonders unter Naturschutz.

Wälder, Wiesen, Auen

Vorherrschend ist ein gemäßigtkühles Kontinentalklima, das jedoch im Westen ozeanisch beeinflusst ist. Besonders warm ist der Sommer im Böhmischen und im Mährischen Becken, die durch Gebirgsränder gegen Kälteeinbrüche abgeschirmt sind. Extreme Temperaturunterschiede sind nur durch die jeweiligen Höhenlagen bedingt. So betragen die durchschnittlichen Juliwerte in Prag 18 °C, während im Hochgebirge nur 4 °C gemessen werden. Das entsprechende Januarmittel liegt bei plus 3 °C bzw. bei minus 10 °C.

Dass sich in Tschechien somit ein Querschnitt durch die mitteleuropäische Fauna findet, wird also niemand überraschen. Tatsächlich sind, vergleichbar mit Deutschland, abertausende Pflanzenarten vertreten, nicht weniger als ein Drittel der gesamten Staatsfläche ist bewaldet. Im Gegensatz zu den Nadelwäldern, die man fast als reine Fichten-Monokulturen bezeichnen kann – Bestände an Tannen und Kiefern nehmen sich bescheiden aus –, überwiegt bei den Laubbäumen die Vielfalt: Buchen, Eichen, Kastanien, Ahorn, Weiden oder Birken gehören ebenso zum Landschaftsbild, wie der heiß geliebte Nationalbaum – die Linde.

Rettung in letzter Minute

Der ›Point-of-no-Return‹, von dem der österreichische Naturforscher und Nobelpreisträger Konrad Lorenz so oft und so eindringlich gewarnt hatte, war nahezu erreicht. Nur noch wenig fehlte, dann wäre Tschechiens Umwelt nicht mehr zu retten gewesen. Jahrzehntelang hatte eine Menschen und Natur verachtende Politik Raubbau in unglaublichem Ausmaß betrieben.

Vor allem in Nordböhmen, wo Braunkohlekraftwerke die Luft mit Schwefeldioxid buchstäblich vergiftet haben – und leider immer noch verpesten. Alleine in diesem Gebiet, das zu den am stärksten verschmutzten Regionen der Welt zählt, wären Investitionen in einer Größenordnung von 100 Mrd. Euro nötig, um alle Umweltschäden zu beseitigen. Die Bevölkerung leidet unter Allergien und Atemwegskrankheiten. Noch immer ist hier – wie auch in den Industriegebieten von Nordmähren – die Lebenserwartung niedriger und die Kindersterblichkeit höher als in allen anderen Landesteilen.

Dass die meisten Kraftwerke nunmehr über Entschwefelungsanlagen verfügen, bekommen auch die Prager positiv zu spüren. Nicht länger wird der Nordwind gefürchtet, der bis vor kurzem noch die schlechte Luft – den ›böhmischen Nebel‹ – in die Hauptstadt blies. Bis 2007 sollen sämtliche Kraftwerke des Landes mit Filteranlagen ausgestattet sein und bis 2020 möchte Tschechien in punkto Luftqualität einen internationalen Standard erreichen.

Etwas länger wird es wohl noch dauern, bis sich auch die durch sauren Regen zerstörten Wälder im berühmt-berüchtigten ›Schwarzen Dreieck‹ (Südsachsen, Nordböhmen, Nordmähren) erholt haben werden. Vor allem im Erzgebirge und im Riesengebirge sind die Schäden unübersehbar. Wo einst dichte grüne Wälder standen, ragen nur noch vereinzelt schwarze Stümpfe in einen grauen Himmel. Umweltorganisationen sprechen von ca. 80 % mehr oder minder geschädigten Waldflächen

Ähnlich entsetzlich war die Situation bei den Gewässern. So galten Elbe und Moldau durch die starke Verunreinigung aus Chemiewerken unter dem kommunistischen Regime als tot. Kein Lebewesen konnte mehr in der stinkenden Brühe existieren. Mittlerweile sind die Fische zurückgekehrt und mit ihnen auch die Menschen, die an heißen Sommertagen endlich wieder in ihren Flüssen schwimmen können.

Nationalparks: Schatzkammern der Zukunft

Das alte Regime brachte es lediglich auf die Errichtung eines Nationalparks, des Krkonosský národní park (Riesengebirge/1963), und einiger weniger Landschaftsschutzgebiete, die von Wanderern und Sportlern genutzt werden durften: Zu diesen gehörten das seit 1955 geschützte ›Böhmische Paradies‹ (Český ráj) sowie das Staatliche Naturreservat Adersbacher und Teplitzer Felsen (Adršpašsko-Teplické skály). In allen Fällen ging man freilich kein Risiko ein, lagen die Gebiete doch aus kommunistischer Sicht in sicherem Umfeld: Das eine im Nordwesten unweit der DDR, das andere im Nordosten nahe Polen.

Dass man nicht einmal im Traum daran dachte, ein Paradies wie den Böhmerwald einerseits unter Schutz und anderseits als Erholungsgebiet zur Verfügung zu stellen, hatte nämlich handfeste Gründe: In den Regionen an den Grenzen zum freien Westen war der Zutritt strikt untersagt. Vorsorglich hatte man sogar ganze Dörfer im Böhmerwald abgesiedelt, um den Eisernen Vorhang besser kontrollieren zu können.

Eine Maßnahme, die sich allerdings als seltener Glücksfall für die Umwelt erweisen sollte, denn wo niemand hin darf, kann auch nichts zerstört werden. Der einzige Eingriff in die Natur stellte ein ausgeklügeltes System an Wachtürmen dar, von denen nur noch einige wenige als Mahnmale stehen geblieben sind.

Die junge Republik erkannte sehr schnell, welche Schatzkammern sie mit ihren intakten Wald- und Augebieten besaß. Bereits 1991 wurde der Nationalpark Böhmerwald (Šumava) gegründet. Mit einer Fläche von 68 520 ha ist er bei weitem der größte Nationalpark des Landes und das am wenigsten von Umweltgiften geschädigte Waldgebiet.

An zweiter Stelle rangiert der 36 300 ha große Krkonoše-Nationalpark im Riesengebirge, der allerdings aufgrund seiner Nähe zu den Industrieregionen Nordböhmens keineswegs eine heile Baumlandschaft aufweisen kann. Im Gegenteil, nach wie vor zählt das Riesengebirge in seiner Gesamtheit laut einer UNESCO-Studie weltweit zu den elf am stärksten bedrohten Landschaften.

Schließlich wurden auch die Böhmische Schweiz (České Švýcarsko, 7900 ha) und das romantische Thaya-Tal (Podyjí, 6300 ha) westlich von Znojmo (Znaim) in den Rang von Nationalparks erhoben. Die Zahl der nationalen Naturschutzgebiete beträgt derzeit mehr als zwei Dutzend.

Mit den jüngsten geschützten Kostbarkeiten kann Südmähren aufwarten: Am Zusammenfluss von March und Thaya in der Nähe von Břeclav (Lundenburg) findet sich das Naturschutzgebiet Cahnov-Soutok (13,46 ha) mit einer Aulandschaft, die in ihrer Unberührtheit an exotische Urwälder erinnert. Daran anschließend liegt etwas nördlicher das Naturschutzgebiet Ranšpurk (19,2 ha). Seit dem Ende des 19. Jh. wurden die nahezu undurchdringlichen Wälder von ihren Besitzern, dem Fürstengeschlecht Liechtenstein, kaum mehr forstwirtschaftlich gepflegt. Der ökonomische Nutzen stand in keiner Relation zum Aufwand, weshalb man das Dickicht sich selbst überließ. Daher weist der Baumbestand eine für Europa nahezu einzigartige natürliche Zusammensetzung auf, ein Dorado für Botaniker und Zoologen, die in dem unberührten Urwald eine Fülle von anderswo bereits ausgestorbenen oder in ihrer Existenz bedrohten Pflanzen und Tieren vorfinden.

Vor der Haustüre des Städtchens Lednice (Eisgrub) liegt das ebenfalls noch junge Naturschutzgebiet Lednické rybníky, das wiederum eine Rarität darstellt. Die nunmehr geschützten Fischteiche wurden nämlich bereits im 15. Jh. von den Liechtensteins für die Zucht künstlich angelegt und im 19. Jh. parkähnlich umgestaltet. Romantische Pavillons entsprachen damals ebenso dem Zeitgeschmack wie ein Apollo-Tempel. Heute bildet das Teichsystem einen der bedeutendsten ornithologischen Standorte des Landes. Auf den kleinen Inseln des Schlossteichs siedelt die größte Reiher-Kolonie Tschechiens, bis zu 250 Paare der Fisch- und Nachtreihern wurden gezählt.

Der naturbelassene Oberlauf der Moldau

Wirtschaft und aktuelle Politik

Das tschechische Wirtschaftswunder kam nicht von ungefähr. Wer staunend vor der gigantischen Leistung steht, mit der sich das Land innerhalb von nur 15 Jahren Europareife erworben hat, darf das Engagement der Emigranten, die aus aller Welt nach Tschechien zurückkamen, nicht vergessen.

Neue Schlossherren, neue Arbeitsplätze

Wie die Bienen zu ihrem Stock sind viele erfolgreiche Auswanderer heimgekehrt – mit entsprechendem Kapital und Know-how. Die Aristokraten waren die ersten. Ihre Besitzansprüche wurden rasch und verhältnismäßig unbürokratisch geklärt, sodass der böhmische Adel den Großteil seiner Schlösser und Ländereien bald zurückerhielt. Innerhalb kürzester Zeit entwickelte sich eine eigene Sparte des Kulturtourismus, denn Besucher strömten in Scharen herbei, um die von neuem Leben erfüllten Residenzen zu besichtigen.

Von den dringend benötigten Einnahmen wurde nicht nur die oftmals schwer geschädigte Bausubstanz saniert und renoviert. Gleichzeitig steckten die alten neuen Schlossherren jede nur verfügbare Krone in die landwirtschaftliche Nutzung ihrer Besitzungen. Mit Ergebnissen, die sich sehen lassen können. So gilt etwa der Wein aus den Lobkowiczschen Gütern in Mělník als ein besonders edler Tropfen. Seit sich die Familie wieder höchstpersönlich um die insgesamt 80 ha umfassenden Weingärten kümmert, kann die Nachfrage kaum gestillt werden.

Beispiele dieser Art gibt es viele. Die reaktivierten Adelssitze schufen landesweit tausende Arbeitsplätze. Statt sich zurückzulehnen und Schlossherr zu spielen, krempelte etwa Josef Maria Bartoň, der 1949 als Siebenjähriger ins Exil nach Kanada gehen musste, der aber in Dallas (Texas) als Top-Manager Karriere gemacht hatte und als 50-Jähriger zurückkehrte, die Ärmel hoch.

Außer einem renovierungsbedürftigen Schloss waren auch mehr als 1800 ha Wald und zwei mehr schlecht als recht geführte Textilfabriken an ihn zurückgefallen. Nach einer ersten Finanzspritze von 3 Mio. Kronen lief die Produktion mit neuem Schwung und nunmehr auch unter umweltschonenden Bedingungen an. Mit beachtlichen Ergebnissen: Früher war das Wasser des Flüsschens Mettau schmutzig und grau, jetzt kann man wieder bis auf den Grund sehen. Und statt der 400 Beschäftigten arbeiten heute mehr als doppelt so viele in der rasant expandierenden Textilproduktion, von der bereits mehr als die Hälfte in den Export geht.

Auch um seinen beachtlichen Forstbestand kümmert sich der Neo-Industrielle. Seit 13,5 % seiner Wälder unter Naturschutz gestellt, die Verantwortung dafür aber ihm allein überlassen wurde, kämpft er mit den Behörden um einen vernünftigen Kompromiss zwischen Umweltauflagen und ökonomischer Nutzung.

Industrielle Entwicklung

Der einst bedeutende Wirtschaftszweig Bergbau ist zwar empfindlich zurückgegangen, doch nach wie vor stellt Kohle neben Erdöl und Erdgas die Basis der Energiegewinnung dar. Für die Stromerzeugung kommen diese fossilen Brennstoffe zu 76 % zum Einsatz, der Anteil der Wasserkraft beträgt vergleichsweise nur 3 %. Dass ein Ausstieg aus der Kernkraft bis auf Weiteres nicht möglich sein wird, beweist der mit 20 % hohe Anteil an Atomstrom. Alternativen wie Windkraft oder Solaranlagen bilden weiterhin das Schlusslicht in der Statistik: Lediglich 1 % Energie wird auf umweltfreundliche Weise gewonnen.

Der Strombedarf steigt ständig, denn die Industrie spielt weiterhin eine führende Rolle. In erster Linie handelt es sich um Grundstoff-Verarbeitungen, Maschinenbau, Schwerindustrie und chemische Industrie. Mehr als 80 % des früheren Staatseigentums sind seit der Wende in Privateigentum übergegangen und die Umstrukturierung zeigt bereits ihre Auswirkungen. So florieren beispielsweise die im Jahr 2000 an den Volkswagen-Konzern verkauften Škoda-Werke in Mladá Boleslav (Jungbunzlau). Seit der Übernahme können sich die Bilanzen, die von Jahr zu Jahr neue Rekordhöhen erreichen, sehen lassen.

Östlich von Prag liegt die bis vor kurzem noch verschlafene Provinzstadt Kolín, die sich zu einem bedeutenden Automobilzentrum Europas gemausert hat. Im Frühjahr 2005 ging dort eine funkelnagelneue Kleinwagenfabrik der Hersteller Citroen/Peugeot (PSA) und Toyota in Betrieb. Das bedeutete mit einem Schlag 3000 neue Arbeitsplätze.

Mit dem französischen PSA-Konzern und der japanischen Toyota Motors Corporation kooperieren vor den Toren Prags zwei Betriebe, die sich als unmittelbare Konkurrenten auf dem Weltmarkt eigentlich spinnefeind sind. Grund der reinen Zweckehe mit dem Familiennamen Toyota Peugeot Citroen Automobile Czech (TPCA): Nirgendwo sonst können Kleinwagen so kostengünstig produzieren werden, ohne gleichzeitig Qualitätseinbußen in Kauf nehmen zu müssen.

Mittlerweile werden mehr als zwei Drittel der tschechischen Exporte von Unternehmen in ausländischer Hand hergestellt. Mit großem Abstand ist die Bundesrepublik Deutschland der wichtigste Handelspartner (40 %), gefolgt von der Slowakei (7 %), Österreich (6 %), Großbritannien (5 %), Polen (5 %) und Frankreich (4 %). Mehr als 2000 deutsche Firmen sind bereits in Tschechien tätig, wobei das niedrigere Lohnniveau nur einer der Gründe für die Standortwahl war. Sowohl die exzellente industrielle Infrastruktur als auch die hervorragende Ausbildung der Fachkräfte sind weitere Pluspunkte eines Landes, das sich auch nach dem EU-Beitritt und der damit verbundenen sukzessiven Angleichung der Einkommensverhältnisse keine Sorgen um seine ökonomische Zukunft zu machen braucht. Das Bruttoinlandsprodukt stieg 2004 um 4 %, ein Wert, der auch für 2005 und 2006 erwartet wird. Hauptgründe für die im gesamteuropäischen Vergleich positive Entwicklung sind der starke Export sowie die weiterhin hohen Investitionen ausländischer Unternehmen.

Kampf gegen Korruption

Am lautesten beklagte bereits Mitte der 1990er Jahre Präsident Václav Havel den Filz der halbstaatlichen Banken- und Industrieverflechtung, in der sich eine neureiche Elite im Verein mit Politikern und korrupten Beamten verfangen habe. Unverhohlen richtete sich die Kritik aus dem Hradschin gegen den damals amtierenden Premierminister Václav Klaus, der sich nach der Wende von Kommunismus und Sozialstaat ohne Wenn und Aber lossagte und ab sofort einen radikalen Kapitalismuskurs nach dem Vorbild einer Margret Thatcher einschlug.

Nach dem Sturz des erfolgsverwöhnten Premiers kam es 1997 zu einer Schwachstellenanalyse der Regierung Klaus. Das Ergebnis konnte niederschmetternder nicht sein: Das Bankensystem war wenig effizient, defizitäre Betriebe wurden aus dem Staatshaushalt finanziert, Spitäler waren zahlungsunfähig und die Krankenkassen bankrott. Weiter konnte von Transparenz bei Eigentumsverhältnissen keine Rede sein, und der Verwaltung wurde Verantwortungslosigkeit attestiert. Die dringend notwendigen Strukturreformen erwiesen sich als schmerzhaft, aber sie griffen. Der neue Premier Josef Tošovský,

Ein wichtiger Schritt in die freie Wirtschaft: die Privatisierung der Banken

vor- und nachmaliger Zentralbankchef, erbte einen Schuldenberg von 21 Mrd. US-Dollar. Doch es gelang ihm, die mittlerweile auf 13 % gekletterte Inflation innerhalb kürzester Zeit auf 8 % herunterzudrücken. Dann bereitete er den Verkauf von noch in Staatsbesitz befindlichen Großunternehmen vor. Auch brachte er Licht ins Dunkel dubioser Machenschaften im Zusammenhang mit ins Ausland verschobenem Kapital.

Wie Phönix aus der Asche erhob sich in der Folge Václav Klaus zu einem neuen politischen Höhenflug. Am 2. Februar 2003 trat er als Staatspräsident die Nachfolge von Václav Havel an. Der kompetente Wirtschaftsfachmann ist ein leidenschaftlicher Verfechter der freien Marktwirtschaft. Unter seiner Regierung ist zwar seinerzeit der Antrag auf die EU-Mitgliedschaft gestellt worden. Heute aber zählt Klaus zu den größten EU-Skeptikern. Im April 2005 startete er sogar eine Kampagne gegen die Ratifizierung der EU-Verfassung.

Bisher hatte die Tschechische Republik zwei Präsidenten (Havel und Klaus), dafür aber bereits sechs Regierungschefs: Václav Klaus (1993–97), Josef Tošovský (1997–1998), Miloš Zeman (1998–2002), Vladimír Špidla (2002–2004), Stanislav Gross (2004–2005) sowie Jiří Paroubek (seit April 2005).

Florierender Tourismus – glückliche Kühe

Auch in der Landwirtschaft brachte die Wende einschneidende Veränderungen. Einst wurde der Rinderbestand in den Kolchosen nahezu ausschließlich in Ställen gehalten, heute sieht man wieder Kühe auf den Weiden. Ein erfreulicher Anblick, der auch für den Konsumenten seine positiven Folgen zeigt. Die Qualität der tschechischen Fleisch- und Milchprodukte erreicht mittlerweile Spitzenränge, wovon sich jeder Reisende an Ort und Stelle überzeugen kann.

Neben der Viehwirtschaft spielt der Ackerbau eine etwa gleichwertige Rolle. Angebaut werden in erster Linie Getreide, Raps, Hopfen und Kartoffeln sowie Viehfutter. Insgesamt aber ist ein Rückgang der Ackerflächen zu verzeichnen, wobei viele Böden in Weiden umgewandelt oder aufgeforstet wurden. Eine immer größere Bedeutung erlang jedoch der Fremdenverkehr. Mehr als 5 Millionen Urlauber allein aus dem Ausland werden jährlich gezählt – und die Tendenz ist weiter steigend.

Exportschlager

Karlsbader Porzellan

Der Evergreen in Blau-Weiß wird zwar nicht im Namen gebenden Karlsbad, sondern großteils in dem Städtchen Dubí (Eichwald) unweit von Teplice (Teplitz-Schönau) sowie in einem guten Dutzend anderer Manufakturen hergestellt, doch seinen Siegeszug rund um die Welt trat das Porzellan mit dem berühmten Zwiebelmuster unter der Flagge des bekannten Kurortes an.

Wie große Teile Westböhmens ruht Karlsbad nämlich auf einem Untergrund aus Kaolin, jenem feinerdigen Lockergestein, das – nach Kaoling, einem Berg in der chinesischen Provinz Kiangsi benannt – auch als Porzellanerde bezeichnet wird. Mit Wasser vermischt, entsteht unter Beifügung von Quarz und Feldspat daraus der zerbrechliche Werkstoff, dessen Güte recht unterschiedlich sein kann. Von den mehr als 1000 Tonnen Porzellan, die allein in Dubí angefertigt werden, landet mehr als die Hälfte im Ausland. Weltweit produzieren nur drei Länder Geschirr mit dem gefragten Zwiebelmuster: Deutschland (Meißen, Hutschenreuther) und Böhmen in traditioneller Handarbeit, Japan (Blue Danube) hingegen nur maschinell.

Echtes Karlsbader Porzellan lässt sich unschwer identifizieren, trägt doch jedes Stück auf seiner Rückseite eine Königskrone sowie ein Oval mit dem Schriftzug ›Original Zwiebelmuster‹. Diese Zeichen garantieren, dass an jedem einzelnen Exemplar viele Hände mitgearbeitet haben. Das charakteristische dunkle Blau des Musters entsteht durch ein kompliziertes Verfahren, für dessen Erfindung der sächsische Kurfürst August der Starke nach der Gründung der Meißner Porzellanmanufaktur im Jahr 1710 tausend Taler Belohnung ausgesetzt hatte. Für das ›Zwiebelmuster‹ genannte Dekor standen nach chinesischem Vorbild Blumen und Früchte Pate. Die dargestellten Astern und Pfirsiche konnten leicht identifiziert werden, die exotischen Granatäpfel hingegen kannte damals kaum jemand, weshalb man sie für Zwiebeln hielt.

Nach der Privatisierung der staatlischen Betriebe 1990 spezialisierten sich gleich 18 Manufakturen auf die Herstellung von Karlsbader Porzellan, was des Guten zu viel war. Etwa ein Drittel stillt heute noch die Nachfrage nach dem Zwiebelmuster, die anderen setzen auf andere Klassiker oder Qualitätsporzellan in modernem Design.

Bleikristall und Bijouterie

Ohne die ungebrochene Beliebtheit der böhmischen Glaskunst wäre es um die Region im Norden des Landes am Rande des Riesengebirges mehr schlecht als recht bestellt. Seit dem Mittelalter ist die Glaskunst in Böhmen ansässig, die es im 18. und 19. Jh. zur höchsten Entfaltung brachte. Vor allem geschliffenes Bleikristall findet nach wie vor reißenden Absatz, wobei sich das Angebot bedauerlicherweise mehr und mehr am touristischen Massengeschmack orientiert. Je üppiger graviert, desto kostbarer, dieser weit verbreitete Irrglaube zwingt die in Fachschulen sorgfältig ausgebildeten Handwerker dazu, mehr Kitsch als Kunst zu produzieren.

Gleiches gilt für die gefärbten Erzeugnisse aus so genanntem Hüttenglas in schimmerndem Kobaltblau oder Purpurrot, dem niedlich aufgemalte Blümchen oder überladene Arabesken ihren Charme rauben. Dass Käufer dafür ein kleines Vermögen hinblättern müssen, mag den jungen Künstlern, die viel lieber nach eigenen Entwürfen arbeiten würden, zum Trost gereichen.

Auf Glasbijouterie spezialisierte sich Jablonec und machte mit den Imitationen, die bereits im 19. Jh. zum Exportschlager wurden, sein Glück. Auch nach 1945 entwickelte sich die ›Gablonzer Bijouterie‹ zu einem im Ausland gefragten Markenprodukt, das bis heute Devisen aus mehr als 120 Ländern einbringt. Für diesen Teil Nordböhmens bedeuten die falschen Juwele nach wie vor pures Gold.

Geschichte

Bertolt Brecht hat Recht: Geschichte wird über lange Phasen hin mit Blut geschrieben, da bildet Böhmen keine Ausnahme. Doch auch für Tschechien galt das Prinzip Hoffnung, wie der Dichter in seinem ›Lied von der Moldau‹ bereits 1943 hoffnungsvoll prophezeite: »Es wechseln die Zeiten, die riesigen Pläne der Mächtigen kommen am Ende zum Halt.«

Bis zum Ausgang des Mittelalters

Von der Urzeit zum Großmährischen Reich

Bereits in der Altsteinzeit lebten Menschen auf dem Gebiet des heutigen Tschechien. Vor allem in Mähren gruben Archäologen nicht nur Überreste des Neandertalers sowie der so genannten ›Mammut-Jäger‹ aus, sie fanden auch eine Reihe kultischer Fruchtbarkeits-Figürchen, von denen die ›Venus von Věstonice‹ mit einem Alter von 25 000 Jahren als kostbarste und berühmteste gilt.

Im 8. Jh. v. Chr. ließen sich die Kelten nieder, ihr bekanntester Stamm, die Boier, traf allerdings erst 400 Jahre später ein.

Nach der Zeitenwende strömten die von den Römern zurückgeschlagenen Germanen, Markomannen vom Main, ins Land, die Epoche der Völkerwanderung begann.

Im 5. und 6. Jh. v. Chr. gewannen die vom Südosten in die mährischen Tiefebenen und in den böhmischen Kessel vordringenden Slawen die Oberhand über die germanischen Stämme und konnten im 7. Jh. schließlich auch mit den Überfällen des in Ungarn sesshaft gewordenen Nomadenvolks der Awaren fertig werden. 833 kam es zur Gründung des ›Großmährischen Reiches‹. 907 löschten die aus dem Ural nach Ungarn eingefallenen Magyaren dieses frühe Staatsgefüge aus. Die slowakischen Teile fielen an Ungarn, und Böhmen konnte einen eigenen Weg einschlagen.

400 Jahre Přemysliden-Dynastie

Mit Fürst Bořivoj betrat nicht nur der erste historisch belegte Angehörige der Přemysliden-Dynastie die politische Bühne, er wurde gleichzeitig zum Geburtshelfer der tschechischen Nation. Von großer Bedeutung war Bořivojs Bekehrung zum Christentum durch den aus Byzanz gesandten Slawenapostel Methodios, der gemeinsam mit seinem Bruder Kyrillos auch die böhmischen Länder missionierte. Der weiterer bedeutsamer Schritt des ersten Přemyslidenregenten war die Übersiedlung seines Hofes von Levý Hradec in das nahe Prag. Damals bereits entwickelte sich die Moldaustadt zum politischen und kulturellen Zentrum des Landes.

Nach Bořivojs Tod tobten im Hause der Přemysliden die schlimmsten Machtkämpfe. Sein Enkelsohn Wenzel wurde von seinem eigenen Bruder ermordet. Als Märtyrer heilig gesprochen, avancierte er bald zum Schutzpatron des Landes, der bis in unsere Tage eine enorme Symbolkraft ausstrahlt. Seit mehr als einem Jahrtausend repräsentiert der Heilige die Kontinuität der tschechischen Staatlichkeit.

Im letzten Drittel des 10. Jh. erreichte die junge Nation unter der Regierung Boleslav II. ihre größte Ausdehnung. Sie umfasste Böhmen, Mähren, entferntere Gebiete der Slowakei sowie Teile Galiziens. Die Erhebung Böhmens vom Fürsten- zum Königtum erfolgte unter Přemysl Ottokar I. Erlassen hat dieses

Privilegium neben weiteren anderen Vergünstigungen der Staufer Friedrich II. 1212 in der ›Goldenen Sizilianischen Bulle‹.

Zu Beginn des 13. Jh. strömten Kolonisten auf der Suche nach Arbeit aus den überbevölkerten deutschen Gebieten nach Böhmen, Mähren und Schlesien. Die Zuwanderer verfügten über neue und meist bessere Technologien in Landwirtschaft und Bergbau, die weiteren Wohlstand brachten. Aus der fruchtbaren Zusammenarbeit von Tschechen und Deutschen entstand ein von zwei Nationalitäten bewohnter Staatenkomplex, der seinen schlummernden Sprengsatz erst Jahrhunderte später zünden sollte.

Der wegen seines Reichtums und seiner Militärmacht der ›goldene und eiserne König‹ genannte Přemysl Ottokar II. strukturierte sein Reich neu, indem er ein weit verzweigtes Netz von Wehrburgen und Städten aufbaute. Auch außenpolitisch verbuchte der Přemyslide einen Erfolg nach dem anderen und brachte per Heirat sogar die babenbergischen Länder Kärnten, Steiermark und Krain unter seine Souveränität. Knapp drei Jahrzehnte später erlosch die männliche Linie der Přemysliden, am Ende einer mehr als 400-jährigen Regentschaft.

Das goldene Zeitalter unter Kaiser Karl IV.

Dem neuen böhmischen König Johann von Luxemburg zur Seite stand seine Gemahlin Elisabeth, Enkeltochter Ottokars II. Weil sich der am französischen Hof erzogene Johann trotz seiner tschechischen Ehefrau in Böhmen nie richtig wohlfühlte, erwählte er seinen erstgeborenen Sohn zum frühestmöglichen Zeitpunkt zum Mitregenten. Der auf den Namen Wenzel getaufte und bei seiner Firmung umbenannte Karl errang als erster böhmischer Herrscher die deutsche Krone. 1355 wurde Karl IV. (1316–1378) zum römischen Kaiser und somit zum Haupt des gesamten christlichen Abendlandes erwählt.

Prag, nunmehr Hauptstadt des Römischen Reiches, rückte schlagartig zur bedeutendsten Metropole Europas auf. Noch fehlte es freilich an imperialem Glanz, doch innerhalb kürzester Zeit verwandelte Karl IV. seine Residenz, die er um die Neustadt bereicherte, in ein Wunderwerk der Gotik. Die wesentlichen

Schatzkästchen des goldenen Zeitalters: die Hl.-Kreuz-Kapelle auf Burg Karlštein

Bauten des großen Kaisers tragen bis heute seinen Namen, ebenso die erste Hochschule Mitteleuropas: Die Karls-Universität in Prag entwickelte sich rasch zu einem der führenden geistigen Zentren des Mittelalters.

Erben großer Persönlichkeiten haben es schwer, wie das Beispiel von Karls Sohn Wenzel IV. zeigt. Eine katastrophale Pestepidemie, erbitterte Machtkämpfe zwischen Adel und Klerus sowie die zunehmende Kritik intellektueller Kreise an der römisch-katholischen Kirche erschütterten überdies die Position des neuen Regenten. Um 1400 neigte sich das goldene Zeitalter dem Ende zu, es begann die blutige Epoche der hussitischen Revolution, die auf die Verbrennung des Reformators Jan Hus 1415 in Konstanz und den so genannten ›Ersten Prager Fenstersturz‹ 1419 folgte.

Weil auch nach dem offiziellen Ende der Glaubenskriege das Verhältnis der zu mehr als 70 % hussitischen Bevölkerung Böhmens zu einem katholischen Herrscher mehr als problematisch gewesen wäre, wählte der Landtag 1458 den Hussitenführer Georg von Poděbrad und Kunštát zum König. Wie außergewöhnlich und kühn diese Entscheidung war, beweist allein die Tatsache, dass nahezu das gesamte christliche Abendland den neuen Regenten als Ketzer und Emporkömmling ablehnte.

Nach seiner Herrschaft brachen mit der Dynastie der polnischen Jagiellonen unruhige Zeiten an. Nach einem halben Jahrhundert auf Böhmens und Ungarns Thron fungierten sie lediglich als Steigbügelhalter für die Habsburger.

Vom Kaisertum zur Demokratie

400 Jahre Haus Habsburg

Nach der verlorenen Schlacht gegen die osmanischen Heere und dem Tod des kinderlosen Ludwig Jagiello fielen Böhmen und Ungarn nach einem bereits 1490 ausgehandelten Erbvertrag im Jahr 1526 an den Habsburger Ferdinand I. Nur vier Jahre später errang Ferdinands Bruder Karl V. neben der spanischen Königswürde die Kaiserkrone des Heiligen Römischen Reiches, 1556 ging diese in die Hände des ungarischen und böhmischen Königs Ferdinand I. über.

Mit der Regentschaft des katholischen Habsburgers fand die Epoche weitgehender Religionstoleranz in den böhmischen Ländern ein Ende. Zur Unterstützung seiner frommen Intentionen, die gleichzeitig auf eine politische Entmachtung der hussitischen Stände und die Durchsetzung seines absolutistischen Herrschaftsanspruchs zielten, berief Ferdinand den Jesuitenorden nach Prag, der an der Moldau ein geistiges Bollwerk Roms begründete.

Doch 1618 entlud sich der schwelende Konflikt zwischen national-protestantisch orientiertem Adel und der aufgezwungenen katholischen Regentschaft im Zweiten Prager Fenstersturz, dem Auftakt zum Dreißigjährigen Krieg. Nur kurze Zeit währte in Prag die Freude über den tiefen Fall der kaiserlichen Beamten, die Vertreibung der Jesuiten und die Wahl Friedrichs von der Pfalz zum böhmischen König. Nach der verlorenen Schlacht am Weißen Berg (1620) und der triumphalen Rückkehr der Habsburger hielt der neue Kaiser Ferdinand II. grausam Gericht. Unbarmherzig ließ er 27 Anführer des Ständeaufstandes 1621 auf dem Prager Altstädter Ring hinrichten. Gleichzeitig wurden zehntausende Nichtkatholiken des Landes verwiesen. 1634 entledigte sich der Habsburger seines ehemaligen Generals Wallenstein erfolgreich per Mordauftrag.

Mitte des 17. Jh. gliederten die absolutistisch regierenden Kaiser aus Wien Böhmen, Mähren und Schlesien in den von ihnen beherrschten mitteleuropäischen Staatskomplex ein und ließen bis zur Aufklärung am Ende des 18. Jh. weder politisch noch konfessionell die Zügel locker. Der Barock wurde zum künstlerischen Ausdruck der Gegenreformation in der Habsburgermonarchie. Ob kaiserliche Burg auf dem Hradschin oder prunkvolles Adelsschloss, ob protziges Patrizierpalais oder schlichtes Bauernhaus, der barocke Baustil fand selbst im kleinsten böh-

Beim Zweiten Prager Fenstersturz wurden im Jahr 1618 kaiserliche Beamte von protestantischen Adligen aus einem Fenster der Prager Burg gestürzt

mischen Dorf seinen Niederschlag. Die größte Pracht aber entfalteten die unermesslich reich gewordenen Orden, die sich zur Errichtung ihrer Klöster und Kirchen der besten Architekten bedienten.

Unter Maria Theresia (1740–1780) erreichten Katholisierung und Barockisierung Böhmens ihren Höhepunkt, der Zenit der Habsburgermacht hingegen war seit dem Verlust großer Teile Schlesiens an den Preußenkönig Friedrich II. überschritten. Erst ihr Sohn Joseph II. setzte schließlich voll und ganz auf die Ideen der Aufklärung: 1780 hob er die Leibeigenschaft der Bauern auf und gewährte 1782 die Glaubensfreiheit für alle Konfessionen. Daraufhin bekannten sich allein in Böhmen spontan 80 000 Untertanen zum Protestantismus. Für eine kurze Weile aufatmen konnten damals auch die Juden, die seit den ersten Verfolgungen während der Kreuzzüge im 11. Jh. Ghettoverbannung, blutige Pogrome und die traditionell judenfeindliche Politik der Habsburger ertragen mussten.

So kompromisslos, wie Joseph innerhalb weniger Jahre mehr als 700 Klöster säkularisierte, führte er auch Deutsch als einzige Amtssprache im gesamten Habsburgerreich ein. Dass er mit dieser rigorosen Hintansetzung des Tschechischen die längst aufgebrochene Kluft zwischen Deutschen und Slawen zu einem bald unüberbrückbaren Graben erweiterte und das Wiedererwachen des tschechischen Nationalbewusstseins beschleunigte, bedachte der Wiener Hof nicht. Dort hatte man nämlich bald andere Sorgen. Unter dem Druck der napoleonischen Politik liquidierte Franz II. 1806 das römische Kaisertum. Von Stund an regierte er als Franz I., Kaiser von Österreich, die Donaumonarchie.

Während sich Europa nach den napoleonischen Kriegen neu ordnete, nahm das davon unberührt gebliebene Böhmen einen enormen wirtschaftlichen Aufschwung. Mitte des 19. Jh. zählte es dank der reichen Kohleförderung, den Eisenhüttenwerken, der florierenden Maschinenbau-, Glas-, Porzellan- und Textilindustrie zu den industriell fortschrittlichsten Ländern Mitteleuropas. Im Revolutionsjahr 1848 präsentierten sich die Tschechen in einem neuen nationalen Bewusstsein.1867 bildete Franz Joseph I. die Doppelmonarchie Österreich-Ungarn, in der die Tschechen als Nationalität unberücksichtigt blieben, was zwangsläufig zu einer Verschärfung der nationalen Politik der tschechischen Parteien und einer weiteren Belastung des Verhältnisses zwischen Tschechen und Deutschen führte.

Der lange Weg in die Freiheit

Erst mit dem Sieg der Entente-Mächte 1918 schlug die Geburtsstunde der Ersten Tschechoslowakischen Republik unter dem charismatischen Präsidenten Tomáš Garrigue Masaryk. Erwartungsgemäß zeigte sich die deutsche Bevölkerung wenig begeistert, in einem von Tschechen regierten Staat zu leben. 1935 errang die von Konrad Henlein geführte Sudetendeutsche Partei bei den Parlamentswahlen einen überwältigenden Erfolg. 1938 musste der tschechoslowakische Präsident Edvard Beneš unter dem Druck der Westmächte England, Frankreich und Italien das ›Münchner Abkommen‹ unterzeichnen und bestätigte damit die Abtretung der deutsch besiedelten Grenzgebiete an das Deutsche Reich. 1939 erklärte die Slowakei unter dem Faschisten Jozef Tiso ihre Unabhängigkeit, gleichzeitig vereinnahmte Hitler die tschechischen Gebiete als ›Reichsprotektorat Böhmen und Mähren‹ und machte dieses zum ›Schutzstaat des Deutschen Reiches‹. Brauner Terror und Nazigräuel erreichten nach der Ermordung des stellvertretenden Reichsprotektors Reinhard Heydrich 1941 durch tschechische Partisanen den Höhepunkt.

Mittlerweile erwirkte Präsident Beneš in London die Anerkennung seiner Exilregierung durch die Alliierten, was einer Bestätigung des Weiterbestandes eines tschechoslowakischen Staates gleichkam. Nach der Befreiung durch die Armeen der Sowjetunion und der USA 1945 nahm Beneš die Regierung wieder auf. Dass sich jedoch bei Kriegsende der begreifbare Hass auf alles Deutsche in der grausamen Vertreibung von 2,9 Mio. Sudetendeutschen entlud, wurde zu einer schwerwiegenden Hypothek für die Zukunft.

Vorerst aber senkte sich 1948 mit dem Sieg der Kommunistischen Partei unter der Führung des Stalinisten Klement Gottwald eine 41 Jahre währende politische Nacht über das Land. Zwar hörten die schlimmsten

Die letzte kommunistische Mai-Parade in Prag im Jahr 1989

Repressalien gegen Kirche und Kritiker der marxistisch-leninistischen Ideologie 1953 nach dem Tod Stalins und Gottwalds auf, doch erstickte Moskau 1968 brutal die Liberalisierungsbestrebungen an der Moldau. Mit dem Einmarsch der Warschauer-Pakt-Truppen endete der als ›Prager Frühling‹ in die Geschichte eingegangene Versuch Alexander Dubčeks eines ›Sozialismus mit menschlichem Gesicht‹.

Der Freiheitswille aber blieb ungebrochen, in der Proklamierung der ›Charta 77‹ lieferten sich Hunderte Dissidenten 1977 freiwillig den Verfolgungen der kommunistischen Regierung aus. In den Novembertagen des Jahres 1989 fegte schließlich die ›Samtene Revolution‹ nach dem Zusammenbruch des kommunistischen Monolithen das alte Regime hinweg, und die Nationalversammlung wählte den Schriftsteller Václav Havel zum Staatsoberhaupt der Tschechischen und Slowakischen Föderativen Republik.

Ebenso unblutig wie die Befreiung vom Kommunsimus verlief auch die Trennung der Tschechen von den Slowaken. Bereits am 1. Januar 1993 war die Spaltung in zwei neue, selbstständige Staaten vollzogen. Seither geht die ›Slowakische Republik‹ mit rund 5,3 Mio. Einwohnern ihre eigenen Wege, während der 1993 mit absoluter Mehrheit gewählte und 1998 in seinem Amt bestätigte Präsident Havel die Heimkehr der doppelt so großen ›Tschechischen Republik‹ nach Mitteleuropa wahr werden ließ.

Innerhalb kürzester Zeit zog Tschechiens Regierungschef Václav Klaus sein rein kapitalistisch orientiertes Reformprogramm durch, doch scheiterte er Ende 1997 am eigenen Tempo und wurde zum Rücktritt gezwungen. Zwar hatte er mit der Umwandlung ökonomisch danieder liegender staatlicher Betriebe die Basis für ein neues Unternehmertum geschaffen und mit vielen Exiltschechen, denen er die einst beschlagnahmten Besitzungen zurückerstattete, dringend benötigtes Kapital ins Land geholt, aber das alles ging viel zu schnell vor sich.

Keinen Anspruch auf Wiedergutmachung hingegen kann und will die Tschechische Republik den 1945 vertriebenen Deutschen gewähren. Dass an dieser Entscheidung nicht zu rütteln ist, legte Präsident Havel 1995 unmissverständlich klar.

Tschechien heute

1993 schloss die Tschechische Republik ein Assoziierungsabkommen mit der Europäischen Union, 1998 begannen die Gespräche über die Aufnahme. Seit dem 1. Mai 2004 ist Tschechien Mitglied der EU. Wenig mehr als ein halbes Jahr später überwog freilich die Europa-Skepsis, im Januar 2005 sprach sich die Mehrheit der tschechischen EU-Parlamentarier in Strassburg gegen den Europäischen Verfassungsvertrag aus.

Ungeachtet dessen stellt Tschechiens Europareife eine bravouröse Leistung dar. Innerhalb kürzester Zeit hat die junge Republik einen unglaublichen Aufschwung geschafft. Ein Jahr nach der Samtenen Revolution im November 1989 hatten die Tschechen ihr marktwirtschaftliches Konzept realisiert: Deregulierung von 80 % aller Preise, Teilkonvertibilität der Währung, Liberalisierung der Außenwirtschaft, straffe Stabilitätspolitik und Aufbau eines starken Privatsektors.

So begann man bereits 1990 mit der Förderung von Neugründungen, 1991 mit der Rückgabe von enteigneten Betrieben sowie der ›kleinen Privatisierung‹ von 130 000 staatlichen Handwerks-, Handels- und anderen Dienstleistungsfirmen. 1992 fiel der Startschuss zur ›großen Privatisierung‹, zur Jahreswende 1996 waren bereits mehr als 85 % des staatlichen Unternehmensvermögens in privaten Händen.

Konnte sich Tschechien noch 1995/96 dank des radikalen Reformkurses von Václav Klaus im Vergleich zu Polen, Ungarn und der Slowakei der niedrigsten Arbeitslosenquote, der geringsten Staatsverschuldung, der höchsten Devisenreserven und der stabilsten Währung rühmen, so zeigt sich das Wirtschaftswunder einige Jahre später ein wenig ramponiert. Aber seit 2001 ist man wirtschaftlich wieder auf Expansionskurs, die Wachstumsraten liegen bei sinkender Arbeitslosigkeit und niedriger Inflation um 3,7 %.

Zeittafel

5. Jh.	Slawische Stämme besiedeln Böhmen und Mähren.
9. Jh.	Großmährisches Reich; Christianisierung durch Kyrillos und Methodios, Entwicklung einer slawischen Schrift (Kyrillisch).
10. Jh.	Ungarische Stämme löschen 908 das Großmährische Reich aus; Geschlecht der Přemysliden erringt 995 Vormacht in Böhmen.
11. Jh.	Přemysliden festigen ihre Macht; Böhmen gelangt unter deutsche Lehenshoheit.
13./14. Jh.	Goldenes Zeitalter beginnt unter König Ottokar II. Johann von Luxemburg erwirbt durch Heirat Böhmen als Lehen. Sein Sohn Karl IV. erwählt als deutscher König und Kaiser Prag zur Hauptstadt des Heiligen Römischen Reiches; Gründung der ersten Universität Mitteleuropas (1348).
15. Jh.	Hussitenkriege; Jagiellonen-Dynastie aus Polen erhält die böhmische Krone.
16. Jh.	Der Habsburger Erzherzog Ferdinand wird vom böhmischen Landtag zum König gewählt (1526); Beginn der Gegenreformation.
17. Jh.	›Prager Fenstersturz‹ löst 1618 Dreißigjährigen Krieg aus; Niederlage der böhmischen Stände gegen die Habsburger in der Schlacht am Weißen Berg (1620), Blutgericht auf dem Altstädter Ring in Prag, Ende des selbstständigen Staates Böhmen (1621), Massenflucht aus Glaubensgründen.
18. Jh.	Reformen unter Maria Theresia (1740–1780) und ihrem Sohn Joseph II. (1780–1790): allgemeine Schulpflicht, Glaubensfreiheit, Aufhebung der Leibeigenschaft, Abschaffung der Folter.
19. Jh.	Revolution von 1848; aufkeimender Panslawismus und Distanzierung vom Deutschtum.
28. 10. 1918	Ausrufung der Tschechoslowakischen Republik. Präsident ist Tomáš G. Masaryk.
1930	Nationalitätenkonflikt zwischen Tschechen/Slowaken (6,7 Mio/2 Mio) und Deutschen (3,1 Mio) eskaliert.

Gründung der Sudetendeutschen Heimatfront durch Konrad Henlein. Forderung des Anschlusses an Hitlerdeutschland.	**1933**
Münchner Abkommen am 29. 9.: Die Regierungschefs von England, Frankreich und Italien sprechen Deutschland die deutsch besiedelten Randgebiete der Tschechoslowakei zu; Edvard Beneš, seit 1935 nach Masaryks Staatspräsident, emigriert in die USA.	**1938**
Nazi-Deutschland annektiert die ›Resttschechei‹ als ›Protektorat Böhmen und Mähren‹; Beneš leitet Exilregierung (1940–1945).	**1939**
Attentat tschechischer Fallschirmjäger auf Reichsprotektor Reinhard Heydrich; als Vergeltung wird das Dorf Lidice ausgelöscht; bis 1945 wird das KZ Theresienstadt Station für 200 000 tschechoslowakische Juden auf dem Weg in die Vernichtungslager.	**1942**
Befreiung Westböhmens durch die Amerikaner (5. Mai), Einzug der Sowjet-Armee in Prag (9. Mai), Rückkehr von Exilpräsident Benes; Vertreibung von 3,6 Mio. Deutschen, Zehntausende finden denTod.	**1945**
Kommunistische Machtübernahme; Zwangskollektivierung der Landwirtschaft, Verstaatlichung der Industrie, Verfolgung von Regimegegnern, die Tschechoslowakei ist sowjetischer Satellitenstaat.	**1948**
Der ›Prager Frühling‹ unter Alexander Dubček wird am 21. August durch Truppen des Warschauer Paktes beendet.	**1968**
Durch die ›Samtene Revolution‹ wird das kommunistische Regime hinweggefegt, der Dissident und Dichter Václav Havel wird Präsident der Tschechoslowakischen Föderativen Republik (ČSFR).	**1989**
Friedliche Teilung der ČSFR in die beiden eigenständigen Republiken Tschechien und Slowakei.	**1. 1. 1993**
Deutsch-tschechische Versöhnungserklärung, abgegeben von Roman Herzog und Václav Havel.	**1997**
Tschechien wird Mitglied der NATO.	**1999**
Tschechien wird Mitglied der EU (Ratifizierung durch eine Volksabstimmung auf Ende 2007 verschoben).	**2004–2006**

Lebensart und Alltagskultur

Wenn Deutsche locker mit ›Tschüss‹, Österreicher mit ›Servus‹ oder Italiener mit ›Ciao‹ grüßen, dann sagen die Tschechen ›Ahoi‹. Dass sich ausgerechnet die Bewohner eines Binnenlandes beim legeren Gruß der Seemannssprache bedienen, kann schon verwundern. Aber dies ist nur eine der vielen Widersprüchlichkeiten des Landes im Herzen Europas.

›Pomalu‹ lebt es sich gemütlicher

Tatsächlich erweist es sich als alles andere als einfach, der vielschichtigen Seele dieses Landes auf den Grund zu kommen. Schwejkhafte Pfiffigkeit und hintergründiger Humor schließen tief verwurzelten Skeptizismus und Melancholie keineswegs aus. Himmelhoch jauchzende Fröhlichkeit und abgrundtiefe Schwermut scheinen untrennbar miteinander verbunden. Aus diesem Wechselbad der Gefühle schöpft das tschechische Wesen seinen beispiellosen Mutterwitz und seine Kreativität. In dieser Zerrissenheit liegen aber auch die Wurzeln für jene Resignation, die sich bisweilen in offen zur Schau getragener Gleichgültigkeit gegenüber Fremden zeigt.

Oft fällt Reisenden das Verständnis für die tschechische Mentalität schwer: In die Begeisterung für die ideensprühende Dynamik, mit der nach der Wende innerhalb kürzester Zeit landauf, landab abbruchreife Häuser in komfortable Hotels verwandelt wurden, mischt sich nicht selten Ärger über die enervierende Interesselosigkeit des Personals. Freilich, nicht immer ist die kalte Schulter eines Kellners oder Verkäufers wirklich als Unfreundlichkeit gemeint. Weit öfter heißt das nichts anderes als »pomalu – hübsch langsam – es läuft uns beiden doch nichts davon, oder?«. Langsamkeit oder, anders gesagt, Muße und Bedächtigkeit zählen eben zu den Hauptsäulen tschechischer Lebensart.

Sogar im Zeitalter der turbulenten globalen Marktwirtschaft scheint Stress für den Großteil der Tschechen tatsächlich nach wie vor ein Fremdwort zu sein. Wie lange das allerdings anhalten wird, mag die Zukunft erweisen. Bisher aber konnten weder Wende noch aufregende Aufbaujahre dem seit jeher gepflogenen Rhythmus etwas anhaben. Am Arbeitsbeginn um sechs Uhr halten die meisten nach wie vor gerne fest, um den gewohnt frühen Feierabend entsprechend genießen zu können – in der Bierkneipe oder bei Sport, Spiel und Promenade. Freizeit wird zelebriert wie in kaum einem anderen Land Europas. Von vielen in ihren Wochenendhäuschen *(chata),* wo man sich gerne als Maurer, Schreiner oder Gärtner betätigt oder in geselliger Runde jetzt auch lautstark über die politischen Verhältnisse lästern darf.

Tschechische Dörfer und Kleinstädte strahlen meist schon am frühen Nachmittag sonntägliche Freizeitatmosphäre aus, zumal auch die Rollläden vieler kleiner Läden allzu früh heruntergelassen werden und der ahnungslose Tourist auf der Suche nach Souvenirs, Postkarten oder Lebensmitteln ab 17 Uhr fassungslos vor verschlossenen Türen steht. Dies trifft freilich nicht auf die Supermärkte und Einkaufszentren an den Peripherien der Orte zu, die bisweilen sogar rund um die Uhr geöffnet haben. Auch im kosmopolitischen Prag hat man sich im Gegensatz zur viel geschmähten ›Provinz‹ längst den internationalen Gepflogenheiten angepasst, die aus ihrem Jahrzehnte langen Dornröschenschlaf erwachte Millionenmetropole verbannte gemächliche Lebensart – und damit auch vielleicht ein gutes Stück Lebensqualität – in die Rumpelkammer der Erinnerungen.

Zweckoptimismus als Überlebensprinzip

Nicht zuletzt war es die dunkle Zeit der Diktatur, die aus den Tschechen ein Volk von Lebenskünstlern gemacht hat. Das Talent, zu improvisieren und sich allen Widrigkeiten zum Trotz irgendwie durchzuwursteln, kommt ihnen jetzt zu Gute. Denn die Spielregeln der Freiheit sind mitunter recht hart.

Egal, wie gut oder schlecht es einem geht, gejammert wird in jedem Fall. Es gehört geradezu zum guten Ton, sich über alles und jedes zu beklagen. In Wahrheit aber sind die Tschechen Optimisten durch und durch. Ihr Vertrauen in eine noch bessere Zukunft erleichtert ihnen das Leben enorm. Doch es bestimmt auch ihre Bereitschaft, mehr auszugeben, als sie haben und bedenkenlos Schulden zu machen. Das kann wiederum verhängnisvoll für den Einzelnen sein, aber für die tschechische Wirtschaftsbilanz ist die leichte Hand fürs Geld geradezu ein Segen.

Natürlich zählen jene, denen es am besten geht, zu den größten Optimisten, also junge Leute mit guter Ausbildung, höherem Einkommen und einem kapitalistischen Weltbild. Erstaunlicherweise gab bei einer 2005 landesweit durchgeführten Umfrage mehr als die Hälfte der Bevölkerung an, mit der eigenen Lebenssituation durchaus zufrieden zu sein. Gleichzeitig aber gestanden 60 % der Befragten ein, Schulden gemacht zu haben, weil sie mit ihrem Lohn unmöglich auskommen können.

Mehr als Dreiviertel aller Tschechen verdienen nach Angaben des Staatlichen Statistikamtes von 2005 weniger als 10 000 Kronen monatlich. Vor allem Handwerker, Friseure und Reinigungskräfte liegen mit ihrem Durchschnittseinkommen nur wenig über dem gesetzlich festgelegten Mindestlohn von 7185 Kronen. Damit müssen rund 0,5 % aller Angestellten – fast 16 000 Menschen – auskommen. Der Durchschnittsverdienst beträgt in

Straßencafé in Prag: eine sommerliche Ruhe-Oase in der quirligen Metropole

Auch das ist Lebensqualität: Seniorentanz im Park

Tschechien etwa 17 500, in der Hauptstadt gut 20 000 Kronen.

Die Arbeitslosigkeit liegt knapp über 9 %, in Prag herrscht mit weniger als 4 % quasi Vollbeschäftigung, während sich in den krisengeschüttelten Industriegebieten Nordböhmens und Nordmährens mehr als 20 % auf Arbeitssuche befinden. Dennoch zeigen sich nur wenige bereit, ihre Heimatstädte zu verlassen und einen Job in einem anderen Landesteil zu suchen. In Tschechien gelten arbeitsplatzbedingte Umzüge nach wie vor als Ausnahme, was nicht zuletzt auf die noch immer herrschende Wohnungsnot zurückzuführen ist. Enge Familienbindungen und Furcht vor Vereinsamung in der neuen Umgebung werden als weitere Gründe angeführt, warum kaum einer sein gewohntes Umfeld verlassen möchte. Ausschlaggebend ist aber auch, dass man Wohnungen oder Häuser lieber kauft, als sie zu mieten, was eine Übersiedlung zwangsläufig erschwert. In dieser Hinsicht verhalten sich die Tschechen wie die Italiener, die mehr als alle anderen EU-Mitglieder Immobilien im Eigentum erwerben, während dagegen die Schweizer als überzeugte Mieter europaweit unangefochten an der Spitze liegen.

Für die junge Generation stellt Prag allerdings mit seinen vielfältigen Ausgeh- und Verdienstmöglichkeiten eine Verlockung dar, weshalb der Zuzug in die Hauptstadt nach wie vor anhält.

Kleines Glück für jeden

Jeder fünfte Tscheche lebt in einem Plattenbau, was sicherlich nicht einem Traum von ›Schöner Wohnen‹ entspricht. Wie in allen anderen ehemaligen Ostblockstaaten st die Qualität dieser Schlafsilos in den gesichtslosen Trabantenstädten rund um die großen Zentren mehr als mangelhaft.

›My home is my castle‹ können die Tschechen lediglich in ihren *Chatas,* dem Äquivalent zu den russischen Datschas, behaupten. An Wochenenden strömt alles hinaus aufs Land, wo man sich in seiner Hütte endlich selbst verwirklichen kann. Wie kaum etwas anderes verkörpern diese Freizeithäuschen, die durchaus auch Villengröße, zumeist aber bloß Schrebergartenformat aufweisen, das kleine Glück für jedermann. Sobald es das Wetter erlaubt, sitzt man vor der eigenen Haustüre in seinem liebevoll gepflegten Garten, der nicht selten auch als Gemüse- und Obstlieferant dient.

Angesichts der Bevölkerungsdichte wird die Sehnsucht nach freier Natur und frischer Luft verständlich. Von den 10,3 Mio. Tschechen konzentriert sich rund ein Zehntel, nämlich knapp 1,2 Mio., in der Hauptstadt. Nach der Statistik teilen sich im Durchschnitt 130 Menschen einen Quadratkilometer Land, wobei die ungesunden Industriegebiete in Nordböhmen und Nordmähren am dichtesten besiedelt sind. Dafür lebt mehr als ein Viertel in Gemeinden mit weniger als 2000 Einwohnern. Dort kostet das Wohnen im Vergleich zu den Mietpreisen in Prag einen Pappenstiel, dennoch nehmen mittlerweile immer mehr junge Leute die schlechten Wohnbedingungen in Gemeinschaftsunterkünften oder bei Verwandten in der Hauptstadt in Kauf.

Viele beklagen, dass die Bewohner der Provinz sich Prag bald nicht mehr leisten können. Tatsächlich hat der seit Jahren anhaltende Tourismus-Boom die Moldau-Metropole in ein teures Pflaster verwandelt.

Minderheiten

Das Verhältnis zwischen der Volksgruppe der **Roma** und den Tschechen kann als gespannt bezeichnet werden. Bei der Volkszählung 2001 konnte man nur 12 000 Roma statistisch erfassen, schätzungsweise aber leben bis zu 300 000 auf tschechischem Territorium. Aus Angst vor Diskriminierung oder gar rassistisch motivierten Übergriffen bekennt sich wohl die Mehrheit der Roma öffentlich nicht mehr zu ihrem Volk.

Während der Nazi-Zeit wurden die tschechischen Roma systematisch verfolgt und ermordet, nach 1945 zogen viele Roma-Familien aus Ungarn und Rumänien in die Tschechoslowakei. Daraufhin versuchte man, sie durch Zwangsansiedlungen in den ehemals sudetendeutschen Gebieten sesshaft zu machen. Ein Experiment, das schief gehen musste, weil gleichzeitig keinerlei Mittel für Integrationsmaßnahmen wie Sprachschulungen oder Berufsausbildungen zur Verfügung standen.

Nach wie vor leben die Roma, die bis vor wenigen Jahren um ihre Bürgerrechte kämpfen mussten, als Parias am Rande der Gesellschaft, meist mangels Qualifikation ohne Arbeitsplätze und soziale Absicherung. So sind es eben oft Roma, die in straff organisierten Banden ihr Unwesen treiben, was dem Vorurteil gegenüber dieser Minderheit leider immer wieder neue Nahrung gibt. Infolge des Beitritts zur EU wurde kürzlich ein Regierungsprogramm verabschiedet, das nun helfen soll, die Wohn- und Arbeitssituation der Roma bis 2020 zu verbessern. Als Voraussetzung dafür fördert der tschechische Staat nun gezielt die Schulbildung von Roma-Kindern.

Nicht unproblematisch ist ebenfalls bis heute das Verhältnis zwischen Tschechen und **Deutschen**. Während die Mehrheit der jungen Generation endlich einen Schlussstrich unter das Kapitel der Hitlerokkupation auf der einen und der Vertreibung der Sudetendeutschen nach 1945 auf der anderen Seite ziehen möchte, heizt die Politik diesseits und jenseits der Grenzen die Diskussion immer wieder an. Im alltäglichen Umgang aber gibt es glücklicherweise kaum Probleme.

Die meisten Einheimischen können zumindest ein wenig Deutsch. Und wenn man sich als Tourist bemüht, im Gegenzug ebenfalls ein paar Worte Tschechisch zu sprechen, so wird diese kleine Mühe mit Freude aufgenommen. Aber ›prosím‹ (bitte): auf alle Fälle vermeide man die Bezeichnung ›Tschechei‹, denn dieser Begriff ist eindeutig nationalsozialistisch belastet.

Festkultur

Der direkte Bezug zur bäuerlichen Arbeit ist zwar vielfach verloren gegangen, die seit Jahrhunderten gepflegten Brauchtümer aber haben überlebt. Und sei es auch nur im Rahmen volkskundlicher Freilichtmuseen, wo die traditionellen Feste nunmehr nicht ohne Koketterie mit dem Tourismus als Festivals gefeiert werden.

Der Jahreskreis beginnt im Frühjahr mit der **Wintervertreibung**. Vor allem in Mähren trägt man dabei eine menschengroße Puppe aus Stoff oder Stroh, die ›Mořena‹, durchs Dorf, die anschließend verbrannt oder ertränkt wird. **Ostern** gilt als wichtigstes Fest überhaupt, es übertrifft in der Vielzahl der Zeremonien und Riten Weihnachten bei weitem. Es steht zwar im Zeichen des Christentums, doch die Tünche ist nur dünn. Was wie ein Witz klingt, ist tatsächlich gang und gäbe: Am Ostermontag werden die Frauen von ihren Männern nach einem uralten heidnischen Ritual mit Ruten auf ihr Hinterteil geschlagen. Und fällt die symbolische Züchtigung einmal doch allzu stark aus, können sich die Bestraften revanchieren und zurückschlagen. Das ist freilich nur alle vier Jahre erlaubt.

Die Bedeutung des Osterfestes steckte für die Bauern seit jeher im Wiedererwachen der Natur und damit in der Beschwörung der Fruchtbarkeit. Davon künden auch die liebevoll bemalten oder von Häkelarbeiten umhüllten Ostereier, allesamt kleine Kunstwerke, die mittlerweile zu den beliebtesten Souvenirs zählen. Mit **Erntedank-, Weinlese- und Kirchweihfesten** endet der bäuerliche Zyklus.

Weihnachten, Fastnacht, Lichtmess und Fronleichnamsumzüge hingegen sind ausschließlich dem **religiösen Brauchtum** zuzuordnen. Zusätzlich strukturierte die Kirche mit Festivitäten zu den Namenstagen der Heiligen und den damit verbundenen Wallfahrten oder Jahrmärkten einst den Alltag, der sonst wenig Abwechslung bot.

Doch was auch immer gefeiert wird, leise geht es dabei wirklich nicht zu. Es wird musiziert, was das Zeug hält, mit Pauken und Trompeten, mit Ziehharmonika und Dudelsack, vor allem aber mit der Klarinette. Böhmische Blasmusik wurde zu einem bekannten Markenzeichen. So wie ›Rosamunde‹, die wohl berühmteste Polka der Welt.

»Wer nicht tanzen kann, taugt nicht zur Arbeit«, lautet ein tschechisches Sprichwort, weshalb bei nur jedem erdenklichen Anlass das Tanzbein geschwungen wird. In manchen Gegenden Mährens müssen sogar die Taufpaten mit dem Säugling auf dem Arm noch in der Kirche einige Tanzschritte machen – damit das Kind frühzeitig merkt, worauf es im Leben ankommt.

Bei jeder sich bietenden Gelegenheit wirft man sich auf dem Land immer noch gerne in die traditionellen **Trachten**. Die Anzahl der Unterröcke der Bauerntöchter galt in vielen Gegenden als Maßstab für den Reichtum der Väter. Für einen einzigen benötigte man gut und gerne fünf Meter Baumwollstoff, die jungen Damen aber trugen gleich fünf bis sieben dieser mit Spitzen und Bändern verzierten, gestärkten Ungetüme übereinander.

Eine mährische Spezialität stellt das so genannte **›Türkenkopftuch‹** dar. Lose gebunden oder turbanartig aufgetürmt zieren bunte Tücher auch heute noch so manches Mädchenhaupt und erinnern auf recht dekorative Weise an die türkischen Eroberungszüge des 17. Jh.

Ein Trachtenfest ganz besonderer Art ist der so genannte **Königsritt.** Früher veranstaltete man den farbenprächtigen Umzug in ganz Böhmen und Mähren, heute findet das Fest mit pseudo-historischem Hintergrund nur noch am letzten Mai-Wochenende in dem kleinen mährischen Städtchen Vlčnov statt.

Wenn der Wein in Strömen fließt

Wer Wein und Feste liebt, sollte im September nach Tschechien reisen, wenn landauf landab feuchtfröhlich gefeiert wird. Sobald die Lese eingebracht ist, verfällt man in sämtlichen Anbaugebieten in einen wahren Freudentaumel, bei dem man sich nicht nur mit der Verkostung des gärenden Mostes begnügt. Bevor sich der junge Wein klärt, trinkt man den so genannten Burčák – den Stürmischen. Und stürmisch geht es auch zu, wenn die Weinköniginnen gekürt und Tänze oder sogar Schwertkämpfe nach alter Tradition aufgeführt werden.

Die größten und bekanntesten Weinfeste finden in den südmährischen Städten Znojmo (Znaim) und Mikulov (Nikolsburg) statt. Ein ganzes Wochenende lang ist das gesamte Stadtzentrum von Znaim trunken vor Freude – und natürlich auch vom Wein, der in Strömen fließt. Dass sich einst sogar die böhmischen Könige in Südmähren einfanden, um sich am frisch gekelterten Wein zu delektieren, daran erinnern die historischen Umzüge, die in beiden Orten unter Beteiligung der gesamten Bevölkerung mit großem Aufwand alljährlich veranstaltet werden.

Doch nicht nur in Mähren gibt es hervorragenden Rebensaft, auch in Böhmen wächst ein exzellenter Wein. Dementsprechend groß ist auch die Palette der Festivitäten. Eine dekorativere Kulisse als das nur 25 km von Prag entfernte Karlstein lässt sich kaum denken, weshalb es rund um die berühmteste Burg des Landes besonders hoch her geht. Ob auf dem Jahrmarkt alten Stils, auf dem Feuerschlucker, Gaukler und Hofnarren ihre Späße treiben oder bei Speis und Trank, die nach dem Vorbild eines mittelalterlichen Gelages genossen werden, in Karlstein bleibt keine Kehle trocken.

Eine interessante Dauer-Ausstellung zum Thema Weinbau sowie die Möglichkeit, bei der Traubenverarbeitung zuzusehen, gibt es im westböhmischen Städtchen Kadaň (Kaaden), das sein rustikales Lesefest unter die Patronat des Heiligen Wenzel gestellt hat. Stilvoll und edel wie das Ambiente sind hingegen seit jeher die Winzerfeste von Mělník. Auch hier gibt es einen historischen Umzug zu Ehren von Kaiser Karl IV., der einst nicht nur gerne Gast auf Schloss Mělník war, sondern als erster die große Bedeutung des Weinanbaus in Böhmen erkannt hatte.

Die meisten Weinfeste finden an einem Wochenende statt, weshalb die Termine jedes Jahr etwas anders liegen. Was, wann und wo genau los ist, erfährt man bei den Niederlassungen des tschechischen Tourismusamtes oder aus dem Internet.

Winzer bei der Arbeit in einem Weinberg in Mähren

Kunst und Kultur

Ob Architektur, Malerei oder Bildende Kunst, ob Literatur oder Musik, Theater oder Film, im Herzen Europas entwickelten die Künste zu allen Epochen besonders schöne Blüten.

Architektur und Kunst

Von gotischer Spitzenarchitektur zu ›Ginger und Fred‹

Was immer Karl IV., einer der wohl erstaunlichsten Monarchen des Mittelalters, im 14. Jh. ersonnen, geplant hat und schließlich auch realisieren ließ, es ist alles noch da. Wie kein anderer prägt dieser Kaiser bis in unsere Tage das architektonische Bild Prags und damit in weiterer Folge das von ganz Böhmen. Landauf, landab entstanden in den Ortschaften, die ein Jahrhundert zuvor von Ottokar II. gegründet worden waren, riesige Märkte nach dem Vorbild des Karlsplatzes, dem nach wie vor größten Stadtplatz Europas.

Der ursprünglich romanische St.-Veits-Dom nahm unter Karl IV. mit seinen gotischen Türmen jenes unverwechselbare Aussehen an, das ihn zum Wahrzeichen Prags werden ließ. Der Deutsche **Peter Parler** (um 1330–1399), vom Kaiser nach Prag berufen, gestaltete mit seiner Bauhütte und seinen Söhnen den Veitsdom und die Karlsbrücke in dem Stil, der als ›Parler-Gotik‹ in die Kunstgeschichte einging.

Typische tschechische Architekturensembles, das sind schmucke Bürgerhäuser im Renaissance- und Barockstil, die sich mit bunten Fassaden und Schatten spendenden Arkaden rund um großzügig angelegte Plätze gruppieren. Prachtvolle Schlösser, flankiert von weitläufig angelegten Gartenanlagen, in denen der Adel lustwandelte. Oder die berühmten böhmischen Dörfer in rustikalem Bauernbarock, der von Frieden und Wohlstand nach dem Dreißigjährigen Krieg erzählt.

Den Prager Hochbarock prägte der Deutsche **Christoph Dientzenhofer** (1655–1722), dessen Bauten wie das Kloster Břevnov, die Casa Santa des Loreto-Heiligtums sowie St. Niklas auf der Kleinseite von seinem Sohn **Kilian Ignaz** (1689–1751) kongenial vollendet wurden. Neben diesen beiden ist für den Hochbarock der in Prag geborene Architekt **Giovanni Santini Aichel** (1667–1723) hervorzuheben. Mit außerordentlichen Phantasie verband er barocke Formensprache mit hochgotischen Elementen zu originellen Synthesen. Er schuf eine Vielzahl von Wallfahrtskirchen, Klosterkirchen und Profanbauten, im Auftrag der Orden barockisierte er zahlreiche mittelalterliche Klöster. Herausragendes Beispiel für seine Erfindungskraft ist die Nepomukskapelle von Žd'ár nad Sázavou, eine fünfeckige himmelwärts strebende Komposition.

Unübersehbar aber sind auch Juwelen des Jugendstils wie das Repräsentationshaus (Obecní dům) im Herzen von Prag. An diesem Gebäude, das nach einer liebevollen Restaurierung in neuem Goldglanz erstrahlt, stimmt einfach alles. Jedes Detail, jeder Türgriff und jeder wie zufällig angebrachte Spiegel erzählen hier vom zielsicheren Geschmack einer Epoche, die sich hemmungslos der Schmucklust verschrieben hat. Als Kontrapunkt dazu ist der Kubismus zu verstehen, der mit seinen scharfen Kanten auf die pralle Ornamentik des Jugendstils reagierte. Kubismus in seiner elegantesten Form zeigt das Haus ›Zur Schwarzen Madonna‹ von **Josef Gočár** (1880–1945) in der Prager Celetná, in dem sich ein Kubismus-Museum befindet.

Jugendstildekorationen am Prager Repräsentationshaus

Dass auch das 20. Jh. durchaus bemerkenswert bauen konnte, beweist das 1996 fertiggestellte Bürogebäude des Amerikaners **Frank O. Gehry,** von den Pragern kurzerhand ›Ginger und Fred‹ genannt. Mit seinem kühnen, auf Stelzen ruhenden Ecktürme, die ihre Beine zu schwingen scheinen, wurde das Eckhaus am Moldaukai tatsächlich zu einer architektonischen Hommage an das unsterblich gewordene Filmtanzpaar Ginger Rogers und Fred Astaire.

Bildhauer von Gottes Gnaden

Ob mächtiger Strom oder simples Bächlein, in Tschechien gibt es bis heute kaum einen Ort, der auf die Segnungen des Heiligen Nepomuk verzichten möchte. Doch es war kein einheimischer Bildhauer, sondern der Wiener **Matthias Rauchmüller** (1645–1686), dem mit seiner Nepomuk-Skulptur für die Prager Karlsbrücke das Werk seines Lebens gelang. Mit seitwärts geneigtem Haupt erwartet der bärtige Märtyrer demütig sein Schicksal – für alle Zeiten prägte der Künstler damit unser aller Vorstellung von jenem frommen Mann, der im 14. Jh. auf Befehl von Kaiser Wenzel IV. in der Moldau ertränkt wurde. Eine andere Darstellung des Heiligen wäre seither gar nicht mehr denkbar, denn ganz Europa fand sofort Gefallen an dem Prager Original, von dem mittlerweile unzählige Kopien existieren.

Erstaunlicherweise waren es oft keine Tschechen, die für Tschechiens berühmteste Skulpturen und Denkmäler verantwortlich zeichneten. So gilt beispielsweise der Tiroler **Matthias Bernhard Braun** (1684–1738) als überragender Bildhauer des Barocks. Aus der Fülle seines Schaffens seien die beiden Löwen in den Königlichen Gärten auf dem Hradschin erwähnt, die mit ihrem verträumten Gesichtsausdruck aus dem üblichen Rahmen fallen. Vom Humor, aber auch vom überragenden Können Brauns zeugen seine für das nordböhmische Schloss Kuks gefertigten Statuen der zwölf Tugenden und zwölf Laster sowie der acht Allegorien der Glückseligkeiten.

Ein Prager reinsten Moldauwassers hingegen wagte sich zu Beginn des 20. Jh. daran, dem tschechischen Nationalhelden Nummer eins ein Denkmal zu setzen: **Ladislav Šaloun** (1870–1946) schuf das überlebensgroße Standbild des Reformators Jan Hus, das zum 500. Todestag des 1415 in Konstanz auf dem Scheiterhaufen verbrannten Märtyrers auf dem Altstädter Ring enthüllt wurde. Unverkennbar stand freilich kein geringerer als Auguste Rodin für das Denkmal Pate. Mit Stilmitteln des Impressionismus, aber auch des Jugendstils hat Ladislav Šaloun bei diesem Werk seinem großen Vorbild aus Frankreich nachgeeifert.

Jugendstil vom Feinsten

Kunst ist keine Einbahnstraße, das bewies keiner plakativer als der tschechische Maler und Illustrator **Alfons Mucha** (1860–1939), der seine größten Triumphe in Paris feierte. Wie populär er um die Jahrhundertwende tatsächlich gewesen sein muss, zeigt allein schon die Tatsache, dass die gesamte Jugendstilbewegung in Frankreich bald seinen Namen trug – Le Style Mucha.

Das sonst wenig attraktive Städtchen Moravský Krumlov (Mährisch Kromau) 30 km südwestlich von Brünn ist hingegen schon länger ein Pilgerziel der Mucha-Fans. Ein Renaissanceschloss bildet den Rahmen für den wohl monumentalsten Gemäldezyklus des Jugendstils: Das ›Slawische Epos‹, von dem glühenden Patrioten 1910 nach einem sechsjährigen Aufenthalt in den USA begonnen und erst 16 Jahre später fertig gestellt, hält in riesigen Ausmaßen (6 x 4 m und 6 x 8 m) Szenen aus der slawischen Geschichte fest. Sie zeigen einen ganz anderen, ganz und gar nicht lieblichen Mucha.

Wer dem bekanntesten Maler eines Landes, das sich sonst mit keinem auch nur annähernd so berühmten Meister brüsten kann, in seiner mährischen Geburtsstadt die Reverenz erweisen möchte, muss sich nach Ivančice (Eibenschitz) begeben. Dort hat man im Museum einen Mucha-Gedenkraum eingerichtet.

Musikalisches Tschechien

Jeder Böhme ein Musikant

Böhmen, das ›musikalische Herz Europas‹, wie es der russische Violinvirtuose David Oistrach einmal ausdrückte, bietet ein breites musikalisches Spektrum– von mittelalter-

Jan-Hus-Denkmal am Altstädter Ring in Prag

licher Kirchenmusik bis zum Jazz. Den Grundstein für die musikalische Tradition legten die Hussiten, die Chorgesängen einen betont nationalen Charakter verliehen. Diese Lieder wurden damals nicht nur in den Kirchen, sondern auch auf den Schlachtfeldern gesungen. Mit großem Erfolg, denn die demoralisierenden Wirkung des hussitischen Chorals ›Wenn Ihr Gottes Kämpfer seid‹ auf die feindlichen Ritterheere wurde legendär. Angeblich hatte es bereits genügt, diesen Gesang anzustimmen, um Gegner in die Flucht zu schlagen.

An diese Tradition knüpfte der Barock mit Messen und patriotischen Liedern an. Aus den Kirchen gelangte die Musik schließlich in die Adelsresidenzen, die meist über eigene Orchester verfügten. Von da an gingen Oper und Volksmusik getrennte Wege, wobei die musikalische Ausbildung kein Privileg der Aristokratie blieb, sondern alle Schichten erreichte. So hatte jeder, der ein Instrument virtuos beherrschte, alle Chancen, vom Militärdienst befreit zu werden. In den Kapellen ganz Europas fanden sich bald tschechische Künstler, sodass sich der bis heute bestehende Ruf verbreitete, jeder Böhme wäre ein Musikant.

Welchen Stellenwert die Musik weiterhin einnahm, lässt sich allein schon an der Tatsache ablesen, dass 1811 in Prag das erste Konservatorium Mitteleuropas gegründet wurde. 1826 schrieb **František Škroup** (1801–1862) die erste Oper in tschechischer Sprache, die allerdings rasch in Vergessenheit geriet. Mit der Komposition ›Kde domov můj?‹ (›Wo ist meine Heimat?‹) für die Gesangsposse ›Fidlovačká‹ hingegen erwarb er sich fünf Jahre später Unsterblichkeit. Vom Gassenhauer, den selbst die Prager Spatzen von den Dächern pfiffen, avancierte das Lied bereits 1918 zur Nationalhymne – und somit ist Tschechien wohl das einzige Land der Welt, in dem bei offiziellen Anlässen ein Operettenschlager erklingt.

Die großen Romanitker

Was der Donauwalzer von Johann Strauß für die Österreicher, das ist **Bedřich Smetanas** (1824–1884) ›Die Moldau‹ aus der symphonischen Dichtung ›Ma vlast‹ (›Mein Vaterland‹) für die Tschechen. Kein anderes Stück der böhmischen Musikgeschichte erreichte eine derartige Popularität, gehört so unverrückbar zum weltweiten Standardrepertoire jedes Orchesters. Max Brod wird sogar der Ausspruch zugeschrieben, die Moldau fließe in G-Dur, weil Smetana es so wollte. Mit seiner Oper ›Die verkaufte Braut‹ schuf er einen weiteren Welterfolg.

Zu internationalem Ruhm stieg außerdem ein Metzgersohn aus Nelahozeves (Mühlhausen) in Mittelböhmen auf: **Antonín Dvořák** (1841–1904). Als Direktor des New Yorker Konservatoriums machte er internationale Karriere, als Komponist schuf er mit der Symphonie ›Aus der Neuen Welt‹ eine geniale Verquickung von böhmischer und amerikanischer Folklore. Und seine Oper ›Rusalka‹ wird bis heute weltweit in allen großen Häusern gespielt.

Den Weg in die Moderne wies ein weiterer urböhmischer Musikant, der freilich meist mehr mit Wien als mit Prag in Verbindung gebracht wird: **Gustav Mahler** (1860–1911), der seine Karriere als Kapellmeister am Neuen Deutschen Theater (heute Staatsoper) begann. Der Sohn jüdisch-deutscher Eltern aus dem Böhmerwald wurde zum Vorbild für eine ganze Komponistengeneration.

Konzertkultur

Klassische Musik und ihr Aushängeschild, das Festival ›Pražské jaro‹ (Prager Frühling), sind auch unter dem KP-Regime gepflegt worden. Traditionsgemäß mit ›Ma vlast‹ am 12. Mai, dem Todestag Smetanas, begonnen und am 3. Juni mit Beethovens Neunter Symphonie abgeschlossen, stellen die Festwochen dank der Mitwirkung renommierter Künstler und Ensembles aus dem In- und Ausland bis heute den alljährlichen Höhepunkt des tschechischen Musiklebens dar. Seit der Samtenen Revolution finden aber praktisch das ganze Jahr Konzerte statt.

Den schönsten Rahmen für große Orchester wie die Tschechische Philharmonie bieten der Smetana-Saal des Jugendstilgebäudes

Akkordeon-Duo vor einem Restaurant in Český Krumlov

Obecní Dům (Repräsentationshaus) und der Dvořák-Saal des Rudolphinums. Kleinere Gruppen oder Solisten musizieren – nicht nur in Prag – vorwiegend in historischen Räumlichkeiten, in Kirchen, Palais oder Palastgärten. Die wichtigsten Opernhäuser gibt es in Prag und Brünn. Konzentrierten sich früher die kulturellen Aktivitäten in großem Stil nahezu ausschließlich auf die Hauptstadt, so hat die Provinz nunmehr ebenfalls einiges zu bieten. Überall schießen nicht nur neu gegründete Festivals wie Pilze aus dem Boden, auch Einzelaktivitäten wie Konzerte in kleinen Dorfkirchen oder Gesangsabende in irgendeinem Schlösschen auf dem Lande verblüffen immer wieder aufs Neue durch ihr hohes Niveau.

Musiziert wird aber auch auf Volksfesten, Plätzen und in Fußgängerzonen, wo die böhmische Lust am Fiedeln, Blasen und Singen ihren fröhlichsten und ursprünglichsten Ausdruck findet. Auch Pop, Rock und Jazz, die bis 1989 nahezu ausschließlich im Untergrund blühten und als ›westlich-dekadent‹ verpönt waren, führen nicht mehr länger ein Schattendasein.

Literatur zweisprachig

Deutsche Dichter: Kafka, Kisch & Co

Bis zur Mitte des 19. Jh. führte die deutsche Literatur in Tschechien eher ein Schattendasein. Dabei war damals allein schon so gut wie halb Prag deutschsprachig. Aufgescheucht wurde die eher träge vor sich hin träumende Literaturszene der Hauptstadt erst durch die massive Zuwanderung begabter Juden aus der böhmischen Provinz, die bald in Schlüsselpositionen – in Redaktionen, politischen Klubs und Bibliotheken – saßen und sich mehrheitlich für Deutsch als Sprache ihrer Arbeiten entschieden.

Gegen Ende des Jahrhunderts aber kam es zu einer ernsthaften Spaltung. In den deutschsprachigen Randgebieten begann man sich von den betont urbanen, kosmopolitischen Prager Autoren abzuwenden, die ihrerseits mit der deutsch-böhmischen Heimatliteratur wenig anzufangen wussten. Es gab zwar verschiedene Versuche, die kulturelle Gemeinsamkeit zu retten, doch die Kluft wurde immer größer.

Ethnische Spannungen können aber auch durchaus fruchtbar sein, wie die Hochblüte der Prager Literatur in den ersten Jahrzehnten des 20. Jh. zeigt. Das Deutsche, Jüdische, Österreichische und Tschechische – diese vier Quellen speisten die Kreativität grandioser Autoren wie **Rainer Maria Rilke** (1875–1926), **Franz Werfel** (1890–1945) oder **Franz Kafka** (1883–1924). Dass die sensiblen Künstler das aufgeheizte Klima nicht lange ertrugen und lieber anderswo lebten, ist die Kehrseite der Medaille. Dennoch setzte jeder einzelne von ihnen dem geliebten Prag ein literarisches Denkmal: Rilke in seinen ›Zwei Prager Geschichten‹, Werfel im ›Trauerhaus‹ und im ›Veruntreuten Himmel‹, Kafka – indirekt und unausgesprochen – in vielen seiner Werke, in denen die hintergründige Atmosphäre der Moldau-Metropole stets gegenwärtig ist.

Einen der schönsten historischen Romane über Prag hat ein anderer Emigrant geschrieben: **Leo Perutz** (1882–1957), der in dem Buch ›Nachts unter der steinernen Brücke‹ die geheimnisvolle Welt Kaiser Rudolfs II., des weisen Rabbi Löw und des unermesslich reichen Kaufmanns Mordechai Meisl auferstehen lässt. Das jüdische Viertel ist auch der Schauplatz des Romans ›Der Golem‹ von **Gustav Meyrink** (1868–1932).

Bei **Max Brod** (1884–1968), dem Freund, Mentor und Nachlassverwalter Kafkas, kreuzten sich die Lebenslinien fast aller literarischen Persönlichkeiten dieser Epoche. Er war der Zeitzeuge und unermüdliche Biograph, dem wir heute das meiste Wissen über eine versunkene Ära verdanken. Als Kulturredakteur des berühmten ›Prager Tagblattes‹ scharte er die Literaten um sich, stellte aber auch die Verbindungen zur tschechischen Seite her. So entdeckte und übersetzte er auch Jaroslav Hašeks ›Abenteuer des braven Soldaten Schwejk‹ ins Deutsche.

Aus einem ganz anderen Holz war **Egon Erwin Kisch** (1885–1948) geschnitzt. Der ›rasende Reporter‹ hat sich in seinen Berichten und Feuilletons vor allem der Entrechteten angenommen. Seine Schilderungen des nächtlichen Prag, seine Berichte über Dirnen und Zuhälter, Bettler und Diebe hoben Zeitungsberichte in den Literaturhimmel.

Johannes Urzidil (1896–1970), im Jahr 1939 in die amerikanische Emigration getrieben, konnte – und wollte – auch in der Fremde seine Heimat nicht verleugnen, die er als ›Die verlorene Geliebte‹, so der Titel eines seiner ergreifendsten Bücher, beweinte. Urzidil war der letzte Vertreter einer übernationalen böhmischen Literatur in deutscher Sprache, als deren Stammvater Adalbert Stifter gilt. Groteskerweise beendete gerade der Einmarsch der deutschen Wehrmacht die Ära der deutschen Literatur in Böhmen jäh, brutal und bis heute.

Tschechische Literatur: Vom Schwejk zum Bafler

Die ›Kleinseitner Geschichten‹ und die›Bilder aus dem alten Prag‹ verdanken die Tschechen dem Schriftstellers **Jan Neruda** (1834–1891), der aus ärmlichen Prager Verhältnissen stammte. Nicht die große, weite Welt, sondern das Schicksal der kleinen Leute war stets das zentrale Thema Jan Nerudas in seinen zu Herzen gehenden Geschichten.

Die für die tschechische Literatur des 19. Jh. kaum weniger bedeutende **Božena Němcová** (1820–1862) landete mit ihrem idyllischen Roman ›Babička‹ (›Großmütterchen‹) einen Bestseller. Seit seinem Erscheinen im Jahr 1855 wurde das Werk, das sich noch immer ungebrochen gut verkauft, in mehr als 300 Ausgaben veröffentlicht. Eigentlich hieß die Autorin Barbara Pankl, eine gebürtige Wienerin, die allerdings bei ihrer böhmischen Großmutter aufgewachsen war. Ihre Babička hat sie zum Vorbild der Romanfigur genommen.

Literarische Unsterblichkeit erlangte der brave Soldat Schwejk des **Jaroslav Hašek** (1883–1923). Das ab 1912 in Heftform und wenige Jahre später auch als Buch erschienene Abenteuer dieses böhmischen Sancho Pansa, der hinter der Maske des tumben Toren das sture Gehorsamsprinzip des k. u. k. Militärapparates unterläuft, zählt zu den glänzendsten Satiren der Weltliteratur. Prompt nahmen sich auch Film und Fernsehen des

Schwejk an – erst mit Heinz Rühmann, dann mit Fritz Muliar in der Titelrolle. Am meisten verwundert über den Erfolg aber war dereinst der Autor selbst. Reich wurde Hašek, ein stadtbekannter Bohemien und Stammgast der schmierigsten Bierkneipen, allerdings nicht.

Ruhm und Geld brachen dafür mit der Verleihung des Literatur-Nobelpreises 1984 über den Lyriker **Jaroslav Seifert** (1901–1986) herein. Als einer der führenden Köpfe des Prager Frühlings 1968 blieb der großartige Dichter, der die Befreiung seines Landes nicht mehr erleben durfte, bis zu seinem Tod politisch aktiv.

Einer, der sich mit Schwejkscher List den Nachstellungen und Schikanen des alten Regimes weitgehend entzogen hatte, war **Bohumil Hrabal** (1914–1997). Populär wie sein großes Vorbild Hašek, dem er auch in der Liebe zum Hopfen- und Malzgebräu durchaus das Bier reichen konnte, schuf der ungekrönte Prager Schriftstellerkönig unserer Tage die Figur des ›Baflers‹ (Pabitel). Geschickt hatte Hrabal in den Suaden dieses selbstgefällig erzählenden Schwätzers so manch herbe Systemkritik versteckt. Auch als Romancier gehört Hrabal zu den ganz Großen – man denke nur an ›Ich habe den englischen König bedient‹ oder an ›Hochzeiten im Hause‹.

Nicht vergessen darf man natürlich **Milan Kundera** (*1929), der sich mit ›Die unerträgliche Leichtigkeit des Seins‹ und ›Die Unsterblichkeit‹ selbst unsterblich schrieb.

Natürlich sei auch **Václav Havel** (*1936) erwähnt, der kritische Schriftsteller und Theaterautor, der erst als Dissident und später als Präsident wesentliche Kapitel der Zeitgeschichte seines Landes mitbestimmte. Zu seinen bekanntesten Werken gehören die ›Briefe an Olga‹, mit denen er seiner ersten, früh verstorbenen Frau ein literarisches Denkmal setzte. Und wer mehr über die Lebensphilosophie Václav Havels erfahren möchte, der vom gedemütigten Häftling zur Galionsfigur Tschechiens aufgestiegen ist, dem sei die Lektüre von ›Versuch, in Wahrheit zu leben‹ empfohlen.

Filmkunst vom Feinsten

Nur einige wenige Herzschläge lang ist die Hauptdarstellerin zu sehen, wie Gott sie schuf. Diese kurze Sequenz in dem 1933 von **Gustav Machatý** (1901–1963) in Prag gedrehten Streifen ›Ekstase‹ rückte die tschechoslowakische Filmkunst mit einem Schlag ins Licht der internationalen Öffentlichkeit. Das Werk, 1934 bei den Filmfestspielen in Venedig frenetisch gefeiert, galt für Jahrzehnte als Skandal schlechthin und bescherte der Österreicherin Hedy Kiesler unter ihrem Künstlernamen Hedy Lamarr sogar eine mittlere Hollywoodkarriere.

Filmgeschichte aber schrieb der Streifen in erster Linie seiner exzellenten Kamera- und Schnitttechnik wegen. Schon damals ließen die von einem Onkel Václav Havels am Stadtrand von Prag um 1930 errichteten **Barrandov-Studios** erahnen, dass tschechische Filmkünstler bald zu den besten der Welt gehören würden. Bereits 1896 hatte der tschechische Lumiere-Schüler Jan Kříženecký die ersten beweglichen Bilder festgehalten. Entsprechend der Begeisterung des Publikums befand sich vor dem Ersten Weltkrieg mehr als ein Drittel der insgesamt 700 Kinos der K.-u.-k.-Monarchie auf böhmischen Boden. Die Themen der in der Ersten Republik gedrehten Stummfilme reichten von Hašeks ›Schwejk‹ bis zu Němcovás ›Babička‹. 1930 entstand der erste tschechische Tonfilm, ›Tonka Šibenice‹ (Galgentoni) wurde nach einem Theaterstück von Egon Erwin Kisch gedreht. Ein Erfolg jagte den nächsten, denn es herrschte weder an Filmstoffen noch an Filmkünstlern Mangel. Eine gleichzeitig mit den Barrandov-Studios eröffnete Schule sorgte nämlich für eine fundierte Ausbildung der Regisseure und Kameraleute.

Als Bremse auf dem steilen Weg nach oben fungierte freilich einmal mehr die Politik. Während der Nazi-Okkupation regierten natürlich auch in Barrandov die Handlanger des Reichspropagandaministers Joseph Goebbels, und nach der kommunistischen Machtübernahme wurde die Filmindustrie erneut streng an die Parteikandare genommen.

Der Film ›Želary‹ des tschechischen Regisseurs und Produzenten Ondrej Troja war 2004 für den Oskar ›Bester fremdsprachiger Film‹ nominiert

Bereits zu Beginn des KP-Regimes entstanden die ersten großen **Puppen- und Trickfilme**, unverdächtige Produktionen für Kinder mit Künstlern wie **Jiří Trnka**, **Jan Švankmajer** oder **Karel Zeman**, die mit den zauberhaften Streifen Weltruhm erwarben. Wer hat sich, um eine der populärsten Serien für Kinder herauszugreifen, nicht gerne von Pan Tau in eine bunte Zauberwelt entführen lassen? Eine Dokumentation über die große Zeit dieser Kleinkunst findet sich im südböhmischen Renaissanceschloss Kratochvíle.

Die Blüte des tschechischen Films fällt zweifellos in die 60er Jahre, als sich erstmals ein politisches Tauwetter abzeichnete. Als der Vorhang 1968 fiel, drehte der renommierte Regisseur **Jiří Menzel** noch die Satire ›Lerchen am Faden‹. In die Kinos des Landes aber kam der Streifen erst nach der Samtenen Revolution, also 21 Jahre später.

1983, noch vor dem Ende der Eiszeit, kehrte einer der prominentesten Emigranten nach Prag zurück. Allerdings nur für ein halbes Jahr, denn so lange benötigte der in Hollywood zu Weltruhm aufgestiegene Regisseur **Miloš Forman** für die Dreharbeiten an dem mit nicht weniger als acht Oscars ausgezeichneten Meisterwerk ›Amadeus‹.

Auch Schauspielprominenz wie Bruce Willis, Sean Connery oder Anthony Hopkins pilgerte nach Prag, um die perfekte Infrastruktur der Barrandov-Studios – im Laufe der Jahrzehnte entstanden hier mehr als 2500 Filme – zu nutzen. Heute werden in der ›Traumfabrik an der Moldau‹ jährlich an die 200 Millionen Euro umgesetzt, der Großteil davon kommt aus dem Ausland.

Das tschechische Kino der jüngsten Zeit dominieren **Jan** und **Žděněk Svěrák**, deren berührender Streifen ›Kolja‹ 1998 mit dem Oscar für den besten fremdsprachigen Film prämiert wurde, während es **Jan Hřebejk** für ›Wir müssen zusammenhalten‹ 2001 immerhin zu einer Oscar-Nominierung brachte. ebenfalls **Ondřej Trojan** für ›Želary‹ 2004. Mangels ausreichender staatlicher Filmförderung sind die meisten Regisseure aber jetzt gezwungen, sich ihr Geld mit Kommerzfilmen für das Fernsehen zu verdienen, während in den Kinos US-Produktionen laufen.

Essen und Trinken

Die Zeiten langweiliger Einheitskost sind endgültig vorbei. Glücklicherweise gerieten all die verführerischen Köstlichkeiten der böhmisch-mährischen Küche nicht in Vergessenheit. Heute tischt man wieder so phantasievoll und selbstbewusst wie eh und je die regionale Spezialitäten auf.

Nach entbehrungsreichen Jahren, in denen die gute böhmische Kochtradition in der Gastronomie in Vergessenheit zu geraten drohte, isst man heute auch als Tourist im ganzen Land wieder gut. Die altbewährten Privatrezepte böhmischer Großmütter finden in immer mehr Restaurants und Gasthäusern neue Wertschätzung. Freilich trauen sich viele Jungunternehmer auf der anderen Seite noch immer nicht so recht, Landestypisches anzubieten, und verlegen sich auf Pseudointernationalität. Beim Besuch einheimischer Lokale riskiert man jedoch wenig, in Bierstuben oder Weinkellern, wo der Duft von knusprigem Schweinebraten und würzigem Sauerkraut die Luft gemütlich schwängert und die dazugehörigen locker-leichten Knödel ankündigt.

Fleischeslust und süße Sünden

Essen kann man eigentlich zu jeder Tageszeit, schon am frühen Vormittag erhält man in den meisten Kneipen ein deftiges Gabelfrühstück, wobei die Auswahl ebenso Aufschnitte und Käse wie warme Würstchen aller Art umfasst. Dabei reicht die Palette von den dünnen ›párky‹, die wie etwas fade Frankfurter oder Wiener schmecken, bis zu den fetten, mit Knoblauch gewürzten und stark paprizierten ›klobásy‹. Geschmacklich dazwischen liegen die ›vurty‹, bei der die dicke Haut mitgegessen und deren Frische durch einen Gabelstich getestet wird.

Für den kleinen Hunger empfiehlt sich auch eine Portion ›utopenec‹ (der Ertrunkene): Die in Essig und Zwiebel eingelegte Speckwurst mundet nicht nur ausgezeichnet, sie legt auch eine gute Grundlage für das unvermeidliche Bier, das unabhängig von der Tageszeit einfach dazu gehört. Weitere Kleinigkeiten, die zum schäumenden Gerstensaft besonders gut munden: ›nakládaný hermelín‹, ein mit Zwiebeln, Knoblauch, Paprika und Gewürzen in Öl eingelegter Camembert, sowie ›korbáček‹, kleine, geflochtene Zöpfe aus sehr salzigem Käse. Dann die tschechische Variante des Fleischkäses, ›sekaná‹ genannt, oder Fischiges wie Rollmöpse (zavináč) oder Matjesheringe (matjesy).

Wem dabei bereits das Wasser im Mund zusammenläuft, den führen zarter Gänsebraten oder gefüllte Entenbrust, gebeizter Rehschlegel oder Hasenpastete in den Himmel der Fleischeslust. Die Tschechen selbst leisten sich Köstlichkeiten dieser Art, die natürlich ihren Preis haben, nur zu besonderen Anlässen. Im Alltag konsumiert man in erster Linie Geflügel- und Schweinefleisch, wobei sich der Verbrauch längst auf den mitteleuropäischen Durchschnitt eingependelt hat.

Ein nicht zu vernachlässigendes Kapitel sind die böhmischen Fischgerichte. Die einstige Fastenspeise des Klerus, in Böhmens Klöstern raffiniert verfeinert, fand bald auch in der Küche des einfachen Volkes Aufnahme. Als besondere Delikatesse gelten Schwarze Karpfen aus den südböhmischen Teichen, die keineswegs nur zu Weihnachten

Gänseragout mit böhmischen Knödel und Rotkraut: typisch böhmische Küche

auf den Tisch kommen. Gern delektiert man sich aber auch an Forelle blau oder Hecht gespickt und gebraten, Zander gratiniert oder Aal in Rotwein gedämpft.

Um das Maß voll – und den Gürtel endgültig weiter – zu machen, sei nun noch eine kleine Auswahl böhmischer Mehlspeisen vorgestellt, wie die kalorienreichen süßen Sünden so verharmlosend genannt werden. Von Obstknödeln aus Kartoffel-, Topfen- oder Brandteig und Strudeln mit verschiedenen Füllungen reicht die Palette über Powidltascherl, Zwetschgenpovesen und Liwanzen bis zu böhmischen Dalken, Dukatenbuchteln, Kaiserschmarrn und Palatschinken. Was sich hinter den für norddeutsche Ohren ganz und gar exotisch klingenden Namen verbirgt, wird nicht verraten. Wer prinzipiell Süßes mag, soll getrost bestellen und sich einfach überraschen lassen.

Der erste Kochbuch-Bestseller böhmischer Küche ist ein bis heute unübertroffenes Standardwerk, veröffentlicht 1838 von Magdalena Dobromila Rettigová unter dem Titel ›Hausköchin‹. Dank dieser in Salzburg erschienenen Rezeptsammlung waren böhmi-

Pivo vom Fass

sche Spezialitäten – im wahrsten Sinne des Wortes – bald auch in Bayern und Österreich in aller Munde. Wer selbst böhmisch kochen möchte, findet in jeder größeren Stadt eine Auswahl an deutschsprachigen Kochbüchern.

Als kulinarisches Souvenir, bei dem man kein Misslingen riskiert, bietet sich hingegen der weltberühmte ›Prager Schinken‹ an. Er ist einfach der beste, den es gibt, heißt es, stets saftig und zart.

Eine Spezialität ist auch der berühmte Olmützer Quargel, dessen Qualität man oft kopiert, aber anderswo nie erreicht hat. Mit Butter und Zwiebeln serviert, verströmt dieser würzige, langsam gereifte Quarkkäse sein unverkennbares Aroma. Für den Transport luftdicht verpackt, bietet er sich ebenfalls als kulinarisches Mitbringsel an, mit dem man sich noch dazu garantiert den Duft Böhmens nach Hause holen kann.

Bier als Lebenselixier

Pivo – in allen slawischen Sprachen gibt es nur dieses eine Wort für das Lieblingsgetränk der Tschechen, die mit einem Pro-Kopf-Verbrauch von 160 Litern pro Jahr unangefochten den Quantitäts- und mit ihrem Pilsner und Budweiser den Qualitäts-Weltrekord erfolgreich verteidigen.

Nach dem sagenhaften König und Schutzheilgen des Biers Gambrinus ist eine der beliebtesten Marken benannt. Nach einer 2005 durchgeführten Umfrage rangiert das Gambrinus aus Pilsen in der Gunst der Kenner an zweiter Stelle und liegt damit nur knapp geschlagen hinter dem zum besten aller Biere erklärten Pilsner Urquell. Den dritten und vierten Platz belegen Radegast und Budweiser, während sich Staropramen mit dem fünften Rang begnügen muss.

Unumstritten ist jedoch die Standardmenge, in der Bier traditionellerweise im ganzen Land ausgeschenkt wird: Kleinere Gläser als Halb-Liter-Krüge sind schlicht und einfach verpönt. Niemals, und das sei allen Liebhabern der in Bayern ›Radler‹ genannten Bier-Limonaden-Mischung gesagt, würde ein Tscheche sein Lieblingsgetränk mit irgendetwas anderem – und sei es der teuerste Champagner – verwässern.

Aufgrund neuer Technologien und moderner Brauanlagen nimmt die Anzahl der Brauereien bei steigender Produktion stetig ab. So verzeichnete man 1712 mit 1294 Brauereien eine seither nie mehr erreichte Dichte, 200 Jahre später waren es nur noch 648 Brauereien, die allerdings die zehnfache Menge produzierten. 1950 gab es noch 176 Betriebe, im heutigen Tschechien wird Bier in insgesamt 50 industriellen Brauereien und kleinen bis Kleinstbrauereien mit angeschlossener Gaststätte gebraut. Außer dem berühmten U Fleků in Prag, wo man sich seit 1499 auf die edle Braukunst versteht, sind alle anderen kleinen Betriebe erst nach 1991 entstanden.

Offiziell werden in Tschechien fünf Bierkategorien unterschieden, wobei das entscheidende Kriterium der Gehalt der ursprünglichen Stammwürze in Prozent ist. Zur Auswahl stehen: Porter (mindestens 18 %, dunkel), Spezial (mindestens 13 %), Lager (11–12 %), Schankbier (8–10 %) und Leichtbier (maximal 7 %). Knapp 63 % der tschechischen Bierproduktion sind Schankbiere, 34 % Lagerbiere. Die übrigen Produkte wie Leicht- und Spezialbiere bilden nach wie vor einen vernachlässigbaren Anteil.

Weinanbau: Klein, aber fein

Dass die Nation der Biertrinker aber auch einen guten Tropfen edlen Rebensafts durchaus zu schätzen weiß, davon zeugen die traditionellen Weinanbaugebiete in Südmähren und nördlich von Prag. Und immerhin wird die Hälfte des heimischen Verbrauchs mit inländischen Produkten gedeckt.

Etwa 90 % der Rebflächen befinden sich im Südosten des Landes zwischen Brünn und der österreichischen Grenze. Die Weingärten liegen an den Donau-Nebenflüssen Svratka, Morava (March) und Dyje (Thaya). Böhmen hingegen kann mit 1000 ha Anbaugebieten an der Elbe und ihren Nebenflüssen punkten. Generell werden zu 80 % Weißweine produziert.

Nach dem tschechischen Qualitätssystem unterteilt man die Rebsorten in die Klassen A und B. Die vorherrschenden Sorten sind Riesling, Veltliner, Weißburgunder, Welschriesling, Traminer, Sauvignon Blanc, St. Laurent und Müller Thurgau sowie Blauer Portugieser und Blauburgunder. Es gibt drei Qualitäts-Kategorien Markenweine, bei denen es sich meist um Verschnitte handelt: die Güteklassen Ia, Ib, II und III sowie flaschengereifte Archivweine mit Jahrgangsangabe.

Tschechiens Beitritt zur Europäischen Union brachte für die heimischen Winzer eine große Herausforderung. Am 30. April 1994 war die Frist für die Anlage neuer Weingärten abgelaufen, nach diesem Stichtag galt das Weingesetz der EU, das eine Ausdehnung der bestehenden Anbauflächen nicht mehr gestattet. Das bedeutet, dass die Weinbauern seither nur noch auf eine Erhöhung der Qualität setzen können, was angesichts des Wettbewerbs auf dem Binnenmarkt ohnedies unerlässlich geworden ist.

Heute konsumieren nicht nur die Einheimischen weiterhin am liebsten einen guten Tropfen aus den eigenen Weingärten, auch Touristen auf der Suche nach Landestypischem bestellen vorzugsweise Weine aus Mähren und Böhmen. In diesem Sinne »Na zdraví!« – prost – und wohl bekomm's!

Kulinarisches Lexikon

Frühstück (snídaně)

chléb	Brot
džem	Konfitüre
máslo	Butter
med	Honig
míchaná vejce	Rührei
omeleta	Omelette
salám	Wurst
sázené vejce	Spiegelei
sýr	Käse
vejce (na měkko/ na tvrdo)	Ei (weich/ hart)

Vorspeisen (předkrm)

bílá polévka	weiße (gebundene) Suppe
bramborová polévka	Kartoffelsuppe
česnecka polévka	Knoblauchsuppe
chlebíčky	belegte Brötchen
cibulová	Zwiebelsuppe
drštková (polévka)	Kuttelflecksuppe
karbanátek	Hamburger
klobása	Wurst
obložená vejce	garnierte Eier
olomoucké tvarůžky, syrečky	Olmützer Quargel, Laibchen
polévka	Suppe
Pražská šunka	Prager Schinken
uzený jazyk	geräucherte Zunge
vývar s játrovýrni knedlíčky	Bouillon mit Leberknödel
zeleninová	Gemüsekrautsuppe

Hauptgerichte (hlavní jídla)

bažant	Fasan
biftek	Steak
candát	Flussbarsch
dančí pečeně	Damwildbraten
drůbež	Geflügel
(hovězí-) guláš	(Rinder-) Gulasch
husa	Gans
játra	Leber
jelení	Hirsch
jelení pečeně	Hirschbraten
kachna	Ente
kapr	Karpfen
kapr, na kmíně, na česneku	Karpfen, auf Kümmel oder auf Knoblauch gebraten
králík	Kaninchen
krocan	Pute
kuře	Huhn
ledvinka	Niere
maso	Fleisch
moravský vrabec	Mährische Spatzen (gebratene Stücke Schweinefleisch)
pečeně	Braten
pečená husa	Gänsebraten
pečená kachna	Entenbraten
platýs	Scholle
pstruh	Forelle
řízek	Schnitzel
roštěnka	Rostbraten
ryba	Fisch
selská pečeně	Bauernbraten (Schweinefleisch mit viel Knoblauch)
smažený kapr	panierter Karpfen
smažený řízek	paniertes Schnitzel
smažený sýr	panierter Käse (Art Camembert)
španělský ptáček	gefüllte Rindsroulade
srnčí pečeně	Rehkeule, -rücken
svíčková pečeně na smetanová omáčka	Lendenbraten mit Sahnesauce
telecí	Kalbfleisch
těstoviny	Nudeln, Teigwaren
uzeniny	Wurst
vepřový	Schweine-
vepřová pečeně s knedlíkem a kyselým zelím	Schweinebraten mit Knödeln und Sauerkraut
znojemská pečeně	Znaimer Braten (Rindfleisch, gespickt, garniert mit Gewürzgurke
zvěřina	Wild

Beilagen / Gemüse (přílohy / zelenina)

bezmasá jídla	Vegetarische Gerichte
brambory	Kartoffel
bramborové šišky	Kartoffelnudeln
bramborové knedlíky	Kartoffelknödel
česnek	Knoblauch
chřest	Spargel
cibuly	Zwiebeln
čočka nakyselo	saure Linsen
fazolky	Bohnen
houby	Pilze
houskové knedlíky	Semmelknödel
hrachová kaše	Erbsenpüree
hranolky	Pommes frites
hrášky	Erbsen
knedlíky	Knödel/Klöße
křen	Meerrettich
květák	Blumenkohl
kyselé zelí	Sauerkraut
mrkev	Karotten
okurka	Gurken
paštička	Pastete
rajčata	Tomate
rýže	Reis
salát	Salat
špekové knedlíky	Speckknödel
špenát	Spinat
tuřín	Rübe
čampion	Champignon
zelí	Kohl

Obst (ovoce)

banán	Banane
broskev	Pfirsich
hroznové víno	Weintrauben
hruška	Birne
jablko	Apfel
jahoda	Erdbeere
merunka	Aprikose
ořechy	Nüsse
pomeranč	Orange
švestky	Pflaumen
třešně	Kirschen

Nachspeisen (moučník)

koláč	Kuchen
kompot	Kompott
lívance	Liwanzen (in Fett gebratene Plätzchen aus Hefeteig)
ovocné knedlíky	Obstknödel
palačinky	Pfannkuchen
šlehačka	Schlagsahne
tvarohové knedlíky s ovocem	Quarkknödel mit Obst
větrník se šlehačkou	Windbeutel mit Sahne
závin (jablkový/ makový)	Strudel (Apfel-/ Mohn-)
zmrzlina	Eiscreme

Sonstiges

cukr	Zucker
flaška	Flasche
hořčice	Senf
oběd	Mittagessen
ocet	Essig
olej	Öl
omáčka	Sauce
pepř	Pfeffer
sklenice	Glas
sůl	Salz
večeře	Abendessen

Getränke (nápoje)

čaj	Tee
džus	Fruchtsaft
horká čokoláda	heiße Schokolade
káva (s mlékem/ espreso)	Kaffee (mit Milch/ schwarz)
limonáda	Limonade
minerálka	Mineralwasser
mléko	Milch
pivo	Bier
sodovka	Sodawasser
víno (bílé/růžové/ červené, suché/sladké)	Wein (weiß/rosé/ rot, trocken/süß)
voda	Wasser

Abendstimmung in den Gassen von Český Krumlov

Wissenswertes für die Reise

Informationsquellen

Infos im Internet

Alles über Land und Leute

www.czecot.cz Hier findet man kurz und bündig, was man ganz allgemein über Tschechien wissen möchte.

www.czech.cz Detaillierte Tschechien-Informationen über die Geschichte und das politische System von heute, über Land und Leute, Kultur, Kunst und berühmte Tschechen des 20. Jh. Außerdem Interessantes aus den Bereichen Sport, Wirtschaft, Kommunikation und Medien.

Touristische Informationen

www.travelguide.cz Informationen über Unterkünfte, Speiselokale, Reiseagenturen, Fremdenführer, Transportmöglichkeiten und Autovermietungen.

www.czech-hotels.info Detailierte Auskünfte über das Übernachtungsangebot in Tschechien.

www.eceat.cz Europäisches Zentrum für Öko-Agro-Tourismus: Unterkünfte auf dem Land, Ferien auf dem Bauernhof, kleine Campingplätze, Bed & Breakfast, Familienherbergen.

www.travellers.cz Landesweites Herbergsangebot.

www.camp.cz Campingplätze in der tschechischen Republik.

www.rekus-rekan.cz Unterkunftsmöglichkeiten in Prag: Hotels, Pensionen, Herbergen, Campingplätze, aber auch Angaben über Restaurants, Theater, Museen und Taxis in der Hauptstadt.

www.prague-info.cz Prager Informationsdienst mit aktuellen touristischen Informationen aller Art.

www.a-zprague.cz Wo man in Prag preiswert wohnen, essen und trinken kann. Hinweise auf Bars, Weinstuben und Clubs sowie das sonstige Unterhaltungsangebot.

www.squaremeal.cz Reservierungssystem für Prager Restaurants.

Kulturveranstaltungen

www.ticketsbti.cz Bohemia Ticket International: Eintrittskartenbestellung, Programme für Theater, Musicals, Konzerte, Marionettenaufführungen, Schwarzes Theater u. v. m.

www.ticketpro.cz Spezialisiert auf Konzerte, Eintrittskarten online.

www.festival.cz Alles über das alljährlich stattfindende Musikfestival ›Prager Frühling‹.

www.pragueautumn.cz Was man über das Musikfestival Prager Herbst wissen möchte.

www.tanecpha.cz Tanec Praha: Das Internationale Festival des zeitgenössischen Tanzes und des Bewegungstheaters ist im Ausland noch viel zu wenig bekannt. Ein echter Geheimtipp!

www.czech-inspiration.cz Kulturveranstaltungen in beliebten Touristenzentren wie Český Krumlov, Hradec Králové, Kutná Hora, Litomyšl, Polička, Telč.

www.mhfb.cz Internationales Musikfestival von Brünn.

www.iffkv.cz Internationales Filmfestival in Karlsbad.

Burgen, Schlösser, Museen, Galerien

www.zamky-hrady.cz Historischer Hintergrund und Kurzbeschreibungen der bedeutendsten und am häufigsten besuchten Schlösser und Burgen, Öffnungszeiten und Eintrittspreise.

www.cz-museums.cz Eine repräsentative Auswahl vom kleinsten Privatmuseum in der Provinz bis zur Nationalgalerie in Prag.

Unterwegs in Tschechien:

www.czech-airlines.com Flugpläne
www.cdrail.cz Fahrpläne der Bahnen
www.bus.cz Fahrpläne der Buslinien
www.dp-praha.cz Öffentliche Verkehrsmittel in Prag
www.uamk.cz Tschechischer Automobilklub
www.holidayinfo.cz Wetter- bzw. Schneebedingungen in den tschechischen Bergen

Natur- und Kulturerbe

www.heritage-trails.cz Die Kulturschätze und erhaltenswerten Landschaften, die die UNESCO unter Schutz stellte

Kurorte

www.spas.cz Auflistung aller tschechischen Kurorte.

Touristeninformationen, Fremdenverkehrsämter

Für Beratung, Infos und Prospektmaterial empfehlen sich die Zweigstellen der Tschechischen Zentrale für Tourismus:

... in Deutschland:
Tschechische Zentrale für Tourismus
Friedrichstr. 206, D-10969 Berlin
Tel./Fax 030/204 47 70
info1-de@czechtourism.com
Mo 14–18, Di–Fr 10–13 und 14–18 Uhr
Lerchenfeldstraße 20, D-80583 München
Tel. 089/54 88 59 14, Fax 089/54 88 59 15,
Info2-de@czechtourism.com
Mo-Fr 9-17 Uhr

... in Österreich:
Tschechisches Zentrum/
Zentrale für Tourismus
Herrengasse 17, A-1010 Wien
Tel. 01/53 32 19 33, Fax 01/53 32 19 34
Info-at@czechtourism.com
Mo–Fr 9–12 und 13–17 Uhr

... in der Schweiz:
Tschechische Zentrale für Tourismus,
Čedok-Zürich
Am Schanzengraben 11, CH-8002 Zürich
Tel. 044/287 33 44, Fax 044/287 33 45
kohler@czechtourism.com
Mo–Fr 9–12 und 13–17 Uhr

... Zentrale in Prag:
Vinohradská 46, 12041 Praha 2
Tel. 221 580 111, Fax 224 247 516
info@czechtourism.cz
Mo–Fr 8.30–12 und 13–16 Uhr

Karten

Aktuelle **Generalkarten** zu Tschechien haben u. a. MairDumont, Falk und Freytag & Berndt aufgelegt, **Stadtpläne** von Prag Falk und ADAC. Detailkarten für **Autofahrer** finden sich auch im Angebot des RV-Verlages (RV Reiseatlas).

Wanderkarten gibt es vom Tschechischen Wanderklub (Klub Českých Turistů, KČT, Maßstab 1:50 000). Die größte Auswahl bietet allerdings der tschechische Verlag SHOCart mit einem **Touristischen Wanderatlas** Tschechien, der einen kompletten Satz von 72 Karten im Maßstab 1:50 000 mit zahlreichen touristischen Hinweisen auch in deutscher Sprache enthält. Die Blätter sind aber auch einzeln erhältlich. Des Weiteren hat SHOCart eine **Straßenkarte** mit Ortsverzeichnis (1:250 000), einen touristischen **Autoatlas** (1:100 000), **regionale Landkarten** (Böhmerwald, Isergebirge, Adlergebirge, Erzgebirge mit Elbsandsteingebirge, Riesengebirge, 1:50 000), eine **Camping-Autokarte** (1:500 000), einen **Fahrradatlas** (1:100 000) und sogar einen **Wassersportatlas** mit Streckentabellen der böhmischen und mährischen Flüsse auf den Markt gebracht. Bestellen kann man die Karten unter www.mapfox.de, man bekommt sie aber auch vor Ort in Buchhandlungen und in der Touristeninformation.

Diplomatische Vertretungen

siehe Seite 69

Lesetipps

Die Literatur über Böhmen und Mähren – deutschsprachige Autoren und Übersetzungen – füllt ganze Bibliotheken. Hier eine kleine Auswahl:

Romane und Erzählungen

Grusa, Jiří: ›Gebrauchsanweisung für Tschechien und Prag‹ (Piper, 2003). Der ehemalige tschechische Botschafter in Deutschland zeichnet ein weit über gängige Klischees hinausreichendes Bild seines kleinen Landes und dessen großen Traditionen.

Hašek, Jaroslav: ›Die Abenteuer des braven Soldaten Schwejk‹ (Suhrkamp, 2000). Der weltberühmte Schelmenroman über den Widerstand eines kleinen Mannes gegen die K.-u.-k.-Militärbürokratie rund um den Ersten Weltkrieg.

Havel, Václav: ›Briefe an Olga‹ (Rowohlt, 1990). In den während seiner mehrjährigen Haft »wegen Verbreitung schädlicher Schriftstücke« verfassten Briefen an seine damalige Frau schildert der Dichter und spätere Staatspräsident die Zustände in der KP-Diktatur.

Hrabal, Bohumil: ›Hochzeiten im Hause‹ (Suhrkamp, 1995). Autobiographische Chronik einer Ehe aus der Sicht einer Frau, erzählt von einem Mann. Hinreißend wie alle Romane des grandiosen Erzählers.

Kafka, Franz: ›Das Schloss‹ (Vitalis, 2005). Die beklemmende Geschichte eines gedemütigten, namen-, wehr- und rechtlosen Niemands, der auf eine Anstellung bei einer Behörde im Schloss hofft.

Kafka, Franz: ›Der Prozess‹ (Suhrkamp, 2005). Kafkas groß angelegte Parabel über die menschliche Schuld.

Kohout, Pavel: ›Wo der Hund begraben ist‹ (Goldmann, 1991). Autobiographische Geschichte des ›politischen Hundelebens‹ eines vom KP-Regime Geächteten und Verfolgten. Die Machthaber konnten zwar den Hund vergiften, den Autor und seine Frau ausbürgern, nicht aber ihr Gedächtnis ausschalten, ihre Lebenskraft und ihren Humor.

Kundera, Milan: ›Die unerträgliche Leichtigkeit des Seins‹ (Fischer, 1997) ist eine verschlungene Liebesgeschichte zur Zeit des Kalten Krieges. Ein höchst witziger und intelligenter Roman, mit dem der tschechische, heute in Paris lebende Autor weltberühmt wurde.

Mann, Golo: ›Wallenstein‹ (Fischer, 2004). Ein exzellentes, lebendiges Porträt der schillernden Gestalt des Kriegsherrn und Friedensstifters Wallenstein.

Němcová, Božena: ›Die Großmutter‹ (Vitalis, 2002). Grandiose Schilderung der ländlichen Sitten und Gebräuche in Böhmen.

Neruda, Jan: ›Kleinseitner Geschichten‹ (Vitalis, 2005). Köstliche Episoden aus dem Leben der »kleinen Leute« im Viertel unter der Prager Burg im 19. Jahrhundert.

Perutz, Leo: ›Nachts unter der steinernen Brücke‹ (dtv, 2002). 14 Erzählungen aus dem alten Prag am Vorabend des Dreißigjährigen Krieges. Als roter Faden dient die Traumliebe Kaiser Rudolfs II. zur schönen Jüdin Esther.

Stifter, Adalbert: ›Witiko‹ (dtv, 2005). Der große Roman des österreichischen Schriftstellers über das böhmische Adelsgeschlecht der Witikonen und dessen sagenhaften Stammvater Witiko.

Viewegh, Michal: ›Blendende Jahre für Hunde‹ (Piper, 2000). Das skurrile, aberwitzige Leben eines hoch intelligenten Jungen im Böhmen der 1960er und 1970er Jahre und eine satirische Abrechnung mit dem KP-Regime.

Wagenbach, Klaus: ›Kafkas Prag‹ (Wagenbach, 1993). Auf den Spuren des Dichters von Schule, Universität und Büro bis zu Cafés, Theater und Parks.

Werfel, Franz: ›Der Abituriententag‹ (Fischer TB, 2004). Atmosphärisch dichte Schilderung einer alles andere als ungetrübten Schulzeit zu Beginn des 20. Jh. in Prag.

Sachbücher

Salfellner, Harald: ›Prag. Die Goldene Stadt‹ (Vitalis, 2006). Ein prächtiger Bildband, der die Moldau-Metropole von ihrer Schokoladenseite zeigt.

Salfellner, Harald: ›Die besten böhmischen Rezepte‹ (Vitalis, 2004). Das schön bebilderte Buch zeigt die Vielfalt dieser Küche auf.

Kultur oder Natur? Oder etwa beides?

Auf einen kurzen Nenner gebracht: Alles ist möglich! Oder fast alles, denn nach Meeresküsten oder Gletschern wird man in der Tschechischen Republik vergebens Ausschau halten. Doch abgesehen davon bleibt kaum ein Urlaubswunsch unerfüllt.

Egal, ob man jung oder alt ist, ob man sportlich aktiv sein will oder vor allem Entspannung und Ruhe sucht, ob man sich mehr für Kultur oder eher für die Natur interessiert – für jeden ist in der touristischen Palette etwas dabei, und wie kaum anderswo lassen sich die verschiedenen Ansprüche in Tschechien unter einen Hut bringen.

Wer Stadtluft atmen möchte, dem steht außer Prag noch eine ganze Reihe lohnender Ziele zur Auswahl. So ist Brünn (Brno) ebenso eine Reise wert wie noch Pilsen (Plzeň), Olmütz (Olomouc) oder Tábor. Soll es hingegen ein Kuraufenthalt sein, kann man zwischen den weltberühmten Kurorten Karlsbad (Karlovy Vary) und Marienbad (Mariánské Lázně) wählen, aber auch unter kleinen, feinen Bädern wie dem nordböhmischen Teplitz (Teplice) oder dem südmährischen Luhatschowitz (Luhačovice).

Auch für Sportliche ist Tschechien ein wahres Paradies. In der warmen Jahreszeit kann man wandern, bergsteigen, klettern, Rad fahren, golfen oder reiten, in den Wintermonaten Ski fahren, langlaufen und rodeln oder schlicht und einfach gemütlich spazieren gehen (siehe Stichwort Aktivurlaub).

Romantiker kommen in Böhmens Burgen und Schlössern voll auf ihre Kosten, Wissbegierige werden sich für die prachtvollen Klöster mit ihren wertvollen Bibliotheksbeständen begeistern. Naturliebhaber wiederum finden eine intakte Fauna und Flora vor allem in Südböhmen und Südmähren, ganz besonders im Böhmerwald, aber auch im sanften Hügelland Südmährens.

Was ist sehenswert?

Sieht man einmal von Prag ab, zieht es Reisende vor allem nach Südböhmen mit der Perle Český Krumlov und Südmähren mit seinen Weinkellern und barocken Schlössern. An dritter Stelle rangiert Westböhmen mit dem Bäderdreieck Karlsbad, Marienbad und Franzensbad.

Mittelböhmen rund um Prag kann nicht nur mit der Burg Karlstein, sondern auch mit einer Reihe von gut erhaltenen Schlössern an Moldau und Elbe aufwarten. Noch ein Geheimtipp ist Ostböhmen, die Heimat von Božena Němcovás ›Großmütterchen‹. Rund um Nachod verstecken sich wildromantische Felslandschaften, rund um Königgrätz (Hradec Králové) finden sich bezaubernde kleine Städte und Bauerndörfer.

Ein Stiefkind des Tourismus bleibt weiterhin der Nordosten des Landes, der zwar mit dem Naturschutzgebiet Böhmisches Paradies (Český Ráj) und dem Wallensteinschloss Friedland (Frýdlant), aber auch mit den schwer geschädigten Wäldern des Riesengebirges aufwartet. Dementsprechend dürftig ist auch die Infrastruktur – ausgenommen die Skiorte. Man findet zwar überall ein Dach über dem Kopf, doch bleibt die Auswahl an besseren Hotels und Restaurants noch gering.

Zu guter Letzt bleibt Nordmähren. Wären da nicht die wunderschöne Stadt Olmütz (Olomouc) und so mancher hübscher Stadtplatz, ein Schloss oder eine Burg, man wäre – durchaus ein Fehler – leicht geneigt, den industriellen Norden mit seinem einstmals idyllischen Bergland an der Grenze zu Polen überhaupt links liegen lassen.

Zweiwöchige Rundreise

Für die Tour mit dem Ausgangs- und Endpunkt Prag benötigt man etwa vier Wochen. Wer nur die Hälfte dieser Zeit zur Verfügung hat, klinkt sich am besten im südböhmischen Telč aus. Von hier ist es über Jihlava nicht weit bis zur Schnellverbindung nach Prag (ca. 1 Std. Fahrzeit ab der Autobahnauffahrt).

Drei Tage **Prag** sind das Minimum, um zu sehen, was man sehen muss: Das Burgviertel mit Veitsdom, Goldmachergässchen und Kloster Strahov, die Karlsbrücke, den Altstädter Ring und die ehemalige Judenstadt mit ihrem weltberühmten Friedhof.

Zwei zusätzliche Tage sollte man für Ausflüge in die nähere Umgebung vorsehen: Einen für **Karlstejn** (Karlstein) mit der berühmtesten Burg Böhmens (ca. 40 km von Prag), und einen nach **Kutná Hora** (Kuttenberg), das mit seinen gotischen und barocken Gotteshäusern zu Recht die ›Perle Böhmens‹ genannt wird (ca. 70 km von Prag).

Erstes Rundfahrtziel ist das Bäderdreieck von Westböhmen, wobei es Geschmackssache ist, ob man sein Quartier im eleganten **Karlovy Vary** (Karlsbad), im lieblichen **Mariánské Lázně** (Marienbad) oder im kleinen, feinen **Františkovy Lázně** (Franzensbad) aufschlagen möchte. Um zumindest eine Idee davon zu bekommen, wie erholsam eine Kur auf böhmische Art sein kann, sind wiederum zwei Tage zu veranschlagen. Da bleibt auch noch Zeit genug, sich nicht nur die Kurstädte selbst, sondern auch das nahe **Cheb** (Eger) anzuschauen, das mit einem hübschen Zentrum überrascht.

Nach einer Besichtigung – und einer Verkostung – in der Brauerei von **Plzeň** (Pilsen) heißt es in **Klatovy** (Klattau), die Koffer für eine Nacht auszupacken. Das Städtchen, berühmt für seinen Schwarzen und Weißen Turm, zählt neben dem benachbarten **Domažlice** (Taus) zu den Zentren der Choden und ihrer Kultur.

Weiter geht es entlang des Böhmerwalds über das malerische Vimperk (Winterberg) und **Prachatice** (Prachatitz) mit seinen mehr als 100 denkmalgeschützten Bauwerken nach **Český Krumlov** (Krumau), einem der Höhepunkte jeder Tschechienreise. Mindes-

Prag – hier der Altstädter Ring vom Rathausturm aus gesehen – gehört fast immer ins Programm einer Tschechienreise

tens zwei Tage sollte man für das pittoreske Städtchen an der Moldau reservieren.

Auch bei einer nur 14-tägigen Rundfahrt bleibt jetzt noch genügend Zeit, sich zwei bis drei weitere Highlights anzusehen. Zunächst **Jindřichův Hradec** (Neuhaus) mit dem größten Wasserschloss Böhmens. Von hier lohnt sich ein Abstecher von etwa 20 km nach **Červená Lhota** (Rotlhota), wo ein kleines Wasserschlösschen romantische Gemüter begeistert. Schließlich wartet auch noch **Telč** (Teltsch) auf einen Besuch. Nach Möglichkeit sollte man in dem Städtchen mit dem vielleicht schönsten Marktplatz von ganz Tschechien übernachten. Nicht im hellen Sonnenlicht, sondern in den frühen Morgen- und Abendstunden entfaltet das pastellfarbene Häuserensemble seinen unvergleichlichen Charme.

Große Rundreise

Wer in Telč nicht aussteigen muss, sondern noch zwei weitere Wochen zur Verfügung hat, sollte nun seine Zelte vielleicht für zwei bis drei Nächte in **Brno** (Brünn) aufschlagen. Nicht nur die Stadt, auch die nähere Umgebung ist eine Erkundung wert – so z. B. das Landschaftsschutzgebiet **Moravsky Kras** (Mährischer Karst), das man in knapp einer halben Autostunde erreicht.

Kaum 20 km ist das Städtchen **Slavkov u Brna** entfernt, das unter seinem deutschen Namen Austerlitz Geschichte geschrieben hat. Wo Napoleon 1805 in der ›Dreikaiserschlacht‹ siegte, gilt es, ein prachtvolles Barockschloss mit einer Dauerausstellung über das historische Ereignis zu besuchen.

Renaissance-Architektur in ihrer anmutigsten Form gibt es 10 km weiter zu bewundern: Das Schloss von **Bučovice** (Butschowitz) übertrifft alles, was Bauherren und Künstler des 16. Jh. in den böhmischen Ländern geschaffen haben.

Wem Olmütz nur als Käse ein Begriff ist, wird auf dem geschichtsträchtigen Pflaster von **Olomouc** aus dem Staunen nicht heraus kommen. Die altehrwürdige Stadt besitzt viel Atmosphäre und eine Fülle an sehenswerten Kirchen und schönen Brunnen.

Die vierte Woche ist Südmähren gewidmet, das im Vergleich zum industriell orientierten Norden eine hervorragende touristische Infrastruktur bietet. Da es sich um ein überschaubares Gebiet handelt, empfiehlt es sich, von einem Standquartier aus Ausflüge zu unternehmen. Zur Auswahl stehen so hübsche Orte wie das Kurbad **Luhačovice** (Luhatschowitz) oder **Mikulov** (Nikolsburg) inmitten von gepflegten Weingärten und urigen Kellergassen. Hier schließt sich der Kreis, über die Autobahn erreicht man ab Brünn in gut zwei Stunden Prag.

Tipps für die Reiseorganisation

Bus, Bahn oder Auto?

Prinzipiell kommt man mit öffentlichen Verkehrsmitteln in Tschechien fast überall hin, denn das Netz ist wirklich engmaschig. Abseits der Hauptstrecken gibt es aber häufig nur drei bis vier Verbindungen an Werktagen, an Sonn- und Feiertagen noch weniger. Dies gilt für lokale Buslinien ebenso wie für Nebenbahnen. Busse sind billig, schnell und populär, aber nicht immer bequemer als die etwas teurere Bahn. 100 km mit dem Bus kosten etwa 4 €, mit der Bahn rund 5 € (ohne Zuschläge für Schnellzüge).

Da nur wenige Urlauber Zeit und Lust haben, ihre Rundreise an den Fahrplänen von Bus und Bahn auszurichten, bleibt nur die Wahl zwischen organisierten Touren, Mietwagen oder eigenem Fahrzeug.

Organisierte Reisen

Das Angebot der von Deutschland, Österreich und der Schweiz aus operierenden Reisebüros mit Tschechien-Schwerpunkt ist mittlerweile enorm groß. Es reicht von Kurztrips nach Prag oder Südböhmen über Kuraufenthalte mit Transportservice, Wellness- und Aktivurlaube (Wandern, Radtouren), Studienfahrten (Kultur, Natur) quer durchs Land und die Organisation von Tagungen und Kongressen bis zur Vermittlung von Hotels, Pensionen und Ferienwohnungen.

Tschechien-Spezialisten sind in Deutschland u. a. das ehemals staatliche Reisebüro **Čedok** (Kaiserstraße 54, 60329 Frankfurt/M., Tel. 069/27 40 170, sowie Friedrichstraße 206, 10969 Berlin, Tel. 030/20 44 644, www.cedok.de), **CS Plusreisen GmbH** (Husemannstraße 16, 10435 Berlin, Tel. 030/44 24 173, www.tschechien-reisen.de), **›Begegnung mit Böhmen‹** (Aktiv- und Kulturreisen, Dechbettenerstraße 47b, 93049 Regensburg, 0941/26 080, www.boehmen-reisen.de) und **Indigo Reisen GmbH** (Könneritzstraße 73, 04229 Leipzig, Tel. 0341/92 65 150, www.indigo-reisen.de), in Österreich **Čedok** (Parkring 10, 1010 Wien, www.cedok.at, Tel. 01/51 24 372), in der Schweiz **Čedok** (Am Schanzengraben 11, 8002 Zürich, Tel. 044/28 73 344) und **Implus Reiseatelier GmbH** (Münstergasse 21, 8001 Zürich, www.impuls-reisen.ch, Tel. 044/21 03 980).

Tschechische Veranstalter findet man am besten über folgende Internetadressen:
www.accka.cz Assoziation der Reiseveranstalter und Reisebüros der Tschechischen Republik
www.pragueconvention.cz Prager Assoziation für Kongresstourismus
www.spas.cz Tschechische Kurorte und ihre aktuellen Angebote

Mietwagen

Sämtliche internationale Mietwagenunternehmen sind natürlich auch in Tschechien vertreten. Wie anderswo auch ist es billiger, das Fahrzeug bereits vor Reiseantritt zu buchen. Für alle, die mit dem eigenen Auto unterwegs sind gilt: Auch wenn die Kriminalitätsrate in den kleinen Provinzstädten im Vergleich zu Prag nach wie vor niedrig ist, empfiehlt es sich, den Wagen in der Nacht in einer Garage oder in einem abgesperrten Hof abzustellen.

In Prag selbst benötigt man kein Auto, im Gegenteil, ein eigener Pkw ist nur ein teurer Klotz am Bein. Mit den tadellos funktionierenden öffentlichen Verkehrsmitteln ist man in der Hauptstadt stress- und staufrei unterwegs.

Reisen mit Kindern

Keine Sorge, Eltern mit Nachwuchs aller Altersstufen finden in der tschechischen Republik alles vor, was sie für die Kleinen benötigen: Extrabetten in den Hotels, entsprechende Stühle in den Restaurants und Gaststätten, eigene Kindermenüs sowie ermäßigten bzw. Gratiseintritt bei den meisten Sehenswürdigkeiten.

Die tschechische Küche ist zwar deftig, aber längst nicht mehr so fett wie früher. Mit Gewürzen geht man normal um, scharfe Sachen überlässt man lieber den chinesischen Lokalen, die wie Pizzerien und McDonalds-Filialen überall aus dem Boden sprießen.

Hund im Gepäck

Keine Probleme gibt es auch für Reisende mit Hunden, im Gegenteil. Tschechien gilt zu Recht als eines der tierfreundlichsten Länder Europas. In nahezu allen Hotels sind Vierbeiner gegen einen nur geringen Preisaufschlag willkommen. Und in vielen Restaurants bringt der Kellner unaufgefordert die Wasserschüssel für den Hund.

Mit typisch tschechischem Humor macht man sich über die nationale Tierliebe – und die noch gar nicht so lange zurückliegende Ära von Spitzeltum und Angst – selbst lustig. Natürlich liebe man Hunde, heißt es, denn sie seien doch jahrzehntelang die einzigen Freunde gewesen, die einen nicht bei der Geheimpolizei verraten konnten!

Einreisebestimmungen

Für die Einreise in die Tschechische Republik benötigen EU-Bürger und Schweizer einen Reisepass oder einen Personalausweis, der während des Aufenthalts (maximal 3 Monate) noch gültig sein muss. Kinder unter 16 Jahren müssen einen Kinderausweis (ab dem 4. Lebensjahr mit Lichtbild!) oder eine Eintragung im Pass der Eltern vorweisen.

Autofahrer müssen ihren Führerschein und den Fahrzeugschein mitführen. Für Schadensfälle sollte man die Internationale Grüne Versicherungskarte dabeihaben.

Haustiere dürfen nur mit gültigem EU-Heimtierausweis einreisen. Er enthält auch den Nachweis einer Tollwutimpfung.

Mit Auto, Bus, Bahn oder Flugzeug

Anreise mit dem Flugzeug

Lufthansa, Swiss, Austrian und die tschechische Fluggesellschaft ČSA bieten tägliche Linienflüge von Frankfurt, Berlin, München, Zürich und Wien nach Prag an (Flughafen Ruzyně etwa 20 km nordwestlich des Zentrums). Zwischen dem Flughafen und der Innenstadt verkehren zwischen 4.30 und 23.30 Uhr die Buslinien 119 (Anschluss an die Metrostation Dejvická der Linie A) und 100 (Anschluss an die Metrostation Zličín der Linie B). Ostrava (Mährisch-Ostrau) wird von der Lufthansa und ČSA ab München angeflogen, Brünn von ČSA ab Prag.

Anreise mit der Bahn

Von Deutschland gibt es tägliche Intercity- bzw. D-Zug-Verbindungen nach Prag, in die Westböhmischen Bäder und nach Pilsen. Von Österreich aus bestehen ab Wien Süd-, bzw. Franz-Josephs-Bahnhof ebenfalls täglich mehrere Verbindungen nach Prag, Pilsen, Budweis, Znaim und Brünn.

Eisenbahngrenzübergänge

... von Deutschland:

Zittau	–	Hrádek nad Nisou
Bad Schandau	–	Děčín
Schirding	–	Cheb
Furth im Walde	–	Česká Kubice

... von Österreich:

Summerau	–	Horní Dvořiště
Gmünd	–	České Velenice
Retz	–	Šatov
Bernhardthal	–	Břeclav

Anreise mit dem Bus

Regelmäßige Busverbindungen von und nach Prag gibt es u. a. von Berlin, Hamburg, Frankfurt, München, Zürich und Wien, betrieben von Eurolines, einer Vereinigung großer Busunternehmen in ganz Europa (im Internet: www.eurolines.com).

Anreise mit dem Auto

Straßengrenzübergänge

... von Deutschland u. a.:

Philippsreuth	–	Strážný
Bayrisch Eisenstein	–	Železná Ruda
Eschlkam	–	Všeruby
Furth im Walde/ Schaftberg	–	Folmova
Waldmünchen	–	Lísková
Waidhaus	–	Rozvadov
Mähring	–	Broumov
Waldsassen	–	Svatý Kříž
Schirding	–	Pomezí
Selb	–	Aš
Schönberg	–	Vojtanov/Cheb
Oberwiesenthal	–	Boži Dar
Reitzenhain	–	Hora Sv. Šebas tiána-
Zinnwald	–	Cínovec
Schmilka	–	Hřensko

... von Österreich:

Reinthal	–	Poštorná
Drasenhofen	–	Mikulov

Laa a. d. Thaya	–	Hevlín
Kleinhaugsdorf	–	Hatě/Znojmo
Retz	–	Hnánice
Drosendorf	–	Vratěnín
Fratres	–	Slavonice
Grametten	–	Nová Bystřice
Neu Nagelberg	–	Halámky
Gmünd	–	České Velenice
Wullowitz	–	Dolní Dvořiště
Weigetschlag	–	Studánky

Außerdem gibt es noch eine Reihe von Grenzübergängen, die nur für Fußgänger und Radfahrer vorgesehen und nachts geschlossen sind.

Verkehr

Verkehrsregeln

Die Verkehrsregeln in Tschechien entsprechen im Allgemeinen den EU-Vorschriften. Die Höchstgeschwindigkeiten betragen für Pkw 130 km/h auf Autobahnen und Schnellstraßen, 90 km/h auf Landstraßen und 50 km/h in Ortschaften. Seit 2006 muss in ganz Tschechien ganzjährig auch bei Tag stets mit Abblendlicht gefahren werden. Es besteht Gurtpflicht, Kinder müssen mit Kindersitzen gesichert werden. Für den Fahrer gilt **absolutes Alkoholverbot** (0,0 Promille). Wer mit Alkohol im Blut erwischt wird, muss mit einer hohen Geldstrafe rechnen! Handys dürfen während der Fahrt nur mit Freisprechanlage betrieben werden. Gelbe durchgezogene oder unterbrochene Linien am Straßenrand bedeuten: Parkverbot.

Autobahngebühren

Die Autobahnen in Tschechien sind gebührenpflichtig, **Vignetten** erhält man an Grenzübergängen, bei Postämtern und größeren Tankstellen. Ehe man sie an die Windschutzscheibe innen klebt, muss darauf das Kfz-Kennzeichen eingetragen werden. Die Kosten betragen (Stand 2005) für Pkw bis 3,5 t für 15 aufeinanderfolgende Kalendertage 200 CZK, für zwei Monate 300 CZK, für ein Jahr 900 CZK. Motorräder benötigen keine Vignette.

Tanken

Das Tankstellennetz ist ausreichend (meist nur tagsüber geöffnet). Bleifreies Benzin (natural) zu 91 und 95 Oktan sowie Diesel (nafta) sind überall erhältlich.

Öffentlicher Verkehr

Tschechien mit öffentlichen Verkehrsmitteln zu bereisen, ist grundsätzlich möglich, aber mit etwas mehr Zeitaufwand verbunden als wenn man mit dem Auto unterwegs ist.

Das dichte **Busnetz** verbindet auch das kleinste Dorf mit der Außenwelt, oft jedoch nur einmal morgens und einmal abends. Von größeren Städten gibt es preisgünstige Wochenendfahrten in Erholungsgebiete, z. B. im Winter in die Skizentren. Fahrscheine sind u. a. bei den örtlichen Informationsbüros erhältlich.

Die **Bahn** in Tschechien ist zwar günstig, aber im Grunde nur auf Hauptstrecken zu empfehlen, wo die Züge auch in kürzeren Intervallen verkehren. Schnellzüge sind zuschlagpflichtig. Auskünfte über Zugverbindungen in der Tschechischen Republik erhält man auf Tschechisch, Deutsch und Englisch auf der Hotline ›Weiße Linie‹ Tel: (00420) 840 112 113 oder im Internet auf der Homepage www.cdrail.cz.

Taxis sind erschwinglich und können in allen Orten telefonisch bestellt werden, in größeren Städten gibt es eigene Standplätze. Wenn kein (eingeschalteter!) Taxameter vorhanden ist, sollte man unbedingt vorher den Fahrpreis aushandeln (das gilt besonders in Prag). Jeder Taxifahrer ist verpflichtet, auf Wunsch des Kunden eine Quittung über die Fahrtstrecke und den bezahlten Fahrpreis auszustellen.

Übernachten in Tschechien

Tschechien hat die Zeit nach der Wende gut genützt. Wo früher ein staatlich geführtes Hotel zweifelhafter Qualität das einzige Haus am Platz war, stehen heute Quartiere aller Art zur Auswahl. Natürlich richtet sich das Angebot nach der touristischen Bedeutung des jeweiligen Ortes.

So wird man beispielsweise im südböhmischen Český Krumlov auf ein Überangebot stoßen, das vom billigsten Tramper-Quartier um 6–10 € pro Person und Nacht bis zur Luxusherberge um 150–300 € für ein Doppelzimmer reicht. In den von Touristen weit weniger besuchten Gebieten im Norden hingegen ist die Auswahl entsprechend geringer, die Preise sind um bis zu 50 % niedriger. Doch auch hier hat sich die Infrastruktur inzwischen entscheidend verbessert, die Preise ziehen von Jahr zu Jahr an.

Prag, wo man schon zu KP-Zeiten die Bequemlichkeit internationaler Hotelketten teuer bezahlte, kann sich heute in jeder Hinsicht mit anderen europäischen Metropolen messen. Das Zentrum ist vornehmlich den oberen Kategorien (100–400 € für ein Doppelzimmer mit Frühstück) vorbehalten, billigere Quartiere (ab 20 €) finden sich nahezu ausschließlich in den Außenbezirken. Weniger in der Hauptstadt, aber im übrigen Land sollte man bei einem Aufenthalt ab drei Tagen über Preisnachlässe verhandeln und Sonderangebote wie etwa eine Wochenpauschale beachten.

In **Hotels und Pensionen ab drei Sternen** darf man im ganzen Land mit durchschnittlich gutem bis gehobenem Standard rechnen, das bedeutet Zimmer mit eigener Dusche und WC, Telefon und TV. Bei Quartieren der unteren Kategorien, so genannten ›Touristenzimmern‹, muss man allerdings auf solchen Mindestkomfort häufig verzichten. Auch sind viele dieser Häuser noch ziemlich renovierungsbedürftig.

Nicht unbedingt für die Hauptstadt, aber für die Provinz gilt die Faustregel: Wo man gut wohnt, kann man zumeist auch ausgezeichnet essen. Anders als in Deutschland oder Österreich, wo **Hotelküchen** oft gegenüber anderen Lokalen teurer oder schlechter sind, vereint man in Tschechien die Qualität von Bett und Tisch gern unter einem Dach.

Agro-Tourismus

Der so genannte **Agro-Tourismus**, der Urlaub auf dem Bauernhof, steckt noch in der Anfangsphase. Auf den wenigen ›Agrofarmen‹, die sich natürlich vor allem in den von Touristen stärker frequentierten Gebieten wie dem Böhmerwald oder dem Riesengebirge etabliert haben, bemüht man sich dafür umso mehr um jeden Gast (www.eceat.cz).

Privatzimmer und Ferienhäuser

Nach wie vor bessern viele Tschechen – ob in Städten oder auf dem Land – ihr Budget mit **Privatzimmer-Vermietung** auf. Generell sind diese ›Bed & Breakfast‹-Quartiere blitzsauber, einfach möbliert, manchmal ohne eigenes Bad/WC und ab 15 € für ein Doppelzimmer zu haben. Oft gibt es auch so etwas wie Familien-Anschluss und damit die Möglichkeit, nicht nur Land, sondern auch Leute kennen zu lernen. Auskünfte über das Zimmerangebot erhält man in den örtlichen Informationsstellen.

In Städten und Touristenzentren muss man Zimmer in Hotels und Pensionen **rechtzeitig reservieren**. Dies gilt vor allem für die Zeit zwischen Mai und September, in Prag für das ganze Jahr und auch für Privatzimmer.

Wer einen längeren Urlaub in Tschechien plant, sollte schließlich auch die Möglichkeit in Erwägung ziehen, ein **Ferienhaus oder ein Apartment** zu mieten. Je nach Lage, Größe und Ausstattung muss man mit 150–700 € pro Woche rechnen. Eine Auswahl von mehr als 1000 Ferienhäusern findet man bei www.novasol.de. Auch die auf Tschechien spezialisierten Reisebüros können mit umfangreichen Angeboten aufwarten.

Sport und Aktivurlaub

Flugsport

Für den Flugsport hatte man in Tschechien immer schon viel übrig. Dementsprechend rasch entwickelte sich nach 1989 das Angebot. Rundflüge, Flugtrainings und Kurse für Fallschirmspringen werden von zahlreichen Flugplätzen in ganz Tschechien veranstaltet. Dazu kommen eigene Start- und Landebahnen für ultraleichte Geräte, Segelflugzeuge und Paraglider. Auch die Freunde des Ballonfahrens kommen nicht zu kurz, sie finden alles, was ihr Herz begehrt, u. a. in Praha-Tocná, Brno und Telč. Insgesamt sind in der Tschechischen Republik mehr als 100 kleine Flugplätze dem Flugsport vorbehalten. Nähere Informationen mit Links zu den lokalen Aeroklubs unter www.skyfly.cz.

Golf

Golf spielt man in Böhmen schon lange. Genauer gesagt seit den Tagen, als der englische König zur Kur in Karlsbad (Karlovy Vary) und Marienbad (Mariánské Lázně) weilte. Konkret war es Edward VII., der zu Beginn des 20. Jh. mehrmals ins böhmische Bäderparadies reiste und in seinem Gepäck offenbar ein paar Bälle und Schläger mitführte. Einen Golfboom löste der Monarch jedoch mit Sicherheit nicht aus, zu diesem kam es erst nach 1989. Aber er kann sich rühmen, dass jener Parcours, für den er 1904 die Initialzündung gab, immer noch existiert.

Der Golfclub Karlovy Vary ist nicht nur der älteste in der Tschechischen Republik, seit 1999 wird er auch immer öfter zum Schauplatz internationaler Golfturniere. Einsteiger sind in dem 1995 neu eröffneten Cihelny Golfclub zwischen Karlsbad (12 km) und Marienbad (35 km) in der Golf Czech Academy (Golfstunden für Anfänger und Fortgeschrittene) bestens aufgehoben.

Seit der Wende sprossen in Tschechien mehr als 50 Golfplätze aus dem Boden und in vielen Städten gibt es sogar Hallen für Indoor-Golf. Unter Kennern gilt der 1993 eröffnete Platz, der nur einen Katzensprung von der Burg Karlstein (Karlstejn) entfernt liegt, als der schönste und beste des Landes.

Golfarrangements vermittelt die Agentur Intercontact (11800 Praha 1, Tržíště 1, Tel. 234 094 100, www.intercontact.cz).

Klettern

Ein Minderheitenprogramm ist und bleibt das Klettern. Zwar gibt es auf tschechischem Territorium gleich mehrere Felsenstädte, doch liegen die meisten dieser Kletterparadiese in Naturreservaten. Dort aber hat man für sportliche Aktivitäten dieser Art wenig übrig, weshalb man nur mit Einschränkungen klettern darf. Bei Sportlern beliebt sind dennoch die Sandsteintürme im Böhmischen Paradies (Český ráj) und die Kalkfelsen im Böhmischen Karst (Český kras) unweit von Prag. Die Verwaltung der Klettertrassen obliegt dem Tschechischen Bergsteigerverband (Český horolezecký svaz, 16017 Praha 6, Zátopkova 100/2, Tel. 296 118 207, www.horosvaz.cz).

Radfahren

Radfahren, ebenfalls ein preiswertes Vergnügen, rangiert in der Beliebtheitsskala weit oben. Tschechien verfügt über ein dichtes Nebenstraßennetz, auf dem relativ wenig Verkehr herrscht. Autobahnen und Schnellstraßen dürfen selbstverständlich von Radlern nicht befahren werden, Hauptstraßen mit ein- und zweistelligen Nummern sollte man ebenfalls unbedingt meiden.

Den Freizeitsportlern stehen mittlerweile mehr als 11 000 km mit gelben Wegweisern, Markierungstafeln und der Trassennummer gekennzeichnete Radwanderwege (cyclotrasy) zur Verfügung. Die Wegqualität ist allerdings höchst unterschiedlich. Nicht immer geht es über Asphalt (der allerdings auch recht löchrig sein kann), sondern manchmal auch über grobes Steinpflaster, schmale Waldpfade und Wege, die bei Nässe verschlammen. Ideal sind daher Mountainbikes mit mindestens 18 Gängen, um eventuell auch größere Steigungen zu bewältigen.

Hotels, Pensionen und Privatquartiere entlang der Hauptrouten sind durchwegs auf Radtouristen eingestellt und bieten abgeschlossene Abstellplätze für die Drahtesel an. Prinzipiell aber sollte man sein Rad (kolo) stets mit einer Kette über beide Räder und den Rahmen sichern. Fachgeschäfte für Ersatzteile findet man nur in größeren Städten, daher ist es ratsam, die wichtigsten Teile mitzuführen. Kinder bis 15 Jahre müssen einen Sturzhelm tragen. In allen Touristenzentren gibt es mittlerweile **Fahrradvermietungen**, doch eignen sich die Räder aufgrund ihres technischen Zustands meist nur für einen einfachen Tagesausflug.

Die schönsten **Radwanderwege** führen an Flüssen entlang (Morava/March, Sázava/Sasau, Labe/Elbe), durch Grenzgebiete (Böhmerwald, Böhmisch-Sächsische Schweiz, Riesengebirge) und im Landesinneren über die Böhmisch-Mährischen Höhen. Bei Radfahrern, die es eher gemütlich angehen, ist die Seenlandschaft von Třeboň in Südböhmen oder die Umgebung von Olmütz (Olomouc) in Nordmähren beliebt. So genannte ›**Greenways**‹, zusammenhängende Grünstreifen mit Wegen, auf denen man Rad fahren, reiten oder wandern kann, verbinden z. B. Prag und Wien (456 km), bzw. Prag und Dresden entlang der Elbe (220 km). Für kürzere Touren zwischen 15 und 30 km gibt es rund um Prag mehrere Grün-Korridore mit eigenen Radwegen.

Die **Mährischen Weinstraßen** bilden ein einzigartiges Netz regionaler, fast 1000 km langer Radwanderwege. Der Hauptweg führt von Znjomo/Znaim nach Uherské Hradiště/Ungarisch Hradisch und verbindet zehn Rundstrecken durch ein jeweils anderes Weinbaugebiet. Ein kaum weniger feuchtfröhliches Erlebnis verspricht die von der

Mit dem Rad das Land entdecken – vor allem in Südmähren sehr zu empfehlen

Wanderschuhe einpacken, heißt es im Riesengebirge

Brauerei Radegast angelegte ›Bierstraße‹ in den mährischen Beskiden, eine Radrundstrecke von 53,3 km Länge mit Start und Ziel in Nosovice, an der nicht weniger als 40 Wirtshäuser liegen.

Eine detaillierte Landkarte mit den Radwanderrouten ist im Verlag SHOCart erschienen (siehe Stichwort Karten S. 53), geführte und individuelle Radwandertouren veranstalten die auf Tschechien spezialisierten Reisebüros in Deutschland, Österreich und der Schweiz sowie die tschechische Agentur Akela Tours (34201 Susice, Dlouhá Ves 281, Tel. 604 484 840, www.akelatours.com).

Reiten

Pferdenarren geht es in Tschechien gut, sie finden praktisch überall Möglichkeiten für einen Ausritt: Das Netz an Reitschulen und Reitsportclubs ist dicht, und sogar die Einfuhr des eigenen Pferdes ist – ohne allzu lautes Gewieher des Amtsschimmels – möglich. In einem schönen Schlosspark, der sogar zum UNESCO-Welterbe zählt, hoch zu Ross unterwegs sein – sogar das kann man in Tschechien. Die Rede ist von dem herrlichen Landschaftspark von Lednice-Valtice in Südmähren, wo Reiten eine lange Tradition hat.

Informationen zu Reitmöglichkeiten gibt es im Tschechischen Fremdenverkehrsamt (s. S. 52), den auf Tschechien spezialisierten Reisebüros in Deutschland, Österreich und der Schweiz sowie in der Agentur Zinger-Travel (46006 Liberec, Haskova 938/8, Tel. 482 345 980, www.zinger-travel.com).

Wandern

In Tschechien gibt es rund 38 000 km meist perfekt ausgeschilderte und etwa alle 200 m mit Farben markierte Wanderwege. Sie werden vorwiegend vom Tschechischen Wanderklub (Klub Českých Turistů, KČT, Archeologická 2256, Praha 5, Tel. 235 514 529, kct@klubturistu.cz) instand gehalten.

Der Dauer von Wanderungen sind praktisch kaum Grenzen gesetzt: Es beginnt mit leichten Touren von ein bis zwei Stunden und reicht bis zu Wanderungen, die ein bis zwei Monate in Anspruch nehmen. Wanderwege beginnen und enden meistens bei Bahn- und Busstationen, so dass man am besten mit öffentlichen Verkehrsmitteln anreist. Entlang der wichtigsten Routen, vor allem im Riesengebirge, findet man Campingplätze, Zwei- bis Viersterne-Hotels, Gaststätten und Berghütten (bouda, chata), deren Ausstattung von ganz einfach bis zu gehobenem Standard reicht. In der Hauptsaison sollte man Übernachtungsplätze (ab 5 € pro Nacht und Person in Schlafsälen, Doppelzimmer ab 25 €) jedoch unbedingt rechtzeitig reservieren (Informationen in den lokalen Touristenbüros). Über das Angebot an organisierten Gruppenwanderungen informieren die auf Tschechien spezialisierten Reiseveranstalter in Deutschland, Österreich und der Schweiz (s. S. 58) sowie lokale Reisebüros vor Ort.

Da Wandern in der Tschechischen Republik äußerst populär ist, gibt es in allen größeren Städten und Touristenzentren Fachgeschäfte für die entsprechende Ausrüstung. Unbedingt erforderlich sind gutes Schuhwerk, Regenschutz und warme Kleidung, da das Wetter in höheren Lagen auch im Hochsommer äußerst launisch ist und es zu einem plötzlichen Temperatursturz kommen kann, auch wenn es zunächst gar nicht danach aussieht. Außerdem ist es ratsam, sich mit ausreichender Marschverpflegung einzudecken, denn nicht überall sind die Berghütten so zahlreich wie im Riesengebirge. Detaillierte Wanderkarten kosten 7–12 € und sind in den lokalen Touristenbüros erhältlich (s. auch Karten, s. S. 53).

Zu den schönsten und längsten Wanderwegen Tschechiens gehören die Touren im Böhmerwald (Sumava). So kann man die landschaftlich reizvolle, 120 km lange Strecke zwischen Nová Pec am Nordende des Lipno-Stausees und Nyrsko südwestlich von Klatovy in 8–10 Tagen ohne allzu große Mühen erwandern. Das viel weniger waldreiche Riesengebirge (Krkonose) wartet dagegen mit steileren Pfaden und den höchsten Gipfeln des Landes auf, die man jedoch auch per Seilbahn ›erklimmen‹ kann (z. B. ab Ortschaft Pec pod Sněžkou auf die Schneekoppe/Sněžka, 1602 m). Ein 30 km langer Wanderweg verläuft auf einer Höhe zwischen 1300 und 1500 m auf dem Gebirgskamm entlang der tschechisch-polnischen Grenze.

Bizarre Felsenlandschaften und sanftes, bewaldetes Hügelland wechseln einander im Elbsandsteingebirge (Labské pískovce) und im Böhmischen Paradies (Český Ráj) ab, beide von zahlreichen, nicht allzu schwierigen Wanderwegen durchzogen. Die steilen Felsen allerdings sollte man unbedingt geübten Kletterern überlassen. Kaum überlaufen sind die schönen Wanderrouten im Nordosten des Landes, im Adlergebirge (Orlické hory) und im Altvatergebirge (Hruby Jeseník), dafür findet man aber auch weniger Berghütten. Das Chodenland (Chodsko) in Südböhmen und die Beskiden (Beskydy) in Ostmähren stellen ebenso wie der Mährische Karst (Moravsky kras) nördlich von Brünn (Brno) und der Nationalpark Thayatal (Podyjí) im Grenzgebiet zu Österreich Wanderparadiese mit eher einfachen Tagestouren dar, die man stets in Ortschaften mit Unterkünften und Restaurants beginnen, bzw. beenden kann.

Achtung: Zelten außerhalb von Campingplätzen und das Anzünden von Feuer in freier Natur ist in der ganzen Tschechischen Republik streng verboten!

Wassersport

Badeparadiese gibt es nur wenige, doch für den Wassersport bietet Tschechien ideale Bedingungen. Auf Teichen, Seen und Stauseen wird Segeln und Windsurfen groß geschrieben, entsprechende Schulen und **Boots-, bzw. Surfbrett-Verleihstellen** sind z. B. an den Moldau-Stauseen von Lipno und Orlik ausreichend vorhanden. Motorboote sind auf allen stehenden Gewässern Tschechiens verboten. Von besonderem Reiz sind romantische **Kanufahrten**, weisen doch jene Flüsse, die durch die schönsten und geschichtsträchtigsten Landschaften führen, meist nur ein sanftes Gefälle auf. Einige Strecken haben aber auch Wildwassercharakter und eignen sich für **Rafting-Touren**. Übernachtungsmöglichkeiten in Hotels, Pensionen, Privatquartieren und auf Campingplätzen finden sich entlang der Flüsse.

Die schönsten Wasserrouten sind die junge **Vltava/Moldau** (Lenora – Nova Pec, Vyšší Brod – Český Krumlov, bzw. České Budějovice), die **Otava/Wottawa** (Sušice – Písek, eine romantische Strecke für höhere Ansprüche), die **Ohře/Eger** (Loket – Stráž nad Ohři, zum Teil Wildwasser), die **Berounka/Beraun** (Plzeň – Karlštejn, eine Route durch felsenreiche, bewaldete Landschaftsschutzgebiete), die **Sázava/Sasau** (Vilémovice – Pikovice, tief eingeschnittene, romantische Abschnitte und breite, offene Täler wechseln einander ab) und die **Morava/March** (Hanusovice – Olomouc, schöne Fahrt durch eine an Pflanzen und Tieren reiche Auenlandschaft).

Ein Erlebnis für sich ist der **Bat'a-Kanal**, eine neu erschlossene Wassersportstrecke in Mähren, die zum Teil durch das Flussbett der March, zum Teil durch einen künstlichen Kanal mit Schleusen führt. Derzeit ist das Wasserwegenetz 43 km lang und reicht von Otrokovice über Uherské Hradiště bis Rohatec. Entlang der gesamten Strecke befinden sich Anlegestellen mit Bootsverleih (April-Oktober); auch Kombinationen mit Rad und Boot sind möglich.

Wellness und Kuren

Tschechien ist berühmt für seine Heilquellen, die für unterschiedlichste Anwendungen genutzt werden, vor allem aber für Bade- und Trinkkuren. Angeführt wird die Liste der beliebten Heilbäder von Karlsbad, Marienbad Franzensbad und Konstantinsbad, da in diesen Orten nicht nur das Kurangebot, sondern auch das Kulturprogramm reichhaltiger ist als in anderen Heilbädern. In Deutschland weniger bekannt sind die Kurorte in Mähren, allen voran **Luhačovice**, wo ebenfalls Quellen sprudeln. Warmes Schwefelwasser wird in **Velké Losiny** für Kuren eingesetzt, während man **Jesenik** im Altvatergebirge auf die Wirkung von eiskaltem Wasser setzt.

Gesundheit aus der Tasse

Neben zahlreichen anderen Anwendungen wie Bädern, Spülungen, Inhalationen oder Massagen gilt die Trinkkur als die klassische Behandlungsmethode in den tschechischen Kurorten. Getrunken wird das Heilwasser wohldosiert in kleinen Schlückchen aus Schnabeltassen. Dass der tägliche Gang zur Quelle mit einem kleinen Spaziergang verbunden ist, gehört natürlich auch zum Kurprogramm.

Die 60 000-Einwohner-Stadt **Karlsbad** ist im wahrsten Sinne des Wortes auf Wasser gebaut. Ihren Ruhm als ›Badestadt‹ verdankt sie zwölf Heilquellen mit unterschiedlicher chemischer Beschaffenheit und Temperaturen zwischen 42 und 72 °C. Das Wasser der Heilquellen verspricht Linderung bei Ernährungs- und Stoffwechselstörungen sowie Erkrankungen des Verdauungstraktes. Ein Merkvers aus dem Jahre 1522 wusste schon: »Das Karlsbad heilt Dir, wenn es wo gebricht: Darm, Magen, Leber, Galle-Stein, Niere, Zucker, Gicht.«

Wegen der unterschiedlichen chemischen Zusammensetzung des Quellwassers kann in **Marienbad** eine breite Palette an Leiden behandelt werden. Sie reicht von Erkrankungen der Nieren und Harnwege, des Verdauungsapparates und Stoffwechselstörungen über organische Nervenleiden bis zu Atemwegsbeschwerden, Erkrankungen des Bewegungsapparates und Hautkrankheiten. Die gebräuchlichsten Anwendungen sind Trinkkuren, Kohlensäurebäder, Gasbäder sowie Schlamm-, Moor- und Torfpackungen. Im so genannten Neubad können auch Patienten, die nicht Hotelgäste sind, Kohlensäurebäder und andere Anwendungen nehmen.

Der Kurbetrieb in **Konstantinovy Lázně** samt angeschlossenen Unterkunftsmöglichkeiten (320 Betten in 6 verschiedenen Häusern) befindet sich in den Händen der Heilbad Konstantinsbad AG (34952 Konstantinovy LáznÏ, Tel. 0183-374 625 451, Fax 0183-374 625 550, obchod@konstantinovy.cz). Der Preis für Unterkunft im Doppelzimmer, Vollpension, Kur und Kurtaxe beläuft sich pro Person und Tag auf 45–70 €, doch es gibt auch sehr günstige Pauschalangebote für Spezialkuren, Wellness- und Gesundheitswochen.

Wintersport

Verhältnisse wie in den Alpen darf man sich für den Wintersport natürlich nicht erwarten. Dennoch ist **Skifahren** und **Snowboarding** in Tschechien außerordentlich populär. Praktisch in allen Gebirgsgegenden gibt es Skilifte und präparierte Pisten, wobei die Saison von Dezember bis März dauert.

Die besten Bedingungen für den alpinen Skilauf herrschen im **Riesengebirge** (Krkonose), wo auch einige anspruchsvolle Abfahrtsstrecken zur Verfügung stehen. Bei Langläufern wiederum erfreuen sich die gut präparierten Loipen im **Böhmerwald** (Sumava), im Isergebirge (Jizerske hory) und auf der Böhmisch-Mährischen Höhe größter Beliebtheit. Nové Město na Moravé (Mährisch-Neustadt) nordwestlich von Brünn ist alljährlich auch der Schauplatz eines Langlauf-Weltcup-Rennens.

Kein Wintermärchen: Schneelandschaft in Nordböhmen

Die Qual der Wahl mit den Souvenirs

Das Souvenirgeschäft beginnt gleich hinter den großen Grenzübergängen, doch das Angebot ist hier eher einseitig. Am Straßenrand kommen vorwiegend Liebhaber von **Gartenzwergen** auf ihre Kosten. Diese gibt es in allen Größen und Ausführungen und auch die Auswahl an Rehlein in wetterbeständigem Hartplastik ist enorm. Günstig kann man hier ebenso die beliebten gläsernen Rosenkugeln für den Garten erstehen.

Die **Märkte** weiter im Landesinneren bieten wenig Interessantes – abgesehen von frischem Obst und Gemüse aus heimischem Anbau. In den Städten werden – auch im Zentrum von Prag – am Vormittag frisches Obst und Gemüse auf der Straße verkauft.

Zu den klassischen Mitbringseln zählen tschechisches Bleikristall, **Glaswaren** überhaupt, Porzellan im typischen Zwiebelmuster und wirklich hübsche Bijouterie. Diese Produkte werden landesweit in einschlägigen Läden angeboten – am günstigsten kauft man sie natürlich dort, wo sie hergestellt werden. Das heißt, geschliffene **Kristallwaren** u a. in Harrachov (Harrachsdorf) und **Bijouterie** in Jablonec nad Nisou (Gablonz) in Nordböhmen, **Geschirr** und **Gläser** im westböhmischen Bäderdreieck.

Antiquitäten-Schnäppchen, wie sie noch einige Jahre nach der Wende möglich waren, wird man heute kaum mehr finden. Dafür aber **Kunstgewerbe** und **Kunst** von hohem Niveau. Die Galerien sind voll mit Bildern und Skulpturen zeitgenössischer Maler und Bildhauer. Ebenso die Keramikläden, die neben dem obligaten Kitsch originelle Kreationen in modernem Design anbieten.

Wer nicht mit leeren Händen nach Hause kommen will, sollte nach **kulinarischen Souvenirs** Ausschau halten: Empfehlenswert sind neben Bier aus Pilsen oder Budweis vor allem Prager Schinken (in Dosen), Znaimer Gurken, Powidl (Pflaumenmarmelade), Karlsbader Oblaten, Becherovka (Kräuterschnaps) und der berühmte Slibowitz (Pflaumenschnaps).

Nur für Biertrinker ein schönes Souvenir?

Ausgehen

Tschechien ist ein Land der Frühaufsteher, weshalb am Abend in den kleineren Städten unter der Woche absolut nichts los ist. Prag bildet natürlich eine Ausnahme, dort kann man wie in jeder anderen Weltstadt rund um die Uhr ausgehen. Doch wird man in den Bars und Nachtlokalen im Zentrum, wo mehr oder weniger alles auf den Tourismus ausgerichtet ist, nach 24 Uhr nur entweder Jugendliche im Disco- oder ältere Ausländer im Rotlicht-Fieber finden.

Ausgehen bedeutet für Tschechen im gesetzten Alter, dass man sich irgendwo gemütlich zusammensetzt und dann nach Herzenslust dem Essen und Trinken frönt. Zwar dauert eine Mahlzeit nicht wie im mediterranen Raum gleich mehrere Stunden, dafür kann man auch nach dem letzten Gang bei Bier oder Wein bis zur Sperrstunde sitzen bleiben, ohne schief angesehen zu werden. Vor allem in der kühleren Jahreszeit sind spätestens ab 20 Uhr die Bürgersteige hochgeklappt, was viele an die Zeiten der KP-Ära erinnert, als das ganze Land nach Einbruch der Dunkelheit auch im Sommer wie leer gefegt schien.

Doch keine Regel ohne Ausnahme. Ausgerechnet in der ehemaligen Stahl- und Kohlestadt Ostrava (Ostrau) im wirtschaftlich schlecht gestellten Nordmähren gibt es eine ›Straße, die nie schläft‹. In der Stodolni ulica reihen sich mehr als 70 Clubs, Discotheken und Kneipen aneinander.

Behinderte

Beinahe alle Hotels, die neu eröffnet oder renoviert wurden, bieten behindertengerechte Zimmer an, insbesondere in Städten und größeren Urlaubsorten. Behindertengerecht sind dann meist auch die den Hotels angeschlossenen Restaurants, was man leider von den übrigen Lokalitäten dieser Art nur selten behaupten kann. Auch Schlösser, Burgen, Museen und Theater sperren sich häufig gegen Besucher im Rollstuhl, ebenso die öffentlichen Verkehrsmittel. Rar sind für Behinderte reservierte Parkplätze in den Stadtzentren, von Rollstuhlrampen an Gehsteigen ganz zu schweigen.

Reisen für behinderte Menschen in Tschechien organisiert das Spezial-Reisebüro Rundum-Bohemia (29201 Mladá Boleslav, Cejetice-Gorkého 182, Tel. 326 721 581, Fax 326 721 515, travel@rundum.cz).

Diplomatische Vertretungen

Botschaft der Bundesrepublik Deutschland
Vlasska 19, 11801 Praha 1
Tel. 257 113 111, Fax 257 534 056
Botschaft der Republik Österreich
Victora Huga 10, 15115 Praha 5
Tel. 257 090 511, Fax 257 316 045
Botschaft der Schweiz
Pevnostní 7, 16201 Praha 6
Tel. 220 400 611, Fax 224 311 312

Tschechische Botschaft
... in Deutschland
Wilhelmstr. 44, D–10117 Berlin
Tel. 030/22 63 80, Fax 22 94 033
... in Österreich
Penzingerstr. 11-13, A–1140 Wien
Tel. 01/894 21 25-6, Fax 894 12 00
... in der Schweiz
Muristr. 53, CH–3006 Bern
Tel. 031/352 36 45, Fax 352 75 02

Elektrizität

Die Stromspannung beträgt 220/230 V Wechselstrom.

Feiertage und Feste

1. Januar – Neujahr
Ostermontag
1. Mai – Tag der Arbeit
8. Mai – Tag der Befreiung 1945
5. Juli – Tag der Slawenapostel Cyrill und Method
6. Juli – Märtyrertod von Jan Hus 1415
28. September – Tag des hl. Wenzel

28. Oktober – Nationalfeiertag, Erinnerung an die Gründung der Ersten Tschechoslowakischen Republik 1918
17. November – Tag des Kampfes für Freiheit und Demokratie
24., 25., 26. Dezember – Weihnachten

Fotografieren

Wer bereits digital fotografiert, hat zumindest in Bezug auf die Filmbeschaffung keine Probleme mehr. Für alle anderen gilt: Filme der gängigen Marken gibt es fast überall, aber man sollte sie nicht an Souvenirständen kaufen – diese haben häufig Produkte mit abgelaufenem Haltbarkeitsdatum –, sondern in Fachgeschäften. Das Ablichten von militärischen Objekten ist verboten. Für das Fotografieren und Videofilmen im Inneren von Schlössern und Kirchen benötigt man meist eine gesonderte Genehmigung, die gegen eine geringe Gebühr an der Kasse erhältlich ist.

Gesundheit

In größeren Städten sowie in allen Kurbädern gibt es ausreichend Ärzte und Krankenhäuser (*nemocnice*). Staatsbürger aus Deutschland, Österreich und der Schweiz können mit ihrer Europäischen Krankenversicherungskarte in Tschechien bei entsprechenden Vertragsärzten und in Krankenhäusern medizinische Hilfe in Anspruch nehmen. Diese Karte ersetzt die bisher notwendigen zwischenstaatlichen Betreuungsscheine (Formular E 111). Anzuraten ist dennoch eine private Auslandskrankenversicherung, denn damit hat man freie Arztwahl und es ist auch im Notfall der Rücktransport abgedeckt. In den Kurorten sprechen die meisten Ärzte gutes Deutsch, sonst kann man sich mit Medizinern besser auf Englisch verständigen.

Apotheken (lékárna) sind im Allgemeinen gut sortiert. Öffnungszeiten: Montag–Freitag 8–18 Uhr, Samstag 8–12 Uhr sowie Bereitschaftsapotheken in allen größeren Städten. Zwar entspricht die Auswahl in den Apotheken dem internationalen Standard, doch sind die Produktnamen oft verschieden. Wer ständig bestimmte, von Hausarzt verschriebene Medikamente zu sich nehmen muss, sollte diese daher besser von zu Hause mitbringen oder für die Beschaffung in einer tschechischen Apotheke zumindest den Beipackzettel mit den Angaben über die Zusammensetzung des Arzneimittels vorweisen.

Internetcafés

In größeren Städten findet man zahlreiche Internetcafés, ihre Adressen erfährt man im Telefonbuch oder in den Touristen-Informationszentren, die ihrerseits in kleineren Orten wiederum einen Internetzugang ermöglichen. Auch in vielen Hotels steht den Gästen ein PC mit Internetanschluss zur Verfügung. Die Preise in den Internetcafés reichen von 1 bis 3 € pro Stunde, können aber in Hotels durchaus höher sein.

Notruf

Feuerwehr	Tel. 150
Polizei	Tel. 158
Notarzt	Tel. 155
Pannenhilfe	Tel. 112

Öffnungszeiten

Geschäfte haben üblicherweise Mo–Fr von 9–18 Uhr und Sa 9–12 Uhr offen, Lebensmittelläden öffnen ab 7 Uhr. Doch sind die Ladenschlusszeiten nicht so streng geregelt, so dass man in Prag, anderen großen Städten und Grenzorten manchmal bis 20 Uhr oder gar rund um die Uhr (Hypermarkets TESCO in Prag, Brünn und Mährisch-Ostrau, Hypernova in Prag) und an Sonn- und Feiertagen einkaufen kann. In kleineren Städten schließen die Geschäfte von 12–13 oder 12–14 Uhr.

Sehenswürdigkeiten sind montags und an Tagen, die einem gesetzlichen Feiertag folgen, geschlossen. Burgen und Schlösser sind meist nur in der Saison (Mai–Sept.) von

8 bzw. 9–12 und 13–17 Uhr zugänglich, im April und Okt. nur an Wochenenden oder gegen Voranmeldung. Museen und Galerien können auch im Winter besichtigt werden. Bei den Sehenswürdigkeiten ist eine Mittagspause von 12 bis 13 Uhr üblich.

Post

Postämter haben Mo–Fr von 8–18 Uhr (12–13 Uhr geschl.) und Sa bis 12 Uhr geöffnet. Das Prager Hauptpostamt (Jindřišská 14) ist tgl. von 7–22 Uhr geöffnet, das Postamt in der Hybernska 15 rund um die Uhr. Briefmarken erhält man in Postämtern, Tabakläden und bei manchen Zeitungskiosken.

Sicherheit

Während sich die großen Städte bereits dem europäischen ›Kriminalitäts-Niveau‹ angepasst haben und man daher mit Geld und Wertsachen nicht sorglos umgehen darf (auch Autos, insbesondere teurere Modelle, sollten nur in sicheren Garagen oder auf bewachten Parkplätzen abgestellt werden), kann man sich in der Provinz noch relativ sicher fühlen. Dennoch gilt auch hier, vor allem im Umkreis touristischer Sehenswürdigkeiten: Keine Wertsachen im unbewachten Auto lassen und Taschendieben keine Chance geben! Im Allgemeinen ist das Reisen in Tschechien nicht gefährlicher als in allen anderen Ländern Mitteleuropas.

Telefonieren

Für Gespräche vom Ausland in die Tschechische Republik gilt die Vorwahl 00420, dann folgt die entsprechende – neunstellige – Teilnehmernummer (ohne eine Null zu Beginn). Ortsvorwahlnummern sind jetzt darin integriert. Auch Mobiltelefonnummern beginnen ohne eine Null.

Auslandsgespräche führt man in Tschechien am preisgünstigsten von öffentlichen Wertkarten-Telefonen. Die Wertkarten sind

Nachtleben mit Livebands findet man am ehesten in Prag

auf Postämtern erhältlich. Für eine Verbindung nach Deutschland wählt man 0049, nach Österreich 0043, in die Schweiz 0041. Die Null der Ortskennzahl wird dann weggelassen.

Die Versorgung im **Mobilfunknetz** ist fast flächendeckend, gehören doch die Tschechen zu den eifrigsten Handy-Nutzern Europas. Ab 2005 gab es in der Tschechischen Republik eine halbe Million mehr Mobiltelefone als Bürger. Die großen Mobilfunkunternehmen sind Eurotel, T-Mobile und Oskar Mobil.

Trinkgeld

Wie in allen anderen Ländern Europas sind bei Serviceleistungen rund 10 % des Rechnungsbetrags als Trinkgeld üblich.

Verhalten

Ohne Einschränkungen lässt sich der Knigge der Deutschen auch in Tschechien anwenden. Wer sich so benimmt wie daheim, kann eigentlich nichts falsch machen.

Seit dem enormen Fremdenverkehrsboom, der Prag seit dem Ende des 20. Jh. alljährlich um die 20 Millionen Touristen beschert, ist man in der Moldau-Metropole zwar einiges gewöhnt. Aber mit Touristen, die mit Shorts und sonst fast gar nichts bekleidet durch die Straßen der Hauptstadt ziehen und in diesem ›Aufzug‹ sogar Kirchen und Ausstellungen besichtigen, kann man sich nicht abfinden.

Eine allzu direkte Art gilt schnell als Affront, und so werden unangenehme Wahrheiten gern ein wenig verpackt. Beispielsweise äußert sich kein Tscheche offen über eine völlig verunglückte neue Frisur. Statt dessen wird er die hübsche Mütze erwähnen, die man irgendwann einmal aufgehabt hat, oder über die neueste Hutmode plaudern. Dementsprechend sollte man auch als Urlauber seine etwaigen Beschwerden, wie berechtigt sie auch immer sein mögen, nett und nicht mit dem Holzhammer vorbringen. Wirklich unverzeihlich ist freilich nur eines: Das heutige Tschechien mit der einstigen Tschechoslowakei zu verwechseln. Oder gar Tschechei zu sagen, denn so nannte Nazi-Deutschland das Protektorat Böhmen und Mähren.

Zecken

Beim Wandern, vor allem in Südmähren, kann es schon einmal vorkommen, dass man sich einen Zeckenbiss zuzieht. Dabei bohrt sich die Zecke mit dem Kopf voran in die Haut und beißt sich dort fest. Ihre Körperflüssigkeit kann, wenn sie in den Blutkreislauf gerät, zu schweren Erkrankungen, z. B. Hirnhautentzündung führen. Daher muss man das Tier so schnell wie möglich entfernen: Vorsichtig mit Daumen und Zeigefinger auffassen und ›heraushebeln‹. Dabei nicht zu ruckartig vorgehen, damit der Kopf nicht abreißt. Nicht mit Öl beträufeln, wie oft geraten wird, weil das Öl die Zecke in Atemnot bringt, wodurch sie besonders viel Flüssigkeit absondert. Auf jeden Fall sollte man so schnell wie möglich einen Arzt aufsuchen. Am sichersten ist man mit einer **Zeckenschutzimpfung.** Erkundigen Sie sich bei Ihrem Hausarzt!

Zeit

Tschechien gehört der Mitteleuropäischen Zeitzone an (MEZ) und übernimmt auch die Mitteleuropäische Sommerzeit (MESZ).

Zeitungen, Zeitschriften, TV

Internationale Tageszeitungen und Journale erhält man nur in größeren Städten wie Prag, Brünn oder Pilsen, in den wichtigsten Fremdenverkehrszentren und Kurorten sowie in den Orten nahe der österreichischen und deutschen Grenze.

Viele Hotels und Privatquartiere haben sich mit Satelliten-TV-Empfang ausgerüstet, so dass man dort auch deutschsprachige Programme empfangen kann.

Geld

Währung

Währungseinheit ist die Tschechische Krone *(koruna,* CZK). Die Wechselkursrate liegt zurzeit (Stand Dez. 2005) bei 1 Euro = 28 – 32 CZK.

Geldwechsel

Es wird empfohlen, Geld **nur in Banken** zu wechseln oder aus **Bankomaten** abzuheben. Nachdrücklich gewarnt wird vor **Straßen-Geldwechslern** und **üblen Tricks** mancher **Wechselstuben** vor allem in Prag, die Touristen tagtäglich um große Summen prellen. Wenn man unbedingt auf eine Wechselstube angewiesen ist, sollte man sich, ehe man den Auftrag zum Geldtausch gibt, schriftlich zeigen lassen, wie viele Kronen man für die entsprechende Summe nach Abzug aller Gebühren erhält. Lassen Sie sich nicht von Ankündigungen wie ›provisionsfrei‹ täuschen!

Die meisten Hotels und Restaurants akzeptieren die gängigen Kreditkarten. Zahlungen via Bankomatkarten werden auch in Euro durchgeführt. Banken haben in der Regel Mo–Fr von 8–12 und von 13–16.30 Uhr geöffnet.

Was kostet der Urlaub?

Tschechien ist im Allgemeinen immer noch ein **günstiges Reiseziel** – sieht man von Prag und den beliebtesten Fremdenverkehrszentren wie Český Krumlov oder dem Bäderdreieck einmal ab. In der Provinz hingegen kann man für verhältnismäßig wenig Geld Urlaub machen. 40 € kostet zum Beispiel ein Doppelzimmer, maximal 80 € eine Suite samt Frühstücksbüfett im Schlosshotel Zdikov im Böhmerwald. In Prag wird man um dieses Geld bestenfalls in einer Herberge am Stadtrand Unterschlupf finden. Für ein Doppelzimmer in einem einfachen Vorstadthotel wie dem ›Kafka‹ muss man bereits 60 € berappen - und sich mit einem kargen Frühstück begnügen. Apropos Essen: Essen zu gehen ist vor allem in der Provinz ein preiswertes Vergnügen – in den meisten Restaurants bekommt man bereits für 4 € ein Hauptgericht.

Auch bei Eintrittspreisen und anderen Unkosten gibt es erhebliche Unterschiede zwischen Provinz und Touristenzentren. Der Eintritt ins Schiele-Museum von Český Krumlov kann je nach Sonderausstellung mit umgerechnet etwa 8 € zu Buche schlagen, während man im mährischen Moravský Krumlov für die Betrachtung des Mucha-Œuvres kaum die Hälfte hinlegen muss. Weil vor allem in Prag auch Nebenkosten wie Eintrittsgebühren teuer zu Buche schlagen, lohnt es sich, nach Sondertarifen Ausschau zu halten – oder sich die Prag Card zu kaufen. Für 700 CZK (Erwachsene) kann man drei Tage lang alle öffentlichen Verkehrsmittel benutzen und 40 der wichtigsten Sehenswürdigkeiten ohne Eintritt besuchen.

Öffentliche Verkehrsmittel sind auch in Prag immer noch verhältnismäßig billig. Schwarzfahren aber ist ein kostspieliges Risiko, kontrolliert wird häufig und bestraft wird unbarmherzig. Klüger ist es, sich ein 24-Stunden-, 3-Tages- oder Wochenticket zu kaufen.

Sperrung von EC-und Kreditkarten
Bei Verlust oder Diebstahl von EC- und Kreditkarten können Sie die 2005 eingerichtete **Zentrale Sperr-Telefonnummer** anrufen:

0049-116 116

Sperrnummer für Kreditkarte:

____

Sperrnummer für Handy:

____

Sprachführer

Aussprache

Im Tschechischen werden alle Wörter stets auf der ersten Silbe betont.

c wie ts	ň wie nj
č wie tsch	ř wie rsch
d' wie dj	š wie sch
ě wie je	t' wie tj

Begrüßung und Allgemeines

Guten Tag	dobrý den
Auf Wiedersehen	na shledanou
Tschüss, servus	ahoj, čau
bitte	prosím
danke	děkuji
geöffnet	otevřeno
geschlossen	zavřeno
ja	ano
Nacht	noc
nein	ne
wann?	kdy?
(et)was?	co?
was für ein, welcher?	jaký?
wer?	kdo?
wo?	kde?

Unterwegs

Abfahrt, Abflug	odjezd
Achtung Gefahr!	pozor!
Ankunft	příjezd
Ausgang	východ
Auskunft	informace
Ausstellung	výstava
Bahnhof	nádraží
Berg	hora
Brücke	most
Burg	hrad
Denkmal	památník
Eingang	vchod
Eintrittskarte	vstupenka
Flughafen	letiště
Fluss	řeka
Gasse	ulice
Garten	zahrada
Grenze	hranice
Haltestelle	stanice
Haus	dům
Kai	nábřeží
Kapelle	kaple
Kirche	kostel
Kloster	klášter
links	vlevo
Platz	náměstí (nám.)
Palast	palác
Park	sady
Parkplatz	parkoviště
rechts	vpravo
Schloss	zámek
See	jezero
Stadt	město
Straße	třída
Tankstelle	benzinová stanice
Theater	divadlo
Toiletten	toalety/záchod
Männer/Herren	muži/páni
Frauen/Damen	ženy/dámy
Tor	brána
Turm	věž
verboten	zakázáno
Wald	les
Wechselstube	směnárna

Zeit

Zeit	čas
Stunde	hodina
Tag	den
Woche	týden
Monat	měsíc
Jahr	rok
gestern	včera
heute	dneska
morgen	zítra
Montag	pondělí
Dienstag	úterý
Mittwoch	středa
Donnerstag	čtvrtek
Freitag	pátek
Samstag	sobota
Sonntag	neděle

Einkaufen

Bäckerei	pekařství
Buchhandlung	knihkupectví
Flasche	flaška
Geld	peníze
Kasse	pokladna
Kaufhaus	obchodní dům
Kleidung	šaty
Laden	obchod
Lebensmittel	potraviny
Markt	trh
Metzgerei	řeznictví
Post	pošta
Schuh	bota

Essen und Trinken

Abendessen	večeřet
Bierhaus	pivnice
Café	kavárna
Fertige Speisen	hotové jídla
Gasthaus	hostinec
Getränk	nápoj
Glas	sklenice
Hunger	hlad
Kellner	čísník
Mittagessen	obědvat
Rechnung	účet

Übernachten

Bett	postel
Doppelzimmer	dvoulůžkový pokoj
Dusche	sprcha
Einzelzimmer	jednolůžkovy pokoj
Frühstück	snídaně
Handtuch	ručník
Pension	penzion
Schlüssel	klíč
Unterkunft	ubytování
Zimmer mit Bad	pokoj s koupelnou

Notfall

Apotheke	lékárna
Arzt	lékář
Botschaft	velvyslanectví, ambasáda
Hilfe!	pomoc!
Krankenhaus	nemocnice
Panne	porucha
Polizei	policie
Unfall	nehoda
Zahnarzt	zubní lékář

Zahlen

eins	jeden, jedna, jedno
zwei	dva, dvě
drei	tři
vier	čtyři
fünf	pět
sechs	šest
sieben	sedm
acht	osm
neun	devět
zehn	deset
fünfzig	padesát
hundert	sto
tausend	tisíc

Die wichtigsten Sätze

(Ich) verstehe	rozumím
(Ich) verstehe nicht	nerozumím
Sprechen Sie Deutsch/ Englisch?	Mluvíte německý/ anglicky?
Zahlen bitte	Prosím zaplatit
Was kostet das?	Kolik to stojí?
Können Sie mir bitte helfen?	Prosím, můžete mi pomoci?
Bitte, rufen Sie die Polizei!	Prosím, zavolajte políciu!
Wo ist der nächste Arzt Krankenhaus/ Apotheke?	Kde je nejblížší lékář/ nemocnice lékárna?
Bitte, noch ein Bier/ einen Wein	Prosím, další pivo/ víno

Holzhäuser im Walachischen Freilichtmuseum Rožnov pod Radhoštěm

Unterwegs in Tschechien

INTERNET
TRAVEL BAG SHOP
CHANGE

Kapitel 1

Prag und Umgebung

Auf einen Blick: Prag und Umgebung

Weltstadt an der Moldau

Vom ›Steinernen Geschichtsbuch‹ bis zur ›Goldenen Stadt‹ reichen die Beinamen, die der Moldau-Metropole verliehen wurden.

Mit der Wende ist Prag nach Europa zurückgekehrt. In atemberaubender Geschwindigkeit hat es sich herausgeputzt und mit dem neuen Wind den Mief des kommunistischen Provinzialismus hinweggefegt, bis selbst für die größten Skeptiker kein Zweifel mehr bestehen konnte: Einmal Weltstadt, immer Weltstadt – und noch dazu vielleicht die schönste Mitteleuropas.

Niemand kann sich der Faszination dieser Stadt entziehen. Ihr unvergleichliches Flair können ihr nicht einmal die Touristenmassen – jährlich mehr als 3,5 Mio. Besucher – rauben, die sich in einem Strom über die historischen Zentren ergießen. Mögen sie auch zu Hauptreisezeiten die Karlsbrücke und den Alten Jüdischen Friedhof überschwemmen– Prag trägt auch diese Invasion mit Würde.

Die 1,2 Mio. Einwohner zählende Hauptstadt Prag (Praha) breitet sich auf einer Fläche von knapp 500 km^2 in einem weiten Talkessel auf Flussterrassen der Moldau aus. Zwischen Vyšehrad-Felsen und dem Burgberg liegt das zum UNESCO-Welterbe zählende historische Zentrum: Altstadt (Staré Město) und Neustadt (Nové Město) am rechten und Kleinseite (Malá Strana) am linken Ufer.

Ließen sich die Adligen Paläste rund um den Herrschersitz am Hradschin errichteten, um am Hof präsent zu sein, so entstanden im weiteren Umkreis Prags besuchenswerte Burgen und Schlösser – als Wehranlagen oder Sommerresidenzen, eingebettet in die freundliche Landschaft Mittelböhmens.

Im östlichen Mittelböhmen liegen zwei äußerst sehenswerte Städte, Kolín und Kutná Hora, mit erstrangigen architektonischen Sehenswürdigkeiten.

Im Südosten Mittelböhmens schließt sich der Kranz der Burgen und Schlösser um die Hauptstadt. Hier liegt auch das Tal der Sázava, das beliebteste Naherholungsgebiet der Prager.

Highlights

1 **Prag:** Das historische Zentrum, der Hradschin mit dem Veitsdom, die Kleinseite, die Alt- und die Neustadt gehören zum Unesco-Welterbe (s. S. 82).

2 **Karlštejn:** Die eindrucksvollste Burg des Landes, einst Schatzkammer Böhmens, ist eine der meist besuchten Sehenswürdigkeiten Tschechiens (s. S. 125).

3 **Kutná Hora:** Eine der schönsten Städte Tschechiens – Höhepunkt ist die St.-Barbara-Kathedrale als überwältigendes Monument der Spätgotik (s. S. 141).

Die schönsten Spaziergänge und Routen

Prags Hausberg Petřín: Die grüne Lunge der Stadt lockt Erholungsbedürftige mit ihren kleinen verzweigten Wegen und ruhigen Eckchen sowie mit schönen Ausblicken auf goldene Kuppeln und Dächer (S. 84).

Königsweg: Auf diesem touristischen Hauptweg, über den einst Böhmens Könige zur Krönung zogen, passiert man einige der wichtigsten Sehenswürdigkeiten – vom Pulverturm über Altstädter Ring und Karlsbrücke bis zur Burg (S. 93).

Berounka-Tal: Eine landschaftlich besonders schöne und abwechslungsreiche Fahrt durch den Böhmischen Karst und das Bergland von Křivoklát mit dem hübschen Städtchen Beroun als Zentrum (S. 129).

Reise- und Zeitplanung

Man kann an einem Wochenende in die Stadt hineinschnuppern oder in einer Woche die Hauptsehenswürdigkeiten abklappern. Um Prag besser kennen zu lernen, braucht es schon längere oder mehrere Besuche, um neben den grandiosen Kulturdenkmälern auch das echte Leben dieser vibrierenden Metropole in den Warenhäusern, Cafés, Bierkneipen oder Jazzkellern zu verspüren.

Prag sollte man zu Fuß erobern, da die Entfernungen im Zentrum gering sind. Im Übrigen steht ein gut funktionierendes Netz öffentlicher Verkehrsmittel zur Verfügung.

Wie in jeder Großstadt gibt es auch in Prag Nepp und Kriminalität. Besondere Vorsicht ist vor Taschendieben im Gedränge der Innenstadt sowie in U- und Straßenbahnen geboten. Selbst für westliche Touristen ist Prag im Vergleich zur Provinz mittlerweile etwas teuer.

Die Burgen und Schlösser in der Umgebung von Prag sollte man besser nicht im Winter ansteuern, da sie dann so gut wie alle geschlossen sind. Die Saison dauert vom 1. April bis 31. Oktober.

Klima und Reisezeit

Prag ist ein Ganzjahresziel. Es hat für Mitteleuropa ein recht mildes Klima (Jahresmittel: 9,3 °C). Die besten Reisemonate sind April bis Juni sowie September und Oktober. Im Hochsommer ist Prag von Touristen geradezu überschwemmt. Das Klima in der Umgebung Prags unterscheidet sich kaum von jenem in der Hauptstadt. Nur ist es in den Hügelgebieten meist etwas kühler, was vor allem im Hochsommer angenehm ist.

Richtig Reisen-Tipps

Tschechischer Kubismus: Von tschechischen Künstlern wurde der Kubismus für Architektur und Design weiterentwickelt. Ein Muss für Architekturinteressierte ist daher das ›Museum des Tschechischen Kubismus‹ (s. S. 97).

Museale Kuriositäten – Panzer, Polizisten oder Poststücke: Neben hochkarätigen Kunstsammlungen bietet Prags Museumsszene eine Vielzahl an speziellen, zum Teil kuriosen Ausstellungen (s. S. 121).

Weinverkostung im fürstlichen Keller: In den Kellern des Renaissanceschlosses in Melnik reift in riesigen alten Fässern ein köstlicher Tropfen heran (s. S. 136).

1 Prag

Karte S. 110

»Ich kenne keine Stadt, die wie Prag, wenn man in ihr wohnt und mit ihr geistig verwittert ist, einen so oft und in so merkwürdig zauberhafter Art lockt, die Orte der Vergangenheit aufzusuchen.« (Gustav Meyrink)

Prager Stadtgeschichte

Keine Stadtgründung ohne Legenden. In Prag ist es eine starke Frau, die sagenhafte Fürstin Libussa (Libuše), die um 700 n. Chr. den Auftrag erteilt, auf dem späteren Vyšehrad eine Burgstätte zu errichten. Zwischen dem 11. und 13. Jh. lassen sich viele deutsche und jüdische Handwerker sowie Kaufleute in Prag nieder. Die Altstadt wird befestigt und mit der steinernen Judithbrücke, der späteren Karlsbrücke, die Ausweitung der Stadt auf die Kleinseite begonnen. Přemysl Ottokar II. verleiht Prag das Stadtrecht. Unter seinem Sohn Karl IV. wird Prag Erzbistum und Kaiserresidenz, es folgt eine großzügige Umgestaltung mit dem Bau der Karlsbrücke, mit Gründung der Neustadt sowie der ersten Universität Mitteleuropas (1348).

Ab 1526 regieren die Habsburger, und unter Rudolf II. (1576–1611) erlebt die Stadt eine letzte Blüte bis zur Verlegung der Reichsresidenz nach Wien. Der Prager Fenstersturz löst schließlich den Dreißigjährigen Krieg aus (1618–48), in dessen Wirren die Moldaustadt verwüstet wird. 1784 hebt Kaiser Joseph II.

Blick über die Karlsbrücke auf die Kleinseite und den Hradschin

den Ghettozwang auf, um die übervölkerte Judenstadt zu entlasten.

Mit dem Aufstieg Prags zum Industriezentrum und der Eröffnung der Eisenbahnlinie Wien–Prag (1845) entwickelt sich die Stadt rapide, um die Mitte des 19. Jh. entstehen neue Stadtgemeinden (Vinohrady, Žižkov). Der wirtschaftliche und kulturelle Aufschwung als Hauptstadt der Tschechoslowakischen Republik (ab 1918) kommt jedoch durch den Einmarsch Hitler-Deutschlands (1939) und den Zweiten Weltkrieg zum Erliegen. Erst nach der düsteren KP-Ära (1948–1989) wird die Moldaumetropole langsam wieder ihrem Beinamen ›Goldenes Prag‹ gerecht.

Kleinseite (Malá Strana)

Als ›Kleine Prager Stadt‹ Mitte des 13. Jh. von Ottokar II. gegründet, präsentiert sich das Viertel zu Füßen der Burg seit dem Barock als ein in Mitteleuropa einzigartiges Gesamtkunstwerk. Am reizvollsten ist die Annäherung zu Fuß über die Karlsbrücke. Ein gotisches Stadttor zwischen den beiden Kleinseitner Brückentürmen öffnet den Zugang zu der von allerlei Läden gesäumten Mostecká ulice (Brückengasse), der Fortsetzung des in der Altstadt beginnenden Krönungswegs.

Südlicher Teil der Malá Strana

Beachtung verdient die im 12. Jh. gegründete und im 17. Jh. barockisierte **Malteserkirche St. Maria unter der Kette** **1** (Kostel panny Marie pod řetězem), das älteste Gotteshaus der Kleinseite. Einen Vorgeschmack auf die Prachtpaläste unterhalb des Hradschins gibt der **Malteserplatz** **2** (Maltézské náměstí). Vom Palais Turba (japanische Botschaft) über das Palais Nostitz (niederländische Botschaft) bis zum Palast des Malteser Großpriorates stellt jedes einzelne Gebäude des Ensembles ein barockes Juwel für sich dar.

Der Platz ist durch eine kleine Brücke mit der Flussinsel **Kampa** **3** verbunden, ein durch den Moldauarm Čertovka – Teufelsbach – von der Kleinseite getrenntes Nobelviertel, in dem sich schicke Lokale finden lassen. Die Flussinsel Kampa war einst unwirtliches sumpfiges Gelände. Erst im 15. Jh. wurden hier Mühlen errichtet, mit denen die Wasserkraft genutzt wurde. In einer historischen Mühle ist das **Museum Kampa** mit Werken mitteleuropäischer, vornehmlich tschechischer Kunst des 20. Jh. untergebracht (U Sovových mlýnů 2, Tel. 257 286 147, info@mu

Mit den Autoren unterwegs

Prag für Frühaufsteher

Morgenstund' hat auf der von zahllosen Touristen gestürmten Burg im wahrsten Sinn des Wortes Gold im Mund: Die Gebäude halten ihre Pforten zwar erst ab 9 Uhr und die Gärten ab 10 Uhr geöffnet, das **Burgareal** aber kann man bereits ab 5 Uhr betreten. Zu dieser frühen Stunde präsentieren sich die **leeren Gassen** mit ihren prachtvollen Gebäuden im milden Morgenlicht als traumhafte Fotomotive – ebenso wie die Karlsbrücke.

Unbedingt sehenswert

Wer nur kurz in Prag ist, sollte sich den Weg vom **Altstädter Ring** über die **Karlsbrücke** durch die **Kleinseite** mit Kleinseitner Ring und Nerudagassse hinauf zum **Hradschin** mit Burg und St.-Veits-Dom vornehmen. Wer mehr Zeit hat, sollte sein Programm mindestens um den Wenzelsplatz, die Josefstadt, das Loretoheiligtum und das Kloster Strahov erweitern. Die bedeutendsten Museen sind die Nationalgalerie im Palais Sternberg und das Staatliche Jüdische Museum.

Moldauinsel Kampa

Auf dem ehemals sumpfigem Gelände geht es für Prag fast beschaulich zu. Auf dem kleinen Hauptplatz werden wie früher Töpferwaren angeboten. Und der Kampa-Park ist einer der schönsten in Prags Zentrum – mit Kastanienbäumen und Moldaublick. Ein besonderes Erlebnis ist eine Bootsfahrt auf der idyllischen **Čertovka**, die die **Moldauinsel Kampa** von der Kleinseite trennt (s. S. 83).

Kleinseite und Hradschin: Cityplan

Sehenswürdigkeiten

1 Malteserkirche St. Maria unter der Kette
2 Malteserplatz
3 Moldauinsel Kampa
4 St. Johannes an der Bleiche
5 Standseilbahn auf den Petřín
6 Kirche Maria de Victoria
7 St. Niklas
8 Nerudova
9 St.-Thomas-Kirche
10 Waldstein-Garten
11 Palais Waldstein
12 Prager Burg (s. Cityplan S. 88)
13 Palais Sternberg mit Nationalgalerie
14 Palais Schwarzenberg
15 St.-Johannes-Nepomuk-Kirche
16 Czernin-Palais
17 Maria Loreto
18 Kloster Strahov

Übernachten

1 Hoffmeister
2 Questenberk
3 Waldstein
4 Kampa
5 U Červeného Lva
6 Sax
Nr. 7–11, s. S. 94f: Altstadt und Josefstadt
Nr. 12, s. S. 106: Neustadt
Nr. 13–18 s. S. 110f: Rund um das Zentrum

Essen und Trinken

19 Kampa Park
20 U Zlaté Hrušky
21 U Vladaře
22 U tří housliček
23 U Sedmi Švábů
24 U Glaubiců
25 Malý Buddha
26 Café St. Nicholas
Nr. 27–30, 35-37 s. S. 94f: Alt- u. Josefstadt
Nr. 31–34, 38 s. S. 106: Neustadt
Nr. 39–44 s. S. 110f: Rund um das Zentrum

seumkampa.cz, tgl. 10–18 Uhr). Großzügige Parkanlagen, die ihre Entstehung der Zusammenlegung einstiger Palastgärten verdanken, laden zu schönen Spaziergängen ein. Am südlichen Ende dieser Oase befindet sich die Kirche **St. Johannes an der Bleiche** 4 (13. Jh., Renaissance- und Barockumbau).

Von der Hauptstraße Újezd kann man mit einer **Standseilbahn** 5 bequem auf den **Laurenziberg** (Petřín) fahren. Der 316 m hohe Hausberg der Prager über der Klein-

seite und dem Moldautal, auch von Strahov auf kleinen Wegen zu erreichen, lockt mit seinen großzügigen Grünanlagen und versteckten Ruheplätzchen Spaziergänger wie Liebespaare an. Die Aussicht vom Petřín über die Dächer Prags ist den Weg unbedingt wert. Eine Miniaturausgabe des Pariser Eiffelturms ist der 60 m hohe Aussichtsturm mit 229 Stufen, errichtet 1891. (Petřinská rozhledna, Nov.–März Sa, So 10–17, April und Sept. tgl. 10–19, Mai–Aug. tgl. 10–22 Uhr).

Etwas zurückgesetzt in der Karmelitská ulice, der Kleinseitner Hauptverkehrsader, steht die **Kirche Maria de Victoria** 6 mit der im 16. Jh. aus Spanien an die Moldau gebrachten wundertätigen Wachsfigur des Prager Jesulein. Eine ständige Ausstellung zeigt Devotionalien sowie die prachtvolle Garderobe des Jesuskindes, von der eine sogar von Kaiserin Maria Theresia höchstpersönlich geschneidert worden sein soll (täglich 10–17 Uhr).

Das mit Sgraffito verzierte ›Haus zur Minute‹ am Altstädter Ring

Kleinseitner Ring

Der Kleinseitner Ring (Malostranské náměstí) ist wie alle Prager ›Ringe‹ natürlich ein Platz – und was für einer: Altehrwürdige Bürgerhäuser mit gotischen Kellergewölben und Renaissancefassaden gruppieren sich zwischen imposanten Palästen wie dem platzbeherrschenden Palais Liechtenstein (Nr. 13, Akademie der musikalischen Künste) rund um ihn. Eines der schönsten Barockbauwerke nördlich der Alpen, das mächtige **St. Nikolas** 7 (kostel sv. Mikuláse), gliedert ihn gemeinsam mit dem angeschlossenen Jesuitenkolleg in eine obere und eine untere Hälfte. Das wahrlich himmelstürmende Gotteshaus schufen Vater und Sohn Dientzenhofer, mit verschwenderischer Großzügigkeit überwältigt das Kircheninnere. Über dem Hauptschiff wölbt sich eines der größten Deckengemälde Europas, 1500 m^2 misst das Fresko, das Szenen aus dem Leben des hl. Nikolaus zeigt. In dem von Gold und Glanz überquellenden Gotteshaus spielte Wolfgang Amadeus Mozart auf der Orgel. Seiner gedachten die Prager hier nur vier Jahre später mit einer feierlichen Totenmesse – in Wien wurde keine für ihn gelesen.

Unter dem Hradschin

Die nach dem tschechischen Dichter Jan Neruda benannte **Nerudova** 8 verbindet als letzter Abschnitt des Königsweges den Kleinseitner Ring mit der Prager Burg. Dank der seit jeher als Orientierungshilfen dienenden Hauszeichen ist es nicht schwer, die interessantesten Gebäude wie Rosinen herauszupicken: etwa die Barockhäuser ›Zu den zwei Sonnen‹ (von Neruda bewohnt) und ›Zu den drei Geigen‹, oder die barockisierten Renaissancebauten ›Zum roten Adler‹, ›Zum goldenen Kelch‹, ›Zum hl. Johannes von Nepomuk‹, ›Zum Esel an der Krippe‹ oder ›Zum goldenen Löwen‹ (Apotheken-Museum, Nerudova 32, April–Sept. Di–Fr 12–18, Sa, So 10–18, Okt.–März Di–Fr 11–17, Sa, So 10–17 Uhr). Vor dem Morzin-Palais (rumänische Botschaft) tragen Mohren-Giganten von Maximilian Brokoff schwer an einem ausladenden Balkon, schräg gegenüber bewacht ein Adler von Matthias Bernhard Braun das Palais Thun-Hohenstein (italienische Botschaft).

Parallel zur Nerudova führt die Neue Schlossstiege (Zámecké schody) auf kürzestem Weg zur Burg, in der entgegengesetzten Richtung gelangt man am Kleinseitner Ring vorbei zu Kloster und Kirche **St. Thomas** 9 (von Kilian Ignaz Dientzenhofer barockisiert) in der Letenská ulice. Dort erinnert auch eine der bekanntesten Prager Biergaststätten, ›Zum heiligen Thomas‹ (U Svatého Tomáše, Letenská 12), daran, dass sich die Augustinermönche in den gotischen Gewölben bereits im 14. Jh. in der Kunst des Brauens geübt hatten. Durch eine kleine, unscheinbare Pforte am Ende der nun folgenden hohen Mauer betritt man den mit Skulpturen reich geschmückten barocken, hinter dem Palais liegenden **Waldstein-Garten** 10 mit einer Sala Terrena (Konzerte und Theateraufführungen) und der ehemaligen Reitschule (wechselnde Ausstellungen der Nationalgalerie).

Der Haupteingang des riesigen **Palais Waldstein** 11 (Valdštejnský palác) liegt am Waldstein-Platz. Allein die Fassade dieses zwischen 1623 und 1630 entstandenen Barockpalastes der Superlative, dem ganze Häuserzeilen und Straßenzüge weichen mussten, umfasst 60 m Länge. Heute ist das Palais Sitz des Tschechischen Senats. Die über und über mit Stuck und Fresken verzierten Säle des von Schiller als Wallenstein verewigten Generals Albrecht von Wallenstein sind nur an Wochenenden und bei Konzerten zugänglich.

Hradschin (Hradčany)

Der Stadtteil Hradschin (Hradčany = Vorburg) steht nicht, wie vielfach angenommen, als Synonym für die **Prager Burg** 12 (Pražský hrad). Zwar wird das Viertel seit dem frühen Mittelalter von dem mächtigen Gebäudekomplex dominiert, doch ebenso sehenswert sind die Adelspaläste, Patrizierhäuser, Kirchen und Klöster.

Hradschiner Platz

Vor dem Haupteingang zur Burg am Hradschiner Platz (Hradčanské náměstí) gruppieren sich rund um eine barocke Mariensäule herrliche Paläste und Adelshäuser, allesamt nach dem großen Brand von 1541 entstanden. Platz beherrschend erhebt sich die Rokokofassade des nicht zugänglichen Erzbischöflichen Palais vor dem hochbarocken **Palais Sternberg** 13, dem Hauptsitz der Nationalgalerie (Národní galerie; Zugang durch das linke Bogenportal des Erzbischöflichen Palais; Ikonen sowie Bilder und Plastiken aus dem 19./20.Jh., Picasso-Sammlung, Tel. 220 514 598, www.ngprague.cz, tgl. Di–So 10–18 Uhr).

Ehemalige Chorherren-Häuser und das mit Spätrenaissance-Sgraffiti verzierte Palais Martinitz stehen dem **Palais Schwarzenberg** 14, einem prachtvollen Renaissancebau mit in Kratzputz-Technik vorgetäuschter Diamantquader-Fassade, gegenüber. Ab 2007 will die Nationalgalerie hier ihre Sammlung Alter Meister präsentieren. Dem frühbarocken Palais Toscana an der westlichen Schmalseite des Platzes schräg gegenüber gliedert sich die barocke Hradschiner Pfarrkirche St. Benedikt ins Ensemble ein, während die Alte Rathausstiege neben dem mit Sgraffiti geschmückten Alten Rathaus eine Verbindung zur Nerudova, dem bedeutendsten Straßenzug auf der Kleinseite, schafft.

Zweigt man am Palais Toskana in die Kanovnická ab, gelangt man zur **Kirche St. Johannes Nepomuk** 15 (Kostel sv. Jana Nepomuckého), dem ersten Sakralbau von Kilian Ignaz Dientzenhofer, und weiter in das Gässchen **Nový Svět** (Neue Welt) mit seinen malerischen Barockhäusern.

Loreto-Heiligtum und Kloster Strahov

Geht man vom Hradschiner Platz am Palais Toskana die Loretánská entlang, kommt man zum größten und am höchsten platzierten Adelspalast Prags, dem imposanten **Czernin-Palais** 16 (Černínský palác) mit seiner 150 m langen Hauptfassade (Sitz des Außenministeriums). Als Graf Czernin von Chudenitz Mitte des 17. Jh. seinen gigantischen Palastbau begann, drohten die ausgehobenen Erdmassen die wenige Jahrzehnte zuvor gestiftete Wallfahrtsstätte **Maria Loreto** 17 (Loreta) neben dem bereits im Jahr 1600 errichteten Kapuzinerkloster zu verschütten. Doch die **Casa Santa** blieb unversehrt, sodass Va-

Burg und St.-Veits-Dom: Cityplan

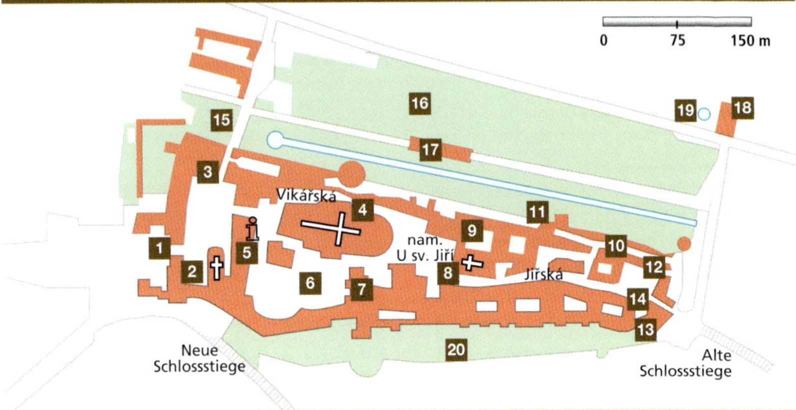

Sehenswürdigkeiten

1 Matthiastor
2 Hl.-Kreuz-Kapelle
3 Burggalerie
4 St.-Veits-Dom
5 Informationszentrum
6 St.-Georgs-Statue
7 Alter Königspalast
8 Georgsbasilika
9 Georgskloster
10 Goldenes Gässchen
11 Weißer Turm
12 Daliborka-Turm
13 Palais Lobkowitz
14 Schwarzer Turm
15 Pulverbrücke
16 Königlicher Garten
17 Großes Ballhaus
18 Königliches Lustschloss
19 Singender Brunnen
20 Paradiesgarten und Wallgarten

ter und Sohn Dientzenhofer ein Jahrhundert später das von Kreuzgängen umgebene Heilige Haus – eine Kopie der von Bramante erbauten Kapelle in der italienischen Provinz Ancona – zum Loreto-Heiligtum ausbauen und mit der prachtvollen barocken Christi-Geburt-Kirche krönen konnten. In der Schatzkammer im ersten Stock des Loreto-Heiligtums sind Kostbarkeiten von unermesslichem Wert – wie die von Fischer von Erlach entworfene 12 kg schwere, mit 6222 Diamanten geschmückte Monstranz – zu bewundern (Loretánské nám. 7, Tel. 224 510 789, tgl. 9–12.15 und 13–16.30 Uhr).

Über dem Talkessel zwischen Burg- und Laurenziberg (Petřín) erheben sich weithin sichtbar die beiden Türme der auf romanischen Fundamenten errichteten barocken Mariä-Himmelfahrts-Kirche des seit dem 12. Jh. bestehenden **Klosters Strahov** 18 (Strahovský klášter), das allein schon wegen seiner **Bibliothek** mit erlesensten bibliophilen Kostbarkeiten zum Pflichtprogramm jedes Pragbesuchers zählen muss. Angesichts der unschätzbar wertvollen, bis zum 9. Jh. zurückreichenden Inkunabeln, Codizes, Globen und Handschriften kapitulierte selbst Joseph II. mit seinen Säkularisierungsabsichten. Die Prämonstratenser konnten sogar mit kaiserlicher Erlaubnis ihrem in üppigstem Barock erstrahlenden **Theologischen Saal** einen **Philosophischen Saal** hinzufügen, in dem sich das Rokoko mit all seiner verspielten Schmucklust nicht nur im Deckengemälde ›Die Geschichte der Menschheit‹ des Franz Anton Maulpertsch austoben durfte. Die Bibliothek umfasst heute mehr als 200 000 Bände (Strahovské nádvoří I/132, Tel. 233 107 718, www.strahovskyklaster.cz, tgl. 9–12 und 13–17 Uhr).

Zu Unrecht viel zu wenig Beachtung findet die Strahover **Gemäldegalerie** (Strahovská obrazárna) im ersten Stock des Kreuzganges. Diese bedeutende Sammlung umfasst rund 1500 Kunstwerken von der Gotik bis ins 19. Jh. (tgl. Di–So 9–12 und 13–17 Uhr).

Burg

Die **Burg** 12 auf dem Hradschin gilt als Symbol der Macht und als Wahrzeichen Prags. Von seiner Gründung durch die Přemysliden im letzten Viertel des 9. Jh. an entwickelte sich der Komplex – vor allem in der Regierungszeit Maria Theresias (1740–1780) – zu seiner heutigen Größe von 570 m Länge und 128 m Breite. Auf einer Fläche von 45 ha entstanden Wehranlagen, Paläste, Kirchen, Verwaltungsbauten und Wohngebäude. Die letzten großen Umbauten erfolgten in den 1920er Jahren des 20. Jh. im Zuge der Neugestaltung der drei Burghöfe durch den slowenischen Architekten Josip Plečnik (1872–1957) (Das Areal der Prager Burg ist täglich von 5 Uhr früh bis 23 Uhr (Nov.–März), bzw. 24 Uhr (April–Okt.) frei zugänglich. Die Besichtigung der verschiedenen Objekte ist täglich zwischen 9 und 16/17 Uhr möglich, am 24.12. bleibt alles geschlossen. Eintrittskarten für die verschiedenen Besichtigungsrundgänge erhält man im Informationszentrum 5 im Dritten Burghof oder auch bei jeder der Sehenswürdigkeiten).

Kämpfende Giganten flankieren am Hradžanské náměstí den Haupteingang zu dem von Rokokofassaden gesäumten **Ersten Burghof** (auch Ehrenhof), seit der Präsidentschaft Havels Schauplatz der theaterreif inszenierten Parade-Wachablösung der Burggarde – zu jeder vollen Stunde, jeden Mittag um 12.00 Uhr sogar mit Fanfaren- und Fahnenritual. Linker Hand liegt hinter einem Gittertor der **Basteigarten** mit Restaurant, geradeaus öffnet sich das frühbarocke, ursprünglich nach Art römischer Triumphbögen frei stehende und unter Maria Theresia ins neu geschaffene Gesamtensemble der beiden Burghöfe integrierte **Matthiastor** 1. In diesem führt rechts eine Rokokotreppe zu den nicht zugänglichen Repräsentations-, Kanzlei- und Wohnräumen des Staatspräsidenten. Seine Anwesenheit signalisiert die gehisste weiß-blau-rote Flagge.

Als Blickfang ragt im **Zweiten Burghof** das Halbrund der barocken **Heilig-Kreuz-Kapelle** 2 (kaple sv. Kříže) neben gotischen Mauerresten aus dem Südtrakt heraus. Hier befindet sich der **Burg-Shop** mit allerlei Infomaterial und Souvenirs. In den ehemaligen Marställen des Nordflügels wird die Gemälde-Sammlung der **Burggalerie** 3 (Hradní galerie) gezeigt, mit Werken von Hans von Aachen, Tizian, Veronese, Rubens und Tintoretto. Über der Galerie liegt der **Spanische Saal**, der aber nur bei Konzerten und anderen Veranstaltungen über eine im linken Teil des Matthiastores eingebaute Treppe zugänglich ist. Die Mitte des Hofes schmücken zwei frühbarocke Brunnen.

In Umkehr zu den russischen Puppen, die von Mal zu Mal kleiner werden, überrascht der **Dritte Burghof** als ältester und zentraler Teil der gesamten Burg durch seine Größe und monumentale Anlage.

St.-Veits-Dom

Magnetisch zieht das Bronzeportal der neugotischen Westfassade des **St. Veits-Doms** 4 (Chrám sv. Víta) den Besucherstrom ins Innere der Kathedrale, die allein schon durch ihre Maße – 124 m Länge, 60 m Breite und 33 m Höhe – beeindruckt. Sechs Jahrhunderte lang arbeiteten die größten Baumeister ihrer Zeit – allen voran Peter Parler, der Hofarchitekt Kaiser Karls IV. – an der Krönungskirche der böhmischen Könige. Alle Epochen – Gotik, Renaissance und Barock, aber auch Neugotik und Jugendstil – wirkten an diesem einzigartigen Gesamtkunstwerk, das mit seinem knapp 100 m hohen und von einem vergoldeten böhmischen Löwen gekrönten Südturm wie kein anderes die Silhouette Prags prägt.

Der Kapellenkranz am St.-Veits-Dom: Parler-Gotik

Das von 28 Pfeilern gegliederte Innere, durch die bunten Glasfenster der tschechischen Jugendstilmaler Max Švabinský und Alfons Mucha in mystisches Licht getaucht, fasziniert durch den majestätischen Hochchor mit dem herrlichen Netzgewölbe Peter Parlers. Vor dem neugotischen Hochaltar erstrahlt das im 16. Jh. errichtete reliefverzierte Mausoleum der böhmischen Könige in weißem Marmor. Die **Königsgruft** befindet sich unmittelbar darunter und ist über eine Treppe erreichbar. »Es liegen drei Kaiser begraben in Prag ...« – hier ruhen sie in Stein- und Zinnsarkophagen: Karl IV., sein Sohn Wenzel IV. und der Habsburger Rudolf II.

Von den insgesamt 21 Seitenkapellen nimmt die **Wenzelskapelle** über dem angeblichen Grabmal des heilig gesprochenen Přemyslidenfürsten in jeder Hinsicht eine Sonderstellung ein. Die ungewöhnliche Konzeption eines Baus im Bau, den mit Gold gefasste Edelsteinverzierungen an den Wänden und Wandmalereien mit Szenen aus dem Leben des Märtyrers in einen kostbaren Schrein verwandeln, trägt unverkennbar Peter Parlers Handschrift. Im nicht zugänglichen Obergeschoss der Kapelle verbirgt sich eine von sieben Schlössern gesicherte Kammer mit den nur bei ganz seltenen Anlässen zur Schau gestellten Krönungskleinodien. Die königlichen Insignien – Reichsapfel, Krone und Zepter – sind, wenn auch nur als Kopien, dennoch auf der Prager Burg zu sehen: Im Palais Lobkowitz an der Alten Schlossstiege.

Eine Kostbarkeit für sich stellt auch die Südfront dar. Über Parlers **Goldener Pforte**, einst der Haupteingang ins Gotteshaus, zeigt ein Mosaik aus dem 14. Jh. das Jüngste Gericht. Weiter oben geben die zwei Zifferblätter der Turmuhr – mit 4,25 m Durchmesser die größten Prags – unabhängig voneinander Viertel- und volle Stunden an.

Gegenüber dem Haupteingang zum Dom und der Alten Propstei befinden sich ein Postamt und das **Informationszentrum** **5** der Burg mit Schaltern für Eintrittskarten und Sonderführungen (tgl. 9–16/17 Uhr, Tel. 224 373 368, frantisek.kadlec@hrad.cz). Davor erinnert ein 18 m hoher Granitmonolith an die Opfer des Ersten Weltkriegs, wenige Meter

Fensterstürze ins Verderben

Thema

Eine gehörige Portion schwarzen Humors steckt hinter dem tschechischen Bonmot, dass man in Prag Politik am besten im Keller macht, wegen der geringen Absturzgefahr: Bei den zwei berühmten ›Prager Fensterstürzen‹ kamen nämlich nicht nur hohe Herren zu Fall, die Konsequenzen waren für Hunderttausende, ja Millionen Menschen fatal.

Der **Erste Prager Fenstersturz** ereignete sich am 30. Juli 1419, als radikale Hussiten unter der Führung von Jan Želivský das Neustädter Rathaus stürmten und die Freilassung ihrer inhaftierten Glaubensbrüder verlangten. Einige der bis zur Weißglut gereizten Männer waren in die Ratsstube vorgedrungen und hatten die Ratsherren kurzerhand zum Fenster hinausgeworfen. Sie landeten auf den aufgepflanzten Spießen der auf dem Platz versammelten, aufgebrachten Menge. Auf diesen blutigen Prager Fenstersturz folgten die noch weit blutigeren Jahrzehnte der Hussitenkriege.

Nach ›böhmischem Brauch‹, wie es mittlerweile hieß, kam es 1483 zu einem weiteren Fenstersturz, der von den Historikern jedoch offiziell nicht mitgezählt wird, da ihm nur lokale Bedeutung zukam. Weil die von König Vladislav eingesetzten katholischen Stadträte eine Verschwörung gegen die Utraquisten planten, stürmten die Prager das Altstädter Rathaus und ›defenestrierten‹ kurzerhand den Bürgermeister Klobouk. Seitdem sagt man an der Moldau zu einem, dem man etwas Böses an den Hals wünscht: »Du sollst Bürgermeister werden!‹

Geradezu groteske Komik umgibt zwei Jahrhunderte später den **Zweiten Prager Fenstersturz**, bei dem die handelnden Personen von Rang und Adel waren. Im Handgemenge stürzten am 23. Mai 1618 protestantische Adelige zwei Statthalter des erzkatholischen Kaisers Ferdinand II. samt einem Sekretär aus der Prager Burg. Zu ihrem Glück landeten die drei relativ sanft auf einem Misthaufen und kamen unversehrt davon. Jedoch die Lunte zum Dreißigjährigen Krieg, der schließlich ganz Europa in Brand setzen sollte, war mit diesem Affront gegen den Habsburger Kaiser gelegt.

Nur einen Winter lang regierte der vom protestantischen böhmischen Adel 1619 zum Gegenkönig gewählte Kurfürst Friedrich V. von der Pfalz auf dem Hradschin. Am 8. November 1620 besiegten die Truppen Ferdinands II. die Streitmacht des ›Winterkönigs‹ in der Schlacht am Weißen Berg: Zweiundzwanzig tschechische und fünf deutsche Adlige mussten daraufhin als Führer des Aufstands das Blutgerüst am Altstädter Ring besteigen, der jahrzehntelange Glaubenskrieg war nicht mehr aufzuhalten.

Selbst nach einem halben Jahrhundert wollen die Gerüchte um einen dritten Prager **Fenstersturz** nicht verstummen, bei dem 1948 der amtierende **Außenminister Jan Masaryk**, der Sohn des Republikgründers Tomáš G. Masaryk, den Tod gefunden hat. Unter mysteriösen Umständen stürzte der als einziger Nichtkommunist im Kabinett der Stalinisten verbliebene Politiker aus dem Fenster seines Büros – angeblich in selbstmörderischer Absicht. Mit ihm starb nicht nur der letzte hochkarätige Systemkritiker, es erlosch damit auch der noch immer charismatische, für Demokratie und Freiheit stehende Name.

entfernt steht die Kopie der gotischen **St.-Georgs-Statue** 6, das Original befindet sich im St.-Georgs-Kloster in der Sammlung böhmischer Kunst der Nationalgalerie.

Alter Königspalast

Das weltliche Gegenstück zur Kathedrale liegt deren Südfront gegenüber. Im dreigeschossigen **Alten Königspalast** 7 (Starý královský palác) residierten vom Ende des 9. bis zum 16. Jh. die Herrscher Böhmens, erst die Habsburger degradierten die ehrwürdigen Mauern zu einem Kanzlei- und Magazingebäude. Einen überwältigenden Eindruck hinterlässt der 62 m lange und 16 m breite Vladislav-Saal, Ende des 15. Jh. von Benedikt Rieth als größter weltlicher Saal der Spätgotik in Mitteleuropa geschaffen. Man braucht nicht viel Phantasie, sich unter dem 13 m hohen Spitzbogengewölbe die einstmals hier abgehaltenen Ritterturniere vorzustellen. Vom sich direkt anschließenden Ludwigsflügel – Sitz der Böhmischen Kanzlei – betritt man den erstaunlich kleinen Statthaltersaal, der zum Schauplatz des folgenschweren Zweiten Prager Fenstersturzes wurde. Obligat ist ein Blick durch das enge Stübchenfenster in die Tiefe, wo heute eine kleine Pyramide die Stelle des lebensrettenden Misthaufens markiert. Die Reitertreppe, noch mit Hufspuren der Turnierrösser, führt wieder ins Freie.

Der östliche Teil der Burg

Hinter der Rückfront des Veitsdoms liegt der gerne auch als ›Vierter Burghof‹ bezeichnete **Georgsplatz** (Jiřské náměstí), benannt nach der im 10. Jh. gegründeten **Georgsbasilika** 8 (Bazilika sv. Jiří) mit hinreißenden Fresken aus dem 13. Jh. Das anschließende **Georgskloster** 9 (Klášter sv. Jiří), 973 von Boleslav II. gestiftet und somit ältester Konvent der böhmischen Länder, im 18. Jh. unter Joseph II. aufgelassen, beherbergt als Dependance der Nationalgalerie die Sammlung ›Manierismus und Barockkunst in Böhmen‹ mit Kostbarkeiten von Hans von Aachen bis Matthias Bernhard Braun (tgl. Di–So 9–16/17 Uhr).

Obwohl seit einiger Zeit nur mehr gegen Eintrittsgeld zugänglich, bleibt das **Goldene Gässchen** 10 (Zlatá ulička) eine der meist besuchten Prager Sehenswürdigkeit. Was sich nämlich auf den wenigen Metern vor den 18 winzigen, zwischen **Weißem Turm** 11 und **Daliborka-Turm** 12 eingezwängten Häuschen zumeist abspielt, spottet jeder Beschreibung. Von den Millionen Besuchern der Prager Burg lässt es sich offenbar keiner nehmen, zumindest einen Blick auf die heute so niedlich und bunt herausgeputzten Wohnstätten von Handwerkern zu werfen. Alchimisten, die Blei in Gold zu verwandeln suchten, lebten freilich nur der Legende nach in dem auch ›Goldmachergässchen‹ genannten Elendsquartier, zu dem die nunmehrige Attraktion im 18. und 19. Jh. herabgesunken war. Noch als Franz Kafka 1916/17 für einige Monate im Haus Nr. 22 bei seiner Schwester weilte, müssen diese feuchten, dunklen Wohnungen alles andere als gesund gewesen sein. Hier brach nämlich seine letztlich tödlich verlaufende Lungenkrankheit aus.

In der **Georgsgasse** lohnt noch das barockisierte **Palais Lobkowitz** 13, eine Außenstelle des Nationalmuseums mit Exponaten zur Geschichte des Landes, einen Besuch (tgl. Di–So 9–17 Uhr), bevor man im Schatten des **Schwarzen Turms** 14 (Černá věž), der im Mittelalter gemeinsam mit den bereits erwähnten Türmen als Wehranlage und Kerker diente, über die **Schlossstiege** das Burgareal verlässt.

Gärten

Vom Zweiten Burghof führt ein Seitendurchgang zur **Pulverbrücke** 15 und über den Hirschgraben zum **Königlichen Garten**, der

Kulturlinie 22

Mit dieser Straßenbahnlinie erreicht man besonders viele Sehenswürdigkeiten. Sie fährt vom Außenbezirk Hostivař über Friedens- und Karlsplatz zur Narodní, überquert hier die Moldau, um durch die Kleinseite und zum Burgviertel zu rattern. Endstation ist erst am Weißen Berg (Bílá Hora).

zu Zeiten Rudolfs II. ein manieristisches Zauberreich gewesen sein muss. Erst der Barock schniegelte und striegelte das von allerlei Exoten aus Tier- und Pflanzenreich bewohnte Paradies und setzte die obligaten Götter- und Heldenstatuen in die Anlage. Sgraffiti schmücken das als Ausstellungs- und Konzertraum genutzte **Große Ballhaus** 16, an dem aufmerksame Beobachter ein besonderes Detail bemerken: Hammer und Sichel neben Justitia. Man könnte darin eine Zutat aus der kommunistischen Ära vermuten, tatsächlich sind Hammer und Sichel aber Teil des Österreichischen Wappens. Am unteren Ende des Parks befindet sich Prags erster stilreiner Renaissancebau – das **Königliche Lustschloss** 17, auch Belvedere genannt. Davor plätschert der mit fröhlich pinkelnden Putti ausgestattete **Singende Brunnen** 18, dessen Lied freilich nur unterhalb des tiefsten Beckens zu hören ist. Vom Dritten Burghof aus sind **Paradies-** und **Wallgarten** 19 erreichbar, der **Basteigarten** liegt neben dem Ersten Burghof (Die Gärten, ausgenommen der Basteigarten, sind nur von April– Okt. tgl. von 10–18 Uhr zugänglich, Eintritt frei).

Altstadt (Staré Město)

Der Begriff ›Altstadt‹ bezeichnet zwar das Zentrum des Zentrums, umfasst aber keineswegs – wie in anderen Städten – den gesamten historischen Bereich Prags. Was die Prager unter ›Altstadt‹ verstehen, bezieht sich nur auf den sich ans Moldauknie schmiegenden Bereich am rechten Ufer, den Wenzel I. in der Mitte des 13. Jh. mit einer halbkreisförmigen Stadtmauer auf der Höhe des späteren Grabens umgab.

Vom Repräsentationshaus zum Altstädter Ring

König Maximilian II. war 1562 der erste, der zu seiner Krönung im St.-Veits-Dom in einem feierlichen Zug quer durch die Altstadt vom spätgotischen Pulverturm über die Zeltnergasse zum Altstädter Ring und dann weiter über die Karlsbrücke hinauf zum Hradschin aufbrach, Ferdinand V. 1836 der letzte.

Mit gutem Grund nahm dieser so genannte ›Krönungs- oder Königsweg‹ neben dem **Repräsentationshaus** 1 (Obecní dům, Auskunft über Führungen unter Tel. 222 002 101,

Wachwechsel am Matthiastor auf dem Hradschin

Altstadt und Josefstadt: Cityplan

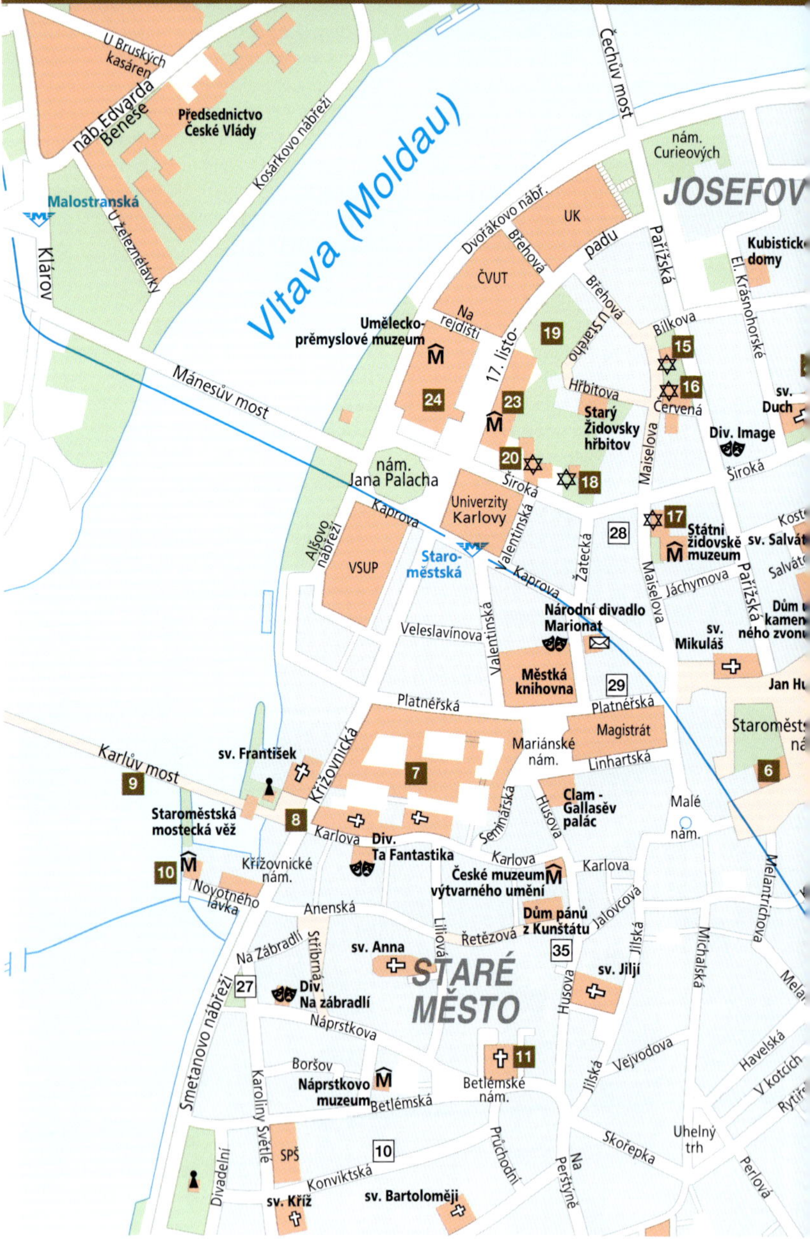

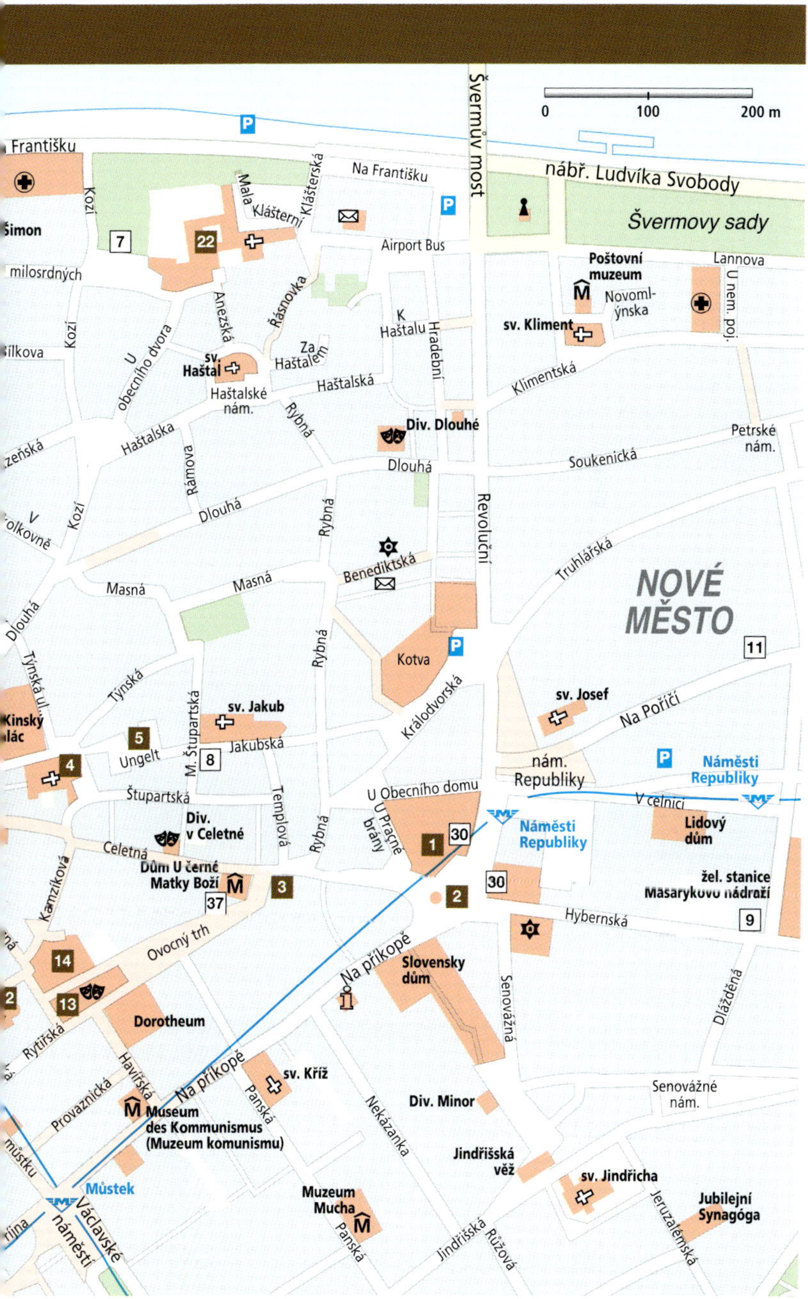
0
100
200 m
Františku
Šimon
milosrdných
Kozí
Na Františku
Klášterská
Mala Klášterni
Airport Bus
Švermův most
nábř. Ludvíka Svobody
Švermovy sady
Poštovní muzeum
Lannova
U nem. poj.
Novomlýnska
sv. Kliment
Klimentská
Anežská
Řásnovka
K Haštalu
Hradební
Za Haštalem
U obecního dvora
sv. Haštal
Haštalské nám.
Haštalská
Rybná
Div. Dlouhé
Dlouhá
Soukenická
Petrské nám.
Ramová
V Kolkovně
Revoluční
Benediktská
Masná
Truhlářská
NOVÉ MĚSTO
Kotva
Týnská
Týnská ul.
Kinský Palác
sv. Jakub
Jakubská
M. Štupartská
Ungelt
Králodvorská
sv. Josef
Na Poříčí
nám. Republiky
Náměstí Republiky
Štupartská
Templová
U Obecního domu
U Prašné brány
V celnici
Lidový dům
Div. v Celetné
Celetná
Dům U černé Matky Boží
žel. stanice Masarykovo nádraží
Hybernská
Kamzíková
Ovocný trh
Na příkopě
Slovensky dům
Senovážná
Dlážděná
Dorotheum
Rytířská
Havířská
sv. Kříž
Senovážné nám.
Provaznická
Museum des Kommunismus (Muzeum komunismu)
Panská
Nekázanka
Div. Minor
Jindřišská věž
sv. Jindřicha
Jeruzalémská
Jubilejní Synagóga
Můstek
Václavské náměstí
Muzeum Mucha
Jindřišská
Růžová
1
2
3
4
5
7
8
9
11
13
14
22
30
37

Altstadt und Josefstadt: Cityplan

Sehenswürdigkeiten Altstadt

1 Repräsentationshaus
2 Pulverturm
3 Celetná ulice
4 Teyn-Kirche
5 Ungelt-Areal
6 Altstädter Rathaus
7 Clementinum
8 Kreuzherrenplatz
9 Karlsbrücke
10 Smetana-Museum
11 Bethlehemskapelle
12 Galluskirche
13 Ständetheater
14 Karolinum

Josefstadt

15 Altneu-Synagoge
16 Hohe Synagoge
17 Maisel-Synagoge
18 Pinkas-Synagoge
19 Alter Jüdischer Friedhof
20 Klausen-Synagoge
21 Spanische Synagoge
22 Agnes-Kloster
23 Kunstgewerbe-Museum
24 Rudolfinum

Übernachten

7 Bellagio
8 Mejstřik
9 Meteor Plaza
10 Cloister Inn
11 Harmony

Nr. 1–6 s. S. 84: Kleinseite und Hradschin
Nr. 12 s. S. 106: Neustadt
Nr. 13–18 s. S. 110f: Rund um das Zentrum

Restaurants

27 Bellevue
28 King Solomon
29 Clementinum
30 Plzeňská Restaurace

Nr. 19–26 s. S. 84: Kleinseite
Nr. 31–34 38 s. S. 106: Neustadt
Nr. 39–44 s. S. 110f: Rund um das Zentrum

Bierstube

35 U zlatého tygra

Kaffeehäuser

36 Kavárna Obecní dům
37 Grand Café Orient

www.obecni-dum.cz, Abb. S. 37) seinen Anfang. Denn an der Stelle dieses prachtvollen Jugendstilgebäudes mit seinen goldglänzenden Ausstellungs-, Konzert- und Tanzsälen, Restaurants und einem Kaffeehaus stand einst der Königshof Wenzels IV. neben dem alten Stadttor. Aus diesem wurde im 15. Jh. ein Wehrbau – der später als Schießpulverdepot dienende **Pulverturm** 2 (Prašná brána, Besichtigung April–Okt. tgl. 10–18 Uhr).

Durch den 65 m hohen Torbogen gelangt man in die von barockisierten Häusern aus Romanik und Gotik gesäumte Fußgängerzone der **Celetná ulice** 3 (Zeltnergasse). Vor lauter Begeisterung über die Boutiquen, Buch- und Schallplattenläden, Souvenirshops und Antiquitätenhandlungen könnte man leicht das berühmteste kubistische Gebäude der Stadt übersehen – das **Haus zur Schwarzen Muttergottes**. Hierin befindet sich auf drei Stockwerken das **Museum des tschechischen Kubismus.** Bilder, Plastiken, aber auch Gebrauchskunst der bedeutendsten tschechischen kubistischen Künstler und Designer sind hier ausgestellt (Dům U Černé Matky Boží, Nr. 34; tgl. Di–So 10–18 Uhr).

Der **Altstädter Ring** (Staroměstské náměstí) ist das Herzen Prags. Was hat der Schnittpunkt uralter Handelswege in mehr als einem Jahrtausend nicht alles zu sehen bekommen. Gekreuzte Schwerter, eine Dornenkrone und das Datum 21.6.1621 auf dem Pflaster hinter dem Rathaus erinnern an die grausame Hinrichtung der 27 Adligen nach ihrem missglückten Aufstand gegen die Habsburger. 1948 gab Stalins Stellvertreter Klement Gottwald als Regierungschef auf dem Balkon des spätbarocken Palais Goltz-Kinsky das Startsignal für 41 Jahre Diktatur.

Inmitten des überwältigend bunten Ensembles von Fassaden aus Gotik, Renaissance, Barock und Rokoko verkündete Jan Hus erhobenen Hauptes seine Glaubenslehre. Am 500. Todestag des Reformators enthüllte Ladislav Šaloun 1915 sein im Stil Rodins geschaffenes Denkmal unweit der **Teyn-Kirche** 4 (Kostel panny Marie před Týnem, Abb. S. 38). An das Hauptportal dieses Gotteshauses schlug Hus 1412 – exakt 105 Jahre vor Martin Luther – seinen flammenden Appell gegen den Ablasshandel an. Wie kein anderes Bauwerk prägen die beiden spitz behelmten, 70 m hohen Türme der von ausländischen Kaufleuten im 12. Jh. gegründeten und im 14. Jh. gänzlich neuerbauten ›Kirche der Jungfrau Maria vor dem Teyn‹ (týn = Hof, umgrenzter Bereich) die Silhouette der Altstadt. Das Innere des Gotteshauses hält, was das Äußere verspricht: Den Besucher empfangen schlichte Größe der Architektur und edle Kostbarkeiten wie das älteste Prager Zinn-Taufbecken oder eine gotische Kalvariengruppe vom Beginn des 15. Jh.

Hinter der Teyn-Kirche schließt sich das vorbildlich revitalisierte **Ungelt-Areal** 5 (Týnský dvůr) an, ursprünglich ein befestigter Handelsmeierhof, wo Zoll (Ungelt) kassiert wurde. Hier befindet sich auch mit dem Granovský-Palais der am besten erhaltene Renaissancepalast Prags. Auf dem Areal gibt es eine Reihe netter Restaurants und Geschäfte.

Zurück zum Altstädter Ring: Nur 10 m niedriger als die Turmspitzen der Teyn-Kirche ragt auf der gegenüberliegenden Platzseite der Turm des **Altstädter Rathauses** 6 (Staroměstská radnice, Besteigung Mo 11–17, Di–So 9–18 Uhr) empor, vor dem sich zu jeder vollen Stunde Schaulustige drängen. Der Auflauf gilt der aus zwei Teilen bestehenden

Richtig Reisen-Tipp: Tschechischer Kubismus

Der Kubismus wurde in Paris 1906/7 von den Malern Picasso und Braque entwickelt, aber nur in Prag wurde dieser Stil für das Design und die Architektur entdeckt und weiterentwickelt.

Das **Haus zur Schwarzen Muttergottes** in der Celetná ulice 3 (Zeltnergasse), wohl das berühmteste Beispiel der kubistischen Architektur, wurde 1911 von Josef Gočár, einem der Begründer dieses tschechischen Baustils, entworfen. Kurz nach dem Repräsentationshaus errichtet, das ganz die Welt des Jugendstils verkörpert, kommt hier ein ganz anderes Kunstschaffen zum Ausdruck. Geprägt ist die Fassade von den großen Fenstern, die durch die Stahlskelett-Bauweise ermöglicht wurden. Durch Winkel sind nicht nur die Fenster aus der Fläche der Fassade geholt, in spitze und stumpfe Winkel sind alle architektonischen Elemente facettenreich aufgebrochen. Aber wie im Jugendstil ist jedes Detail durchgestaltet vom Türgriff bis zum Treppengeländer.

Von den über dreißig Häusern, die in Prag zwischen 1912 und 1925 im kubistischen Stil errichtet wurden, sind noch 27 erhalten. Wer ein weiteres dieser kubistischen Gebäude besuchen will, kann das Wohnhaus des Architekten Josef Chochol von 1911/13 im Stadtteil Vyšehrad (Neklanova 30) ansteuern. Durch die besondere Straßensituation, im Zwickel zweier in spitzem Winkel aufeinander stoßender Straßen, kommt die kubistische Gestaltung dieses Hauses besonders zur Geltung.

Wer sich die Vielseitigkeit der kubistischen Prager Designer vor Augen führen möchte, kann dies im **Museum des tschechischen Kubismus** im **Haus zur Schwarzen Muttergottes** tun. Und erleben kann man den ›Facettenreichtum‹ des Kubismus am besten dort im ersten Stockwerk bei einer Tasse Kaffee im Grand Café Orient, das im kubistischen Stil eingerichtet wurde.

Der Altstädter Ring, der ›Staromák‹, wie die Prager sagen

Astronomischen Uhr aus dem 15. Jh. Das Spektakel beginnt, sobald sich zwei Fensterchen öffnen und der Tod seine Sanduhr schüttelt. Während Christus und die Apostel erscheinen, setzen sich auch die anderen Figuren in Bewegung, bis schließlich der Hahn zum Finale kräht. Um im Besitz des einzigen Meisterwerks dieser Art zu bleiben, ließen die Ratsherren den Schöpfer dieser kunstvollen Spielerei nach deren Vollendung angeblich blenden. Keine Legende, sondern historisch verbrieft ist hingegen die Entstehungsgeschichte des Rathauses: Prags durstige Bürger finanzierten den Bau im 14. Jh. allein aus den Erträgen der Weinsteuer. 1945 brannten, einen Tag vor Kriegsende, die neugotischen Ost- und Nordflügel ab. Erhalten blieben jedoch der Rathausturm mit gotischem Kapellenerker, der Ratsherrensaal aus dem 15. Jh. und das Renaissanceportal aus rotem Marmor.

Über den Kleinen Ring zum Kreuzherrenplatz

Die mit Sgraffiti geschmückte Renaissancefassade des Hauses ›Zur Minute‹ (s. Abb. 86) weist den Weg zum Kleinen Ring (Malé náměstí), einem stimmungsvollen, intimen Platz mit einem hübschen Renaissancebrunnen. Vorbei an den Giganten, die Matthias Braun für das vom Wiener Hofarchitekten Fischer von Erlach erbaute Clam-Gallas-Palais (Husova Nr. 20) so imposant gestaltet hat, mündet der königliche Pfad schließlich in der **Karlsgasse** (Karlova ulice).

An die Karlova grenzt das ehemalige Jesuitenkolleg **Clementinum** 7, das mit seinen vier langgestreckten Fronten ein 2 ha großes Areal bis zum Kreuzherrenplatz bildet. Im Rahmen der Rekatholisierung Böhmens bauten die Jesuiten Mitte des 16. Jh. ein bereits 300 Jahre bestehendes Dominikanerkloster zum geistigen Zentrum der Gegenreformation aus, indem sie zuerst ein Gymnasium und bald darauf eine eigene Akademie gründeten. Sie ist heute Sitz der Universitätsbücherei und der Nationalbibliothek. Zu den bedeutendsten Räumlichkeiten des ehemaligen Kolleggebäudes zählt der prachtvolle Bibliothekssaal im ersten Stock (Tel. 603 231 241, März–Dez. Mo–Fr 14–19, Sa, So 10–19 Uhr). Das Clementinum umfasst insgesamt drei Gotteshäuser: Die von Kilian Ignaz Dientzenhofer barockisierte St.-Clemens-Kirche (heute griechisch-katholische Kirche, Eingang Karlsgasse) und die St.-Salvator-Kirche mit der sich anschließenden Welschen Kapelle.

Auf engstem Raum versammelt der als Brückenkopf entstandene **Kreuzherrenplatz** 8 (Křižovnické náměstí) nicht nur eine exquisite Auswahl der bedeutendsten Gebäude Prags um sich, er bietet auch einen wahrhaft überwältigenden Panoramablick über die Moldau auf Hradschin und Kleinseite. Zum Kloster der Kreuzherren mit dem roten Stern gehört die von Jean Baptiste Mathey im 17. Jh. erbaute St.-Franziskus-Seraphicus-Kirche, vor der viele die barocke Winzersäule mit der Figur des hl. Wenzel (auch Patron der Weinbauern) übersehen. Unübersehbar hingegen ist das Denkmal Karls IV., 1848 anlässlich des 500-jährigen Gründungsjubiläums seiner Universität errichtet.

Von der Karlsbrücke zum Carolinum

Lässt man die **Karlsbrücke** 9 (Karlův most, s. Thema S. 100) rechts liegen und spaziert flussaufwärts über den Smetana-Kai, passiert man das **Smetana-Museum** 10 (Muzeum

Brückenschlag zum Mittelalter: Die Karlsbrücke

Die Sterne standen offenbar wirklich günstig, als Kaiser Karl IV., den Berechnungen seiner Astrologen folgend, am 9. Juli 1357 um halb sechs Uhr früh den Grundstein für die neue Brücke zwischen Altstadt und Kleinseite legen ließ. Nach mehr als 600 Jahren hält der von Peter Parler konstruierte Verbindungsweg über die Moldau noch immer.

Mit Bravour löste der damals erst 27-jährige Architekt gewaltige technische Probleme. Um den Überresten der knapp zwei Jahrhunderte nach ihrer Errichtung 1342 zusammengestürzten Judith-Brücke auszuweichen, legte er den in 9 m Tiefe auf 16 Bogenpfeilern ruhenden Moldauübergang in einer leichten Krümmung an. Als Bindestoff für den Mörtel verwendete Parler frische Eier, die aus dem ganzen Land herbeigekarrt werden mussten.

Lange Zeit hielt man das ebenso für eine Legende wie den Schildbürgerstreich des Städtchens Rakovník, das seinen Tribut vor dem heiklen Transport angeblich hart gekocht hatte. Doch jüngste Untersuchungen ergaben, dass im Mauerwerk tatsächlich organische Substanzen enthalten sind.

Mehr als 300 Jahre blieb die 520 m lange und 10 m breite steinerne Brücke (erst ab 1870 offiziell Karlův most – Karlsbrücke) ohne jeglichen Schmuck. Der Barock machte diesen Mangel dafür um so reichhaltiger wett: Insgesamt 26 Statuengruppen von Meistern wie Matthäus Wenzel Jäckel oder Ferdinand Maximilian Brokoff flankierten innerhalb von nur acht Jahren (1706–1714) den steinernen Weg über die Moldau. Einige wenige gesellten sich erst im 19. Jh. und das bisher letzte Werk – die Slawenapostel Kyrill und Method – 1938 dazu.

Der prominenteste der himmlischen Parade traf freilich schon 1683 ein: Johannes von Nepomuk, auf Befehl Wenzels IV. nach einem Streit in der Moldau ertränkt, als Märtyrer vom Volk sogleich heiß verehrt und schließlich im 18. Jh. heiliggesprochen, gilt seither als Mitteleuropas Brückenheiliger schlechthin (Nepomuk-Statue von Matthias Rauchmüller, von der Kleinseite kommend, in

Thema

der Brückenmitte links). Als künstlerisch am wertvollsten eingeschätzt wird die Skulpturengruppe mit der hl. Luitgard von Mathias B. Braun (1710, vierte rechts), in der Publikumsgunst ganz oben rangiert hingegen Brokoffs ›Türke‹ mit Hund, der Christen hinter Gittern gefangenhält (1714, zweite rechts). Die meisten Statuen wurden wegen den schädlichen Umwelteinflüssen durch Kopien ersetzt (Originale im Lapidarium auf dem Messegelände).

Von Peter Parler stammen auch Entwurf und Statuenschmuck des Altstädter Brückenturms, auf dem an seiner dem Fluss abgewandten (östlichen) Seite unter einem für die Gotik ungewöhnlichen Rundbogen Karl IV. sowie etwas erhöht St. Veit und Wenzel IV. thronen. Ein Band mit dem Wappen der Luxemburger sowie das mehrmals wiederholte Motiv eines Eisvogels im Liebesknoten, das Symbol Wenzels IV., verläuft im Torbogen. Die Gedenktafel an der Westfassade erinnert an die Zerstörung durch die Schweden (1648).

Ein Stadttor verbindet seit 1410 die beiden Kleinseitner Brückentürme, auf denen die Wappen der von Wenzel IV. regierten Länder sowie das der Prager Altstadt zu sehen sind.

Bedřicha Smetany, Novotného lávka 1, Mi–Mo 10–12 und 12.30–17 Uhr) mit einer Würdigung von Leben und Werk des Komponisten. Das Gässchen Náprstkova führt zum Bethlehemsplatz (Betlémské nám.), wo sich die **Bethlehemskapelle** 11 (Betlémská kaple, tgl. Di–So 9–18.30 Uhr), die wichtigste Wirkungsstätte von Jan Hus erhebt. Das heutige Bauwerk samt anschließendem Predigerhaus ist eine originalgetreue Nachbildung aus den 50er Jahren des 20. Jh. der 1391 errichteten Kapelle, die im Zuge der Gegenreformation dem Erdboden gleich gemacht wurde.

Über den Uhelný trh (Kohlenmarkt) und die Havelská (Gallusgasse) mit schönem alten Hausbestand und einem täglichen Gemüse-, Obst- und Blumenmarkt gelangt man zur **St. Galluskirche** 12 (Kostel sv. Havla, 13. Jh., im 17. Jh. barockisiert) und in weiterer Folge zum Ovocný trh (Obstmarkt) mit dem **Ständetheater** 13 (Stavovské divadlo), einem klassizistischen Bau, der als Schauplatz der Uraufführung von Mozarts Oper ›Don Giovanni‹ in die Musikgeschichte eingegangen ist. An der Ecke zur Železná (Eisengasse) steht das **Carolinum** 14, Sitz der von Karl IV. 1348 gegründeten Universität, die ihre erste Heimstätte an dieser Stelle in einem gotischen Haus fand und später um einige Gebäude erweitert wurde. Von dem ursprünglichen Komplex sind u. a. der Bogengang und der um 1370 von der Schule Peter Parlers geschaffene gotische Erker, Bestandteil der Hauskapelle, erhalten geblieben. Das Herz des Carolinums bildet die sich über zwei Stockwerke erstreckende große Aula aus dem 17. Jh.

Josefstadt (Josefov)

Cityplan Altstadt und Josefstadt: S. 94–96
Die ehemalige Judenstadt, die nach Kaiser Joseph II. benannt ist, der das Ghetto Ende des 18. Jh. zum gleichberechtigten Stadtviertel erhoben hatte, liegt inmitten des Moldauknies, vom Altstädter Ring über den Boulevard Pařížská (Pariser Straße) zu erreichen.

Ende des 19. Jh. entstand aus dem einstigen Ghetto ein neues Viertel, nur der Alte Jüdische Friedhof, das Jüdische Rathaus und sechs Synagogen blieben – abgesehen von den Straßennamen – erhalten. Und zwar paradoxerweise dank der Nationalsozialisten, die ein großes Freilichtmuseum als ›Dokumentation der Endlösung der Judenfrage‹ planten und kostbare Sakralgegenstände aus den zerstörten Synagogen des Reichs zusammentrugen. Wegen der samstäglichen Sabbat-Ruhe herrscht dafür an Sonntagen besonderer Andrang, am besten eignen sich wochentags die frühen Nachmittagsstunden für einen Besuch.

Die Synagogen

Seinen Namen verdankt Europas ältestes jüdisches Bethaus, die frühgotische, 1270 errichtete **Altneu-Synagoge** 15, einer – durch keinerlei Funde bestätigten – Überlieferung von einem Vorgängerbau unter den Fundamenten des ›neuen Tempels‹. Und um den hohen Backsteingiebel des architektonischen Juwels rankt sich noch eine Legende, die weltweit Furore gemacht hat. Auf dem Dachboden soll der ›Golem‹, ein von dem berühmten Rabbi Löw im 16. Jh. aus Lehm geschaffenes, zum Leben erwecktes und schließlich außer Kontrolle geratenes Wesen, wieder zu Staub zerfallen sein. Im Inneren der Synagoge überspannt ein Gewölbe mit fünf Rippen den zweischiffigen Raum, ein einzigartiger architektonischer Kunstgriff, mit dem jede Analogie zum christlichen Kreuz vermieden wurde. Die Frauen-Galerie entstand erst im 17. Jh., denn ursprünglich durften nur Männer die Synagoge betreten. Beachtenswert sind das mit einem Weinstock-Relief verzierte Eingangsportal und der Altar mit dem Thoraschrein (Staronová synagóga, tgl. außer Sa und an jüdischen Feiertagen April–Okt. 9.30–18, Fr bis 9.30–17 Uhr, Nov.–März 9.30–17, Fr 9.30–14 Uhr).

Gegenüberliegend befindet sich die **Hohe Synagoge** 16 (Vysoká synagóga). Sie ist ebenso wie das einst mit ihr verbundene im 16. Jh. errichtete und im Rokoko umgestaltete **Jüdische Rathaus** (Židovská radnice),

Im ehemaligen Ghetto das jüdische Rathaus

für die Öffentlichkeit nicht zugänglich. Einst war hier der Mittelpunkt des kulturellen und gesellschaftlichen Lebens der jüdischen Gemeinde Prags. Nach der Ermordung von 36 000 Prager Juden durch Nazi-Deutschland lebten 1947 noch 7000 Menschen jüdischen Glaubens an der Moldau. Von den heute noch verbliebenen 900 wurden drei Viertel vor 1930 geboren – ein endgültiges Ende des jüdischen Prags ist also zu befürchten. Am Rathausgiebel verdient eine Uhr mit hebräischem Ziffernblatt Beachtung. Die Zeiger sind entsprechend der Leserichtung der hebräischen Schrift linksläufig.

Jüdisches Museum

Das Jüdische Museum wurde 1906 gegründet und gehört der jüdischen Gemeinde Prags. Es verwaltet die historischen Gebäude und Stätten im jüdischen Stadtteil. In sechs von diesen werden zusammen mehr als 40 000 kostbare Gegenstände und 100 000 Bücher, die die jüdische Kultur und Geschichte dokumentieren, ausgestellt. Zahllose Exponate haben ausgerechnet die Nationalsozialisten gerettet, sie wollten nach 1939 das Jüdische Museum in ein ›Exotisches Museum einer ausgestorbenen Rasse‹ umwandeln. Die Ausstellung des Jüdischen Museums umfasst heute die Maisel-, die Pinkas-, die Spanische und die Klausen-Synagoge, sowie den Alten Jüdischen Friedhof und das Zeremonienhaus (Židovské muzeum, U Staré Školy 1, Tel. 221 711 511, office@jewishmuseum.cz, tgl. So–Fr außer an jüdischen Feiertagen Nov.–März 9–16.30, April–Okt. 9–18 Uhr). Im neugotisch verbrämten Renaissancebau der **Maisel-Synagoge** **17** (Maiselova synagóga), der einstigen Privatsynagoge Mordechaj Maisels, Finanzier Kaiser Rudolfs II. und Bürgermeister der Judenstadt, wird die Geschichte der Juden in Böhmen und Mähren von den Anfängen der Besiedlung bis zum Beginn der Emanzipation im 19. Jh. dokumentiert. In stummer Fassungslosigkeit stehen Besucher in der **Pinkas-Synagoge** **18** (Pinkasova synagóga) vor den 77297 an die Wände geschriebenen Namen. Jeder einzelne steht für einen Mord, begangen von den Nazis an böhmischen und mährischen Juden.

Durch die Pinkas-Synagoge betritt man auch den **Alten Jüdischen Friedhof** **19** (Starý židovský hřbitov), ein winziges Areal,

Abendliches Leben auf dem Wenzelsplatz

in dem mehr als 200 000 Tote ruhen. Eng aneinandergedrängt, wie sie im viel zu kleinen Ghetto ihr Leben fristen mussten, liegen die Prager Juden des Mittelalters auch im Tod beisammen. Zwölf Schichten tief reicht das Gewirr der in verschiedenen Höhen aus dem Boden ragenden verwitterten Steine, denn nach jüdischem Gebot ruht ein Verstorbener unbehelligt in alle Ewigkeit. Von den 12 000 erhaltenen Grabsteinen trägt der älteste die Jahreszahl 1439, der jüngste die 1787 und der berühmteste – jener des Rabbi Löw – die 1609.

In der neoromanischen **Zeremonienhalle** neben dem Friedhofsausgang wird ein Teil der Dauerausstellung ›Jüdische Bräuche und Traditionen‹ gezeigt. Dazu gehören auch die hebräischen Handschriften und alten Fotografien des Ghettos in der unmittelbar benachbarten ehemaligen **Klausen-Synagoge** **20** (Klausová synagóga). Auf der anderen Seite der Pariser Straße befindet sich schließlich noch die **Spanische Synagoge** **21** (Španělská synagóga, Dušní ulice Nr. 12), ein Bau des 19. Jh., der anstelle der Alten Schule, Prags ältestem jüdischen Gotteshaus aus dem 12. Jh., errichtet wurde. Hier ist der bis zur Gegenwart reichende zweite Teil der Ausstellung ›Geschichte der Juden in Böhmen und Mähren‹ untergebracht.

Agnes-Kloster

Die weitläufige Anlage des **Agnes-Klosters** 22 (Anežsky klášter) wurde 1234 auf Wunsch der Přemysliden-Prinzessin Agnes für den Klarissinnenorden errichtet. Besonders sehenswert sind der hochgotische Kreuzgang, östlich davon die ältesten Teile aus der Zeit der Klostergründerin, Kapitelsaal und Refektorium, die etwas tiefer liegende Maria-Magdalena-Kapelle und die St.-Salvator-Kirche mit der Přemysliden-Krypta, das eindrucksvollste Zeugnis der französisch beeinflussten Frühgotik in Böhmen. Das ehemalige Kloster, das schon unter Joseph II. säkularisiert wurde, beherbergt heute die unvergleichliche Sammlung mittelalterlicher Kunst in Böhmen und Mitteleuropa der Prager Nationalgalerie (Straße U milosrdných 17, Tel. 224 810 628, tgl. Di–So 10–18 Uhr).

Über den Moldau-Kai in Richtung flussaufwärts gelangt man zum **Kunstgewerbemuseum** 23 (Umělecko průmyslové muzeum, Listopadu 2, Tel. 224 811 241, tgl. Di–So 10–18 Uhr), das für seine Glaskollektionen berühmt ist, sowie zum **Rudolfinum** 24 (Alšovo nábřeží 12, Tel. 227 059 352, www.czechphilharmonic.cz). Das ursprünglich dem österreichischen Kronprinzen gewidmete und nach der Mayerling-Tragödie in ›Künstlerhaus‹ (Dům umělců) umbenannte Gebäude gehört neben Nationalmuseum und Nationaltheater zu den bedeutendsten Neorenaissance-Bauten der Stadt. Es dient als Konzertgebäude (Dvořák-Saal) und Sitz der Tschechischen Philharmonie.

Neustadt (Nové Město)

Die Neustadt schließt südlich an die Altstadt an. Aber alles ist relativ, denn als allzu neu kann man die mittlerweile mehr als 600 Jahre alten Viertel zwischen Hauptbahnhof, Graben, Karlsplatz und Moldaukai wirklich nicht bezeichnen. Nur ist Prags Altstadt eben doch um einiges älter. Um die mittelalterliche Enge seiner Residenz zu sprengen, ließ Karl IV. südlich der Altstadt 1348 ein 350 ha großes Areal erschließen und drei zentrale Plätze anlegen – die Neustadt.

Am Wenzelsplatz

Weil es sich als nahezu unmöglich erweist, ihn seiner Bedeutung entsprechend ins Bild zu setzen, haben Fotografen wenig Freude an dem 682 m langen und 60 m breiten **Wenzelsplatz** 1 (Václavské náměstí), der nach Burg und Altstädter Ring den dritten Rang in der touristischen Hitparade einnimmt. Bei trübem Wetter verschmelzen seine Konturen am Ende mit dem Graben, Sonnenschein wiederum bringt zwar genügend Licht, doch auch störende Hell-Dunkel-Kontraste. Seine Schattenseiten aber hat er auch im übertra-

Neustadt: Cityplan

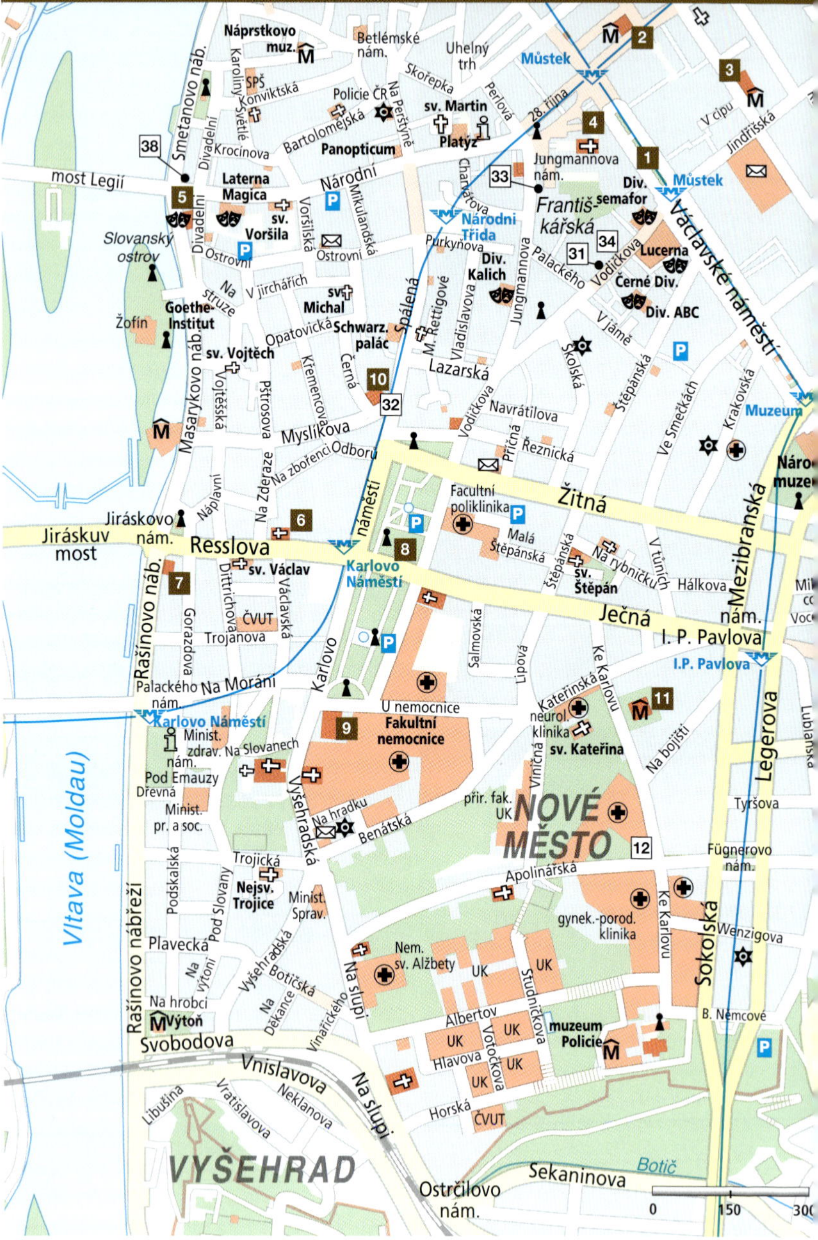

Sehenswürdigkeiten

1 Wenzelsplatz
2 Museum des Kommunismus
3 Alfons-Mucha-Museum
4 Kirche Maria Schnee
5 Nationaltheater
6 Kyrill-und-Method-Kirche
7 ›Tanzendes Haus‹ oder ›Ginger & Fred‹
8 Karlsplatz
9 Fausthaus
10 U Fleků
11 Antonin-Dvořák-Museum

Übernachten

12 U Melounu
Nr. 1–6 s. S. 84: Kleinseite und Hradschin,
Nr. 7–11 s. S. 94f Altstadt und Josefstadt
Nr. 13–18 s. S. 110f: Rund um das Zentrum

Restaurant

31 Jarmark
Nr. 19–26 s.S. 84: Kleinseite und Hradschin
Nr. 27–30 35–37 s. S. 94f: Alt- u. Josefstadt
Nr. 39–44 s. S. 110f: rund um das Zentrum

Bierstuben

32 U Fleků
33 U Pinkasů
34 Novoměstský pivovar

Kaffehaus

38 Kavárna Slavia

genen Sinne: Je nach Uhrzeit verschieden wie Tag und Nacht ist nämlich die Atmosphäre des Platzes, der seit der Wende nicht mehr zu schlafen scheint. Schon frühmorgens scharen sich die ersten Besucher um das von vier weiteren Landespatronen – Prokop, Adalbert, Ludmilla und Agnes – umringte **St.-Wenzels-Denkmal** (1912), um anschließend hinter dem Rücken des Heiligen ins **Nationalmuseum** (1885–90) zu pilgern.

Wer sich die Betrachtung der naturwissenschaftlichen Sammlungen (Národní muzeum, Tel. 224 497 111, www. nm.cz, Mai–Sept. tgl. 10–18, Okt.–April tgl. 9–17 Uhr, jeden 1. Di im Monat geschlossen) schenken will, schlendert über jenes Pflaster, auf dem seit dem Revolutionsjahr 1848 schon so viele Massenkundgebungen stattgefunden haben. 1918 zur Gründung der Republik, 1968 im vergeblichen Kampf um die Freiheit, und zuletzt während der Samtenen Revolution 1989.

Die Flaniermeile säumen Nobelherbergen hinter herrlichen Jugendstilfassaden (Hotel Ambassador, Hotel Europa), Geschäftspassagen (Lucerna-Palast, 1912–1916 von Václav Havel, dem Großvater des Dichters und ehemaligen Staatspräsidenten, erbaut, Abb. S. 109), Theater, Kinos und Nachtlokale.

Graben und Nationalstraße

Nicht minder lebendig als am Wenzelsplatz, doch etwas distinguierter geht es auf dem von großen Bankhäusern und erlesenen Läden flankierten Graben (Na příkopě) zu, der sich als Grenze zwischen Alt- und Neustadt vom Platz der Republik (Náměstí Republiky) bis zum unteren Ende des Wenzelsplatzes erstreckt. Im **Museum des Kommunismus** 2 erinnert die Ausstellung ›Träume, Realität und Albtraum‹ an das vergangene KP-Regime (Muzeum komunismu, Na příkopě 10, Tel. 224 212 966, tgl. 9–21 Uhr). In einer Seitengasse, der Panská (Herrengasse), findet man das dem berühmten Jugendstil-Künstler gewidmete **Alfons-Mucha-Museum** 3 (Muzeum Alfonse Muchy, Panská 7, Tel. 221 451 333, März–Dez. tgl. 10–18, Jan., Feb. 10–16 Uhr).

Linker Hand vom Wenzelsplatz gelangt man nach wenigen Schritten zur **Kirche Maria Schnee** 4 (Chrám Panny Marie Sněžné) auf dem Jungmannplatz (Jungmannovo nám.). Das von Karl IV. in den Dimensionen des Veitsdoms geplante, aberinsofern unvollendet gebliebene Kirche war im 15. Jh. das geistige Zentrum der radikalen Hussiten (seit dem 16. Jh. Franziskaner-Kirche).

Allabendliche Verwandlung

Am Wenzelsplatz wechselt nach Sonnenuntergang abrupt die Szenerie. Zwielichtige Gestalten lungern als Schlepper vor obskuren Wettcafés und Stripteasebars. Diejenigen, die tagsüber noch diskret in Haustoren warten, um illegal Geld zu wechslen (Vorsicht!), machen sich nun unverblümt an mögliche Kunden heran wie all jene Damen, die im Zentrum jeder Weltstadt ihre Dienste feilbieten.

Wie der Graben trennt die vom Jungmannplatz zum Kai führende und mit Kaufhäusern und Versicherungspalästen reich bestückte Nationalstraße (Národní třída) Alt- und Neustadt. Und wie kein anderes Gebäude der Stadt repräsentiert das im Stil der Neorenaissance und auf Anregung des Historikers František Palacký an der Moldau erbaute **Nationaltheater** 5 (Národní divadlo) tschechisches Selbstbewusstsein. Einen Monat vor der Eröffnung brannte 1881 der ausschließlich aus böhmischen und mährischen Materialien und nur von tschechischen Künstlern gestaltete Bau bis auf die Grundmauern nieder. Doch schon 1883 wurde mit Smetanas ›Libuše‹das wiedererrichtete Theaterhaus feierlich eröffnet, mit dem Böhmen nach der Schließung des letzten Budentheaters im Jahr 1789 endlich wieder eine tschechischsprachige Bühne besaß. Im modernen, 1983 fertiggestellten Glas-Beton-Bau der **Neuen Szene** (Nová scéna) tritt unter anderem das Ensemble der Laterna Magika auf (Abb. s. S. 114).

Vorbei an zwei kleinen, dem Masaryk-Kai (Masarykovo nábř.) vorgelagerten Flussinselchen, dem Kunstaustellungshaus Mánes im funktionalistischen Stil der 1920er Jahre, dem alten Wasserturm, einem Renaissancebau mit im Barock aufgesetzter Zwiebelhaube, und wunderschönen Jugendstil-Fassaden geht es nun entlang der Moldau bis zur Resslova ulice. Einschusslöcher und eine stets blumengeschmückte Gedenktafel an der barocken **Kyrill-und-Method-Kirche** 6, die von Kilian Ignaz Dientzenhofer entworfen wurde, erinnern an die Heydrich-Attentäter, denen die Krypta 20 Tage lang als Versteck vor der Gestapo gedient hatte.

Wer sich im historisch geprägten Prag nicht vor der Konfrontation mit zeitgenössischer Architektur scheut, sollte sich in der Neustadt nahe der Moldaubrücke Jiráskuv most unbedingt das 1992 bis 96 errichtete dekonstruktivistische Haus ansehen. Entworfen vom kanadischen Architekten Frank O. Gehry wird das Eckhaus, das durch seine gegensätzlich geschwungenen Ecktürme auffällt, inzwischen **›Tanzendes Haus‹** 7 (Tančící dům) oder auch ›Ginger & Fred‹ genannt. (Von der Kyrill-und-Method-Kirche zur Moldaubrücke Jiráskuv most, Ecke Resslova – Rašínovo nábř.)

Am Karlsplatz

Bei der U-Bahnstation Karlovo náměstí durchschneidet die Resslova ulice den im Mittelalter als Rindermarkt dienenden **Karlsplatz** 8, der mit seinen gewaltigen Dimensionen (500 m lang, 150 m breit) dennoch keineswegs den Vorstellungen vom größten Stadtplatz Prags entspricht. Daran trägt in erster Linie die im 19. Jh. auf dem historischen Pflaster angelegte und vorwiegend mit exotischen Holzarten bepflanzte Parkanlage schuld. Mächtige Baumkronen versperren mittlerweile nicht nur den Blick auf das Gesamtensemble, sie umgeben auch das imposante **Neustädter Rathaus** (Novoměstská radnice, Kunst- und Kulturzentrum). In die Geschichte ging der im 14. Jh. an der Nordseite errichtete und im 15. Jh. durch einen wuchtigen Eckturm ergänzte Bau 1419 als Schauplatz des Ersten Prager Fenstersturzes ein. Den gesamten östlichen Platzteil beherrscht das frühbarocke Jesuitenkolleg mit der **St.-Ignatius-Kirche** (2. Hälfte des 17. Jh.).

Um das berühmt-berüchtigte **Fausthaus** 9 (Faustův dům, Karlovo náměstí Nr. 40) inmitten einer wunderschön restaurierten Häuserzeile rankt sich wieder einmal eine typische Prager Legende: In dem barockisierten Renaissancegemäuer, das heute eine Apotheke beherbergt, unternahm schon der Er-

Lucerna-Passage: Exquisite Shoppingmeile mit Persiflage des Wenzeldenkmals

bauer naturwissenschaftliche Experimente, dann wohnte zur Zeit Rudolfs II. der englische Alchimist und Scharlatan Edward Kelley und nach ihm ein Chemiker darin. Nichts lag für die phantasievollen Prager also näher, als in diesem unheimlichen Gebäude auch die Wohnung des legendären Doktor Faustus zu vermuten, der seine Seele dem Teufel verschrieben hatte.

In einem Gässchen hinter dem Rathaus (Křemencova ulice) sollte man zumindest einen Blick in Prags bekannteste Stadtbrauerei **U Fleků** 10 werfen, wo alljährlich mehr als 20 000 Hektoliter dunkles, 13-prozentiges Bier produziert und an Ort und Stelle – in den Stuben unter gotischen Gewölben oder im schattigen Gastgarten – auch getrunken werden (Abb. S. 119). Während sich ›Beim Fleck‹ die Prager selbst gerne ein Stelldichein geben, trifft man in dem durch Jaroslav Hašeks ›Braven Soldaten Schwejk‹ weltberühmt gewordenen – und zur teuren Touristenfalle verkommenen – Neustädter Lokal **U kalicha** (›Beim Kelch‹, Na bojišti 12, U-Bahnlinie C, Station Pavlova) garantiert keine Einheimischen mehr.

Wenige Schritte vom ›Kelch‹ entfernt befindet sich das **Antonín-Dvořák-Museum** 11 (Muz. Antonína Dvořáka, Ke Karlovu 20, tgl. Di–So 10–17 Uhr). In dem barocken Sommerschlösschen, auch ›Villa Amerika‹ genannt, wird das Leben Dvořáks dokumentiert .

Ziele rund um das Zentrum

Rund um die Innenstadt Prags finden sich lohnende Ausflugsziele, die unterschiedlicher nicht sein könnten: von Vyšehrad, dem mit dem Hradschin konkurrierenden Burgberg, vom bürgerlichen Wohngebiet Vinohrady mit dem Neuen Jüdischen Friedhof und dem Fernsehturm in Žižkov über das Prager Messegelände nördlich des Zentrums bis hin zum bedeutenden Barockschloss Troja oder dem Sommersitz Villa Bertramka; westlich liegen das Dientzenhofer Kloster Břevnov und noch etwas weiter das Renaissance-Lustschlösschen Stern und die Marienkirche auf dem Weißen Berg, 10 km südlich der Stadt kann das Schloss Zbraslav besucht werden.

Ziele rund um das Zentrum: Cityplan

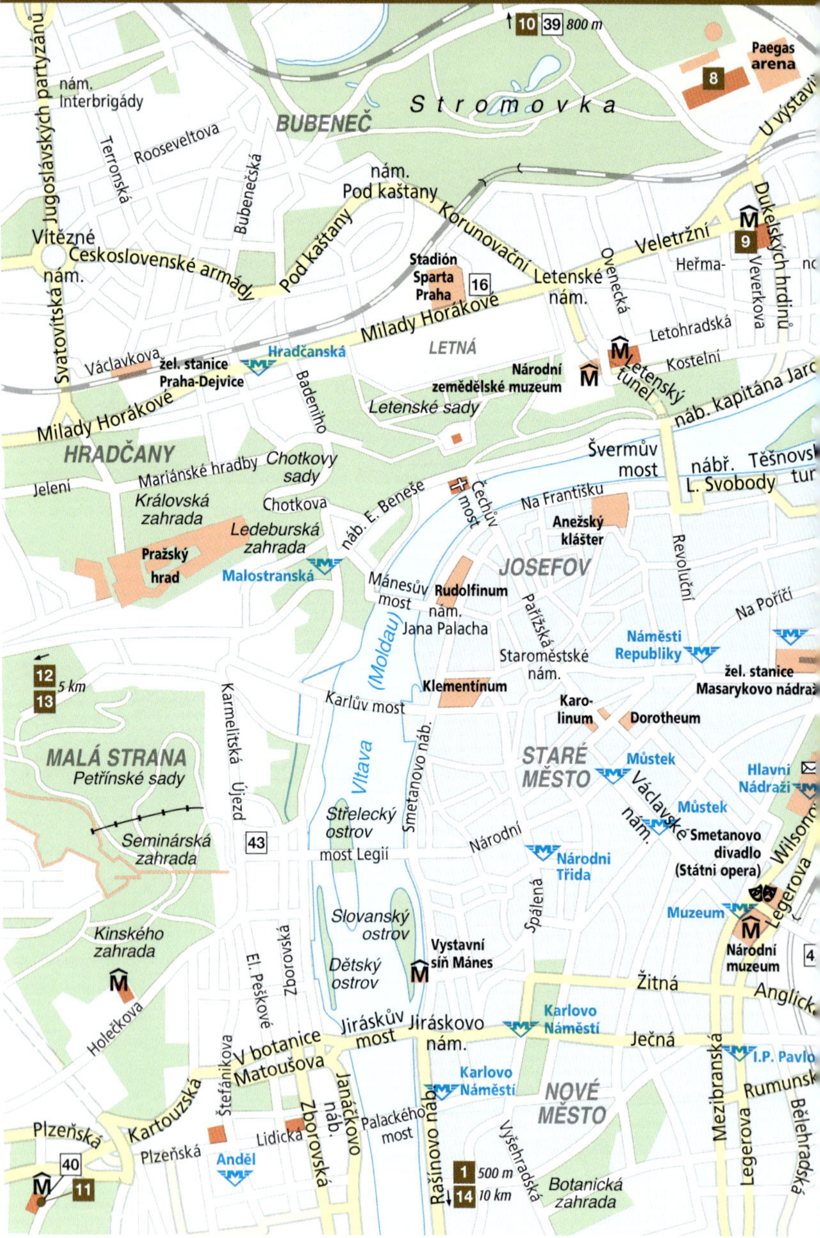

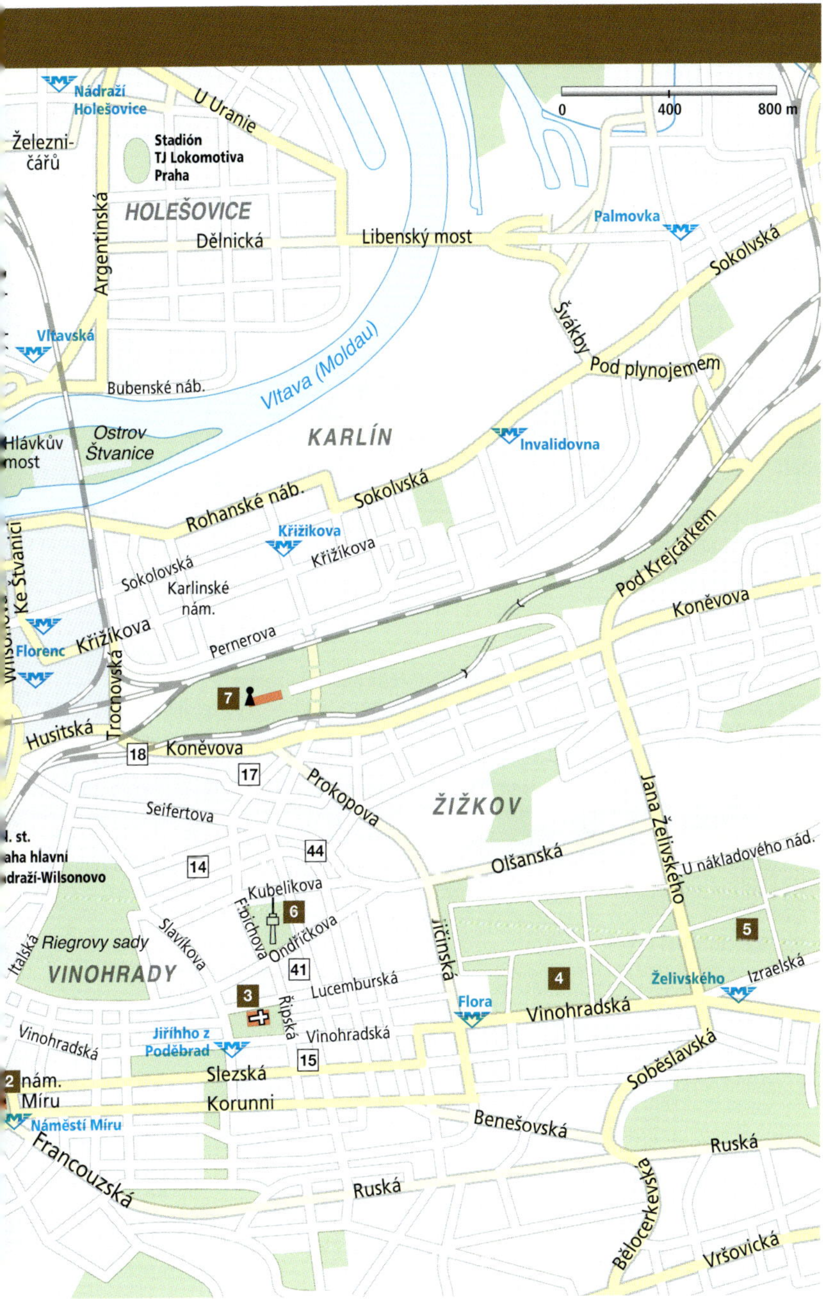
0
400
800 m
Nádraží Holešovice
U Uranie
Železni-
čářů
Stadión TJ Lokomotiva Praha
HOLEŠOVICE
Argentinská
Dělnická
Libenský most
Palmovka
Sokolvská
Švákby
Vltavská
Vltava (Moldau)
Pod plynojemem
Bubenské náb.
Invalidovna
Hlávkův most
Ostrov Štvanice
KARLÍN
Rohanské náb.
Sokolvská
Křižíkova
Křižíkova
Ke Štvanici
Sokolovská
Karlinské nám.
Pod Krejcárkem
Florenc
Křižíkova
Pernerova
Koněvova
Trocnovská
7
Husitská
18
Koněvova
17
Prokopova
ŽIŽKOV
Seifertova
Jana Želivského
44
Olšanská
14
U nákladového nád.
Kubelikova
6
Fibichova
Slavíkova
Ondříčkova
Jičínská
5
Italská
Riegrovy sady
VINOHRADY
41
Lucemburská
4
3
Řipská
Flora
Želivského
Izraelská
Vinohradská
Vinohradská
Jiřího z Poděbrad
Vinohradská
15
Soběslavská
2
nám. Míru
Slezská
Korunni
Náměstí Míru
Benešovská
Ruská
Francouzská
Ruská
Bělocerkevská
Vršovická

Ziele rund um das Zentrum: Cityplan

Sehenswürdigkeiten
1 Vyšehrad
2 St.-Ludmilla-Kirche
3 Herz-Jesu-Kirche
4 Friedhöfe von Olšany
5 Neuer Jüdischer Friedhof
6 Fernsehturm
7 Žižka-Denkmal
8 Kongresspalast
9 Veletržní palác
10 Schloss Troja
11 Villa Bertramka
12 Kloster Břevnov
13 Lustschloss Stern und Weißer Berg
14 Schloss Zbraslav

Übernachten
13 Diplomat
14 Arcotel Teatrino
15 Sieber
16 Belvedere
17 Kafka
18 Hostel Elf

Nr. 1–6 s. S. 84: kleinseite und Hradschin
Nr. 7–11 s. S. 94f: Altstadt und Josefstadt
Nr. 12 s. S. 106: Neustadt

Essen und Trinken
39 Svatá Klára
40 U lípy
41 Myslivna
42 U bílé krávy
43 Café Savoy
44 U Houdků

Nr. 19–26 s. S. 84: Kleinseiteu. Hradschin
Nr. 27–30, 35-37 s. S. 94f: Alt- u. Josefstadt
Nr. 31–34, 38 s. S. 106: Neustadt

Vyšehrad

Südlich der Neustadt über dem rechten Ufer der Moldau liegt der steile, von Sagen und Legenden um die Gründung Prags umwobene Felsen **Vyšehrad ,** der ab der 2. Hälfte des 11. Jh. Sitz der ersten Herrscher Böhmens, der Přemysliden, war. Sieben Jahrzehnte lang wurde das Land von der ›Hohen Burg‹ aus regiert, ehe der Hradschin wieder zum alleinigen Machtzentrum wurde. Aus dieser großen Zeit blieb die romanische **St.-Martins-Rotunde** in ihrer ursprünglichen Gestalt erhalten. Karl IV. ließ einen neuen Palast und mächtige Befestigungen errichten, die jedoch während der Hussitenkriege zerstört wurden. Erst im 17. und 18. Jh. erfolgte ein neuerlicher Ausbau zu einer Barockfestung mit sechs Basteien und mächtigen Toren.

Die ursprünglich romanische **St. Peter und Paulskirche** (Kostel sv. Petra a Pavla), immer wieder verändert, zerstört und wieder aufgebaut, erfuhr 1885–1903 eine radikale neugotische Umgestaltung, bei der auch das charakteristische Turmpaar entstand. Nach Auflassung der Festung Mitte des 19. Jh. wurde der kleine Kirchhof als **Nationaler Ehrenfriedhof** ausgebaut. Hier ruhen etwa 200 Gelehrte, Dichter, Musiker, bildende Künstler, Schauspieler und Politiker wie die Komponisten Bedřich Smetana und Antonín Dvořák. Südlich der Kirche erstrecken sich die **Vyšehrader Gärten** (Vyšehradské sady; das Areal von Vyšehrad ist täglich von 9.30– 17/18 Uhr zugänglich. Metrolinie C / Station Vyšehrad).

Vinohrady und Žižkov

In diesen bürgerlichen Wohnbezirken haben sich abseits der großen Touristenströme eine lebhafte Lokalszene mit Cafés, Restaurants und Kneipen sowie zahlreiche Geschäfte etabliert – hier sind die Prager zu Hause, hier kaufen sie viel günstiger ein als in der Innenstadt. Der Stadtteil Vinohrady hinter dem Nationalmuseum, wo sich einst die königlichen Weinberge erstreckten, wird von der neugotischen **St.-Ludmilla-Kirche** 2 am Náměstí Miru (Friedensplatz) mit ihren markanten Doppeltürmen (erbaut 1888-93) beherrscht. Die Vinohradská, Hauptstraße des gleichnamigen Viertels, führt zum Platz Jiřího z Poděbrad, in dessen Mitte sich die **Herz-Jesu-Kirche** 3 erhebt, ein von Josip Plečnik 1928-32 errichteter monumentaler Sakralbau mit einer reizvollen Mischung aus klassizistischen und orientalischen Elementen. In weiterer Folge erreicht man über die Vinohradská die **Friedhöfe von Olšany** 4 mit der frühbarocken St. Rochuskapelle, die an den alten Pestfriedhof an dieser Stelle erinnert. Der **Neue Jüdische Friedhof** 5 (Židovský hřbitov) wurde Ende des 19. Jh. angelegt. Mit Efeu überwachsene Grabdenkmäler reihen sich entlang schnurgerader Pappelalleen. Hier befindet sich auch das Grab Franz Kafkas (Metrolinie A oder Straßenbahnlinie 5, So–Do 9–17, Fr 9–14 Uhr, Sa und an jüdischen Feiertagen geschl., Kafka-Grab, Nr. 21–14–21, rechts vom Eingang gegenüber der Friedhofsmauer).

Schöne Aussichten bieten zwei in den Himmel ragende Sehenswürdigkeiten im Nachbarbezirk Žižkov. Der **Fernsehturm** 6 (Televizní věž, tgl. 11–23.30 Uhr) in der Grünanlage Mahlerovy sady ist eine 216 m hohe, asymmetrische Konstruktion mit einem Restaurant auf halber Höhe. Nördlich davon, auf dem Vítkov (Veitsberg), steht das 9 m hohe, 16,5 t schwere **Reiterstandbild des Hussitenkämpfers Jan Žižka** 7, das größte bronzene Reiterdenkmal der Welt. (Metro B o. C/ Station Florenc, Bus 133 bis U památníku)

Messegelände

Das **Prager Messegelände** (Výstaviště) wurde Ende des 19. Jh. auf einem Teil des ehemaligen königlichen Wildgeheges errichtet und 1891 mit der großen Jubiläumsausstellung über den Fortschritt, den Böhmen und Mähren im 19. Jahrhundert erzielt hatten, eröffnet. Seither dient das Gelände als Schauplatz internationaler Messen und Ausstellungen, aber auch als Erholungs- und Vergnügungspark sowie als Museums-Außenstelle.

Der mächtige **Kongresspalast** 8 (Průmyslový palác) ist eines der markantesten Jugendstil-Baudenkmäler der Stadt. Den Vorplatz beleben zwölf Springbrunnen, im Sommer finden hier die mit Musik- und Tanzdarbietungen garnierten **Licht- und Wasser-**

Barocke Sommerresidenz Schloss Troja

spiele Křižikova Fontána statt. In einem weiteren Pavillon hat man das **Lapidarium** des Nationalmuseums (Pavillon 422, Tel. 233 375 636, Di–Fr 12–18, Sa, So 10–18 Uhr) untergebracht, in dem bedeutende Werke der Bildhauer- und Steinmetzkunst aus dem 11.–19. Jh., u. a. auch Original-Statuen von der Karlsbrücke, vor schädlichen Umwelteinflüssen bewahrt werden, während für deren ursprüngliche Standorte Kopien hergestellt wurden.

In unmittelbarer Nähe des Messegeländes Richtung Stadtzentrum befindet sich der architektonisch interessante, funktionalistische Bau (1928) der ehemaligen Prager Mustermesse **Veletržní palác** 9, der die bedeutende Sammlung moderner und zeitgenössischer Kunst der Nationalgalerie beherbergt. (Muzeum moderního a současného umění, Praha 7, Dukelských hrdinů 47, Tel. 224 301 003, tgl. Di–So 10–18 Uhr; Metrolinie C/Station Nádraží Holešovice, dann zwei Stationen mit den Straßenbahnlinien 12 ,15 oder 17 bis Veletržní)

Schloss Troja

Eines der bedeutendsten böhmischen Barockbauwerke, 1679–85 als adelige Sommerresidenz errichtet, ist **Schloss Troja** 10. Über eine imposante Freitreppe mit Statuen, die den Kampf der Götter mit den Titanen darstellen, gelangt man in den weitläufigen, in Terrassen angelegten französischen Garten. Die Innenräume, vor allem der Kaisersaal und die Schlosskapelle, weisen prachtvolle Wand- und Deckengemälde auf. Die Galerie der Hauptstadt Prag zeigt hier ihre Sammlung böhmischer Kunst des 19. Jh. (Praha 7, U Trojského zámku 1, Tel. 283 851 614, April–Okt. tgl. Di–So 10–18, Nov. –März nur Sa, So 10–17 Uhr, Abb. S. 113).

Neben dem Schloss befindet sich Prags Zoologischer Garten (Zoologická zahrada) Auf 60 ha naturbelassenem Gelände tummeln sich an die 4000 Tiere. (Zoologická zahrada, U Trojského zámku 3, Tel. 296 112 111, tgl. April 7–17, Mai 7–18, Juni–Sept. 7–19, Okt.–März 7–16 Uhr; Straßenbahn 5 bis Endstation Výstaviště, dann Bus 112).

Villa Bertramka

In dem aus dem 17. Jh. stammenden Vorstadt-Sommersitz, der **Villa Bertramka** 11, in dem Mozart dreimal als Gast des Pianisten František Xaver Dušek und dessen Gemahlin, der Sängerin Josefine Dušek logierte, wurde eine stimmungsvolle **Mozart-Gedenkstätte** eingerichtet. Haus und Garten bilden einen bezaubernden Rahmen für kleine Konzerte (Památník Mozarta, Praha 5, Mozartova 2/169, Tel. 257 316 753, www.bertramka.cz, April–Okt. tgl. 9.30–18, Nov.– März tgl. 9.30–16 Uhr; Metrolinie B / Station Andél).

Kloster Břevnov

Mit dem Gründungsjahr 993 ist **Breunau** 12 das älteste Männerkloster Böhmens. Die Anlage der heutigen Benediktiner-Erzabtei des hl. Adalbert und der hl. Margarethe wurde Anfang des 18. Jh. von den Barockbaumeistern Dientzenhofer Vater und Sohn errichtet. Im Rahmen von Führungen kann man u. a. prachtvolle Säle wie den Prälatensaal mit einem der besterhaltenen barocken Deckengemälde Prags und die Bibliothek besichtigen. (Břevnovský klášter, Praha 6, Markétská 1, Tel. 220 406 270, www.brevnov.cz , April–Okt. Sa, So um 10, 14 und 16, Nov.–März Sa, So. um 10 und 14 Uhr, Ostern, Weihnachten geschlossen; 5 km westlich vom Stadtzentrum gelegen: Metrolinie A / Station Hradčanská, dann Straßenbahnlinien 15 oder 25, bzw. gleich Linie 22 ab Kleinseite)

Lustschloss Stern und Weißer Berg

Auf dem Grundriss eines sechsstrahligen Sterns wurde 1555-56 im damaligen kaiserlichen Wildpark das **Renaissance-Schlösschen Stern** 13 mit prächtigem Decken-Stuckwerk errichtet (Letohrádek hvězda, Praha 6, Mai–Sept. tgl. Di–So 9–17 Uhr). Eine Sonderausstellung informiert über ein historisches Ereignis, das sich in unmittelbarer Nähe ereignet hat: die Schlacht am Weißen Berg (1620). Die **Marienkirche auf dem Weißen Berg** (Kostel Panny Marie na Bílé hoře) ist ein üppiger Barockbau mit Kreuzkuppel, Deckengemälden und Skulpturenschmuck.

Einige hundert Meter nördlich davon, inmitten von Feldern, steht an der Spitze des Hügels ein schlichtes Erinnerungsmal an jene Schlacht des Dreißigjährigen Krieges, bei der das böhmische Ständeheer eine vernichtende Niederlage durch die Truppen der katholischen Allianz erlitt (Es bietet sich an, den Weißen Berg im Anschluss an das Kloster Břevnov zu besichtigen, einfach mit den Straßenbahnlinien 22 und 25 weiterfahren).

Schloss Zbraslav

10 km südlich des Zentrums, wo die Berounka in die Moldau mündet, liegt die ehemalige Zisterzienserabtei von **Zbraslav** 14, im 13. Jh. ein Jagdhof König Ottokars II. und unter Wenzel II. als Kloster ausgebaut. Wenige Jahre vor seiner Säkularisierung unter Joseph II. (1784) errichteten die Zisterzienser einen barocken Neubau, der Anfang des 20. Jh. zu einer Schlossanlage erweitert wurde. Die Nationalgalerie zeigt darin ihre Sammlungen asiatischer Kunst (Zámek Zbraslav, Praha 5, Bartoňova 2, Tel. 257 920 481, Di–So 10–18 Uhr; Metrolinie B/Station Smíchovské nádraží, dann mit dem Bus 129).

i **Prager Informationsdienst (Pražská informační služba/PIS):** Tel. 12 444, www.praque-info.cz, www.pis.cz.

Praha 1, Staroměstské nám. 1 (Altstädter Rathaus): Nov.–März Mo–Fr 9–18, Sa, So 9–17, April–Okt. Mo–Fr 9–19, Sa, So 9–18 Uhr.

Praha 1, Vodičkova: April–Okt. Mo–Fr 9–19, Sa, So 9–18 Uhr, Nov–März Mo–Fr 9–18, Sa, So 9–17 Uhr.

Praha 2, Hlavní nádraží (Hauptbahnhof): Nov.–März Mo–Fr 9–18, Sa 9–15, April–Okt. Mo–Fr 9–19, Sa, So 9–16 Uhr.

Praha 1, Malostranská mostecká věž (Kleinseitner Brückenturm): Nov.–März geschl., April–Okt. tgl. 10–18 Uhr.

Czech Tourism (Informationen über die Tschechische Republik): Praha 2, Vinohradská 46, Tel. 221 580 111, Mo–Fr 8.30–12 und 13–16 Uhr, www.czectourism.com.

Hradschin und Kleinseite
(Cityplan s. S. 84/85)

Hoffmeister 1: Pod Bruskou 7, Tel. 251 017 111, Fax 251 017 120, hotel@hoffmeister.cz. Entzückendes Spitzenhotel in ruhiger Lage mit größtem Komfort DZ 250–350 €.

Laterna Magica: faszinierende Verbindung von Tanz, Theater, Licht und Musik

Straßencafés am Altstädter-Ring

Questenberk [2]: Úvoz 15/155, Tel. 220 407 600, Fax 220 407 601, www.questenberk.cz, 2003 eröffnetes Komforthotel im ehemaligem Spitalsgebäude des Strahover Klosters, nur wenige Schritte bis zur Burg. DZ 170–480 € (Suiten).

Waldstein [3]: Valdštejnské nám. 6, Tel. 257 533 938, Fax 257 531 143, waldstein@avehotels.cz. Hübsche, eher kleine Zimmer in historischem Gebäude am besonders stimmungsvollen Waldsteinplatz. DZ 130–300 €.

Kampa [4]: Všehrdova 16, Tel. 257 404 444, Fax 257 404 333, kampa@euroagentur.cz. Komfortable Zimmer in einem stilvoll rekonstruierten Haus aus dem 17. Jh. Alte Waffen gibt es immer noch genug. DZ 170–260 €.

U Červeného Lva [5]: Nerudova 41, Tel. 257 533 832, Fax 257 532 746, cerveneho@hotels-of-prague.com. Gemütliches Hotel in von Grund auf restauriertem Renaissancehaus zu Füßen der Burg. DZ 140–240 €.

Sax [6]: Jánský vršek 328/3, Tel. 257 531 268, Fax 257 534 101, hotel@sax.cz. Preisgünstiges Mittelklasse-Hotel in ruhiger Lage mit geräumigen Zimmern. DZ 120–150 €.

Altstadt und Josefov

(Cityplan s. S. 94/95)

Bellagio [7]: U Milosrdných 2, Tel. 221 778 999, Fax 221 778 900, info@bellagiohotel .cz. Jedes der 46 Luxuszimmer dieses Hotels in einem 2003 umgebauten Haus in der Josefstadt ist mit italienischen Designermöbel ausgestattet – individuelle Note. DZ 200–280 €.

Mejstřík [8]: Jakubská 5, Tel. 224 800 055, Fax 251 019 361, reservation@hotelmejstrik.cz. Intimes, höchst komfortables Hotel im Viertel hinter der Teyn-Kirche. 27 Zimmer und 2 Suiten mit Jugendstil-Einrichtung. Restaurant und Bistro im Haus. DZ 150–230 €.

Meteor Plaza [9]: Hybernská 6, Tel. 224 192 111, Fax 224 213 005, reservation@hotel-meteor.cz. Hotel der Best-Western-Kette, hat 168 Betten in hervorragend ausgestatteten, schönen Zimmern (u. a. Internetanschlüsse). Weinstube aus dem 14. Jh. In der Nähe des Pulverturms. DZ 120–220 €.

Cloister Inn [10]: Konviktská 14, Tel. 224 211 020, Fax 224 210 800, cloister@cloister-inn.com. Komfortables Drei-Sterne-Hotel in einem ehemaligen Kloster inmitten der Alt-

stadt gelegen, keineswegs klösterlich-spartanisch eingerichtete Zimmer. DZ 110–170 €.
Harmony 11: Na poříčí 31, Tel. 222 319 807, Fax 223 310 009, reception@hotelharmony.cz. Modernes 120-Betten-Hotel nahe Wenzelsplatz und Altstädter Ring. Saubere Zimmer, freundlicher Service. DZ 90–140 €.

Neustadt (Cityplan s. S. 106)
U Melounu 12: Ke Karlovu 7, Tel. 224 918 322, Fax 224 919 330, info@hostelmelounu.cz. Nette Herberge in ruhigem Viertel, 10 Min. zum Karlsplatz. Es gibt Schlafsäle und einfache Doppelzimmer. 15–50 €.

Außerhalb des Zentrums
(Cityplan s. S. 110/111)
Diplomat 13: Evropská 15, Tel. 296 559 111, Fax 296 559 215, hotel@diplomat praha.cz. 800-Betten-Hotel zwischen Flughafen und Zentrum bei Metrostation Dejvická (Linie A). Beste Infrastruktur im Haus. DZ 240–280 €.
Arcotel Teatrino 14 : Bořivojova 53, Tel. 221 422 111, Fax 221 422 222, teatrino@arcotel.at. Design-Hotel einer österreichischen Kette; 73 mit viel Geschmack eingerichtete Zimmer in einem denkmalgeschützten Jugendstiljuwel, einst ein Theatergebäude, in dessen Bühnenraum sich nun der Speisesaal befindet. Gute Lage in Žižkov (Prag 3), 20 Min. zum Altstädter Ring. DZ 190–230 €.
Sieber 15: Slezská 55, Tel. 224 250 025, Fax 224 250 027, reservations@sieber.cz. Intimes 50-Betten-Haus mit Atmosphäre inmitten des gut bürgerlichen Vinohrady-Viertels, eigenes Restaurant, nahe Metrostation Jiřího z Poděbrad (Linie A). DZ 150–190 €.
Belvedere 16: Milady Horákové 19, Tel. 220 106 111, Fax 233 372 368, prague@belvedere-hotel.com. Mittelklassehotel im Herzen des quirligen Bezirk Holešovice, komfortable Zimmer, in der Nähe lebhafte Lokalszene. Metrostation Vltavská (Linie C), dann 2 Stationen Straßenbahn (Linie 1, 25). DZ 70–120 €.
Kafka 17: Cimburkova 24, Tel. 224 641 934, Fax 224 225 769, vesta@atlas.cz. Ruhige, schlichte Zimmer mit Bad, TV, im urigen Žižkov-Bezirk, gute Anbindung an öffentliche Verkehrsmittel, Parkmöglichkeit. DZ 60–100 €.

Hostel Elf 18: Husitská 11, Tel. 222 540 963, Fax 222 540 927, info@hostelelf.com. Saubere, gut geführte Herberge mit Schlafsälen, aber auch Doppelzimmern mit Bad, insgesamt 115 Betten. Schöne Terrasse, großer Aufenthaltsraum. 10 Gehminuten zum Hauptbahnhof. DZ 15–30 €.

Hradschin und Kleinseite
(Cityplan s. S. 84/85)
Kampa Park 19: Na Kampě 8b, Tel. 257 532 685, 11.30–1 Uhr. Spitzenrestaurant mit bei Bedarf geheizter Moldauterrasse nahe Karlsbrücke, feine Mittelmeerküche. Hauptgerichte ab 25 €.
U Zlaté Hrušky 20: Nový svět 3, Tel. 220 514 778, 11.30–1 Uhr. Traditionsreiche Edelgaststätte, tschechische und internationale Küche, Spezialitäten: Gänseleber und Schlachtplatte. Hauptgerichte ab 20 €.
U Vladaře 21: Maltézské nám. 10, Tel. 257 534 121, 11–1 Uhr. Eines der ältesten Prager Restaurants (seit 1776) mit einem gemütlichen Weinkeller, traditionelle böhmische Küche, Grillgerichte. Hauptgerichte ab 15 €.
U tří housliček 22: Nerudova 12, Tel. 257 532 062, 11.30–23 Uhr. Winziges Restaurant mit freundlichem Service, phantasievolle böhmische Küche auf Fisch- oder Fleischbasis. Hauptgerichte ab 10 €.
U Sedmi Švábů 23: Jánský vršek 14, Tel. 257 531 455, 11–23 Uhr. In mittelalterlichem Stil eingerichtetes Wirtshaus mit Gerichten nach alten Rezepten. Hauptgerichte ab 6 €.
U Glaubicŭ 24: Malostranské nám. 4, Tel. 257 532 027, 11.30–23 Uhr. Gemütliche Bierstube mit schönem mittelalterlichen Kellergewölbe, bei schönem Wetter sitzt man in den Arkaden gegenüber dem St.-Nikolaus-Dom. Böhmische Küche, Hauptgerichte ab 5 €.
Malý Buddha 25: Úvoz 46, Tel. 220 513 894, tgl. Di–So 13–22.30 Uhr. Gute asiatische, vorwiegend vietnamesische Küche, viele vegetarische Gerichte. Hauptgerichte ab 4 €.
Café St. Nicholas 26: Tržiště 10, Tel. 257 530 204, tgl. 11–1 Uhr. Café-Bar in einem romantischen Keller, bei Kerzenlicht wird eine große Vielfalt an alkoholischen Getränken und kleiner Snacks (ab 2 €) serviert.

Altstadt und Josefov (Cityplan s. S. 94/95)

Bellevue 27: Smetanovo nábř. 18, Tel. 222 221 443, Mo–Sa 12–15 und 17.30– 23, So 11–15.30 (Jazz-Brunch) und 19–23 Uhr. Spitzenrestaurant mit atemberaubendem Ausblick auf Moldau, Karlsbrücke und Burg. Internationale Gourmet-Küche, perfekter, diskreter Service. Hauptgerichte ab 25 €.

King Solomon 28: Široká 8, Tel. 224 818 752, So–Do 12–23 Uhr, Fr 12 Uhr bis Sonnenuntergang, Sa geschl. Koscheres Restaurant beim Jüdischen Museum, phantasiereiche Speisen. Hauptgerichte ab 12 €.

Clementinum 29: Platnéřská 9, Tel. 224 813 892, tgl. 11–23 Uhr. Die leichten Gerichte dieses Lokals sind deutlich von der modernen französischen Küche beeinflusst. In der angeschlossenen Bierstube speist man dagegen böhmisch-deftig. Hauptgerichte ab 8 €.

Plzeňská Restaurace 30: Obecní dům, nám. Republiky 5, Tel. 222 002 780, tgl. 11.30–23 Uhr. Das Restaurant im Untergeschoss des Repräsentationshauses in strahlendem Jugendstil wartet mit einer Fülle bester böhmischer Spezialitäten und frisch gezapftem Pilsner-Bier auf. Hauptgerichte ab 6 €.

Bierstube:

U zlatého tygra 35: Husova 17, Tel. 222 221 111, tgl. 15–23 Uhr. Beim ›Goldenen Tiger‹ wird süffiges, zapffrisches Pilsner Urquell ausgeschenkt – nur in Halbliter-Gläsern, versteht sich. Hauptspeisen (ab 4 €).

Kaffeehäuser:

Kavárna Obecní dům 36: nám. Republiky 5, Tel. 222 022 763, tgl. 9–22 Uhr. Die prachtvolle Jugendstilarchitektur des Cafés im Repräsentationshaus lohnen einen Besuch.

Grand Café Orient 37: Ovocný trh, Tel. 224 224 240, tgl. 9–22 Uhr. Ein weiteres Architekturjuwel, das Kaffeehaus im 1. Stock des kubistischen Hauses Dům U Černé Matky Boží (Zur schwarzen Muttergottes).

Neustadt (Cityplan s. S. 106)

Jarmark 31: Vodičkova 30, Tel. 224 233 733, tgl. 11–22 Uhr. Modernes Selbstbedienungsrestaurant mit einer großen und abwechslungsreichen Auswahl an kalten und warmen Speisen der böhmischen und internationalen Küche. Hauptgerichte ab 4 €.

Bierstuben:

U Fleků 32 : Křemencová 11, Tel. 224 934 019, tgl. 9–23 Uhr. Ein Pflichtbesuch für alle Freunde des Hopfen- und Malzgetränks, gemütliche Stuben, Biermuseum, großer Biergarten. Serviert wird das berühmte dunkle 13°-Bier. Das Essen ist leider von geringerer Qualität. Hauptgerichte ab 5 €.

U Pinkasů 33 : Jungmannova nám. 16, Tel. 221 111 150, tgl. 11–4 Uhr. Traditionsreiche

Abends im U Fleků

Bier-Gaststätte mit guter Küche. Gutes Preis-Leistungs-Verhältnis. Hauptgerichte ab 4 €.

Novoměstský pivovar 34 **:** Vodičkova 20, Tel: 222 232 448, Mo–Fr 10–23.30, Sa 11.30–23.30, So 12–22 Uhr. Im ›Neustädter Brauhaus‹ wird eigenes Bier – naturtrübes Helles und kräftiges Schwarzbier – gebraut und gezapft. Gute, deftige Fleischspeisen, auch vom Grill. Hauptgerichte ab 4 €.

Kaffeehaus:

Kavárna Slavia 38 **:** Smetanovo nábřeží 2, Tel. 224 218 493, tgl. 8–23 Uhr. Das liebevoll restaurierte Traditionslokal der Prager Künstler gegenüber dem Nationaltheater mit Traumblick auf Moldau und Burg.

Außerhalb des Zentrums
(Cityplan s. S. 110/111)

Svatá Klára 39 **:** U Trojského zámku 35, Tel. 233 540 173, tgl. 18–1 Uhr. Romantisches Abendrestaurant in historischem Keller beim Schloss Troja, internationale Küche mit Wild- und Fischspezialitäten, aufmerksame Bedienung. Hauptgerichte ab 15 €.

U lípy 40 **:** Plzeňská 237, Tel. 251 620 009, tgl. 11.30–15 und 18–23 Uhr. Das Lokal war das erste private vom KP-Regime geduldete Restaurant der Stadt. Heute hat es sich zu einem leuchtenden Stern am Gastronomiehimmel Prags entwickelt mit böhmisch-internationaler Küche. Hauptgerichte ab 12 €.

Myslivna [41]: Jagellonská 21, Tel. 222 723 252, tgl. 11–23 Uhr. In diesem als Jagdstube eingerichtete Lokal werden vorwiegend Wildgerichte nach alten böhmischen Rezepten serviert. Hauptgerichte ab 8 €.
U bílé krávy [42]: Rubešova 10, Tel. 224 239 570, tgl. 11.30–23 Uhr. Die ›Weiße Kuh‹ hinter dem Nationalmuseum ist ein hervorragendes Steakhaus mit leichtem französischen Einschlag. Hauptgerichte ab 7 €.
Café Savoy [43]: Vítězná 5, Tel. 257 311 562, Mo–Fr 8–22.30, Sa, So 9–22.30 Uhr. Ein Schmuckstück der Belle Epoque im Smíchov-Viertel an der Moldau, nach wechselvollem Schicksal liebevoll restauriert: einzigartige klassizistische Stuckdecke. Wo einst Kafka und Kisch als Stammgäste residierten, werden heute die besten Frühstücksomeletts der Stadt serviert. Hauptgerichte ab 6 €.
U Houdků [44]: Bořivojova 110, Tel. 222 711 239, tgl. 10–23 Uhr. Žižkov-Kneipe mit schönem Biergarten, bei Studenten beliebt. Frisch gezapft werden Velkopopovický, Pilsner Urquell, Gambrinus und Ostravar. Die Küche bietet bodenständige Gerichte (ab 3 €).

Die wichtigsten Einkaufsstraßen im Zentrum sind der untere Teil des Wenzelsplatzes, 28 řijna und die Fortsetzung Národní třida sowie auf der anderen Seite des Platzes der Graben (Na příkopě). Als Nobeladresse gilt auch die Pařížská, die vom Altstädter Ring abgeht. Hier sind so gut wie alle internationalen Designermarken vertreten. Schauerliches führen dagegen die unzähligen Souvenirläden entlang des Königsweges: billige T-Shirts, geschmacklose Gläser und die unvermeidlichen russischen Puppen. In den Außenbezirken sind moderne Einkaufszentren mit einer Vielzahl an Geschäften entstanden. Hier gehen auch die Prager shoppen.
Geschäfte sind in der Regel Mo–Fr 9–19 und Sa 9–13 Uhr geöffnet, im Zentrum meist auch an Sonntagen. Kaufhäuser und Einkaufszentren halten täglich bis 18 oder 20 Uhr, manchmal sogar bis Mitternacht ihre Pforten offen.

Antiquitäten, Auktionen, Trödel:
Art Deco Galerie: Michalská 21: Lampen, Möbel und andere Objekte in Jugendstil.
Bríc á Brác: Tynská 7: Bis zur Decke mit alten Sachen gefüllter Trödelladen.
Dorotheum: Ovocný trh 2, www.dorotheum cz: Das bekannte österreichische Auktionshaus, 1707 gegründet, bietet so manche Schätze – von Schmuck bis zu Möbel – auch im freien Verkauf zu günstigen Preisen.

Antiquariate:
Eva Kozáková: Myslikova 10: Große Auswahl an alten deutschsprachigen Büchern und an Stichen.
Karel Křenek: Celetná 31: Kostbare – auch deutschsprachige – Bücher, alte und neue Grafiken.

Buchhandlungen:
Vitalis: U Lužického semináře 19: Die Buchhandlung des 1993 gegründeten einzigen deutschsprachigen Prager Verlags auf der Kleinseite mit einer großen Auswahl an Literatur über Tschechien in deutscher Sprache.
Dům knihy: Václavské nám. 4: Fremdsprachige Bücher gibt's im Obergeschoss.
U Černé Matky boží: Celetná 34: Die Buchhandlung im Haus zur Schwarzen Madonna führt auch deutschsprachige Bücher.

Glas, Porzellan und Keramik:
Bohemia crystal: Celetná 5 und Pařížská 12: Gläser, Vasen, Leuchten aus Bleikristall.
Karlovarský porcelán: Pařížská 2: Karlsbader Porzellan (›Zwiebelmuster‹).
Moser: Na příkopě 12 und Malé nám.11: Erste Adressen für erlesene Markenerzeugnisse, natürlich entsprechend teuer.

Kaufhäuser und Einkaufszentren:
Bílá labut': Na poříčí 23: Etwas verstaubtes Kaufhaus mit einer Fülle von Billig-Angeboten.
Kotva: nám. Republiky 8: Prags größtes Kaufhaus, gute Lebensmittelabteilung.
Vinohradský pavilon: Vinohradská 50: Elegante Geschäfte aller Art, ein Lebensmittel-Supermarkt und ein Café unter dem Dach einer ehemaligen Markthalle.
Palác Flóra: Vinohradská/Ecke Jičínská: Riesiges Einkaufszentrum, Restaurants, Cafés.

Richtig Reisen-Tipp: Museale Kuriositäten – Panzer, Polizisten, Poststücke

Neben großen Kunstschätzen und eindrucksvollen Darstellungen von Kultur und Geschichte des Landes bietet die Prager Museumsszene auch eine Vielfalt an Kuriositäten, die keineswegs nur für Spezialisten von Interesse sind.

Über die erfolgreiche Sportnation Tschechien informiert das **Tyrs-Sportmuseum** auf der Kleinseite (Újezd 40, Tel. 0/257 311 703, Do, Sa, So 9–17 Uhr). Hier erfährt man auch die Zusammenhänge zwischen der 1862 gegründeten Sokol-Bewegung zur Körpererziehung und den Anfängen des tschechischen Nationalismus.

Dass die Polizei in finsteren Zeiten alles andere als ein ›Freund und Helfer‹ war, sondern Instrument der Repression, wird u. a. im **Polizei-Museum** (Muzeum policie, Praha 2, Ke Karlovu 1, Tel. 0/224 922 183, tgl. Di–So 10–17 Uhr) dokumentiert, dessen Exponate von schaurigen Beispielen staatlicher Gewalt bis zu friedlicheren Themen der Sicherheit reichen.

Nicht nur Briefmarkensammler erfreuen sich an den Objekten des 1918 gegründeten **Post-Museums** (Poštovní muzeum, Praha 1, Nové mlýny 2, Tel. 0/222 312 006, tgl. Di–So 9–12 und 13–17 Uhr).

In einer original ausgestatteten Stadtwohnung vom Beginn des 20. Jh. ist das **Postkarten-Museum** (Rodinné muzeum pohledů, Praha 1, Liliová 4, Tel. 0/222 222 519, tgl. Di–So 11–19 Uhr) mit Beispielen aus den Jahren 1890 bis 1930 untergebracht.

Die wechselvolle Militärgeschichte des Landes in den Jahren 1914–1945 wird im **Armee-Museum** (Armádní muzeum, Praha 3, U Památníku 3, Tel. 973 204 924, tgl. Di–So 10–18 Uhr) veranschaulicht.

Das **Luftfahrt-Museum** wurde am Flugplatz Prag-Kbely eingerichtet (Letecké muzeum, Praha 9, letiště Kbely, Tel. 973 207 504, Mai–Okt. tgl. Di–So 10–18 Uhr).

Mit einer der umfangreichsten Kollektionen ihrer Art in Europa kann das bereits 1908 gegründete **Technische Nationalmuseum** (Národní technické muzeum, Praha 7, Kostelní 42, Tel. 0/220 399 111, tgl. Di–So 9–17 Uhr) aufwarten.

Einzigartig ist auch die Sammlung von Straßenbahnen im **Museum des öffentlichen Verkehrs** (Muzeum městské hromadné dopravy, Praha 6, Patočkova 4, Tel. 0/296 124 900, April–Okt. Sa, So, Fei 9–17 Uhr). Die ältesten Modelle stammen aus dem Jahr 1886.

Die fachgerechte Verarbeitung von Hopfen und Malz wird in dem kleinen **Bier-Museum** des Traditionslokals U Fleků (Pivovarské muzeum, Praha 1, Křemencova 11, Tel. 0/224 934 805, Mo–Fr 10–17 Uhr) erläutert.

Über die Kunst, Puppen tanzen zu lassen, informiert das **Marionetten-Museum** (Muzeum loutek, Praha 1, Karlova 12, Tel. 0/222 220 928, tgl. 12–20 Uhr). Mehr als 60 berühmte Persönlichkeiten aus Vergangenheit und Gegenwart zeigt das **Wachsfiguren-Kabinett** (Muzeum voskových figurin, Praha 1, Melantrichova 5, Tel. 0/224 229 852).

Der Welt zweitgrößte Kollektion ihrer Art kann man im **Spielzeug-Museum** auf der Burg (Muzeum hraček, Jiřská 6, Tel. 0/224 372 294) bewundern.

Spielzeuge der besonderen Art, nämlich mechanische Erotik-Apparate, im **SexMachines Museum** (Praha 1, Melantrichova 18, Tel. 0/224 216 505, tgl. 10–23 Uhr, Jugendverbot bis 18 Jahre!).

Nur im Vergleich zur KP-Ära kann man von einem lebhaften Nachtleben sprechen, nach internationalen Maßstäben allerdings bietet die Stadt in dieser Hinsicht wenig Aufregendes. Die Prager selbst hocken gerne in einer gemütlichen Kneipe bei Bier oder Wein beisammen. Bier- und Weinstuben haben meist bis 23 Uhr geöffnet. Wenn man dann noch einen Teil der Nacht zum Tag machen will, ist man in Discos, den Nachtclubs der großen Hotels oder den Jazzclubs gut aufgehoben. Bars und andere Nachtlokale, die sich weltstädtisch geben, sind oft Touristenfallen oder gar Rotlicht-Etablissements.

Matrix Club: Koněvova 12 (Žižkov), Di–Sa 20–4.30 Uhr: DJ's, Partys, gelegentlich Live-Shows.

Radost FX Club: Bělehradská 120 (Vinohrady), tgl. 22–5 Uhr: Hier gibt es auch alternative Musik zum MTV-Einheitsbrei.

Reduta Jazz Club: Národní 20, tgl. 17–1 Uhr: Prags ältester Jazzkeller, Live-Musik tgl. ab 21 Uhr.

Roxy: Dlouhá 33, tgl. 17–2 Uhr: Prominente DJ's aus ganz Europa legen in futuristischem Ambiente auf.

U Malého Glena: Karmelitská 23 (Kleinseite), Di–Sa 20–2 Uhr: tagsüber ein Restaurant, abends ein Jazzkeller. Ab 21 Uhr spielen lokale Bands Swing und Blues.

Über das reichhaltige kulturelle Angebot informiert die wöchentlich erscheinende deutschsprachige ›Prager Zeitung‹. Veranstaltungshinweise, Kartenreservierungen und -verkauf bei:

Bohemia Ticket International (BTI): Na příkopě 16, Tel. 224 227 832, www.ticketsbti.cz, Mo–Fr 10–19, Sa 10–17, So 10–15 Uhr.

Ticketpro, Salvátorska 10, Tel. 296 328 888, www.ticketpro.cz, Mo–Fr 9–17 Uhr.

Prager Informationsdienst (PIS): s. S. 115.

Kino:

In Prag sind mehrere Multiplex-Kinozentren entstanden, in denen auch Filme in Originalfassung mit tschechischen Untertiteln gezeigt werden: Lucerna (Vodičkova 36), Cinema City (Vinohradská, Palác Flóra Einkaufszentrum), Palace Cinemas (Slovanský Dům, Na příkopě 22), Village Cinemas (Radlická 1, Smíchov).

Musik:

Nationaltheater (Národní divadlo, Národní 2, Tel. 224 913 437): Oper, Ballett, Schauspiel.

Staatsoper (Státní opera Praha, Wilsonova 4, Tel. 224 227 266): Internationales Opernrepertoire, Ballett.

Ständetheater (Stavovské divadlo, Ovocný trh 1, Tel. 224 902 322): Oper, Schauspiel, internationale Gastspiele. Im Sommer wird – am Schauplatz der Uraufführung – Mozarts ›Don Giovanni‹ gespielt.

Klassik-Konzerte finden in zahlreichen Palais und Kirchen sowie in den beiden großen Konzertsälen im **Rudolfinum** (Alšovo náb. 12) und im Repräsentationshaus (Obecní dům) statt, große Rock- und Popkonzerte gehen im Sparta-Stadion oder am Messegelände in Szene.

Theater:

Image (Pařížská 4, Tel. 222 314 448): Schwarzes Theater, Pantomime, Modern Dance.

Laterna Magika (Národní 4, Tel. 224 931 482): Die Verbindung von Musik, Tanz und Film ist nach wie vor faszinierend.

Nationales Marionettentheater (Národní divadlo marionet, Žatecká 1, Tel. 224 819 322): Puppen tanzen zu Mozart-Opern.

Schwarzes Theater Jiří Srnec (Národní 20, Tel. 224 933 487): Ältestes Schwarzes Theater Prags.

Feste/Veranstaltungen:

Kultur macht in Prag niemals Pause, in konzentrierter Form jedoch kann man sie bei diversen Festivals genießen. Das berühmteste ist wohl der **Prager Frühling** (Mai/Juni), ein erlesenes Festival klassischer Musik mit Auftritten internationaler Spitzenkünstler. Karten sind stets Mangelware, Programminformationen unter www.festival.cz. Die Veranstaltungen des **Prager Musikfestivals** (Juli/August) und des **Prager Herbstes** (Oktober) sind nicht so überlaufen.

Ein internationales **Jazzfestival** gibt es im April (AghaRTA-Festival, www.agharta.cz), das **Alternativa International Music Festival** (Rock, Jazz bis klassische Musik), im Dezember und Januar (Divadlo Archa, Na Poříčí 26, www.archatheatre.cz).

Stadtrundfahrten und Führungen: Prager Informationsdienst (PIS): Das offizielle Tourismusbüro vermittelt in seiner Filiale im Altstädter Rathaus (Staroměstské nám. 1, Tel. 236 002 562, guides@pis.cz) autorisierte Fremdenführer, die einen Ausweis und eine Dienstplakette des PIS mit Identifizierungsnummer vorweisen müssen.
Prague Walks (Info und Reservierungen Jakubská 4, Tel. 603 271 911, www.praguewalks.com): Neben den Standardrouten gibt es Kneipentouren durch die Altstadt und durch Žižkov, eine Geister-Tour und andere nicht alltägliche Programme.
Pferdekutschen: Abfahrt Altstädter Ring (April–Dezember)
Eko-Express: Die beschauliche Rundfahrt in offenen Wägelchen einer Bimmelbahn ist nicht nur für Kinder ein Erlebnis (Abfahrt Altstädter Ring, April–Oktober).
Historische Straßenbahn Nr. 91: Die Nostalgie-Straßenbahngarnitur verkehrt Sa, So und an Feiertagen von 12–18 Uhr stündlich vom Messegelände (Station Výštaviště) über Wenzelsplatz, Kleinseite zur Burg und wieder retour (April–Oktober). Zusteigemöglichkeiten an Haltestellen mit gelben Schildern.
Schiffsausflüge:
Prager Dampfschifffahrtsgesellschaft (Pražská paroplavební společnost): Anlegestelle Rašinovo náb. zwischen Palacký- und Železniční-Brücke, Tel. 224 931 013, www.paroplavba.cz.

Anreise nach Prag: Der internationale **Flughafen** Ruzyně (Info Tel. 220 113 314) liegt rund 20 km außerhalb des Zentrums. In die Stadtmitte gelangt man mit den städtischen Bussen der Linien 100 (bis Metrostation Zličín, Linie B) oder 119 (bis Metrostation Dejvická, Linie A), bzw. mit dem Airport-Shuttle der Firma CEDAZ (täglich zwischen 6 und 21 Uhr alle 30 Minuten bis zum Náměstí Republiky). Internationale **Züge** kommen am Hauptbahnhof (Hlavní nádraží, Wilsonova 80) oder am Bahnhof Holešovice an, beide haben Metro-Anschlüsse, Lokalzüge auch an Vorort-Bahnhöfen, die jedoch ebenfalls durch öffentliche Verkehrsmittel mit dem Zentrum verbunden sind. Fahrplanauskünfte unter Tel. 221 111 122 oder unter www.cd.cz. Die meisten **Busse** haben ihre Endstation beim zentralen Busbahnhof Florenc (Metro-Station/Linien B, C).
Unterwegs in Prag:
Die **Metro** (Linien A, B, C) ist täglich von 5–24 Uhr in Betrieb, der Tagesbetrieb der **Straßenbahnen** und **Busse** läuft von 4.30–0.15 Uhr, in der Nacht verkehren die Straßenbahnlinien 51 bis 59 und die Buslinien 501 bis 514 im 30-Minuten-Takt. Die Standseilbahn auf den Petřín fährt täglich von 9–23.30 Uhr alle 10 (April–Sept.), bzw. 15 Minuten (Okt. – März). Die für alle Prager öffentlichen Verkehrsmittel gültigen Fahrkarten erhält man in den Metrostationen (normalerweise Automaten, Schalter nur bei den Stationen Muzeum, Můstek, Nádraží Holešovice und Anděl), bei Zeitungskiosken, in Tabakläden, Reisebüros und manchen Hotels sowie in der Ankunftshalle des Flughafens Ruzyně. Tickets für eine Fahrt sind nach der Entwertung 15 Minuten oder 4 U-Bahn-Stationen gültig, Umsteigefahrkarten 60 Minuten. Weiter gibt es Fahrkarten für 24 Stunden, für 3, 7 oder 15 Tage. Die aktuellen Tarife erfährt man auf den Automaten und bei den Infostellen,die detaillierten Fahrpläne unter www.dpp.cz.
Das **Auto** ist für eine Stadtbesichtigung nicht geeignet: der Verkehr ist viel zu dicht und es gibt auch kaum Parkmöglichkeiten. Am besten lässt man sein Fahrzeug in Garagen oder auf bewachten Plätzen stehen. Entlang der Zufahrtstraßen gibt es bei Metrostationen Park-and-Ride-Plätze, die durch eine Tafel ›P+R‹ gekennzeichnet sind. Das Stadtzentrum ist in drei durchwegs gebührenpflichtige Parkzonen geteilt, in die Orange Zone (8–18 Uhr, maximal 2 Stunden), Grüne Zone (8–18 Uhr, maximal sechs Stunden) und Blaue Zone (ausschließlich für Anwohner).
Taxis sollte man über die Zentralen bestellen, um sicher zu gehen, dass es sich um autorisierte Fahrzeuge handelt (AAA Taxi: Tel. 140 14, City Taxi: Tel. 227 257 257, Taxi Praha: Tel. 257 216 479). Vor dem Einsteigen unbedingt nach dem ungefähren Fahrpreis fragen! Der Fahrer muss eine Quittung ausstellen.

Westlich und nördlich von Prag

Karte S. 129

Wie die Fürstengeschlechter in Prag ihre Paläste rund um den Herrschersitz am Hradschin errichteten, entstanden im weiteren Umkreis der Moldau-Metropole zahlreiche Burgen, Schlösser und Klöster – als trutzige Wehranlagen, herrschaftliche Sommerresidenzen und zur höheren Ehre Gottes – eingebettet in die liebliche Landschaft Mittelböhmens.

Im Tal der Berounka (Beraun) südwestlich von Prag erheben sich zwei der markantesten Burgen Böhmens, Karlštejn und Křivoklát. Wenn in der Hauptstadt wieder einmal dicke Luft herrscht, kommt der Aufenthalt in diesem Tal auch einer Regeneration der Lungen gleich. Es gehört zum Böhmischen Karst (Český Kras), einer zum Großteil unter Naturschutz stehenden, rund 130 km^2 großen Kalkstein-Formation. Das waldreiche Gebiet beiderseits des tiefen Taleinschnitts weist zahlreiche Höhlensysteme auf, von denen die Tropfsteinhöhlen von Koněprusy (Koněpruské jeskyně) südlich von Burg Karlštejn die imposantesten sind.

Nordwestlich von Prag liegen fünf Schlösser, die alle eine ausführliche Besichtigung verdienen, dazu das Geburtshaus des berühmten tschechischen Komponisten Antonín Dvořák. In der lieblichen Landschaft der Flusstäler von Vltava (Moldau) und Labe (Elbe) befindet sich das älteste Weinanbaugebiet Böhmens, das zu genussreichen Verkostungen verführt.

2 Karlštejn

Restaurants, Cafés und Souvenirläden sonder Zahl reihen sich in Karlštejn um den großen Parkplatz an der Berounka und entlang der schmalen, steil zur gleichnamigen Burg ansteigenden Dorfstraße. Bereits diese Rummelplatz-Atmosphäre, dieses bunte Ambiente trägt alle Anzeichen einer besonderen Sehenswürdigkeit, die täglich Hunderte von Besuchern anlockt.

Schon der Gesamteindruck der auf einem sichelförmigen, ansteigenden Areal errichteten gotischen Burg ist geradezu überwältigend, doch erst in den vielen sehenswerten Details offenbart sich die ganze Pracht dieser königlichen Schatzkammer, wenn sich auch im Vergleich mit der prunkvollen Ausstattung der insgesamt fünf Kapellen die privaten Räumlichkeiten des Kaisers, ein Schlafgemach und ein Audienzraum, eher schlicht ausnehmen. Das belegt, dass Karlštejn grundsätzlich nicht für einen längeren Aufenthalt oder gar als Sommerresidenz gedacht war.

Die Burg wurde von Baumeister Matthias von Arras – nach dessen Tod 1352 übernahm die Bauhütte Peter Parlers die weiteren Arbeiten – in drei selbstständige, stufenförmig angeordnete Komplexe gegliedert: den Kaiserpalast mit dem tiefer liegenden Haus des Burggrafen, den Marienturm mit der Katharinen-Kapelle und schließlich den fünfstöckigen Großen Turm mit der Heilig-Kreuz-Kapelle.

Nach dem etwa 20 Minuten dauernden Aufstieg vom Ortszentrum, den man auch bequem per Elektrotaxi oder Pferdedroschke bewältigen kann, betritt man das Burgareal durch das Voršila- (Ursula)-Turmtor, durchquert die Untere Vorburg und gelangt durch ein weiteres Tor in den Hof des Burggrafenamtes. Dort beginnen die Führungen mit der Besichtigung des Kaiserpalastes.

Der Andrang ist manchmal so stark, dass Vorbestellungen empfehlenswert sind, da nur eine kontingentierte Zahl von Karten ausgegeben wird, vor allem, wenn man den kostbarsten Schatz, die Heilig-Kreuz-Kapelle, besichtigen will. Alle wollen einen Hauch Mittelalter atmen, stürmen die berühmteste Burg Böhmens, die sich in vollendeter Harmonie in die Landschaft einfügt.

Angeboten werden zwei Varianten. Die Tour I (50 Minuten) umfasst im Wesentlichen die historischen Interieurs des Kaiserpalastes und der unteren Stockwerke des Marienturmes. Voranmeldungen sind dafür nicht notwendig, jedoch empfehlenswert. Die Tour II (70 Minuten, maximal 12 Personen) führt auch in die Katharinen-Kapelle, die Burg-Gemäldegalerie und in die unvergleichliche Heilig-Kreuz-Kapelle. Dafür ist eine Reservierung – manchmal mehrere Wochen im Voraus – unbedingt erforderlich, was nicht an der Burgkasse möglich ist, sondern nur im Reservierungszentrum von Karlštejn (Rezervační centrum, 13000 Praha 3, Sabinova 5, Tel. 274 008 154, Fax 274 008 152, rezervace@stc.npu.cz, www.hradkarlstejn.cz. Geöffnet ist die Burg Di–So von 9–15 (1.–20. Nov. und Weihnachten/Neujahr bis 6.1.), 9–16 (April, Okt.), 9–17 (Mai, Juni, Sept.) und 9–18 Uhr (Juli, Aug.). Mittagspause ist zwischen 12 und 12.30 bzw.13 Uhr.

Burg-Rundgang

Nach der Dokumentation der Entstehungsgeschichte Karlštejns und der Lebensverhältnisse unter Karl IV. begegnet man im **Schlafgemach** den ersten künstlerischen Kostbarkeiten des Rundgangs. Bei Ausstellungen in aller Welt bestaunt, nur gereinigt, aber niemals restauriert wurde die um 1380 in Böhmen entstandene Statue der hl. Katharina, eine Skulptur von berückender Schönheit und perfekter innerer Harmonie. Karl hatte die Heilige stets hingebungsvoll verehrt, nachdem er am Katharinen-Tag, am 25. November 1332, eine Schlacht in Oberitalien trotz einer Verwundung siegreich geschlagen hatte. Eine weitere gotische Arbeit von unschätzbarem Wert stellt der um 1370 von Tommaso da Modena geschaffene zusammenklappbare Reisealtar dar.

Von der Raffinesse des Bauherrn erzählt der **Audienzsaal**, der mit seiner in kräftigem Blau gehaltenen gotischen Decke und der Holzvertäfelung der Wände der besterhaltene Raum des Palastes ist: Auf dem Thron zwischen den Fenstern blieb der Kaiser stets in Zwielicht gehüllt, während die Sonne die Gesichter der Besucher beleuchtete.

Mit den Autoren unterwegs

Wanderungen im Böhmischen Karst

Im Westen von Beroun wurde das **Naturschutzgebiet und Unseco-Biosphärenreservat Křivoklátsko** abgezirkelt. Dieses waldreiche, Prag noch relativ nahe gelegene Gebiet war früher königliches Jagdrevier. Heute zieht ein Netz von markierten Wegen Wanderer und Radfahrer an. Mitten durch das Naturschutzgebiet hindurch schlängelt sich die von Kanuten geschätzte, teilweise wilde Berounka.

Wandertipp 1: In der Ortschaft **Křivoklát** beginnt in der Nähe des Bahnhofs ein insgesamt 18 km langer, nicht beschwerlicher Wanderweg in Richtung Südwesten. Der rot markierte Pfad verläuft stets **entlang dem Flüsschen Berounka** bis zum hübschen Weiler Skryje.

Wandertipp 2: Die Besichtigung der Burgen von Karlštejn oder Křivoklát lässt sich auch gut mit einem Besuch der **Tropfsteinhöhlen von Koněprusy** verbinden, die 6 km südlich von Beroun liegen. Rund 600 m des mit einer Gesamtlänge von 2 km größten Höhlensystems Böhmens sind zugänglich.

Führungen finden aber nur im Sommer statt und dauern eine knappe Stunde. Achtung: Im Inneren des Berges herrscht auch im Sommer eine konstante Temperatur von nur 10°C. Man sollte sich also für diese Tour warm anziehen.

Burg Karlštejn, die eindrucksvollste mittelalterliche Burg des Landes

Der **Marienturm**, vom Obergeschoss des Kaiserpalastes aus zu erreichen, birgt die der Gottesmutter geweihte Kapelle, gewissermaßen das Bindeglied zwischen dem Palast und dem sakralen Höhepunkt der Burg, der Heilig-Kreuz-Kapelle. Unter der als Sternenhimmel ausgemalten Balkendecke der **Marienkapelle** bedecken ein Freskenzyklus mit Szenen aus der Apokalypse und Darstellungen von Reliquienüberreichungen an Karl IV. die Wände. Obwohl der obere Streifen der Apokalypse-Fresken bereits in der Renaissance zerstört wurde, haben sich die übrigen Szenen trotz mancher Eingriffe im 19. Jh. in erstaunlicher Qualität erhalten.

In der **Heilig-Kreuz-Kapelle**, deren Wände mit mehr als 2000 Edel- und Halbedelsteinen ausgelegt und mit 127 Heiligengemälden des Prager Meisters Theoderich geschmückt sind, waren – in einer Nische hinter dem Altar – die Krönungskleinodien des Heiligen Römischen Reiches, später die Krönungsinsignien Böhmens aufbewahrt (Abb. S. 23). Der hoheitlich sakrale Charakter der Kapelle wurde dadurch unterstrichen, dass einzig und allein der Erzbischof Messen lesen und

aufgrund der Gründungsurkunde des Kapitels von Karlštejn im Turm niemand mit einer Frau, auch nicht mit der eigenen Ehegefährtin, nächtigen durfte. Mit feierlichem Eid musste sich noch im 16. Jh. der jeweilige Burgschlossermeister verpflichten, das Geheimnis der 19 Schlösser in den vier Türen zur Kapelle keiner Menschenseele zu verraten. Die ursprüngliche Pracht des Raumes hat im Laufe der Zeit etwas gelitten, zahlreiche Edelsteine verschwanden und wurden durch Imitationen ersetzt. Das Wertvollste, der Bilderzyklus des Meisters Theoderich, blieb glücklicherweise erhalten, die Restaurierungsarbeiten werden allerdings noch viele Jahre in Anspruch nehmen. Heilige, Könige und Fürsten, Päpste, Bischöfe, Äbte, Kirchenlehrer, Evangelisten, Eremiten, heilige Jungfrauen, Märtyrer und andere Streiter Gottes stellen auf den auf Holztafeln gemalten Bildern eine eindrucksvolle himmlische Heerschar Christi dar, wohl eine der Spitzenleistungen gotischer Porträtkunst überhaupt.

Die kleine **Katharinen-Kapelle** diente Kaiser Karl zur privaten Andacht und Meditation. Der intime, mit Edelsteinen und Fresken ausgeschmückte Raum ist als einziger auf der Burg ohne Umbauten in seinem Originalzustand aus dem 14. Jh. erhalten.

Infozentrum: 26718 Karlštejn, Nad Parkovistem 334, Tel. 311 681 370 und 604 204 700, www.karstejn.cz, tgl. 8–20 Uhr. Vermittelt auch Zimmer in Hotels und Privatquartieren.

Mlýn: Karlštejn 101, Tel. 311 744 411, Fax 311 744 444, mlyn@europehotels.cz. Romantik-Hotel im Areal einer bis 1949 aktiven Mühle an der Berounka, nach Hochwasserschäden von 2002 von Grund auf renoviert. 21 rustikal möblierte komfortable Zimmer, Gartenterrasse am Fluss, Fitnesscenter, Sportmöglichkeiten in der Nähe (Golf/18 Loch, Tennis, Reiten, Angeln). DZ 110–140 €.

U Královny Dagmar: Karlštejn 2, Tel. 311 681 378, Fax 311 681 401, penziondagmar@seznam.cz. Komfortable kleine Garten-

Burg- und Schlossführungen:
Die meisten Burgen und Schlösser kann man nur im Rahmen von Führungen besuchen. Wenn diese auf Tschechisch durchgeführt werden, so erhalten Ausländer einen kurzen Informationstext in ihrer Sprache. An den wichtigsten Orten wie Karlštejn oder Konopiště stehen aber auch deutsch- oder englischsprachige Guides zur Verfügung.

Im Hof der im schönen Berounkatal gelegenen Burg Křivoklát

pension, trotz Burgnähe in ruhiger Lage. DZ 50–60 €.

U Janů: Karlštejn 90, Tel. 311 681 210, Fax 311 681 410, info@ujanu.cz. Nette Pension mit gutem Restaurant und populärem Biergarten an der Straße zur Burg, die dunklen Holzmöbel der Zimmer strahlen viel Wärme aus. DZ 35–45 €.

Slon: Karlštejn 184, Tel. 311 681 550, info@penzionslon.cz. Einfache Pension in ruhiger Lage abseits der Touristenmassen am anderen Ufer der Berounka mit Blick auf die Burg. DZ 25–40 €.

Pod Dračí Skálou: Karlštejn 130, Tel. 311 681 177, Mo–Sa 11–23, So 11–20 Uhr. Gartenrestaurant mit böhmischen Spezialitäten, bei Reisegruppen sehr beliebt. Hauptspeisen ab 4 €.

U Karla IV: Karlštejn 173, Tel. 311 681 040, Di–So 10–19 Uhr. Grillrestaurant mit schönem Garten in unmittelbarer Burgnähe. Die Speisenkarte umfasst Pasta und Pizza, ebenso Schweinebraten. Hauptgerichte ab 3,50 €.

Blanky z Valois: Karlštejn 123, Tel. 608 021 075, tgl. 11–22 Uhr. Nettes Lokal an der Straße zur Burg, landestypische Spezialitäten, aber auch Kaffee und Kuchen. Hauptspeisen ab 3 €.

Äußerst populäres **Weinfest** jeweils am letzten September-Wochenende mit Umzügen in historischen Kostümen und mit Weinverkostung.

Tagsüber stündlich **Züge** von und nach Prag (Bahnhof Smíchov), Fahrzeit etwa 40 Minuten.

Křivoklát

Hauptattraktion des unscheinbaren 600-Seelen Ortes **Křivoklát** 1 (Bürglitz) ist zweifellos die mächtige gotische Burg, die von romantischen Gefühlen, aber auch von grauenvol-

Westlich und nördlich von Prag

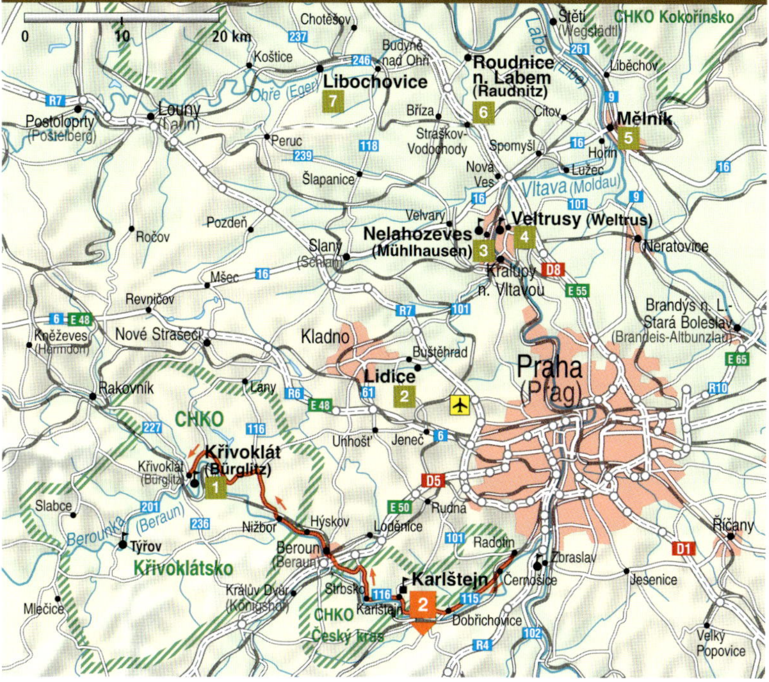

len Torturen zu erzählen weiß. Die Anreise durch das von dichten Wäldern gesäumte Tal der Berounka bietet – ob auf der Straße oder mit dem Zug – ein besonders schönes Naturerlebnis.

Karl IV., der auf Křivoklát auf Geheiß seines Vaters drei Jahre seiner Kindheit verbrachte, stattete die Burg für seine erste Gemahlin Blanca von Valois großzügig aus.

In den **Hungergewölben, Folterkammern** und übrigen Verliesen hingegen spielten sich in späteren Tagen Szenen des Schreckens ab. Wie viele Menschen in den finsteren Kellern ihr Leben ließen, verschweigt die Chronik. Man weiß lediglich von einigen ›Prominenten‹, die oft viele Jahre lang in den Kerkern schmachteten. Eduard Kelley, ein aus England stammender Schwindler, Alchimist und zeitweiliger Bewohner des Prager Fausthauses, der kurzfristig sogar das Vertrauen Rudolfs II. erringen konnte, war nur einer von ihnen. 16 Jahre, während denen er immer wieder Entsetzliches erleiden musste, wurde Johann Augusta, Bischof und oberster Richter der hussitischen Böhmischen Brüder, gefangen gehalten. Erst als die Burg mit Philippine Welser für einige Jahre eine neue Herrin erhielt, erleichterte sich das Los des Eingekerkerten. Erzherzog Ferdinand von Tirol, Statthalter von Böhmen, hatte die Tochter einer Augsburger Kaufmannsfamilie – ganz und gar unstandesgemäß – heimlich geheiratet und auf Křivoklát versteckt.

Noch heute kann man sich in den Verliesen eines gewissen Gruselns nicht erwehren, insbesondere beim Anblick der Marterinstrumente, mit denen die jesuitischen Henker der Gegenreformation den ›falschen‹ Glauben austreiben wollten. Endgültig aufgelassen wurden die staatlichen Kerker gegen Ende

Mahnmal gegen die Barbarei: Lidice

Thema

Nach dem Attentat auf Reinhard Heydrich, der als stellvertretender Reichsprotektor Böhmen und Mähren unter die Nazi-Knute gezwungen hatte, wurde in einem Willkürakt das Dorf Lidice ausgelöscht: die Einwohner ermordet oder verschleppt, die Häuser zerstört. Aber Lidice wurde von den Überlebenden neu gegründet. In der Gedenkstätte ist das Massaker beispielhaft für die Greueltaten des NS-Regimes dokumentiert.

Nach dem tödlichen Attentat auf Heydrich wurden innerhalb von 48 Stunden mehr als 1400 Menschen hingerichtet. Razzien und Massenverhaftungen folgten, doch die Täter, zwei mit Fallschirmen abgesetzte Exiltschechen, blieben vorerst unentdeckt. Um den Druck auf die Bevölkerung zu erhöhen, beschlossen die Nazi-Schergen eine besonders grausame Vergeltungsmaßnahme: Weil im Zuge der Verhöre und Folterungen irgendwann einmal der Name des Dorfes **Lidice** 3 gefallen war, kam folgender Führerbefehl aus Berlin: »Sämtliche erwachsenen Männer in Lidice sind zu erschießen, sämtliche Frauen in Konzentrationslager abzutransportieren, sämtliche rassisch geeigneten Kinder umzudeutschen und umzuerziehen. Die Ortschaft ist niederzubrennen und dem Erdboden gleich zu machen.«

In der Nacht auf den 10. Juni 1942 erfüllten die deutschen Hinrichtungskommandos diesen Befehl bürokratisch genau: 192 Männer, 60 Frauen und 88 Kinder fielen der faschistischen Todesmaschinerie zum Opfer. Von Lidice blieb nicht einmal mehr eine Ruine stehen. Nach 1945 entstand unweit des vernichteten Ortes ein neues Dorf, vorerst bewohnt von nur einer Hand voll Frauen und Kindern, die alle KZ-Gräuel überlebt hatten.

Heute unterscheidet sich die Neugründung kaum von den Nachbargemeinden, nur ein Friedhof mit verwitterten Kreuzen oder ein altes Kirchlein fehlen inmitten der schmucken Häuschen mit ihren Vorgärten und Blumenkisten. Lidices Vergangenheit liegt einige hundert Meter entfernt begraben, doch vergessen ist sie nicht.

Ein Mausoleum und ein ›Friedenstempel‹, bombastisch im Stil der stalinistischen Ära, sollten niemand davon abhalten, die erschütternde Gedenkstätte zu besuchen. Im Schatten der architektonischen Scheußlichkeiten markieren schlichte Tafeln die Orte, an denen einst die Kirche, der Friedhof, die Schule oder das Gehöft der Familie Horák, in dem die meisten Männer des Dorfes ermordet wurden, standen. In einem kleinen Museum haben die Überlebenden nicht nur der Erde wieder entrissene Gerätschaften und Hausrat zusammengetragen, sie schufen auch eine Dokumentation der entsetzlichen Heimsuchung ihrer Familien, Freunde und Nachbarn. Nahezu lückenlos lässt sich anhand von Briefen, Aktenvermerken, Anschlagtafeln und Verordnungen der Weg in den Untergang verfolgen (www.lidice-memorial.cz, April–Sept. tgl. 9 –18, Okt.–März tgl. 9–16 Uhr).

Lidice lebt aber nicht nur in Tschechien wieder, Lidice liegt auch in den USA, Mexiko und Südafrika, in Brasilien, Kolumbien, Chile, Uruguay, Venezuela und Panama. In einer Welle internationaler Solidarität benannten sich schon bald nach dem Massaker viele Orte in aller Welt in Lidice um, auch viele Straßen und Plätze auf allen Kontinenten tragen den Namen des kleinen böhmischen Dorfes.

Renaissanceschloss Nelahozeves: Im Sommer finden hier Dvořák-Konzerte statt

des 17. Jh., als die Burg an die Familie Waldstein verkauft wurde. Durch Erbfall kam sie später an die Fürstenbergs, seit 1929 gehört sie dem Staat.

Schreckliche Zeiten – schöne Kunst. Deutlicher als auf Křivoklát wird dieser Gegensatz kaum anderswo bewusst. Den großen dreischiffigen **Königssaal** schmücken ein prächtiges gotisches Kreuzgewölbe und Überreste von Fresken. Nach dem Vladislav-Saal in der Prager Burg ist er der zweitgrößte profane Saal Böhmens. Aus den Sammlungen der **Nationalgalerie** sind im Königssaal mittelböhmische Tafelbilder und Skulpturen der Spätgotik und Frührenaissance ausgestellt. Mittelalterliche Aura umgibt auch die spätgotische **Burgkapelle**, deren Flügelaltar, eine äußerst wertvolle Schnitzarbeit aus der Zeit um 1490, die Krönung der Jungfrau Maria zeigt (Hrad Křivoklát, Tel. 313 558 120, www.krivoklat.cz, Jan., Febr. geschl., März, Nov., 1.– 18. Dez. Sa, So u. Feiert. 9–15, April, Okt. Di–So 9–15, Mai, Sept. Di–So 9–16, Juni–Aug. Di–So 9–17 Uhr).

U Jelena: 27023 Křivoklát, Hradní 53, Tel. 313 558 529, Fax 313 558 235. Mittelklasse-Pension mit modern eingerichteten Zimmern (DZ 50–70 €) und einem guten, gemütlichen Restaurant, Fisch- und Wildspezialitäten. Hauptgerichte ab 4 €.

Sýkora: nám. Svatopluka Čecha 85, Tel. 313 558 114, Fax 313 558 219, hotel.sykora@krivoklatsko.com. Freundlicher Familienbetrieb mit sauberen, sehr einfachen Zimmern. DZ 15–20 €. Restaurant und Bierkneipe im Haus, böhmische Küche. Hauptgerichte ab 3 €.

Vom Prager Hauptbahnhof, bzw. Bahnhof Smíchov gibt es beinahe stündlich **Züge** nach Beroun, wo man meist umsteigen muss, um nach Křivoklát zu gelangen. Muss man auf den Anschlusszug allzu lange warten, so bietet sich ein kleiner Bummel durch Beroun an, das in den vergangenen Jahren hübsch herausgeputzt wurde.

Nelahozeves

Der Anblick ist überwältigend: Einem überdimensionierten Schmuckkästchen gleich thront das vor allem an seiner Nordfassade über und über mit Sgraffiti bedeckte **Renaissanceschloss Nelahozeves** 4 (Mühlhausen an der Moldau) auf einem Felsen über dem Unterlauf der Moldau. Zu seinen Füßen steht das schlichte Geburtshaus des Komponisten Antonín Dvořák.

Schloss

Großflächige Bildwerke mit Darstellungen aus Mythologie, römischer Geschichte und Bibel zwischen den Fenstern dieses Spätrenaissance-Palastes, der an norditalienische Festungen erinnert, werden durch filigrane ornamentale Verzierungen ergänzt. Arkaden und Galerien umgeben den Schlosshof, Stuck, Fresken und Kassettendecken dekorieren die Innenräume. Die Pracht kommt nicht von ungefähr. Als Aufseher aller königlichen Bauten in Böhmen hatte Bauherr Florian Griesbeck von Griesbach vielfach Gelegenheit, mit den bedeutendsten Architekten und Steinmetzen seiner Zeit zu verhandeln, die ihm dann bei der Errichtung seines eigenen Schlosses hilfreich zur Seite standen.

Seit Nelahozeves 1993 wieder dem Roudnice-Zweig der Familie Lobkowicz zurückgegeben wurde, die es seit 1623 in Besitz hatte, weht in den alten Gemäuern ein frischer Wind. Den spürt man bereits in der Geschenkboutique bei der Kassa, einem mit Teppichen und Stilmöbeln elegant ausgestatteten Raum. Schöne Gläser, perfekte Kopien alter gotischer Glasbecher, hübscher Schmuck, CDs und aktuelle, graphisch ansprechend gestaltete Broschüren zeigen, dass hier ein moderner Unternehmer am Werk ist, der sein Objekt entsprechend zuvermarkten weiß. Selbstverständlich können Räumlichkeiten für Empfänge, Konzerte, Konferenzen, Seminare, Festbankette, Wein-Degustationen und andere Feiern gemietet werden, als stilvoller Rahmen für Hochzeiten steht der mit Fresken geschmückte Rittersaal zur Verfügung.

Kunstsammlung Lobkowicz

Die Kunstsammlung der Lobkowicz', die im Verlaufe mehrerer Jahrhunderte zusammengetragen wurde und die Entwicklung der europäischen Kunst an Hand exquisiter Meisterwerke dokumentiert, zählt zu den kostbarsten Familienkollektionen Mitteleuropas. Obwohl auf Schloss Nelahozeves immer nur ein Teil der Schätze ausgestellt wird, würde die Galerie jedem größeren Museum zur Ehre gereichen. Zu sehen sind Gemälde von Brueghel, Rubens, Canaletto, Cranach, Spranger, Velazques, Gossaert, Jordaens und vielen anderen, eine großartige Serie von Ganzfiguren-Porträts des 16. und 17. Jh. aus der Hand der bedeutendsten spanischen Hofmaler, erlesene Porzellan-, Majolika- und Fayence-Kollektionen aus Böhmen, Italien, den Niederlanden, Deutschland und Österreich sowie Gold- und Silberobjekte, böhmisches und deutsches Glas, Altäre und Reliquiare, Schmuck, Uhren, Truhen, Schränke und diverse Kuriositäten. (Zámek Nelahozeves, Tel. 315 09 121, www.lobkowiczevents.cz, ganzjährig geöffnet Di–So 9–12 und 13–17 Uhr, Nachtführungen im Juli/Aug.)

Wo Dvořák zur Welt kam

Unterhalb des Schlosses duckt sich an der Dorfstraße ein kleines Häuschen. Hier erblickte am 8. September 1841 als erstes von neun Kindern eines Metzgermeisters einer der bedeutendesten Komponisten Böhmens das Licht der Welt: Antonín Dvořák.

Als gelernter Metzger ging er schließlich doch zum Musikstudium nach Prag, das er sich durch Musizieren mit seiner Geige in Kaffeehäusern finanzierte. Durch die Förderung seines Freundes Johannes Brahms wurden die Kompositionen des jungen Dvořák in ganz Europa und Übersee bekannt. Wie in seinen ›Slawischen Tänzen‹ überraschte Dvořák sein Publikum mit überquellender Melodik und hinreisenden Rhythmen, die häufig in der Volksmusik seiner Heimat wurzelen.

Seit 1951 befindet sich im Erdgeschoss der ehemaligen Gasthaus-Fleischerei eine liebevoll eingerichtete Dvořák-Gedenkstätte. (Památník Antonína Dvořáka, Tel. 315 785 099, nur an Wochenenden, sonst gegen Voranmeldung zugänglich, April–Sept. 10–12 und 13–17, Okt.–März 9–12 und 13–16 Uhr)

Gepflegtes **Schlossrestaurant:** Tel. 315 709 140, Di–So 10–22 Uhr, Hauptgerichte ab 5 €

Zwischen März und Oktober findet im Schloss und im Geburtshaus des Komponisten eine **Konzertreihe** statt. Ihr Programm ist vornehmlich Dvořák gewidmet, umfasst aber auch Musik von Barock bis Jazz.

Mehrmals pro Tag **Züge** vom Prager Masaryk-Bahnhof bis nach Kralupy nad Vltavou, dann umsteigen und eine Station mit einem Zug Richtung Děčín und Ůstí nad Labem bis Zámek Nelahozeves.

Schloss Veltrusy

›Lustschloss‹ ist wohl die einzig richtige Bezeichnung für **Veltrusy** 4 (Weltrus), das verspielte, duftig anmutende barocke Meisterwerk des Architekten František Maximilián Kaňka. Nach den trostlosen, hässlichen Industrievororten von Kralupy nad Vltavou öffnet sich mit dem romantischen Schlosspark eine andere Welt.

Eine doppelte Freitreppe, geschmückt mit Vasen und Plastiken, schwingt sich vom Ehrenhof in den ersten Stock. Das **Schloss** ist bekrönt von einer silbern schimmernden Kuppel des zentralen Rundbaus, von dem vier Flügel ausgehen. Weit und einladend öffnen sich die Bogen einer Sala terrena mit beachtenswerten Stuck- und Mosaikverzierungen, Allegorien der zwölf Monate und der vier Jahreszeiten, schließen den Ehrenhof ein. Die allegorischen Themen setzen sich in den Malereien des Hauptsaales (Josef Pichler, 1765) fort. Heitere Harmonie dominiert die Stimmung auch in den übrigen Räumlichkeiten wie im Delfter und chinesischen Salon, im Herrenzimmer, in dem anlässlich eines ›allerhöchsten Besuchs‹ eingerichteten Maria-Theresien-Saal und den verschiedenen Wohnsalons. Die Einrichtung setzt sich aus wertvollem Mobiliar, Bildern und Kunstgewerbe-Gegenständen zusammen, alles hübsch arrangiert, nie protzig.

Graf Antonín Chotek konnte sich als einflussreicher Adliger einen solch großzügigen Besitz, auf dem er nur die Sommermonate verbrachte, leisten. So war er auch ein tüchtiger Unternehmer, der bereits 1754 auf dem Areal seines Schlossparks die erste Mustermesse der Welt veranstaltete, einen zweitägigen Markt mit Erzeugnissen des Königreichs Böhmen.

Sonnenpause in Mělníks Weinberg

Schloss Mělník über seinen Weinbergen

Der **englische Naturpark**, der allmählich in die Aulandschaft der Moldau übergeht, weist einen dichten alten Baumbestand auf. Unter Linden, Ahorn, Eschen und allerlei exotischem Gehölz spaziert man zwischen kleinen Bauten in Klassizismus, Empire und Historismus, einer romatischen Mischung aus allerlei Versatzstücken aus Gotik, Renaissance und Barock, die sich Antoníns Sohn Jan Rudolf um 1800 errichten ließ: einen Freundschaftstempel, einen Laudon-Pavillon, einen kleinen dorischen Tempel, eine Brücke mit einer Sphinx und eine pseudogotische Mühle. In einem Gehege tummelt sich Damwild, in historischen Gewächshäusernhäusern blühen seltene Blumen.

Die gesamte Anlage des Landschlosses, seit 1945 in Staatsbesitz, wurde beim Katastrophen-Hochwasser 2002 schwer beschädigt. Das Wasser drang in die Erdgeschossräume ein und verwandelte den Park in einen See. Die Restaurierungsarbeiten der Innenräume werden voraussichtlich noch bis ins Jahr 2007 andauern. Nur in der Orangerie und im Ostflügel werden hin und wieder Ausstellungen gezeigt (Zámek Veltrusy, Tel. 315 781 144, veltrusy@stc.npu.cz, Mai–Okt. Di–So 9–16.30 Uhr).

Zahlreiche Verbindungen von Prag: Mit dem **Zug** vom Masaryk-Bahnhof oder mit dem **Bus** vom Busbahnhof Florenc nach Kralupy nad Vltavou.

Mělník

Wo die Moldau in die Elbe mündet, rund 35 km nördlich von Prag, thront auf einem von sanften Weinbergen umgebenen steilen

Hügel ein liebliches Städtchen, **Mělník** 5 (Melnik), mit einem hervorragend erhaltenen historischen Kern und einem Schloss, das auf den ersten Blick kaum erahnen lässt, welche architektonischen Schätze sich in seinem Inneren verbergen.

Schloss

Ursprünglich erhob sich an dieser Stelle die romanische und gotische Fürstenburg Psov, Sitz der böhmischen Prinzessinnen und Königswitwen. Im 16. Jh. entstand eine komfortable Residenz, die später teilweise im Stil des Barocks umgebaut wurde. Nachdem die Familie Lobkowicz vom Zweige Mělník – Mitte des 18. Jh. haben sich in Böhmen zwei voneinander unabhängige Fürstengeschlechter der Lobkowicz entwickelt, jene von Roudnice und jene von Mělník – im Jahre 1991 wieder die Herrschaft über Schloss, Wälder und 90 ha Weinberge angetreten hatte, wusste sie nicht, wo zuerst Hand anlegen. Obwohl der Besitz vom Staat in verhältnismäßig gutem Zustand übergeben wurde, bedurfte es aufwändiger Investitionen, um museale Objekte in gewinnbringende Unternehmen zu verwandeln.

Besonders sorgfältig renoviert wurde der **Schlosshof**, in dem regelmäßig Konzerte, Fechtturniere, Weinlesefeste und Weihnachtsmärkte veranstaltet werden, während in den Räumlichkeiten festliche Bälle und andere gesellschaftliche Ereignisse stattfinden. Besucher bestaunen nicht nur die Sgraffiti des nördlichen **Renaissanceflügels** und des angebauten Treppenturms. Die ständige Ausstellung von Bildern, Möbeln, Porzellan und anderen Gegenständen aus den **Kunstsammlungen** der Fürstenfamilie gilt ebenso als Attraktion wie die Weinkellereien mit ihren riesigen alten Fässern, die gut bestückte **Vinothek**, die Weinstube und das **Schlossrestaurant** mit seiner Aussichtsterrasse mit Blick über Weinberg und Elbe (Zámek Mělník, Tel. 315 622 121, www.lobkowicz-melnik.cz, ganzjährig tgl. 10–17 Uhr, Schloss- und Kellerbesichtigung ohne Führung, aber mit deutschem Text, geführte Kellertour mit Weinverkostung aber jederzeit möglich).

Altstadt

Von den Resten der gotischen Stadtbefestigung zählt das **Prager Tor** zu den eindrucksvollsten Bauwerken. Neben dem Schloss ragt weithin sichtbar über dem Elbe-Tal der Turm der ursprünglich romanischen, im 15. und 16. Jh. mehrmals umgestalteten **Peter-und-Pauls-Kirche** (Kostel sv. Petra a Pavla) in den Himmel. Unter ihrem Presbyterium befindet sich eine romanische Krypta, in der seit der Pestepidemie des 16. Jh. ein **Beinhaus** untergebracht ist. Es wurde 1787 aus hygienischen Gründen geschlossen und später sogar zugemauert, zu Beginn des 20. Jh. im Zuge von Renovierungsarbeiten aber wieder freigelegt. Fein säuberlich ordnete man damals Knochen für Knochen, Totenschädel für Totenschädel, legte lange Listen an und machte das Beinhaus für die Öffentlichkeit zugänglich. Eine makabre Jenseits-Show mit Musik und Texten in mehreren Sprachen vom Tonband erwartet den Besucher zwischen penibel aufgehäuftem Gebein, einem Herz aus Totenköpfen und der – gleichfalls aus Knochen geformten – Inschrift: ›Ecce Mors‹ (›Siehe, der Tod‹). Hier lagert, was von rund 15 000 Menschen noch nicht zu Staub zerfallen ist. Wer an dieser Geisterbahn der Geschichte Gefallen findet, soll seine Gänsehaut kriegen, für Kinder ist das Beinhaus jedoch absolut ungeeignet (Di–So 9.30–12.30 und 13.30–16 Uhr).

Sehenswerter ist dagegen der **Marktplatz** wenige Schritte unterhalb des Schlosses. Das mit Laubengang, gotischem Erker und Turm versehene Rathaus wurde im 14. Jh. errichtet und im Barock umgebaut. Unter den Lauben der liebevoll restaurierten Bürgerhäuser aus Renaissance und Barock haben sich einige nette Cafés und Restaurants etabliert, der Gesamteindruck des Platzes zeugt vom einstigen bescheidenen Wohlstand des Ortes. Im **Regionalmuseum** kann man sich sowohl in einer Dokumentation über die Geschichte des lokalen Weinbaus informieren als auch eine hübsche Sammlung historischer Kinderwagen besichtigen (nám. Míru 54, Tel. 315 630 922, www.muzeum-melnik.cz, Di–So 9–12 und 13–17 Uhr).

Richtig Reisen-Tipp: Weinverkostung im fürstlichen Keller

Der Weinbau hat in Mělník eine mehr als tausendjährige Tradition. Schon zu Zeiten der Heiligen Ludmila, die hier im 9. Jh. das Licht der Welt erblickte, wurde Rebensaft gekeltert. Einen gewaltigen Aufschwung nahmen Quantität und Qualität, als Kaiser Karl IV. höchstpersönlich die Burgunderrebe nach Mělník brachte. Nach wechselvoller Geschichte entstand im Gebiet von Mělník 1873 der erste Winzerverband und 1885 die erste Wein- und Obstanbauschule des Landes. Um 1900 gelang es, nach dem Muster des französischen Champagners erstmals auch Schaumwein herzustellen, der nach wie vor zu den besten Tschechiens zählt.

Heute kümmert sich vornehmlich Fürstin Bettina Lobkowicz um die Weingüter des Familienbesitzes. Ihr Verdienst ist es, dass die traditionsreiche Hausmarke ›Ludmila‹, benannt nach der Ortsheiligen, einen gewaltigen Qualitätssprung gemacht hat.

›Ludmila weiß‹ ist hellgelb, harmonisch trocken und hat ein leichtes Bukett. Er ist ebenso eine raffinierte Mischung mehrerer Spitzensorten wie der ›Ludmila rot‹, der sich durch eine rubinrote Farbe mit etwas bräunlicher Schattierung und durch seinen leicht herben Geschmack auszeichnet. Die Weine werden in besonders schöngeformten Flaschen, den so genannten ›Melniker Tintenfässern‹ zu 0,7 Liter, abgefüllt.

Die Weine reifen im mittelalterlichen dreigeschossigen Keller des Schlosses, in denen bis zu 3 Mio. Liter Wein gelagert werden können.

Die Verkostung der edlen Rebensäfte erfolgt in einem romantischen Weinkeller aus dem 14. Jh. Üblicherweise nippt man an sechs verschiedenen Weinen, neben der Hausmarke vor allem die Sorten Riesling, Silvaner, Müller-Thurgau, weiße und rote Pinots sowie St. Lorenz und Blauer Portugieser.

Infozentrum: 27601 Mělník, nám. Míru 11, Tel./Fax 315 627 503, infocentrum@melnik.cz, Mai–Sept. tgl. 9–17 Uhr, Okt.–April Mo–Fr 9–17 Uhr.

U Rytířů: Svatováclavská 17, Tel. 315 621 440, Fax 315 621 439, jansladecek@seznam.cz. Bequeme Zwei- bis Vierbett-Apartments mit Bad, Küche und Sat-TV. 75–85 €. Gutes Restaurant mit regionalen Gerichten im Haus. Hauptgericht ab 4 €.
Ludmila: Pražská 2639, Tel. 315 622 419 Fax 315 623 390, recepce@ludmila.cz. Moderner Neubau in einem ruhigen Stadtteil an der Elbe rund 20 Minuten außerhalb des Zentrums. Zimmer von zeitgemäßem Standard. DZ 45–70 €.
U Cinků: Českolipská 1166, Tel/Fax 315 671 024, rektorm@seznam.cz. Kleines Hotel, 2 km außerhalb des Zentrums, mit 27 netten Zimmern, bewachter Parkplatz. DZ 50–60 €. Gartenrestaurant im Haus (ab 4 €).

Schlossrestaurant (Zámecká restaurace): Tel. 315 622 121, Di–So 11–18 Uhr. Im Cafe-Restaurant mit schöner Terrasse werden Kuchen und gute internationale Gerichte (ab 5 €) serviert. Und die Hausweine!
Sv Václav: Svatováclavská 22, Tel. 315 622 126, tgl. 11–23 Uhr. Dunkle Holzvertäfelung und rote Ledersitze – nicht allein das Ambiente ist edel, auch die Küche wartet mit liebevoll zubereiteten Speisen vorwiegend lokaler Provenienz auf. Hauptgerichte ab 5 €.
Jaro: listopadu 174, Tel. 315 626 852, tgl. 11–23 Uhr. Lokal, das gerne von Einheimischen besucht wird, mit böhmischer Küche. Hauptgerichte ab 4 €.

Am letzten September-Wochenende geht alljährlich in der ganzen Stadt, inklusive Schloss, ein buntes **Weinlesefest** in Szene, mit Gauklern, Tänzern, Straßentheater, Umzügen und natürlich ausgiebigen Weinverkostungen.

Mit dem **Zug** eher umständlich, gibt es von Prag beinahe jede Stunde eine **Busverbindung** nach Mělník, und zwar ab Bahnhof Holešovice (Metrostation Linie C) oder ab Busbahnhof Florenc (Metrostation Linien B und C). Fahrzeit etwa 50 Minuten

Schloss Roudnice nad Labem

Von den gewaltigen Türmen und Bastionen der alten romanischen Burg sind nur Reste in den Kellergeschossen erkennbar. So gründlich gingen die Fürsten Lobkowicz, seit 1603 Herren über Roudnice, vor, als sie im 17. Jh. ihren Repräsentationssitz **Schloss Roudnice** 6 (Raudnitz an der Elbe) in barockem Stil umbauen ließen. Fürst Wenzel Eusebius, Präsident des geheimen Rates Kaiser Leopolds I., war der Bauherr des Prachtpalastes in den Farben Rot-Weiß, dessen zur Elbe gewandte Front an die 100 m misst.

Seinen Nachfahren, die den Besitz um 1990 vom Staat zurückerstattet erhielten, bereitet der riesige Komplex viel Kopfzerbrechen. Man schätzt sich glücklich, das Musikkonservatorium der Armee noch als Mieter zu haben. Der Öffentlichkeit zugänglich ist lediglich die ehemalige Reitschule, in der eine **Galerie moderner Kunst** mit Werken tschechischer Künstler besichtigt werden kann (Galerie moderního umění, Očkova 5, Di–So 10–12 und 13–17 Uhr).

Die Zukunft gehört freilich dem Wein, der in den **Schlosskellereien** gelagert wird. Kenner und Liebhaber schätzen Naturreinheit und Aroma der verschiedenen Sorten, von denen viele bereits internationale Auszeichnungen errangen.

Hügel Říp

Von der Gegenwart zurück zum sagenhaften Ursprung böhmischer Geschichte, zum **Hügel Říp** (Georgsberg oder Raudnitzer Berg), etwa 7 km südöstlich von Roudnice: Auf diesen 459 m hohen, auffallend flachen Basaltkegel soll Stammvater Čech (Tschech) sein Volk geführt und ihm angesichts der fruchtbaren Landschaft befohlen haben, sich hier niederzulassen. Schon im 10. Jh. errichtete man an dieser Stelle eine Kapelle aus Holz, die 1126 durch eine romanische Rundkirche ersetzt wurde.

Roudnice liegt an der Bahnstrecke von Prag nach Ústí nad Labem, auf der ausreichend **Züge** verkehren.

Schloss Libochovice

Der frühbarocke Prachtbau **Schloss Libochovice** 7 (Libochowitz) stellt eines der besterhaltenen Beispiele einer herrschaftlichen Residenz zu Ende des 17. Jh. dar, kam es doch in späterer Zeit zu keinen wesentlichen baulichen Veränderungen mehr.

Unzählige kleine Muscheln aus dem nahen Flüsschen Ohře (Eger) schmücken die **Sala terrena**, die sich an der östlichen Stirnseite des Gebäudes dem Park öffnet. Größter Raum ist der so genannte **Saturn-Saal**, der sich über zwei Etagen des Südflügels erstreckt. Die kostbare Innenausstattung bietet einen repräsentativen Querschnitt durch verschiedene Stilepochen von der Renaissance über Barock und Rokoko bis zum Biedermeier.

Zu den kunsthistorisch wertvollsten Objekten gehört eine **Sammlung von Gobelins**, der älteste wurde Anfang des 16. Jh. in Brüssel gefertigt. Von großem Wert sind auch die Kollektionen, die von den letzten adeligen Besitzern des Schlosses, den österreichischen Grafen Herberstein, zusammengetragen wurden: Porzellan, Keramik und eine umfangreiche Bibliothek (Státní zámek Libochovice, Tel/Fax 416 591 443, spool@lovonet.cz, April, Okt. Mi–So 9–16, Mai–Sept. Di–So 9–18 Uhr).

Das Schloss liegt an einer Nebenbahn durch das Tal der Ohře (Eger), auf der nur wenige Züge verkehren. Auch die **Busverbindungen** (von Prag über Louny) sind eher umständlich. Für diesen Ausflug sollte man besser ein Auto zur Verfügung haben.

Östlich und südlich von Prag

Karte S. 146

Der östliche Teil Mittelböhmens, das Gebiet im Elbbecken, ist landschaftlich wenig reizvoll, dafür bietet es mit Kolín und Kutná Hora zwei hoch interessante Städte mit architektonischen Kostbarkeiten. Im waldreichen Sázava-Tal im Südosten der Hauptstadt, einem beliebten Naherholungsgebiet der Prager, schließt sich der Ring der Burgen und Schlösser rund um Prag.

Kolín

Seit der Inbetriebnahme der neuen Autofabrik im Frühjahr des Jahres 2005, eines Gemeinschaftswerkes von Citroen-Peugeot und Toyota, ist es mit dem beschaulichen Dasein des Städtchen **Kolín** 1 östlich von Prag vorbei. Mit einem Schlag wurden 3000 neue Arbeitsplätze geschaffen. Damit wurde das Provinzstädtchens mit ca. 31 000 Einwohner zu einem der wichtigsten Industriestandorte Tschechiens überhaupt.

Man sollte sich aber davon nicht von einem Besuch abhalten lassen, denn für die wenig ansprechende Umgebung entschädigt das sorgsam restaurierte und herausgeputzte historische Zentrum. Auf dem von einigen hübschen barocken Bürgerhäusern umgebenen Marktplatz herrscht jeden Vormittag lebhaftes Gedränge, unter den Arkaden der Laubengänge bieten Bauern aus der Umgebung frisches Obst, Gemüse und Blumen an. Unübersehbar beherrscht das Rathaus, 1887 auf gotischen Resten im Neorenaissancestil mit hohen Seitengiebeln, einem Uhrtürmchen und überreichem Sgraffito-Schmuck errichtet, das Bild, das freilich von einigen hässlichen Neubauten getrübt wird.

Von der einstigen Bedeutung Kolíns als reiche Königsstadt zeugt die gewaltige **St.-Bartholomäus-Kathedrale** (Chrám sv. Bartoloměje), die das Ortsbild vom höchsten Punkt der Altstadt dominiert. Ende des 13. Jh. wurde auf den Grundmauern einer romanischen Kirche mit der Arbeit an diesem dreischiffigen hochgotischen Dom begonnen, 1360 übernahm im Auftrag Karls IV. die Werkstatt Peter Parlers den Bau. Zwei mächtige Mittelpfeiler trennen das Presbyterium vom übrigen Kirchenraum, rund um den Chor reiht sich ein Kranz von sechs trapezförmigen Kapellen. Hinter dem Hauptaltar ragt ein steinernes Sakramentshäuschen in Form eines gotischen Miniaturturms empor, ebenfalls ein Werk Peter Parlers. Das Martyrium des Schutzheiligen der Kirche hielt der böhmische Barockmaler Peter Brandl auf einem Gemälde in der Sperlinkov-Kapelle fest.

Zu den zwei je 70 m hohen Türmen der Kathedrale wurde 1504 noch ein Glockenturm hinzugebaut, als sich herausstellte, dass das Mauerwerk dem Gewicht der neuen, 1442 gegossenen Glocke nicht gewachsen war.

Am Taufbecken aus dem Jahre 1495 wurde Jan Kašpar Dvořák getauft, der später in

Mit den Autoren unterwegs

Nicht nur für Maulwürfe

Unter Klaustrophobie sollte nicht leiden, wer das mittelalterliche Silber- und Kupferbergwerk im Burgberg von **Kutná Hora** besichtigen möchte. Vom Guide mit Sicherheitshelm und Grubenlampe ausgestattet warten auf den, der diesen Gang in die Tiefe wagt, auch unterirdische Seen (s. S. 142).

Barocke Hausfassaden am Marktplatz von Kolín

Frankreich unter dem Künstlernamen **Debureau** (1796–1846) Furore machen sollte. Mit seinem Vater, einem aus Amiens stammenden Seiltänzer und Puppenspieler, tingelte er kreuz und quer durch Europa. Der Durchbruch gelang ihm jedoch im Pariser ›Théâtre des Funambules‹, wo er in der Rolle des stummen Pierrots zu einer ›Kultfigur‹ wurde. Debureau gilt als Wiederentdecker der Pantomime, jener alten Kunst, die ohne Worte so vielsagend sein kann.

Mit einem mehrtägigen Festival gedenkt Kolín jährlich im Juni eines weiteren großen Sohnes der Stadt: **František Kmoch** (1852–1913), Musiker und Komponist. Kmoch war zu seiner Zeit der ›Johann Strauß der Blasmusik‹. Ganz Europa machte er mit den ebenso schwungvollen wie innigen Melodien seiner böhmischen Heimat bekannt. Seine Märsche, Polkas und andere Tänze dürfen bis heute bei keinem Volksmusikfest Böhmens fehlen.

Städtisches Informationszentrum (Městské informační centrum): Na Hradbách 157, Tel. 321 712 021, Mo–Fr 9–12 und 13–17, Sa, So bis 15 Uhr.

U Rabina: Karolíny Světlé 151, Tel./Fax 321 724 463, rabin.pension@worldonline.cz. Entzückende kleine Pension in einem historischen Haus des ehemaligen Ghettos, bequeme Zimmer. Der Besitzer Milan Šálek weiß viel über das alte Judenviertel zu erzählen. DZ 40–50 €. Ausgezeichnetes Restaurant, Hauptgerichte ab 4 €.

Internationales **Blasmusikfest** mit farbenprächtigen Umzügen zum Andenken an František Kmoch jeweils am letzten Juni-Wochenende (Kmochův Festival, www.kmochuv-kolin.cz).

Von Prag fährt man mit dem **Zug** rund 45 Minuten, mit dem **Bus** eine Stunde. Busverbindungen mit Kutná Hora (20 Min.).

3 Kutná Hora

In einem weiten Talkessel schmiegt sich die ›Perle Böhmens‹ terrassenförmig an einen Bergsporn. Auf den ersten Blick mag sich der Glanz vergangener Epochen zwar nicht ein-

Kutná Hora: St.-Barbara-Kathedrale in abendlicher Beleuchtung

stellen. Aber je mehr man sich dem historischen Zentrum nähert, desto deutlicher wird der Rang von **Kutná Hora** (Kuttenberg) als eine der schönsten Städte der Tschechischen Republik.

Die zur Gänze unter Denkmalschutz gestellte und 1995 in das UNESCO-Verzeichnis des Welterbes aufgenommene Altstadt kann mit romantischen Winkeln, mittelalterlichen Gässchen und einer Reihe einzigartiger architektonischer Kostbarkeiten aufwarten. Finanziert wurden die Bauten seinerzeit durch schimmernde Schätze in den Tiefen der Erde: Silber.

Archäologische Funde beweisen, dass das begehrte Edelmetall bereits vor der Wende zum 1. Jahrtausend n. Chr. gewonnen wurde. Der Sage nach soll der Mönch Antonín aus dem Zisterzienserkloster Sedlec (Sedletz) auf einer Wiese von silbernen Zweigen geträumt haben. Als er erwachte und sein Traum um ihn herum Wirklichkeit war, riss er seine Kutte entzwei, um die Stelle zu markieren. So soll die Gegend zu ihrer ersten Silbergrube – und die Stadt Kuttenberg zu ihrem Namen gekommen sein.

Die Anfänge des systematischen Erzabbaus fallen in die zweite Hälfte des 13. Jh.,

bis um 1620 förderte man nicht weniger als 2500 t Silber. Wenzel II. gab für die Stadt ein eigenes Bergrecht heraus und entschloss sich zur Einführung einer einheitlichen Währung im gesamten Königreich. Zu diesem Zweck schuf er im Welschen Hof eine zentrale Münzstätte, in der der ›Prager Groschen‹, die im Mittelalter meist geschätzte Münze, geprägt wurde. Den unermesslichen Reichtum Kutná Horas könnte man heute am besten mit dem eines arabischen Erdöl-Emirates vergleichen. Kein Wunder, dass Kuttenberg mit Prag im Wettstreit um die Vorrangstellung in Böhmen stand, und hätte nicht Karl IV. der Metropole an der Moldau den Vorzug gegeben, wäre die Geschichte beider Städte möglicherweise anders verlaufen.

Zunächst aber sonnte sich Kutná Hora noch im Glanz des Silbers und mächtiger Privilegien. Wenzel IV. – er ließ sich im Welschen Hof einen eigenen Palastflügel errichten – gab hier zahlreiche wichtige politische Erlässe heraus wie zum Beispiel das ›Kuttenberger Dekret‹, das – auf Drängen des Magisters Jan Hus – die nationalen Vertretungen im Kollegium der Prager Karls-Universität zum Vorteil der Tschechen änderte. 1448 wurde auf dem Landtag im Welschen Hof der spätere Utraquisten-König Georg von Poděbrady zum Landesverwalter ernannt, 1471 dann sogar der Pole Wladyslav Jagiello zum König gewählt.

Namhafte Künstler strömten in die Stadt. 1489 druckte man die berühmte ›Kuttenberger Bibel‹, Messbuch-Illustratoren, Freskenmaler, Glockengießer und Steinmetze von Rang waren hier tätig. In Kutná Hora wirkte und starb auch der berühmte böhmische Barockmaler Peter Brandl. In der Gegenreformation entstanden nochmals wichtige Bauwerke, diesmal im Stil des Barock. Der Reichtum aber schmolz dahin, je unergiebiger die Minen und je stärker die Konkurrenz aus Übersee wurden. Unaufhaltsam erfolgte der Abstieg von der Silbermetropole zum Provinzstädtchen.

St.-Barbara-Kathedrale

Warum sollte man einen Rundgang einmal nicht gleich mit dem Höhepunkt beginnen? Diesen bildet zweifellos die **St.-Barbara-Kathedrale** **1** (Chrám sv. Barbory), geweiht der Schutzpatronin der Bergleute. Das mächtige Gotteshaus sollte ein Symbol für das Selbstbewusstsein der ehrgeizigen Grubenbesitzer und ambitionierten Patrizier der Stadt werden, die mit einem prunkvollen Sakralbau die Bedeutung Kuttenbergs zu unterstreichen wünschten. Kein Geringerer als Peter Parler, Schöpfer des Prager St.-Veits-Doms, erschien ihnen dafür geeignet. Seine Werkstatt begann 1388 mit den Arbeiten, die sich über mehrere Etappen erstreckten und jeweils entsprechend den Minenerträgen voranschritten. Vollendet wurde die Kirche trotz der Bemühungen dutzender Architekten in 500 Jahren Bauzeit allerdings nie, wie allein schon die fehlenden Türme zeigen. Die westliche Fassade entstand erst im Zuge der neugotischen Umgestaltungen 1885–1905.

Beherrschend auf einem Felsplateau über der Stadt platziert, stellt die Kathedrale trotz mancher Stilbrüche ein überwältigendes Monument der Spätgotik dar. Ihre vielfach verzierten Strebebögen, Pfeilerwerke und Wasserspeier, dazu das duftige dreiteilige Zeltdach wirken wie ein aus steinernen Fäden gewebtes Spitzentuch. In dem durch Aufteilung in fünf schlanke Schiffe wahrlich himmelstrebenden Inneren faszinieren das meisterhafte Netzgewölbe, das gotische Chorgestühl und gegenüber der Kanzel eine vom Ende des 17. Jh. stammende Bergmannsstatue. Freskenreste aus dem 15. und 16. Jh. zeigen weiniger religiöse Szenen als vielmehr die Arbeit der Bergleute und Münzschläger (Abb. S.144). Einige der schönsten Wandmalereien der Spätgotik befinden sich in der **Grabkapelle** des Kuttenbergers Michal Smísek: Fresken wie die ›Ankunft der Königin von Saba‹ oder die ›Sybille von Cumae‹ lassen einen in den Niederlanden geschulten Urheber vermuten (Chrám sv. Barbory, Di–So Nov.–März 10–12 und 13–16, April, Okt. 9–12 und 13–16.30, Mai–Sept. 9–18 Uhr).

Stadtrundgang

In unmittelbarer Nachbarschaft zur St.-Barbara-Kathedrale thront der mächtige Bau des **Jesuitenkollegs** 2 (Jezuitská kolej), 1667–1700 nach dem Entwurf des Italieners Giovanni Domenico Orsi errichtet. Wenn die Restaurierung abgeschlossen ist, soll hier 2007 ein Kulturzentrum entstehen, unter anderem mit einem Museum tschechischer Kunst des 20. Jh. An die schlossartige, massige Vorderfront schließt eine langgezogene, heute als Verbindungsweg zur Kathedrale dienende Terrasse an, die Anfang des 18. Jh. nach dem Vorbild der Prager Karlsbrücke mit Heiligenstatuen aus der Werkstatt des Bildhauers František Baugut ausgeschmückt wurde.

Die **Kleine Burg** 3 (Hrádek), ursprünglich ein gotischer Palast mit Hof und Turm, eingebaut in die südliche Festungsanlage, verwandelte um 1490 der Grubenunternehmer und königliche Beamte Jan Smíšek in einen vornehmen Patriziersitz mit bemalten Renaissancedecken und einer freskenverzierten Hauskapelle. Hier ist jetzt das **Museum des Silberbergbaus** untergebracht. Von der Kleinen Burg aus hat man auch Zugang zu einem Stollen eines mittelalterlichen Silber- und Kupferbergwerks. Der nicht unbeschwerliche Weg führt an kristallklaren unterirdischen Seen vorbei (Barborská 28, Tel. 327 512 159, www.cms-kh.cz, nur mit Führung zu besichtigen, Di–So Mai, Juni, Sept. 9–18, Juli, Aug. 10–18, April, Okt. 9–17 Uhr).

Problematisch erwies sich viele Jahrhunderte lang die Trinkwasserversorgung der Stadt. Das kostbare Nass musste durch lange hölzerne Leitungen von weit her zugeführt werden. Die Rohre mündeten in insgesamt sieben Behälter, aus denen dann das Wasser geschöpft wurde. Einer von ihnen, eine dekorative spätgotische Steinmetzarbeit der Bauhütte Matthias Rejseks, ist der um 1495 entstandene **Steinerne Brunnen** 4 (Kamenná kašna) mit zwölfeckiger Grundfläche, verziert mit Maßwerk und schlanken, spitzen Türmchen. Nur wenige Schritte weiter erhebt sich die **St.-Johann-von-Nepomuk-Kirche** 5 (Kostel sv. Jana Nepomuckého), ein anmutiger Barockbau (1734 – 1753) des Prager Architekten František Maximilián Kaňka.

Als einen der schönsten spätgotischen Profanbauten rühmt man zu Recht das **Steinerne Haus** 6 (Kamenný dům/Nr. 183) am Wenzelsplatz (Václavské nám.), das bereits in vorhussitischer Zeit existierte. Die große Umgestaltung in seine derzeitige Form mit prunkvoll ausgestatteter Fassade, Erker mit reichem Figurenschmuck und saalartig überwölbtem Vorhaus erfolgte um 1490. In diesem Spitzenwerk bürgerlicher Architektur wurde ein **Museum** eingerichtet, das städtische Kultur in Kuttenberg vom 17.–19. Jh. zeigt (Tel. 327 512 821, Di–So Mai, Juni, Sept. 9–18, Juli, Aug. 10–18, April, Okt. 9–17 Uhr).

Kutná Hora: Cityplan

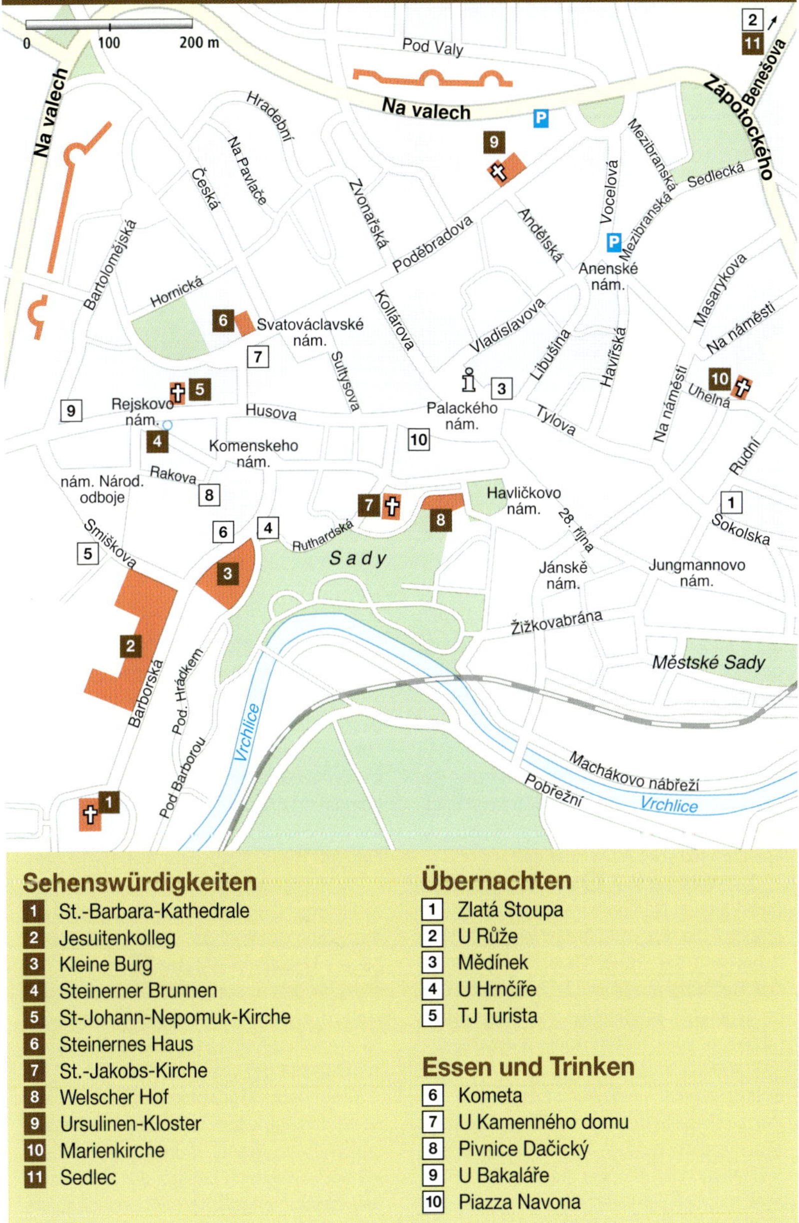

Sehenswürdigkeiten

1. St.-Barbara-Kathedrale
2. Jesuitenkolleg
3. Kleine Burg
4. Steinerner Brunnen
5. St-Johann-Nepomuk-Kirche
6. Steinernes Haus
7. St.-Jakobs-Kirche
8. Welscher Hof
9. Ursulinen-Kloster
10. Marienkirche
11. Sedlec

Übernachten

1. Zlatá Stoupa
2. U Růže
3. Mědínek
4. U Hrnčíře
5. TJ Turista

Essen und Trinken

6. Kometa
7. U Kamenného domu
8. Pivnice Dačický
9. U Bakaláře
10. Piazza Navona

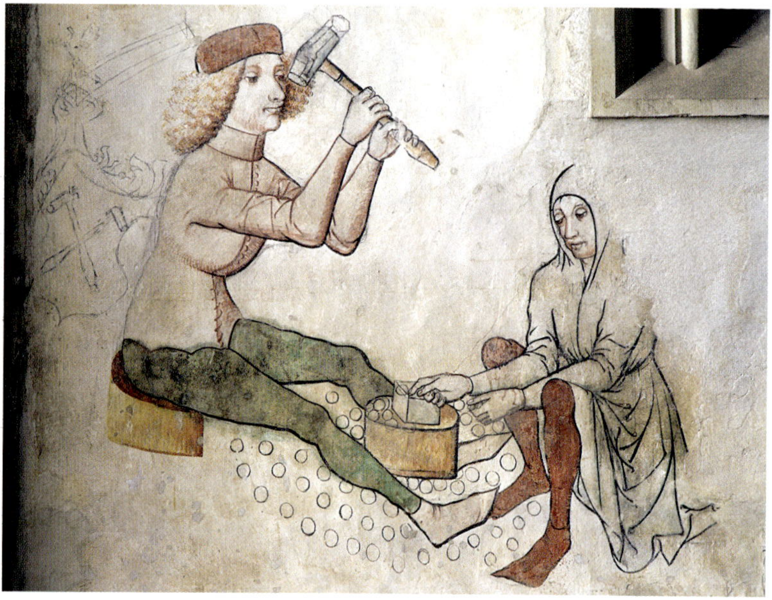

Fresko in der Münzerkapelle in St. Barbara: Münzschläger bei der Arbeit (um 1463)

Über den Palacký-Platz (Palackého nám.) mit seinen hübschen Renaissancehäusern gelangt man zur gotischen **St.-Jakobs-Kirche** 7 (Chrám sv. Jakuba), der ersten, von 1330 bis 1420 errichteten Stadtkirche Kuttenbergs. Ihr 82 m hoher Nordturm bildet eine schon von weitem sichtbare Dominante der Stadt, der dreischiffige Hallenbau weist Fragmente von Wandmalereien des 15. Jh. und kostbare barocke Altarbilder auf.

Der **Welsche Hof** 8 (Vlašský dvůr) verdankt seinen Namen florentinischen Münzprägern, die hier im Auftrag Wenzels II. viele Jahre lang die Prager Groschen schlugen. Das Gebäude wurde im 13. Jh. errichtet und im folgenden Jahrhundert von Prager Bauhütten zur königlichen Residenz erweitert.

Innerhalb einer Führung kann man die Schatzkammer, den Audienzsaal und die Wenzelskapelle besichtigen. Bis heute blieb eine massiv beschlagene Türe mit der eingemeißelten Inschrift ›Noli me tangere‹ (›Rühr mich nicht an‹) erhalten. Sie führte in die **Silberkammer,** finanzielle Basis der böhmischen Königsmacht. Wertvollstes Kulturdenkmal des Welschen Hofes ist die **Wenzelskapelle**, ein Juwel gotischer Architektur, im Zuge von Restaurierungsarbeiten 1904 mit Jugendstilgemälden von František und Marie Urban ausgestattet. In den Ausstellungsräumen wird die Geschichte der Münzstätte dokumentiert (Vlašský dvůr, Havlíčkovo nám., Tel. 327 512 873, April– Sept. tgl. 9–18, März, Okt. tgl. 10–17, Nov.– Febr. Tgl. 10–16 Uhr).

Nach Entwürfen des Barock-Baumeisters Kilian Ignaz Dientzenhofer entstand um 1740 das – aus Geldmangel unvollendet gebliebene – **Ursulinen-Kloster** 9 (Klášter Voršilek). In dem ursprünglich als Erziehungsstätte für junge Mädchen gedachten Gebäude befindet sich jetzt wieder eine Schule in der Obhut des Ursulinenordens.

Die gotische **Marienkirche** 10 (Panny Marie na Náměti), letzte Ruhestätte des Barockmalers Peter Brandl, wurde, wie ihr Name (námět' = Kehricht) besagt, aus dem Ertrag des zusammengefegten Silberstaubabfalls erbaut.

Tabakmuseum und barocker Totenkult

In dem eher trostlosen Vorort **Sedlec** 11 (Sedletz) rund 3 km nordöstlich des Zentrums – hier steht auch der Hauptbahnhof von Kutná Hora – befand sich einst ein mächtiges, 1142 gegründetes und nach seiner Säkularisierung 1784 in eine Tabakfabrik umgewandeltes Zisterzienserkloster. Zu der heute modernsten Manufaktur ihrer Art in Mitteleuropa, betrieben von Phillip Morris, gehört ein kleines **Tabakmuseum** (Muzeum Tabaku, Tel. 327 509 126, März–Okt. Mo–Fr 10–16 Uhr) über Geschichte und Gegenwart des Genussmittels. Die seinerzeit dem Kloster angeschlossene gotische **Kirche Mariä Himmelfahrt** (Chrám Nanebevzetí Panny Marie) ist ein imposantes Gotteshaus mit fünf Schiffen und einem Kranz von sieben Chorkapellen. Eine Beendigung der aufwändigen Restaurierungsarbeiten verzögert sich bereits seit Jahren und ist nach wie vor nicht abzusehen.

Die Touristenattraktion von Sedlec, wenngleich auch eine bizarre, liegt nur knappe 200 Meter entfernt. Auf der anderen Seite der Hauptstraße folgt man einem kleinen Gässchen bis zum Friedhof mit dem schmucklosen Allerheiligen-Kirchlein in der Mitte. Das Bild, das sich im **Beinhaus** seiner Krypta bietet, verschlägt selbst nekrophilen Naturen den Atem: Das gesamte Interieur besteht aus menschlichen Knochen. Knochen über Knochen, Arme und Beine, Schädel und Becken, Rippen und Wirbel, alle desinfiziert und mit Chlorkalk gebleicht, sind in den Ecken des Gewölbes, sorgsam sortiert nach Größe und Zustand, zu meterhohen Pyramiden aufgeschichtet. Schädel-Girlanden hängen von der Decke, Schädel und Rippen mussten auch für den riesigen Kronleuchter herhalten. Auf dem Altar steht eine knöcherne Monstranz, an einer Wand prunkt überdimensional das aus Gebein gefertigte Wappen der Schwarzenberger, den nach den josephinischen Reformen neuen Besitzern von Kloster samt Friedhof. Das Ossarium – Entwurf und Ausführung stammen von einem Schnitzer namens František Rint – wurde für schätzungsweise 40 000 Menschen zur letzten Station. Denn von Ruhestätte kann angesichts des pietätlosen Umgangs mit ihren sterblichen Überresten wahrlich nicht die Rede sein. Einmal im Jahr, zu Allerseelen, wird in dem Gruselkabinett, das jeden Hollywood-Horrorfilmer vor Neid erblassen lassen müsste, gar eine Messe gelesen: Barocker Totenkult, auf die Spitze der Geschmacklosigkeit getrieben (geöffnet tgl. Nov.–März 9–12 und 13–16, April–Sept. 8–18, Okt. 9–12 und 13–17 Uhr).

i **Infozentrum:** 28401 Kutná Hora, Palackého nám. 377, Tel./Fax 327 512 378, infocentrum@kh.cz, April–Sept. tgl. 9–18, Okt.–März Mo–Fr 9–17, Sa, So 10–16 Uhr.

Zlatá Stoupa 1: Tylova 426, Tel. 327 511 540, Fax 327 513 808, zlatastoupa@iol.cz. Gediegenes Hotel im Zentrum mit 65 Betten und ausreichend ausgestatteten, geräumigen Zimmern. DZ 65–75 €.

U Růže 2: Zámecká 52, Tel. 327 524 115, Fax 327 563 202, hotelruze@khora.cz. Bezauberndes Hotel in ruhiger Lage in Sedlec mit geschmackvoll eingerichteten Zimmern, gutem Restaurant und nettem Garten. DZ 50–70 €. (Hauptgerichte ab 4 €).

Mědínek 3: Palackého nám. 316, Tel. 327 512 741. Fax 327 512 743, hotel@medinek.cz. Großes, wenig elegantes Drei-Sterne-Hotel (120 Betten) am Hauptplatz, schlichte Zimmer, dafür aber Schwimmbad, Fitnesscenter und Fahrradverleih. DZ 50–60 €.

U Hrnčíře 4: Barborska 24, Tel. 327 512 113, hotel.hrncir@tiscali.cz. Sympathisches kleines Hotel in einem hübschen Haus in der Altstadt, stilvoll eingerichtete, gemütliche Zimmer. DZ 35–40 €.

TJ Turista 5: nám. Národního odboje 56, Tel. 327 514 961. Einfache Herberge mit freundlichen, hellen Zwei- bis Vierbettzimmern. Wegen der starken Nachfrage sollte man rechtzeitig buchen. DZ 15–25 €.

Kometa 6: Barborská 29, Tel. 327 515 515, tgl. 9–23 Uhr. Lokal in einem altem Holzhaus, internationale Fleischspeisen, gepflegte Weine und Biere. Hauptgerichte ab 6 €.

U Kamenného domu [7]: Lierova 4/147, Tel. 327 514 426, tgl. 11–22 Uhr. Populäres Restaurant mit großer Getränkeauswahl, Küche nach klassischer böhmischer Art. Hauptgerichte ab 5 €.

Pivnice Dačický [8]: Rakova 8, Tel. 327 512 248, tgl. 11–23 Uhr. Typische tschechische Bierhalle mit sechs verschiedenen Bieren vom Fass, gemütliches Ambiente, deftige böhmische Küche. Hauptgerichte ab 5 €.

U Bakaláře [9]: Husova 103, Tel. 327 512 547, Mo–Do 10–24, Fr, Sa 10–6, So 10–24 Uhr. Weinstube mit Snacks und böhmischen Gerichten, auch für Vegetarier. Hauptspeisen ab 4 €.

Piazza Navona [10]: Paláckého nám. 90, Tel. 327 512 588, April–Okt. tgl. 9–20, Mai–Sept. tgl. 9–24 Uhr. Rom lässt grüßen – Pizza, Spaghetti und Gelato. Ab 4 €.

Der **Hauptbahnhof** von Kutná Hora (hlavní nádraží) liegt im Vorort Sedlec, das Zentrum ist mit **Stadtbussen** (Linie 1 oder 4), bzw. durch einen **Lokalzug** zum Bahnhof Kutná Hora město in wenigen Minuten zu erreichen. Die direkten **Züge** von Prag fahren vom Masaryk-Bahnhof ab, nimmt man einen Zug vom Prager Hauptbahnhof, muss man manchmal in Kolín umsteigen. **Linienbusse** von Prag nach Kutná Hora starten vom Busbahnhof Florenc, bzw. von der Metrostation Želivského (Linie A).

Český Šternberk

Als ob sie mit den zur Sázava (Sasau) abfallenden Felsen verschmolzen wären, ragen die schmucklosen, wuchtigen Mauern und Befestigungen der Burg **Český Šternberk** 2 (Böhmisch Sternberg) trutzig in den Himmel. Um so größer ist dann die Überraschung im Inneren: Das äußerlich so abweisend wirkende Bauwerk erweist sich als geschmackvoll eingerichteter Familiensitz mit gemütlichen Räumlichkeiten.

Český Šternberk dürfte eine der wenigen Burgen der Welt sein, die den Nachkommen ihrer Gründer gehört. Wieder, um genau zu sein, denn natürlich mussten auch die Sternberks 1949 den kommunistischen Machthabern weichen und erhielten ihre Burg erst 1991 zurück. Die mehr als 700 Jahre währende Kontinuität des Besitzes hatte auch zuvor durch Kriege, finanzielle Nöte und das Aussterben der einen oder anderen Linie des Grafengeschlechtes Unterbrechungen erfahren, aber immer wieder bemühte sich die Familie um die Burg, die ihr den Namen gab.

Die Šternberks – ihr Wappen besteht aus einem achtstrahligen goldenen Stern auf blauem Grund – schrieben mit an der Geschichte Böhmens, waren sie doch über viele Jahrhunderte in hohen und höchsten Regierungsämtern zu finden. Als Naturforscher von Rang und als tschechischer Patriot machte sich Kaspar Graf von Šternberk einen Namen. Er war maßgeblich an der Gründung des Prager Nationalmuseums beteiligt und stand mit Goethe bis zu dessen Tod in einem zwölf Jahre währenden Briefwechsel.

Die mittelalterlichen **Burggemächer** wurden im 17. Jh. zu repräsentativen Räumlichkeiten umgebaut, in denen heute kostbares Mobiliar, Gemälde, Glas, Porzellan und Jagdtrophäen von vergangenen Zeiten erzählen.

Von besonderem Interesse ist eine umfangreiche Kollektion von Stichen und Flugschriften aus dem Dreißigjährigen Krieg, eine Dokumentation, die – aktuell wie eh und je – politischen Wahnsinn, Kriegsgräuel und dadurch verursachtes menschliches Leid veranschaulicht (Hrad Český Šternberk, Tel. 317 855 101, www.hradceskysternberk.cz, April und Okt. Sa, So 9–16, Mai und Sept. Di–So 9–17, Juni–Aug. tgl. 9–18 Uhr).

Züge vom Prager Hauptbahnhof, umsteigen in Čerčany, Fahrzeit insgesamt mehr als 2 Stunden. Zur Burg steigt man an der Haltestelle Český Šternberk zastávka – eine Station nach dem Bahnhof von Český Šternberk – aus.

Jemniště

Die Filzbodenbeläge aus der Zeit, als dieses Baujuwel mit seinen unglaublich schönen Proportionen der tschechoslowakisch-sowjetischen Freundschaft gewidmet war, sind zum Glück verschwunden. Eine ältere Ver-

Burg Český Šternberk über der Sassau

Einer der vielen, reich ausgestatteten Schauräume in Schloss Konopiště

gangenheit – als jene vier Jahrzehnte währende düstere Ära – hat **Jemniště** 3 (Jemnischt) wieder eingeholt. Seit 1995 heißen die Besitzer wieder Šternberk.

Das Schloss ist ein typischer Adelssitz des Hochbarocks und wird heute für Tagungen, Seminare und Konzerte genutzt. Außerdem wird ein komplettes ›Hochzeitspaket‹ geboten, mit kirchlicher und standesamtlicher Trauung, Hochzeitstafel und Flitterwochen in einem der luxuriösen Apartments des Schlosses. Eine Besichtigung der historischen Räume mit ihrem kostbaren Mobiliar ist absolut lohnenswert. Immerhin war das dreiflügelige Schloss mit seinen schwingenden Fassaden, höchster architektonischer Ausdruck der Lebensfreude, einst gut genug, um Kaiser Karl VI., den Vater Maria Theresias, zu beherbergen. Ein Porträt des Herrschers in einem der repräsentativen, mit Gemälden ausgestatteten Räumlichkeiten erinnert an diesen Besuch. Die dem rechten Flügel angebaute Schlosskapelle, dem hl. Joseph geweiht, birgt die größten Kostbarkeiten: Deckenfresken von Wenzel Lorenz Reiner und Felix A. Scheffler sowie eine Kalvariengruppe von Matthias Bernhard Braun. Dass ein solch prächtiges Ambiente bei Hochzeitspärchen für das entscheidende Ja-Wort beliebt ist, kann man nur zu gut verstehen. Aber auch Kirchenkonzerte finden hier ein dankbares Publikum (Zámek Jemniště, Tel. 317 796 212, www.jemniste.cz, April, Mai, Okt. Sa, So, Fei 9–16.30 Uhr, Juni Di–So 9–17, Juli, Aug. Di–So 9–18 Uhr, in der übrigen Zeit bei Voranmeldung).

Schnellzüge vom Prager Hauptbahnhof bis Benešov, dann mit Bus oder Nebenbahn rund 12 km bis Jemniště.

Konopiště

Bereits der Bahnhof von Benešov (Beneschau) ist für eine Kreisstadt mit knapp 16 000 Einwohnern viel zu groß geraten und signalisiert den einstigen Anspruch der nur 3 km entfernten **Zámek Konopiště** 4 (Schloss Konopischt). Wann immer Erzherzog Franz Ferdinand oder anderer hoher Besuch mit einem Sonderzug eintraf, der ›Hof-

Wartesaal‹ stand zum gebürenden Empfang der illustren Gäste bereit.

Der nach dem Selbstmord des Kronprinzen Rudolf 1889 als Nachfolger Kaiser Franz Josephs designierte Thronanwärter hatte keine Kosten und Mühen gescheut, das heruntergekommene Anwesen zu einer repräsentativen Sommerresidenz im romantisierenden neogotischen Stil umzugestalten, wobei er sowohl das mittelalterliche Baugefüge respektierte als auch für modernen Wohnkomfort wie Zentralheizung und sogar einen Lift sorgte. Konopiště sollte nach dem Tod des greisen Monarchen zum gesellschaftlichen Mittelpunkt der Donaumonarchie werden. Dafür stattete Franz Ferdinand, der auch Deutschlands Wilhelm II. oder Russlands Zar zu seinen Gästen zählen durfte, das Schloss mit seinen unschätzbar wertvollen Sammlungen aus, die er zum einen von seiner Mutter, Maria Annunziata von Neapel-Sizilien, geerbt, zum anderen auf jahrlangen Weltreisen mit nicht immer sicherem Geschmack zusammengetragen hatte.

Dass es anders kam, ist bekannt: Am 26. Juni 1914 fielen Franz Ferdinand und seine Gemahlin Sophie in Sarajevo einem Attentat des nationalistischen serbischen Studenten Gavrilo Princip zum Opfer. Die Pistolenschüsse waren der Auftakt zum Ersten Weltkrieg.

Schlossbesichtigung

Zu vielen Hunderten strömen heute täglich die Besucher nach Konopiště, um in den mit Skulpturen geschmückten Parkanlagen unter alten, knorrigen Bäumen zu flanieren und dann über die geradezu fanatische Sammelleidenschaft des Thronprätendenten zu staunen. Die langen Reihen von Souvenirbuden und Imbissständen am Parkplatz zeugen von einer Touristenattraktion ersten Ranges. Der Andrang ist so groß, dass die Besichtigung in drei verschiedene Touren getrennt werden musste, von denen man die ersten beiden wegen der Vielfalt der zur Schau gestellten Objekte nicht versäumen sollte, während die dritte durch die weniger interessanten Privatgemächer führt.

Ein Vierteljahrhundert wartete Franz Ferdinand vergeblich darauf, sich die älteste europäische Kaiserkrone aufzusetzen. In dieser Zeit raffte er alles an Waffen und Rüstungen, an Kunst und Kitsch zusammen, dessen er irgendwo auf der Welt habhaft werden konnte. Seine zahllosen Jagdtrophäen sind überall im Schloss präsent. Die Führerin rechnet akribisch vor: In 40 Jahren auf der Pirsch – er begann mit 11 und starb mit 51 – erlegte er etwa 300 000 Stück Wild, das heißt, dass im Durchschnitt pro Tag 20 Rehe, Hirsche, Gämsen, Füchse, Luchse oder Auerhähne – in Afrika waren es auch Löwen, Nilpferde und Elefanten – von seiner Hand starben. Zahlenspielereien, gewiss. Aber sie lassen auf die schier krankhafte Besessenheit des bei Hofe wie bei der Bevölkerung unbeliebten Erzherzogs schließen.

Im Georgs-Museum sind die St.-Georgs-Darstellungen ausgestellt, die ebenfalls von der Sammelleidenschaft des Thronfolgers zeugen. Trotz aller Gigantomanie berühren die Totenmasken des Thronfolgerpaares, der durchlöcherte Hut Sophies und die Mörderkugel, die in einer Vitrine des zweiten Rundgangs ausgestellt sind (Zámek Konopiště, Tel. 317 721 366, www.zamekkonopiste.cz, April, Okt. Di–Fr 9–15, Sa, So 9–16, Mai–August Di–So 9–17, Sept. Di–Fr 9–16, Sa, So 9–17, Nov. Sa, So 9–15 Uhr, Mittagspause jeweils 12.30–13 Uhr).

i **Infozentrum:** 25636 Benešov u Prahy, Malé nám. 1700, Tel. 317 726 004, ic benesov@posazavi.com, Sept.–Juni Mo–Fr 8–11 und 12–16.30, Juli, Aug. Mo–Fr 9–12 und 13–17.30, Sa 8–12 Uhr.

Amber Hotel Konopiště: Benešov u Prahy 20, Tel. 317 722 732, Fax 317 722 053, konopiste@legner.cz. Komfortables 80-Betten-Hotel im Grünen mit Gourmet-Restaurant, Fitness-Zentrum, Tennishalle, Schwimmbad im Freien. DZ 70–90 €.

Nová Myslivna: Tel. 317 722 496, www.hotelmyslivna.zde.cz. Modernes, eher unpersönliches Haus unmittelbar neben dem großen Schlossparkplatz. DZ 25–40 €.

Stará Myslivna: Tel. 317 721 148, Di–So 10–22 Uhr. Das Lokal befindet sich auf dem Weg zum Schloss in einem Jagdhäuschen aus dem 19. Jh. Wem sich die Jagdmanie Franz Ferdinands nicht auf den Magen geschlagen hat, der kann hier Wildspezialitäten genießen. Hauptgerichte ab 5 €.

Die meisten **Schnellzüge** auf der Strecke von Prag nach Tábor und České Budějovice halten in Benešov (Fahrzeit eine knappe Stunde). Die **Busse** vom Prager Busbahnhof Florenc brauchen etwa 20 Minuten länger. Vom Bahnhof Benešov zum Schloss (2 km) geht man bequem zu Fuß, es gibt aber auch Stadtbusse (Abfahrt meist im Anschluss an Zugankunft) oder Taxis (Taxi Plaček, Tel. 317 725 735).

Příbram

Auf der Suche nach Silber und Blei warfen menschliche Maulwürfe in Jahrhunderte langer Schwerstarbeit das wenig einnehmende Hügelland rund um die ehemalige, 38 500 Einwohner zählende Bergbaustadt – die Minen wurde erst 1989 stillgelegt – auf. Damit soll das historische Erbe von **Příbram** 5 – der quadratische **Marktplatz**, die barockisierte **Jakobskirche** aus dem 13. Jh., die Jugendstil-Sgraffiti von Mikulás Ales – nicht geschmälert werden, doch Vergleichbares gibt es in weit schönerem Ambiente landauf, landab.

Wer sich jedoch für Bergwerkstechniken vom Mittelalter bis zur Neuzeit interessiert, ist in dem bereits 1813 gegründeten **Bergbaumuseum** auf dem Areal der stillgelegten Ševčin-Grube in dem Vorort Březové Hory (Birkenberg) an der richtigen Adresse. Bis zu 1500 m tief reichen hier die historischen Schächte, aus denen jenes Silbererz stammt, das in höchster künstlerischer Vollendung das Innere der prunkvollsten Marienwallfahrtskirche Böhmens schmückt (Hornické Muzeum, nám. Hynka Kličky 293, Tel. 318 626 307, www.muzeum-pribam.cz, April–Okt. Di–So 9–17, Nov.–März Di–Fr 9–16 Uhr).

Svatá Hora

Die Terrassenkirche mit ihrer Statuen-Ballustrade auf dem 586 m hohen ›Heiligen Berg‹ südöstlich des Stadtzentrums lässt Kunsthistoriker und Laien gleichermaßen ins Schwärmen geraten. Die größte der vier Freitreppen, die 400 m lange und aus 323 Stufen gebildete Wallfahrtsstiege, führt von Příbram direkt zu dem aus dem 14. Jh. stammenden und 300 Jahre später in üppigstem Barock umgestalteten Marienheiligtum. Nur wenige Besucher benutzen heute noch die von Ignaz Kilian Dientzenhofer gestaltete ›Heilige Treppe‹, die meisten betreten die von Carlo Lurago geschaffene monumentale Anlage durch eine Art Festungstor.

Wie bescheiden nimmt sich in diesem aus vier achtseitigen, überreich geschmückten Eckkapellen und acht Nischenkapellen gebildeten Bollwerk des Katholizismus die Hauptperson aus: Kaum einen halben Meter groß ist die aus Birnenholz geschnitzte gotische Statue der Heiligen Jungfrau mit dem Jesuskind. Inmitten des protzigen Silberaltars der Basilika lächelt die kleine Madonna zaghaft und ein wenig verloren, ganz so, als würde das einfache Bauernmädchen die ihr und ihrem Sohn im Jahr 1732 aufgestülpten goldenen Kronen am liebsten wieder ablegen. Doch sogar mit einem Garderobenwechsel musste sie sich als eine der Galionsfiguren der Rekatholisierung Böhmens abfinden: Entsprechend den liturgischen Farben zieht man seit dem 18. Jh. der Muttergottes vom Heiligen Berg im Verlauf des Kirchenjahres kostbare, manchmal aus purem Gold gewobene Gewänder über.

Mit dem marianischen Prunkbau nahe der wundertätigen Quelle von Příbram, die seit Menschengedenken Schutz vor Räubern, Unglücksfällen und Krankheiten aller Art gewährte, konnten die Jesuiten im Zuge der Gegenreformation bald im ganzen Land reüssieren. Wie kaum anderswo dokumentiert Svatá Hora, in welcher Weise man uralten Volksglauben als Machtinstrument nicht nur perfekt nutzen, sondern auch architektonisch umsetzen konnte. Seit 1991 liegt die Verwaltung der hervorragend restaurierten und für den Ansturm Hunderttausender Pilger gerüsteten Wallfahrtsstätte in den Händen des Redemptoristenordens (Svatá Hora, Tel. 318 429 930, www.svata-hora.cz, Mo–Sa 5.45–18, So 5.45–16.45 Uhr).

Infozentrum: 26101 Příbram, Tyršova 106, Tel. 318 402 381, info@pribram-city.cz, tgl. 9–18 Uhr.
Infocenter Kníhovna Jana Drdy: nám. Masaryka 156, Tel. 318 622 384, icko@kjd.pb.cz, Juli, Aug. Mo–Fr 9–17, Sa 8–11, die übrigen Monate Mo–Fr 9–18, Sa 8–11 Uhr.

Modrý Hrozen: nám. T.G. Masaryka 143, Tel. 318 628 007, Fax 318 628 901, hotel@modryhrozen.cz. Komfortables kleines 46-Betten-Hotel in einem schönen alten Haus am Hauptplatz. DZ 50–60 €. Das gepflegte Restaurant mit einer originalen Decke aus dem 17. Jh. ist für seine lokalen Spezialitäten bekannt, tgl. 7–23 Uhr, Hauptgerichte ab 5 €.
Belvedere: Legionářů 401, Tel. 318 625 743, Fax 318 625 223, avepb@volny.cz. Der Blick nach draußen ist besser als der Anblick dieses Neubaus, die Zimmer sind aber durchaus ansprechend. DZ 40–45 €. Gutes Restaurant mit böhmischer und internationaler Küche, tgl. 10–23 Uhr, Hauptgericht ab 4 €.

Direkte **Züge** von Prag verkehren nur selten, meist muss man auf der Hauptstrecke Prag – Plzeň in Zdice umsteigen. Direkte **Busse** von der Hauptstadt gibt es mehrmals pro Tag.

Březnice

Wie kaum ein anderer Herrschaftssitz Böhmens spiegelt das Renaissanceschloss **Březnice** 6 (Brschesnitz) Schicksalsstunden der Tschechen wider. Bereits im 12. Jh. ließen sich die Herren von Buzice an der Wegkreuzung des ›Goldenen Steigs‹ nieder. Ausschließlich tschechische Adelsfamilien bestimmten bis in unsere Tage das Geschick dieser Region. Aus dem bescheidenen Holzpalas erwuchs eine romanisch-frühgotische Feste, das ›Dorf am Bach‹ erhielt als Březnice (břeh = Ufer) um 1300 bereits Stadtrecht und Privilegien.

Mitte des 16. Jh. verwandelte Jiří Lokšan von Lokšan, Vertrauter von Ferdinand I., den Feudalsitz in den mit Sgraffiti geschmückten Renaissancebau. In diesem Schloss nahm dann der Sohn Ferdinands I. die schöne, aber nicht standesgemäße Philippine Welser in aller Heimlichkeit zur Frau.

Von den Habsburgern wollten die Grafen Lokšan eine Generation später nichts mehr wissen. Sie unterstützten die Rebellion der böhmischen Stände – und verloren nach der Niederlage am Weißen Berg Ehre, Güter und Vaterland. Für ein Butterbrot ging Schloss Březnice in den Besitz von Přibík Jeníšek von Újezd über. Der böhmische Adlige, Erzkatholik und Kaisergünstling, setzte die Gegenreformation in dem traditionell protestantischen Gebiet mit aller Härte durch.

Die Grafen Krakovský von Kolovraty, von 1728 bis 1872 Schlossherren, nahmen eine Reihe von Barock-, Rokoko- und Empire-Umgestaltungen vor. Eine sehr viel weniger glückliche Hand bewies die Familie Pálffy-Erdödy. Die letzten Privatbesitzer zeichnen nämlich für einen plumpen Fassadenverputz im Stil der Neorenaissance, die Verglasung der Arkaden, die pseudogotische Kapelle und für allerlei mehr Geschmacksverirrungen verantwortlich.

In dem seit 1945 staatlichen Schloss samt prachtvollem Park sind heute nicht nur die schlimmsten Bausünden beseitigt, auch das Interieur, liebevoll restauriert und arrangiert, strahlt eine Atmosphäre von Eleganz und Charme aus. Und wie zu den Tagen der ›schönen Welserin‹ summen wieder Bienen und Hummeln über einem duftenden, nach historischen Vorbildern angelegten Kräutergärtlein (Státní Zámek Březnice, Tel. 318 682 179, breznice@stc.npu.cz, April, Mai, Sept. Okt. Di–So 9–16, Juni–Aug. Di–So 9–17 Uhr).

Mehrmals täglich **Lokalzüge** von Příbram und Prag, ebenso **Busverbindungen** von und nach Plzeň und Prag.

Kapitel 2

Nord- und Ostböhmen

Auf einen Blick: Nord- und Ostböhmen

Sündenfall im Paradies

Nordböhmen wird im Westen vom Erzgebirge, im Norden vom Elbstandsteingebirge und im Osten vom Iser- und dem Riesengebirge begrenzt. Wie ein Kranz umgeben diese Bergzüge das Böhmische Mittelgebirge, ein sanftes Hügelland. Aber krasse Gegensätze prägen das Antlitz dieses Landesteils. Hier öde Industriegebiete und gigantische Braunkohle-Becken, hässlich klaffende Wunden in der zu einer Mondlandschaft vergewaltigten Erde, dort romantische Felsschluchten, zerklüftete Sandsteinwände, bewaldete Hügel und liebliche Dörfer mit alter Volksarchitektur inmitten blühender Obstgärten. Ein Juwel ist das Städtchen Litoměřice (Leitmeritz), während die grimmige Festung Terezín (Theresienstadt) als NS-Konzentrationslager in die Annalen der Barbarei eingegangen ist. Aber auch Thermalquellen sprudeln wie in Teplice (Teplitz), dem ältesten Kurort Mitteleuropas.

In Ostböhmen sorgen die Landschaften von Riesengebirge, Adlergebirge und Teile der Elbniederungen für Abwechslung, Burgen, Schlösser und Städte mit bewegter Vergangenheit für erlesenen Kunstgenuss. Das Reich des gutmütigen Riesen Rübezahl, das Riesengebirge, ist trotz aller Wunden, die eine verantwortungslose Umweltpolitik dem höchsten Bergmassiv des Landes geschlagen hat, einen Besuch wert. Zu den Naturschönheiten zählt mit gutem Grund das ›Böhmisches Paradies‹ (Český ráj), der Landstrich zwischen den schmucken Kleinstädten Turnov (Turnau) und Jičín (Gitschin). Das Braunauer Ländchen (Broumovská vrchovina), das Gebiet zwischen Trutnov (Trautenau) und Broumov (Braunau), kann mit bizarren Sandsteingebilden aufwarten.

Jugendstil vom Feinsten erwartet den Besucher der hübschen Stadt Náchod. Zu besichtigen gilt es von hier aus die Schlösser von Nové Město nad Metují (Neustadt an der Mettau) und Kuks oder Großmütterchens Heimat in Ratibořice (Ratiborschitz).

Stadtluft mit historischem Flair atmet man in Hradec Králové (Königgrätz). Rund um die Stadt entfaltet der Norden Böhmens seinen herben Charme, der schließlich unerwartet sanft im Hügelland um Svitavy ausklingt.

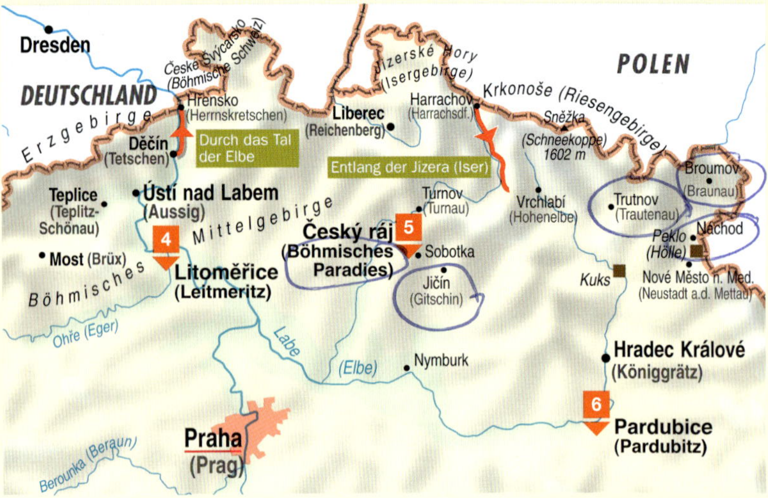

Highlights

4 **Litoměřice** ist ein wunderschönes Städtchen mit heiterer böhmischer Architektur eingebettet in Hopfenfelder und Weingärten (s. S. 163).

5 **Český Ráj,** das Böhmische Paradies, ist mit seinen bizarren Felslandschaften und schönen Wäldern wirklich ein Paradies zum Wandern und Klettern (s. S. 190).

6 **Pardubice** hat den schönsten Marktplatz von ganz Böhmens (s. S. 211).

Empfehlenswerte Routen

Die Straße durch das Tal der Elbe zwischen Děčín und der deutschen Grenze durchschneidet das Elbsandsteingebirge (Straße Nr. 261, das rechte Flussufer befahren).

Die Straße Nr. 14 südlich von Harrachov entlang der Jizera (Iser) bietet eine Reise durch Rübezahls verwunschenes Reich.

Reise- und Zeitplanung

So reich **Nordböhmen** an Sehenswürdigkeiten ist, so wenig eignet es sich im Gegensatz zu Ostböhmen als Standort für längere Urlaube. Zwischen November und März sind die meisten Sehenswürdigkeiten geschlossen. Im Winter, wenn oft dicke Nebelsuppe über dem Land liegt, empfehlen sich lediglich Kuren in den Thermalbädern von Teplice.

In einer Woche kann man die wichtigsten Sehenswürdigkeiten Nordböhmens mit dem Pkw recht bequem erkunden. Mit öffentlichen Verkehrsmitteln muss man Orte auswählen, die an Hauptstrecken der Eisenbahn liegen (Litoměřice, Teplice, Děčín, Liberec), und von dort aus mit Lokalbahnen oder -bussen die schönsten Ziele des Landesteils ansteuern.

Die Schönheiten **Ostböhmens** eröffnen sich vor allem bei Fahrten über die vielen kleinen Landstraßen zwischen Bauerndörfern und winzigen Weilern. Für Fahrer können die selbst in der Ebene oft kurvenreich angelegten Strecken über einen mitunter brüchigen Asphalt allerdings ziemlich anstrengend sein.

Richtig Reisen-Tipps

Wanderung im Nationalpark Böhmische Schweiz: Kombiniert mit reizvollen Kahnfahrten begeistert die Wanderung von Hřensko durch die Kamnitzklamm zum Prebischtor durch romantische Schluchten und bizarre Felsformationen (s. S. 171).

In Libošovice Vecek ist die Zeit stehen geblieben: Libošovice Vecek, ein Weiler bei Sobotka, der einem Bilderbuch entsprungen sein könnte, aber tatsächlich kein Museumsdorf ist (s. S. 194).

Skansen Vysočina – Böhmens größtes Freilichtmuseum: Das größte Freilichtmuseum volkstümlicher Architektur in Böhmen umfasst heute mehrere Dörfer (s. S. 223).

Klima und Reisezeit

Die Temperaturen bleiben im Allgemeinen in **Nordböhmen** im Sommer wie im Winter recht mild. Die Berge erreichen zwar nur Höhen bis zu 1100 m, doch wirken sie als gute Schutzschilder vor den kalten Nordwinden.

In den Skigebieten **Ostböhmens** kann man in der schönen Jahreszeit wandern, doch sollte man dafür nicht unbedingt die Wintersportzentren am Fuße des Riesengebirges aufsuchen. Es sei denn, man ignoriert den Anblick verwaister Sprungschanzen und kahl geschlagener Abfahrtshänge. Sobald jedoch die Skisaison beginnt, können vor allem Špindlerův Mlýn und Harrachov mit schneesicheren Bedingungen aufwarten. Die Infrastruktur an Hotels und Pensionen sowie der Aufstiegshilfen steht der Konkurrenz in den Alpen ebenso kaum noch nach. Als klassische Wanderziele in Sommer und Herbst hingegen bieten sich das Böhmische Paradies bei Jičín (Gitschin) oder das Braunauer Ländchen nördlich von Náchod an.

Braunkohlerevier und Böhmisches Mittelgebirge

Karte S. 157

Augen auf, Nase zu – so könnte das Motto für Reisen durch das in weiten Teilen durch den Braunkohleabbau verwüstete Gebiet zu Füßen des Erzgebirges lauten, dessen Luft nach wie vor von Industrieabgasen geschwängert ist. Paradiesisch nimmt sich dagegen die landwirtschaftlich genutzte Mittelgebirgsregion um das zauberhafte Litoměřice aus.

Most

Die 68 000 Einwohner zählende Kreisstadt **Most** 1 (Brüx) an der Bílina wurde in den 1970er Jahren so gut wie ausradiert, weil sie dem nicht nur für die umliegende Schwer- und Chemieindustrie notwendigen Braunkohleabbau im Wege stand. Kurzerhand sprengte man Klöster und Gotteshäuser, Stadttore, Bürgerhäuser und ein Jugendstil-Theater. Erhalten geblieben sind nur Teile eines Villenviertels aus dem Ende des 19. Jh. und einige wenige Bauten aus den 1920er Jahren und die Kirche zu Mariä Himmelfahrt.

Die neue Stadt ist kaum einen Besuch wert, außer man hat einige Millionen anzulegen, werden doch verzweifelt finanzkräftige Investoren gesucht und mit allerlei Förderversprechen gelockt. Most setzt nämlich auf eine völlige Neuorientierung, Schwer- und Chemieindustrie, die Luft und Umwelt in katastrophalem Ausmaß geschädigt haben, sollen sukzessive durch Leichtindustrie und Dienstleistung ersetzt werden. Außerdem bemüht man sich, die verwüsteten Bodenflächen zu rekultivieren.

Kirche Mariä Himmelfahrt

Das dreischiffige Gotteshaus mit hohen Fenstern und Säulen wurde 1517–1549 erbaut und ist eines der bedeutendsten Denkmäler der Spätgotik in Mitteleuropa.

Das KP-Regime erklärte das spätgotische Juwel zur Chefsache. In einer technischen Großleistung verschob man die Kirche um ganze 841 m. Ehe die gewaltige Last von 12 000 t auf Schienen und hydraulischen Walzen mit einer Geschwindigkeit von 2,16 cm pro Minute zu ihrem neuen Standort rollte, mussten die gesamte Inneneinrichtung entfernt, Turm und Treppenaufgang abgetragen sowie Gewölbe, Mauern und Pfeiler gesichert werden. Am 27. Oktober 1975 war der Transport vollendet. Nach 646 Stunden stand die ›verrückte‹ Kirche auf ihren neuen Fundamenten. Ein mehrmals täglich gezeigter Videofilm dokumentiert die technische Großleistung.

Welche Kostbarkeit der Zerstörung entgangen ist, zeigt allein schon das atemberaubend schöne Schleifen-Sterngewölbe. Gerettet wurden auch Renaissance-Reliefs mit biblischen Szenen an der Brüstung der Empore sowie die gotische Kanzel mit prachtvollen Fresken (Besichtigung Di–So 9–16/18 Uhr, aber nicht während den Gottesdiensten).

i **Infozentrum:** 43469 Most, Radnicní 1, Tel. 476 105 314, info@crt-most.cz, Mo–Fr 9–18, Sa 9–14 Uhr.

Die Stadt liegt an der Bahnlinie von Cheb über Karlovy Vary nach Teplice, es gibt **Zug- u. Busverbindungen** mit Prag.

Bílina

Schon die Přemysliden wussten die alkalischen Sauerbrunnen des Ortes **Bílina** 2 (Bilin) zu ihren Gunsten zu nutzen und gewannen aus den Quellen durch Abdampfung Salz. Heute wird das Mineralwasser durch die neuen alten Schlossherren, die Familie Lobkowicz des Roudnice-Zweiges, in ganz Europa kommerziell vermarktet.

Kaum zu glauben, dass sich mitten im Braunkohlenrevier auch ein elegantes Kurhotel halten konnte, doch die Heilwirkung der Quellen erfreute sich bei Erkrankungen der Verdauungsorgane eines landesweit hervorragenden Rufes. Derzeit ist die Kuranlage geschlossen, die Stadt Bílina als Eigentümerin sucht nach einem Partner für die Wiederaufnahme des Heilbadbetriebes.

Das repräsentative **Barockschloss** des italienischen Architekten Antonio della Porta, das sich über den Dächern des großen, rechteckigen Stadtplatzes mit seinen schönen alten Häusern erhebt, wurde seit dem 19. Jh. als Zentralverwaltung des Lobkowicz-Besitzes benützt. Aus dieser Zeit stammt auch der großzügige Ausbau des Heilbades. Seit Sommer 1995 stehen das Schloss für künstlerische und gesellschaftliche Veranstaltungen und der prachtvolle Park täglich zwischen 9 und 16/18 Uhr wieder der Allgemeinheit offen.

Hotel U Lva: Mírove nám. 92, Tel. 417 829 180, Fax 417 823 693, info@hotelulva.cz. Der ›Löwe‹ ist ein traditionelles Haus mit einfachen, sauberen Zimmern (50 Betten) im Zentrum der Stadt DZ 40–50 €, mit gutem Restaurant (Mo–Fr 6–22, Sa, So 8–22 Uhr, Hauptgerichte ab 3 €) und gemütlicher Weinstube (tgl. 11–02 Uhr).

Bílina ist vom 15 km entfernten Most mit mehrmals täglich verkehrenden **Bussen** erreichbar und liegt überdies an der **Bahnlinie** Cheb–Karlovy Vary–Teplice.

Mit den Autoren unterwegs

Sehenswertes Kloster

Das **Zisterzienserkloster Osek** (Ossegg) ist mit prachtvoller Barockkirche und frühgotischem Kapitelsaal ein Kleinod für Kunstfreunde (s. S. 158).

Mahnmal des Holocausts

In **Terezín (Theresienstadt)**, dem ehemaligen Konzentrationslager, wird die Erinnerung an die Gräueltaten des NS-Regimes wachgehalten. Im Deportationslager kamen 36 000 Menschen zu Tode (s. S. 162).

Romantische Burgruine

Die **Burgruine Střekov** (Schreckenstein) aus dem 14. Jh., die romantisch über der Elbe aufragt, inspirierte Richard Wagner zu seiner Oper ›Tannhäuser‹ (s. S. 167).

Braunkohlerevier und Böhmisches Mittelgebirge

Duchcov

Unerbittlich, gefräßigen Raupen auf grünen, saftigen Blättern gleich, rückten die gewaltigen Bohrmaschinen im größten Braunkohle-Becken Mitteleuropas auf das barocke Schloss von **Duchcov** 3 (Dux) vor. Der überwiegende Teil des Parks einschließlich des Barockspitals und einer Kapelle war von den Baggern bereits verschlungen worden, als massiver Volkszorn in den 1960er Jahren verhinderte, dass der gesamte Ort ein Schicksal wie Most am anderen Ende der gigantischen Grube erlitt. Zaghafte Versuche einer Wiederaufforstung in abgeräumten Halden und Versicherungen der Politiker, den Braunkohleabbau einzuschränken, lassen inzwischen trotz der deprimierenden Schäbigkeit des Städtchens Hoffnung aufkommen.

Schloss Dux

Zumindest das **Schloss**, nicht nur Giacomo Casanovas wegen ein touristischer Anziehungspunkt ersten Ranges, konnte vor dem Verfall gerettet werden. Zwar harren die aus der Werkstatt Matthias Bernhard Brauns stammenden mythologischen Eingangsfiguren noch einer Reinigung, das Interieur aber strahlt bereits in frischem Farbenglanz. Der ehemalige Renaissancebau, von 1642 bis 1920 im Besitz der Familie Waldstein, heute staatlich, war im letzten Viertel des 17. Jh. von dem Architekten Jean Baptiste Mathey in frühbarockem Stil umgestaltet und einige Jahrzehnte später nach den Plänen Marc Antonio Canevales erweitert worden.

In den Schauräumen wird eine interessante **Ausstellung historischer Möbel** – von Gotik und Renaissance bis zu Jugendstil und Kubismus – gezeigt, ergänzt durch Bilder aus der ehemaligen Waldsteinschen Gemäldegalerie. An den Wänden des Hauptsaales befinden sich 32 Familienporträts. 22 davon stammen aus der Hand des berühmten böhmischen Barockmalers Wenzel Lorenz Reiner.

Die meisten Besucher drängt es zu den **Casanova-Gedenkräumen**, die in einer geschickt inszenierten, mit leiser Barockmusik untermalten Show präsentiert werden. So legt man dem legendären Frauenhelden täglich eine frische Rose auf den Lehnstuhl, in dem er nach dreizehn Jahren Aufenthalt auf Schloss Dux am 4. Juni 1798 gestorben sein soll. Geschmackvoll eingerichtet und mit Tapeten in zarten Farben ausgestattet sind Schlafzimmer und Salon. An den Wänden, auf Möbeln und in Vitrinen sieht man Landkarten, Abbildungen bedeutender Zeitgenossen sowie eine Dokumentation des ruhelosen Lebens Casanovas (Schloss Dux: Státní Zámek Duchcov, nám. Republiky 9, Tel. 417 835 301, April, Okt. tgl. 9–16, Mai–Sept. Di–So 9–18 Uhr).

Osek

Stark mitgenommen wirkt das Ende des 12. Jh. gegründete **Zisterzienserkloster** in dem Bergbaustädtchen **Osek** 4 (Ossegg) am Fuß des Erzgebirges immer noch. Unter der Stalin-Gottwald-Ära diente es als Konzentrationslager für Priester. Seit 1991 wieder im Besitz des Ordens bemüht er sich darum, den Stiftskomplex vor dem Verfall zu bewahren. Die Zisterzienser – sie verfügen in der Tschechischen Republik noch über die Klöster Tišnov (Tischnowitz) bei Brünn und Vyšší Brod (Hohenfurth) – benötigen jede Form der Unterstützung, um das kostbare kulturelle Erbe retten zu können. Nicht nur deshalb ist Osek einen Umweg wert.

Die **Klosterkirche Mariä Himmelfahrt**, ursprünglich eine dreischiffige romanische Basilika, wurde zu Beginn des 18. Jh. von Ottavio Broggio in jubelndem Barockstil umgebaut, mit kunstvollen Fassaden-Plastiken, reich verzierten Chorbänken und geschnitzter Kanzel. Aus gotischer Zeit stammen Refektorium, Kreuzgang und Kapitelsaal – mit einem einzigartigen, um 1240 entstandenen steinernen Lesepult, dessen oberer Teil drehbar ist. Der neue barocke Konvent mit Prälatur und Bibliothek sowie der terrassenförmig angelegte, verwunschene Klostergarten ergänzen die grandiose Anlage (Klášter Osek, 41705 Osek, Rooseveltova 1, Tel. 417 837 127, klaster@osek.cz, info@kloster-osek.org,

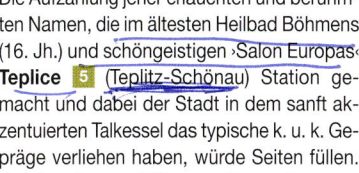

Das besondere Kurerlebnis: im historischen Heilbad von Teplice

Apr, Mai, Sept. Okt. Di–Sa 10–16, So 13–16, Juni, Juli, Aug. Di–Sa 10–17, So 13–17 Uhr).

Osek liegt an einer Bahnstrecke (ab Most), auf der nur wenige **Züge** täglich (morgens und abends) verkehren. **Busse** fahren mehrmals täglich von Most und Teplice.

Teplice

Die Aufzählung jener erlauchten und berühmten Namen, die im ältesten Heilbad Böhmens (16. Jh.) und schöngeistigen ›Salon Europas‹ **Teplice** 5 (Teplitz-Schönau) Station gemacht und dabei der Stadt in dem sanft akzentuierten Talkessel das typische k. u. k. Gepräge verliehen haben, würde Seiten füllen. Goethe, der aus Böhmens Gesundbrunnen immer wieder Kraft für Dichtung und Liebe schöpfte, war mehrmals hier, 1811 und 1812 kam auch Beethoven zur Kur. Das anekdotisch ausgeschmückte Zusammentreffen der beiden Titanen scheint nicht sehr erfreulich verlaufen zu sein, soll doch der grimmige Wiener aus Bonn dem Poeten, den er für einen ›Fürstenknecht‹ hielt, den Gruß verweigert haben. Linderung ihrer Leiden im Heilwasser suchten ebenso Mozart, Chopin, Wagner, Liszt, Kleist, Schopenhauer, Russlands Zar Peter der Große, Maria Ludovica, die Gemahlin des österreichischen Kaisers Franz I., Preußens Könige und Vertreter des europäischen Hochadels.

In den Rang eines internationalen Konferenzortes und damit in die Geschichtsbücher rückte die Stadt 1813, als die Herrscher Russlands, Preußens und Österreichs dort ein Bündnis gegen Napoleon schlossen, dessen Ziel mit der bald darauf tobenden Völker-

Teplice: Cityplan

schlacht von Leipzig nur kurzfristig erreicht werden konnte.

Die Bemühungen der 128 000 Einwohner zählenden Stadt, zumindest eine Ahnung vom alten Glanz und Zauber des einstigen Nobelbades wiederzuerlangen, sind nicht zu übersehen. Das inzwischen aufwändig renovierte Schlossviertel, die gepflegten Parkanlagen, die vor dem Verfall bewahrte Empirebauten im Bäderbezirk und nicht zuletzt die Thermalquellen, deren Temperatur zwischen 39 und 44 °C liegt, deuten auf einen vielversprechenden Neubeginn hin, der freilich ohne Lösung der Umweltprobleme im Ansatz stecken zu bleiben droht.

Aber man ist optimistisch, solange aus den Thermen täglich nahezu 3 Mio. Liter Heilwasser sprudeln und die Kurgäste dem Bad ungebrochen die Treue halten, denn die lindernde Wirkung wissen Ärzte wie Patienten nach wie vor zu schätzen.

Stadtspaziergang

Der **Schlossplatz** **1** (Zámecké nám.) wird von barocken und klassizistischen Häusern umrahmt. In seiner Mitte steht die größte barocke Dreifaltigkeitssäule Böhmens, ein Werk von Matthias Bernhard Braun. In einem anmutigen klassizistischen Palais gegenüber hatte Fürst Karl Joseph de Ligne, Kunstmäzen und Diplomat, seinen Stammsitz. Heute ist es ein elegantes Hotel.

Das **Schloss** **2** in seiner heutigen Gestalt ging aus einer Festung und einem Renaissancebau hervor, der Ende des 18. Jh. ein klassizistisches Gepräge erhielt. An der rechten Seite des dreiflügeligen Komplexes dominiert der Turm, der wie die Schlosskapelle im 19. Jh. verändert wurde, die sich an die linke Ecke des Gebäudes anfügt. An den Turmflügel schließt sich das Schlosstheater an, dessen anmutiges Empire-Vestibül in den Park hinaus ragt. Im Schloss ist das **Regional-**

Sehenswürdigkeiten

- 1 Schlossplatz
- 2 Schloss
- 3 Kirche St. Johannes der Täufer
- 4 Urquelle
- 5 Kaiserbad
- 6 Havliček-Park
- 7 Stadttheater

Übernachten

- 1 Prince de Ligne
- 2 Thermal
- 3 Richmond Teplice
- 4 Vienna

Essen und Trinken

- 5 U Petra
- 6 Divadlo
- 7 V Kulturním Dome
- 8 Na Kolonade

museum untergebracht, dessen reichhaltige Sammlungen neben naturwissenschaftlichen und historischen Objekten auch Gemälde, Grafiken und Skulpturen des 14.–19. Jh. sowie Glas und Porzellan umfassen (Regionální muzeum, Tel. 417 537 869, Di–So 10–12 und 13–17 Uhr).

Ergänzt wird das schöne Ensemble am Schlossplatz durch die dreischiffige barocke **Kirche St. Johannes der Täufer** 3 (sv. Jan Křitel). Im Kurpark (Lázeňský sady) plätschert die **Urquelle** 4 (Pravřídlo) aus einer Nischenmaske. Am Rande des Parks befinden sich die großen Kurhäuser wie das **Kaiserbad** 5 (Císařské lázně). Im nahen **Havliček-Park** 6 liegt das Grab von Johann Gottfried Seume (1763–1810), für den Teplice Endstation seiner langen Wanderungen geworden war. Diese hatten den ersten Reiseschriftsteller der neueren deutschen Literatur sogar zu einem ›Spaziergang nach Syrakus‹ geführt.

Im Verkehrszentrum am anderen Ende des Kurparks steht das **Stadttheater** 7 (Krušnohorské divadlo), das wie die ganze Stadt seine Vergangenheit mit großen Namen vergolden kann: Es war Sprungbrett für manch große Karriere, so etwa auch für Sir Rudolf Bing, den späteren Direktor der New Yorker Metropolitan Opera.

Infozentrum: 41501 Teplice, Benešovo nám. 840, Tel. 417 510 666, www.teplice.cz, Jan.–April und Okt.– Dez. Mo–Fr 8–17 Uhr, Mai–Sept. auch Sa 8–12 Uhr.
Kurverwaltung Lázně Teplice v Čechách a. s., Mlýnska 253, Tel. 417 977 111, www.laznete plice.cz: Informationen über Kurangebote.

Über Unterkunftsmöglichkeiten in den drei Kurhäusern Beethoven (Lázeňský dům Beethoven), Kaiserbad (Císařské lázně) und Steinbad (Kamenné lázně) informiert die Kurverwaltung. Das vierte Kurhaus (Neubad, Nové lázně) ist eine Heilanstalt für Kinder.

Prince de Ligne 1: Zámecké nám. 136, Tel. 417 514 111, Fax 417 537 727, info@princedeligne.cz. Das schönste Hotel der Stadt in einem klassizistischen Palais mit Blick auf den Schlossplatz. Die Zimmer sind gediegen eingerichtet. DZ 80–100 €.

Thermal 2: U Kamenných lázní 344, Tel. 417 533 700, Fax 417 533 701, desaxe@mbox.vol.cz. Intimes Hotel in ruhiger Lage nahe den Kuranstalten, ohne Luxus. DZ 60–80 €. Nettes Restaurant mit Sommerterrasse.

Richmond Teplice 3: U Císařských lázní 289, Tel. 417 534 156, Fax 417 534 182, hotel_richmond@volny.cz. 9 gut ausgestattete Doppelzimmer und 7 Apartments mit Kochnische. Sauna, Fitnessraum; Restaurant, Weinstube, geschlossener Parkplatz. DZ 50–85 €.

Vienna 4: Benešovo nám. 417/12, Tel. 417 534 105, Fax 417 534 426, info@hotel-vienna.cz. Einfaches Hotel in zentraler Lage, die 20 schlichten Zimmer sind mit Dusche/WC und Sat-TV ausgestattet, DZ 40–50 €.

U Petra 5: Rooseveltova 1, Tel. 417 538 337, tgl. 11–22 Uhr. Das feine Restaurant zum feinen Hotel Prince de Ligne.

Französische und internationale Küche, große Weinkarte. Hauptgerichte ab 8 €.
Divadlo 6: U Císařských lázní 761, Tel. 417 532 770, tgl. 10–24 Uhr. Das populäre Restaurant im Stadttheater mit Gartenterrasse, deftige tschechische Küche. Hauptspeisen ab 4 €.
V Kulturním Dome 7: rove nám. 2950, Tel. 417 538 692, Mo–Sa 10–22, So 14–21 Uhr. Restaurant im Betonbau des aus KP-Zeiten stammenden Kulturpalastes. Wenn man bei recht gutem Essen und gepflegten Bieren drinnen sitzt, sieht man wenigstens den hässlichen Bau nicht. Hauptgerichte ab 3,50 €.
Na Kolonadě 8: U Divadla 2992, Tel. 417 537 398, nur Mittagstisch Mo–Sa 10.30–15 Uhr. Die schnelle böhmische Küche mit allerlei größeren und kleineren Gerichten (ab 3 €).

Das weltberühmte **Zwiebelmuster-Porzellan** aus der nahe gelegenen Fabrik in Dubí gibt es auch in der Teplitzer Filiale Český Porcelán (U Císařských lázní 19).

Busbahnhof und Eisenbahnstation befinden sich am nördlichen Ende der Masarykova. Von Prag gibt es mehrmals täglich direkte **Busse** und **Züge** nach Teplice.

Terezín

Mit dem Gefühl ohnmächtiger Scham über das, was hier geschah, muss jeder auf seine Weise fertig werden. Deshalb nur die nüchternen Fakten: **Terezín** 6 (Theresienstadt), heute beinahe eine Geisterstadt und fast ausschließlich Gedenkstätte, wurde 1780 auf Anordnung Kaiser Josephs II. errichtet. Man verlegte den Flusslauf der Ohře (Eger) und schuf gewaltige Fundamente auf denen eine Stadt mit geometrischem Grundriss und mächtige Festungsbauwerke entstanden.

Festung

Die so genannte **Kleine Festung** (Malá pevnost) auf dem gegenüber liegenden Ufer der Ohře ist mit den übrigen Anlagen durch zwei unterirdische Gänge verbunden. Umkämpft, belagert oder gestürmt wurde die **Große Festung** (Hlavná pevnost), die eigentliche Stadt, die vor allem Friedrich II. von Preußen den Appetit auf österreichische Lande verderben sollte, allerdings nie. 1888 verfügte Kaiser Franz Joseph mangels eines drohenden Gegners die Auflassung der Feste und die Umwandlung der Kleinen Festung in ein Militärgefängnis.

Ghetto und Durchgangslager

Das blutigste Kapitel von Terezín sollten freilich die Henkersknechte des Nazi-Regimes schreiben. Nach der Vertreibung der Bewohner entstand bis Ende 1941 in der Stadt nach den Plänen Reinhard Heydrichs ein jüdisches Ghetto. Der ›Reichsprotektor‹ wollte die Juden zuerst von der übrigen Bevölkerung isolieren und sie später in größeren geschlossenen Räumen konzentrieren, um sie dann nach und nach zur endgültigen Liquidierung nach Osten zu deportieren. Insgesamt 160 000 Häftlinge aus Böhmen, Mähren, der Slowakei, Ungarn, Österreich, Deutschland, den Niederlanden und Dänemark wurden hier durchgeschleust, mindestens 36 000 von ihnen starben noch in Theresienstadt an Hunger, Seuchen und den Folgen brutaler Misshandlungen.

50 Jahre nach Beginn der Deportationen, am 17. Oktober 1991, konnte in einer ehemaligen Schule in Terezín (Komenského 148) endlich ein ›**Ghetto-Museum**‹ mit umfangreicher Dokumentation eröffnet werden, ein langjähriges Projekt, das vom latent antisemitischen KP-Regime ständig verhindert worden war. In einer Zweigstelle des Museums in der ehemaligen Magdeburg-Kaserne (Ecke Tyrsova und Vodárenská), einst Sitz der von den Nazis zynischerweise angeordneten ›Jüdischen Selbstverwaltung‹, wird das künstlerische Leben im KZ dargestellt. (Muzeum ghetta, Tel. 416 782 576, Mai–Sept. tgl. 9–18, Okt.–April 9–17.30 Uhr).

In der Kleinen Festung installierten die Nazi-Schergen ein Konzentrationslager für politische Gegner; auch hier wurden Zehntausende Menschen umgebracht. Auf einem der Höfe steht noch der Galgen, ein einfacher

Jugendliche genießen ein sonniges Plätzchen an der Elbe bei Litoměřice

Balken mit zwei Haken, unter denen die Häftlinge sich selbst den Strick um den Hals legen mussten. Und unweit des Eingangstores mit der zynischen KZ-Aufschrift »Arbeit macht frei« befindet sich ein Friedhof mit den Gräbern von 29 172 Opfern des Faschismus (Malá pevnost, Mai–Sept. tgl. 8–18, Okt.–April tgl. 8–16.30 Uhr).

Infozentrum: 41155 Terezín, nám. Československé armády 179, Tel. 416 782 616, info@terezin.cz, Mo–Do 8–17, Fr 8–13.30, So 9–15 Uhr. Sa geschl.

Busverbindungen etwa alle 2 Stunden von und nach Prag (Florenc-Busbahnhof). Um **Züge** auf der Hauptstrecke Prag-Dresden zu erreichen, muss man die 2 km südwestlich der Großen Festung gelegene Station der Ortschaft Bohušovice oder das 3 km entfernte Litoměřice ansteuern (Busse von Terezín, Abfahrt vom Hauptplatz nám. Československé armády).

4 Litoměřice

Nach dem nur 3 km entfernten Terezín ist **Litoměřice** (Leitmeritz) ein Ort der Erholung: Heitere böhmische Architektur verschiedener Epochen bestimmt den Kern des von Hopfenfeldern und Weingärten umgebenen, ganz und gar entzückenden Städtchens (26 000 Einwohner), dessen Ursprünge bis in das 9. Jh. zurückreichen.

Weil die Bewohner dieses wichtigen Handels- und Verwaltungszentrums am Zusammenfluss von Elbe (Labe) und Eger (Ohře) schon von alters her äußerst praktisch dachten, wurde die im 14. Jh. errichtete Přemysliden-Burg nicht etwa in ein Schloss, sondern in eine Brauerei umgewandelt, heute steht sie leer. Reichtum erwarb Leitmeritz auch aus den Erträgen der Weinberge, die Folge war eine Blühte der Künste und Wissenschaften. Der bedeutende Barockmaler Karel Škréta (1610–1674) erhielt als Honorar für fünf Altar-

Litoměřice: Cityplan

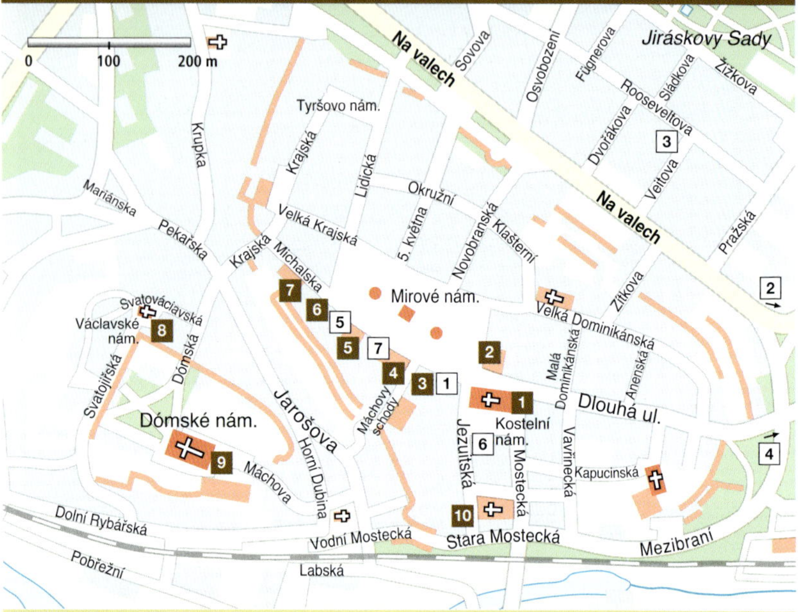

Sehenswürdigkeiten

1 Allerheiligenkirche
2 Altes Rathaus
3 Haus zum Schwarzen Adler
4 Kelch-Haus
5 Zugang zum unterirdischen Gängesystem
6 Diözesanmuseum
7 Nordböhmische Galerie
8 Wenzelskirche
9 St.-Stephans-Kathedrale
10 Marienkirche

Übernachten

1 Salva Guarda
2 Helena
3 Roosevelt
4 Labe

Essen und Trinken

1 Salva Guarda
5 Radniční sklípek
6 Time Out
7 U zlatého bažanta

bilder in der St.-Stephans-Kathedrale einen Weingarten. Auch die Wissenschaften wurden hier im Zeichen der Neuzeit gefördert. Bereits 1577 gaben die Ratsherren die Zustimmung zur Sezierung einer verstorbenen schwangeren Dienstmagd, damit allgemein bekannt würde, »wie das Kindlein beschaffen sei und anderen Gebärerinnen geraten und geholfen werden könne«.

Stadtspaziergang

Zu Recht stehen der große **Marktplatz** (Mírové náměsti) mit noch aus dem Mittelalter stammendem Pflaster, barocker Pestsäule, prächtigen Bürgerhäusern im Stil von Gotik und Renaissance ebenso wie die angrenzenden verwinkelten Gassen unter Denkmalschutz. Der historische Altstadtkern ist einer der schönsten Böhmens.

Dominierendes Bauwerk ist die **Allerheiligenkirche** 1 (Kostel Všech Svatých) mit ihrem Glockenturm, der sich von den barocken Umbauten des Gotteshauses durch Octavio Broggio, der auch andere Kirchen der Stadt barockisiert hat, deutlich abhebt. Dieser gotische Turm gehörte ursprünglich zur mittelalterlichen Stadtbefestigung.

Im Osten begrenzt das **Alte Rathaus** 2 (Stará radnice) von 1537 den Platz. An einem Pfeiler des Renaissancebaus mit durchgehendem Laubengang und Rolandssäule ist die eiserne ›Leitmeritzer Elle‹ angebracht, ein altes Maß für die Marktleute, die ihre Waren hier feilboten. Im Inneren des Alten Rathauses befindet sich das **Stadtmuseum** in historischen Räumen. Hier wird die Geschichte von Leitmeritz dokumentiert (Tel. 416 731 339, Di–So 10–17 Uhr).

Weitere Höhepunkte des von gotischen, Renaissance-, Barock- und Empirebauten gesäumten Platzes sind das **Haus zum Schwarzen Adler** 3 (Dům U Černého Orla) aus dem Jahr 1560 mit reich verziertem Renaissancegiebel und Figuren-Sgraffito sowie das **Kelch-Haus** 4 (Dům U Kalicha) mit seinem kelchähnlichen Turmdach aus dem 16. Jh., das zugleich Wahrzeichen der Stadt ist (Besteigung April–Sept. möglich, Anmeldung im Infozentrum).

Durch die Gaststätte ›Radniční sklípek‹ (Rathauskeller) gelangt man in das **unterirdische Gängesystem** 5 (historické sklepy) der städtischen Verteidigungsanlage, die sich seit dem Mittelalter hunderte von Metern unter der Stadt ausbreitet. Zu besichtigen sind ca. 360 m des bis zu drei Etagen tiefen unterirdischen Gewölbes (Tel. 416 731 142, Juni–Aug. tgl. 10–17 Uhr, Sept.–Mai nur nach Voranmeldung).

Einen Besuch wert ist auch das **Diözesanmuseum** 6 (Diecézní muzeum, Mírové nám. 16, Tel. 416 732 382, Okt.–März Di–So 9–17, April–Sept. Di–So 9–18 Uhr), das mit einer kostbaren Sammlung sakraler Gemälde, darunter ein Bild von Lucas Cranach d. Ä., aufwarten kann.

Wenige Schritte westlich des Marktplatzes befindet sich die **Nordböhmische Galerie** 7 (Severočeská galerie, Michalská 7, Tel. 416 732 382, Di–So 9–12 und 13–17/18 Uhr) mit Werken tschechischer Künstler des 14. bis 20. Jh., die kleine **Wenzelskirche** 8 (kostel sv. Václava), eine der schönsten Kirchen von Broggio, sowie etwas südlich davon die **St.-Stephans-Kathedrale** 9 (katedrála sv. Štěpána) mit dem sich anschließenden **Bischofspalast**.

Südöstlich des Marktplatzes liegt die ebenfalls von Broggio erbaute barocke **Marienkirche** 10 (Kostel Panny Marie).

Das fröhliche Litoměřice sollte man nicht verlassen, ohne auch die Gaben der Natur – Bier und Wein – gekostet zu haben. Doch Vorsicht ist geboten. Schon im Mittelalter wusste der Stadtschreiber Paul Stransky zu berichten, dass derjenige Glück habe, der aus Leitmeritz ohne gewaltigen Rausch davonkomme.

Schloss Ploskovice

6 km nordöstlich der Stadt liegt das prachtvolle **Schloss Ploskovice**, ein duftiges Rokoko-Sommerpalais, das jüngst aufwändig restauriert wurde. Mit Vorliebe hielt sich hier der 1848 abgedankte Habsburger-Kaiser Ferdinand I. auf – ein wahrhaft luxuriöses Ambiente, wovon man sich bei einer Schlossführung überzeugen kann (Zámek Ploskovice, Tel. 416 749 092, April, Okt. nur Sa, So 9–16, Mai–Sept. Di–So 8–17 Uhr).

i **Infozentrum:** 41201 Litoměřice, Mírové nám. 15/7, Tel. 416 732 440, www.litomerice.cz, Okt.–April Mo, Mi 8–17, Di, Do 8–16.15, Fr 8–16, Sa 8–11 Uhr, Mai–Sept. Mo–Fr 8–18, Sa 8–17.30, So 9.30–16 Uhr.

Salva Guarda 1: Mírové nám. 12, Tel. 416 732 506, Fax 416 732 798, hotel.restaurant@salva-guarda.cz. Komfortables 4-Sterne-Hotel (48 Betten) in einem der schönsten Renaissancehäuser des Marktplatzes. DZ 70–90 €.

Helena 2: Želetnická 10, Tel. 416 739 002, Fax 416 739 036, hotel.helena@pvtnet.cz. 12 bequeme Zimmer in einem im Stil der Gründerzeit erbauten Haus vor den Toren der

Stadt. Gemütliche Weinstube, Restaurant, geschlossener Parkplatz. DZ 50–70 €.
Roosevelt 3: Rooseveltova 18, Tel. 416 733 590, Fax 416 733 593, reserve.hotel.roosevelt@email.cz. Ruhig gelegenes hübsches Villenhotel (62 Betten) unweit des Marktplatzes, schlicht-elegante Zimmer, Restaurant, Bar, Weinstube, abgeschlossener Parkplatz. DZ 40–60 €.
Labe 4: Vrchlického 10, Tel. 416 735 436, Fax 416 735 442, hotellabe@hotellabe.cz. Das einige Häuserblocks nordöstlich des Marktplatzes gelegene Hotel in einem hässlichen Hochhaus aus den 1980er Jahren bietet durchaus ansprechende Zimmer mit Standard-Einrichtung. DZ 30–40 €.

Salva Guarda 1: Mírové nám. 12, Tel. 416 732 506, tgl. 11–23 Uhr. Das Café-Restaurant des gleichnamigen Hotels in dem Renaissance-Juwel am Marktplatz ist bekannt für seine böhmischen Spezialitäten, feinen Wildgerichte und spritzigen Qualitätsweine der Leitmeritzer Region. Hauptgerichte ab 7 €.
Radniční sklípek 5: Mírové nám. 21, Tel. 416 734 306, tgl. 11–23 Uhr. In den historischen Kellerräumen fließt das Bier in Strömen. Als ›feste Unterlagen‹ gibt es deftig Böhmisches vom Schweinebraten mit Knödel und Sauerkraut bis zum Gulasch. Hauptgerichte ab 5 €.
Time Out 6: Jezuitská 1, Tel. 416 731 660, tgl. 12–24 Uhr. Bei der Jugend beliebtes Restaurant mit Bierstube und Bar, Speisenangebot reicht von Pasta bis Steak. Hauptgerichte ab 3 €.
U zlatého bažanta 7: Mírové nám. 13/21, Tel. 416 732 454, tgl. 7.30–21 Uhr. Café und Gaststätte für Nichtraucher, einfache böhmische Küche und kleine Snacks. Hauptgerichte ab 3 €.

Getanzt wird in der Disco Severka (Komenského 19, tgl. ab 21 Uhr) und im Musikclub Klacxon (Pokratická 71, So–Do ab 16, Fr, Sa ab 20 Uhr). Schärfere Kost gibt es im Nightclub Syndny (Na Vinicí 25, Strip-Show, Weinstube, Bar, Di–Sa ab 20 Uhr).

Die etwa stündlich verkehrenden **Busse** von Prag (Busbahnhof Florenc) nach Ústí nad Labem halten in Litoměřice (Bahnhof). **Züge** sind nicht zu empfehlen.

Ústí nad Labem

Geplündert, gebrandschatzt, bombardiert, vergiftet – das Schicksal spielte der im 10. Jh. an der alten Handelsstraße Prag-Meißen gegründeten Stadt **Ústí nad Labem** 7 (Aussig an der Elbe) stets übel mit. 1426 schlugen die Hussiten eine zahlenmäßig weit überlegene katholisch-sächsische Streitmacht und machten die vorwiegend deutsche Ansiedlung dem Erdboden gleich. Es dauerte Jahrhunderte, bis Aussig wieder erblühte, begünstigt durch seinen als Warenumschlagplatz wichtigen Flusshafen. Die Nazi-Deutschen vertrieben und ermordeten Juden und Tschechen, die Rache der Sieger war nicht minder grausam. Außerdem ging in den letzten Kriegstagen ein verheerender Bombenhagel über die Stadt nieder.

Kein Wunder, dass in Ústí nad Labem (110 000 Einwohner) von älteren Baudenkmälern kaum eine Spur zu finden ist. Nach dem Krieg erfolgte die Wiederindustrialisierung mit schrecklichen Folgen. Chemie- und metallurgische Werke spuckten ihre Giftwolken aus, wenn der Wind nicht gnädig war, drohte die Stadt buchstäblich im Smog zu ersticken. An solchen Tagen musste die Bevölkerung Türen und Fenster schließen, in den Schulen verteilte man Atem-Schutzmasken. Die Lebenserwartung lag um 20 % unter dem EU-Durchschnitt. Heute bemüht man sich verzweifelt um eine Beseitigung des Umwelt-Desasters. Einige der am stärksten die Luft verschmutzenden Betriebe wurden geschlossen, andere Fabriken mit Abgasfilteranlagen ausgerüstet.

Im Rahmen eines kurzen Besuches lohnt sich zumindest eine Besichtigung der spätgotischen **Erzdekanatskirche Mariä Himmelfahrt**, deren Turm seit einem Bombenangriff im Zweiten Weltkrieg um 198 cm von der senkrechten Achse abweicht und durch Betoninjektionen gesichert werden musste. Die barocke **St.-Adalbert-Kirche** dient jetzt als Ausstellungs- und Konzertsaal.

Burg Střekov

Nicht versäumen sollte man eine Besichtigung der nahen Burg Střekov (Schreckenstein). Die stolze Ruine auf einem imposanten, 85 m hohen, fast senkrecht abfallenden Felsen oberhalb des rechten Elbufers mit Sicht auf Ústí nad Labem hat im Laufe der Zeit zahlreiche Künstler der Romantik inspiriert. Richard Wagner ließ sich hier – worauf auch eine Gedenktafel hinweist – in einer Vollmondnacht zu seiner Oper ›Tannhäuser‹ anregen, Ludwig Richter malte sein berühmtes Bild ›Überfahrt am Schreckenstein‹ (heute in der Dresdner Gemäldegalerie), die Dichter Theodor Körner und Karel Hynek Mácha besangen die Burg in enthusiastischen Versen. Und Caspar David Friedrich schwärmte in einem Brief an einen Freund: »Ich sage Dir, der Rhein ist nicht schöner als dieses Stück böhmischer Erde.«

Schreckenstein wurde Anfang des 14. Jh. im Auftrag des Königs Johann von Luxemburg zur Überwachung des Schiffsverkehrs und zur Einziehung der Zollgebühren errichtet. An der Wende zum 16. Jh. erfolgte ein spätgotischer Umbau, der auch eine Erweiterung des Burgareals umfasste. Im Dreißigjährigen Krieg von den Schweden verwüstet, verfiel das Gebäude zur Ruine. Mit der beginnenden Romantik des 19. Jh. rückte Střekov wieder in das Bewusstsein der Öffentlichkeit, durch Sicherungsmaßnahmen konnte die Burg vor völligem Verfall bewahrt werden.

So blieben bis heute der 17 m hohe Bergfried, ein Teil des gotischen Palas mit Kapelle, Reste der Burgmauern mit Schanzen und zwei Wachtürmen, der Rittersaal sowie die ehemalige Burgküche erhalten, in der sich bereits 1830 ein beliebtes Ausflugsrestaurant etablierte (Hrad Střekov, Di–So 9–16/17 Uhr).

Schnellzüge aus Prag, Dresden oder Berlin halten am Hauptbahnhof südöstlich der Altstadt beim Fluss, **Lokalzüge** aus Most, Litoměřice und Mělník am Bahnhof Ústí nad Labem-západ im Westen der Stadt. Stündliche **Direktbusse** von Prag (Busbahnhof Florenc) nach Ústí nad Labem.

Die Wehrburg Střekov über der Elbe inspirierte die Romantiker

Zwischen Böhmischer Schweiz und Isergebirge

Karte S. 169

Hochalpines darf man von der Böhmischen Schweiz, dem Nationalpark im Elbsandsteingebirge (Labské pískovce), nicht erwarten, dafür aber romantische Schluchten und Wasserfälle, verträumte Dörfer, lichte Laubwälder und blühende Wiesen, außerdem die mächtige Wallenstein-Burg und das Zentrum des Glasschmuck-Handwerks.

Als die beiden Schweizer Maler Adrian Zinng und Anton Graff im 18. Jh. auf ihrer Wanderschaft im Elbsandsteingebirge (Labské pískovce) ankamen, stand für sie fest: Hier ist es so schön wie daheim, hier ist unsere Schweiz, hier lassen wir uns nieder. Die zwei Eidgenossen blieben und mit ihnen die Namen Sächsische bzw. Böhmische Schweiz für die deutsche respektive tschechische Seite eines Gebietes, das nicht nur Künstler zu verzaubern vermag. Im Jahr 2000 wurde auch die böhmische Seite zum Nationalpark erklärt.

Děčín

Die 53 000 Einwohner zählende Stadt **Děčín** 1 (Tetschen) hat sich durch ihre Lage an der Eisenbahnlinie Prag–Dresden (seit 1851) und ihren großen Elbe-Hafen zu einem wichtigen Verkehrsknoten und damit auch industriellen Standort entwickelt. Sie hat zwei Zentren: Podmokly (Bodenbach) westlich und die uspründliche Stadt Děčín östlich der Elbe.

In **Podmokly** am linken Flussufer befinden sich der **Hauptbahnhof** (Hlavní nádraží), die einzige **Synagoge** im böhmischen Grenzgebiet, die – paradoxerweise dank der Initiative eines deutschen Beamten – vor der Zerstörung durch die Nazis bewahrt blieb (Žižková 4, Tel. 412 531 095, So–Fr 8–14 Uhr) sowie das **Regionalmuseum** (Okresní muzeum, České mládeže 1, Tel. 412 531 549, Di–So 9–12 und 13–17 Uhr) mit einer Dauerausstellung über die Elbschifffahrt. Einer der schönsten Ausblicke auf das gegenüber liegende Schlossareal und Stadtzentrum eröffnet sich von der **Schäferwand** (Pastýřská stěna), wo sich eine romantische Burgimitation aus dem Jahr 1905 mit einem Restaurant befindet.

Das mächtige **Schloss** erhebt sich am rechten Flussufer auf einem 50 m hohen Felsvorsprung über dem Zusammenfluss von Elbe (Labe) und Polzen (Ploučnice). Seine heutige Form erhielt es durch eine Reihe von Umbauten an der ursprünglich romanischen und gotischen Burg der Přemysliden. Die letzten Umgestaltungen stammen aus der Zeit um 1790. Der nach wie vor beklagenswerte Bauzustand des zuletzt als Kaserne benutzten Gebäudes eignet sich allerdings nicht für Besichtigungen. Zugänglich ist lediglich – über die 300 m lange, in den Fels gehauene und zu beiden Seiten von hohen Mauern umgebene Straße Dlouhá jízda (Lange Fahrt) – der an den Hängen unter dem Schloss terrassenförmig angelegte barocke **Rosengarten** mit einer Sala Terrena und einer verspielten, zweistöckigen, mit allegorischen Figuren geschmückten Gloriette (Růžová zahrada, Tel. 412 510 650, Mai–Sept. Di–So 9–20 Uhr).

Nicht versäumen sollte man die barocke **Heilig-Kreuz-Kirche** (Kostel sv. Kříž) in der kleinen Altstadt und südlich des Schlosshügels in einer eher tristen Gegend die **spätgotische Steinbrücke** über die Polzen (1567), die allen Naturkräften widerstanden hat und

Böhmische Schweiz und Isergebirge

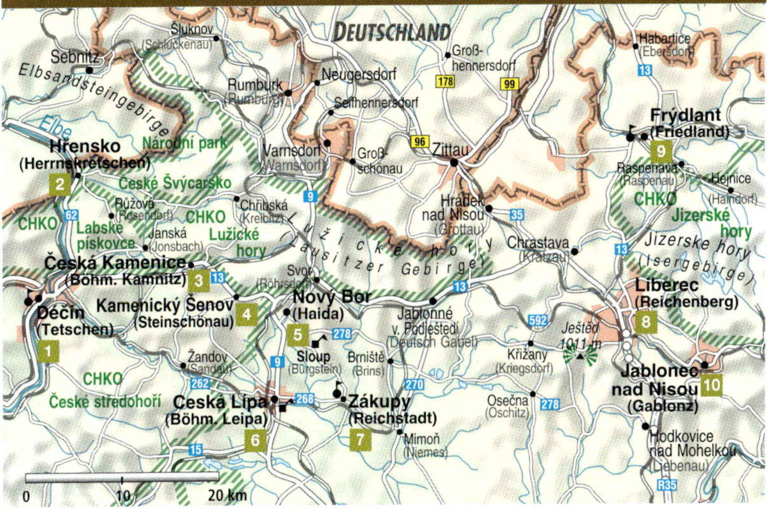

in krassem Gegensatz zu der nahen Brücke aus Stahl und Beton steht. Barocke Heiligenfiguren von Michael Josef Brokoff, der auch einige der Skulpturen auf der Prager Karlsbrücke schuf, schmücken seit 1714 diese älteste der insgesamt neun Flussübergänge von Děčín.

Wanderung auf den Hohen Schneeberg

Lohnend ist eine Wanderung auf den höchsten Gipfel des Elbsandsteingebirges. Der Hohe Schneeberg (Děčinský Sněžník) mit einer Höhe von 723 m liegt rund 10 km westlich von Děčín und ist über einen recht steilen Anstieg zu erreichen.

Vom Aussichtsturm auf dem Gipfel kann man neben dem Genuss des Fernblicks aber leider auch das ganze Ausmaß des Waldsterbens erblicken. Die früher dichten Wälder sind verschwunden. Glücklicherweise ist man konsequent um Aufforstung bemüht, ehe das Gebiet verkarstet. Trotz dieses Wermutstropfens ist der Überblick über das Elbsandsteingebirge samt Böhmischer Schweiz atemberaubend. Beim Turm gibt es ein neues, von den Betreibern von Radio Děčín errichtetes Restaurant (Turm, tgl. 10–17 Uhr, im Winter je nach Wetter geöffnet. Restaurant, Tel. 412 551 000, Di–So 10–16 Uhr).

i **Infozentrum:** 40502 Děčín IV, Teplická 19, Tel. 412 530 811, www.tourinfomudecin.cz, März/April, Sept./Okt. tgl. 9–18, Mai–Aug. tgl. 9–19, Nov.–Febr. tgl. 9–16 Uhr.

Česká koruna: Masarykovo nám. 60, Tel. 412 516 104, Fax 412 519 086, hotel.ceskakoruna@quick.cz. Das beste Hotel mit dem besten Restaurant der Stadt im Zentrum am rechten Flussufer gelegen. Ansprechende Zimmer mit allem, was man braucht. DZ 40–70 €. Im Restaurant (tgl. 11–23 Uhr) wird verfeinerte böhmische Küche mit internationalem Einschlag und Fischspezialitäten serviert. Hauptgerichte ab 5 €.

Pošta: Masarykovo nám. 9, Tel./Fax 412 511 544, hotelposta@iol.cz. Kleines, preiswertes Hotel in zentraler Lage mit schlicht möblierten Zimmern, die nicht alle eigenes Bad/WC haben. Im Erdgeschoss gibt es eine urige Bierkneipe, in der man auch gut essen kann (tgl. 11–23 Uhr). Hauptgerichte ab 3 €.

Mit den Autoren unterwegs

Naturdenkmal aus Basalt

Die ›Teufelsorgel‹ ist eine ungewöhnliche Felsformation bei Kamenický Šenov – Basaltsäulen ragen 25 m hoch auf (s. S. 172).

Wanderungen

Auf Wanderungen können Sie die Naturvielfalt der Böhmischen Schweiz am besten erfahren.

Wanderung 1: Der höchste Gipfel des Elbsandsteingebirges, der **Hohe Schneeberg**, bietet eine herrliche Aussicht (s. S. 169).

Wanderung 2: Das Naturdenkmal **Prebisch-Tor** und die **Kamnitzklamm** sind unbedingt einen Tipp wert (s. S. 171).

Wanderung 3: Auf dem Hausberg von Liberec, dem **Ještěd**, thront ein modernes Hotel-Restaurant. Auf den Ještěd kann auch mit der Seilbahn fahren, um die grandiose Aussicht zu genießen (s. S. 177).

Modeschmuck ›vom Feinsten‹

In Jablonec nad Nisou (Gablonz an der Neiße), dem Zentrum der böhmischen Glasschmuckherstellung, kann man sich äußerst preisgünstig mit hübschem Modeschmuck eindecken, der andernorts wesentlich teurer ist (s. S. 181).

Mehrere direkte **Busverbindungen** pro Tag mit Prag, vier Verbindungen nach Hřensko, das Tor zum Böhmischen Paradies. Děčín ist die erste **Schnellzugstation** nach der Grenze an der Strecke Dresden–Prag.

Hřensko

Der Grenzort **Hřensko** 2 (Herrnskretschen) liegt in einer tiefen Elbeschlucht bei der Einmündung des Flüsschens Kamenice (Kamnitz). Im 16. Jh. als Holzfällerdorf entstanden spielt, seit Anfang des 20. Jh. im Hinterland Wanderwege angelegt wurden, der Fremdenverkehr eine immer größere Rolle.

Leider gibt es wegen der Grenznähe an der Durchgangsstraße lange Reihen von Marktständen mit billigen Textilien, gefälschten Zigaretten, Schnaps, Gartenzwergen und anderem Souvenirkram, Würstchenbuden, Bars, Bordelle und Straßenprostitution. In Hřensko hat man sich für den Ansturm deutscher Besucher, die ›mal auf einen Sprung‹ herüberkommen, gut gerüstet. Solange Angebot und Nachfrage die Geschäfte bestimmen und zwischen beiden Ländern ein Preisgefälle besteht, wird der laute, aufdringliche Markt kaum verschwinden. Ruhe findet man in der einst beschaulichen Sommerfrische, bei der die Elbe übrigens die mit 115 m tiefste Stelle der Tschechischen Republik durchfließt, sicher nicht, doch eignet sie sich bestens als Ausgangspunkt für Fahrten und Wanderungen durch die Böhmische Schweiz.

Infozentrum Nationalpark Böhmische Schweiz (Informační centrum Českého Švýcarska) direkt beim Prebischtor: 40717 Hřensko 82, Pravčická brána, Tel. 412 554 286, www.pbrana.cz, 1.4. – 7.11. täglich 10–18 Uhr.

Praha: Hřensko 37, Tel. 412 554 006, Fax 412 554 162, hotel.praha@volny.cz. Mittelklasse-Hotel in ruhiger Lage am Kamenice-Flüsschen mit gut ausgestatteten Zimmern (70 Betten). DZ 50–60 €. Ausgezeichnetes Restaurant mit böhmischen Spezialitäten, Weinstube, Sommerterrasse (tgl. 10–22 Uhr). Hauptgerichte ab 4 €.

Lokale **Busse** und **Züge** mehrmals täglich von und nach Děčín (Schnellzugstation an der Strecke Dresden–Prag)

Česká Kamenice

Unberührt von industriellen Verschandelungen öffnet sich auf der Fahrt von Hřensko nach **Česká Kamenice** 3 (Böhmisch Kamnitz) ein stilles, zauberhaftes Feriengebiet mit alten, streifenverzierten Holzhäusern, kleinen Pensionen und Privatquartieren. Entlang der

Richtig Reisen-Tipp: Wanderung im Nationalpark Böhmische Schweiz

Spitze Felsen und tiefe Taleinschnitte mit rauschenden Wasserfällen begrüßen den Besucher, sobald er den Trubel im Grenzort **Hřensko** hinter sich gelassen hat. Ziel ist das **Prebisch-Tor** (Pravčická brána, s. S. 172), eine malerische, von der Natur geschaffene Sandsteinbrücke. Es ist mit einer Höhe von 16 m und einer Spannweite von 21,5 m das größte Felsentor Europas und über einen bequemen Wanderweg vom Hotel-Restaurant Mezní Louka (Rainwiese, Parkplatz) in etwa 90 Minuten erreichbar.

Schöner und abwechslungsreicher ist die **Wanderung mit Bootsfahrten durch die Kamnitz-Schluchten**: Ausgangspunkt der einfachen 5 1/2 stündigen Wanderung mit längeren Aufstiegen ist der Parkplatz an der **Kamnitzklamm** östlich von Hřensko.

Auf einem Naturlehrpfad wandert man durch die wildromantische **Edmundsklamm** zwischen 100 m hohen Felsen, unter Felsüberhängen und durch Tunnels bis zu einer Staustufe (1,30 Std.). Hier beginnt die **Stille Klamm**, durch die man mit dem Stechkahn in 20 Min. gefahren wird. Zu Fuß geht es dann weiter zur Stimmersdorfer Brücke (2 Std.), in der Kamnitz-Schlucht weiter hinauf zur **Wilden Klamm**, wo eine Kahnfahrt als nächster Höhepunkt ansteht. Danach geht man weiter 1,5 km an der Kamnitz am linken Ufer aufwärts, verlässt dann die Schlucht, steigt in den Soorgrund auf (2,30 Std.) und erreicht nach einer halben Stunde die **Rainwiese** (Mezní Louka). Von hier führt der **Gabrielensteig** (Gabrielenská stezka) hinauf über den Ziegenrücken, über einen Hohlweg und Stufen an Felswände heran, die stark verwitterten Flügelwand. Weiter auf dem Gabrielensteig um das Jägerhorn und den Beckstein. Jetzt ist man in der gewaltigen Szenerie des Prebischgrunds. Man umwandert in 20 Min. die Schlucht, dann 10 Min. um eine Felsenecke zum **Prebischtor**. Die Aussichtpunkte auf dem **Edmundstein** erreicht man nach 4,30 Std.

Richtung Hřensko steigt man weiter über den Gabrielelensteig ab, der nach 30 Minuten zu einer Straße führt. Nach insgesamt 5,20 Std. erreicht man wieder mit der Kamnitzklamm den Ausgangspunkt. (Wanderung mit ca. 400 Höhenmeter Aufstieg und 19 km Länge, in ca. 5,20 Std reine Gehzeit.)

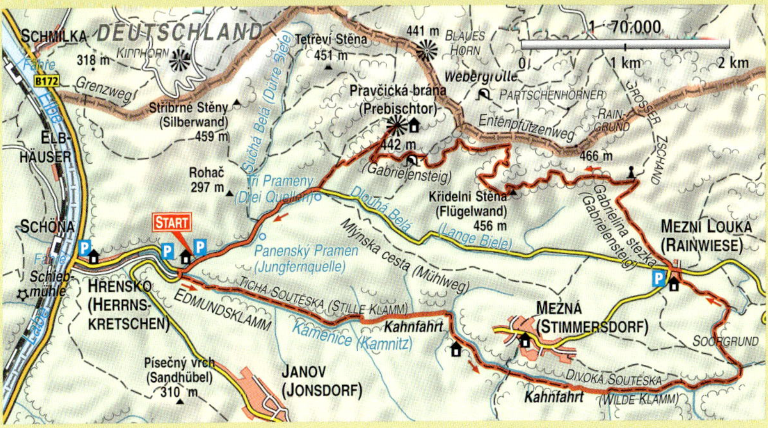

Beliebtes Ausflugsziel: das Naturdenkmal Prebisch-Tor bei Hřensko

schmalen, gewundenen Landstraße weiden Kühe und Pferde auf saftigen Wiesen, rauscht ein Bächlein, tragen Obstbäume schwer an ihren Früchten. In diese bukolische Idylle passt so recht das Dörfchen Růžová (Rosendorf), ein Name, den man buchstäblich erschnuppern kann. Der historische Kern von Česká Kamenice mit zumeist barocken Bürgerhäusern, die den Marktplatz säumen, wurde unter Denkmalschutz gestellt. Das mit Barockanbauten versehene Renaissanceschloss dient dem 5600 Einwohner zählenden Städtchen heute als Amtsgebäude.

Myslivna: 40721 Česká Kamenice, Huníkov 200, Tel. 412 582 994, myslivna@post.cz und **Kamzík:** Studený 35, Tel. 412 584 008, Fax 412 582 444, kamzik@penzionkamzik.cz sind beide nette, saubere Pensionen mit angeschlossenem Restaurant. Ideal für ein paar Tage zum Ausspannen. DZ 25–40 €, Hauptgerichte ab 4 €.

Na Pile: Studený 89, Tel. 412 584 400, pension.napile@volny.cz. Kleine Pension ohne Küchenbetrieb (nur Frühstück). DZ 20–30 €.

Alle 2–3 Stunden **Busse** und **Lokalzüge** von und nach Děčín.

Kamenický Šenov

Paläste, Schlösser, Kirchen, Klöster, Theater, Opernhäuser und andere repräsentative Bauten in aller Welt rühmen sich der Kristalllüster

aus **Kamenický Šenov** 4 (Steinschönau), einem der Zentren hochwertiger Glasverarbeitung in Böhmen, deren Tradition bis in das 16. Jh. zurückreicht. 1839 wurde in dem in eine schöne Hügellandschaft eingebetteten Städtchen an der Grenze zwischen dem Lausitzer Gebirge und dem Böhmischen Mittelgebirge Europas erste Glas-Handwerksschule gegründet, aus der nach wie vor international gefragte Fachleute hervorgehen. Die weltberühmte Wiener Firma J. & L. Lobmeyr bestellte seit 1860 bei den Glaswerken in Steinschönau künstlerische Glasobjekte. Geschichte und Techniken dieses anspruchsvollen Gewerbes dokumentiert das sehenswerte **Glasmuseum** im klassizistischen Lobmeyrhaus, seinerzeit Sitz der Wiener Glashandelsfirma (Sklářské muzeum, Osvobození 69, Tel. 487 767 206, Di–So 8–16 Uhr). In den vergangenen Jahren sind eine Reihe kleiner privater Glasmacherwerkstätten entstanden, die man auch besuchen kann.

Nostalgiefahrten mit historischen Eisenbahnzügen gibt es auf der 4,5 km langen, für den regelmäßigen Personenverkehr längst aufgelassenen Strecke zwischen Česká Kamenice und Kamenický Šenov, wo auch ein kleines **Eisenbahnmuseum** eingerichtet wurde (Muzejní železnice, Nádražní 575, Mobiltel. 603 885 038, kpl@t-email.cz).

Panská skála

Rund 1 km außerhalb der 4200 Einwohner zählenden Stadt erhebt sich rechter Hand der Straße nach Nový Bor eine ungewöhnliche Felsformation, der **Herrnhausfelsen** (Panská skála), im Volksmund auch ›Teufelsorgel‹ genannt, die eines der eindrucksvollsten Naturdenkmäler Nordböhmens ist. Orgelpfeifen gleich reihen sich die bis zu 25 m hohen, mehrkantigen Basaltsäulen am Fuße eines kleinen Teiches zu einem mächtigen Steingebilde aneinander (Abb. s. S. 174).

Keine Anbindung an das Eisenbahnnetz, selten fahren Busse von Děčín und Liberec.

Nový Bor

Edles Glas dominiert auch die mit ihren Manufakturen um 1700 gegründete und im Laufe der Zeit stark gewachsene Stadt **Nový Bor** 5 (Haida). Sie verdankt ihren Weltruhm der Erfinder des tiefrot funkelnden Rubinglases und einer Reihe weiterer Geheimrezepte, die böhmische Biedermeier-Gläser – sie werden heute nachgebildet – zu begehrten Sammlerobjekten machten. Im **Glasmuseum** befinden sich prächtige Exponate (Sklářské muzeum, nám. Míru 105, Tel. 487 726 196, Di–So 9–12 und 13–16 Uhr).

Dass Glas nicht zerbrechliches Glück, sondern soliden Wohlstand bescheren kann, beweisen die stattlichen Barock- und Empirehäuser sowie das barocke Rathaus am

Der größte Basaltaufschluss Europas: Panská skála

Hauptplatz. Oberhalb von Nový Bor, dem Ausgangspunkt in das großteils unter Naturschutz stehende **Lausitzer Gebirge** (Lužické hory), erhebt sich der Berg Klíč (Kleis, 760 m).

Burgruine Sloup

Die nahe Burg Sloup (Bürgstein) aus dem 14. Jh. ist nur als malerische Ruine erhalten. In der gleichnamigen Ortschaft feierte 1901 im Saal des Gasthauses ›Zum goldenen Lamm‹ der später weltberühmte Schauspieler Emil Jannings sein Bühnendebüt: In Schillers ›Die Räuber‹ spielte er – Schmiere ist Schmiere – an einem Abend sowohl den Franz als auch den Karl Moor.

Infozentrum: 47301 Nový Bor, T.G. Masaryka 46, Tel. 487 726 815, www.novy-bor.cz, Nov.–März Di–Fr 9–12, 12.30–16, April–Okt. Di–Fr 9–12 und 12.30–17 Uhr.

Parkhotel: Žižkova 269, Tel. 487 723 157, Fax 487 723 162, agdpark@clnet.cz. Drei-Sterne-Hotel in einer neoklassizistischen Villa samt modernem Anbau, komfortable Zimmer, Fitnessräume, Kosmetik, Friseur und Glasgalerie im Haus. DZ 80–110 €. Restaurant mit internationaler Küche (tgl. 11–14.30 und 17.30–23 Uhr), Café-Bar (bis 2 Uhr). Hauptgerichte ab 6 €.

Grandhotel Pražák: Dvořákova 525, Tel. 487 715 555, Fax 487 715 999, grandhotel@cmail.cz. Sympathisches Mittelklassehotel, 27 Doppelzimmer und 5 Suiten mit gediegener Einrichtung. DZ 70–100 €. Gutes Restaurant mit böhmischen und internationalen Spezialitäten, tgl. 11–22 Uhr. Hauptgerichte ab 6 €.

Verona: T. G. Masaryka 240, Tel. 487 725 430 und 487 722 678. Kleine Pension mit einfachen Zimmern, in denen man aber alles hat, was man braucht. DZ 30–40 €. Im Haus ein böhmisches Restaurant mit gepflegten Weinen und Bieren. Hauptgerichte ab 4 €.

In einigen **Glasgalerien** kann man exquisite Objekte erstehen: **Štěpánek**, Ke Koupališti 1315 und **Jana Zemana**,

Dvořákova 287 (beide künstlerisch höchst anspruchsvolle Gläser), **AnticGlass**, Sloupská 534 (Repliken alter Gläser), **Glassbor**, Nová 162 (Dekor- und Gebrauchsgläser).

Lokale **Bus- und Zugsverbindungen** mehrmals täglich mit dem 8 km entfernten Česká Lípa. Von dort Züge von und nach Prag.

Česká Lípa

Uranerzfunde in der Umgebung von **Česká Lípa** 6 (Böhmisch Leipa) ließen die Einwohnerzahl der Stadt in den 1970er Jahren bis auf mehr als 40 000 ansteigen, schnell aus dem Boden gestampfte Wohnsilos zeichnen in den Außenbezirken hässliche Bilder. Das alte Leipa entstand im 12. und 13. Jh. rund um eine Wasserburg, von der nur mehr spärliche Reste vorhanden sind. Der historische Stadtkern rund um den Hauptplatz ist aber durchaus einen Besuch wert.

Zu Beginn des 17. Jh. gründete Albrecht von Waldstein (Wallenstein) das barocke **Augustinerkloster** mit Lateinschule, Allerheiligen-Kirche sowie einer Druckerei, in der heute das Regionalmuseum untergebracht ist (nám. Osvobození 297, Tel. 487 824 145, März, April und Okt.–Dez. Mi–So, Mai– Sept. Di–So jeweils 9–12 und 13–17 Uhr, Jan, Febr. geschl.).

Ursprünglich aus der Spätgotik stammen die **Magdalenenkirche** und die **Hl.-Kreuz Kirche,** beide jedoch mehrfach umgebaut. Als interessantestes Baudenkmal wird das mit Arkaden und Sgraffiti geschmückte **Rote Haus** (Červený dům) gerühmt, 1583 am Rande des Schlossgartens als Renaissance-Jagd- und Lustschlösschen errichtet.

Schloss Zákupy

Diplomatisches Ränkespiel und hohe Politik rückten Anfang des 19. Jh. den Namen des bis dahin kaum bekannten, rund 10 km östlich von Česká Lípa liegenden Schlosses **Zákupy** 7 (Reichstadt) in den Blickpunkt der Öffentlichkeit.

Das anstelle einer alten Festung errichtete Renaissance-Bauwerk, im 17. Jh. barock umgestaltet und erweitert, befand sich nach zahlreichen Besitzerwechseln zur Zeit des Wiener Kongresses (1814/15) in der Hand der Habsburger. Als man nach dem Fall Napoleons für den Sohn Bonapartes und seiner Frau Marie Louise, die Tochter des österreichischen Monarchen Franz I., einen geeigneten Titel suchte, sprach sich der schlaue Reichskanzler Fürst Metternich für die Bezeichnung ›Herzog von Reichstadt‹ aus. Damit sollte die napoleonische Abstammung des am Wiener Hof lebenden Jünglings kaschiert werden. Um die heikle Angelegenheit auch rechtlich abzusichern, wurde dem Besitztum Zákupy per kaiserlichem Erlass die Würde eines Herzogtums verliehen. Der Spross des weltweit geächteten Korsen freilich hat Reichstadt während seines kurzen Lebens – er starb 1832 im Alter von nur 21 Jahren – niemals gesehen.

Nach seiner kurzen Regierungszeit (1835–1848) und der Thronentsagung zugunsten seines Neffen Franz Joseph ließ Österreichs in Pension geschickter Kaiser Ferdinand I. – übrigens der letzte gekrönte König Böhmens – Schloss Zákupy als Sommerresidenz umgestalten. Die Dekoration der repräsentativen Innenräume übernahm der prominente Prager Maler Josef Navrátil, der einen farbenprächtigen, von üppigen Ornamenten gekennzeichneten Stil – der damaligen Mode des ›zweiten Rokokos‹ entsprechend – bevorzugte. In der frühbarocken Schlosskapelle fand am 1. Juli 1900 die heimliche Hochzeit des Thronfolgers Franz Ferdinand mit Gräfin Sophie Chotek statt.

Das historische Interieur, insbesondere die Beispiele feudaler Wohnkultur des 19. Jh., lohnen eine Besichtigung des seit 1918 staatlichen Schlosses (Státní zámek Zákupy, Tel. 487 857 278, April, Okt. Mi–So 9–15, Mai–Sept. Di–So 9–17 Uhr).

i **Infozentrum:** 47036 Česká Lípa, nám. T. G. Masaryka 2, Tel. 487 881 105, www.mucl.cz, Mo, Mi 9–17, Di, Do, Fr 9–16, Sa 9–12 Uhr.

Olympia: Česká Lípa, Bulharská 853, Tel. 487 823 861, Fax 487 823 800, hotelolympia@c-box.cz. Gediegenes Stadthotel mit freundlichen Zimmern (56 Betten) und angeschlossenem Sport- und Fitnesszentrum (Squash, Bowling, Massage, Kosmetik, Sauna). DZ 60–70 €. Einfaches Restaurant mit böhmischer Standardküche, tgl. 11–23 Uhr. Hauptgerichte ab 4 €.

Gute **Zugverbindungen** mit Prag (Strecke Děčín–Prag), auch einige **Linienbusse** pro Tag aus und in die Hauptstadt.

Liberec

Im Kessel zwischen dem Isergebirge (Jizerské hory) und dem durch eine Seilbahn erschlossenen, 1012 m hohen Hausberg Ještěd (Jeschken) liegt an der Lausitzer Neiße (Lužická Nisa) das mehr als 100 000 Einwohner zählende **Liberec** 8 (Reichenberg), eine Stadt, die auf eine lange Tuchmacher-Tradition zurückblicken kann. Da keinerlei Bodenschätze vorhanden waren, mussten die Bürger mit Fleiß und Zähigkeit ihren Lebensunterhalt verdienen, hauptsächlich durch Leinen- und Textilweberei. Einwanderer aus Schlesien hatten das Handwerk im 16. Jh. mitgebracht. Ihnen verdankt das ›Reichenberger Tuch‹ seine Weltgeltung.

Seuchen und Kriegszerstörungen setzten auch Liberec hart zu, erst die Anbindung an die Eisenbahn bescherte der Textilindustrie im 19. Jh. eine neue Blüte. Wachsende soziale Spannungen blieben jedoch nicht aus, und die Stadt wurde zum Zentrum der Arbeiterbewegung. 1877 bis 1880 befand sich in Reichenberg der Sitz des Parteivorstands der Sozialdemokraten Österreichs.

1938 war es dann für lange Zeit mit der Demokratie vorbei, als die Nazi-Machthaber hier das Verwaltungszentrum des ›Reichsgaus Sudetenland‹ etablierten. Der braune Alptraum ging in die KP-Diktatur über, die sich jedoch wenigstens um den weiteren Ausbau der Textilfabriken Fachhochschule bemühte.

Aufgrund der rapiden industriellen Entwicklung seit der zweiten Hälfte des 19. Jh. fehlen Liberec die Anmut und Übersichtlichkeit organisch gewachsener Städte. Das Grau der Vororte wird lediglich durch das Grün einiger Villenviertel, eines **Botanischen Gartens** (Purkyňova 3, tgl. 8–16/18 Uhr) mit 9 000 verschiedenen Pflanzenarten und des ältesten, 1906 gegründeten **Zoos** des Landes etwas aufgefrischt. (Masarykova 1347, Tel. 482 710 617, www.zooliberec.cz, tgl. 8–17/18 Uhr. Beide erreicht man mit der Straßenbahnlinie 2, Station Lidové sady).

Stadtrundgang

Im historischen Stadtkern dominieren Bauten der Gründerzeit, wie das 1888–93 von dem Wiener Architekten Franz Neumann im Neorenaissancestil errichtete **Rathaus**, das sein Vorbild aus der Donaumetropole nicht verleugnen kann. Den Rathausturm kann man besteigen und aus 56 m Höhe die Stadt überblicken.

Ebenfalls aus Wien stammten Ferdinand Fellner und Hermann Helmer, die in Reichenberg 1883 eines der schönsten ihrer zahlreichen, über das gesamte Gebiet der Monarchie verstreuten **Theater** bauten. Den Bühnenvorhang gestaltete Gustav Klimt.

Älteren Datums sind die **Wallenstein-Häuser** in der engen Windgasse (Větrná ulice), malerische Fachwerkbauten aus dem 17. Jh. in einem vom Herzog von Friedland gegründeten einstigen Tuchmacher-Viertel, sowie das südöstlich des Stadtkerns liegende, derzeit nur bei Sonderveranstaltungen zugängliche **Renaissanceschloss** mit barocken und klassizistischen Umbauten und der mit kostbarer Schnitzkunst verzierten Salvator-Kapelle (1604–1606). Es befindet sich im Besitz eines Glashandels-Unternehmens.

Gleich neben dem Schloss befindet sich die **Regionale Kunstgalerie** in einem klassizistischen Palast, eine Stiftung des Reichenberger Textilkönigs Johann Liebig. Zu sehen sind Gemälde deutscher, französischer, niederländischer und böhmischer Maler des 17.–20. Jh. (Oblastní galérie, U tiskárny 1, Tel. 485 106 325, Di–So 10–18 Uhr).

Blick auf das neugotische Rathaus in Liberec

Das **Nordböhmische Museum** gut 1 km nordöstlich des Zentrums hütet hervorragende kunstgewerbliche Exponate aus Liberec wie Glas, Keramik, Möbel, Textilien, Tapisserien (Severočeské muzeum, Masarykova 11, Tel. 485 246 111, Di–So 9–17 Uhr).

Oldtimer-Museum in Vratislavice

In Vratislavice (Maffersdorf) südöstlich von Liberec, mit der Straßenbahnlinie 5 zu erreichen, gibt es ein sehenswertes **Oldtimer-Museum**. Kein Geringerer als der geniale Ferdinand Porsche erblickte in diesem Ort am 3. September 1875 das Licht der Welt (Automuzeum, Tanvaldská 164, Vratislavice nad Nisou, Mobiltel. 607 802 570, www.automuzeum.cz, nur an Sonntagen 9–16 Uhr oder gegen Voranmeldung geöffnet).

Wanderung auf den Ještěd

Im Sommer zum Wandern, im Winter zum Skilaufen – der Hausberg Ještěd (Jeschken) ist das beliebteste Naherholungsgebiet von Liberec. Zu erreichen ist der Ausgangspunkt der Wanderung mit der Straßenbahn Linie 3 bis Horní Hanychov, von dort geht es wahlweise per Kabinenseilbahn oder zu Fuß auf eine Höhe von 1012 m ü. d. M. Am Gipfel befindet sich ein architektonisch interessantes Hotel-Restaurant aus dem Jahr 1973 mit wundervollem Rundblick (Hotel-Restaurant: Tel. 485 104 291, www. hotel.jested.cz. Seilbahn: Di–So alle 30 Minuten 9–18/19 Uhr, Mo nur nachmittags).

i **Infozentrum:** 46059 Liberec I, nám. Beneše 1, Tel. 485 101 709, www.infolbc. cz, Mo–Fr 8.30–18, Sa 9.30–12.30 Uhr.

Grandhotel Zlatý Lev: Gutenbergova 3, Tel. 485 256 700, Fax 482 710 270, info@zlatylev.cz. Schönstes und komfortabelstes Hotel der Stadt gegenüber dem Schloss. In dem 100 Jahre alten Traditionshaus (150 Betten) findet man alles, was man von einem Grandhotel erwarten darf, auch ein ausgezeichnetes internationales Restaurant. DZ 90–120 €.

Praha: Železná 2, Tel. 485 102 655, Fax 485 113 138, info@hotelpraha.net. Prachtvolles Jugendstil-Hotel mit komfortablen Zimmern gegenüber dem Rathaus im Herzen der Stadt. DZ 60–80 €.

Bílý Mlýn: Tř. Svobody 295/30, Tel. 482 750 863, Fax 482 348 119, mlyn@bilymlyn.cz. Nette Familienpension mit geräumigen, schlichten Zimmern und einem besonders guten Restaurant. DZ 30–40 €.

Arnold: Tomanova 902/9, Tel/Fax 485 121 154, www.arnold.unas.cz. Einfache Pension am Stadtrand, Standardzimmer mit Dusche/WC und TV, Parkplatz. Im Sommer Verleih von Mountainbikes, im Winter von Langlaufausrüstungen. DZ 20–25 €.

Rybářská bašta: Masarykova 726, Tel. 482 710 177, tgl. 11–23 Uhr. Restaurantpavillon mit Terrasse am Schwanenteich in der Nähe des Zoos, das sich ganz auf Fischspezialitäten aus Süß- und Salzwasser konzentriert. Hauptgerichte ab 8 €.

Radniční sklípek: nám. Beneše 6/7, Tel. 482 711 737, tgl. 11–23 Uhr. Im Rathauskeller serviert man gute bodenständige Speisen und frisch gezapftes Bier. Hauptgerichte ab 5 €.

Ananda: Frýdlantská 210, Tel. 485 103 741, tgl. 10–22 Uhr. Hier wird vegetarisch gekocht. Hauptgerichte ab 5 €.

Kavárna Pošta: nám. Beneše 24, Tel. 485 110 021, tgl. 8–22 Uhr. Alt-Wiener Café-Restaurant mit prächtigem neoklassizistischem Interieur gegenüber dem Theater. Kleine Speisen und böhmische Spezialitäten. Hauptgerichte ab 4 €.

Freizeitpark Babylon: Ein riesiger Aquapark mit Schwimmbädern, Wasserrutschen, Sauna und anderen Attraktionen, ein Lunapark im Stil einer altböhmischen Kirmes, Spielhallen, ein Shopping-Center mit mehr als 60 Geschäften, drei Restaurants und ein Vier-Sterne-Hotel – all das befindet sich auf dem Gelände des großen Freizeit- und Vergnügungszentrums im Westen der Stadt bei der Staatsstraße 13/E 442 (Nitranská 1, Tel. 485 251 599, www.centrum-babylon.cz).

Oper, Operette, Ballett und Schauspiel werden im wunderschönen **Stadttheater** gepflegt. Allein das Interieur dieses prachtvollen Hauses ist einen Besuch wert (Divadlo F. X. Šaldy, nám. Beneše 22, Tel. 485 101 523, www.saldovo-divadlo.cz, Kartenverkauf Mo–Fr 10–18 Uhr).

Direkte **Zug- und Busverbindungen** verkehren mehrmals täglich von und nach Prag. Der Busbahnhof (Autobusové nádraží) befindet sich in der Žitavská ul., der Hauptbahnhof (Vlakové nádraží) in der Nákladní ul.

Frýdlant

In den 23 km nördlich von Liberec liegenden Ort **Frýdlant** 9 (Friedland) kommt man kaum allein wegen des hübschen Marktplatzes oder der Pfarrkirche des hl. Kreuzes, in der sich neben der wertvollen Innenausstattung Renaissance-Grabmäler adliger Familien befinden. Hauptanziehungspunkte sind Wallensteins Burg und Schloss, die sich auf einem Basaltfelsen über dem Dorf erheben. Für die Besichtigung des ausgedehnten Komplexes sollte man mindestens zweieinhalb Stunden reservieren.

Burg und Schloss

Als Franz Kafka um 1920 in seiner Eigenschaft als Versicherungsgutachter Friedland besuchte und hier möglicherweise eines der Vorbilder für seinen Roman ›Das Schloss‹ fand, war ein Teil der Anlage bereits mehr als 100 Jahre lang der Öffentlichkeit zugänglich. Nicht zuletzt Schillers Drama ›Wallenstein‹

hatte das allgemeine Interesse an dem Anwesen geweckt, das der Heerführer sich nach der Schlacht am Weißen Berg aus den von der Krone beschlagnahmten Gütern sicherte. Wallenstein wohnte hier aber bis zu seiner Ermordung nur wenige Tage. Die Familie Clam-Gallas, in deren Besitz die Anlage nach Waldsteins Tod gelangt war und bis 1945 bewohnte, entschloss sich bereits 1801, die Obere Burg für Besucher zu öffnen. Friedland ist somit eines der ältesten Burgmuseen Europas.

Seit seiner Gründung in der ersten Hälfte des 13. Jh. auf einem Basaltfelsen im Nordwesten des Isergebirges wurde Friedland wiederholt umgebaut und erweitert. Vor allem der schlesische Adlige Friedrich von Redern, Lutheraner und Habsburg-Feind, der das Schloss 1558 von der Familie der Biberstein erwarb, prägte mit dem Ausbau der ursprünglich gotischen **Oberen Burg** und den Renaissancebauten des **Neuen Schlosses** das Aussehen der Anlage.

Durch die Außenmauern, von den Schweden während ihrer dreijährigen Besetzung 1647 errichtet, und das **Untere Tor** (15. Jh.) gelangt man in den Unteren Schlosshof mit dem **Renaissance-Palast** mit reichem Sgraffito-Schmuck. Der Schlosshof ist Schauplatz sommerlicher Ritterspiele. Beachtung verdient auch die **Schlosskapelle**, ein prachtvolles Bauwerk der Spätrenaissance mit kostbarem Interieur und einem erstaunlichen Beweis religiöser Toleranz: Einem protestantischen Altar aus der Renaissance stellte man im Barock einen katholischen gegenüber.

Die Obere Burg wird von einem massiven, 60 m hohen **gotischen Rundturm** beherrscht, der in der Renaissance zwei Oberlichttürmchen und ein Kuppeldach erhielt (Státní zámek Frýdlant, Tel. 482 312 130, www.zamekfrydlant.cz, April und Okt. Di–So

Burg Frýdlant, eines der Schlösser Albrecht von Wallensteins

Wallenstein: Lichtgestalt oder Hochverräter?

Thema

Der aus altem böhmischen Adel stammende Albrecht Wenzel Eusebius von Wallenstein, geboren am 24. September 1583 zu Arnau (Hostinné), rechtfertigt Schillers Wort: »Von der Parteien Hass und Gunst verwirrt, schwankt sein Charakterbild in der Geschichte.« Wer war dieser sternengläubige, angeblich vor seinen Horoskopen zitternde Mann wirklich?

Die eine Seite der Medaille zeigt den siegreichen Feldherrn, der sein eigenes Söldnerheer unterhielt und auf den die katholische Seite im Dreißigjährigen Krieg nicht verzichten konnte. Die andere einen gerissenen Finanzjongleur, Glücksritter und Polit-Abenteurer, skrupellos und unbezähmbar in seinem Drang nach immer mehr Besitz, Macht und Ansehen.

Die Fakten: Seit 1604 in kaiserlichen Diensten und nach militärischer Bewährung ab 1607 als Kämmerer am Wiener Hof, fielen Wallenstein nach dem Tod seiner ersten Frau Lukrezia von Witschkow (1614) deren riesige Ländereien in Mähren zu, sodass er dem im Krieg gegen Venedig bedrängten Erzherzog und künftigen Kaiser Ferdinand II. mit auf eigene Kosten rekrutierten Truppen 1617 zu Hilfe kommen konnte. Im böhmischen Aufstand (1618/19) kaisertreu, verlor er sein gesamtes Vermögen.

Unverdrossen bekämpfte er jedoch die Rebellen und raffte als Gouverneur von Böhmen nach der siegreichen Schlacht am Weißen Berg (1620) einen gigantischen Grundbesitz zusammen: 58 konfiszierte protestantische Güter von insgesamt 3900 km² wurden 1625 vom Kaiser zum Herzogtum Friedland erhoben. Wallenstein selbst stieg zum Reichsfürsten auf.

Seinen für die katholische Liga erfochtenen Sieg gegen die Dänen belohnte Kaiser Ferdinand überdies mit dem Herzogtum Mecklenburg und dem Fürstentum Sagan, doch Wallensteins Drängen nach religiöser Toleranz wies er zurück. Beunruhigt vom enormen Machtzuwachs des Generals erzwangen Spanien, die Jesuiten und die deutschen Fürsten schließlich 1630 dessen Absetzung.

Als aber noch im selben Jahr die Schweden unaufhaltsam vorrückten, übertrug Kaiser Ferdinand dem Herzog von Friedland erneut den Oberbefehl und nahezu unbeschränkte Vollmachten. Binnen kurzem stellte Wallenstein 100 000 Mann auf, befreite Bayern und schlug 1632 bei Nürnberg und bei Lützen, wo König Gustav Adolf II. fiel, gegen die Schweden die größten, letztlich aber unentschiedenen Schlachten des Dreißigjährigen Krieges.

Im Folgenden versuchte Wallenstein, kriegsmüde und gichtkrank, auf eigene Faust, die kämpfenden Parteien zum Frieden zu bewegen. Seine Nachsicht den böhmischen Rebellen gegenüber, die sich nicht der katholischen Gegenreform und der habsburgischen Gewalt beugen wollten, erregte wieder einmal heftiges Misstrauen bei Fürsten und Kaiser.

Entscheidend für sein gewaltsames Ende dürfte ein von Octavio Piccolomini, dem Kapitän seiner Leibgarde, am Wiener Hof verbreiteter – möglicherweise gefälschter – Geheimplan Wallensteins gewesen sein, der die Zerschlagung des Habsburger-Imperiums zum Ziel gehabt hätte. Wegen Hochverrats geächtet, starb der Friedländer 1634 in Eger durch die Hand eines gedungenen Mörders.

9–15.30, Mai, Juni, Sept. Di–So 9–16, Juli, Aug. Di–So 9–16.30 Uhr).

Lokalzüge mehrmals pro Tag von Liberec (40 Minuten).

Jablonec nad Nisou

»Größtes Waffenarsenal der weiblichen Anmut« – diese martialische Bezeichnung für das friedliche Glasschmuck-Städtchen findet sich in einem tschechischen Reiseführer der 1960er Jahre. Tatsächlich darf sich jedoch **Jablonec nad Nisou** 10 (Gablonz an der Neiße) rühmen, Frauen auf der ganzen Welt mit seinen buntglitzernden Erzeugnissen erobert zu haben.

Gablonz, das seinen Namen von ›jabloň‹ (Apfelbaum) ableitet und einen Apfelbaum auch im Stadtwappen trägt, war zunächst ein Ort der Leinenweber. Nach den Hussitenkriegen brachten deutsche Siedler das Glashandwerk mit, die erste Glashütte nahm 1548 ihren Betrieb auf. Stellte man zurerst konventionelle Produkte her, so begann Mitte des 18. Jh. mit der vorwiegend für den Export bestimmten Bijouterie-Fertigung der kometenhafte Aufstieg der Gablonzer Unternehmen, deren Zahl von 5 um das Jahr 1800 auf 600 in den 20er Jahren des 20. Jh. anstieg. 1880 folgte die Gründung einer kunstgewerblichen Schule für Herstellung und Design von Modeschmuck. Die Vertreibung der mehrheitlich deutschsprachigen Industriellen und Facharbeiter nach dem Zweiten Weltkrieg – sie ließen sich in Deutschland und Österreich nieder und setzten dort ihre erfolgreiche Produktion fort – führte in Jablonec zu einem wirtschaftlichen Rückschlag, von dem sich die Stadt nur langsam wieder erholte.

Heute befinden sich die Unternehmen zum Großteil nicht mehr in staatlicher Hand. In der Glasmacher-Innung sind mehr als 60 private Mitglieder vereint, die Modeschmuck und Kunstglas in fast 100 Länder der Welt exportieren. Die Erfolgsgeschichte von Gablonz wird auf eindrucksvolle Weise in dem sehenswerten **Museum für Glas und Bijouterie** dokumentiert. Hier befindet sich auch die mit 220 m längste Halskette der Welt, die Studentinnen der Kunstgewerbeschule am 19. Mai 1994 in 4 Stunden und 44 Minuten anfertigten. Für das ins Guinness-Buch der Rekorde aufgenommene Prachtstück wurden 9244 Glasperlen verwendet (Muzeum skla a bižuterie, U Muzea 398/4, Tel. 483 369 011, Di–So 9–17 Uhr).

Jablonec besitzt keine mittelalterlichen Baudenkmäler, aber die Hochkonjunktur um die Wende zum 20. Jh. und der damit verbundene Wohlstand verwandelte die Stadt in eine Perle des Historismus und Jugendstils, es entstanden aufwändige Villen und repräsentative öffentliche Gebäude. Manche Bauten haben zwar durch Vernachlässigung oder spätere Umbauten stark gelitten, seit längerem ist man jedoch um stilgerechte Restaurationen bemüht. Eines der schönsten sakralen Jugendstilgebäude des Landes steht in Jablonec: die **Altkatholische Kirche** (Starokatolický kostel) von Josef Zasche (1900), 500 m östlich des Zentrums. Sie ist leider meist nur zu den Gottesdienstzeiten zugänglich, aber auch von außen ein sehenswertes Baudenkmal.

Infozentrum: 46751 Jablonec nad Nisou, Mírové nám. 19, Tel. 483 357 335, icjablonec@mestojablonec.cz, Mo–Fr 8–17, Sa 8–12 Uhr.

Modeschmuck kann man unter anderem bei folgenden Firmen kaufen: Jablonex (Márové nám. 15, Mo–Fr 9–12, 13–17 Uhr, große Auswahl, auch Weihnachtsschmuck), Arcon – Pavel Šourek (Průmyslová 42, Holz- und Glasbijouterie), Bellis (Nádražní 8, Glasschmuck und -figürchen), Eva Jeřábková (Erbenova 17, schwarze Bijouterie, Strass) und Petra Mildorfová (Podhorská 28, Glasbijouterie, Glasblumen). Exquisite Objekte führt der Shop im Bijouterie-Museum.

Man erreicht Jablonec (Zentrum verkehrsberuhigt) von Liberec aus mit der **Straßenbahn** Linie 11, deren Endstation sich nahe dem Hauptbahnhof befindet.

Riesengebirge und Böhmisches Paradies

Karte S. 182

Das Naturerlebnis steht im Vordergrund, wenn man das Riesengebirge (Krkonoše) und das Böhmische Paradies (Český Ráj) mit den gewaltigen Prachower Felsen (Prachovské skály), dem Herzstück des populären Naturschutzgebietes, besucht. Die kunsthistorischen Sehenswürdigkeiten lassen sich gleichsam im Vorbeifahren absolvieren.

Harrachov

Nicht erst in den vergangenen Jahren hat sich das von Nadelwäldern umgebene Bergstädtchen **Harrachov** 1 (Harrachsdorf), 680 m hoch gelegen, im Tal der Mumlava (Mummel) am westlichen Eingang zum Riesengebirge und nur wenige Autominuten vom Grenzübergang zur Polnischen Republik entfernt, zu einem der bedeutendsten Fremdenverkehrszentren des Landes entwickelt. Ehe die Touristen in Scharen kamen, lebte die Bevöl-

Riesengebirge und böhmisches Paradies

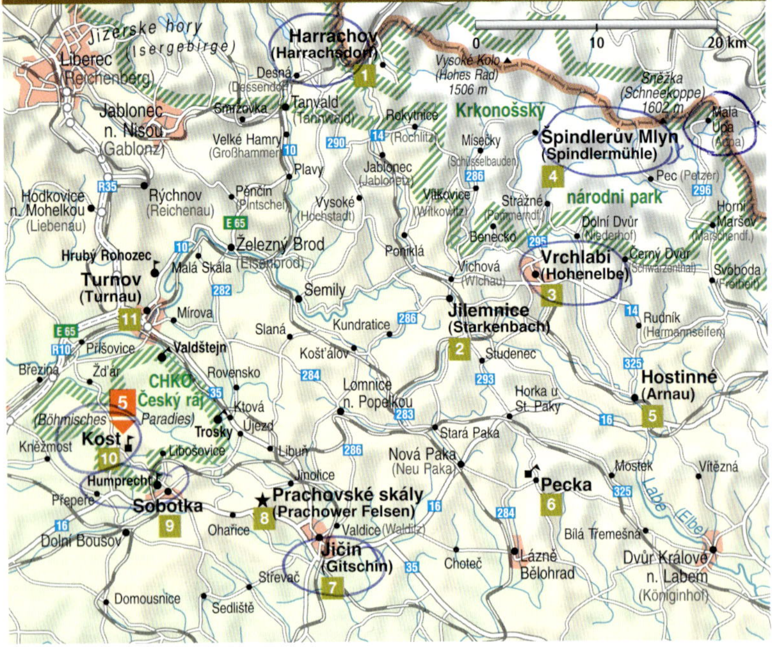

kerung vorwiegend von der 1712 von den Grafen Harrach errichteten **Glashütte,** die – seit der Privatisierung unter dem Namen Novosad & Sohn GmbH – bis heute exklusives mundgeblasenes Glas, geschliffene Gläser und kostbare Beleuchtungskörper produziert. Bei einer Besichtigung wird die Glasschleiferei in einer historischen Werkstatt aus dem Jahr 1895 vorgeführt, im angeschlossenen Museum können Prunkstücke früherer Generationen bewundert, im Glasshop nicht nur preiswerte Souvenirs erstanden werden (Tel. 481 528 141, www.sklarnaharrachov.cz, ca. einstündige Werksführungen Mo–Fr 8–14 Uhr, Museum und Glasshop Mo–Fr 9–17, Sa, So 9–13 Uhr).

Der **Skiort** Harrachov (1800 Einwohner) ist seit vielen Jahren immer wieder Veranstaltungsort von Europa- und Weltmeisterschaften sowie Weltcup-Wettbewerben der nordischen Disziplinen. Sprungschanzen (u. a. für Skiflug-Konkurrenzen) sowie Langlauf-Loipen und Abfahrtspisten aller Schwierigkeitsgrade mit einer Gesamtlänge von mehr als 50 km und entsprechenden Aufstiegshilfen stehen den Freunden des Weißen Sports zur Verfügung.

Im Sommer bieten sich zahlreiche **Wanderungen** an; die beliebtesten führen entlang der Mumlava zum 10 m hohen Wasserfall **Mumlavský vodopád** und weiter zu den Gipfelpartien des Grenzkammes. Für den zum Teil über polnisches Gebiet verlaufenden, jedoch durchgehend für Touristen zugänglichen **Grenzkamm-Wanderweg**, der bis in Höhen von 1600 m (Sněžka/Schneekoppe, höchster Berg des Riesengebirges und ganz Tschechiens) führt, muss man mehrere Tage veranschlagen.

Mit einer landschaftlich besonders **reizvollen Strecke** überrascht die von der Straße Nr. 10 wenige Kilometer südlich von Harrachov abzweigende Straße Nr. 14, die lange Zeit entlang der Jizera (Iser) verläuft. Hohe Laub- und Nadelbäume filtern das Sonnenlicht und schaffen eine verwunschene Atmosphäre, und es scheint nicht viel zu fehlen, dass der sympathische Berggeist Rübezahl hinter einem Felsen hervortritt.

Mit den Autoren unterwegs

Für Freunde der Antike

Mehr als 100 Gipsabgüsse von berühmten griechischen und römischen Skulpturen sind im **Museum antiker Kunst** in dem Riesengebirgsstädtchen **Hostinné** zusehen (s. S. 189).

Burgbesichtigung:

Die besterhaltene **gotische Burg** Böhmens, **Kost,** die auf einem Sandsteinfelsen thronend nie eingenommen wurde, ist sehenswert (s. S. 192).

Verführerisch

Schmuck aus böhmischem Granat und anderen edlen Steinen können Sie am preisgünstigsten im Verarbeitungsort **Turnov** erwerben (s. S. 193).

Wanderungen

Im Riesengebirge locken Höhenwanderungen, im Böhmischen Paradies Spaziergänge durch bizarre Felsformationen.

Wandertipp 1: Vom Skiort **Harrachov** aus kann man zum Mummelfall spazieren, aber auch zu mehrtägigen Wanderungen, z. B. dem Grenzkammweg, aufsteigen (s. S. 183).

Wandertipp 2: Špindlerův Mlýn ist das größte tschechische Skiggebiet. Mit den Seilbahnen kann man im Sommer aber auch die Ausgangspunkte bequemer Höhenwanderungen erreichen (s. S. 186).

Wandertipp 3: Im **Böhmischen Paradies** können Sie Spaziergänge durch Labyrinthe von Sandsteinfelsen und wildromantische Schluchten unternehmen (s. S. 192).

i **Infozentrum 1:** 51246 Harrachov, Centrum 150, Tel. 481 529 600, tic@harrachtour.cz, tgl. 9–12 und 13–17, im Winter bis 20 Uhr.

Infozentrum 2: Nový Svět 629 (gegenüber der Glasfabrik gelegen), Tel. 481 529 401, info@harrachtour.cz, Mo–Fr 9–12 und 13–17, Sa 9–13 Uhr.

Winterimpressionen: Blick über das verschneite Riesengebirge

In Harrachov gibt es mehr als 60 Hotels und Pensionen der Kategorien mit bis zu 4 Sternen:

Fit Fun: Rýžoviště 427, Tel. 481 528 117, Fax 481 529 035, info@hotelfitfun.cz. 400-Betten-Burg, vier Sterne: Standardzimmer mit Bad/WC und Sat-TV. Schwimmbad, Sauna, Fitnessraum, eigene Skischule und Sportartikelverleih, Restaurant und Bar. Der Hotelkomplex befindet sich inmitten des Sportareals Rýžoviště direkt am Skilift. DZ 110–120 €.

Bílý Hořec: Harrachov 178, Tel. 481 548 111, Fax 481 548 222, bilyhorec@orea.cz. Nettes Mittelklassehotel mit 88 Betten im Ortszentrum in der Nähe der Sprungschanzen. Schwimmbad, Sauna, Fitnessraum, Tennishalle, Restaurant und Bar im Haus. DZ 70–90 €.

Bellevue: Harrachov 640, Tel. 481 528 100, Fax 481 529 634, bellevue@quick.cz. Gemüt-

liches Hotel in Grünlage am Hang mit Panoramablick. 300 m zum Zentrum. Zweckmäßig möblierte Zimmer, Sauna, Fitnessraum, Restaurant, Bar im Haus. DZ 60–80 €.

Aspen: Harrachov 426, Mobiltel. 721 335 007, Fax 481 529 183, info@pensionaspen.com. 2005 von Grund auf renovierte Pension im Ortszentrum mit gut ausgestatteten Apartments und Wohnungen zu 2 bis 5 Betten. Kleine Schwimmhalle im Haus. DZ 40–50 €.

Jitka: Harrachov 631, Tel/Fax 481 528 188, pensionjitka@cmail.cz. Freundliche Familienpension 5 Gehminuten vom Zentrum entfernt. Alle Zimmer mit Dusche/WC und Sat–TV, teilweise auch mit Balkon. Eigene Gästeküche, Weinstube mit Kamin. DZ 30–45 €.

Da die meisten Gäste des Ortes in ihren Hotels speisen, ist die Restaurantszene wenig attraktiv.

Myslivna: Harrachov 628, Tel. 481 529 664, tgl. 11-23 Uhr. Böhmische Spezialitäten und Wildgerichte, große Bierauswahl. Hauptspeisen ab 5 €.

Mexico City: Harrachov 138, Tel. 481 528 189, tgl. 12–23 Uhr. Scharfes und Saftiges aus der texanisch-mexikanischen Küche und jede Menge Tequila. Hauptgerichte ab 5 €.

Novosad: Harrachov, Nový Svět 95, Tel. 481 528 141, Mo–Fr 9–17, Sa, So 9–13 Uhr. An die Glasfabrik und das Museum angeschlossen ist eine kleine Brauerei, in deren Gaststätte man zum frisch gezapften Bier größere und kleinere Spezialitäten der böhmischen Küche verkosten kann. Hauptgerichte ab 4 €.

Regelmäßige **Busverbindungen** mit Prag, Brünn, Hradec Králové, Liberec.

Jilemnice

Auf den ersten Blick mutet das kleine Städtchen **Jilemnice** 2 (Starkenbach) recht unscheinbar an. Doch auch hier finden sich ein entzückender Marktplatz mit Laubenhausern, einige spätbarocke Holzhäuser (Zvědavá ulička) und sogar ein von einem Park umgebenes Renaissanceschloss mit **Riesengebirgs-Museum**. Es zeigt prächtige Beispiele mechanischer Krippen und eine Ausstellung über die Geschichte des Skisports in Böhmen, die hier begonnen hat: 1890 brachte Graf Harrach für seine Forstleute die ersten Skibretter aus Norwegen mit, bald darauf erfolgte in Jilemnice die Gründung des ersten böhmischen Skiklubs (Krkonošské muzeum, Kostelní 75, Tel. 481 543 041, Di–So 8–12 und 13–16/17 Uhr).

Infozentrum: 51401 Jilemnice, Masarykovo nám. 140, Tel. 481 541 008, info@ jilemnice.cz, Mo–Fr 9–17, Sa 9–12, in der Saison auch So 9–13 Uhr.

Alle **Busse** nach Harrachov kommen auch durch Jilemnice. Nur wenige **Züge** auf einer Nebenstrecke.

Vrchlabí

In der einstigen Holzfäller- und Bergbausiedlung **Vrchlabí** 3 (Hohenelbe), die als Eingangstor zum Riesengebirge gilt, gibt es am Marktplatz ein hübsches **Renaissance-Rathaus** (im 18. Jh. teilweise barockisiert) sowie einige noch gut erhaltene Holzgiebelhäuser. Das inmitten eines schönen Parks mit kleinem Botanischen Garten und Zoo (Flora und Fauna des Riesengebirges) gelegene **Renaissanceschloss**, einst im Besitz der Czernin-Morzin, heute Sitz der Stadtverwaltung, weist eine architektonische Zahlenspielerei auf: Vier Türme symbolisieren die Jahreszeiten, 12 Eingänge die Monate, 52 Räume die Wochen und 365 Fenster und Türen die Tage eines Jahres.

In einem ehemaligen Augustinerkloster am Rande des Schlossparks beschäftigt sich das **Riesengebirgs-Museum** mit der Problematik des Natur- und Umweltschutzes im Riesengebirge (Krkonošské muzeum, Husova 213, Tel. 499 456 704, www.krnap.cz, Di–So 8–17 Uhr).

Dass der Tourismus in dieser Gegend Tradition hat, beweist ein kleines Detail am Rande: 1884 eröffnete ein gewisser Guido Rotter in Hohenelbe die erste Jugendherberge der Welt.

Infozentrum: 54301 Vrchlabí, nám. Míru 223, Tel. 499 421 474, his@krnap.cz, Mo–Fr 9–12 und 13–16, Juni–Okt. auch Sa 9–12 und 13–16 Uhr.

Alle **Busse** von Prag und Hradec Králové in Richtung Wintersportort Špindlerův Mlýn passieren auch Vrchlabi.

Špindlerův Mlýn

Auch der Ort **Špindlerův Mlýn** 4 (Spindlermühle) hat seinen Ursprung im beginnenden Wandertourismus. Am Anfang standen ein paar Berghütten, die der österreichische Riesengebirgsverein Ende des 19. Jh. für seine immer zahlreicher werdenden Mitglieder aufstellen ließ.

Heute braucht Špindlerův Mlýn Vergleiche mit noblen Wintersportzentren in den Alpen kaum mehr zu scheuen. Das in einer von bis zu 1300 m hohen Bergen geschützten Mulde des sonst engen Elbetals gebettete **größte Skigebiet der Tschechischen Republik** gilt als besonders schneesicher. Bis Ostern tummeln sich nordische und alpine Läufer auf den Loipen und Pisten, aber auch das Après-Ski kommt nicht zu kurz. Das Angebot liest sich vielversprechend: 10 000 Betten in mehr als 120 Hotels und Pensionen aller Kategorien, 52 Restaurants, 17 Diskotheken, Kino, Kegelbahn, Tennis- und Squash-Hallen, Saunen und Fitness-Studios. Für die Wintersaison sind rechtzeitige Buchungen unbedingt erforderlich! Übrigens: Die Übernachtungspreise klettern hier im Winter um bis zu 40 % in die Höhe.

Sommer- und Herbsturlaubern stehen 180 km markierte **Wanderwege** zur Verfügung. Von den Kammlagen aus, zu denen zwei Seilbahnen hinaufführen, sind bequeme Höhenwanderungen möglich. Ein Naturlehrpfad führt in westlicher Richtung zum großen Naturschutzgebiet Pramený Labe, eine Hochebene mit Moorlandschaft und Elbquelle.

Infozentrum: 54351 Špindlerův Mlýn, Přední Labská 47, Tel. 499 433 148, www.spindler-muehle.cz, tgl. 8–19 Uhr. **Infozentrum:** 54351, Svatopetrská 173, Tel. 499 523 656, www.mestospindleruvmlyn.cz, tgl. 8.30–17 Uhr.

Harmony Club Hotel: Bedřichov 106, Tel. 499 469 111, Fax 499 469 556, harmonysm@harmonyclub.cz. 210-Betten-Hotel im Ortszentrum mit perfekter Ferien-Infrastruktur: Schwimmhalle, Sauna, Dampfbad, Fitness-Räume, Friseur, Kosmetik, Tennishallen, Squash, Tischtennis, Sportartikelverleih, zwei Restaurants, Weinkeller, Bar mit Internet-Café. DZ 100–130 €.

Start: Bedřichov 17, Tel. 499 433 305, Fax 499 433 176, info@hotelstart.cz. Das von Grund auf renovierte Hotel, dessen Tradition bis ins Jahr 1896 zurückreicht, befindet sich in ruhiger Grünlage am Rande des Ortsteils Bedřichov. Freundliche Zimmer. DZ 50–80 €.

Alpina: Špindlerův Mlýn 7, Tel./Fax 499 523 471, hotel.alpina@seznam.cz. Gepflegtes Hotel im Stil einer Berghütte, ruhige Traumlage am Waldrand, 1 km außerhalb des Zentrums, aber nur 100 m bis zum nächsten Skilift. Restaurant, Weinstube im Haus. DZ 40–70 €.

Seidl: Okružní 192, Tel. 499 523 467, Fax 499 522 078, pension.seidl@tiscali.cz. Kleine Familienpension in Zentrumsnähe, gemütliche, nicht sehr geräumige Zimmer. DZ 40–70 €.

Spezialitäten vom Grill. Hauptgerichte ab 7 €.

Myslivna: Špindlerův Mlýn 264, Tel. 499 523 454, tgl. 11–23 Uhr. Wer gerne Wildgerichte auf dem Teller hat, ist hier an der richtigen Adresse. Auch das Ambiente in Form einer Jagdstube passt dazu. Hauptspeisen ab 7 €.

Hospůdka u pečené Kachničky: Lesní 50, Tel. 499 433 022, Mo–Fr 15–23, Sa, So 12–23 Uhr. Im ›Gasthof zum gebratenen Entlein‹ gibt es natürlich täglich frischen Entenbraten, aber auch andere böhmische Spezialitäten. Hauptgerichte ab 7 €.

Mexická Restaurace: Okružní 150, Tel. 499 523 274, tgl. 11–24 Uhr. Tex-Mex-Speisenkarte vom Grillsteak bis zur Tortilla, Weine aus Italien, Spanien, Südafrika und Australien. Hauptgerichte ab 6 €.

Švejk: Bedřichov 290, Tel. 499 433 191, tgl. 10–22 Uhr. Böhmische Bierkneipe in rustikalem Stil, deftige Speisen der lokalen Küchentradition. Hauptgerichte ab 5 €.

Labužník: Harrachova 229, Tel. 499 433 298, tgl. 11–23 Uhr. Restaurant und Weinstube im Ortszentrum von Vrchlabí, geboten werden internationale Küche und

Drei Discos und acht Bars befinden sich unter dem Dach des Tanztempels **Disco Dr. Max** (Poštovní 87, Fr–Sa 20–5 Uhr), der bis zu 1300 Gästen Platz bietet.

Im Riesengebirgsstädtchen Vrchlabí

Mehrere direkte **Busse** täglich von und nach Prag, im Winter sonntags Busverbindung von Berlin und Dresden nach Harrachov und Špindlerův Mlýn.

Hostinné

Zwei Riesen wachen über **Hostinné** 5 (Arnau), die mit Gründungsdatum 1275 älteste Stadt des Riesengebirges: Die beiden je 6 m hohen Steinfiguren an den Turmecken des prachtvollen, mit Sgraffiti geschmückten **Renaissance-Rathauses** weisen auf jene leibhaftigen Riesen hin, die hier einst gehaust und sich mit Kegelspielen vergnügt haben sollen. Keine Frage, dass die mächtigen Männer zum Wahrzeichen des Elbstädtchens wurden, das heute vornehmlich einer florierenden Papierindustrie seinen bescheidenen Wohlstand verdankt.

Der **Marktplatz** ist von durchgehenden Laubenhäusern aus Gotik, Renaissance und Barock gesäumt. Die Pfarrkirche der Hl. Dreifaltigkeit ist ein imposantes Beispiel frühgotischer Baukunst. In der Renaissance wurden Umgestaltungen vorgenommen.

In der ehemaligen **Franziskanerkirche** – durch die Angliederung eines zweiten Schiffes an den ursprünglich einschiffigen Renaissancebau entstand 1743–1745 eine Kuriosität der mitteleuropäischen Barockarchitektur – fühlt man sich nach Rom, Neapel oder Athen versetzt. Die 1969 in diesem schönen Rahmen eingerichtete **Galerie antiker Kunst** vereint etwa 100 Gipsabgüsse der berühmtesten griechischen und römischen Skulpturen der Antike, zum Teil von Werken, die nicht mehr erhalten sind oder in Fragmenten in verschiedenen Museen aufbewahrt werden. So kann die vollständige Rekonstruktion der im 3. Jh. v. Chr. entstandenen griechischen Figurengruppe ›Aufforderung zum Tanz‹ nur in Hostinné bewundert werden, befinden sich doch die Einzelteile der Originalskulptur in Florenz, Paris, Brüssel und Dresden. Die Geschichte der weltweit einmaligen Sammlung reicht bis ins 18. Jh. zurück, nach der Gründung des Lehrstuhls für klassische Archäologie an der Karlsuniversität 1872 wurde die Kollektion im Prager Clementinum aufbewahrt und durch Gipsabgüsse von Originalen aus den führenden Museen Europas laufend erweitert (Galerie antického umění, Tel. 499 524 239, Di–So 9–12 und 13–17 Uhr).

Infozentrum: 54371 Hostinné, Náměstí 70, Tel/Fax 499 404 746, infocentrum @muhostinne.cz, Mo–Fr 8–17, Sa 8–12 Uhr.

3–4 **Züge** von und nach Prag, **Busverbindungen** mit Prag, Jičín und Hradec Králové.

Pecka

Eine interessante, seit vielen Jahren in Rekonstruktion befindliche **Burgruine** lohnt einen kurzen Besuch in dem kleinen Ort **Pecka** 6 (Pecka), in den sich Fremde nur selten verirren. Das aus dem 14. Jh. stammende Bauwerk, während der zweiten Hälfte des 16. Jh. zu einem anmutigen Renaissanceschloss umgestaltet, ist untrennbar mit einer der bedeutendsten Persönlichkeiten des kulturellen und politischen Lebens in Böhmen von 1620 (Schlacht am Weißen Berg) verbunden: Christoph Harrant, Forschungsreisender, Schriftsteller und Komponist, 1621 als Teilnehmer des Anti-Habsburg-Aufstandes am Altstädter Ring zu Prag hingerichtet.

Dem künstlerischen Multitalent sind Gedenkräume in der Burg gewidmet. Außerdem beherbergt sie noch eine ständige Schau von Skulpturen des Bildhauers Bohumil Kafka. Im Keller werden in wechselnden Ausstellungen Arbeiten junger Künstler gezeigt (Hrad Pecka, Tel. 493 799 129, www.obec-pecka. cz, April, Okt. nur Sa und So 9–16, Mai–Sept. Di–So 9–17 Uhr).

Keine Busgruppen stören die beschauliche Stille dieses Provinznestes, das sein kul-

Im Riesengebirge gibt es ein großes Angebot an markierten Wegen wie hier zum Pantschenfall

turelles Erbe liebevoll pflegt. Vom Burgberg bietet sich ein Blick in eine geradezu toskanisch anmutende Landschaft: sanftes Hügelland, Wiesen, kleine Wälder und am Horizont Pappeln, so schlank wie die Zypressen des Südens. Nicht nur große Monumente, auch kleine Kostbarkeiten machen die Schatzkammer Böhmen so reich.

Tägliche **Busverbindungen** mit Jičín und Hradec Králové.

5 Český Ráj

Jičín

Die entzückende kleine Stadt **Jičín** 7 (Gitschin) bildet das Tor zum **Böhmischen Paradies.** Der erste schriftliche Bericht über Jičín stammt aus dem Jahr 1293, im Laufe des 14. Jh. erfolgte ein großzügiger Ausbau des Ortes, von dem noch die Ausmaße des von Laubengängen gesäumten, denkmalgeschützten **Stadtplatzes** (Valdštejnovo nám.) Zeugnis geben. Ferner entstanden die nach Prag und Walditz (Valdice) benannten Vorstädte mit den gleichnamigen Toren, die den Zugang zu den wichtigsten Landstraßen hüteten. Von den Befestigungen blieb der 52 m hohe **Walditzer Torturm** erhalten, der von seinem Umgang aus einen Ausblick über die Stadt und ihre Umgebung erschließt (Valdická brána, Juni–Aug. tgl. 9–17, April, Mai, Sept. Di–So 14–17 Uhr).

Der hohe Torturm ermöglicht eine Vorstellung von den hochfliegenden Projekten Wallensteins, der Jičín zur Hauptstadt seines Herzogtums Friedland gemacht sowie eine eigene Münzstätte und ein Gymnasium gegründet hatte. Die von italienischen Architekten konzipierten Ausbaupläne wurden durch den gewaltsamen Tod des Heerführers vereitelt, zur Vollendung gelangten im Wesentlichen nur Schloss und **St.-Jakobs-Kirche**.

Das nahezu eine ganze Seite des Stadtplatzes einnehmende **Renaissanceschloss** musste mehrere Umgestaltungen über sich ergehen lassen, so etwa nach einer Schießpulver-Explosion von1620. Wallenstein übernahm das Schloss 1623 und erweiterte es auf dem Areal ehemaliger Bürgerhäuser zu einer frühbarocken, drei Arkadenhöfe umschließenden Residenz. Heute befinden sich in dem Komplex u. a. das Touristen-Informationsbüro und das **Kreismuseum** samt angeschlossener Galerie moderner Kunst. Ein Konferenzsaal erinnert an das ›Drei-Kaiser-Treffen‹ (Österreich, Preußen, Russland) des Jahres 1813, das in einem in Teplice abgeschlossenen Bündnis gegen Napoleon gipfelte (Okresní muzeum, Valdstejnovo nám. 1, Tel. 493 532 204, Di–So 9–17 Uhr).

Im Haus Nr. 43 Ecke Hauptplatz und Fortna wurde der berühmte Schriftsteller und Publizist Karl Kraus (1874– 1936; ›Die letzten Tage der Menschheit‹, Zeitschrift ›Die Fackel‹) geboren, der hier seine ersten drei Lebensjahre verbrachte (Gedenktafel), ehe er mit seinen Eltern nach Wien zog.

Eine vierreihige, aus mehr als 1200 Bäumen bestehende, rund 2 km lange und unter Wallenstein angelegte Lindenallee (Richtung Semily) verbindet Jičín mit Valdice (Walditz) und dem inmitten eines Parks gelegenen Jagdschlösschen **Libosad** (Lustgarten). Seine Loggia im Stil des italienischen Manierismus erinnert an die Sala Terrena im Prager Waldstein-Palais. Das ebenfalls von Wallenstein gegründete Kartäuserkloster von Valdice dient seit dem 19. Jh. als Gefängnis.

i **Infozentrum:** 50601 Jičín, Valdštejnovo nám. 1, Tel. 493 534 390, www.jicin. org, Mo–Fr 9–17, Sa 9–13 Uhr, in der Hochsaison (Mitte Mai–Mitte Sept.) Mo–Sa 9–17, So 9–12 und 16–18 Uhr.

Rusty´s Hotel u. Restaurant: Markova 303, Tel. 493 535 308, Fax 493 534 431, bohemia@postajicin.cz. Kleines Haus in ruhigem Stadtteil Richtung Turnov, ca. 20 Minuten vom Zentrum. Sauna und Fitnessraum, geschlossener Parkplatz. DZ 50–60 €.
Jičín: Havličkova 21, Tel. 493 544 250, Fax 493 544 251, ceskyraj@hoteljicin.cz. Nettes Mittelklassehotel neueren Datums (3 Sterne/62 Betten), nur 5 Gehminuten vom Haupt-

Mittelpunkt Jičíns: der schmucke, von Laubengängen gesäumte Marktplatz

platz entfernt. Bequeme Zimmer; gutes Restaurant (Wildspezialitäten) und Weinstube im Haus. DZ 50–60 €.
Paříž: Žižkovo nám. 3, Tel. 493 532 750, Fax 493 534 510, hotel.pariz@quick.cz. Renoviertes Hotel am Eingang zur Fußgängerzone, 70 Betten, freundliche Bedienung, Restaurant und Weinstube im Haus. DZ 40–55 €.
Start: Revoluční 836, Tel. 493 523 810, Fax 493 523 916, box@hotelstartjc.cz. Das 120-Betten-Sporthotel in einem Hochhaus am Stadtrand (Ausfahrt Richtung Semily) bietet sehr einfache Zimmer, jedoch alle mit Dusche/WC und Balkon. Im angeschlossenen Sportkomplex gibt es u. a. Tennisplätze, Hallen- und Freibad, Sauna. Restaurant im Haus. DZ 30–40 €.

U Dělové Koule: Havlíčkova 21, Tel. 493 544 250, tgl. 11–23 Uhr. Gepflegtes Restaurant im Hotel Jičín, böhmische Küche in Light-Version. Hauptgerichte ab 6 €.
Hospůdka u dávných lásek: Markova 303, Tel. 493 534 431, Mo–Do 11.30–23, Fr–So 11.30–24 Uhr. Das ›Gasthaus zu den alten Lieben‹ gehört zum Hotel Bohemia und ist eine Edelschenke alten Stils. In der Küche werden böhmische Spezialitäten nach Großmutters Rezepten zubereitet. Fr, Sa Live-Musik. Hauptgerichte ab 6 €.
Amádeus: Ruská 571, Tel. 493 524 996, tgl. 11–22 Uhr. Gut bürgerliches Restaurant mit böhmischer Küche und Spezialitäten vom Strauß – nicht vom Walzerkönig, sondern vom Vogel! Hauptgerichte ab 5 €.

U Andéla: Valdštejnovo nám. 34, Tel. 493 533 023, tgl. 10–22 Uhr. Ein echt böhmisches Wirtshaus mit deftigen Speisen und frisch gezapftem Bier. Schöne Lage in den Arkaden des Hauptplatzes. Hauptgerichte ab 3 €.

Die schnellste Verbindung zwischen Prag und Jičín ist der **Bus** (90 Minuten, mehrmals täglich). **Züge** verkehren seltener (Strecke Prag – Poříčany – Jičín).

Prachovské skály

Nahezu 200 ha umfasst das Herzstück des ›Böhmischen Paradieses‹, die **Prachovské skály** 8 (Prachower Felsen), ein Labyrinth bizarrer Sandsteingebilde, schroffer Wände, tiefer Schluchten mit Höhlen und mit Nadelwäldern bewachsener Felsplateaus, eine aus Ablagerungen des Kreidemeers entstandene Naturkulisse von wilder Schönheit. Um die Erschließung der unvergleichlichen Felsenwelt am Rande der Ortschaft Prachov – hier gibt es mehr als 200 große Felsentürme – hatte sich bereits Ende des 19. Jh. die Adelsfamilie Schlick bemüht, die seit 1993 wieder Grundbesitzerin ist und die Verwaltung dem Tschechischen Touristenklub anvertraut hat.

Empfohlen seien zwei **Rundgänge** vom Parkplatz bei der Schutzhütte aus. Der gelb markierte Weg führt in etwa 45 Minuten zu den Aussichtspunkten Český Ráj und Mír und durch den Kaisergang (Císařská chodba) zurück zum Ausgangspunkt. Der längere Spaziergang (2 Stunden) folgt zuerst der grünen Markierung auf dem Masaryk-Weg, dann der roten auf dem Kammpfad, über den Kaisergang geht es abwärts und entlang der gelben Markierung bergauf zur Aussicht Český Ráj. Ein rot markierter Weg führt die Wanderer durch die Grüne Schlucht (Zelená rokle, Pavillon mit Ausstellung ›Natur und Geschichte der Felsen‹) wieder zum Parkplatz (geöffnet April–Okt. tgl. 9–17 Uhr).

Von Jičín verkehren in den Saison mehrmals täglich **Busse** zum Eingang der Felsenstadt (Fahrpläne im Infozentrum). Umständlicher ist der **Zug** von Jičín bis Jinolice, dann geht es 2 km zu Fuß.

Sobotka

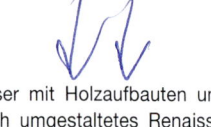

Laubenhäuser mit Holzaufbauten und ein klassizistisch umgestaltetes Renaissance-Rathaus zieren den entzückenden kleinen Stadtplatz von **Sobotka** 9. Die spätgotische **Kirche Maria Magdalena** besitzt eine sehenswerte barocke Innenausstattung, vor allem Holzschnitzereien des bekannten böhmischen Künstlers Josef Jelínek.

Oberhalb des Städtchens (2300 Einwohner) erhebt sich auf einer waldigen Kuppe der Rundbau von **Schloss Humprecht**, in der zweiten Hälfte des 17. Jh. nach Plänen des prominenten Barockbaumeisters Carlo Lurago errichtet. Das zweigeschossige Gebäude – Vorbild war der Galata-Leuchtturm von Konstantinopel – setzt sich aus zwei konzentrischen Zylindern zusammen, von denen der innere turmartig emporragt und von einem goldenen Halbmond gekrönt wird. Der zentrale Hauptsaal des Schlosses ist 16 m hoch und wird wegen seiner hervorragenden Akustik gerne für Konzerte genutzt. In den übrigen Räumlichkeiten präsentieren die Schlossbesitzer ihre Familiengeschichte und die Stadt Sobotka historische Reminiszenzen (Zámek Humprecht, Tel. 493 571 583, April, Okt. nur Sa, So 9–12 und 13–16, Mai–Sept. Di–So 9–11.30 und 13–16.30 Uhr).

Burg Kost

Auf einem Sandsteinfelsen thront über zwei romantischen Waldteichen rund 5 km nordwestlich von Sobotka die gotische **Burg Kost** 10, die niemals erobert wurde. Die Ursache dafür mag einerseits die Uneinnehmbarkeit der Feste gewesen sein, andererseits das diplomatische Geschick der jeweiligen Besitzer und deren schöner Ehefrauen, worüber man sich noch heute manch pikantes Histörchen erzählt. Auch der gefürchtete Hussitenführer Žižka scheiterte an Kost (deutsch: ›Knochen‹) und knurrte verächtlich, man solle die Burg den Hunden überlassen.

Diese Verwünschung ist nicht in Erfüllung gegangen. Zwar verfiel die Burg nach dem Dreißigjährigen Krieg allmählich, im 19. Jh. erfolgte aber ihre neugotische Restaurierung. Seit 1993 befindet sich Kost wieder im Besitz

Das Böhmische Paradies lockt zum Wandern und Klettern

der böhmisch-italienischen Adelsfamilie Kinský dal Borgo. Die Burgführungen umfassen eine Präsentation des Geschlechts der Kinskýs in Böhmen und die Besichtigung der Folterkammern mit einer Darstellung des Strafrechts vom 16. bis 18. Jh. (Hrad Kost, Tel. 493 571 144, April, Okt. nur Sa, So 9–11.30, 13–15.30, Mai, Juni, Sept. Di–So 9–11.30 u. 13–16.30, Juli, Aug. Di–So 9–18 Uhr).

i **Infozentrum:** 50743 Sobotka, nám. Míru 3, Tel. 493 571 587, mic@sobotka.cz, Mo–Fr 9–16/17, Sa 9–12 Uhr.

Mehrmals täglich **Busverbindungen** zwischen Mladá Boleslav und Jičín über Sobotka.

Turnov

Keine Angst, sie explodieren nicht: Mit **böhmischen Granaten** hat es die Edelsteinschleifer-Stadt **Turnov** 11 (Turnau) zu Ansehen und Wohlstand gebracht. Seit im 16. Jh. auf dem nahen Hügel Kozákov, einem ehemaligen Vulkan, erstmals edles Gestein (Granate, Achate, Amethyste, Saphire) gefunden wurde, strömten nicht nur Schatzgräber aus ganz Europa in die Gegend, auch die Kunst der Steinschneider und -schleifer entwickelte sich in Turnov, neben Jičín eines der Tore zum Böhmischen Paradies (Český Ráj), zu höchster Blüte. Dass die Tradition aber weiterlebt, beweisen mehrere Steinschleifer-Betriebe, die Ende des 19. Jh. gegründete Fachschule und Boutiquen, in denen die glitzernden Kostbarkeiten angeboten werden.

Schöne alte Schmuckstücke findet man in dem absolut sehenswerten **Museum des Böhmischen Paradieses**. Es handelt sich nicht, wie der Name vermuten ließe, um eine Dokumentation des Naturschutzgebietes, sondern um die Darstellung von Geschichte und Gegenwart der Edelsteinschleiferei. Wie dies in der Praxis vor sich geht, kann man von

Richtig Reisen-Tipp: In Libošovíce Vecek ist die Zeit stehen geblieben

Irgendwo muss ein unsichtbares Schild stehen: »Für das 20. und 21. Jahrhundert Eintritt verboten!« Libošovíce Vecek am Rande des Böhmischen Paradieses ist nämlich ein Spagat gelungen, von dem Museumsdirektoren nur träumen können: Die Zeit anzuhalten und dennoch den Dingen ihren ganz natürlichen Lauf zu lassen. Was wie ein besonders schmuckes Freilichtmuseum aussieht, entpuppt sich nämlich auf den zweiten Blick als Schauplatz dörflichen Alltags.

Zwischen quer gebänderten Fachwerkhäusern, so genannten ›Streifenhäusern‹, bei denen sich das Weiß des Füllmaterials vom dunklen Braun des Holzes dekorativ abhebt, trocknet das Heu, wie eh und je zu kleinen Haufen geschichtet. In liebevoll gepflegten Küchengärten wuchern Brunnenkresse, Liebstöckel, Schnittlauch, Petersilie und Dill um die Wette, während daneben ein Hahn vom Misthaufen aus seine Hühnerschar bewacht.

Mannshohe Sonnenblumen recken ihre dottergelben Köpfe dem Licht entgegen, Stockrosen in allen nur denkbaren Lavendeltönen stehen vor Lattenzäunen, an denen sich Sommerwicken emporranken und ein duftendes Spalier bilden. Irgendwo bellt ein Hund, sonst regt sich lediglich hinter den blütenweißen Spitzengardinen der kleinen Gehöfte Leben. Tagsüber, wenn die Männer auf den Feldern oder in der nächsten größeren Stadt arbeiten, liegt friedliche Stille über dem Dorf. Erst abends sitzt man auf der schmalen Bank neben der Haustür oder plaudert auf dem Anger, der Gemeindewiese, mit den Nachbarn.

Zu finden ist diese noch perfekte Idylle, die durch keine Fernsehantenne und schon gar nicht durch Satellitenschüsseln gestört wird, unweit von Sobotka. Man folgt der ausgeschilderten Stichstraße in Richtung Burg Kost, biegt dann aber nicht zum Ort Libošovice ab.

April bis September im Innenhof des Museums verfolgen. Im gut bestückten Museumsshop gibt es Mineralien, Schmuck und kleine Kunstobjekte aus Edelstein. Die angeschlossene Galerie hütet u. a. das Monumentalgemälde (8,5 x 10 m) ›Die Ermordung der Sachsen unter dem Hrubá Skála‹ von Mikulás Aleš (Okresní muzeum Českého ráje, Skálova 71, Tel. 481 322 106, www.muzeum-turnov.cz, Di–So Mai–Sept. 9–18, Okt.–April 9–16 Uhr).

Schloss Hrubý Rohozec

Am Stadtrand von Turnov erhebt sich über dem Tal der Jizera (Iser) das von einem schönen Park umgebene Renaissanceschloss Hrubý Rohozec (Groß Rohosetz), entstanden durch den Umbau einer frühgotischen Burg. Den Kern der Schausammlung bilden Wohnkultur und Mode von der Renaissance bis zum Jugendstil sowie die Gemäldesammlung der Desfours, bis 1945 Eigentümer des Anwesens (Státní zámek Hrubý Rohozec, Tel. 481 321 012, April, Okt. nur Sa, So 9–15, Mai–Sept. Di–So 9–18 Uhr).

Wallenstein-Burg

Rund 2,5 km südlich des Stadtzentrums von Turnov – ein schöner Waldspaziergang – liegt die **Wallenstein-Burg** (Hrad Valdštejn). Sie stammt aus dem 13. Jh., war lange dem Verfall preisgegeben und wurde im 18. und 19. Jh. von der Familie Valdštejn, den Nachfahren des Feldherrn, wieder instand gesetzt. Eine Besichtigung der Burg kann man mit dem Besuch der nahen Felsenstadt Hrubá Skála weitere 2 km südöstlich verbinden (Hrad Valdštejn, Tel. 481 312 304, www.hrad-valdstejn.cz, April, Okt. Sa, So 9–16, Mai–Sept. tgl. außer Mo 9–16.30 Uhr).

Infozentrum: 51101 Turnov, nám. Českého ráje 26, Tel. 481 366 255, www.turnov.cz, Sept.–Juni Mo–Fr 8–17, Sa 9–12, Juli, Aug. Mo–Fr 8–18, Sa 9–16, So 9–14 Uhr.

Korunní Princ: nám. Českého Ráje 137, Tel. 481 313 520, Fax 481 313 522, hotel.korunni.princ@centrum.cz. Gepflegtes Mittelklasse-Hotel (3 Sterne, 62 Betten) am zentralen Hauptplatz, geschmackvoll möblierte Zimmer, geschlossener Parkplatz. DZ 50–60 €. Restaurant mit italienischen Pasta-Gerichten sowie internationalen und böhmischen Spezialitäten, Mo–Do 11–23, Fr, Sa 11–24, So 12–22 Uhr. Hauptspeisen ab 4 €.

Karel IV: Žižkova 501, Tel. 481 323 855, Fax 481 321 708, milan.kovar@hotelkareliv.cz. 40-Betten-Hotel (3 Sterne) in einem ruhigen Villenviertel wenige Gehminuten vom Stadtzentrum entfernt. Schlichte, saubere Zimmer, Garten mit Pool, geschlossener Parkplatz. DZ 40–50 €. In der zum Hotel gehörenden Herberge gibt es Doppelzimmer ab 15 €. Im Restaurant werden regionale Speisen serviert, tgl. 11–22 Uhr. Hauptgerichte ab 3 €.

Alfa: Palackého 211, Tel. 481 320 431, Fax 481 320 078, alfahotel@seznam.cz. Kleine, saubere Hotel-Pension mit zweckmäßig eingerichteten Zimmern. DZ 30–50 €. Nettes Restaurant mit böhmischer Küche, Hauptspeisen ab 3 €.

Štekl: Hrubá Skála, Tel. 481 389 684, Fax 481 389 410, info@hotel-stekl.cz. Das schöne, von Grund auf renovierte Hotel (65 Betten, DZ 30–50 €) befindet sich neben dem Schloss Hrubá Skála am gleichnamigen Naturschutzgebiet und ist ein idealer Ausgangspunkt für Wanderer und Mountainbiker. Von Turnov fährt man 7 km in Richtung Jičín (Straße Nr. 35), dann rechts abbiegen und weitere 3 km fahren. Dem Hotel gehört ein Restaurant mit Biergarten, seine Spezialitäten sind Fisch, Geflügel und Wild, tgl. 8–22 Uhr. Hauptgerichte ab 5 €.

Granatschmuck und andere Edelstein-Objekte sind in folgenden Geschäften der Genossenschaft **Český Granát** (mit Echtheitszertifikat) erhältlich: nám. Českého Ráje 4, Palackého 188 und ul. 5. Květná 27 (Mo–Fr 9–12 und 13–17, Sa 9–12 Uhr).

Mehrere direkte **Züge** und **Busse** von Prag (2,5 Stunden), Regionalbusse zu den Ausgangspunkten für Wanderungen durch das Böhmische Paradies (Český Ráj).

Braunauer Ländchen

Karte S. 197

Von wild bis lieblich reicht die topographische Skala im nordöstlichen Winkel Böhmens, dem Braunauer Ländchen (Broumovská vrchovina). Gewaltige Felsformationen regen die Phantasie an, sanft dagegen öffnet sich das Großmütterchen-Tal dem Besucher. Ein Barockjuwel am Ufer der Elbe und prachtvolle Stadtplätze schärfen den Kunstblick.

Náchod

Gut bürgerliche Lokale, wohl sortierte Geschäfte und nicht zuletzt das 1994 mit Akribie bis ins kleinste Detail restaurierte **Jugendstil-Hotel ›U Beránka‹** machen das lebhafte, sympathische Städtchen **Náchod** 1 nahe der polnischen Grenze zu einem idealen Standort, für den man auch längere Rückfahrten gerne in Kauf nimmt, zumal die gut ausgebaute internationale Fernstraße E 67 schnelle Verbindungen ermöglicht. Neben Hotel und Café-Restaurant befindet sich im prächtigen, 1912–14 errichteten und unter Denkmalschutz stehenden Gebäude ›U Beránka‹ das auch innen nicht weniger schöne **Josef-Čížek-Stadttheater** mit einem Vorhang von Mikuláš Aleš.

Jugendstildekor von Aleš prägt auch das **Neue Rathaus** vom Beginn des 20. Jh., das zusammen mit dem **Alten Rathaus** (Kern aus dem 15. Jh.) und der ursprünglich gotischen, nach Bränden im 16. Jh. umgebauten **Pfarrkirche des hl. Laurentius** mit den zwei ungleichen Seitentürmen Adam und Eva das Bild des pittoresken Hauptplatzes (Masarykovo náměstí) bestimmt.

Gut 300 Stufen führen vom Platz zu dem hoch über der Stadt thronenden – seit 1945 staatlichen – **Schloss**, das Ottavio Piccolomini als Lohn für den Verrat der angeblichen Verschwörung Wallensteins erhalten und zu einer prunkvollen Residenz ausgebaut hat. Italienische Künstler, an ihrer Spitze Carlo Lurago, zeichnen für die Verwandlung der ehemaligen, zu einem Renaissanceschloss erweiterten Feste in einen gemütlichen Rokokopalast von spielerischer Leichtigkeit verantwortlich. Der Piccolomini-Bau fügt sich mit seinem zweistöckigen Spanischen Saal (Fresken verherrlichen den Kriegsruhm des Hausherrn), der reich geschmückten Kapelle und dem Schlosstheater harmonisch an den Renaissance-Trakt an. Darüber erhebt sich der gotische Rundturm.

In den Schauräumen hat man sich um ein ausgewogenes Verhältnis zwischen Architektur und Mobiliar bemüht. Zu den kostbarsten Exponaten gehören Gobelins Brüsseler Ursprungs mit ländlichen Motiven, die umfangreichste Kollektion von Blumen-Stillleben in Böhmen, Landschaftsbilder und Porträts aus der Ahnengalerie der Piccolomini (Státní zámek Náchod, Tel. 491 426 201, April, Okt. nur Sa, So 10–16, Mai–Sept. Di–So 9–16/17 Uhr).

i **Infozentrum:** 54701 Náchod, Kamenice 144, Tel. 491 420 420, info@icnachod.cz, Mo–Fr 8–17, Sa 8.30–11.30 Uhr.

U Beránka: Masarykovo nám. 74, Tel. 491 433 118, Fax 491 433 119, hotel@beraneknachod.cz. Ein Vollbad in Jugendstilglanz. Die geräumigen Zimmer sind bis ins kleinste Detail stilgerecht möbliert, als ob die Zeit vor 100 Jahren stehen geblieben wäre. DZ 50–70 €. In lupenreinem Jugendstil auch das Café-Restaurant (tgl. 10–22 Uhr), in dem neben feinen tschechischen Gerichten auch das gute lokale Pri-

Braunauer Ländchen

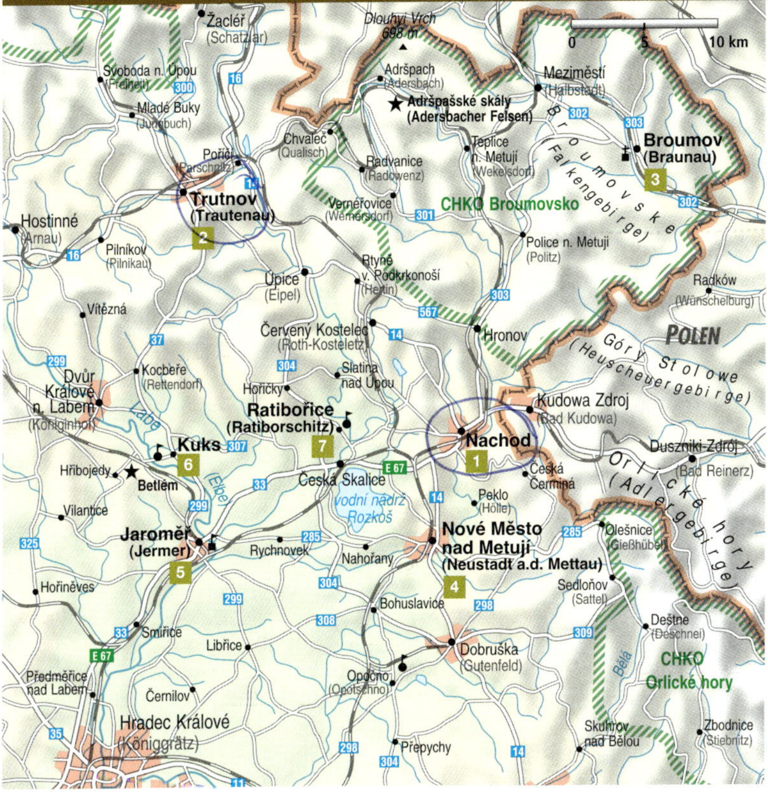

mator-Bier serviert wird. Hauptspeisen ab 6 €.
U Města Prahy: Masarykovo nám. 66, Tel/Fax 491 421 817, hotpraha@quick.cz. Kleines Hotel mit großer Tradition am zentralen Hauptplatz. 12 rustikal eingerichtete Zimmer. DZ 35–50 €. Restaurant und Weinstube im Haus (tgl. 11–23 Uhr), böhmische Spezialitäten, gepflegte Biere. Hauptgerichte ab 5 €.
Bonato: Lázeňská 102, Tel/Fax 491 424 540, info@bonato.cz. Neues Drei-Sterne-Haus in ruhiger Lage am Stadtrand, einfache, saubere Zimmer. DZ 30–50 €. Schönes Restaurant mit Vorgarten, internationale Küche, tgl. 11–23 Uhr. Hauptspeisen ab 4 €.
Elko: Čs. Bratří 498, Tel/Fax 491 427 266, ladr@pvnet.cz. Ein Nichtraucher-Hotel mit gemütlichen Zimmern (22 Betten), alle mit Bad/WC und Sat-TV ausgestattet. 10–15 Gehminuten vom Zentrum entfernt. DZ 30–45 €. Im Gartenrestaurant pflegt man die böhmische Küche. Hauptgerichte ab 4 €.

Täglich mehrere direkte **Zug- und Busverbindungen** mit Prag und Hradec Králové.

Trutnov

Das heutige Aussehen des Städtchens **Trutnov** 2 (Trautenau) geht vorwiegend auf die zweite Hälfte des 19. Jh. zurück, nachdem

Mit den Autoren unterwegs

Wanderung
Die **Adršpašské a Teplické skály** (Adersbach-Wekelsdorfer-Felsen) laden ein zu einem Spaziergang durch einen abenteuerlichen Felsengarten (s. S. 198).

Renaissance und Jugendstil
Sollten diese Stile kombiniert werden? Im **Schloss von Nové Město nad Metují** ist dieses überaus gelungene Experiment zu besichtigen (s. S. 201).

Ausflug in die ›paradiesische Hölle‹
Der direkte Weg in die Hölle führt über Nové Město nad Metují. Doch keine Angst, der kleine Weiler **Peklo** (Hölle) entpuppt sich als paradiesisch gelegenes Ausflugsziel inmitten eines Waldes (s. S. 202).

Felsskulpturen im Wald
Bildwerke mit biblischen Szenen, im 18. Jh. **aus dem Felsen geschlagen**, können Sie in einem Birkenwäldchen bei Kuks bewundern (s. S. 204).

Spaziergang ins 19. Jahrhundert
Im **Großmütterchen-Tal** bei Ratibořice können Sie auf den Spuren des populärsten böhmischen Volksbuches wandeln (s. S. 205).

1861 eine Feuersbrunst zahlreiche Gebäude zerstört hatte. Als Zentrum der böhmischen Garnindustrie konnte es sich die **›Perle des Riesengebirges‹**, einst Leibgedinge-Stadt und damit Einkunftsquelle der königlichen Witwen, allerdings leisten, die Laubenhäuser aus Renaissance und Barock rund um den quadratischen **Marktplatz** (Krakonošovo nám.) zum Teil stilgetreu wieder aufzubauen. In der Platzmitte ergänzen eine **Dreifaltigkeitssäule** und ein Brunnen mit **Rübezahl-Statue** diese Idylle bürgerlichen Wohlstands. Mehrere Denkmäler in Stadt und Umgebung – wie der 20 m hohe eiserne Obelisk für den habsburgischen Feldmarschall Ludwig von Gablenz auf dem Galgenberg – erinnern an die einzige für die Österreicher siegreiche Schlacht im Krieg gegen Preußen 1866, der mit dem Gemetzel von Königgrätz seinen blutigen Höhepunkt fand.

Adršpašské a Teplické skály

Als ›Tollhaus der Natur‹ beschrieb Anfang des 19. Jh. der Forschungsreisende Johann Friedrich Reichardt die bizarren Sandsteingebilde 15 km östlich von Trutnov, die **Adršpašské a Teplické skály** (Adersbach-Wekelsdorfer-Felsen). Es sind die Reste eines mehr als 20 km² großen Felsplateaus, das von der Metuje (Mettau) und ihren Zuflüssen tief zerfurcht wurde. Enge Schluchten, Höhlen, Wasserfälle, ein kleiner See und immer wieder die von den Launen der Natur gestalteten Steinformationen kennzeichnen diesen abenteuerlichen Felsengarten, zu dessen Ruhm bereits Goethe mit enthusiastischen Berichten beigetragen hat.

Die Phantasie der Besucher verlieh den verschiedenartigen Felsgebilden Namen wie ›Gotisches Tor‹, ›Betender Mönch‹, ›Zahnloses Weib‹, ›Moses und die Zehn Gebote‹, ›Teufelspforte‹ oder ›Liebespaar‹. Der Zugang zur Adersbacher Felsenwelt befindet sich beim Hotel Skalní město (Felsenstadt), die Besichtigung erfordert 2–3 Stunden.

An den Besuch Goethes im Jahr 1790 erinnert eine Gedenktafel am bezaubernden Adersbacher See, eine weitere hat man am Tor der benachbarten Felsenstadt von Wekelsdorf (Teplice nad Metují) angebracht.

Damals war allerdings die gesamte Größe dieses Gebietes noch nicht bekannt, das sich erst nach einem großen Waldbrand im Jahr 1824 erschloss. Auch hier wieder regen Felsengestalten mit Bezeichnungen wie ›Nashorn‹, ›Schwalbennest‹, ›Golem‹ oder ›Unterwelt‹ die Einbildungskraft an. In der langgestreckten Schlucht ›Sibirien‹ liegt in manchen Jahren bis in den Juni hinein Schnee. Warme Kleidung sei daher für den bis zu dreistündigen Rundgang empfohlen (Tel. 491 581 197, geöffnet von Mitte April bis Mitte November tgl. 8/9–17/18 Uhr).

Wildromantische Felsenlandschaft: Die Adersbach-Wekelsdorfer-Felsen

Infozentrum: 54101 Trutnov, Havlíčkova 7, Tel. 499 818 308, www.klictravel. cz, Mo 9–18, Di–Do 9–17, Fr 9–15 Uhr.
Infozentrum Felsenstädte: 54957 Teplice nad Metují, Adršpach 26 (beim Bahnhof), Tel. 491 586 012, www.skalyadrspach.cz, April–Nov. tgl. 8.30–12 und 13–18 Uhr.

Krakonoš: Barvířská 41/6, Tel. 499 819 190, Fax 499 919 612, hotel@hotel-krakonos.cz. Traditionsreiches Hotel im Stadtzentrum, bequeme Zimmer. 50–70 €. Beliebtes Restaurant und Bierstube im Haus, tgl. 11–23 Uhr. Hauptspeisen ab 6 €.
Grand: Krakonošovo nám. 26, Tel./Fax 499 819 144, grandhotel@iol.cz. Älteres Hotel in einem Laubenhaus am Hauptplatz, 55 Betten, einfache Zimmer. DZ 40–60 €. Restaurant Palmovka mit guten Steaks und Fischgerichten, tgl. 11–23 Uhr. Hauptspeisen ab 6 €.

Eine der schönsten Klosterbibliotheken Böhmens: Kloster Broumov

Adam: Havlíčkova 10, Tel. 499 811 955, Fax 499 811 957, info@hotel-adam.cz. Mittelklassehotel (60 Betten) in zentraler Lage, Zimmer ausreichend ausgestattet. DZ 35–55 €. Restaurant mit internationaler Küche, tgl. 11–22 Uhr, Hauptgerichte ab 5 €. Nachtbar ›Whisky-Club‹ im Haus.

Pension Adršpach: 54951 Teplice nad Metují, Dolní Adršpach 24, Tel. 491 586 102, Fax 491 586 106, pension.adrspach@email.cz. Freundliches Landhaus in ruhiger Grünlage in der Nähe der Felsenstädte, 55 Betten in hellen Zimmern. DZ 30–40 €. Restaurant mit böhmischer Standardküche, tgl. 12–22 Uhr, Hauptgerichte ab 5 €.

Pension Dita: 54957 Teplice nad Metují, Bučnice č.p.203, Tel. 491 586 155, Fax 499 812 375, pensiondita@volny.cz. 28-Betten-Pension im Grünen, einfache Zimmer mit Dusche/WC und Küchenzeile, großer Garten, zentrale Lage nahe Felsenstadt. DZ 20–30 €.

Mitte Juli und in der 2. Augusthälfte finden auf einem riesigen Freigelände **Open-Air-Rockfestivals** (›Tschechisches Woodstock‹) statt. Details im Infozentrum.

Busse mehrmals täglich von Prag (2,5 Stunden) und Hradec Králové (70 min); zu den Felsenstädten fahren von Trutnov in der Saison alle 2 Stunden **Züge**, die in Adršpach und Teplice nad Metují-Skály halten.

Broumov

Auf ihrer Flucht vor den Hussiten kamen die Mönche des Prager **Benediktinerstiftes** Břevnov (Breunau) 1322 in den nordöstlichsten Winkel Böhmens und setzten dort ihre Missionstätigkeit fort. Seine heutige Gestalt erhielt das mächtige **Kloster Broumov** 3 (Braunau) durch den Barockarchitekten Kilian Ignaz Dientzenhofer in den Jahren 1726 bis 1748. Schon um 1690 hatte der königliche Festungsbaumeister Martino Allio auf den Grundmauern eines niedergebrannten gotischen Gotteshauses die prachtvolle, dem hl. Adalbert geweihte **Stiftskirche** errichtet. Die **Klosterbibliothek** zählt unbestritten zu den schönsten und wertvollsten Böhmens. (Tel. 491 522 171, Führungen stdl. April–Okt. Di–Sa 9–11, 13–16, So 10, 11 und 14–16 Uhr).

In einem Seitenflügel des Klosterkomplexes befindet sich das **Braunauer Heimatmuseum** (Muzeum Broumovska, Tel. 491 522 185, Mai–Sept. Di–So 8–12 und 13–17 Uhr) mit einer schönen Sammlung barocker Gegenstände.

Auf dem **Marktplatz** des Städtchens findet sich eine barocke Pestsäule, ein im Empirestil gestaltetes Rathaus und einige Bürgerhäuser aus Renaissance und Barock. Die **Pfarrkirche Peter und Paul** (westlich des Platzes) aus dem 13. Jh. wurde barock erneuert, die **Wenzelskirche** (südlich) anstelle einer hölzernen, 1618 abgerissenen lutheranischen Kirche nach Entwürfen Dientzenhofers errichtet – mit schlimmen Folgen. Denn das vom Braunauer Abt erzwungene Schleifen der evangelischen Kirche war eine der vielen Provokationen, die den Ausbruch des Dreißigjährigen Krieges bewirkten. Sehenswert ist auch die **Friedhofskirche der hl. Maria** aus dem 15. Jh., der älteste erhaltene sakrale Holzbau des Landes. Leider wurde viel von der wertvollen historischen Bausubstanz der Stadt durch die rege Bautätigkeit infolge des Aufschwungs der Textilindustrie Ende des 19. Jh. und später in der KP-Ära durch rücksichtslose Zerstörung selbst denkmalgeschützter Objekte vernichtet.

i **Infozentrum:** 55001 Broumov, Mírové nám. 56 (Altes Rathaus am Marktplatz), Tel. 491 524 168, www.broumov-mesto.cz, Okt.–April Mo–Do 8–16, Fr. 8–15, Mai Mo–Fr 8–16, Juni–Sept. auch Sa 8–12 Uhr.

Veba: Šalounova 127, Tel. 491 580 211, Fax 491 580 210, hotel veba@iol.cz. Bestes Hotel der Stadt (3 Sterne, 60 Betten) in einer gepflegten Gartenvilla wenige Gehminuten südwestlich des zentralen Marktplatzes. Komfortable Zimmer. DZ 45–60 €. Das Restaurant bietet mehr als die übliche böhmische Standardküche, tgl. 11–22 Uhr. Hauptgerichte ab 4 €.

Das Städtchen ist mit Prag und Hradec Králové durch 2–3 **Züge** am Tag und **Busse** verbunden.

Nové Město nad Metují

Das liebenswerte Städtchen **Nové Město nad Metují** 4 (Neustadt an der Mettau) auf einem Felsmassiv über dem Tal des Flusses Metuje (Mettau) wurde 1501 gegründet, seine Holzhäuser brannten aber bereits 1526 bis auf die Grundmauern nieder. Ein Jahr später ging die Herrschaft auf die Adelsfamilie Pernštejn über, die einen unkontrollierten Wiederaufbau verhinderte und Nové Město mit einem wohl durchdachten Plan sein heutiges Aussehen gab.

Den rechteckigen, 140 m langen und 64 m breiten **Marktplatz** säumt ein einzigartig gut erhaltener Komplex einheitlich gebauter **Renaissancehäuser** mit Laubengängen und Giebelfronten. In den regelmäßig geschwungenen Bögen der Laubengänge verstecken sich hübsche Geschäfte und gediegene, gemütliche Lokale.

Das **Rathaus** stammt aus dem Jahr 1591, die spätgotische **Pfarrkirche zur hl. Dreifaltigkeit** wurde 1523 fertiggestellt. Erhalten geblieben sind die Stadtbefestigungen, nicht jedoch die Tore. Nur ungern reißt man sich am Stadtplatz von dem Anblick urbaner Baukunst los, aber nur wenige Schritte weiter wartet mit dem unvergleichlichen Schloss bereits die nächste Sehenswürdigkeit.

Schloss

Nach dem Dreißigjährigen Krieg erfuhr der prachtvolle Renaissancebau mit seinem auffallenden zylindrischen Turm und einer mit Sgraffiti geschmückten Front eine behutsame barocke Umgestaltung, an der Carlo Lurago als federführender Architekt beteiligt war. Im 19. Jh. drohte die Anlage zu verfallen, die als Lager für Getreide und Möbel benutzt wurde. 1908 erwarben die Textilindustriellen Josef und Cyril Bartoň Schloss und Herrschaft. Für die dringend notwendigen Renovierungen zeichnet der prominente slowakische Architekt Dušan Jurkovič verantwortlich, dem mit Hilfe namhafter Künstler eine geglückte Verbindung von Renaissance, Barock, Jugendstil und Kubismus gelang. Zu besichtigen sind 20 Räume mit kostbaren Interieurs aus vier Jahrhunderten sowie der ebenfalls Anfang des 20. Jh. neu gestaltete Terrassengarten mit 24 skurrilen Zwergenfiguren aus der Werkstatt des Barockbildhauers Matthias Bernhard Braun (Zámek Nové Město, Tel. 491 470 523, zamek@statkybarton.cz, April, Okt. nur Sa, So 9–16, Mai, Juni, Sept. Di–So 9–16, Juli, Aug. täglich 9–17 Uhr).

Ausflugsgaststätte Peklo

In einem romantischen Abschnitt des Flusstales, nur 6 km von Nové Město entfernt, befindet sich mitten im Wald ein Weiler mit dem ganz und gar nicht passenden Namen Peklo (Hölle). Auch wenn die von Dušan Jurkovič im folkloristischen Jugendstil ausgestaltete und unter Denkmalschutz stehende Ausflugsgaststätte (mit einer urgemütlichen Wirtsstube und einfachen Fremdenzimmern, Tel. 491 422 615) – einst das Sommerhaus der Bartoňs – verschiedene Teufelsmotive aufweist, wäre wohl ›Paradies‹ eine treffendere Bezeichnung für dieses idyllische Fleckchen: Leichter Dunst liegt über dem kühlen Bach, Sonnenstrahlen verlieren sich im dichten Grün der Laubbäume, nur wenige Zivilisationsgeräusche stören das friedliche Vogelgezwitscher.

i **Infozentrum:** 54901 Nové Město nad Metuji, U Zázvorky 1210,Tel. 491 470 331, www.novemestonm.cz, Mai–Sept. tgl. 8–12, 13–17, Okt.–April Mo–Fr 8–12, 13–17, Sa, So nur 13–16 Uhr.

Rambousek: Komenského 60, Tel. 491 470 403, Fax 491 470 419, info@rambousekhotel.cz. Modernes, unaufwändig möbliertes 3-Sterne-Hotel (50 Betten), nur 200 m vom historischen Zentrum entfernt. DZ 30–45 €. Schönes Restaurant mit internationaler Küche im Haus, tgl. 11–23 Uhr, Hauptgerichte ab 4 €.

U Pechanzů, Třešňová 733, Tel. 491 473 370, pechanz@pensiontschechei.de. Nette Familienpension mit einfachen, freundlichen

Barockes Zwergenpaar auf der Schlossterrasse von Nové Město nad Metují

Zimmern (15 Betten). Gutes Restaurant im Haus, italienische Spezialitäten, Fischgerichte, tgl. 17–23 Uhr. Hauptspeisen ab 3 €. **Restaurace U Pad'ourů:** Husovo nám. 1239, Tel. 491 471 773, tgl. 10–23 Uhr. Das Lokal in den Arkaden des Hauptplatzes sieht nicht sehr einladend ein, doch die Küche mit böhmischen Spezialitäten wird in der ganzen Stadt gerühmt. Hauptgerichte ab 2.50 €.

Mehrmals am Tag **Bus- und Bahnverbindungen** mit Náchod, Hradec Králové und Prag. Der Bahnhof befindet sich 2 km nordwestlich des Stadtzentrums, Busse halten beim Hauptplatz. Von Mitte Juni bis Mitte September gibt es Touristenbusse, die nach Fahrplan die wichtigsten Sehenswürdigkeiten der Gegend ansteuern. Näheres im Infocenter oder unter www.orlobus.cz.

Jaroměř

An der Mündung der Úpa (Aupa) in die Labe (Elbe), wo der sanfte Ausläufer des Riesengebirgsvorlandes in die fruchtbare Ebene der südwestwärts fließenden Elbe übergeht, stand bereits im 11. Jh. eine Přemysliden-Burg, um die sich im 13. Jh. eine schließlich zur königlichen Stadt erhobene Siedlung ausgebreitet hat.

Von den historischen Bauten von **Jaroměř** 5 (Jermer, Jaromiersch) ist vor allem die **gotische Dekanatskirche des hl. Nikolaus** mit barockem Glockenturm und wertvoller Innenausstattung bemerkenswert, ebenso der **Marktplatz** mit Bürgerhäusern in Renaissance- und Barockstil, dem Renaissance-Rathaus und der barocken Mariensäule mit Plastiken aus der Schule von Matthias Bernhard Braun.

Nicht versäumen sollte man den seinerzeit für das Kaufhaus Wenkel 1911 errichteten **kubistischen Bau** des Architekten Josef Gočár, in dem jetzt das Stadtmuseum mit der Galerie zeitgenössischer Künstler untergebracht ist (Městské muzeum, Husova 295, Tel. 491 812 731, Mo–Fr 9–12 und 13–16, Sa, So 9–12 Uhr).

Scharen von Besuchern lockt besonders der südöstliche Stadtteil **Josefov** (Josefstadt) wegen seiner hervorragend erhaltenen **spätbarocken Festungsanlage** an, die sich über eine Fläche von 289 ha erstreckt. Den Grundstein zu dem weitläufigen Komplex legte 1780 Kaiser Joseph II. Innerhalb von 7 Jahren verbauten 40 000 Arbeiter nicht weniger als 60 Mio. Ziegelsteine in den Mauern, Schanzen, Bollwerken und dem Labyrinth der 64 km langen, streng geheim gehaltenen unterirdischen Gänge. Der Kostenaufwand von 10,5 Mio. Gulden lohnte sich jedoch nicht, denn die für 12 000 Soldaten ausgerichtete Festung lag stets abseits aller militärischen Operationen. Funktionslos geworden, wurde die Anlage vom K.-u.-k.-Militär bereits nach 100 Jahren aufgegeben. Später nutzten die deutsche Wehrmacht und die Sowjetarmee Teile der Festung, heute residiert hier das tschechische Militär. Aber auch Filmteams kommen immer wieder, um in der beeindruckenden Anlage als Schauplatz Filme zu drehen.

Die Führungen umfassen rund 1 km der unterirdischen Gänge bei Kerzenlicht sowie eine Besichtigung eines Lapidariums mit den Originalplastiken der Mariensäule in Jaroměř von Matthias Bernhard Braun (Kasematy Pevnosti Josefov: Die Führung dauert ca. 45 Minuten. Tel. 491 812 731, April, Okt. nur Sa. So 9–12 und 13–16, Mai–Sept. Di–So 9–12 und 13–17 Uhr).

Jaroměř liegt 36 km nördlich von Hradec Králové und ist von dort mit **Bahnen** oder **Bussen** mehrmals täglich zu erreichen.

Schloss Kuks

Mit einem barocken Traum wollte sich der aus niederem westfälischen Adel stammende, von brennendem Ehrgeiz besessene Graf Franz Anton Sporck (1662–1738) ein Denkmal setzen. Das ist ihm mit **Schloss Kuks** 6 (Kukus) dank zweier außerordentlicher Künstlerpersönlichkeiten, des Architekten Giovanni Battista Alliprandi und des Bildhauers Matthias Bernhard Braun, durchaus gelungen, wenn auch von dem ursprünglichen Komplex aus Schloss, Theater, Sakralbauten, Hospital, Rennplatz, Park und Kurbad, das sogar mit Karlsbad in ernsthafte Konkurrenz trat, nur noch Teile erhalten sind.

In seiner Residenz scharte Sporck Männer der Wissenschaft, Kunst und Literatur um sich, neben dem Dichter Johann Christian Günther auch ein Genie wie Johann Sebastian Bach. Der im Charakter äußerst widersprüchliche Graf war ebenso hartherziger Geizhals wie großzügiger Kunstmäzen, verschwenderischer Gastgeber und Stifter sozialer Einrichtungen, unerbittlicher Despot wie leidenschaftlicher Verfechter liberaler Ideen und religiöser Toleranz: Mit dem jungen Tiroler Braun entdeckte und förderte er den später bedeutendsten Barockbildhauer Böhmens. Mit der Gründung des St. Hubertusordens knüpfte er Verbindungen zu allen europäischen Herrscherhäusern, deren Gunst er sich durch seine Unterstützung der ihres Glaubens wegen vertriebenen böhmischen Exilanten allerdings wieder verscherzte.

Bereits zwei Jahre nach seinem Tod begann das Ensemble zu verfallen, das sich wie ein riesiges barockes Theater an den ansteigenden Ufern der Elbe erhob: 1740 wurden ein Lustschlösschen und große Teile der Badeanlagen von einem Hochwasser vernichtet, 1896 das Schloss und angrenzende Bauten ein Raub der Flammen, und 1901 riss man es endgültig nieder. Die am rechten Ufer erhalten gebliebene Anlage, die seit den 1970er Jahren in Etappen restauriert wird, lohnt dennoch jeden Umweg: ein barockes Juwel von internationalem Rang, ein meisterliches Zusammenspiel der genialen Architektur Alliprandis und der spannungsreichen Plastiken Brauns.

Nach wie vor dominierende Bauten sind die **Dreifaltigkeits-Kirche** mit der Familiengruft der Sporcks und das sich zu beiden Seiten des Gotteshauses erstreckende **Hospital**, das 1743 von der Tochter des Grafen im Rahmen einer bis 1938 tätigen Stiftung – diese kam für hundert Pflegeplätze für mittellose greise Männer auf – den Barmherzigen Brüdern überlassen worden war. Im Hospital befindet sich eine der ältesten noch im ursprünglichen Zustand erhaltenen **Apotheken** Europas (1740) mit einem 90 kg schweren Mörser zur Medikamentenherstellung als Prunkstück eines **Pharmazie-Museums**. Die Original-Plastiken Brauns stehen jetzt – geschützt vor Wind und Wetter – in einer riesigen **Ausstellungshalle**, während Kopien die Terrassen schmücken. Zu den Hauptwerken gehören die acht Allegorien der Glückseligkeiten, die Statuenreihe der zwölf Tugenden und der zwölf Laster, die Engel des leidvollen und des seligen Todes und religiöse Statuen. Brauns Kreativität äußert sich hier in höchster künstlerischer Vollendung, die Kompositionen zeigen pralles Leben, innere Regungen und temperamentvolle Gefühlsäußerungen, als ob sie jeden Augenblick von ihrem Sockel steigen würden (Státní zámek Kuks, Tel. 499 692 161, April, Okt. nur Sa, So 9–16, Mai–Aug. Di–So 9–18, Sept. Di–So 9–17 Uhr).

Naturtheater von Betlém

Als Höhepunkt von Brauns Schaffen gilt die Serie von Monumentalplastiken in einem Birkenwäldchen im Gebiet Nový les (Neuer Wald) bei der Ortschaft Stanovice (Stangendorf), rund 2 km westlich von Kuks. In diesem frei zugänglichen Areal, später **Betlém** (Bethlehem) genannt, entstand ein unvergleichliches ›Naturtheater‹ biblischer Szenen, das der Bildhauer zwischen 1726 und 1733 an Ort und Stelle aus Sandstein-Felsblöcken gehauen hat. Die ursprünglichen Einsiedeleien und Kapellen existieren nicht mehr, auch zahlreiche Skulpturen fielen der Vernichtung anheim. Heute kann man trotz fortschreitender Verwitterung noch die Riesengestalten der Einsiedler Onufrius und Garinus, Maria Magdalenas und Johannes des Täufers, den Jakobsbrunnen mit den Gestalten Christi und der Samariterin sowie Reliefs mit Darstellungen von Christi Geburt und der Ankunft der Heiligen Drei Könige bewundern. In Bethlehem ist Michelangelos Traum, einen Berg in ein Bildwerk zu verwandeln, ein wenig wahr geworden.

Seit 2003 findet auf verschiedenen Schauplätzen in Kuks und Umgebung alljährlich am letzten August-Wochenende das **Barockfestival ›Theatrum Kuks‹** (Oper, Konzert, Tanz) statt.

Täglich mehrere **Zug- und Busverbindungen** mit Jaroměř und Hradec Králové, von dort Schnellzüge nach Prag. Der Bahnhof von Kuks befindet sich 200 m vom Schloss entfernt.

Ratibořice

Das Städtchen **Česká Skalice** (Böhmisch Skalitz) an der Hauptstraße von Prag und Königgrätz nach Polen wäre kaum der Erwähnung wert, hätte dort nicht **Božena Němcová**, 1820 in Wien als Barbara Pankl geboren, in einem Holzbau vom Ende des 18. Jh. die Schulbank gedrückt (Stará škola). Zum Gedenken an die bedeutendste tschechische Schriftstellerin des 19. Jh. wurde in einem ehemaligen Gasthaus ein Museum eingerichtet, das sich gut zur Einstimmung auf das ›Großmütterchen-Tal‹ eignet (Muzeum Boženy Němcové, Maloskalická 47, Tel. 491 451 285, Okt.–April an Werktagen Mo–Fr 8–15, Mai, Juni Di–So 8–17, Juli, Aug. tgl. 9–17, Sept. Di–So 9–16 Uhr).

Von der Alten Schule führt ein Lehrpfad durch das Aupa-Tal in das 2 km entfernte **Ratibořice** 7 (Ratiborschitz). Das ist die Heimat von ›Babička‹, dem ›Großmütterchen‹, der Hauptfigur des gleichnamigen in Tschechien bis heute populären Buches Božena Němcovás. Jung und Alt pilgern in Scharen zum Schauplatz der rührend romantischen, von Herzenswärme geprägten Geschichten, die das alte ländliche Brauchtum im Jahreslauf mit der zentralen, zutiefst humanistischen Gestalt der Großmutter verbinden. Dass sich ›Babička‹ in Tschechien ungebrochener Popularität erfreut, liegt wohl nicht zuletzt an der allgemeinen Sehnsucht nach der darin geschilderten heilen Natur und Umwelt. Ostböhmen vermittelt da und dort noch eine Ahnung davon.

Großmütterchen-Tal

Der Spaziergang auf den Spuren von ›Großmütterchen‹ beginnt beim **barocken Landschloss** der Piccolomini (1708), das Anfang des 19. Jh. im Empirestil umgebaut und von Herzogin Katharina Wilhelmine von Sagan (1772–1839) zu einem sommerlichen Zentrum des kulturellen und gesellschaftlichen Lebens gestaltet wurde. Die schöne, geistvolle Adlige, langjährige Geliebte des mächtigen Staatskanzlers Fürst Metternich, ist in Němcovás Roman als ›Frau Fürstin‹ eingegangen. Zur Bibliothek mit etwa 6 500 Bänden hatte auch die junge Božena Zugang, deren Eltern in Diensten der Herzogin standen.

Auf den insgesamt 7,5 km langen Wegen durch das romantische, fast 6 ha umfassende Naturschutzgebiet **Großmütterchen-Tal** (Babiččino údolí) findet man neben zahlreichen Informationstafeln sieben natur- und literaturwissenschaftliche Stationen, unter ihnen eine **Mühle** (Mlýn) von 1773 mit Mariensäule, den Blockholzbau der **Alten Bleiche** (Staré Bělidlo, 1797), den **Wirtschaftshof** (langjähriges Heim der Familie Pankl – samt Großmutter), das von Otto Gutfreund 1923 geschaffene rührende **Babička-Denkmal** (Großmutter erzählt den Kindern ein Märchen) sowie die Ruinen der gotischen **Riesenburg** (Ryzmburk), auf deren Freilichtbühne alljährlich im August Volksfeste veranstaltet werden (Der Lehrpfad ist vom 1.5.–30.9. zugänglich, Mühle, Alte Bleiche und Wirtschaftshof können April, Sept., Okt. jeweils Sa, So von 10–15, im Mai Di–So von 10–16 und Juni–Aug. tgl. von 9–17 Uhr besichtigt werden, das Schloss, Tel. 491 452 123, April, Okt. nur Sa, So 10–15, Mai – Sept. Di–So 9–16/17 Uhr).

Infozentrum: 55203 Česká Skalice, Husovo nám. 51, Tel. 491 453 870, info.cs@seznam.cz, Nov.–März, Mo–Fr 9–12, 13–17, April, Mai, Juni, Sept., Okt. auch Sa 9–12, Juli, Aug. Mo–Fr 9–17, Sa 9–12, So 13–17 Uhr.

Česká Skalice erreicht man mit **Bus** oder **Bahn** von Hradec Králové in 40 bis 50 Minuten.

Hradec Králové und Umgebung

Karte S. 213

Zwei benachbarte Städte wetteifern um die Krone des schönsten historischen Marktplatzes von Ostböhmen, nämlich Hradec Králové (Königgrätz) und Pardubice (Pardubitz), beide strahlen im Glanz frischer Renovierungen. Außerdem gibt es hier je zwei Schlösser aus Renaissance und Barock, die für jeden Kunstfreund Pflichtprogramm sein sollten.

Hradec Králové

Schnelles, aber von klugen Architekten wohl geplantes Wachstum hat verhindert, dass die alte Festungsstadt an der Mündung der Orlice (Adler) in die Labe (Elbe) im Zuge ihrer Entwicklung zum administrativen, wirtschaftlichen und kulturellen Zentrum Ostböhmens ihr Gesicht verlor, wie es manch anderem Industriestandort widerfuhr. Das heute gut 100 000 Einwohner zählende **Hradec Králové** 1 (Königgrätz), im 10. Jh. um eine slawische Burgstätte entstanden, erhielt 1225 als eine der ersten böhmischen Gemeinden das Stadtrecht. Seit dem Tod Wenzels II. diente die Stadt als Leibgedinge der königlichen Witwen, im 15. Jh. war sie einer der wichtigsten Stützpunkte der hussitischen Taboriten. Nachdem die Jesuiten die Rekatholisierung radikal durchgesetzt hatten, erhob Papst Alexander VII. Königgrätz 1664 zum Bischofssitz. Im 18. Jh. erfolgte auf Befehl der Kaiserin Maria Theresia der Ausbau in eine mächtige, gegen Preußen gerichtete Barockfestung, die erst 1884 aufgelassen wurde. Jetzt war endlich Platz für die moderne Erweiterung der Stadt, an der sich führende Architekten wie Jan Kotěra und sein Meisterschüler Josef Gočár mit beispielhaften Bauten beteiligten.

Stadtbesichtigung

Hradec Králové erstreckt sich auf beiden Seiten der Elbe. Am linken Ufer befindet sich die historische Altstadt (Staré město), am rechten die Neustadt (Nové město), die zum großen Teil in den ersten zwei Jahrzehnten des 20. Jh. nach einem städtebaulichen Plan entstanden ist.

Die Besichtigung des historischen, selbstverständlich unter strengstem Denkmalschutz stehenden Zentrums beginnt auf dem dreieckigen **Marktplatz** (Velké náměstí), einem bis in die Nebengassen reichenden erlesenen Ensemble gotischer bis barocker Häuser, zum Teil mit Laubengängen. In der Mitte steht eine 19 m hohe barocke, von Heiligenstatuen flankierte, Mariensäule.

An der höchsten Stelle der Stadt steht der zweitürmige Ziegelbau der **gotischen Hl.-Geist-Kathedrale** 1. Sie dominiert zusammen mit dem benachbarten, aus der Renaissance stammenden und 68 m hohen **Weißen Turm** (Bílá věž, Di–So 9–12 und 13–17 Uhr), der daran angebauten barocken **St.-Klemens-Kapelle** und dem alten **Renaissance-Rathaus** 2 mit seinen zwei barocken Seitentürmchen das Panorama der Stadt.

Die Südseite des Platzes nehmen die ausgedehnten Barockbauten der **Bischöflichen Residenz** 3 und des ehemaligen Jesuitenkollegs mit der **Mariä-Himmelfahrts-Kirche** 4 ein. Dazwischen befindet sich mit **›U Špuláků‹** das schönste Bürgerhaus der Stadt aus der Renaissance mit spätbarockem Ausbau. An der Nordostseite liegt die sehenswerte **Galerie moderner Kunst** 5. In diesem Jugendstilgebäude werden Werke der wichtigsten tschechischen Künstler des 20. Jh. ausgestellt (Galerie moderního umění, Velké nám. 139, Tel. 495 514 893, Di–So 9–12 und 13–18 Uhr).

Ebenso sorgfältig restauriert wie das alte Pflaster des Zentrums wurden die Renaissance-Häuser auf dem anschließenden **Malé náměstí** 6, den ein Brunnen mit Nepomuk-Statue schmückt.

Diese Stadt hat Atmosphäre, hier versteht man es, die Sonnenseiten des Lebens zu genießen, wie auch die vielen kleinen Cafés und Restaurants, Weinstuben und Bierlokale zeigen, die sich über Gästemangel nicht beklagen können. Das Publikum ist vorwiegend jung, hat doch Hradec Králové eine der größten Universitäten des Landes.

Außerhalb der ehemaligen Stadtmauern, deren Reste man noch im **Park Žižkovy sady** 7 findet, ist vor allem der Ziegelbau des **Ostböhmischen Regionalmuseums** 8 sehenswert, den der Architekt Jan Kotěra 1909–1912 am Elbufer im Jugendstil bzw. in frühkubistischer Manier errichtet hat. Das Museum hütet wertvolle kunst- und kulturgeschichtliche Sammlungen (Krajské muzeum východních Čech, Eliščino nábřeží 465, Tel. 495 512 462, Di–So 9–12 und 13–17 Uhr).

Eine aus der Ostslowakei stammende **Holzkirche** 9 (Kostel sv. Mikuláše) wurde im Jirásek-Park (Jiráskovy sady) am Zusammenfluss von Adler und Elbe errichtet.

In der Neustadt auf der anderen Seite der Elbe stehen einige bemerkenswerte kubistische Bauten von Gočár, der große Komplex des **Tyl-Gymnasiums** 10, die evangelische **Ambrosiuskirche** 11 (Ambrožův sbor), die Gebäude am **Masarykplatz** 12 und der **Bahnhof** 13.

Schlachtfeld von Königgrätz

Nordwestlich der Stadt befindet sich nahe der Ortschaft Chlum, ca. 6 km auf der Straße Nr. 35 in Richtung Liberec, das Gelände der Schlacht von Königgrätz aus, bei der sich am 3. Juli 1866 Preußen mit seinem Sieg über Österreich die Vormachtstellung in Deutschland sicherte. Mehr als 400 000 Soldaten waren in diesem Schicksalskampf aufeinander geprallt, die preußischen gut ausgerüstet, die österreichischen aus naiver Ignoranz Kaiser Franz Josephs und seiner Generäle mit unterlegenem Material. Mit der verheerenden Niederlage begann, wie der Dichter Johannes Urzidil feststellte, »nicht nur die Desintegration der Donaumonarchie, sondern in Wahrheit Europas«. Und Franz Grillparzer schrieb den Siegern ins Stammbuch: »Ihr glaubt, ihr habt ein Reich geboren, und habt doch nur ein Volk zerstört.«

Heute wandert man auf markierten Wegen über die Stätte des Grauens, auf der sich mehr als 300 Denkmäler und Soldatengräber befinden. Im neugotischen Ossarium inmitten der so friedlichen Hügel von Chlum ruhen die Gebeine zahlloser unbekannter Toter, im kleinen Museum werden die üblichen Erinnerungsstücke aufbewahrt, Devotionalien aus dem Trödelladen der Geschichte (Tel. 495 447 058, 1. April.–31. Okt. Di–So 9–12 und 13–17 Uhr).

Von einem 25 m hohen, 1901 errichteten Eisenturm bietet sich ein Blick über das gesamte Gelände. Schäbig gewordene Heldendenkmäler, bröckelnde Obeliske, verwitterte

Mit den Autoren unterwegs

Für historisch Interessierte

Das blutgetränkte **Schlachtfeld** des preußisch-österreichischen Krieges von 1866 bei **Königgrätz** (Hradec Králové), kann man auf angelegten Wegen begehen (s. S. 207).

Eine süße Spezialität

Zarter Lebkuchen in allen Formen und Größen, meist in Schokolade getaucht, ist die süße Verführung von Pardubice (s. S. 210).

Sehenswerte Schlösser

Die Schlösser Častolovice und Opočno sind zwei Juwele der böhmischen Renaissancearchitektur, mit sehenswerten Innenräumen das eine und Galerie und Bibiothek das andere. Die großen Schlossparks laden zu Spaziergängen ein (s. S. 214 bzw. 215).

Hradec Králové: Cityplan

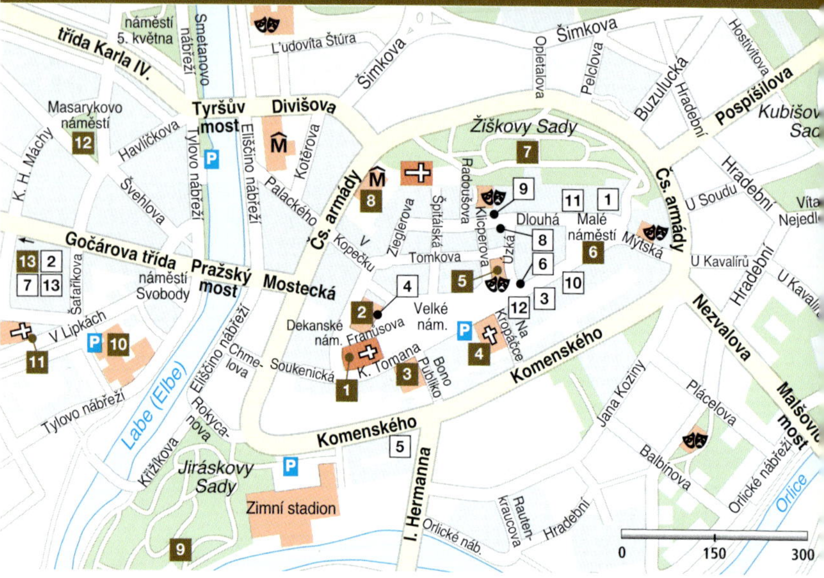

Grab- und Gedenksteine – das ist alles, was von Ruhm, Schmach und unermesslichem Leid übrig blieb.

Infozentrum 1: 50003 Hradec Králové 1, Tomkova 911, Tel. 495 515 030, www.hradeckralove.org, ganzjährig Mo–Fr 9–17 Uhr.

Infozentrum 2: Gočárova 1225 (Neustadt nahe Bahnhof), Tel. 495 534 485, icko@ichk.cz, Sept.–Mai Mo–Fr 8–17.30, Juni–Aug. auch Sa 9–15 Uhr.

U královny Elisky [1]: Malé nám.117, Tel. 495 518 052, Fax 495 518 872, eliska@euroagentur.cz. Zentrales Stadthotel (70 Betten) in ausgebauten Bürgerhäusern (14. Jh.) bietet luxuriöse Zimmer, Indoorpool, Sauna, Fitnessräume. DZ 80–110 €.

Amber Hotel Černigov [2]: Riegrovo nám. 1494, Tel. 495 814 111, Fax 495 521 998, cernigov@legner.cz. Typisches Hochhaus-Hotel (300 Betten) aus der KP-Ära gegenüber dem Bahnhof, mit guter Infrastruktur von Garage bis Schwimmbad, annehmbare Standardzimmer. DZ 70–80 €.

Nové Adalbertinum [3]: Velké nám. 32, Tel. 495 063 111, Fax 495 063 405, adalbertinum@diecezehk.cz. Die Diözese hat im ehemaligen Jesuitenkloster am Marktplatz eine nette 75-Betten-Pension eingerichtet, die Zimmer sind zwar einfach, aber sehr geräumig. DZ 40–60 €.

Pod Věží [4]: Velké nám. 165, Tel./Fax 495 514 932, penzion@pod-vezi.cz. Neue Pension in einem alten Haus am Marktplatz, Zimmer mit gehobener Standard-Ausstattung. DZ 40–50 €.

Stadión [5]: Komenského 1214, Tel. 495 514 664, Fax 495 514 667, hotel.stadion@worldonline.cz. Gemütlich ist dieses funktionelle Hotel nicht, aber die Zimmer sind sauber und preiswert. Gedecktes 50-m-Schwimmbecken, Sauna im Haus. DZ 30–40 €.

U Jana [6]: Velké nám. 137, Tel./Fax 495 514 604, penzionujana@volny.cz. Familiäre Pension am zentralen Marktplatz, freundliche, einfach ausgestattete Zimmer. DZ 30–40 €.

Sehenswürdigkeiten

1 Heilig-Geist-Kathedrale
2 Rathaus
3 Bischöfliche Residenz
4 Mariä-Himmelfahrts-Kirche
5 Galerie moderner Kunst
6 Malé náměstí
7 Park Žižkovy sady
8 Ostböhmisches Regionalmuseum
9 Holzkirche im Jirásek-Park
10 Tyl-Gymnasium
11 Ambrosiuskirche
12 Masaryk-Platz
13 Bahnhof

Übernachten

1 U královny Elisky
2 Amber Hotel Černigov
3 Nové Adalbertinum
4 Pod Věží
5 Stadión
6 U Jana

Essen

7 Secese
8 U sv. Lukáše
9 Satchmo
10 Kavárna U knihomola
11 Černý kůň
12 U Radnice
13 Oasa

Secese 7: Riegrovo nám. 1494, Tel. 495 814 111, tgl. 6.15–23 Uhr. Das Restaurant des Hotels Černigov in Bahnhofsnähe gelegen bietet internationale Küche mit leicht italienischem Einschlag. Hauptgerichte ab 6 €.

U sv. Lukáše 8: Úzká 208, Tel. 495 518 616, tgl. 10–22 Uhr. Im gemütlichen Restaurant der gleichnamigen Hotel-Pension werden leichte Gerichte geboten, zu denen man gepflegte Weine und Biere genießen kann. Hauptspeisen ab 5 €.

Satchmo 9: Dlouhá 96, Tel. 495 514 590, Mo–Do 11–23, Fr, Sa 11–24 Uhr, So geschl. Jazz-Restaurant mit regelmäßiger Live-Musik. Große Speisenkarte mit internationalen Spezialitäten. Hauptgerichte ab 5 €.

Kavárna U knihomola 10: Velke nám. 26, Tel. 495 516 089, Mo–Do 7–23, Fr 7–02, Sa 10–02, So 12–23 Uhr. Im Café-Restaurant auf drei Stockwerken treffen sich von morgens bis abends junge Leute in fröhlicher Atmosphäre. Kleine Snacks, Torten und böhmische Speisen. Hauptgerichte ab 4 €.

Černý kůň 11: Malé nám. 10, Tel. 495 511 804, tgl. 10–23 Uhr. Gaststätte nach böhmischer Art mit entsprechend deftigen Speisen und gutem Bier. Hauptgerichte ab 4 €.

U Radnice 12: Velké nám. 39, Tel. 495 511 946, tgl. 10–23 Uhr. Rathaus-Wirtshaus am Marktplatz, gute böhmische Küche, Grillspezialitäten, Fassbier. Hauptgerichte ab 4 €.

Oasa 13: tř. Karla IV. 522, Tel. 495 512 992, tgl. 9–23.30 Uhr. Bar-Restaurant mit großer Auswahl an internationalen Speisen und Getränken, auch Snacks zum Mitnehmen. Hauptgerichte ab 4 €.

Getanzt wird in Hradec Králové vor allem in der **Disco Event** (Úprkova 471, Mobiltel. 776 014 632, tgl. 20–03 Uhr, Dance-Parties, House, Techno, etc.) und in der **Central Music Bar** (tř. Karla IV. 516, Mobiltel. 776 594 675, Di–Sa 20–03 Uhr).

Tagsüber gibt es fast jede Stunde **Schnellbusse und -züge** von und nach Prag (90 Min.) und Pardubice (30 Min.).

Chlumec nad Cidlinou

Zu Ehren Kaiser Karls VI., der 1723 in Prag zum böhmischen König gekrönt wurde, entstand im Auftrag Franz Ferdinand Kinskys auf einem Hügel am nordwestlichen Rand **Chlumec nad Cidlinous** 2 (Chlumetz) das **Schloss Karlskrone**, ein prächtiger Barockbau von Giovanni Santini Aichel, dessen Gliederung an eine Krone erinnert: Zwei kreisrunde Säle, der eingeschossige Säulen- und der zweistöckige Marmorsaal bilden die Mitte, in Sternform streben drei Flügel mit den Salons und einer üppigen Freitreppe auseinander.

1943 brannte mit Schloss Karlskrone eines der schönsten Bauwerke barocker Programmarchitektur aus und konnte erst 1969 der Öffentlichkeit wieder zugänglich gemacht werden. Heute befinden sich das Schloss und der 20 ha große **englische Park** wieder im Besitz der Kinskýs, in den zu besichtigenden Räumlichkeiten werden Familienporträts und eine **Gemäldesammlung** mit Pferdemotiven gezeigt. Weinstube und Restaurant signalisieren den Beginn einer intensiveren kommerziellen Nutzung des Objekts (Zámek Karlova Koruna, Pražska 1, Tel. 495 484 519, www.kinsky-dalborgo.cz , April, Okt. nur Sa, So 9–12 und 13–16, Mai–Sept. Di–So 9–12 und 13–17 Uhr, Schlosspark ganzjährig geöffnet).

Mehrmals täglich **Zug- und Busverbindungen** mit Prag, häufiger mit Hradec Králové.

6 Pardubice

Bei Tierschützern hat die 92 000 Einwohner zählende Stadt **Pardubice** (Pardubitz) einen üblen Ruf, verbinden sie diesen Namen doch mit einem seit 1874 alljährlich im Oktober stattfindenden brutalen Pferderennen, das für die edlen Rösser nicht selten tödlich endet. Für Turf-Fans aus ganz Europa ist das ›Steeplechase‹, wie es in solcher Form sonst nur im englischen Liverpool zu sehen ist, ein spannender Sport: Auf der 6900 m langen Rennbahn müssen Ross und Reiter 31 extrem schwierige Hindernisse überwinden, z. B. den Taxis-Graben, der einen 10 m weiten Sprung erfordert. Der Ursprung des Rennens liegt in den Parforce-Jagden, wie sie die Kinskýs nach englischem Muster noch bis 1913 für ihre adligen Gäste veranstalteten. Sie nahmen sich dabei ein Vorbild an den jungen Landadligen, die aus Langeweile Wettjagden *(chases)* veranstalteten, bei denen sie von einem bestimmten Punkt möglichst geradeaus, ungeachtet aller Hindernisse, auf den nächsten Kirchturm *(steeple)* zuhielten. Nahmen am ›Steeplechase‹ früher ausschließlich Amateure teil (auch Fürst Metternich quälte sein Pferd einmal über Hecken und Gräben), so können heute nur mehr Profi-Spitzenreiter diese mörderische Strecke bewältigen. Tierquälerei? Die Meinungen prallen heftig aufeinander (Abb. S. 215).

Ein Schimmel schmückt – allerdings nur mit seiner vorderen Hälfte – auch das Stadtwappen von Pardubice. Die Legende dazu zeigt ein Relief am Grünen Tor (nach einem Entwurf von Mikuláš Aleš): Bei der Eroberung von Mailand durch böhmische Krieger 1158 trennte das Fallgitter des Stadttores das Ross des Jesek von Pardubice in zwei Teile. Ein verstümmeltes Pferd im Wappen? Für Gegner des ›Steeplechase‹ wahrlich ein Symbol.

Stadtbesichtigung

Aber weder Sportereignisse noch die öden Industrie-Vororte, wo unter anderem der berühmt-berüchtigte Plastik-Sprengstoff Semtex hergestellt wird, sollten von einem Besuch der äußerst lebendigen Stadt abhalten. Der historische **Hauptplatz** (Pernštýnovo nám.) und seine Nebengassen stellen in ihrer Geschlossenheit ein einzigartiges Dokument des Städtebaus der ersten Hälfte des 16. Jh. dar. In der stattlichen Reihe gut erhaltener bürgerlicher **Renaissance-Architekturen**

Heilig-Geist-Kathedrale und Weißer Turm in der Altstadt von Hradec Králové

sind die Häuser mit den Konskriptionsnummern 77 (Kern aus Spätgotik und Renaissance, klassizistische Seitenfassade), Nr. 60 ›Zum weißen Pferdchen‹ (U bílého koníčka, spätgotisch mit Renaissance-Gewölben), Nr. 50 ›Zum Jonas‹ (U Jonáše, Frontseite mit Stuckreliefs biblischer Darstellungen verziert) und Nr. 51 mit seiner alten Apotheke besonders beachtenswert.

Das **Rathaus** im Stil der Neorenaissance entstand 1893/94 an der Stelle von vier mittelalterlichen Gebäuden. Um das Jahr 1510 wurde am **Haus Nr. 11 in der Pernstynská ul.** der größte Komplex spätgotischer Malereien an einem Bürgerhaus in Böhmen angebracht.

Um den streng geschützten historischen Stadtkern gruppieren sich ein **Renaissanceschloss**, das an der Stelle einer gotischen Wasserfeste entstand, die spätgotische, im Renaissance-Stil erneuerte **St.-Bartholomäus-Kirche** und das **Grüne Tor** (Zelená brána) von 1507, weiterhin die spätgotische **Kirche Mariä Verkündigung** (Klásterní ul.) und das schöne **Jugendstiltheater** (Východočeské divadlo, U divadla 50, Tel. 466 616 411, www.vcd.cz, Schauspiel, Oper).

Das von einem gepflegten Park umgebene Schloss beherbergt das **Ostböhmische Museum** mit Glas-, Waffen- und Postkartenkollektionen, einer Dokumentation der Familie Pernštejn und mit angeschlossener **Kunstgalerie**. In dem mit kostbaren Renaissance-Fresken geschmückten Rittersaal im 1. Stock des Schlosses finden Konzerte statt (Východočeská muzeum, Zámek 2, Tel. 466 799 240, www.vcm.cz, Di–So 10–18 Uhr).

Nicht zufällig heißt es in einem alten böhmischen Sprichwort: »Es glänzt und strahlt wie Pardubice.« Dass man sich diese Stadt auch auf der Zunge zergehen lassen kann, dafür sorgt eine schmackhafte **Spezialität**: besonders zarter **Lebkuchen** in allen Formen und Größen, mit Schokolade überzogen oder mit Zuckerwerk verziert. Erhältlich in jeder Konditorei der Altstadt.

i **Infozentrum:** 53002 Pardubice, tř. Míru 60, Tel. 466 613 223, www.ipardubice.cz, tgl. April–Okt. 9–18, Nov.–März 9–17 Uhr.

Das Renaissanceschloss von Pardubice

Umgebung von Hradec Králové

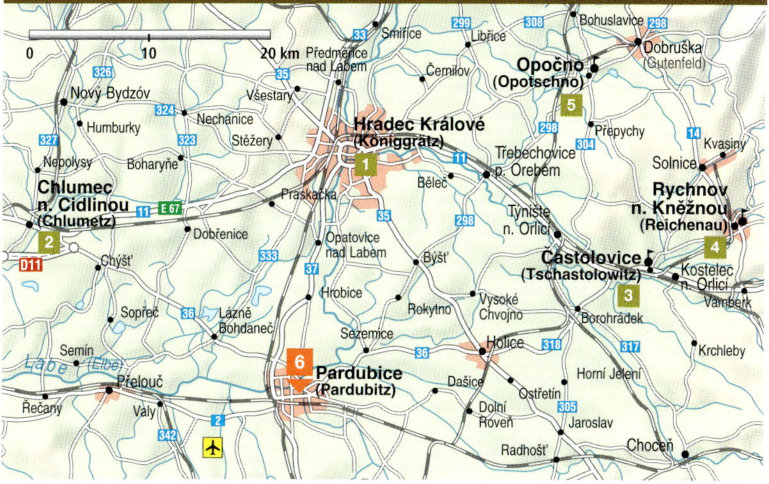

Zlatá Stika: Štrossova 127, Tel. 466 052 100, Fax 466 052 130, zlata@stika.cz. Familienbetrieb mit großer Tradition, Haus (90 Betten) von Grund auf restauriert und modernisiert. Komfortable Zimmer und Suiten, 10 Gehminuten zum historischen Hauptplatz. DZ 70–90 €.

U zlatého Anděla: Zámecka 25, Tel. 466 535 656, Fax 466 511 575, blesk.jonas@seznam.cz. Entzückende Pension mit geschmackvoll möblierten kleinen Zimmern, nur wenige Schritte vom Schloss entfernt. DZ 40–50 €.

Hotel 100 (Sto): Kostolní 100, Tel. 466 511 179, Fax 466 501 825, hotel100@email.cz. Stilvolles Hotel in einem historischen Bürgerhaus im Herzen der Altstadt. Zimmer unterschiedlicher Größe, aber alle gut ausgestattet. DZ 40–50 €.

Arnošt: Arnošta z Pardubic 676, Tel. 466 054 211, Fax 466 613 668, hotel.arnost@evc.cz. Hotel garni (120 Betten), renoviert, unweit des Hauptplatzes. Die Zimmer entsprechen durchschnittlichem Standard. DZ 30– 40 €.

La Boheme: Pernštýnské nám. 4, Tel. 466 535 713, tgl. 11–22 Uhr. Zur Abwechslung gibt es hier einmal richtige französische Küche, leicht böhmisch angehaucht. Hauptgerichte ab 7 €.

Zlatá Štika: Štrossova 127, Tel. 466 052 100, tgl. 11–23 Uhr. Hervorragendes Restaurant im gleichnamigen Hotel mit guter internationaler Küche und großer Auswahl an vorwiegend mährischen Weinen. Hauptgerichte ab 7 €.

Bazalka: Pernštýnská 15, Tel. 466 513 100, tgl. 11–23 Uhr. Im Sommer kann man in einem schönen Hof unter Lindenbäumen sitzen und Fisch- und Fleischgerichte nach böhmischer Art gekocht genießen. Hauptgerichte ab 6 €.

U zlatého Anděla: Zámecka 25, Tel. 466 511 028, tgl. 11–22 Uhr. Lokal in böhmischer Tradition, Spezialitäten vom Grill, Sommerterrasse. Hauptgerichte ab 5 €.

Plzeňka: Smilova 386, Tel. 466 612 351, tgl. 10–22 Uhr. Pilsner Bierrestaurant mit kleinen und großen Speisen böhmischer Küche. Hauptgerichte ab 4 €.

Dobra Čajovna: Kostelní ul., Tel. 466 513 182, tgl. 8–20 Uhr. Teehaus mit mehr als 100 verschiedenen Sorten. Es gibt aber auch kleine Snacks und vegetarische Gerichte. Hauptspeisen ab 4 €.

Direkte **Schnellzüge** und **Busse** mehrmals täglich von und nach Prag, Busse und Züge im Stundentakt nach Hradec Králové.

Schloss Častolovice

Ein überwältigend schöner **Renaissancebau** mit liebevoll arrangiertem Interieur und bezaubernden Dekorationen ist **Schloss Častolovice** 3 (Tschastolowitz): Überall ist hier die Hand einer Frau zu spüren, die eine international gefragte Innenarchitektin ist. Franziska Diana Sternberg (Sternberk), mit Studium in den USA und danach langjähriger Berufserfahrung in England, hat das seit 1694 – mit Unterbrechungen in der Nazi- und KP-Ära – im Familienbesitz befindliche Schloss 1992 im Zuge des Restitutionsverfahrens zurückerhalten und den eleganten Räumlichkeiten seither ihre ganz persönliche Note verliehen. Ob es geschmackvolle Vorhänge, bunte Blumengestecke oder dezente Beleuchtung – Častolovice strahlt nicht museale, sondern wohnliche Atmosphäre aus.

»Diana Sternberg will die Vergangenheit des Schlosses wieder lebendig machen, in Erinnerung an ihre Eltern, die diesen Besitz sehr liebten und zweimal daraus vertrieben wurden«, wird bei der Führung erläutert. Vom erlesenen Kunstgeschmack der Sternbergs zeugen die kostbaren **Sammlungen** (Möbel, Gemälde, Tapisserien, Glas, Porzellan, insbesondere die einzige komplette Reihe von Gemälden aller böhmischen Könige).

Die Räume haben kaum ihresgleichen in Böhmen, vor allem der **Tobiassaal** mit seiner Holzkassettendecke vom Ende des 16. Jh. mit Tobias-Szenen aus dem Alten Testament, der 300 m² große **Rittersaal** mit Renaissance-Kassettendecke, das **Brokatzimmer** mit seinen reichen Tapeten und die kleine **Kapelle** mit einem Tiroler Holzaltar von 1601. Durch den 40 ha großen **Naturpark** hinter dem Schloss streichen Damwild-Rudel, dazu gibt es auch einen Mini-Zoo.

Ein **Gartenrestaurant** lädt zu Speis und Trank ein, der **Souvenirshop** zum Kauf geschmackvoller Gläser und anderer schöner Objekte (Zámek Častolovice, 51750 Častolovice, Masarykova 1, Tel. 494 323 646, April, Okt. nur Sa, So 9–18, Mai– Sept. Di–So 9–18 Uhr; das Restaurant hat dieselben Öffnungszeiten).

Zug- und Busverbindungen mehrmals täglich mit Hradec Králové.

Rychnov nad Kněžnou

In dem auf einer gotischen Burg und einem Renaissancebau basierenden gewaltigen frühbarocken **Schloss Rychnov nad Kněžnou** 4 (Reichenau an der Knieschna), nach Plänen von Giovanni Santini Aichel errichtet, wird die kunsthistorisch bedeutende, aufgrund der sehr speziellen Motive (Porträts, Jagd-Stillleben) aber eher einseitigen **Gemäldesammlung** der Adelsfamilie Kolowrat mit Werken niederländischer, italienischer, deutscher und böhmischer Künstler des 15.–19. Jh. gezeigt. Möbel, Glas, Porzellan und Gobelins ergänzen die etwas verstaubt wirkende Ausstellung. Seit 1993 befindet sich das Schloss wieder im Besitz der Kolowrat (Zámek Rychnov, Kolowratská 1, Tel. 494 534 916, April, Okt. nur Sa, So 9–12, 13–16, Mai–Aug. Di–So 8–12,13–17, Sept. Di–So 8– 12, 13–16 Uhr).

Am Ufer der Kněžná stehen noch einige malerische alte **Weberhäuschen**, beim Hauptplatz findet man die Synagoge (1787) mit einem 1995 eröffneten **jüdischen Museum**, etwas außerhalb des Ortes einen kleinen **jüdischen Friedhof** (Palackého 602, Tel. 494 534 450, Mai–Sept. Di–So 9–12 und 13–17 Uhr, Okt. Sa, So nur nach telefonischer Voranmeldung).

Infozentrum: 51601 Rychnov nad Kněžnou, Svatohavelská 105, Tel. 494 539 027, mic@rychnov-city.cz, Mo–Fr 8–17 Uhr.

Linienbusse mehrmals am Tag von und nach Hradec Králové.

Bei Tierfreunden umstritten: Pferderennen in Pardubice

Opočno

Ein weiteres Juwel der Renaissance-Architektur ist das mächtige **Schloss Opočno** 5 (Opotschno) auf einer Landzunge über dem Zlatý potok (Goldbach). Bauherr war Vilém Trčka (Tertschka), die Ausführung lag in Händen italienischer Baumeister, die 1560–1569 auf den Resten einer von den Hussiten zerstörten gotischen Burg eine repräsentative Residenz im Stil der Renaissance errichteten. Nach 1600 wurden ein Lustschlösschen, eine Kapelle und ein Ballhaus hinzugefügt. Als Wallenstein-Freunde und angebliche Mitverschwörer gegen den Kaiser verloren die Trčkas 1634 ihren Besitz, bis zum heutigen Tag herrscht – abgesehen von den Unterbrechungen der jüngeren Geschichte – die Familie Colloredo-Mansfeld über das Anwesen. Nach einem Brand 1716 kam es Renovierungsarbeiten des Schlosses durch den Barockarchitekten Giovanni Battista Alliprandi, die ebenso wenig wie architektonische Eingriffe im 19. und 20. Jh. den Renaissance-Charakter des Bauwerkes schmälerten.

Das dreiflügelige Gebäude hat einen von dreigeschossigen **Arkadengängen** umgebenen Innenhof, der sich an einer Seite mit einer Terrasse dem mehr als 20 ha großen Park öffnet. Ein Teil der Ausstellung ist afrikanischer und amerikanischer **Volkskunde**, einschließlich exotischer Waffen und Jagdtrophäen, gewidmet, die ein Colloredo-Mansfeld, begeisterter Großwildjäger, auf seinen Reisen gesammelt hat. Neben zahlreichen Beispielen aristokratischer Wohnkultur von der Renaissance bis zum Historismus tragen vor allem die **Gemäldegalerie** mit Werken venezianischer, neapolitanischer und niederländischer Künstler sowie die **Bibliothek** mit alten Buchdruck-Raritäten zum Ruhm von Opočno bei (Zámek Opočno, Trčkovo nám. 1, Tel. 494 668 216, April, Okt. nur Sa, So 9–16, Mai, Juni, Sept. Di–So 9–17, Juli, Aug. Di–So 9–18 Uhr, Mittagspause jeweils 11.30–12.30 Uhr).

Am besten fährt man mit **Bussen** nach Opočno, und zwar von Hradec Králové (mehrmals am Tag) oder Náchod (seltener).

Hügelland bei Svitavy

Reiseatlas S. 10

Die Geburtsorte der berühmten tschechischen Komponisten Bedřich Smetana und Bohuslav Martinů, Städtchen mit schönen historischen Zentren und volkstümlicher Architektur, nicht nur in Böhmens größtem Freilichtmuseum, bietet die friedliche Hügellandschaft der Böhmisch-Mährischen Höhen. Und als einen der Höhepunkte eine baukünstlerisch außergewöhnliche Wallfahrtskirche.

Svitavy

Reiseatlas: S. 10, F 1
Gewiss, es gibt interessantere Städte als das in sanftes Hügelland gebettete Svitavy (Zwittau), das geographisch und historisch bereits zu Mähren gehört, politisch jedoch nach dem Zweiten Weltkrieg Ostböhmen eingegliedert wurde. Als ruhiger Standort – jeweils rund 70 km von Brno, Hradec Králové und Pardubice entfernt – eignet es sich aber ausgezeichnet, zumal gut ausgebaute Straßen in alle Richtungen führen. Auch fürs Auge ist einiges geboten, in erster Linie der nach 1990 sorgfältig restaurierte **Hauptplatz** (nám. Míru), einer der schönsten Straßenplätze der Tschechischen Republik mit dem längsten zusammenhängenden Arkadengang im Lande, dem **Renaissancerathaus**, einer **Mariensäule** und dem **Floriansbrunnen** (beide barock).

Zwei Männer haben die Geschichte des im 12. Jh. gegründeten Svitavy geprägt. Der eine war **Oswald Ottendorfer** (1826–1900), nach der Revolution 1848 in die USA ausgewandert und dort als Verleger der ›New Yorker Staatszeitung und Herold‹ zu Vermögen und Ansehen gekommen. Er stiftete seinem Geburtsort, der durch eine blühende Textil-

Buntgefasste Bürgerhäuser mit Laubengängen in Svitavy

industrie zum ›Westmährischen Manchester‹ aufgestiegen war, nicht nur eine vorbildliche Bibliothek (Neorenaissance-Bau am Smetana-Platz), sondern auch ein Kranken-, Waisen- und Armenhaus sowie – zum Andenken an seine Mutter Katharina – den Mutterliebe-Brunnen (Adolf von Donndorf, 1893).

Die zweite Persönlichkeit gelangte durch den Hollywood-Regisseur Steven Spielberg zu internationalem Filmruhm: **Oskar Schindler** (1908–1974), ein in jeder Beziehung listenreicher Zwittauer Fabrikant, dem es gelang, mehr als 1000 jüdische Mitbürger vor der Verfolgung durch die Nazis und damit vor dem sicheren Tod zu bewahren. Als alle Welt den mit mehreren ›Oscars‹ preisgekrönten Film ›Schindlers Liste‹ feierte, erinnerte man sich auch in Svitavy des Deutschen und setzte ihm 1994 im Jan-Palach-Park gegenüber seinem ehemaligen Wohnhaus ein Denkmal ohne falschen Pathos.

Infozentrum: 56802 Svitavy, nám. Míru 48, Tel. 461 534 300, www.svitavy.cz/ic, Mo–Fr 8–17, Sa 9–12 Uhr.

Schindlerův háj: Pražská 2137, Tel. 461 533 364, Fax 461 533

Mit den Autoren unterwegs

Historischer Opernsaal

Das Ende des 18. Jh. errichtete **Schlosstheater von Litomyšl** zählt zu den ältesten noch im Originalzustand befindlichen Opernhäusern Europas (s. S. 218).

Eine barocke Perle

Die barocke **Nepomuk-Wallfahrtskirche am Grünen Berg** in Žd'ár nad Sázavou ist eine einzigartige himmelwärtsstrebende Architekturvariation über die Zahl Fünf (s. S. 224).

353, hsh@genea2000.cz. 1997 neu eröffnetes 3-Sterne-Hotel in ruhiger Lage am Waldrand nur 1 km vom Zentrums in Richtung Litomyšl. Helle, freundliche Zimmer (54 Betten). DZ 50–70 €. Ausgezeichnetes Restaurant mit internationaler Küche, Weinstube und Terrasse, tgl. 11–24 Uhr, Hauptgerichte ab 5 €.
Fontana: U Stadionu 6, Tel. 461 530 504, Fax 461 530 514, info@pension-fontana.com. Kleine Hotel-Pension in der Nähe des historischen Stadtplatzes. Zimmer mit dekorativer Innenausstattung. DZ 50–70 €. Intimes Cafe-Restaurant mit Garten, internationale Küche, tgl. 11–22 Uhr. Hauptgerichte ab 5 €.
Penzion No. 10: T. G. Masaryka 10, Tel. 461 534 507, Fax 461 534 509, www.penzion-no10.cz. Nette Pension in der Fußgängerzone des historischen Zentrums, 3 Doppelzimmer und 2 Apartments mit Kühlschrank, Sat-TV, Dusche/WC. DZ 40–50 €. Im Haus populäre Pizzeria, auch Pasta u. a. ital. Spezialitäten, Mo–Do 10–23, Fr 10–24, Sa 9–24, So 9–22 Uhr. Hauptgerichte ab 3 €.
Oáza: Kapitána Jaroše 84, Tel. 461 532 767, j.savelka@tiscali.cz. Kleine Pension an der Stadtausfahrt Richtung Brno/Brünn, nette Zimmer. DZ 30–40 €. Im Haus Nichtraucher-Restaurant mit böhmischer Küche, aber auch vegetarischen Speisen, tgl. 11–22 Uhr. Hauptgerichte ab 4 €.

Alle 2–3 Stunden **Zug- und Busverbindungen** mit Brno und Olomouc.

Litomyšl

Reiseatlas: S. 4, E 4
Was den Salzburgern ihr Mozart, ist den Bürgern von Litomyšl (Leitomischl) ihr Bedřich Smetana, der in seinem Geburtsort mit internationalen Festspielen gefeiert wird. Eine zauberhafte Stadt, wären nicht die öden Wohnblocks aus der KP-Zeit, die das Panorama beeinträchtigen. Spät, nämlich erst 1965, wurde das Zentrum rund um den lang gestreckten Straßenplatz (Smetanovo nám.) unter Denkmalschutz gestellt.

Schloss mit historischem Theater

Unter den Sehenswürdigkeiten ragt – auch was seine dominierende Lage betrifft – das 1999 in die UNESCO-Liste des Welterbes aufgenommene **Renaissanceschloss** heraus, im Auftrag von Wratislav von Pernstein (Pernštejn) 1568–1581 anstelle der ehemaligen Burg und des Klosters erbaut. Das vierflügelige Gebäude ist mit Sgraffiti und Loggien geschmückt. Im großen Hof mit dreigeschossigen Arkaden an drei Seiten befinden sich an der Stirnfront überwältigende Kratzputz-Bilder mit Szenen aus der Antike und dem Alten Testament. Das staatliche Schloss bietet in 13 Sälen Empire-Mobiliar, Bilder aus dem 18. Jh. sowie wertvolle Sammlungen von Meissner, Wiener und Berliner Porzellan. Die 1577 den Heiligen Monika und Michael geweihte Kapelle mit schlichtem grau-weißem Freskenschmuck steht für Hochzeiten und Orgelkonzerte zur Verfügung.

Ein besonderes Erlebnis stellt der Besuch des Ende des 18. Jh. erbauten **Schlosstheaters** dar, das mit jenen von Drottningholm (Schweden) und Český Krumlov (Krumau) zu den ältesten noch im Originalzustand bewahrten Bühnen Europas zählt. Hier hatte Smetana im Alter von sechs Jahren seinen ersten musikalischen Auftritt. Als einzige erhaltene Originale des berühmten Theatermalers Josef Platzer hütet das Theater die für Litomyšl geschaffenen Kulissen des Künstlers, Schöpfer der Dekorationen für die Prager Uraufführung von Mozarts ›Don Giovanni‹.

In der ehemaligen Bierbrauerei gegenüber dem Schloss befindet sich die als Museum eingerichtete **Geburtswohnung Smetanas,** denn Bedřich Smetana wurde hier als Sohn eines Braumeisters 1824 geboren. Seine bedeutendsten Werke sind die symphonische Dichtung ›Die Moldau‹ und die Oper ›Die verkaufte Braut‹. Als berühmter Komponist und Dirigent starb er 1884 in Prag. Das Interieur der Geburtswohnung ist einem bürgerlichen Salon des 19. Jh. nachempfunden (Státní Zámek Litomysl, Tel. 461 615 067, April, Sept. Okt. nur Sa und So 9–16, Mai–Aug. Di–So 9–17 Uhr).

Ein **Museum antiker Bildhauerkunst und Architektur** wurde in der barocken Reitschule des Schlosses untergebracht. Gezeigt werden Abgüsse griechischer und römischer Plastiken (Galerie antického sochařství a architektury, Jízdárna Zámku, Tel. 461 614 649, Mai–Sept. Di–So 9–12 und 13–17 Uhr).

Stadtplatz

Am Stadtplatz mit seinen Laubengängen und Bürgerhäusern aus dem 16.–19. Jh., in denen sich gute Lokale und hübsche Geschäfte etabliert haben, sind vor allem das gotische **Alte Rathaus** (1418), das spätbarocke **Neue Rathaus** und das **Renaissancehaus ›U rytířů‹** (Zu den Rittern) mit seinen ornamentalen und figuralen Reliefs an der Fassade und der Kassettendecke im Inneren bemerkenswert. Hier zeigt die **Stadtgalerie** ihre Kunstsammlung und wechselnde Ausstellungen (Městská galerie, Tel. 461 614 765, Di–So 9–12 und 13–17 Uhr).

Open-Air-Event für Freunde klassischer Musik

Das Internationale **Musikfestival ›Smetanas Litomyšl‹** ist nach dem ›Prager Frühling‹ die größte Open-Air-Veranstaltung klassischer Musik in Tschechien. Es findet Ende Juni/Anfang Juli jeweils an zwei Wochenenden statt und umfasst von den großen tschechischen Ensembles getragene Opernaufführungen und Konzerte auch anderer Komponisten – von Händel über Mozart bis Verdi. (Festivalbüro: Jiráskova 133, Tel. 461 612 575, Fax 461 616 071, www.smetanaopera festival.cz).

Historisches Schlosstheater von Litomyšl

Das **Smetana-Haus** (Smetanův dům, Komenského nám. 402), ein schönes Neorenaissance-Gebäude mit Jugendstilelementen (1905) dient als Stadttheater.

Der Komplex des **Piaristenkollegs** in unmittelbarer Nachbarschaft des Schlossareals umfasst eine Schule, die von Alliprandi erbaute barocke Kirche zur Kreuzauffindung und im ehemaligen Gymnasium das Regionalmuseum (Regionální muzeum, Jiráskova 9, Tel. 461 615 287, Di–So 9–12, 13–17 Uhr).

Geht man über die Schlossstraße (Zámecká) Richtung Stadtplatz, kommt man zum **Portmoneum**, dessen Innenräume über und über mit naiven, farbenfrohen Malereien von Josef Váchal (1894–1969) ausgestattet sind, einem Autodidakten, der diese Arbeit in den 1920er Jahren schuf. Seiner Phantasie freien Lauf lassend malte er einen Wirbelwind an Teufeln und Dämonen an Wände und Decken. Sich selbst porträtierte er als Rattenfänger (Terézy Novákové 75, Tel. 461 612 020, Mai–Sept. Di–So 9–12 und 13–17 Uhr).

i **Infozentrum:** 57001 Litomyšl, Smetanovo nám. 72, Tel. 461 612 161, www.

Im Schlosshof von Litomyšl: In Sgrafitto-Technik gestaltete Fassade mit Sonnenuhr

litomysl.cz/ic, April–Sept. Mo–Fr 9–19, Sa, So 9–15, Okt.–März Mo–Fr 8.30–18, Sa 9–14 Uhr.

Zlatá Hvězda: Smetanovo nám. 84, Tel. 461 615 338, Fax 461 615 091, zlata.hvezda@lit.cz. Hotel mit höchstem Komfort der Stadt, schöne, etwas altmodisch möblierte Zimmer. Sauna, Fitnessräume, Parkplatz, Garage. Restaurant, tschechische und internationale Küche. DZ 70–85 €.

Dalibor: Komenského nám. 1053, Tel. 461 619 006, Fax 461 616 108, hotel.dalibor@seznam.cz. Leicht verstaubtes 120-Betten-Hotel nahe dem zentralen Stadtplatz. Helle, nicht ungemütliche Standard-Zimmer, Café-Restaurant im Haus. DZ 60–75 €.

Petra: B. Němcové 166, Tel. 461 613 061, Fax 461 613 051, info@pension-petra.cz. Kleine Drei-Sterne-Pension (11 Betten) in denkmalgeschütztem Altstadthaus, ruhige Lage, geschmackvolle Zimmer. DZ 55–70 €.

Smetana-Apartment: Jiráskova 133 (im Schlossareal), Tel. 461 612 575, Fax 461 616 071, festival@smetanovalitomysl.cz. Ideal für Familien: Apartment (2 Schlafräume, 1 Wohnzimmer mit Küchenzeile) in der ehemaligen Schlossbrauerei, wo Smetana zur Welt kam, vom Festivalbüro verwaltet. Pro Tag 45–60 €.

Kraus: Havlíčkova 444, Tel/Fax 461 614 823, gustav.kraus@worldonline.cz. Familiäre 14-Betten-Pension, 100 m vom Zentrum, kleine, aber freundliche Zimmer. Abgeschlossener Parkplatz, Garage. DZ 40–50 €.

Karlov: Komenského nám. 402, Tel. 461 613 417, tgl. 11–23 Uhr. Gepflegtes Restaurant im Smetana-Haus, internationale Küche mit Grill-, Fisch- und Wildspezialitäten, gute Weine. Hauptgerichte ab 6 €.

Malý svět: Mariánská 1097, Mobiltel. 777 293 203, tgl. 11–23 Uhr. Kleines Restaurant mit erstaunlich phantasiereicher Küche internationalen Zuschnitts. Man sollte sich überraschen lassen! Hauptgerichte ab 5 €.

U Černého Orla: B. Němcové 177, Tel. 461 615 778, Mo–Do 10–22, Fr 10–24, Sa 14–24, So 9–22 Uhr. Von Einheimischen gerne besuchtes Lokal mit guter böhmischer Küche und frisch gezapften Bieren. Hauptgerichte ab 4 €.

U Medvěda: Na Lánech 764, Tel. 461 616 726, Mo–Do 11–23, Fr, Sa 11–01, So 11–22 Uhr. In schönen Gewölberäumen und auf einer überdachten Terrasse serviert man altböhmische Spezialitäten vom Schwein, Rind, Lamm, Wild und Fisch. Hauptgerichte ab 4 €.

Charlie: Smetanovo nám. 100, Tel. 461 613 002, Mo–Sa 7.30–24, So 11–14 Uhr. Café-Restaurant mit böhmischen und internationalen Speisen. Hauptgerichte ab 4 €.

U Slunce: Smetanovo nám. 17, Tel. 461 614 775, Mo–Do 10.30–23, Fr 10.30–24, Sa, So

11–23 Uhr. Böhmische Kneipe mit guten lokalen Speisen. Hauptgerichte ab 3 €.

Litomyšl erreicht man am besten per **Bus** direkt von Prag, Hradec Králové, Olomouc oder Brno.

Polička

Reiseatlas: S. 10, E 1

Mitten im Dezemberschnee des Jahres 1890 erblickte in der Turmstube der neugotischen **St.-Jakobs-Pfarrkirche** von Polička (Politschka) der später weltberühmte Komponist **Bohuslav Martinů** das Licht der Welt, der trotz internationaler Karriere – er starb 1959 in der Schweiz – in musikalischer Hinsicht stets seiner böhmischen Heimat verpflichtet blieb. Mehr als zehn Jahre lebte der Türmersohn 70 m hoch über der Stadt in einer Kammer, zu der 200 Stufen hinaufführen. Heute kann hier ein kleiner Gedenkraum mit herrlicher Aussicht besichtigt werden. Anmeldung im nahen **Stadtmuseum**, in dem auch eine umfangreiche Dokumentation über Leben und Werk des Komponisten zu sehen ist (Městské muzeum, Tylova 114, Tel. 461 724 056, Sept.–Mai Di–So 9–12 und 12.30–16, Juni–Aug. Di–So 9–17 Uhr).

Polička, im 13. Jh. gegründet, wurde 1845 von einer Feuersbrunst fast vollständig vernichtet. Kirche, Rathaus und Bürgerhäuser mussten neu erbaut werden, dabei griff man weitgehend auf die alten Baustile zurück, auch die ovale Form des Stadtzentrums mit seinem regelmäßigen Grundriss behielt man bei. Als älteste Baudenkmäler sind Reste der **Stadtbefestigung** (13.–15. Jh.) erhalten.

Infozentrum: 57201 Polička, Palackého nám. 160, Tel. 461 723 800, www.policka-mesto.cz, Sept.–Juni Mo–Fr 8–17, Sa 8–11.30, Juli, Aug. Mo–Fr 8–18, Sa, So 9–14 Uhr.

Hotel Pivovar: Riegrova 35, Tel. 461 725 269, pivovar@pivovar-policka.cz. Kleines Hotel (36 Betten), Zimmer unterschiedlichen Standards, auch solche mit Gemeinschafts-Bad/WC auf dem Flur. DZ 20– 35 €. Nettes Restaurant mit Garten, böhmische Küche. Hauptgerichte ab 3,50 €.

Mit der **Bahn** muss man von Prag zweimal umsteigen, und zwar in Pardubice und Žd'árec, von Brno nur in Svitavy. **Busse** verkehren mehrmals täglich von Pardubice, Hradec Králové, Brno und Prag.

Havlíčkův Brod

Reiseatlas: S. 10, D 1

In der Umgebung von Havlíčkův Brod (Deutsch Brod; tschechisch ›Brod‹ bedeutet ›Furt‹) wurde bereits im 13. Jh. von deutschen Kolonisten Silberbergbau betrieben. Während der Hussitenkriege stand Havlíčkův Brod auf der Seite Kaiser Sigismunds und fiel der Plünderung durch Žižkas Horden anheim. Mehr als 1500 Menschen starben, der Rest der deutschen Bevölkerung flüchtete.

Damals begann zwischen dem tschechischen Havlíčkův Brod und dem deutschen Iglau (Jihlava) eine Jahrhunderte dauernde Konkurrenz, wobei es zu gegenseitigen Überfällen kam. Die Iglauer bestachen sogar den Turmwächter Hnát, der ihnen 1472 im Morgengrauen das Stadttor von Brod öffnen sollte. Fleißige Frauen, die bereits am Fluss ihre Wäsche wuschen, verhinderten den Verrat. Der Türmer wurde in einem Kessel gesotten, sein Skelett brachte man in einer Giebelnische des Rathauses an, wo es von nun an den Stundenschlag einläutete. Ein Knochenmann ist heute noch hoch oben unter der Rathausuhr zu sehen – mit der Aufschrift auf dem Sensenblatt: »Keiner kennt die Stunde«.

Vor dem **Alten Renaissance-Rathaus** erhebt sich ein **Barockbrunnen** mit Tritonenstatue. Der von den Giebelbauten gotischer bis spätbarocker **Bürgerhäuser** gesäumte Stadtplatz ist der reizvollste Winkel des unter Denkmalschutz stehenden historischen Kerns. Man sieht hier das Geburtshaus (Nr. 14) des Komponisten Johann Wenzel Stamitz (1717–1757), des Begründers der ›Mannhei-

Richtig Reisen-Tipp: Skanzen Vysočina: Böhmens größtes Freilichtmuseum

Für die 1972 eröffnete Ausstellung böhmischer volkstümlicher Architektur Skanzen Vysočina wurden Teile der Gemeinde Vysočina mit ihren historischen Dorfbauten sowie der Bezirk Betlém des Städtchens Hlinsko ausgewählt. Später kamen noch Baudenkmäler in den Weilern Svobodné Hamry (ländlicher Herrensitz, Schmiede, Mühle, Wirtshaus), Možděnice (Alte Schule, Wagenbauer-Werkstatt), Dřevíkov (Dorfplatz, ehemalige Judengasse, jüdischer Waldfriedhof), Svatý Mikulá, (Einzelhof mit Kirchlein, Sammlung von Gusseisen-Kreuzen), Trhová Kamenice (Kirche, altes Rathaus, Volksbauten) und Zubří (Aussichtsort, Kapelle) dazu. Alle genannten Orte sind gut ausgeschildert und durch markierte Wanderwege verbunden.
Mittelpunkt des Freilichtmuseums ist jedoch der ›Lustige Berg‹ (Veselý Kopec), eine ehemalige Holzfällersiedlung. Die Objekte sind typische, einfach gezimmerte Holzbauten aus dem 17. bis 19. Jh., das älteste Anwesen, ›U Pilných‹, stammt teilweise sogar aus der zweiten Hälfte des 16. Jh. Viel bestauntes Prachtstück ist eine vierzehneckige Scheune aus dem 18. Jh., das einzige noch erhaltene Exemplar dieser seinerzeit weit verbreiteten Bauart. Forsthaus, Sägewerk, Getreidemühle und verschiedene Handwerksstätten bilden die weiteren Attraktionen dieses meistbesuchten Denkmalkomplexes von Ostböhmen (Skanzen Vysočina, 53901 Hlinsko, Příčná 350, Tel. 469 326 415, April, Sept, Okt. Di–So 10–16 und Mai–Aug. Di–So 9–17 Uhr).
Reiseatlas: S. 10, D 1

Stube im historischen Hamdwerkerviertel von Hlinsko

mer Schule‹, sowie das Wohnhaus (Nr. 19) des politischen Journalisten und Schriftstellers Karel Havlíček-Borovský (1821–1856), eines der Wortführer der tschechischen nationalen Wiedergeburt, nach dem die Stadt 1945 benannt wurde. Die **Pfarrkirche Mariä Himmelfahrt** vom Ende des 13. Jh. erfuhr im Barock und später Umbauten. In ihrem 51 m hohen, prismenförmigen Turm hängt die um 1300 gegossene **älteste Glocke des Landes**. Im Inneren der Kirche befinden sich ein reich verzierter Hauptaltar, ein zinnernes Taufbecken (16. Jh.) und an einem Seitenaltar das Gemälde ›Der Schutzengel‹ des bedeutenden Barockmalers Karel Škréta.

Fans von Jaroslav **Hašek** sollten den Abstecher in das 15 km von Havlíčkův Brod entfernte **Lipnice nad Sázavou** (Lipnitz/Straße Nr. 18 Richtung Svetlá) nicht versäumen, ein Städtchen in schöner Waldlage auf 611 m gelegen. In einem Häuschen am Fuße der Burganlage aus dem 14. Jh. hat der Schöpfer des ›Braven Soldaten Schwejk‹ seine letzten Lebensjahre verbracht. Häufig besuchte der bierdurstige Hašek das wenige Schritte entfernte ›Hostinec Česká Koruna‹, die ›Böhmische Krone‹, ein uriges Dorfwirtshaus.

Infozentrum: 58001 Havlíčkův Brod, Havlíčkovo nám. 56, Tel. 569 428 464, www.muhb.cz, Mo–Do 9–17, Fr 9–16, Sa 9–12 Uhr.

Die Stadt liegt an der Bahnlinie Prag-Brno (**Schnellzüge** halten hier auch).

Žd'ár nad Sázavou

Reiseatlas: S. 10, D/E 1
Die Sehenswürdigkeiten der ärmlich wirkenden Kreisstadt **Žd'ár nad Sázavou** (Saar an

Nepomuk-Wallfahrtskirche am Grünen Berg

der Sassau) liegen am Ortsrand (Straße Richtung Ždírec): der Komplex des ehemaligen Zisterzienserklosters Mariä Himmelfahrt, das 1784 säkularisiert, in ein **Schlossareal** umgewandelt wurde und heute im Besitz der Kinskys ist, sowie die nahe **Nepomuk-Wallfahrtskirche** am Grünen Berg (Zelená hora).

Das aus der zweiten Hälfte des 14. Jh. stammende Kloster erlebte unter Abt Václav Vejmluva Anfang des 18. Jh. seine Hochblüte. Der ehrgeizige geistliche Herr konnte für die Realisierung seiner umfangreichen Bauvorhaben den berühmten Barockarchitekten Giovanni Santini Aichel gewinnen. Dieser erneuerte nicht nur die frühgotische **Stiftskirche** im Stil der Barockgotik, sondern auch die übrigen Bauten, insbesondere die **Prälatur**. Hier befindet sich seit 1957 in 21 stuckverzierten und teilweise auch mit Fresken geschmückten Räumen ein sehenswertes **Buchmuseum.** (Zámek, Tel. 566 625 370, Apr, Okt. nur Sa, So 8–12, 12.30–16, Mai-Sept. Di–So 8–12, 12.30–16/17 Uhr).

In den ehemaligen Pferdeställen des Schlosses gibt es ein **Klaviermuseum** mit kostbaren Instrumenten, von denen noch mehr als die Hälfte bespielbar ist, die **Kinský-Galerie** über die Geschichte des Adelsgeschlechts und eine Dokumentation über Leben und Werk des Barockarchitekten **Giovanni Santini Aichel**.

Als Welterbe erster Kategorie wurde die **Nepomuk-Wallfahrtskirche am Grünen Berg** von der UNESCO eingestuft. Die Symbolik der Zahl Fünf – der Legende zufolge erstrahlten beim Märtyrertod des hl. Nepomuk in der Moldau fünf Sterne – war für Santini Aichel Anlass zu einer geradezu phantastischen Entfaltung seiner künstlerischen Vorstellungskraft. Inmitten eines fünfeckigen Friedhofs steht auf fünfeckigem Grundriss das Kirchlein, dessen fünf Bögen sich zu einem Fünfstern vereinen. Auch die Empore ist in fünf größere und fünf kleinere Chorräume gegliedert, in fünf Kapellennischen stehen fünf Altäre. Selbstverständlich hat das Gotteshaus fünf Tore, am Hauptaltar tragen fünf Engel in pompöser Manier den Heiligen empor, und das Kircheninnere erhält Licht durch 55 Fenster. Den gewölbten Kreuzgang rund um den Friedhof unterbrechen fünf Tore und fünf Kapellen. Auf geniale Weise verbindet das Fünfer-Wunderwerk Stilprinzipien von Gotik (Fenster, Rippennetz) sowie Barock und strebt aufgrund seiner abwechselnd konvexen und konkaven Konturen stürmisch himmelwärts (Führungen April bis Okt. tgl. Di– So 9–17 Uhr; außerhalb der Saison für Gruppen gegen Voranmeldung im Schloss-Informationszentrum).

Infozentrum: 59101 Žd'ár nad Sázavou, nám. Republiky 24, Tel. 566 628 539, info@santini-tour.cz, www.zdarns.cz, 15. Juni – 15. Sept. Mo–Fr 8.30–12, 13–18, Sa 9–18, So 9–14, 16. Sept. – 14. Juni Mo–Fr 8–12, 13–17, Sa 8–12, So 9–11.30 Uhr. Infozentrum Schloss, Zámek 11, Tel. 566 629 152, www.zamekzdar.cz, April–Okt. Di–So 9–12, 13–17, Nov.–März Di–Fr 9–13 Uhr.

Tálský mlyn: Žd'ár nad Sázavou 2, č.p. 18, Tel. 566 625 501, Fax 566 624 938, cerum@cerum.cz. Familiäres Ferienhotel im Grünen, 10 Autominuten vom Stadtzentrum entfernt. Traumlage am Pilák-See, umgeben von Wäldern, 2000 komplett renoviert, alle Zimmer mit entsprechendem Standard. DZ 40–50 €. Restaurant mit tschechischer und internationaler Küche, tgl. 11–23 Uhr. Hauptgerichte ab 4 €.

Grunt: Vysocká 62, Tel./Fax 566 623 407, hotelgrunt@centrum.cz. 40-Betten-Mittelklassehotel am Stadtrand, ruhige Lage, freundlich helle Zimmer, Reitstall. DZ 40–50 €. Rustikales Restaurant mit schönem Sommergarten, böhmische Küche, tgl. 8–23 Uhr. Hauptgerichte ab 4 €.

U Labutě, nám. Republiky 70, Tel. 566 622 949, Fax 566 629 620, hotelulabute@cbox.cz. Von Grund auf renoviertes Traditionshotel von 1903 am Stadtplatz. Schöne Zimmer. DZ 30–50 €. Restaurant mit regionaler Küche, tgl. 11–22 Uhr, Bar. Hauptgerichte ab 3 €.

Mit dem **Schnellzug** erreicht man Žd'ár von Brno in einer Stunde, in knapp 2 Stunden von Prag aus.

Kapitel 3

Westböhmen

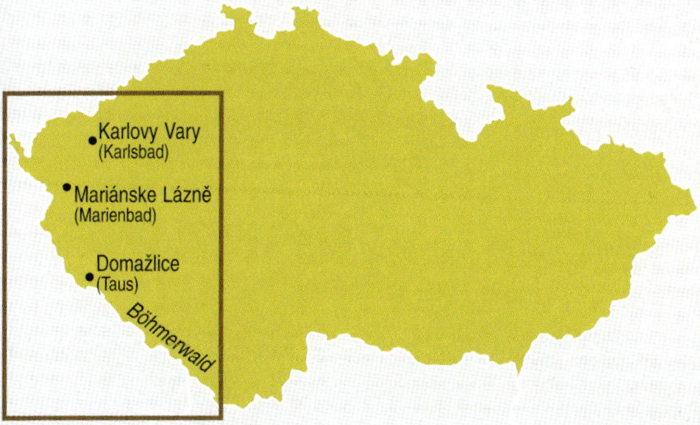

Auf einen Blick: Westböhmen

Kaltes Bier und heiße Quellen

Nicht nur dort, wo die Baumkronen des Böhmerwaldes (Šumava) den Wipfeln des Tschechischen Waldes (Český Les) die Äste reichen, hat es die Natur mit dem Westen Böhmens gut gemeint. Auch die Ebenen und Flusstäler, die sich ins Pilsner Becken erstrecken, beschenkte sie mit fruchtbarer Erde, mildem Klima und heilkräftigem Wasser. Mit frischen, klaren Quellen, aber auch mit heißen, heilenden ›Oberflächlichkeiten‹ allein begnügten sich die Götter allerdings nicht, als sie ihre Schätze verteilten und Westböhmen überreich bedachten: Gold und Silber, Kohle und Uran, Kieselerde und Kaolin, dies und noch vieles mehr verbargen sie im Boden. Wohlstand ließ das Land erblühen, und es schmückte sich mit einem Kranz aus goldenen Städten. Wo das mineralhaltige Wasser besonders reichlich aus dem Boden sprudelte, suchten Kranke mit Erfolg Linderung ihrer Leiden. Heute gibt es gerade noch genügend klares Wasser für die Brauereien, einfach aus der Leitung trinken kann man es meist nicht mehr. Den Missbrauch ihrer Gaben in Westböhmen haben die Götter gerächt. Dass sie jedoch nicht unversöhnlich sind, beweisen die Schönheiten der Naturreservate, aber auch der schmucken Dörfer erwachten Städte. So das weltberühmte Bäderdreieck Karlsbad, Marienbad und Franzensbad. Heute reist man wegen der vorbildlichen Kureinrichtungen und der reichhaltigen sportlichen und kulturellen Angebote hierher. Im 19. Jh. waren diese Kurstädte Treffpunkt des europäischen Hochadels und der Großen aus Kultur und Politik. Die Liste der Badegäste in Karlsbad liest sich demnach wie ein ›Who's who‹ der Neuzeit: Österreichs Kaiser und Preußens Könige, Russlands Zar Peter der Große, Frankreichs Louis Napoleon Bonaparte und Persiens Schah, sie alle suchten Linderung ihrer Beschwerden oder bloß Erholung in heiterer Atmosphäre. Goethe und viele andere Dichter und Musiker von Bedeutung zog es zu den heißen Quellen: Friedrich Schiller, Theodor Fontane, Ludwig van Beethoven, Franz Liszt, Carl Maria von Weber oder Frederic Chopin.

Karlsbad ist das berühmteste der drei Bäder, Marienbad jedoch hat am meisten Charme. Und mit einigen Abstrichen lässt sich tatsächlich noch jener Ort wiederfinden, dem Jan Neruda in den 70er Jahren des 19. Jh. huldigte: »Stellt euch eine runde Talmulde vor, fast wie von einem Kreis begrenzt. Auf ihrem Grunde ruhen ausgedehnte herrliche Parkanlagen mit hübschen Wegen, sattgrünen Wiesen, dunklem Dickicht, verstreut dastehenden Bäumen. Etwas höher ein Ring weißer, eleganter Gebäude, wie ein Silberreif. Und über allem, in vielfältiger Wellenlinie, eine reizende Gebirgssilhouette, anscheinend direkt aus den Hausdächern herauswachsende Berge, höher und höher, und bis zum Gipfel umhüllt von einem Talar dunkler, blauer Wälder.«

Highlights

7 **Loket:** ein Städtchen wie aus dem Bilderbuch, das einst schon Goethe entzückte (s. S. 239).

8 **Mariánské Lázně:** Bädertraum aus der Belle Epoque – nicht nur als Kurgast eine Reise wert (s. S. 242).

Reise- und Zeitplanung

Westböhmen setzt sich aus den geografisch recht unterschiedlichen Landkreisen Plzeň (Pilsen) und Karlovy Vary (Karlsbad) zusammen. Die Biermetropole ist Hauptstadt des flächenmäßig drittgrößten Bezirkes der Tschechischen Republik, der jedoch, hinsichtlich der Bevölkerungszahl den vorletzten Platz einnimmt. Daher hat die Natur viel Platz zur Entfaltung, vor allem in den geschützten Gebieten Böhmer- und Tschechischer Wald, die beinahe 40 % der Fläche des Landkreises bedecken. Groß ist hier das Angebot an ›sanftem Tourismus‹ mit zahlreichen sportlichen Möglichkeiten: Wandern, Rad- und Kanufahren, Reiten oder Golf im Sommer und alpiner wie nordischer Skilauf im Winter.

Im Landkreis Karlsbad liegt das Schwergewicht auf nicht an eine Jahreszeit gebundenen Kuraufenthalten, für die man sich freilich jeweils mindestens drei Wochen Zeit nehmen sollte, will man eine Beschwerden lindernde Wirkung erreichen. Der Standard der Behandlungen hat internationales Niveau.

Zwar sind Burgen und Schlösser wie in ganz Tschechien in den meisten Fällen zwischen November und März geschlossen, ganzjährig kann man aber in den größeren Städten wie Pilsen oder in den Kurorten Galerien, Museen, Theater und Kinos besuchen, ebenso natürlich die großartigen historischen Zentren von Klatovy (Klattau) bis Cheb (Eger) und von Pilsen bis Loket. Die Palette an Erlebnissen von Januar bis Dezember umfasst aber auch Festspiele für Musik, Theater und Film, Folklorefestivals, Jahrmärkte oder urige Faschingsbälle im Dorfwirtshaus.

Richtig Reisen-Tipps

Filmfestspiele von Karlsbad, neben Cannes, Venedig und Berlin eines der vier großen europäischen Festivals (s. S. 236).

Freie Sicht: Von der Karlsburg bei Kasperské Hory (Bergreichenstein), der höchstgelegenen Burg Böhmens, genießt man einen sensationellen Blick über weite Teile des Böhmerwaldes (s. S. 263).

Die Verkehrs-Infrastruktur Westböhmens ist gut entwickelt. Wer mit dem eigenen Auto anreist, findet sich auch abseits der großen Transitrouten zwischen Deutschland und Prag auf kleinen, gut beschilderten Landstraßen mühelos zurecht, die allerdings zuweilen recht eng und kurvig sein können. Das öffentliche Verkehrsnetz weist nur wenige Lücken auf. Pilsen und die westböhmischen Bäder sind auf Eisenbahn-Hauptstrecken mit Prag und den großen deutschen Städten (Nürnberg, München, Frankfurt) verbunden. Mit Linienbussen erreicht man auch die entlegensten Orte, doch muss man sich auf wenig frequentierten Strecken in Geduld üben. Oft verkehren Busse nur morgens und abends, wenn man Glück hat, mitunter auch mittags. Und dies auch nur an Werktagen, während die Busse an Wochenenden meist in der Garage bleiben. Noch aber sind Taxis erschwinglich, sodass man auf diese Weise auch einmal eine Überlandfahrt machen kann. Unbedingt sollte man aber den Fahrpreis vorher festlegen.

Klima und Reisezeit

Westböhmen ist ein typisches Ganzjahresziel, klimatisch vergleichbar mit einem Großteil Mitteleuropas, etwas kühler in den Berg- und Waldregionen, milder in den Beckenlagen.

Das Bäderdreieck

Karte S. 241

Als nach Karlovy Vary (Karlsbad) Anfang des 19. Jh. auch Mariánské Lázně (Marienbad) und schließlich Františkovy Lázně (Franzensbad) den Status eines Kurortes erwarben, war das gesunde Trio im Dreieck zwischen dem Gebirgsstock Krušné Hory (Erzgebirge), den Ausläufern des Český les (Tschechischer Wald) und dem Slavkovský les (Kaiserwald) komplett.

Karlovy Vary

Der tiefe Talkessel am Zusammenfluss von Teplá (Tepl) und Ohře (Eger) gleicht einer überdimensionalen römischen Arena: Von dicht besetzten Rängen blicken **Karlsbads** **1** Nobelviertel auf eine mit Pavillons und Promenaden, Kolonnaden und Kaffeehäusern verschwenderisch ausgestattete Bühne herab. Im Spielplan des weltberühmten Repertoiretheaters stehen seit nunmehr drei Jahrhunderten die immer gleichen Gesellschaftskomödien, nur die Qualität der Inszenierungen hat sich geändert.

Kurstadt mit Tradition

Einst entstammten die Akteure den Oberen Zehntausend, um jede noch so kleine Nebenrolle rissen sich hochkarätige Vertreter des Adels, steinreiche Magnaten aus Industrie und Finanzwelt, mächtige Staatsmänner und die bedeutendsten Künstler ihrer Zeit. Sie alle scharten sich um die glanzvollen Stars der Besetzung: Kaiser, Könige und Zaren verwandelten das **renommierteste Kurbad Böhmens** Sommer für Sommer in den exquisitesten Salon Europas. Selbst die Statisten aus dem Bürgertum reisten noch um 1900 mit Schrankkoffern voll eleganter Garderobe an, um so herausgeputzt ins noble Bild einer zu Ende gehenden Epoche zu passen.

Auf Schritt und Tritt künden mit Zitaten geschmückte Erinnerungstafeln von der Begeisterung prominenter Kurgäste, allen voran Johann Wolfgang von Goethe. Nicht weniger als ein Dutzend Mal weilte der Dichterfürst der Deutschen zwischen 1785 und 1823 in Karlsbad, dreimal in Marienbad und einmal in Teplitz. »Weimar, Karlsbad und Rom sind die einzigen Orte, wo ich leben möchte«, schrieb der Vielgereiste 1812 an Wilhelm von Humboldt. Und in einem Brief an Schiller hieß es: »Man könnte hundert Meilen reisen und würde nicht so viele Menschen so nahe sehen.«

Heute kümmert sich ein bunt gemischtes Publikum in saloppem Freizeit-Look herzlich wenig darum, wie deplatziert Jeans oder Shorts, Sandalen und T-Shirts im noch immer erhabenen Ambiente wirken. Auch die zahlungskräftigen Gäste, die wieder häufiger anreisen und Nobelboutiquen, Luxusrestaurants und Casino zu gutem Umsatz verhelfen, verschwenden keinen Gedanken an die traditionsreiche Vergangenheit. Wer zahlt, bestimmt – und in Hotels, in denen sich bis zur Wende KP-Funktionäre tummelten, verjubeln jetzt dollarschwere Russen ihren neuen Reichtum.

Stadtspaziergang

Die Stadt hat zwei Gesichter. Das wenig attraktive **Geschäftszentrum** im Norden mit Hauptbahnhof (horní nádraží), Unterem Bahnhof (dolní nádraží) und Busbahnhof (Autobusové nádraží) an der Varšavská sowie die für den Durchgangsverkehr weitgehend gesperrte **Kurzone**, die sich südlich davon durch das Flusstal der Teplá zieht.

Am besten beginnt man die Annäherung im Norden bei der **Hauptpost** 1 und bleibt zunächst am westlichen Ufer des Flüsschens, um aber immer wieder Abstecher auf die andere Seite zu machen. Brücken gibt es genug. Gleich zu Beginn: der **Kurkomplex Thermal** 2, ein Beton-Monster mit einem 500-Betten-Hotel und einem 50-m-Thermal-Freibad, bei seiner Eröffnung 1976 Inbegriff kommunistischer Herrlichkeit. Im benachbarten **Dvořák-Park** 3 (Dvořákovy sady) erinnert ein Denkmal an den großen tschechischen Komponisten. In der **Park-Kolonnade** 4 (Sadová kolonáda), einer Wandelhalle aus Gusseisen aus dem Jahr 1888, sprudelt die Parkquelle (Sadov pramen). Die Halle wurde von den Wiener Architekten Ferdinand Fellner und Hermann Helmer entworfen, die auch für eine Reihe anderer Bauten in Karlsbad wie in der ganzen ehemaligen k.u.k.-Monarchie verantwortlich zeichnen.

Zwölf allegorische Statuen schmücken die 132 m lange und 13 m breite klassizistische **Mühlbrunnen-Kolonnade** 5 (Mlynská kolonáda), Ende des 19. Jh. im Stil der Neorenaissance von Josef Zítek, dem Schöpfer des Prager Nationaltheaters, im Zentrum des Ortes errichtet. In stilvoller Umgebung füllen Kurgäste ihre mit einem Schnabel versehenen Trinkbecher mit dem Wasser aus mehreren verschieden heißen Thermalquellen, um anschließend vor möglicher schlechter Witterung geschützt in der größten der Karlsbader Wandelhallen zu promenieren.

Durch die Badgasse (Lázenská) gelangt man zum weißen, 1883 errichteten Holzbau der **Markt-Kolonnade** 6 (Tržní kolonáda), in der auch die Quelle Kaiser Karls IV., die älteste des Ortes, gefasst wurde. Dahinter liegen die **Schloss-Kolonnade** 7 (Zámecká kolonáda) und der Schlossturm, der an ein durch Feuer zerstörtes Jagdschloss Karls IV. erinnert.

Am spektakulärsten zischt und dampft es in dem 1975 vollendeten modernen Glas-Beton-Kurzentrum der **Sprudel-Kolonnade** 8 (Vřídelní kolonáda). Wegen des hohen Kohlendioxyd-Gehalts steigt die 72 Grad heiße Wassersäule der größten Karlsbader Quelle

Mit den Autoren unterwegs

Sehenswert

Marienbad: Vielleicht ein wenig kitschig, aber dennoch eindrucksvoll ist die **Musikfontäne** vor der Großen Kolonnade in Marienbad (s. S. 242).

Kloster Tepla: Die zweitgrößte Stiftsbibliothek des Landes ist im Besitz der ersten vollständigen, noch vor Luther verfassten Bibelübersetzung (s. S. 240).

Cheb: Mittelalterliche Häuser säumen den stimmungsvollen Marktplatz dieser Stadt, in der sich das Schicksal Wallensteins erfüllte (s. S. 246).

Kuriositätenkabinett: Im Metternich-Schloss in Lázně Kynžvart kann man eigenwillige Stücke wie Napoleons Waschbecken oder eine Mütze des Habsburger-Kaisers Franz I. bewundern (s. S. 246).

Ab in die Natur!

Lust auf eine Wanderung? Das Naturschutzgebiet Kladská mit seinen dunklen Wäldern und verwunschenen Moorteichen verspricht Erholung für Geist und Seele (s. S. 245).

Unbedingt probieren ...

... sollten Sie eine der drei Karlsbader Spezialitäten: das heilkräftige **Mineralwasser**, das in allen Kurorten aus Schnabeltassen getrunken wird, die weltberühmten Karlsbader Oblaten **Oplatky**, ein hauchdünnes, rundes, duftendes und süßes Waffelgebäck, und einen **Becherovka**, den bitter-süßen Kräuterlikör, der seit 1807 in Karlsbad hergestellt wird.

Musik!

Noch vor den Internationalen Filmfestspielen Anfang Juli wird im Mai in Karlsbad ein interessantes, da meist prominent besetztes **Jazzfestival** veranstaltet.

Der **Karlsbader Herbst** dagegen ist vorwiegend der klassischen Musik, insbesondere den Werken des tschechischen Komponisten Antonín Dvořák, gewidmet.

Karlovy Vary: Cityplan

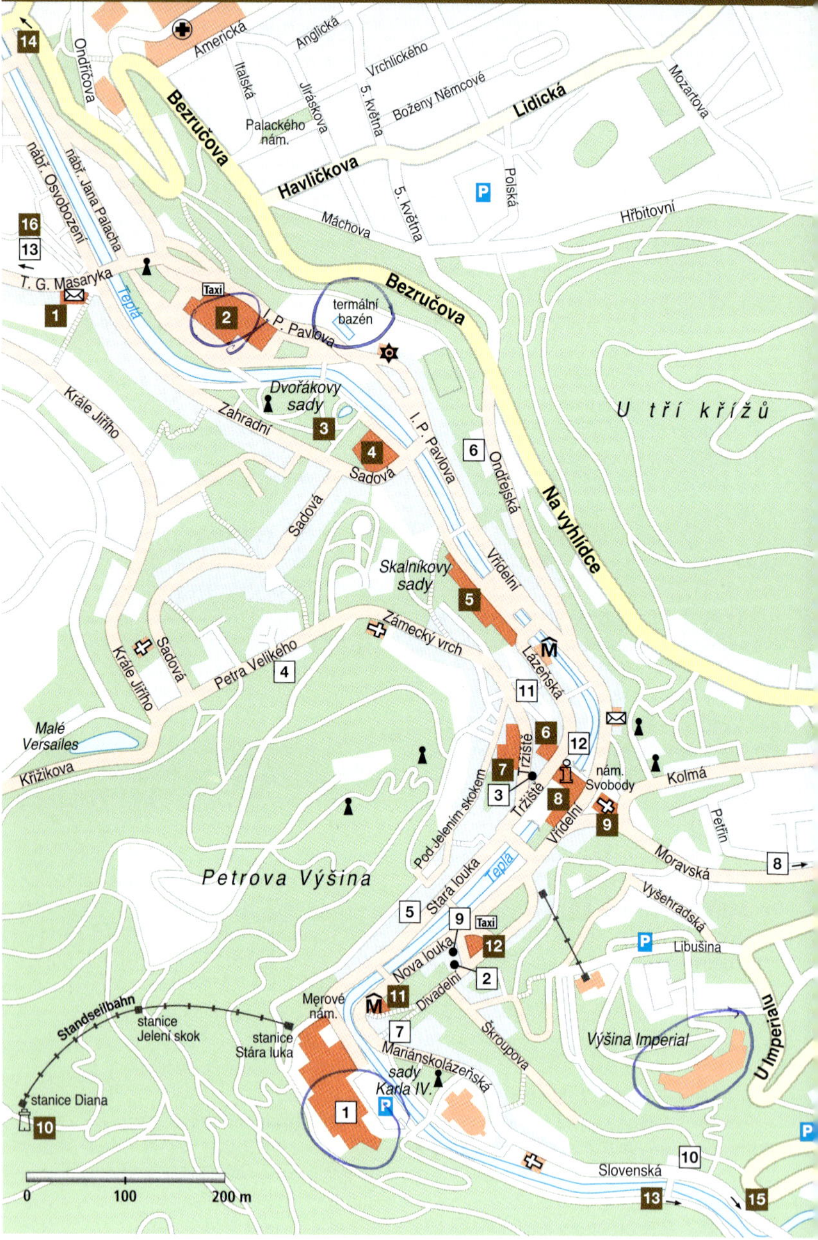

Sehenswürdigkeiten

- 1 Hauptpost
- 2 Kurkomplex Thermal
- 3 Dvořák-Park
- 4 Park-Kolonnade
- 5 Mühlbrunnen-Kolonnade
- 6 Markt-Kolonnade
- 8 Schloss-Kolonnade
- 9 Pfarrkirche Maria Magdalena
- 10 Aussichtsturm Diana
- 11 Kreismuseum Karlsbad
- 12 Stadttheater
- 13 Städtische Kunstgalerie
- 14 Moser-Glasmuseum
- 15 Porzellan-Museum Pirken-Hammer
- 16 Jan Becher-Museum

Übernachten

- 1 Grandhotel Pupp
- 2 Embassy
- 3 Romance Puškin
- 4 Villa Charlotte
- 5 Palacký
- 6 Dům Amadeus
- 7 Villa Basileia
- 8 Buena Vista Hostel

Essen und Trinken

- 9 Embassy
- 10 Poštovní dvůr
- 11 Zámecký vrch
- 12 Promenáda
- 13 Sklípek-Fortuna

bis zu 15 m empor und verschleiert den Besuchern gnädig den Blick auf diese weitere schlimme Bausünde der KP-Ära.

Eine Erholung für das Auge bietet gleich in der Nähe die prachtvolle barocke **Pfarrkirche Maria Magdalena** 9 (kostel Maří Magdaleny), eines der Hauptwerke des Architekten Kilian Ignaz Dientzenhofer. Über die **Alte Wiese** (Stará louka), die Promenadenstraße am linken Ufer der Teplá mit schönen alten Häusern wie den ›Drei Mohren‹ (Nr. 2), in dem Goethe häufig wohnte, eleganten Geschäften und dem traditionsreichen **Café Elefant**, erreicht man den Fin de siecle-Bau des **Grandhotels Pupp** 1, wo die Seilbahn zum Aussichtsturm Diana 10 startet (s. S. 234).

Als Johann Georg Pupp 1759 erstmals nach Karlsbad kam, stand der Zuckerbäcker im Dienste des Grafen Rudolf Chotek. Der Minister der Kaiserin Maria Theresia musste ohne seinen Konditor abreisen, denn Pupp blieb, verliebte sich in die Tochter eines ortsansässigen Kollegen und konnte 16 Jahre später dank der Mitgift seiner Karlsbader Ehefrau Anteile an zwei bereits seit Jahrzehnten bestehenden Kurhäusern erwerben, dem ›Sächsischen‹ und dem ›Böhmischen Saal‹. Nachdem er schließlich die nebeneinander liegenden Gebäude zur Gänze erworben hatte, begann er 1786 mit dem Umbau zu einem Nobelhotel samt Ball- und Konzertsaal, das seine Nachkommen kontinuierlich erweiterten. Die heutige Gestalt verdankt dieser Zuckerbäckerbau eines Zuckerbäckers dem Architekturgeschmack zu Beginn des 20. Jh.

Am rechten Teplá-Ufer, an der **Neuen Wiese** (Nová louka), befindet sich das **Kreismuseum Karlsbad** 11 (Krajské muzeum Karlovy Vary, Nová louka 23, Tel. 353 226 252, Mi–So 9–12 und 13–17 Uhr). Zu den Höhepunkten der kunst- und naturgeschichtlichen Sammlungen gehören Originalzeichnungen Goethes mit Karlsbader Motiven. Einige Schritte weiter steht das ebenfalls von Fellner und Helmer 1884-86 errichtete **Stadttheater** 12 (Městské Divadlo).

Außerhalb des Zentrums

Bereits 1912 erhielt Karlsbad ein Kunstmuseum – die **Städtische Kunstgalerie** 13 (Galerie Umění, Goethova stezka 6, Tel. 353 224 387, tgl. außer Mo 9.30–12 und 13–17 Uhr). Sie besitzt eine schöne Sammlung tschechischer Gegenwartskunst. Um hochwerti-

ges Kunsthandwerk geht es im **Moser-Glasmuseum** 14 (Sklářské muzeum Moser, Kpt. Jaroše 19, Tel. 353 449 455, Mo–Fr 8–17.30, Sa 8–15 Uhr), das die Geschichte der Glaserzeugung in der Karlsbader Gegend erzählt. Die Glasfabrik kann allerdings nur nach Voranmeldung besichtigt werden.
Exquisites Porzellan einer mehr als 200 Jahre alten Firma ist im **Porzellan-Museum Pirken-Hammer** 15 zu sehen (Karlovy Vary – Stadtteil Březová, Tovarní 95, Tel. 353 235 499, Mo–Fr 9–16 Uhr. Alles über den auch als ›13. Heilquelle‹ bezeichneten, berühmten Magenbitter Becherovka erfährt man im **Jan Becher-Museum** 16 (Jan Becher muzeum, T. G. Masaryka 57, Tel. 353 170 156, tgl. 9–17 Uhr). Nur die Rezeptur des Becherovka bleibt selbstverständlich geheim.

Wandern rund um Karlsbad

Karlsbad ist dank seiner reich bewaldeten Umgebung ein Paradies für Spaziergänger und Wanderer. Eine der beliebtesten Routen führt vom **Aussichtsturm Diana** 10 (Rozhledna Diana) über eine 17 km lange, blau markierte Strecke durch das Tal der Ohře (Eger) bis nach Loket (s. S. 239). Den Aussichtsturm erreicht man in wenigen Minuten mit einer Seilbahn (Talstation beim Grandhotel Pupp). Rund 15 km lang ist der durchwegs gelb markierte, stellenweise recht steile Rundweg zur **Petershöhe** und zur **Goethewarte**. Er beginnt am ehemaligen Marktplatz (Tržiště) und führt zunächst zum Aussichtspunkt **Hirschsprung** (Jelení skok, mit der Statue einer Gämse auf einem Granitfelsen) und in weiterer Folge zur Petershöhe mit einer Büste des Zaren Peter der Große, der anno 1712 bis zu dieser Stelle geritten sein soll. Weiter weist die gelbe Markierung zum Sanatorium Myslivna (Jägerhaus) und zu einer Weggabelung. Von hier wäre man in etwa 15 Minuten beim Aussichtsturm Diana (blaue Markierung). Wir aber wandern weiter über hügeliges Gelände zur Aussicht Karls IV. (vyhlídka Karla IV., 509 m), von wo man wieder ins Tal absteigt und zum Posthof (poštovní dvůr) gelangt. Wer noch nicht genug vom Wandern hat, kann ab hier der gelben Markierung folgen, die Tepla überqueren und auf den Vítkův vrch (Veitsberg, 639 m) wandern, wo es auch ein Restaurant gibt. Nach einigem Auf und Ab erreicht man schließlich die 636 m hoch gelegene **Goethe-Aussicht** (Goethova vyhlídka). Zurück geht es über die Aussicht **›Drei Kreuze‹** (vyhlídka Trí Kríže). Details über weitere Wanderwege gibt es in den Informationszentren.

i **Infozentrum:** 36001 Karlovy Vary, ul. Západni (Unterer Bahnhof/Dolní nádraží), Tel. 353 232 838, Fax 353 232 839, www.karlovyvary.cz, Apr.–Okt. Mo–Fr 9–17, Sa, So 10–16, Nov.-März Mo–Fr 8–16 Uhr.

Im Zentrum von Karlsbad beherrschen Fassaden aus dem 19. Jh. das Bild

Infozentrum in der Kurzone: Lázeňská 1, Tel. 353 224 097, Fax 353 224 667, infocentrum@email.cz, April–Okt. Mo–Fr 8–18, Sa, So 10–16, Nov.–März Mo–Fr 8–17, Sa, So 10–16 Uhr.

Neben unzähligen Pensionen und Privatquartieren gibt es in Karlsbad an die 100 Hotels und Sanatorien jeder Preisklasse. Hauptsaison ist zwischen Mai und September, außerhalb der Saison sind die Übernachtungspreise bis zu 40 % niedriger. Das Kurzentrum ist für den Verkehr gesperrt. Hotelgäste dürfen bei Ankunft und Abfahrt hinein fahren, um ihr Gepäck zu transportieren.

Kurpersonal ??

Grandhotel Pupp 1: Mírové nám. 2, Tel. 353 109 111, Fax 353 224 032, www.pupp.cz. Warum sollte man sich nicht einmal Luxus und Glanz vergangener Zeiten gönnen? Dass man in einem solchen Fünf-Sterne-Haus rund um die Uhr verwöhnt wird, versteht sich von selbst. Fragen Sie außerhalb der Hochsaison nach günstigen Pauschalarrangements, denn auch ein 400-Betten-Hotel will gefüllt werden! DZ 290–320 €.

Embassy 2: Nová louka 21, Tel. 353 221 161, Fax 353 223 146, embassy@mbox.vol.cz. Gemütliches altmodisches Hotel (4 Sterne) mit nur 40 Betten in einem Barock-

Richtig Reisen-Tipp: Filmfestival Karlsbad – Brücke zwischen West und Ost

Einmal im Jahr Anfang Juli geben in Karlsbad nicht die Kurgäste, sondern die Filmfans den Ton an. Immer mehr Besucher – ihre Zahl stieg von 1995 bis 2005 von 35 000 auf 140 000 – strömen zu den Internationalen Filmfestspielen von Karlovy Vary. Sie zählen zu den vier Festivals der A-Kategorie in Europa, wobei hier Entdeckerfreude und Qualität der Beiträge wichtiger sind als der gesellschaftliche Rummel. Denn auf einen Massenauftrieb an Hollywood-Prominenz und Möchtegern-Starlets wie in Cannes, Berlin oder Venedig muss das Publikum im westböhmischen Kurort verzichten. Und wenn sich doch einmal Prominenz einstellt, wie 2005 zum 40-jährigen Jubiläum Sharon Stone, Liv Ullmann oder Robert Redford, dann präsentieren sie Filme, die von der Festivaldirektion und nicht von den Managern der Stars ausgewählt wurden.

Nach den Jahren der kommunistischen Gängelung und den darauf folgenden Schwierigkeiten, im internationalen Filmgeschehen wieder Fuß zu fassen, konnte sich das Karlsbader Festival nun aber doch eine viel versprechende Zukunft erarbeiten. Längst hat es sich nicht nur in Fachkreisen herumgesprochen, dass die künstlerische Leitung ein gutes Auge für cineastische Trends hat. Als Belege dafür dienen Erfolgsfilme wie ›Die wunderbare Welt der Amelie‹ oder ›Nirgendwo in Afrika‹, die in Karlsbad ihre internationalen Premieren erleben durften.

Die Festspiele sehen sich auch als Brücke zwischen West und Ost, als Plattform für gute Produktionen aus weniger beachteten Filmländern wie Russland, Polen oder Rumänien, die bei anderen A-Festivals nicht in diesem Maße zum Zuge kommen.

haus in zentraler Lage innerhalb der Kurzone von Karlsbad. DZ 100-140 €.

Romance Puškin 3: Tržíště 37, Tel. 353 222 646, Fax 353 224 134, info@hotelromance.cz. Komfortables 70-Betten-Haus im Kurzentrum nahe der Sprudel-Kolonnade, geräumige Zimmer mit Stil, Café-Restaurant mit Sommerterrasse. DZ 90–130 €.

Villa Charlotte 4: Petra Velikého 4, Tel. 353 585 401, Fax 353 223 424, ldcharlotte@volny.cz. Schöne alte Villa am grünen Rand der Kurzone, modernes Interieur, familiäre Atmosphäre. DZ 85–110 €.

Palacký 5: Stará louka 40, Tel. 353 222 544, Fax 353 223 561, reserve@hotelpala cky.cz. Gepflegtes Drei-Sterne-Hotel im Herzen der Kurzone, sachlich möblierte Zimmer (36 Betten), geräumig, aber nicht allzu gemütlich. DZ 70–100 €.

Dům Amadeus 6: Ondřejská 37, Tel. 353 235 334, Fax 353 235 336, pensionamadeus@pensionamadeus.cz. Familiär geführte 30-Betten-Pension in schöner Panoramalage über der Kurzone, die nur wenige Minuten entfernt ist. DZ 65–85 €.

Villa Basileia 7: Mariánskolázeňská 4, Tel. 353 224 132, Fax 353 227 804, villabasileia@villabasileia.cz. Kleine Pension nahe dem Grand Hotel Pupp in einer Villa aus dem 19. Jh. mit hübschen, preiswerten Zimmern, die dennoch keinen Komfort vermissen lassen. DZ 60–70 €.

Buena Vista Hostel 8: Moravská 42, Tel. 353 239 002, Fax 353 239 051, hostel@premium-hotels.com. Saubere, preisgünstige Herberge oberhalb der Kurzone. Vom Unteren Bahnhof mit den Stadtbussen Nr. 2, 8, 11 oder 13 (bis Station Na Vyhlídce) erreichbar. Apartments mit Küche, Bad und jeweils drei Stockbetten. Pro Person und Nacht 8–10 € (ohne Frühstück).

Verhungern und verdursten muss man in Karlsbad wahrlich nicht. Mehr als

130 Restaurants bieten böhmische, französische, italienische, asiatische oder vegetarische Küche an. Dazu kommen an die 100 Wein- und Bierstuben und gut 70 Café-Konditoreien. Die besten Restaurants der Stadt befinden sich in den großen Hotels .

Embassy 9: Nová louka 21, Tel. 353 221 161, tgl. 10–23 Uhr. Das elegante Restaurant des gleichnamigen Hotels ist ein Tempel für Liebhaber französischer Küche. Hauptgerichte ab 14 €.

Poštovní dvůr 10: Slovenská 2, Tel. 353 224 119, tgl. 10–24 Uhr. Gastronomie auf höchstem Niveau im ehemaligen Posthof, gemütliches Restaurant, Weinstube, Terrasse, Tanzpavillon. Hauptgerichte ab 12 €.

Zámecký vrch 11: Zámecký vrch 14, Tel. 353 221 321, tgl. 11–24 Uhr. Lokale Spezialitäten mit internationalem Piff in einem etwas überladenen Ambiente aus dem 19. Jh. Gepflegte Weine und eine gute Auswahl an Bieren. Hauptgerichte ab 10 €.

Promenáda 12: Tržíště 31, Tel. 353 225 648, tgl. 10–23 Uhr. Innovative internationale Küche mit französischem Einschlag, gemütliche Atmosphäre. Hauptgerichte ab 8 €.

Sklípek-Fortuna 13: Zeyerova 1, Tel. 353 229 197, tgl. 11–23 Uhr. Spezialitäten sind saftige Steaks, Spieße vom Grill, Wild und Fisch. Dazu eine große Auswahl an guten Weinen. Hauptgerichte ab 7 €.

In der Kurzone finden sich zahlreiche elegante Boutiquen, Antiquitätenläden und Geschäfte für Karlsbader Porzellan, Glaswaren (Moser, Tržíště 7), den Becherovka-Magenbitter, den man aber auch in Supermärkten erhält, und die süßen Oblaten (u. a. Kolonáda Oplatky, Ecke Nehrova und Masarykova). Ein beliebtes Souvenir – und nahezu überall erhältlich – sind auch die Schnabeltassen, aus denen die Kurgäste das Heilwasser zu sich nehmen.

Kurgäste sollten möglichst nicht zechen, daher hält sich auch das nächtliche Unterhaltungsangebot in Grenzen. Im Grandhotel Pupp gibt es ein **Casino**, Jazz- und Popkonzerte ab und zu in der **Bar Rotes Berlin** (Jaltská 7), die immerhin offiziell bis 3 Uhr früh geöffnet hat.

Im **Stadttheater** (Městské Divadlo, Divadelní nám. 2, Tel. 353 225 801) werden Stücke in tschechischer Sprache, Operetten und Musicals gegeben. Das Karlsbader **Symphonieorchester** spielt regelmäßig im Saal des Grandhotel Pupp, während der Hochsaison, von Mitte Mai bis Mitte September finden Di–Fr in der Mühlbrunnen-Kolonnade **Kurkonzerte** statt.

Gut informiert

Die Monatsbroschüre ›Promenada‹ informiert – auch in deutscher Sprache – über Hotels, Restaurants, Bierstuben, Cafés, Nachtlokale, Casinos sowie kulturelle und sportliche Veranstaltungen, Dienstleistungen und Ausflugsangebote in Karslbad.
Das Magazin liegt in Kiosken und Buchhandlungen, Souvenirshops sowie in den meisten Hotels auf.

Das **öffentliche Schwimmbad** im Hotel Thermal ist tgl. 9–21 Uhr geöffnet.

Züge von und nach Prag und Pilsen sowie internationale Verbindungen halten am Hauptbahnhof, auch Oberer Bahnhof (horní nádraží) genannt, Lokalzüge aus Marienbad am Unteren Bahnhof (dolní nádraží) südlich der Eger (Ohře). Hier befindet sich auch der Busbahnhof. Direkte Züge mehrmals täglich nach Prag und Pilsen, schneller geht es in diese beiden Städte mit den beinahe stündlich verkehrenden **Bussen**. Auch Jáchymov (bis zu 18 Verbindungen am Tag), Loket (5-6) und Františkovy Lázně (Franzensbad, 5 tägliche Verbindungen) sind bequem per Bus zu erreichen. Größere Hotels verfügen über eigene Parkplätze und Garagen, sonst ist man auf kostspielige Auto-Abstellplätze angewiesen wie z. B. die große unterirdische Parkgarage in der Pavlova beim Hotel Thermal oder den schattigen Parkplatz beim Grandhotel Pupp am Südende der Fuß-

Schon von Goethe ihrer Lage wegen bewundert: die Burg von Loket

gängerzone. Ein Taxiservice rund um die Uhr bieten Centrum Taxi (Zeyerova 9, Tel. 353 223 236) und Willy Taxi (Dr. David Bechera 24, Tel. 353 221 040).

Jáchymov

Trotz seiner schönen Lage und seiner Kureinrichtungen kann man **Jáchymov** 2 (St. Joachimsthal) nicht guten Gewissens als hübsches Kurstädtchen bezeichnen. Aber der kleine Ort hat Geschichte geschrieben. Es begann im 15. Jh. mit dem Abbau der ungewöhnlich reichen Silberminen. 1481 entstand in Jáchymov eine Bergordnung und 1519 prägten die Joachimsthaler in ihrer neuen Münzstätte erstmals den berühmten Taler, von dem sich auch die Bezeichnung Dollar ableitet.

Das ›strahlende‹ Gold

Als die Minen längst erschöpft und die zu ihrer Blütezeit bis zu 18 000 Einwohner zählende Stadt wieder in Bedeutungslosigkeit versunken war, saß der alte Silberort auf einer Goldmine ganz anderer Art: Neben Farbkobalt gewann man ab 1854 auch Pechblende, ein schwarzes, glänzendes Mineral, dem der deutsche Chemiker Martin Klaproth den Namen Uranerz gegeben hatte. Daraus ließen sich leuchtende Farben herstellen, die sich vorzüglich zum Bemalen von Gläsern oder Porzellan eigneten. Dass es sich dabei auch um stark strahlendes Material handelte, wusste man damals allerdings noch nicht, dies entdeckte erst 1896 der französische Physiker Antoine Henri Becquerel. Um seiner verblüffenden Entdeckung nachzugehen, lud er das Ehepaar Pierre und Marie Curie zu gemeinsamen Forschungen ein. Am billigsten waren Experimente mit Abfällen aus der Joachimsthaler Uranfabrik. 1898 hatten die Wissenschaftler schließlich aus 1000 kg Joachimsthaler Pechblende ein Zehntel Gramm eines neuen Elements isoliert, das sie nach seiner frappantesten Eigenschaft ›Radium‹ (griech. ›das Strahlende‹) nannten. Für die Entdeckung des Radiums erhielten sie 1903 gemeinsam den Nobelpreis für Physik.

Heilende Radonbäder

Wissenschaftlich erforscht wurde nun auch die den Bergleuten seit Jahrhunderten bekannte heilende Wirkung des radioaktiven Wassers. 1906 erbaute Joachimsthal das weltweit erste Radium-Kurbad. 1964 wurde die ergiebigste und radioaktivste Quelle Europas in der Grube Svornost (Einigkeit) entdeckt: pro Minute liefert sie 5000 l Wasser!

Während sich der leider sehr unattraktive, seiner Nähe zur deutschen Grenze wegen (5 km) zum Rotlichtviertel verkommene Ortskern des alten Jáchymov im oberen Stadtteil erstreckt, liegt das moderne Heilbad mit dem im Sezessionsstil errichteten riesigen Kurhaus inmitten einer gepflegten Anlage abseits der Durchgangsstraße (Léčebně Lázně, 36251 Jáchymov, T.G. Masaryka 415, Tel. 353 811 208, Fax 353 811 730, www.laznejachymov.cz).

7 Loket

»Über alle Beschreibung schön« sei dieser Ort, »ein landschaftliches Kunstwerk von allen Seiten zu betrachten«, so schwärmte 1807 der damals 58-jährige Goethe von dem romantischen Ort **Loket** (Elbogen) an einer – ellbogenförmigen – Krümmung der Ohře (Eger). Damals führte freilich noch nicht die bitter-süße Erinnerung eines alten Mannes an seine letzte Liebe die Feder. Als er im August 1823 im Gasthof ›Bílý kůň‹ (Zum Weißen Ross) seinen 74. Geburtstag feierte, sah er nicht nur das reizvolle Loket zum letzten Mal, sondern auch sein ›inniggeliebtes Töchterchen‹ Ulrike von Levetzow. Tatsächlich bewegten nicht nur väterliche Gefühle den Freund schöner Frauen. Der um 55 Jahre ältere Goethe hielt wiederholt um Ulrikes Hand an. Doch statt einer Braut bekam der fassungslose Geheimrat, der bis zuletzt an eine erfolgreiche Werbung geglaubt hatte, auch an seinem Jubeltag einen Korb. Enttäuscht kehrte der verschmähte Dichter daraufhin seinem Böhmen für immer den Rücken – und verfasste noch in der Kutsche den ersten Entwurf für seine ›Marienbader Elegie‹.

Für das kleine Loket aber erwies sich die weltberühmt gewordene Romanze mit ihrem unglücklichen Ende als Glücksfall: Vom Wandbild im Goethe-Geburtstags-Gasthof am Marktplatz über ein Goethe-Hotel bis zu allerlei Goethe-Souvenirs und einer Auswahl an Goethe-Ausflugstouren steht das touristische Angebot des denkmalgeschützten Städtchens zur Gänze im Zeichen des großen Deutschen.

Burg

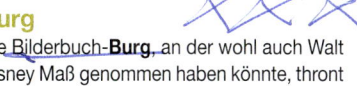

Die Bilderbuch-**Burg**, an der wohl auch Walt Disney Maß genommen haben könnte, thront malerisch auf einem Felsvorsprung über der Eger und bildet den ältesten Teil der Stadt (13. Jh.). Trotz zahlreicher Umbauten im Laufe der Jahrhunderte blieb – zumindest aus der Ferne – der spektakuläre Gesamteindruck der Festung, die u. a. auch als Gefängnis diente, erhalten. Kostbare Zeugnisse der Vergangenheit sind spätgotische Fresken und Fragmente einer kleinen Rotunde. Heute sind in den Räumen der Burg Porzellan- und Zinnsammlungen zu sehen (Hrad Loket, Tel. 352 684 104, Mai–Okt. tgl. außer Mo 9–16.30, Nov.–Apr. tgl. außer Mo 9–15.30 Uhr).

Stadtzentrum

Die Bürgerhäuser am **Stadtplatz** bilden zusammen mit der gotischen St.-Wenzels-Pfarrkirche ein zauberhaftes Ensemble. Sie stammen größtenteils aus dem 14. Jh., wurden jedoch nach einem Brand 1725 barockisiert. Das schönste Gebäude ist das unlängst liebevoll restaurierte Hotel und Restaurant ›Bílý kůň‹. Trotz des Goethe-Rummels ist Loket ein beschaulicher Ort geblieben.

i **Infozentrum:** 35733 Loket, T. G. Masaryka 12, Tel. 352 684 123, infoloket@volny.cz, Jan–März Di–Sa 10–12 und 13–17, Apr.–Dez. tgl. 10–12 und 13–17 Uhr.

Bílý kůň: T. G. Masaryka 10, Tel. 352 685 002, Fax 352 685 118, bilykun1@vollny.cz. Das in die Literaturgeschichte eingegangene ›Weiße Ross‹, von Grund auf renoviert und modernisiert, ist das beste Hotel am Ort. DZ 50–60 €. Im Restaurant speist man ausgezeichnet (internationale und böhmische Küche). Hauptgerichte ab 5 €.

Ende Juli/Anfang August findet in der malerischen Unterburg am Ufer der Eger ein international viel beachtetes **Opernfestival** statt.

An Werktagen alle zwei bis drei Stunden **Busverbindung** mit Karlovy Vary.

Bečov nad Teplou

Das malerische **Bečov nad Teplou** 3 (Petschau) liegt auf einem Felsen über dem tiefen Tal der Teplá 20 km südlich von Karlsbad an der Straße nach Marienbad und Pilsen. Sehenswert sind neben einigen schönen Bürgerhäusern vor allem Burg und Schloss. Die spätgotische **Burg** entstand in ihrer heutigen Form im Wesentlichen zwischen dem 14. und 16. Jh. In der Kapelle Mariä Heimsuchung blieb ein gotischer Freskenzyklus mit Darstellungen aus dem Leben Christi erhalten. Das barocke **Schloss** wurde im 18. Jh. errichtet und im 19. Jh. mit der Burg verbunden. Nach Jahrzehnte langen Restaurierungsarbeiten konnte der gesamte Komplex samt Schlossgärten und Park um die Jahrtausendwende wieder der Öffentlichkeit zugänglich gemacht werden. Kostbarstes Objekt ist der aus Holz gearbeitete **Maurus-Reliquienschrein** mit reicher Goldschmiedeverzierung aus dem 13. Jh. (Státní hrad a zámek Bečov nad Teplou, Tel. 353 999 394, Apr., Okt. nur Sa, So 9–16, Mai, Juni, Sept. tgl. Di–So 9–16, Juli, Aug. tgl. Di–So 9–17 Uhr).

Von Karlsbad und Marienbad täglich mehrere **Busse**, auch **Lokalzüge**.

Teplá

Den Ort **Teplá** 4 (Tepl), 12 km östlich von Marienbad, muss man nicht gesehen haben, wohl aber das gleichnamige **Prämonstratenserstift**, das zu Böhmens barocken Kulturschätzen erster Güte zählt. Wie Phönix hat sich der einstmals unermesslich reiche Ordenssitz, dem Marienbad seine Existenz verdankt, nach jeder Zerstörung aus der Asche erhoben: Sechsmal niedergebrannt und zwölfmal geplündert, erstand er jedes Mal glanzvoller als zuvor aufs Neue.

Ungewöhnlich wie die Geschichte des Klosters ist auch das Schicksal seines Gründers Hroznata (1160–1217). Eigentlich hatte der begüterte böhmische Adelige an einem Kreuzzug teilnehmen wollen. In Rom jedoch befahl ihm der Papst höchstpersönlich, umzukehren und als Buße für seinen lockeren Lebenswandel auf seinen Gütern um Teplá einen Ordenssitz zu stiften. Auch sein zweiter Versuch, nach Jerusalem zu ziehen, scheiterte. Wieder hieß es in Rom: Zurück in die Heimat, um dort ein weiteres Kloster – diesmal für Nonnen – zu finanzieren und anschließend die Ritterrüstung aus- und die Mönchskutte anzuziehen. Als Prior von Stift Teplá nahm der bekehrte Edelmann schließlich sogar freiwillig den Tod auf sich, damit sein Orden nur keinen Schaden erleide: Der von Raubrittern entführte Hroznata verbot selbst die Lösegeld-Zahlung, worauf man ihn verhungern ließ.

Ein wenig verwundert, ganz so, als wisse er nicht, wie ihm geschah, blickt der Stiftsgründer von einem monumentalen Gemälde auf seinen mit Halbedelsteinen geschmückten Sarkophag herab. Seit acht Jahrhunderten ruht der selig gesprochene Hroznata in der im Barock prachtvoll ausgestatteten **Abteikirche** von Teplá. In nicht minder üppigem Neobarock präsentiert sich der 27 m lange und 15 m hohe Hauptsaal der nach Strahov in Prag zweitgrößten **Klosterbibliothek** des Landes. Das kostbarste Stück der etwa 100 000 Bände umfassenden Sammlung stellt der Codex Teplensis dar: Die älteste und erste vollständige Bibelübersetzung, noch vor Martin Luther von einem unbekannten Mönch in Böhmen verfasst (Klášter Teplá, Tel/Fax 353 392 732, Führungen Febr.–Apr. und Okt.–Dez. Mo-Sa 9–15.30, So 11–15.30, Mai–Sept. Mo–Sa 9–17, So 11–17 Uhr, Jan. geschl.).

Das Bäderdreieck

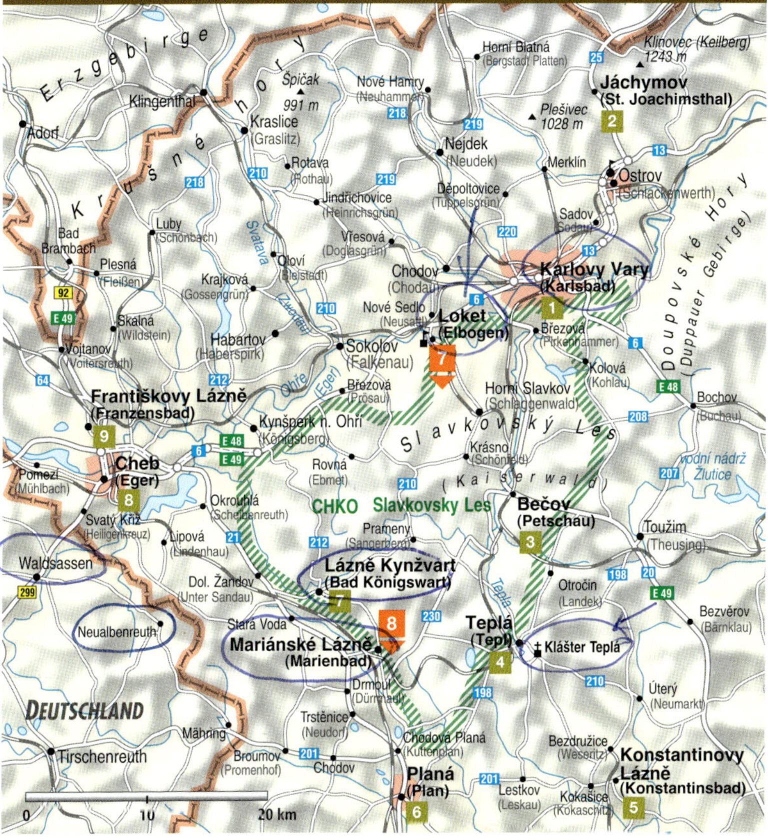

Infozentrum: 36461 Teplá, Masarykovo nám. 66, Tel. 353 391 130, infocentrum@tepla.cz, Mo, Do 8–11 und 11.30–18, Di, Mi bis 16, Fr bis 14.30 Uhr. Mai–Sept. auch Sa 9–11 Uhr.

Teplá: Klášter Teplá 10, Tel. 353 392 264, Fax 353 392 312, hotel.tepla@pmgastro.cz. Aus dem einstigen Klosterhospiz ist ein Drei-Sterne-Hotel mit 48 komfortablen Doppelzimmern, drei Luxusapartments, einem feinen Restaurant und einer rustikalen Bierstube geworden. Golfplatz in der Nähe. DZ 50–80 €.

Konstantinovy Lázně

Wer im 19. Jh. für Karlsbad nicht die entsprechende Garderobe besaß und sich das noch teurere Marienbad erst recht nicht leisten konnte, fuhr zu den Mineralquellen von Nová Ves (Neudorf). Seit 1806 durfte sich die Ortschaft ihres ersten Badehauses rühmen und ab 1873 ›Bad Neudorf‹ nennen. Weil aber mit solch einer Urlaubsadresse wenig Staat zu machen war, nahm man einfach beim Namen des Grundherrn – Konstantin Löwenstein-Wertheim – Anleihe und taufte das Bad um in **Konstantinovy Lázně 5**, Konstantinsbad.

Kuranlagen

Zugegeben, Konstantinovy Lázně klingt zumindest nach etwas mehr als einem Kuhdorf, in dem zufällig ein paar Heilquellen sprudeln. Damit hat es sich aber schon, und Konstantinsbad bietet heute wie ehedem als Kurort für Herz- und Kreislauferkrankungen das ganze Jahr über vor allem Natur pur – und paradiesische Ruhe.

Fernab jeglichen Betriebes und von kaum einem Unterhaltungsangebot verführt, kann man im kaisergelben, 1875 eröffneten **Kurhaus** inmitten uralter Bäume und Rhododendren den ganzen lieben Tag lang Gesundheit zum Spartarif tanken. Wenn schließlich die ersten Frühnebel über den Wäldern und Mooren den nahen Herbst ankündigen und das Kurorchester zum letzten Mal aufspielt, dann träumt das kleine Konstantinsbad davon, im böhmischen Bädertrio doch einmal die vierte Geige spielen zu können.

Ein bis zwei **Direktbusse** täglich von Prag und Pilsen.

Planá

Wo es Wertvolles zu schürfen gab, da waren die Grafen Schlick nicht weit. Prompt übernahm das Adelsgeschlecht 1517 die Herrschaft, als in dem mittelalterlichen Städtchen 16 km südlich von Marienbad Blei- und Silbervorkommen entdeckt wurden. Um 1600 prägte das unverhofft reich gewordene **Planá** 6 (Plan) erstmals seine eigenen Münzen – die St.-Anna-Taler. Noch vor dem Anbruch des neuen Jahrhunderts aber endete mit der Stillegung der ausgebeuteten Minen die ›silberne Epoche‹.

Doch was aus jenen Tagen übrig blieb, kann sich heute noch sehen lassen. Gotische Bürgerhäuser und herrliche Renaissancebauten, zu einem harmonischen Ensemble vereint, flankieren den langgestreckten **Marktplatz**. Mit gutem Grund hat man das gesamte Zentrum unter Denkmalschutz gestellt, denn architektonische Schönheiten finden sich auch in vielen Nebengassen auf Schritt und Tritt. Besondere Beachtung verdient die barockisierte **Mariä-Himmelfahrts-Kirche**, in der sich das Grabmal des 1621 auf dem Altstädter Ring hingerichteten Grafen Schlick befindet.

Umgebung von Plana

3 km nördlich von Plana liegt die Ortschaft **Chodová Planá** (Kuttenplan), in der man in einem riesigen, zum Teil schon im 14. Jh. in den Berg geschlagenen **Felsenkeller** der lokalen Brauerei Chodovar frisch gezapftes Bier und böhmische Spezialitäten verkosten kann (Pivovarská 107, Tel. 374 798 122, tgl. 11–23 Uhr).

Das Städtchen liegt auf der Bahnstrecke Pilsen-Marienbad-Eger, hier halten mehrere **Züge** pro Tag. 4–5 tägliche **Busverbindungen** von Pilsen und Marienbad.

8 Mariánské Lázně

Vergleichsweise kurz müssten die Architekten des KP-Regimes für ihre in Marienbad angerichteten Bausünden im Fegefeuer schmoren. Denn im Gegensatz zu den in Karlsbad verbrochenen Scheußlichkeiten konnte der Belle-Époque-Traum in Goldgelb seine elegante Atmosphäre bewahren. Als wäre dem 21. Jh. der Eintritt nur erlaubt, wenn es sich von seiner besten Seite zeigt, bleiben Lärm und Hektik in den gepflegten **Promenaden** und ausgedehnten **Parkanlagen** ausgespart. Unbehelligt von Stress und Alltagssorgen beginnt die Kur bereits vor dem ersten Schluck Heilwasser zu wirken: Marienbads unnachahmlicher Zauber ist nämlich der wahre Gesundbrunnen, aus dem alle Besucher bis zum heutigen Tag neue Kräfte schöpfen.

Ausnahmsweise einmal keine mittelalterliche Gründung, sondern erst Ende des 18. Jh. buchstäblich aus dem sumpfigen Boden gestampft, verdankt das 1808 zum Kurbad, 1818 zum öffentlichen Kurort und 1865 zur Stadt erhobene **Mariánské Lázně** (Marienbad; 16 000 Einwohner) seine Entstehung der Suche nach ›weißem Gold‹: Das Prämonstra-

Filigrane Eisenkonstruktion: die Große Kolonnade in Marienbad

tenserstift Teplá (s. o.), seit dem 12. Jh. Grundeigentümer der Sümpfe, wollte im 16. Jh. aus den Quellen Kochsalz gewinnen. Beim Eindampfen entdeckte man statt dessen den hohen Gehalt an Glaubersalz, einem altbewährten Laxativ. 1609 wurde die erste urkundlich erwähnte Behandlung in der heutigen Marienquelle vorgenommen, doch erst 200 Jahre später begannen auf Initiative des Stiftsarztes Josef Nehr und des Tepler Abtes Reitenberger Kurbetrieb und Stadtplanung in großem Stil. Innerhalb kürzester Zeit stieg das Städtchen zu einer der ersten Adressen des 19. und frühen 20. Jh. auf.

Prominente Kurgäste

Nicht nur der anscheinend allgegenwärtige Goethe fühlte sich in Marienbad rundum wohl, seinen russischen Kollegen Turgenjew, Tolstoj und Gogol gefiel es hier ebenso wie Chopin, Wagner, Bruckner oder Dvořák. Aber auch Jan Neruda und Franz Kafka, Johann Strauß und Sigmund Freud, ja sogar Englands König und Österreichs Kaiser, die im Jahr 1904 hier zusammentrafen, tranken geduldig aus den salzigen Quellen. Nicht maximal zwei Liter wie heute, sondern bis zu zwanzig (!) mussten Kurgäste damals auf ärztliche Anweisung aus den schon in Karlsbad bewährten Schnabeltassen schluckweise hinunterwürgen. Erstaunlicherweise blieb trotz dieser Prozedur immer noch genügend Zeit für amouröse Abenteuer.

Sehenswertes in der Kurzone

Das Kur- und Geschäftsviertel, zu einem großen Teil Fußgängerzone, liegt im Norden der Stadt. Die auf der dem Park gegenüber liegenden Seite von schönen Häuserfassaden gesäumte **Hlavní třída** (Hauptstraße) führt geradewegs nach Süden zum Bahnhof und in eine moderne, wenig einnehmende Wohngegend, in der man preiswerte Hotels und Pensionen finden kann.

Das Herz der Kurzone ist die prachtvolle **Große Kolonnade** (kolonáda), ein in dezentes Beige, Weiß und Ocker getauchter, 120 m langer, leicht gekrümmter und beinahe filigran wirkender Bau mit schönen Deckengemälden, Geschäften und Cafés. Neben dem Spitzenwerk aus Gusseisen bricht sich das Licht in allen Farben des Regenbogens, sobald die erst 1986 geschaffenen **Musikfontäne** (Zpívající fontána) alle zwei (ungeraden) Stunden ihr Spiel beginnt. Zu unsterblichen Melodien erheben sich in raffinierter Choreographie Myriaden glitzernder Tropfen, um in kühnem Schwung zurückzufallen und erneut als Arkaden und Säulen zum Himmel aufzusteigen. Ein hinreißendes Ballett zu Kompositionen von Chopin, Debussy, Mozart, Dvořák oder Smetana, mit perlenden Wasserstrahlen als elegante Tänzer, das abends noch viel spektakulärer als im hellen Sonnenlicht ist. Der **Kreuzbrunnen** (Křížový pramen), die 1912 aufgestellte Eisenbeton-Nachbildung eines Rundpavillons von 1818, ergänzt das zentrale Ensemble.

Nur einen Steinwurf vom ›Singenden Brunnen‹ entfernt folgt der elegante neoklassizistische Pavillon der **Karolinen-Kolonnade**, in der die gleichnamige Quelle (Karolinin pramen), ein beliebter Tafelsäuerling, plätschert. Hinter und oberhalb der Kolonnaden befindet sich der von fein herausgeputzten Häusern des späten 19. Jh. umgebene **Goethe-Platz** (Goethovo nám.) mit einem Denkmal des Namensgebers. Blickfang des begrünten Platzes ist die oktogonale **Kirche Mariä Himmelfahrt** in üppigem neobyzantinischen Stil (1848). Am Nordende sieht man das **Goethe-Haus**, einst Gasthof ›Zur Goldenen Traube‹ (Nr. 11), in dem der Dichter bei seinem letzten Marienbader Aufenthalt 1823 wohnte. Hier ist jetzt das **Stadtmuseum** untergebracht. Es gibt einen Überblick über die Geschichte Marienbads (Městskě muzeum, Tel. 354 622 740, Mi-So 9–12 u. 13–17 Uhr).

Unterhalb der Kolonnade erstreckt sich der **Kurpark Sklanikovy sady**, an dessen südlichen Ende das so genannte **Neubad** (Nové lázně) steht, ein luxuriöser Neorenaissancebau. An der Hauptstraße erinnert das **Chopin-Haus** (Dům Chopina, Hlavní 47, Tel. 354 622 617, Di, Do, So 14–17 Uhr) mit einer Gedenkstätte im 2. Stock an den Aufenthalt des Komponisten anno 1836. In der parallel zur Hlavní verlaufenden Ruská erheben sich die 1901 erbaute russisch-orthodoxe **Vladimir-Kirche** mit einer einzigartigen Ikonostase aus Porzellan und Majolika sowie die neogotische **Anglikanische Kirche** (Anglikánský kostel), in der heute Ausstellungen und Konzerteveranstaltet werden.

Ob das Quellwasser wohl schmeckt?

Wander- und Ausflugsmöglichkeiten

Ein dichtes Netz von Spazier- und Radwegen führt durch das **Mittelgebirge des Kaiserwaldes** (Slavkovsky les) rund um die Stadt, zum Teil auch zu Quellen, die außerhalb der Kurzone liegen. Wanderkarten sind im Infozentrum erhältlich. Das Naturschutzgebiet **Kladská** (Glatzen) rund 10 km nördlich des Zentrums zählt zu den beliebtesten Ausflugszielen rund um Mariánské Lázně. Ein Lehrpfad führt durch dichte Wälder rund um die Torfmoor-Teiche. Stärken kann man sich anschließend in dem rustikalen Café-Restaurant ›U tetřeva‹ (Zum Auerhahn).

Infozentrum: 35301 Mariánské Lázně, Hlavní 47, Tel. 354 622 474, Fax 354 625 892, www.marienbad.com, tgl. 9–12 und 13–18 Uhr.

Esplanade Spa & Golf Resort: Karlovarská 438/15, Tel. 354 676 111, Fax 354 627 850, hotel@esplanade-marienbad.cz. Luxushotel in Grünlage oberhalb der Kurzone, 110 Komfortzimmer und Suiten, Hallenbad, komplettes Kur- und Wellnessangebot, Spitzenrestaurant. DZ 210–310 €.
Richard: Ruská 487/28, Tel. 354 696 111, Fax 354 627 962, recepce@hotelrichard.com. Familiäres Hotel, gestylt möblierte Zimmer und Aussicht auf die Russisch-Orthodoxe Kirche. Sauna, Fitnessräume. DZ 100–150 €.
Centrální lázně: Goethovo nám. 1, Tel. 354 634 111, Fax 354 634 200, centralnilazne@badmarienbad.cz. Großes Kurhotel (220 Betten) im Zentrum der grünen Kurzone. Die Zimmer sind schlicht und alles andere als geräumig, dafür gibt es aber ein umfassendes Angebot an Kuranwendungen. DZ 90–140 €.
Helga: Třebízkého 428/10, Tel. 354 620 433, Fax 354 626 241, hotel@hotelhelga.cz. Freundlicher Familienbetrieb (55 Betten) ohne großen Luxus, aber mit netten, sauberen Zimmern, 300 m zum Kurzentrum. DZ 80–110 €.
Koliba: Dusikova 592, Tel. 354 625 169, Fax 354 626 310, koliba@xercom.cz. Umgeben von Nadelwäldern, aber dennoch nur 500 m vom Zentrum entfernt, vermittelt das kleine Hotel im Stil eines Schweizer Chalets den Eindruck einer gemütlichen Berghütte. Die 15 Zimmer mit Bad/WC sind dem entsprechend einfach-rustikal möbliert. DZ 40–60 €.
Speedway: Na Průhonu 329, Tel. 354 624 242, Fax 354 606 319, info@hotelspeedway.cz. Kleines Familienhotel in Grünlage ca. 2 km südlich der Kurzone, 19 gut ausgestattete Zimmer, Restaurant, Wellness- und Kurbetreuung. DZ 35–45 €.

Auch für Marienbad gilt, dass man in beinahe allen guten Hotels auch ausgezeichnet speist. Wer weniger Geld fürs Essen investieren will, hat die Wahl zwischen Pizzerien und Chinarestaurants.
U Zlaté Koule: Nehrova 26, Tel. 354 624 455, tgl. 12–24 Uhr. Die ›Goldene Kugel‹, 2003 zum tschechischen Restaurant des Jahres gewählt, ist ein gemütliches Lokal, in dem französisch inspirierte Spitzengastronomie gepflegt wird. Grandios die Wildspezialitäten. Hauptgerichte ab 12 €.
Villa Romano: Anglická 62, Tel. 354 626 858, tgl. 11–24 Uhr. Eleganter Gourmet-Treff in einem klassizistischen Schlösschen mit angeschlossener kleiner Pension (12 Betten). Internationale Küche vom Feinsten, Fisch- und Fleischspeisen. Hauptgerichte ab 10 €.
Lil: Anglická 336, Tel. 354 603 339, tgl. 11.30–02 Uhr. Gepflegtes Restaurant in stilvollem Ambiente einer Fürstenvilla. Böhmische und internationale Küche, große Auswahl portugiesischer Weine. Jeden Abend Dinner-Dancing. Hauptgerichte ab 9 €.
Švejk: Chebská 244, Tel. 354 627 120, tgl. 11–2 Uhr. Filiale der auf böhmisches Wirtshaus gestylten Restaurantkette, die sich um gute, preiswerte Menüs bemüht. Hauptgerichte ab 5 €.
Jalta: Hlavní 43, Tel. 354 624 304, tgl. 11–23 Uhr. Bei Einheimischen beliebtes Restaurant mit lokalen Speisen zu ortsüblichen, d. h. moderaten Preisen. Hauptgerichte ab 4 €.
Český dvůr: Hlavní 36a, Tel. 354 626 273, tgl. 11–22 Uhr. Klassische böhmische Gaststätte mit den entsprechenden deftigen Speisen und guten Bieren. Hauptgerichte ab 4 €.
Stanowitz Spessart: Stanoviště 9, Tel. 354

624 673, tgl. 11–22 Uhr. Nettes Vorstadt-Gasthaus (4 km südlich des Kurzentrums) mit internationaler und böhmischer Küche, auch vegetarische Speisen. Hauptgerichte ab 4 €.

Sehr seriös geht es bei den **Musik- und Tanzabenden** zu, die von vielen großen Hotels für ihre meist ältere Klientel regelmäßig veranstaltet werden. Entsprechende Kleidung erwartet man auch von den Gästen des **Casino Bellevue** (Anglická 281, Tel. 354 628 628, tgl. 15–04 Uhr). Wesentlich legerer ist es im Restaurant New York (Hlavní 233), wo beinahe allabendlich ab 21 Uhr bis mindestens 2 Uhr **Jazzbands** aufspielen. Karibik, Karaoke und Tequila sind im **Pueblo Mexicana** (Chebská 225, Tel. 354 620 318, Mi-Sa 17–05 Uhr) Trumpf, einem Disco-Club auf zwei Ebenen.

Die Filme im **Kino** Slava (Nerudova 437, Tel. 354 622 347) laufen – zum Glück für ausländische Gäste – meist in Originalfassung mit tschechischen Untertiteln. Freunde klassischer Musik sollten in die **Große Kolonnade**, wo regelmäßig Kurkonzerte und andere musikalische Darbietungen statt finden. Im **Gogol-Stadttheater** (Divadlo Gogola, Třebízského 106, Tel. 354 622 036) gibt es Konzerte, Operetten und Theater.

Feste:
Die international bedeutendste Kulturveranstaltung ist das **Chopin-Festival**, das seit 1960 alljährlich Mitte August durchgeführt wird (Info unter www.chopin-festival.cz). Veranstaltungsorte der Konzerte sind u. a. das Stadttheater, die Anglikanische Kirche, der große Saal im Gesellschaftshaus (Reitenbergerova 96) und das Schloss Kynžvart (Königswart).

Neben einer Reihe von **Tennisplätzen** verfügt Marienbad über einen der ältesten (seit 1905) und schönsten **Golfplätze** des Landes, Schauplatz hoch dotierter internationaler Turniere, sowie über **Reitschulen**, **Hallen- und Freibäder**. Im Winter stehen beim Hotel Koliba täglich von 9–21 Uhr ein künstlich beschneites **Ski-Areal** mit zwei Liften und Flutlicht sowie in der Umgebung gut präparierte **Langlaufloipen** zur Verfügung.

Täglich mindestens 6 **Schnellzugverbindungen** von Prag über Pilsen (3 Stunden). Weniger häufig verkehren direkte **Busse** aus Prag.

Alle 2–3 Stunden **Züge** von und nach Marienbad. Auch ein **Taxi** ist für die 12 km nicht allzu kostspielig.

Lázně Kynžvart

International machte das erst 1885 eröffnete Heilbad an einem Südhang des Kaiserwaldes 11 km nordwestlich von Marienbad trotz seiner eisenhaltigen Sauerbrunnen nie richtig Karriere, denn dafür wurde es zu spät gegründet. Heute soll das gesunde Klima des in 700 m Höhe liegenden Kurortes **Lázně Kynžvart** 7 (Bad Königswart) in erster Linie lungenkranken Kindern aus den umweltgeschädigten Gebieten des Landes zugute kommen.

Dass Bad Königswart dennoch zum Begriff wurde, verdankt es einer der umstrittensten und schillerndsten Persönlichkeiten der Donaumonarchie: Klemens Wenzel Nepomuk Lothar Fürst von **Metternich** (1773–1858), Österreichs berühmt-berüchtigter Außenminister und Staatskanzler, liebte den alten Familiensitz in Böhmen, den er in den 20er Jahren des 19. Jh. vom Tessiner Architekten Pedro Nobile klassizistisch gestalten ließ. Seither verbrachte der leidenschaftliche Kunstliebhaber jede freie Minute in seinem von Fischteichen und Wäldern umgebenen **Empireschloss**, in dem er seine berühmten, große Räumlichkeiten erfodernden **Kunstsammlungen** aufbewahren konnte.

Seine kunst- und kulturhistorischen Schätze – Münzen, Gemälde, Statuen und Orientalika sowie ein Naturalienkabinett – vertraute Metternich und seine **Kuriositäten-Kollektion** dem ehemaligen Scharfrichter von Cheb (Eger), Carl Huss, an. Eine merkwürdige Wahl, die wie eine weitere Skurrilität

Klassizistische Kühle: Schloss Lázně Kynzvart

des Hausherrn anmutet, tatsächlich aber einen zutiefst menschlichen Zug offenbart. Auf diese Weise konnte der hochgebildete Mann, dessen Familie seit Generationen das blutige Handwerk ausgeübt hatte, an dem aber auch nach der Abschaffung der Todesstrafe (1788) das schaurige Odium des Henkers haften geblieben war, einen unbeschwerten Lebensabend verbringen. Im Auftrag des Schlossherrn trug Huss Seltsamkeiten wie das Waschbecken Napoleons, die Hauskappe Camillo Cavours, eine Mütze von Kaiser Franz oder den Schreibtisch von Alexandre Dumas Sohn zusammen. Wertvoller noch als die Objekte des 1828 gegründeten Schlossmuseums sind die Bestände der Metternichschen **Bibliothek**, in der neben mittelalterlichen Handschriften und Erstdrucken Werke über Magie, Okkultismus, Reiseberichte und politische Abhandlungen zu finden sind (Zámek Kynžvart, Tel/Fax 354 691 269, www.kynzvart.cz, Apr., Okt. nur Sa, So 9–12 und 12.30–16, Mai, Juni, Sept. tgl. außer Mo 9–12 und 12.30–16, Juli, Aug. tgl. außer Mo 9–12 und 13–17 Uhr. Nächtliche Sonderführungen, Konzerte. Café und Restaurant Metternich beim Schloss).

Lázně Kynžvart iegt an der **Bahnlinie** Prag–Pilsen–Cheb mit mehreren Verbindungen täglich, die Entfernung vom Bahnhof zum Schloss beträgt es 1,5 km. Mehrmals täglich **Linienbusse** von und nach Marienbad.

Cheb

Die 34 000 Einwohner zählende Stadt **Cheb** 8 (Eger), knapp 10 km hinter der Grenze zu Deutschland gelegen, hat zwei Gesichter: Dem sorgfältig restaurierten historischen Stadtzentrum, das zu Recht zur Gänze unter Denkmalschutz gestellt wurde, stehen graue, triste Vororte gegenüber, in denen ein Heer von Prostituierten seinen Geschäften nachgeht.

Kein Geringerer als Friedrich Barbarossa hatte die ursprünglich slawische Burg zu seiner Residenz erwählt und sie schließlich 1180 zur Kaiserpfalz ausbauen lassen. Vom aufkommenden Bäder-Tourismus im 19. Jh. profitierte auch Eger, wo sich im Laufe der Zeit immer mehr deutsche Siedler niedergelassen hatten.

Schauplatz der Geschichte

1821 kam Goethe als Besucher nach Cheb, das damals Eger hieß. Doch war der Herr Geheimrat offenbar schlechter Laune. »Es wäre zu wünschen, dass Sie für die Fremden einen Wegweiser drucken ließen, denn Wallenstein spielt in der Geschichte eine wichtige Rolle«, schrieb er nach einer Besichtigung der Burg unwirsch an den Bürgermeister, der ihn zuvor großzügig in seinem Haus beherbergt hatte. Nicht nur Goethe, auch andere Künstler und Geistesgrößen des 19. Jh. zog es seit Schillers 1799 vollendeter Trilogie zum Schauplatz von ›Wallensteins Tod‹. Die Tragödie ereignete sich im gotischen Stadthaus des protestantischen Bürgermeisters Pachelbel, der vor den Katholiken fliehen musste und im Exil Selbstmord beging.

Um den Marktplatz

Das **Pachelbelhaus** am zentralen Marktplatz (nám. Krále Jiřího z Poděbrad) ist ein spätgotischer Bau aus dem 15. Jh., der mit seinen ausgewogenen Proportionen nicht nur als Schauplatz der Ermordung Wallensteins Beachtung verdient. Eine seltsam-bedrückende Atmosphäre lastet über dem Raum, in dem am 25. Februar 1634, in der Nacht zum Fastnachtssonntag der als Hochverräter beschuldigte Wallenstein auf kaiserlichen Befehl vom irischen Hauptmann Walter Deveroux liquidiert wurde. Ob der erfolgreichste Heerführer des Dreißigjährigen Krieges tatsächlich einen Staatsstreich gegen Ferdinand II. im Sinn hatte, bleibt für immer ungeklärt.

Heute hat im Pachelbelhaus das **Bezirksmuseum** von Eger eine hoch interessante Dauerausstellung mit gut 200 Objekten aus der Zeit des Dreißigjährigen Krieges sowie aus dem Besitz Wallensteins untergebracht. Zu den Exponaten gehört das Lieblingspferd des Heerführers, das 1632 in der Schlacht von Lützen getötet und auf Befehl Wallensteins präpariert wurde. Es dürfte sich dabei um das älteste ausgestopfte Tier Mitteleuropas handeln (Chebské muzeum, nám. Krále Jiřího 3, Tel. 354 422 246, März-Dez. täglich außer Mo 9–17 Uhr, Jan. und Febr. nur nach Voranmeldung).

Wie so oft gruppieren sich auch in Cheb die interessantesten Sehenswürdigkeiten um den **Marktplatz**. Die verspielte Rokokofassade gegenüber dem Pachelbelhaus gehört zum **Gablerschen Haus** (Nr. 505), das sich einst im Besitz der Jesuiten befand, woran noch ein vergoldetes Madonnen-Relief über dem Portal erinnert. Hinter dem Pachelbelhaus überragt die romanische **Erzdechanteikirche St. Niklas** (frühes 13. Jh.) mit einem als Triumphbogen gestalteten Portal die Dächer. Nahezu alle Bürgerhäuser des Platzes schmücken Renaissance-Fresken, die erst vor wenigen Jahrzehnten von mehreren Mörtelschichten befreit wurden. Sie spannen einen bunten Bilderbogen um das repräsentative ehemalige **Rathaus** des italienischen Barockbaumeisters Alliprandi. Aus Geldmangel konnte jedoch nur ein Teil des ursprünglichen, überaus ehrgeizigen Projekts realisiert werden. In dem Gebäude befindet sich die **Galerie der bildenden Künste** mit Ausstellungen tschechischer Maler des 20. Jh. (nám. Krále Jiřího 16, Tel. 354 422 450, tgl. außer Mo 9–12.30 und 13–17 Uhr).

Zum Wahrzeichen Chebs geriet indes ein ganz und gar nicht geplantes, sondern gewachsenes Ensemble. Wie eine Insel erhebt sich auf dem buckeligen mittelalterlichen Pflaster ein Konglomerat schmaler, mehrstöckiger gotischer Fachwerkhäuschen, einst Wohnsitze jüdischer Kaufleute, **Spaliček** – Stöckl – genannt. Eine Abbildung aus dem 15. Jh. zeigt, dass sich an dieser Stelle ursprünglich drei solcher Häuserblöcke aneinandergedrängt haben. Als man sich in den frühen 1960er Jahren an die Restaurierung der nahezu verfallenen Bausubstanz des Stöckls machte, konnten zumindest noch elf Häuser gerettet werden.

Dass man in Cheb auch der künstlerischen Ausgestaltung von **Brunnen** stets besondere Aufmerksamkeit widmete, beweisen zwei markante Beispiele: Vor dem Stöckl wirft sich seit 1738 ein keulenschwingender Herkules als ›Wilder Mann‹ in Positur, während die Platzmitte seit Ende des 16. Jh. von dem im Volksmund auf ›Wastl‹ umgetauften Ritter Roland bewacht wird.

Weitere Sehenswürdigkeiten

Mit Ausnahme des 21 m hohen, aus vulkanischem Basaltgestein errichteten **Schwarzen Turms** und der den Heiligen Erhard und Ursula gewidmeten **Kapelle** sowie den Überresten des kaiserlichen Palas und einigen weiteren Mauerteilen ist von der einstigen **Kaiserpfalz** nordwestlich des Marktplatzes nicht viel erhalten geblieben. Immerhin kann man an den Ruinen heute noch die Ausmaße dieser größten romanischen Burg Böhmens erkennen (Chebský hrad, Tel. 354 422 942, tgl. außer Mo Apr.,Okt 9–16, Mai, Sept. 9–17, Juni, Juli, Aug. 9–18 Uhr).

Infozentrum: 35002 Cheb, nám. Krále Jiřího z Poděbrad 33, Tel. 354 440 302, www.mestocheb.cz, , Mo–Fr 9–17, Sa 10–14, So (nur Mai–Sept.) 10-13 Uhr.

Zámek Mostov: Mostov 1, Tel/Fax 354 597 277, www.mostov.cz. Im Jahr 2002 von Grund auf restauriertes und umgestaltetes neugotisches Schloss, das sich einst im Besitz eines deutschen Porzellanfabrikanten befand. 9 km vom Zentrum von Cheb entfernt. Stilvoll möblierte Zimmer (48 Betten) ohne übertriebenen Luxus, gepflegter Schlosspark, Wellness- und Kurzentrum, gutes Restaurant. DZ 70–100 €. Fragen Sie unbedingt nach Sonderarrangements!

Barbarossa: Jateční 7, Tel. 354 423 446, Fax 354 440 330, info@hotel-barbarossa.cz. Helle, geräumige Zimmer in einem Hotel neueren Datums, dem noch ein wenig Patina fehlt. Zentrale Lage in unmittelbarer Nähe des Marktplatzes. DZ 50–60 €.

Hvězda: nám. Krále Jiřího 4, Tel. 354 422 549, Fax 354 422 546, hotel. hvezda@ email. cz. Das traditionsreiche, aber etwas schäbig gewordene Haus am Marktplatz. Zentraler kann man nicht logieren, eleganter allerdings schon. DZ 50–60 €.

Stein: Skalka u Chebu 10, Tel. 354 423 301, m.zabojova@hotelstein.cz. Rustikales Hotel 5 km von Eger und 2 km von Franzensbad. 31 Betten, Restaurant, Bad, Mini-Zoo mit Straußen und Lamas, Swimming-Pool, Radverleih, Reitmöglichkeiten. DZ 40–55 €.

U Kata, Židovská 17, Tel. 354 423 465, Fax 354 434 385. Nette, saubere Apartments (1 bis 6 Betten), ausgestattet mit Küche, Bad/WC und TV. DZ 35–40 €.

Am Markplatz gibt ein halbes Dutzend Restaurants und Bierstuben, deren Speisekarten sich im Grunde gleichen. Da viele deutsche Tagestouristen über die nahe Grenze kommen, sind vor allem Schnitzel, Gulasch, Schweinebraten und Sauerkraut im Angebot. Ob im **Valdštejn** oder im **Krále Jiřího**, im **Spaliček**, **Fortuna** oder im Rathauskeller **Radniční sklípek**, die schweren böhmischen Speisen wollen mit viel frisch gezapftem Bier hinuntergespült werden. Die Restaurants sind täglich von 10–23 Uhr, manchmal sogar bis 1 Uhr geöffnet, Hauptgerichte ab 4 €.

Busverbindungen mit Franzensbad (tagsüber stündlich), Karls- und Marienbad (5–7 x pro Tag) und Prag (3–4 x täglich). An der Schnellzugstation Cheb halten nationale (Prag, Pilsen) und internationale (Deutschland) **Züge**.

Františkovy Lázně

Františkovy Lázně 9 (Franzensbad) ist das kleinste der drei böhmischen Renommierbäder. Urkundlich erwähnt wurde der ›Egerer Säuerling‹ erstmals 1406, im späten Mittelalter verabreichte man vereinzelt schon Bäder, ab dem 18. Jh. florierte der Quellwasserversand, doch erst im 19. Jh. mauserte sich der Weiler zum international gefragten Heilbad, das 1807 nach dem österreichischen Kaiser Franz I. benannt wurde.

Stadtbild

Die große Zeit des kleinen, rund 5000 Einwohner zählenden Städtchens scheint bei flüchtigem Hinsehen noch nicht vergangen zu sein. Die Restauratoren, die Franzensbad von Kopf bis Fuß, von den Dächern über die Fassaden bis zum Pflaster, herausgeputzt haben, verdienen allen Respekt. Ob Empire oder Historismus, Neorenaissance, barocker Klassizismus oder Jugendstil, jede architektonische Spielart ist in diesem lupenreinen, in weitläufigen, mehr als 250 ha großen Parkanlagen eingebetteten Architektur-Reservat des 19. Jh. aufs beste vertreten.

Auf dem zentralen Stadtplatz (nám. Míru) mit der aus der Anfangszeit des 20. Jh. stammenden **Kolonnade** steht der Empire-Pavillon der **Franzensquelle** (1832); der Bronzeplastik ›Amor mit Fisch‹ gegenüber, im Volksmund **›Franzl‹** (František) genannt, sollte man sich allerdings mit Vorsicht bzw. Vorsatz nähern, denn die Berührung soll fruchtbar machen! An der Ecke zur Kurpromenade Národní třída, einer beliebten Flaniermeile mit schönen Geschäften und Cafés, dominiert das **Gesellschaftshaus** (Společenský dům), 1794 erbaut und 1877 erweitert. Darin befindet sich ein repräsentativer Veranstaltungssaal, ein luxuriöses Restaurant und ein Casino. Wenige Schritte weiter, im **Kurhaus Sevastopol**, brütete Ludwig van Beethoven über seiner 7. Symphonie, im **Haus zu den drei Lilien** (1794), dem ältesten Gästehaus der Kurstadt, damals wie heute ein hervorragendes Hotel, ließ sich wieder einmal Goethe verwöhnen. Einige Häuserblocks entfernt wird neben dem **Stadttheater** im **Stadtmuseum** (Městské muzeum, Dr. Pohoreckého 8, Tel. 354 542 344, tgl. außer Mo 10–17 Uhr) die Geschichte der Bäderkultur präsentiert. Die großzügigen , außerhalb des Ortes gelegenen Parkanlagen locken mit einladenden Promenaden und Quellenhallen.

Umgebung

Auch in Franzensbad kann die waldreiche Umgebung auf viele Kilometer langen **Spazier- und Wanderwegen** erforscht werden. 6 km nordöstlich des Zentrums liegt bei dem Weiler Hájek das **Naturreservat Soos,** in dem spätvulkanische Erscheinungen beobachtet werden können. Aufsteigende Gase lassen Quellwasser in Schlammvulkanen, so genannten Mofetten, ungefährlich vor sich hin brodeln. Ein **Naturlehrpfad** führt zur Kaiserquelle (Císařsky pramen), deren Wasser äußerst gut schmeckt und bekömmlich ist.

i **Infozentrum:** 35101 Františkovy Lázně, Americká 2, Tel. 354 543 162, Fax 354 544 204, fltours@atlas.cz, Mo–Fr 8–18, Sa 8–14 Uhr.

Das Kultur-Infozentrum (LD Esplanada, Ruská ul. 64/9, Tel. 354 207 440, www.franzensbad.cz, Mo–Fr 9–17, Sa 9–12 Uhr) organisiert alle größeren Kulturveranstaltungen der Stadt, von Konzerten und Theatervorstellungen bis zu Modeschauen und Tanzabenden. Die Kurverwaltung (Františkovy Lázně AS, Jiráskova 17, Tel. 354 542 970, Fax 354 201 122, www.franzensbad.cz, Mo–Fr 9–17, Sa 9–12 Uhr) informiert über aktuelle Kurangebote und Übernachtungsmöglichkeiten.

Das Städtchen verfügt über mehr als 30 Kurhäuser, Hotels und Pensionen sowie mehrere Dutzend Privatzimmer.

Tři Lilie: Národní 3, Tel. 354 208 900, Fax 354 208 995, trililie@franzensbad.cz. In dem sorgfältig und mit viel Stilgefühl restaurierten und modernisierten Haus (50 Betten) kann man sich rundherum wohl fühlen – wie dies auch schon Goethe seinerzeit getan hat. DZ 80–120 €. Dazu gehört auch eines der besten Café-Restaurants der Stadt (Hauptgerichte ab 10 €).

Slovan: Národní 5, Tel. 354 542 841, Fax 354 542 843, slovan.frl@cmail.cz. Komfortable Zimmer in einem mit wenig Geschmack eingerichteten Haus der Mittelklasse an der Flaniermeile. Der Luxus wirkt bisweilen aufgesetzt. Dennoch stimmt das Preis-Leistungs-Verhältnis. DZ 70–100 €.

Centrum: Anglická 392/5a, Tel. 354 543 156, Fax 354 543 157, spahotel@centrum.cz. Nettes Stadthotel 200 m abseits der Hauptstraße, helle, schöne Zimmer mit allem Komfort. DZ 50–70 €.

U Dubu: Americká 65, Tel. 354 542 749, Fax 354 543 631, pensionudubu@volny.cz. Freundliche Familienpension abseits des Zentrums, einfache, saubere Zimmer mit Dusche/WC und Sat-TV. DZ 30–40 €.

Goethe: Národní 1, Tel. 354 500 000, tgl. 11.30–14.30 und 18–24 Uhr. Luxuriöses Casino-Restaurant im Gesellschaftshaus mit internationaler und böhmischer Küche. Hauptgerichte zwischen 12 und 20 €.

U Fausta: Národní 11, Tel. 354 204 060, tgl. 10.30–22 Uhr. Elegantes Restaurant des Goethe-Kurhauses, phantasievolle Küche auf internationaler Basis (Hauptgerichte ab 10 €). Nebenan im Café Markéta bekommt man sogar eine ›Goethe-Torte‹.

Saloon Bažina: Americká 95/10, Tel. 354 541 026, täglich 11–23 Uhr. Wem nach einem herzhaften Steak und ähnlichen Tex-Mex-Gerichten zu Mute ist, der speist hier richtig ab 6 €.

Rybářská bašta: Labutií jezírko, Tel. 354 542 964, täglich 11-22 Uhr. Feines Fischlokal in einem Schlösschen am kleinen Schwanensee (Dvořák-Park westlich vom Zentrum). Hauptgerichte ab 7 €.

Amerika: Jezerní 10, Tel. 354 542 421, tgl. 10–22 Uhr. Ein weiteres gutes Fischlokal, in dem gut zubereitete Wildgerichte serviert werden. Schöne Lage am Amerika-See (Rybník Amerika) rund 2 km südwestlich vom Zentrum. Hauptgerichte ab 6 €.

Sadová Kavárna: Ruská 1, Tel. 354 203 500, tgl. 10–22 Uhr. Das Parkcafé ist ein Kultlokal mit schöner Sommerterrasse und populären Tanzabenden zu Live-Musik. Ausgezeichnete Tagesgerichte (ab 6 €) und hausgemachte Mehlspeisen.

Eine großzügig angelegte Badelandschaft wurde 2005 mit dem **Aquaforum** eröffnet. Die an den Kurhotel-Komplex Pawlik-Issis angeschlossene, jedoch allgemein zugängliche Anlage umfasst 1500 m^2 Wasserfläche, aufgeteilt auf drei Innen- und drei Außenbecken. Außerdem gibt es Wasserrutschen, einen Whirlpool, Kur-, Wellness- und Fitness-Einrichtungen, eine Snackbar und ein Restaurant (Lázeňský komplex Aquaforum, Ulice 5. Knětna 9, Tel. 354 206 000, tgl. 9–21 Uhr).

Direkte **Busverbindungen** mit Prag (einmal täglich), Pilsen (zweimal) sowie von Cheb (stündlich), von wo auch nationale und internationale **Züge** verkehren.

Tagsüber wird gekurt, und abends geht man früh zu Bett: Franzensbad bei Nacht

Plzeň und der nördliche Böhmerwald

Karte S. 257

Neben den herausgeputzten Kleinstädten des nördlichen Böhmerwaldes repräsentiert die westböhmische Metropole eher die raue Realität eines Industriestandortes. Plzeň (Pilsen) will jedoch auch an seiner lebendigen Atmosphäre, dem reichhaltigen Kulturangebot und nicht zuletzt an seinem weltberühmten Bier gemessen werden. Ganz andere Reize verspricht der nördliche Böhmerwald, der mit seinen Ausläufern bis fast an den Südrand der Bierstadt reicht. Die traditionell von Edelmetallabbau und Holzverarbeitung geprägte Landschaft ist ein Gebiet für Naturliebhaber und Wanderbegeisterte.

Plzeň

Vor nicht allzu langer Zeit noch hätte man die mit 175 000 Einwohnern viertgrößte Stadt der Tschechischen Republik getrost links liegen lassen können, wäre da nicht die Brauerei, die **Plzeň** 1 (Pilsen) weit über die Landesgrenzen hinaus bekannt gemacht hat. Heute jedoch lohnt ein Abstecher ins Zentrum, wo sich der Marktplatz mit seinen restaurierten Häusern als Beispiel für eine gelungene Altstadtrenovierung präsentiert. Außerdem strahlt die Stadt, Sitz der Westböhmischen Universität, viel jugendliche Dynamik aus – zu spüren in den stets vollen Lokalen der Innenstadt und in den Einkaufsstraßen um den Marktplatz.

Im Morast gegründet

König Wenzel II. bestimmte 1295 die Gründung einer Siedlung in den morastigen Niederungen am Zusammenlauf der Flüsse Radbuža (Radbusa), Mže (Mies), Úhlava (Angel) und Úslava (Amsel), weshalb sich der Stadtname von dem tschechischen Wort plzký (›schlüpfrig‹) ableitet.

Die auf regelmäßigem Grundriss angelegte Stadt entwickelte sich dank ihrer Lage an wichtigen Handelsrouten zu einem blühenden Gemeinwesen. 1468 wurde in Pilsen das erste in Böhmen gedruckte Buch, die ›Trojanische Chronik‹, herausgegeben. 1599 machte Kaiser Rudolf II. auf der Flucht vor der Pest in Prag die westböhmische Stadt für ein Jahr zu seiner Residenz, die schon in der Hussitenzeit und später im Dreißigjährigen Krieg auf der Seite der Katholiken stand.

Durch die Industrialisierung stieg die Bevölkerungszahl schnell an. 1861 wurde die erste Eisenbahnverbindung nach Bayern (Pilsen – Furth im Wald) eröffnet, bald folgten die Strecken nach Prag, Budweis und Wien. Seit Mitte des 19. Jh. prägen das Bier des 1842 gegründeten ›Bürgerlichen Brauhauses‹ sowie die Škoda-Werke, in denen Fahrzeuge, Waffen und Maschinen produziert werden, Pilsen. Tatsächlich scheint der geflügelte Pfeil des Škoda-Logos das alte Stadtwappen ersetzt zu haben, das zu den ungewöhnlichsten des Landes zählt. Neben einem Windhund, einem Ritter, zwei Schlüsseln und einem halben Adler zeigt es ein Kamel, wohl exotische Beute aus den Hussitenkriegen.

Um den Marktplatz

Der seit 1989 unter Denkmalschutz stehende Altstadtkern lässt sich bequem zu Fuß erkunden. Und wartet gleich mit einigen Superlativen auf. Mit den Ausmaßen 193 x 139 m ist der ehemalige zentrale **Marktplatz** (nám. Republiky) der zweitgrößte Böhmens. Die gotische **St.-Bartholomäus-Kirche** (Chrám sv. Bartoloměje) **1**, die den Platz dominiert, hat den mit 103 m höchsten Glockenturm des Landes – 301 Stufen sind es bis nach oben (Besteigung nur bei schönem Wetter tgl. 10–18 Uhr). Ihr wertvollstes Kunstwerk ist die ›Pilsner Madonna‹ auf dem Hochaltar, eine Tonschiefer-Skulptur aus dem Jahre 1390. Auf der barocken **Pestsäule** vor der Kirche (1681) steht eine vergoldete Kopie dieser Statue. Neben dem prachtvollen **Renaissance-Rathaus** **2** mit reichem Sgraffito-Schmuck an der Nordostseite des Platzes steht das **Kaiserhaus** (Císařský dům) **3**, für Rudolf II. als kurzzeitige Residenz fürstlich ausgestattet. Die ehemals gotische, später barockisierte **Erzdekanei** **4** und mehrere von Mikuláš Aleš mit **Jugendstil-Sgraffiti** verzierte Bürgerhäuser runden den Gesamteindruck dieses Platzes ab, an dessen südlichem Ende freitags ein bunter **Markt** abgehalten wird.

Pilsener Historische Unterwelt

Nordöstlich des Marktplatzes befindet sich der Eingang zur Pilsner **Historischen Unterwelt** **5** (Plzeňské historické podzemí, Perlová 4, Tel. 377 225 214, Juni-Sept. tgl. außer Mo 9–17, Apr., Mai, Okt., Nov. Mi–So 9–17 Uhr). Die mehr als 20 km langen, heute teilweise verschütteten Keller und Gänge in mehreren Geschossen unter dem Stadtzentrum dienten einst als Bierlager, boten aber auch Schutz vor Feinden. Die ältesten stammen aus dem 14. Jh. Zur Besichtigung freigegeben wurden etwa 500 m. Zu sehen sind u. a. hölzerne Wasserpumpen, Keramiken und Glas, Objekte, die in den unterirdischen Gewölben ›entsorgt‹ worden waren.

Brauereimuseum

Dass das **Brauereimuseum** **6** (Pivovarské muzeum, Veleslavínova 6, Tel: 377 235 574, Apr.-Sept. tgl. 10–18, Okt.-März tgl. 10–16 Uhr) zu den meistbesuchten Sehenswürdigkeiten der Stadt zählt, liegt in Pilsen wohl auf

Mit den Autoren unterwegs

In Pilsen nicht versäumen

Pilsens Unterwelt: ein unterirdisches Labyrinth von mehr als 20 km Länge, von dem rund 500 m zugänglich sind (s. S.253).

Plzeň für Nachtschwärmer: In dieser Stadt kann man in den Rock-Cafés, Pubs und Clubs im Zentrum durchfeiern bis zum nächsten Morgen. Das Mekka des **Nachtlebens** ist die Straße Prokopova.

Was Sie immer schon über Bier wissen wollten: In Pilsen erfahren Sie es – bei einem Besuch des Brauereimuseums und einer Führung durch die Urquell-Brauerei samt Kellertour mit Verkostung (s. S. 255).

Einen Ausflug wert

Klatovy: Die Barock-Apotheke ›Zum weißen Einhorn‹ – eine Hexenküche der Pillendreher (s. S. 260).

Für Zündler: Das Böhmerwald-Museum von Sušice mit einer interessanten Dokumentation über die Geschichte des Zündholzes (s. S. 262).

Auf zum Festival!

Gelebte Traditionen oder nur Folklore? Das kann herausfinden, wer sich nach Domažlice zum Chodenfestival aufmacht (s. S. 259)

Plzeň: Cityplan

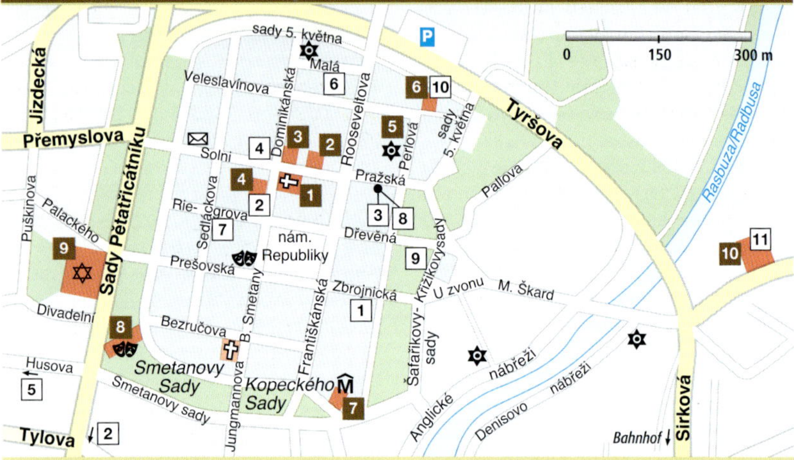

Sehenswürdigkeiten

1 St.-Bartholomäus-Kirche
2 Renaissance-Rathaus
3 Kaiserhaus
4 Erzdekanei
5 Historische Unterwelt
6 Brauereimuseum
7 Westböhmisches Museum
8 Tyl-Theater
9 Große Synagoge
10 Pilsener Urquell-Brauerei

Übernachten

1 Continental
2 Parkhotel
3 U Salzmannů
4 V Solní
5 Soue a U

Essen und Trinken

6 Stará Sladkova
7 Plzeňská bašta
8 U Salzmannů
9 U Mansfelda
10 Na Parkáně
11 Na Spílce

der Hand. Modern und ansprechend aufbereitet, wird hier – u. a. mit einer original gotischen Mälzerei aus dem Jahre 1492 – die Geschichte des Brauwesens dokumentiert. Von der Theorie zur Praxis: Die urige Biergaststätte Na Parkáně ist mit dem Museum direkt verbunden.

Westböhmisches Museum

Im Südosten des Marktplatzes sollte man das **Westböhmische Museum** 7 nicht versäumen. Die erstaunlich reichhaltigen Sammlungen sind auf mehrere Gebäude verteilt, im Haupthaus, 1893–1902 im Neorenaissancestil mit dekorativen Jugendstilelementen erbaut, sind die Kollektionen antiker und orientalischer Kunst, die Stadtwaffenkammer und eine Dauerausstellung erlesener Glas- und Porzellanobjekte des Jugendstils untergebracht. Leider schränken Umbau- und Restaurierungsarbeiten die Möglichkeit der Besichtigung immer wieder ein (Západočeské muzeum, Kopeckého sady 2, Tel. 377 236 460, tgl. außer Mo 9–17 Uhr).

Weitere Sehenswürdigkeiten

Im 19. Jh. entstanden an Stelle der alten Stadtmauern Parkanlagen. Am Smentana-Park steht das **Tyl-Theater** 8, ein 1902 eröffnetes Haus mit schönen Jugendstil-Elementen. Am südlichen Rand des Parks Sady Pětatřicátníků erhebt sich die **Große Synagoge** 9 (Velká synagóga, Tel. 377 223 558, Apr.–Okt. So–Fr 10-18 Uhr, nicht aber an jüdischen Feiertagen). Sie wurde 1892 im maurisch-romanischen Stil mit zwei roten Zwiebeltürmen erbaut und kann 2000 Personen aufnehmen. Damit ist sie die drittgrößte Synagoge der Welt. Wegen der hervorragenden Akustik finden hier häufig Konzerte statt.

Urquell-Brauerei

Um jenes Unternehmen zu besichtigen, das mehr als alles andere zum Synonym für Pilsen wurde, muss man sich gar nicht erst ins Zentrum begeben: Die 1842 gegründete **Pilsener-Urquell-Brauerei** 10 mit dem schlossartigen Prunktor liegt auf der anderen Seite des Flüsschens Radbuža an der Hauptverbindungsstraße Richtung Prag. In der riesigen, 600 Personen fassenden **Bierhalle *Na spilce*** geht man routiniert mit Busladungen durstiger Touristen um, die auf den Beginn der Führungen warten oder sich am goldfarbenen zwölfgrädigen Pilsner Urquell oder am gar vierzehngrädigen dunklen Gambrinus-Bier – es wird in der 500 m entfernten Gambrinus-Brauerei hergestellt (keine Führungen!) – laben wollen (Pivovar Plzeňský Prazdroj, U Prazdroje 7, Tel. 377 062 888, www.prazdroj.cz, Führungen Mo-Fr um 10.30 und 14 Uhr, Juli, Aug. auch 12.30 und 15.30 Uhr).

Auch wenn in einer knappen Stunde natürlich nicht alle der in einer Gesamtlänge von 9 km in den Felsen geschlagenen Keller gezeigt werden können, in denen der aus Hopfen und Malz gewonnene Saft zur Vollkommenheit reift, so begreift selbst ein Laie, weshalb Pilsner Bier in aller Welt zu den gefragtesten Marken zählt. Nach der Exkursion weiß man, wie allein schon die Güte des aus 80 m Tiefe geschöpften Wassers, der Urquelle, die Qualität des Endprodukts mitbestimmt. Oder dass dieses köstliche Bier mit seinem unverkennbaren herb-würzigen Geschmack sogar von Ärzten als empfohlenes Heilmittel bei Gastritis und Nierenbeschwerden gerne eingesetzt wird.

Infozentrum: 30116 Plzeň, nám. Republiky 41, Tel. 378 035 330, Fax 378 035 332, www.icpilsen.cz, Apr.–Sept. tgl. 9–18, Okt.–März Mo–Sa 10–18 Uhr.

Continental 1: Zbrojnická 8, Tel. 377 235 292, Fax 377 221 746, mail@hotelcontinental.cz. Prachtvolles Jugendstilgebäude mit sowohl einfachen, noch nicht modernisierten als auch stilvollen Zimmern auf hohem Standard. DZ 60–180 €.

Parkhotel 2: U Borského parku 31, Tel. 378 772 977, Fax 378 772 978, hotel@parkhotel-plzen.cz. 2004 eröffneter Neubau am Rande des Borský-Parks im Süden der Stadt, unmittelbar neben einem Golfplatz. 2 km zum Zentrum. 76 komfortable Vier-Sterne-Zimmer. DZ 70–90 €.

U Salzmannů 3: Pražská 8, Tel. 377 235 855, Fax 377 235 476, info@usalzmannu.cz. Einfache bis etwas komfortablere Zimmer und Apartments oberhalb der traditionsreichen Salzmann-Bierstube (gegründet 1637). Ideal für alle, die vom Biertisch gleich ins Bett fallen wollen. DZ 40–60 €.

V Solní 4: Solní 8, Tel/Fax 377 236 652, pension.solni@post.cz. Kleine, gemütliche Pension in einem Haus aus dem 16. Jh. im historischen Zentrum. Neu umgebaute und modernisierte Zimmer. DZ 35–45 €.

Soue a U 5: Vejprnická 56, Tel/Fax 377 308 235, sramkovalibuse@souepl.cz. Saubere Herberge 3 km westlich des Stadtzentrums (Bus Nr. 2 Richtung Skvrňany), ganzjährig geöffnet. Pro Bett 15–18 €.

Natürlich gibt es in Pilsen auch chinesische, italienische und mexikanische Restaurants, doch wer deftige böhmische Küche bevorzugt, ist in den vielen Bierkneipen der Stadt am besten aufgehoben.

Stará Sladkova 6: Malá ul. 3, Tel. 377 225 151, tgl. 10–23 Uhr. Uriges Lokal in einer ehemaligen Folterkammer, mittelalterlich-rus-

tikales Ambiente, Grillspezialitäten. Nur zwei Häuserblocks nördlich des Marktplatzes. Hauptgerichte ab 5 €.
Plzeňská bašta 7: Riegrova 5, Tel. 377 237 262, Mo-Sa 10.30–24, So 10.30–22 Uhr. Wer nicht zumindest einmal hier eingekehrt ist, kennt Pilsen nicht. Viel Holz vermittelt eine heimelige Atmosphäre, in der Küche versteht man sich auf Deftiges. Hauptgerichte ab 5 €.
U Salzmannů 8: Pražská 8, Tel. 377 235 855, Mo-Sa 11–23, So 11–22 Uhr. Eine jener grandiosen Bierstuben, für die Pilsen berühmt ist. Bei der festen Nahrung hält man sich an traditionelle böhmische Rezepte. Hauptgerichte ab 5 €.
U Mansfelda 9: Dřevěná 9, Tel. 377 333 844, Mo-Sa 11–23, So 11–22 Uhr. Gepflegtes Lokal, in dem auch guter Wein serviert wird. Schöner Blick auf den Park, bodenständige Speisen. Hauptgerichte ab 4,50 €.
Na Parkánĕ 10: Veleslavínova 6, Tel. 377 324 485, Mo–Do 11–23, Fr und Sa 11–01, So 11–22 Uhr. Schöne, alte Bierstube in Verbindung mit dem Brauereimuseum. Kulinarisches aus dem Kochbuch der böhmischen Oma. Hauptgerichte ab 4 €.
Na Spílce 11: U Prazdroje 7, Tel. 377 062 755, Mo–Do 11–22, Fr 11–23, Sa 11–22, So 11–21 Uhr. Das Gasthaus der Urquell-Brauerei, angeblich Böhmens größte Bierhalle. Trotz des Besucherandrangs annehmbare Bedienung, große und kleine Happen der tschechischen Küche. Jeden Mittwoch ab 18.30 Uhr Musik. Hauptgerichte ab 3,50 €.

In den Fußgängerzonen im Zentrum finden sich Geschäfte mit Mode, Antiquitäten sowie böhmischem Glas und Porzellan. Kunsthandwerkserzeugnisse erhält man u. a. bei folgenden Adressen: Masarykovo nám. 26, Pražská 11 und Malá ul. 6. Bier-Andenken und -Mitbringsel, u. a. Krüge mit dem Pilsner-Urquell-Logo, gibt es in den Souvenirshops im Brauereimuseum (tgl. 10–20 Uhr) und in der Urquell-Brauerei (tgl. 10–18 Uhr).

Tanzen bis in die frühen Morgenstunden kann man in zwei benachbarten **Clubs**: Dance Club 28 (Prokopova 28) und Music Club 21 (Prokopova 21). Hier legen bisweilen auch international renommierte DJ's auf. In der **Rock Bar Elektra** (Americká 24) und im **Jazz Rock Café Dominik** (Dominikánská 3) kann man sich, außer sonntags, täglich bis gut 2 Uhr früh vergnügen.

Tyl-Theater (Divadlo J. K. Tyla, Smetanovy sady 16, Tel. 378 038 184, www.djkt-plzen.cz): Pilsens großes Haus mit drei Bühnen für Oper, Operette, Musical und Schauspiel.
Konservatorium (Kopeckého sady 10, Tel. 377 226 387): Schöner Saal für vorwiegend klassische Konzerte.
Feste:
Da Pilsen von den US-Truppen 1945 zwei Tage früher als der Rest des Landes eingenommen wurde, feiert man das **Befreiungsfest** bereits am 6. Mai mit einer großen Parade. Mitte Juni findet ein **Internationales Volksmusik-Festival** statt, Ende September/Anfang Oktober ein **Bierfest** mit Musik und einem altböhmischen Jahrmarkt samt Handwerksschau (www.pilsnerfest.cz).

Praktisch stündliche **Zug- und Busverbindungen** mit Prag (Fahrzeit 1,5–2 Stunden) und České Budějovice (2–2,5 Stunden), keine direkten Züge, dafür aber häufig verkehrende Schnellbusse nach Karlovy Vary (knapp 2 Stunden). Die Eisenbahn-Hauptverkehrsverbindung von Dortmund nach Prag über Köln, Frankfurt und Nürnberg führt auch über Pilsen.
Für **Autofahrer:** Pilsen liegt an der in Tschechien bereits vollständig fertig gestellten Autobahn von Nürnberg nach Prag (E 50).

Kladruby

Die ehemalige Benediktinerabtei **Kladruby** 2 (Kladrau), um 1115 gegründet und unter Kaiser Joseph II. 1785 aufgelöst, thront rund 30 km westlich von Pilsen weithin sichtbar auf einem Felsenrücken. Nur wenige Jahrzehnte vor der Säkularisierung beauftragte man einen der bedeutendsten Barockbaumeister Böhmens, Kilian Ignaz Dientzenhofer, mit dem Neubau des palastähnlichen **Konventgebäudes**, das später von seinen adligen Besitzern in ein Schloss umgewandelt wurde. Architektonisch noch interessanter ist allerdings die von Giovanni Santini entworfene **Klosterkirche St. Marien**. Sie gilt als eines der Hauptwerke der so genannten ›böhmischen Barockgotik‹, ein eigenwilliger Stil, bei dem gotische Architekturelemente wie spitzbogie Fenster oder Fialtürmchen in die barocke Formensprache integriert werden. Das 84 m lange, dreischiffige Gotteshaus steht auf den Resten einer romanischen Basilika. Die Wände des Mittelschiffs und des Chores schmücken Freskenzyklen aus dem Leben Mariens, die Skulpturen schuf Matthias Bernhard Braun (Führungen durch Kirche und Schloss: Tel. 374 631 733, kladruby@my box.cz, Apr., Okt. nur Sa, So, Mai–Sept. tgl. außer Mo 9–16 Uhr).

Der Ort Kladruby ist mit öffentlichen Verkehrsmitteln nur schwer zu erreichen. Von Pilsen verkehren **Bahn** und **Busse** mehrmals täglich bis Stříbro (Mies), von hier sind es 6 km bis Kladruby, die allerdings nur sehr selten von Bussen angefahren werden.

Horšovský Týn

Horšovský Týn 3 (Bischofsteinitz), ein hübscher Ort im Chodenland, 35 km südlich von Kladruby, bietet ein geschütztes Stadtensemble mit barockisierter Kirche aus dem 13. Jh. und einem prächtigen **Renaissanceschloss**. Die einstige bischöfliche Zollstation (teyn) an den Ufern der Radbusa (Radbuza) besitzt jenen Hauch italienischer Atmosphäre, die so vielen Orte Böhmens eine beinahe mediterrane Heiterkeit verleiht – dank des Wirkens von Agostino Galli. Der toskanische Architekt baute im 16. Jh. die frühgotische Stadtburg in eine den Platz beherrschende Anlage aus. Die Führungen umfassen im Schloss u. a. die frühgotische Bischofskapelle, das Renaissance-Interieur und die Waffenkammer, im Schloss Salons, Tanzsaal, Bibliothek und eine Bildergalerie böhmischer Herrscher. Der 40 ha große **Schlosspark** ist frei zugänglich (Státní Hrad a zámek, Tel. 379 423 111, hz.htyn@arcom. cz, April, Okt. Sa und So 9–12 und 13–16, Mai–Sept. täglich außer Mo 9–12 und 13–16/17 Uhr)

Infozentrum: 34601 Horšovský Týn, 5. Května 50, Tel. 379 415 151, info@horsovskytyn.cz, Mai-Sept. Mo–Fr 9–12 und 13–17, Sa 9–13, Okt.-Apr. Mo–Fr 9–12 und 13–16 Uhr.

Gurmán: nám. Republiky 2, Tel. 379 410 020, Fax 379 410 033, hotel-gurman@trendstav.cz. Sympathisches Stadthotel in einem alten Bürgerhaus, komfortable Zimmer. DZ 50–65 €. Ausgezeichnetes Restaurant mit lokalen Spezialitäten. Hauptgerichte ab 4 €.
Šumava: nám. Republiky 11, Tel. 379 422

Die Puppen mit den Trachten der Choden kauft man am besten in Domažlice

800, Fax 379 422 853, hotel@htyn.cz. Kleines Hotel am Stadtplatz, 14 geschmackvoll möblierte Zimmer ohne Luxus. DZ 35–50 €. Restaurant mit guter böhmischer Küche und großer Getränkeauswahl. Hauptgerichte ab 4 €.

Mehrmals täglich **Busverbindungen** mit Domažlice.

Domažlice

Mit einem von Arkaden gesäumten, großzügigen und lang gestreckten Stadtplatz, einem architektonischen Ensemble, das seinesgleichen sucht und selbstverständlich unter Denkmalschutz steht, wartet das in sanftes Hügelland eingebettete **Domažlice** 4 (Taus) auf, das Zentrum des **Chodenlandes**.

Chodit, der tschechische Begriff für ›patrouillieren‹, stand Pate für den Namen des beherzten slawischen Volksstammes, dem seit dem 11. Jh. die Sicherung der Grenzen von Chodová Planá bis Domažlice anvertraut war. Ihren todesmutigen Einsatz gegen jedweden Feind des Königreiches ließen sich die mit Kampfbeilen bewaffneten und von Hunden begleiteten Männer, vor deren furchterregendem Anblick allein sogar eine zehnfach überlegene kaiserliche Streitmacht während der Hussitenkriege in wilder Panik geflohen war, mit allerlei Privilegien vergelten.

So unterstanden die wegen des Symbols in ihrem Banner auch ›Hundsköpfe‹ genannten Choden Jahrhunderte lang einzig und allein dem böhmischen König. Als freie Bauern zahlten sie keine Steuern oder Abgaben und durften in den von ihnen kontrollierten Wäldern Wild jagen, soviel sie nur wollten. Erst der Habsburgerkaiser Ferdinand II. nahm ihnen 1620 alle ihre Vorrechte, ein missglückter Aufstand 75 Jahre später endete mit der Hinrichtung ihres Anführers auf dem Pilsener Marktplatz.

»Natürlich sind wir alle noch immer Choden!« Die in Jeans und T-Shirt gekleidete Verkäuferin eines mit einschlägiger Volkskunst vollgestopften Souvenirladens lässt keinen Zweifel daran aufkommen, dass ethnische Identität auch außerhalb des interessanten Museums in der Chodenburg noch existiert. Wenn sich die Erben der tapferen ›Hundsköpfe‹ alljährlich im August zu ihrem Kirchweihfest auf einer Anhöhe bei Domažlice treffen und in alten Trachten mit Dudelsäcken zum Tanz aufspielen, dann findet nämlich keineswegs ein blutleeres, museales Folklore-Festival statt, sondern gelebtes, vitales Brauchtum.

Sehenswertes in Domažlice

Man betritt den keineswegs breiten, aber 500 m langen **Platz des Friedens** (nám. Míru) durch das gut erhaltene mittelalterliche **Untere Stadttor** (Dolní brána), das einst Teil der Stadtmauer war. Auf beiden Seiten des Platzes reihen sich **historische Bürgerhäuser** aneinander, hinter deren barocken Fassaden sich meist ein gotischer oder Renaissance-Kern versteckt. In den **Arkadengängen** haben sich leider vorwiegend Geschäfte mit billigen Textilien oder Souvenirs eingemietet, die nicht unbedingt zu einer stimmungsvollen Atmosphäre des Platzes beitragen. Landes- oder regionaltypische Souvenirs, wie etwa die berühmte, mit bunten Mustern verzierte Choden-Keramik, die in Handarbeit hergestellt wird, muss man da schon beinahe suchen. Es bleibt zu hoffen, dass auf diesem schönen Platz eines Tages auch elegantere Geschäfte öffnen werden.

Dominiert wird der Stadtplatz von der ursprünglich gotischen, nach einem Brand barockisierten **Kirche Mariä Geburt** und ihrem 56 m hohen, zylinderförmigen **Turm**, der eine Neigung von 70 cm aufweist. Wer die 196 Stufen nach oben gestiegen ist, wird mit einer herrlichen Aussicht belohnt (Apr.-Okt. tgl. 9–12 und 13–17 Uhr).

Südwestlich des Platzes steht die **Chodenburg** (Chodský hrad) aus dem 13. Jh., nach einem Brand im 18. Jh. barock wieder aufgebaut und Sitz des 1883 gegründeten **Choden-Museums** (Muzeum Chodská, Chodksé nám. 96, Tel. 379 776 009, Apr.–Okt. tgl. außer Mo 9–12 und 13–17, Nov.–März Mo–Fr 10–12 und 13–15 Uhr). Es dokumentiert Geschichte und Kultur der Choden. Im Keller ist ein Lapidarium untergebracht,

i **Infozentrum:** 34401 Domažlice, nám. Míru 51, Tel. 379 725 852, mks@idomazlice.cz, Mai–Sept. Mo–Fr 7.30–17, Sa 9–12, Okt.–Apr. Mo–Fr 7.30–16 Uhr.

Konšelský Šenk: Vodní 33, Tel./Fax 379 720 200, konsenk@seznam.cz. Reizende Pension mit 10 komfortablen Zimmern im mittelalterlichen Gebäude des ehemaligen Stadtratskellers unmittelbar an der historischen Stadtbefestigung und nur wenige Schritte vom Hauptplatz entfernt. Gute Pizzeria im Haus. DZ 35–45 €.

Family: Školní 107, Tel. 379 725 962, pavla.michl@volny.cz. Freundliche Zimmer mit Bad/WC und Sat-TV in einem alten Bürgerhaus im Zentrum, ein Apartment mit Küche. Garage vorhanden. DZ 25–35 €.

Kalous: Masarykova 377, Tel. 379 722 305, Fax 379 720 128, hotel.kalous@iol.cz. Etwas abgewohntes Haus der unteren Mittelklasse in Bahnhofsnähe, rund 500 m vom Hauptplatz entfernt. 22 Zimmer mit 1 bis 4 Betten, alle mit Bad/WC. DZ 25–30 €.

U Krbu: Poděbradova 302, Tel. 379 768 393, Mo–Do, So 10–22, Fr, Sa 10–23 Uhr. Gemütliches Lokal mit offenem Kamin, böhmische und internationale Küche, umfangreiche Getränkekarte. Hauptgerichte ab 5 €.

Chodský Hrad: Chodské nám. 96, Tel. 379 776 010, tgl. außer Mo 10–22 Uhr. Das Restaurant in der Chodenburg wird zwar manchmal von Touristen überrannt, dennoch bemüht sich die Küche um Qualität. Hauptgerichte ab 4 €.

Chodenland-Festival (Chodské slavnosti) an einem Wochenende um den 14. August (Tag des hl. Laurenz/sv. Vavřinec). Das große Volksfest der Region auf dem Laurentiusberg (Veselá hora) südwestlich der Stadt mit Dudelsack-Musik, Tanz und Trachtenumzügen.

Regelmäßige **Bahn- und Busverbindungen** mit Plzeň (90 Minuten) und Prag (3 Stunden).

Klatovy

Ein Schwarzer Turm und ein Weißer Turm, dazu noch die Kirchtürme einer frühbarocken Jesuitenkirche: Die Silhouette der zauberhaften, von teils noch gut erhaltenen Befestigungsanlagen umgebenen Provinzstadt **Klatovy** 5 (Klattau; 23 000 Einwohner) ist seit der Renaissance schon von weitem unverkennbar. Aber auch bei näherer Betrachtung verleihen die rundum gruppierten Bauten dem quadratisch angelegten, sanft abfallenden **Stadtplatz** (nám. Míru) ein markantes, unverwechselbares Aussehen.

Neben der **Marienkirche** aus dem 13. Jh. erhebt sich freistehend der **Weiße Turm** aus dem 16. Jh. Der für Klatovy charakteristische, 81 m hohe **Schwarze Turm** (Černá věž, Apr.–Okt. tgl. außer Mo 9–12 und 13–16/17 Uhr), ebenfalls ein Renaissancebau, entstand zur gleichen Zeit wie das anschließende **Rathaus**, das nach vielfachen Umbauten 1925 seine heutige Fassadengestaltung erhielt. Seither trägt es am Giebel das Symbol der Krone über dem zweischwänzigen Löwen und dem Klattauer Wappen, griechischen Göttinnen und Musen sowie allerlei Handwerksallegorien.

Den kunsthistorisch bedeutendsten Bau stellt zweifellos die im 17. Jh. von Domenico Orsi und Carlo Lurago errichtete zweitürmige, weiß getünchte **Jesuitenkirche St. Ignatius** dar. Das mächtige Barockportal ist vermutlich von Kilian Ignaz Dientzenhofer geschaffen worden. Von außen zugänglich sind die mit einem raffinierten Belüftungssystem ausgestatteten **Katakomben** unter der Kirche, in denen etwa 200 mumifizierte Tote ruhen (Mai–Sept. tgl. 9–12 und 13–17, Okt.–Apr. nur Sa, So 9–12 und 13–16 Uhr).

Wie direkt beim Kircheneingang in Wort und Bild dokumentiert, war das Gebäude aus Geldmangel dem Verfall preisgegeben. Als es 1981 schließlich durchs Dach regnete, griff der findige Pfarrer zur Selbsthilfe und entwarf höchstpersönlich ein Gerüst, um eine Renovierung mit bescheidensten Mitteln möglich zu machen. Die priesterliche Eigenkonstruktion entpuppte sich als schlichtweg genial: Sie wurde mittlerweile sogar als Patent eingetragen.

Keinesfalls versäumen sollte man eine Führung durch die ins UNESCO-Welterbe aufgenommene **Barockapotheke** ›Zum weißen Einhorn‹. Die Originaleinrichtung aus dem 17./18. Jh. mit obskur anmutenden Apparaten zum Pillendrehen und für die Herstellung von Salben aus zerstoßenen Wildschweinzähnen oder Krebsscheren geben Einblicke in die dem Mittelalter verhaftete Heilkunde. So hielt man noch im Zeitalter des Barock das gedrehte, meterlange Horn des Narwals für die begehrte Trophäe des sagenhaften Einhorns oder glaubte an die Heilkraft von getrocknetem Ziegenblut (Stadtplatz Nr. 147, heute Museum, Tel. 376 313 109, Führungen Mai-Okt. tgl. außer Mo 9–12 und 13–17 Uhr).

Jedes Jahr im Juli, wenn die Gärtner im Botanischen Garten ihre Neuzüchtungen präsentieren, verwandelt sich die für ihre **Nelkenzucht** bekannt gewordene Stadt wieder in ein überwältigendes Blütenmeer. Skurrilerweise verdankt die ›Flower-Power‹ ihre Entstehung den Napoleonischen Kriegen, als ein Rittmeister 1813 die ersten Nelkensamen aus dem französischen Nancy hierher bis nach Klatovy an den Rand des Böhmerwaldes brachte.

i **Infozentrum:** 33901 Klatovy, nám. Míru 63, Tel. 376 347 240, icklatovy@mukt.cz, Mai–Sept. tgl. 9–17, Okt.–Apr. Mo–Fr 9–17 Uhr.

Central: Masarykova 300, Tel. 376 314 571, Fax 376 314 745, hotel@centralkt.cz. Der nüchterne Neubau liegt nicht so zentral, wie sein Name besagt, sondern auf halbem Weg zwischen dem Zentrum und dem mehr als 1,5 km entfernten Bahnhof. DZ 35–45 €.

Ennius: Randova 111, Tel. 376 320 567, Fax 376 320 564, ennius@tiscali.cz. Gutes Mittelklasse-Hotel (50 Betten) in der Altstadt in Bürgerhäusern aus dem 16. Jh. untergebracht. DZ 30–40 €.

U Hejtmana: Kpt. Jaroše 145, Tel. 376 317 918, Fax 376 310 650, jaroslav.cuda@tis cali.cz. Saubere Familienpension ohne Luxus im Zentrum. Alle Zimmer mit Bad. DZ 20–35 €.

Tep: nám. Míru 151, Tel. 376 31 958, Di-Sa 11–23 Uhr. Hervorragendes Restaurant im 1. Stock des Bankgebäudes am Hauptplatz, ideenreiche Küche abseits vom böhmischen Einheitsmenü. Gerichte ab 5 €.

Country Saloon: Beňovy 8, Tel. 376 313 338, Mo-Fr 11–22, Sa, So 11–01 Uhr. Ein Steakhaus mit einer zuweilen skurrilen Mischung aus Tex-Mex und böhmischer Küche. Hauptgerichte ab 5 €.

Švejk: Denisova 90, Tel. 376 321 419, Mo–Sa 11–23, So 12-21 Uhr. Filiale einer tschechischen Restaurant-Kette, die auf Gemütlichkeit, Bier und Schweinebraten setzt. Hauptgerichte ab 4 €.

Internationales Kammermusikfestival (Konzerte finden zwischen Mai und September statt.)

Kirmes mit Nelkenschau (Mitte Juli)

Der Bahnhof von Klatovy befindet sich 1,5 km nordwestlich der Altstadt (Stadtbusse ins Zentrum). **Züge** verkehren praktisch stündlich von und nach Plzeň sowie mehrmals am Tag nach Domažlice, Sušice und die Grenzstadt Železná Ruda. **Busverbindung** mit Prag (zweimal täglich, Fahrzeit 3 Stunden).

Im Böhmerwald häufig anzutreffen: Fassadenmalerei in Sgraffito, hier in Sušice

Sušice

Das ›Tor zum Böhmerwald‹, wie sich **Sušice** 6 (Schüttenhofen) gerne nennt, empfängt seine Besucher nicht eben viel versprechend: Fabrikgebäude und schäbige, im 19. Jh. entstandene Arbeitersiedlungen verbergen die gerühmte ›malerische Lage am Fuße des Berges Svatobor im Tal der Otava‹. Erst in der oval um den **Marktplatz** angelegten Altstadt lässt sich erahnen, wie beschaulich das Leben in dem entlegenen Städtchen vor dem Industriezeitalter verlaufen sein mag. Spätgotische Bürgerhäuser mit Fassaden aus nachfolgenden Stilepochen flankieren das 1707 im Barockstil umgebaute Rathaus, das nur noch an Portal und Turm seine weit ältere Entstehungszeit offenbart. Deutlicher noch zeigen das Hotel Fialka (Nr.49, wird restauriert) und die anschließenden Gebäude mit ihrem gotischen Kern, dass Sušices Stern im Mittelalter am hellsten strahlte. 1707 zerstörte ein verheerender Brand große Teile des mittelalterlichen Ortzentrums.

Jahrhunderte lang hatte die allein schon durch den Salzhandel privilegierte Stadt ihre Reichtümer buchstäblich aus dem goldhaltigen Sand des Flusses geschöpft. Im 9. Jh. als Goldwäscher-Dorf gegründet, erlebte Schüttenhofen vor allem unter den Luxemburgerkaisern, die der Stadt eine Reihe von Privilegien gewährten, Reichtum und Blüte. Mit den Hussitenkriegen endete die gute alte Zeit, auf die man bereits im Barock wehmütig zurückblickte. Zur Bedeutungslosigkeit herabgesunken, schmückte sich die alte Bausubstanz der jeweiligen Epoche entsprechend hier mit einem Sgraffito, dort mit einem Rokokoschnörkel, doch zu einschneidenden Veränderungen des Stadtbildes fehlte es an Geld und Motivation.

Die **Alte Apotheke** mit ihrem spätgotischen Torbogen und dem um etwa 1600 entstandenen Kratzputz an der Renaissancefassade mag dafür ebenso als Beispiel dienen wie die ehemalige Dechanei. Hinter der Renaissance-Fassade des im 15. Jh. errichteten Hauses, das vom Feuer nicht zerstört wurde, verbirgt sich heute das **Böhmerwald-Museum** (Muzeum Šumavy, Tel. 376 528 850, Di–Sa 9–12 und 12.45–17, So 9–12 Uhr).

Was diese Adresse nunmehr zu Sušices Attraktion Nummer eins werden ließ, sind allerdings nicht die – zugegebenermaßen – ausgesucht schönen Exemplare böhmischer Glasmacherkunst oder der nachweislich 1620 vergrabene und erst mehr als 300 Jahre später durch Zufall entdeckte Zinnschatz (86 verschiedene Gefäße und Gebrauchsgegenstände), sondern ein Museum im Museum: Die **Zündhölzer-Dokumentation**, die von der Entstehungsgeschichte des Streichholzes bis zur bunten Vielfalt der in alle Welt exportierten Zündholzschachteln reicht. Mit der Herstellung dieses bis heute begehrten Artikels hielt die Neuzeit in der uralten Goldgräbersiedlung Einzug. Schlagartig verwandelte sich das verschlafene Provinzstädtchen in einen Industriestandort, der für wirtschaftlichen Aufschwung, aber auch für die Entstehung der hässlichen Außenbezirke sorgte.

i **Infozentrum:** 34201 Sušice, nám. Svobody 138, Tel. 376 540 214, icsusice@sumavanet.com, Mo–Fr 9–12, 12.30–17, Sa 9–14 Uhr, Juli, Aug. auch So 9–14 Uhr.

U Daliborky: Pravdová 216, Tel./Fax 376 523 450, hotel@hoteludaliborky.cz. Schmucker Neubau mit einfachen, sauberen Zimmern, DZ 30–40 €. Gutes Restaurant, Weinstube, Hauptspeisen ab 4 €.
Gabreta: Americké Armády 73, Tel. 376 528 016, Fax 376 523 308, hotelgabreta@quick.cz. Hotel der unteren Mittelklasse im Zentrum, Zwei-, Drei- und Vierbettzimmer mit DU/WC und Sat-TV. DZ 20–30 €. Café-Restaurant im Haus, Hauptgerichte ab 3,50 €.
V Lukach: Dlouhá ves 281, Tel/Fax 376 526 128. Gemütliche kleine Pension (10 Zimmer) in ruhiger Lage in Wald- und Flussnähe. DZ 25–35 €. Restaurant mit ganztägig warmer Küche, Böhmerwald-Spezialitäten. Hauptgerichte ab 3,50 €.

Züge über Klatovy oder Horaždovice, der Bahnhof liegt 2,5 km außerhalb des Zentrums. **Busse** verkehren mehrmals pro

Richtig Reisen-Tipp: Böhmerwald-Panoramablick von der Karlsburg

Der Spaziergang zur Karlsburg (50-60 Minuten) beginnt am Marktplatz von Kašperské Hory. Man folgt der weiß-grün-weißen Markierung durch die schmale Karlova ulice gegenüber der Tankstelle, nimmt bei einer Gabelung den linken, unteren Weg und erreicht nach 20 Minuten das Tal des Oppelitzer Baches (Opolenský potok). Nun geht es etwa 200 Höhenmeter bergauf durch den Wald bis zur Burg, die man auf kürzerem Weg (15 Minuten) auch von einem Parkplatz an der Straße nach Nezdice und Strašin erreicht. Die mächtige Anlage auf einem schmalen Bergkamm inmitten eines dichten Waldgebietes entstand auf Anordnung Karls IV. in den Jahren 1356-61 zum Schutz der Goldminen und des wichtigen Handelsweges ›Goldener Pfad‹. An der Ausführung dürfte die Bauhütte Peter Parlers beteiligt gewesen sein. Die Burg wurde niemals erobert, blieb auch von den Hussiten verschont, ebenso im Dreißigjährigen Krieg, nur der Zahn der Zeit setzte ihr gewaltig zu.

Erst in den 70er Jahren des 20. Jh. begann man, die Ruine zu sichern und in kleinen Teilen wieder instand zu setzen. Seit 1994 ist die Burg mit ihren zwei charakteristischen, von weit her sichtbaren Türmen im Besitz der Gemeinde Kašperské Hory und allgemein zugänglich. Im Rahmen der Führungen besichtigt man Reste des zweiten Burgtores und mittelalterliche Wohnräume, die von dem einstigen Burgpalast rekonstruiert werden konnten. Von einem Aussichtsturm aus öffnet sich ein grandioser Panoramablick auf den Böhmerwald.

Tag von Plzeň, nicht am Bahnhof aussteigen, sondern möglichst nahe beim Zentrum.

Kasperské Hory

Das ruhige, von dichten Wäldern umgebene Mittelgebirgsstädtchen **Kašperské Hory** 7 (Bergreichenstein; 740 m Seehöhe) steht seit dem späten 12. Jh. im Mittelpunkt des böhmischen Goldbergbau-Gebietes. Bis heute hat man die Suche nach dem kostbaren Edelmetall nicht aufgegeben. Nachdem sämtliche Stollen in den 60er Jahren des 20. Jh. still gelegt worden waren, entdeckte man drei Jahrzehnte später eine neue Mine, deren Rentabilität freilich bisher sehr gering ist.

Bereits seit 1330 besitzt Kašperské Hory das Stadtrecht. Mit abnehmender Goldausbeute schwand die wirtschaftliche Bedeutung des Ortes, der heute als Sommerfrische, Wintersportzentrum und Ausgangspunkt für Böhmerwald-Wanderungen sehr beliebt ist. Steinerne Zeugen der großen Vergangenheit sind u. a. das prachtvolle **Renaissance-Rathaus** am Marktplatz und die gotische, später barockisierte **St.-Margarethen-Kirche**, vor der jene Mühlsteine erhalten blieben, mit denen seinerzeit das goldhaltige Gestein zermahlen wurde. Zu den bedeutendsten frühmittelalterlichen Sakralbauten gehört die **Friedhofskirche St. Nikolaus** (sv. Mikuláše) rund 1,5 km westlich des Marktplatzes. Sie enthält um 1330 errichtet kostbare gotische Fresken. Für das meist verschlossene Kirchlein kann man im Pfarramt am Marktplatz die Schlüssel erfragen.

Über dem Städtchen thront die **Karlsburg**, mit 886 m die am höchsten liegende Festung Böhmens (Hrad Kašperk, Tel. 376 582 324, Apr.-Okt. tgl. außer Mo 9-17/18 Uhr).

i **Infozentrum:** 34192 Kašperské Hory, Náměstí 1, Tel. 376 503 411, informace @kasphory.cz, Juli-Aug. Mo–Fr 7.15–12 und 12.30–16, Sa, So 9–12 und 12.30–16 Uhr, Juni, Sept. So geschl, Okt.–Mai Fr nur bis 15 Uhr, Sa, So geschl. Hier erhält man auch Informationen über Schneelage und Betrieb im Skiareal von Kašperské Hory.

Parkhotel Tosch: Náměstí 1, Tel. 376 582 592, Fax 376 582 594, recepce@tosch-parkhotel.cz. Ein nettes Hotel im Ortszentrum, entstanden durch den Umbau des ehemaligen Brauhauses. Geschmackvolle Zimmer, Café-Restaurant und Weinstube, Schwimmbad, Fitnessbereich. DZ 90–100 €.
Aparthotel Šumava 2000: Náměstí 8, Tel. 376 546 910, Fax 376 546 920, aparthotel@sumava2000.cz. Haus der Best Western-Kette für aktive Gäste. Gemütliche Zimmer mit Kochnischen, modernes Sport- und Fitnesscenter. DZ 60–90 €.

Mit **Linienbussen** erreicht man Kašperské Hory sowohl von Vimperk als auch von Sušice, allerdings verkehren sie nicht allzu oft pro Tag.

Burg Rabí

Wie Schrecken einflößend und uneinnehmbar muss die im 13. Jh. auf einem Hügel errichtete **Burg Rabí** 8 (Raby) anstürmenden Feinden erschienen sein, wenn sie selbst noch als Ruine eine solch grandiose Wirkung erzielt! Jahrhunderte lang nagten Zeit und Witterung an den gewaltigen Mauern der gotischen Adelsburg der Herren Švihovský von Riesenberg, nun aber muss sich Böhmens größte Burgruine keine Sorgen mehr um den Fortbestand machen. Liebevoll restauriert, erzählen die trutzigen Überreste der 1421 von Hussitenführer Žižka eroberten und Ende des 15. Jh. vom königlichen Baumeister Benedikt Ried erneuerten Festungsanlage von politischen Ränken und blutigen Kämpfen um Privilegien und Macht.

Žižka bezahlte die Eroberung der Burg mit Blindheit, denn dabei verlor der einäugige Kämpfer 1421 sein zweites Auge. In die Rabí-Chronik des 15. Jh. ging auch das skurrile Ereignis um den Tod des von Graf Půta Švihovský als Haustier gehaltenen Affen ein. Als dieser seinem Herrn 1494 in die Wälder entwischte, glaubten die Bauern, Satan höchstpersönlich schwinge sich von Baum zu Baum. Heldenhaft veranstalteten sie eine bald in ganz Böhmen belachte ›Teufelsjagd‹. Wütend über die Dummheit der Dorfbevölkerung erließ der exzentrische Adelige die bis zum Ende des 17. Jh. erhobene Strafabgabe ›Pensio simialis‹ – eine Affensteuer.

Státní hrad Rabí: Tel/Fax 376 596 235, info@rabí.cz, Apr., Okt. Sa, So 9–15, Mai, Sept. tgl. außer Mo 9-16, Juni-Aug. tgl. außer Mo 9–17 Uhr).

Die wenigen **Bummelzüge**, die auf der Strecke Horaždovice-Sušice verkehren, halten auch in der Nähe der Burg, ebenso die Linienbusse.

Nepomuk

Mitte des 14. Jh. kam in dem kleinen Bergwerkstädtchen Pomuk 9 (heute Nepomuk) der Sohn eines Richters zur Welt, der mehr als 300 Jahre nach seinem schmählichen Ende als beliebtester Volksheiliger Böhmens Wiederauferstehung feiern sollte. Dem schwindelerregenden Aufstieg des Provinzpriesters Johannes von Pomuk zum Generalvikar der Erzdiözese Prag folgte 1393 auf Befehl Wenzels IV. ein tödlicher Sturz in die Moldau. Ein seit längerem tobender Machtkampf zwischen Thron und Kirche war der Grund für die grausame Hinrichtung – und nicht etwa die heldenhafte Bewahrung des Beichtgeheimnisses der Königin, wie die Legende erzählt. Die Realität wurde jedoch bereits von den Zeitgenossen durch eine mit allerlei wundersamen Erzählungen ausgeschmückte romantischen Version verdrängt: Erst Monate später sei der nun nicht länger gefesselte Leichnam des in einem Sack ertränkten Märtyrers aufgetaucht, und ein Flammenkranz habe sein unversehrtes Haupt umgeben. Kurzum, Böhmen ließ sich seinen neuen Heiligen nicht mehr nehmen.

Diese Tatsache machten sich ab dem 17. Jh. die Jesuiten zu Nutze, die mit dem gezielten Einsatz des ohnedies unausrottbaren Nepomuk-Kultes die Erinnerung an den heiß verehrten Reformator Jan Hus zu verdrängen suchten. Im Tausch Jan gegen Jan sah Rom ein heilsames Mittel. 1729 wurde Johannes von Nepomuk offiziell heiliggesprochen und für ihn im Prager Veitsdom ein 37 Zentner schweres silbernes Grabmal errichtet.

Sehenswertes

Dass sich jetzt auch das Heimatstädtchen auf seinen größten Sohn besann und fünf Jahre später einen Stararchitekten wie Kilian Ignaz Dientzenhofer mit dem barocken Neubau einer **St.-Nepomuk-Kirche** auf der – angeblichen – Stelle des Geburtshauses beauftragte, versteht sich eigentlich von selbst. Das heutige Interieur des Gotteshauses stammt aus dem 19. Jh.

Leider wurde der alte **Stadtplatz** in den 80er Jahren des 20. Jh. brutal verschandelt: Wo früher historische Bürgerhäuser standen, errichtete man ein hässliches Kaufhaus. Der Vergangenheit des Ortes lässt sich aber im **Stadtmuseum** anhand ausgestellter historischer Dokumente und schöner Volkskunst-Objekte nachspüren (nám. A. Němejce 126, Tel. 371 592 546, Sept.–März nur an Wochenenden gegen Voranmeldung, Apr.–Aug. Mo–Do 9–11 und 12–15, Fr. 9–11 und 12–14, Sa, So 9–14 Uhr).

Umgebung: Zelená Hora

Keine frommen Erinnerungen wie an den Brückenheiligen erweckt hingegen das 2 km von Nepomuk entfernte Schloss **Zelená Hora** (Grünberg). In den Kellerverliesen verbüßte Graf Ferdinand Sternberk die Strafe für den Mord an seiner Mutter. Und im Jahr 1817 wurde hier im Zuge des Nationalerwachens die berühmt-berüchtigte Grünberger Handschrift entdeckt, die als bejubelter Beweis für die weit zurückreichende Tradition tschechischen Schrifttums nur einen Schönheitsfehler besaß: Sie war gefälscht (Zámek Zelená Hora, Tel. 371 591 153, Juni–Sept. Sa, So 13.30–17 Uhr).

i **Infozentrum:** nám. A. Němejce 126, Tel. 371 591 167, infozentrum@nepomuk.cz, zwischen 16.9–31.3. Mo–Fr 8–16, 1.4.–31.5., von 1.–15.9. Mo–Fr 8–17, Sa, So 9–14 und von 1.6.–31.8. Mo–Fr 8-17, Sa und So 9–16 Uhr.

Nepomuk liegt an der **Bahnstrecke** Plzeň–Strakonikce–České Budějovice (Verbindungen mehrmals pro Tag) und ist aber auch von Plzeň aus mit **Bussen** gut erreichbar.

Früher war sie ein furchterregendes, schwer einzunehmendes Bollwerk, heute wird sie nur noch von Touristen gestürmt: Burg Rabí über dem gleichnamigen Ort

Kapitel 4

Südböhmen

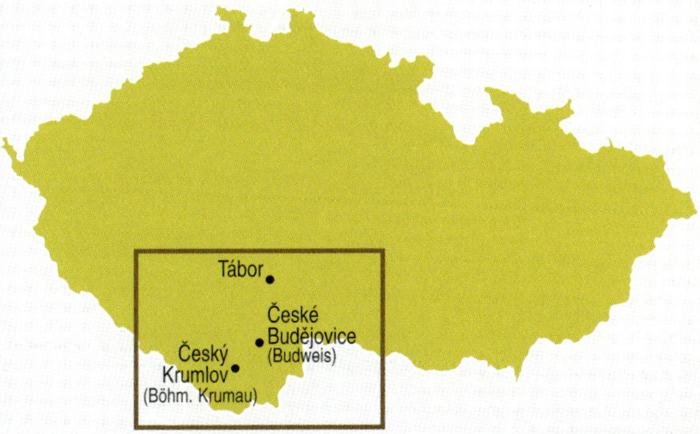

Auf einen Blick: Südböhmen

Wo die Moldau entspringt

Fremde Einflüsse haben das Gebiet von den Höhen des Böhmerwaldes bis zu den Teich- und Moorlandschaften im Mittellauf der Moldau seit alters her geprägt, denn bedeutende Handelswege wie der ›Goldene Steig‹ durchquerten Jahrhunderte lang diesen Landesteil. Dunkle Wälder, idyllische Teiche und weite Felder prägen das Bild der 11 000 km² großen Region mit der geringsten Bevölkerungsdichte des Landes bis heute. Dass die Kommunisten in den 1950er-Jahren die Grenzregion zum Sperrgebiet erklärt hatten, mag aus heutiger Sicht als Glücksfall erscheinen, denn dadurch blieb hier ein Stück unberührter Natur erhalten, das man auf Rad- oder Wanderwegen – immer wieder auch grenzüberschreitend – erforschen kann.

Im Böhmerwald entspringt der tschechische ›Nationalfluss‹, die Moldau (Vltava). Durch unzählige kleine Zuflüsse wird sie rasch mächtiger, sie fließt an Königsburgen vorbei, um sich schließlich ins fruchtbare Land zu ergießen, und ist ein bei Kanusportlern äußerst beliebter Fluss. Romantik und Abenteuer lassen sich hier mit Kunstgenuss ideal verbinden. Segler und Windsurfer kommen auf den Stauseen von Lipno und Orlik auf ihre Kosten. Und im Winter stehen dem Aktivurlauber im gesamten Böhmerwald sowohl einfache Abfahrtspisten als auch gepflegte Langlaufloipen in herrlicher Lanschaft zur Verfügung.

Südböhmen kann freilich vor allem mit grandiosen Baudenkmälern aus Gotik, Renaissance und Barock aufwarten. Burgen, Schlösser, Klöster und bestens erhaltene historische Stadtensembles wie in Český Krumlov, Tábor, Třeboň (Wittingau), Jindřichův Hradec (Neuhaus) oder České Budějovice (Budweis) sind einzigartige Zeugnisse des alten Kulturerbes Mitteleuropas, wie man sie in solcher Konzentration andernorts kaum noch finden kann.

Highlights

9 **Český Krumlov:** In den verwinkelten Gässchen von Böhmisch Krumau scheint die Zeit stehen geblieben zu sein (s. S. 270).

10 **Südlicher Böhmerwald:** Die weitgehend unberührte Landschaft des Böhmerwaldes wird auch die ›grüne Lunge‹ Tschechiens genannt (s. S. 277).

11 **Hluboká:** Das vielbesuchte Schloss bei České Budejovice besitzt eine kostbare Ausstattung mit Möbeln und Kunstwerkenaus verschiedenen Zeiten (s. S. 288).

Empfehlenswerte Route

Entlang der Moldau: Liebliche Flusslandschaft zwischen Český Krumlov und dem Lipno-Stausee (S. 277).

Richtig Reisen-Tipps

Kanu- und Kajakfahrten auf der Moldau: Ein Spaß für die ganze Familie. Sehr gut organisiert (mit Rücktransport) sind die Touren ab Český Krumlov (s. S. 276).

Unberührte Natur: Im Urwald von **Boubín** findet man sie noch (s. S. 282).

Orlik-Stausee: Er liegt nicht weit von České Budějovice und auch nicht weit von Prag, aber noch ist er ein unentdecktes Naturparadies und ein Eldorado für Camper und Surfer (s. S. 307).

Reise- und Zeitplanung

Am besten lässt sich die Region von Český Krumlov aus erkunden. Für die nördlicher gelegenen Gebiete empfiehlt sich als weiterer Standort Tábor, für die östlichen České Budějovice oder Jindřichův Hradec. Für jede dieser Gegenden sollte man zumindest einige Tage Zeit mitbringen.

Mit dem eigenen Auto kommt man in Südböhmen am schnellstens vorwärts und vor allem überall hin. Für die öffentlichen Verkehrsmittel braucht man etwas Geduld, jedoch sind fast alle Sehenswürdigkeiten von České Budějovice aus per Bahn oder Bus erreichbar. Besichtigungsrundreisen und Fahrten in die Skigebiete werden auch von lokalen Reisebüros angeboten.

Mit Ausnahme der großen Transitrouten sind die Straßen meist eng und recht kurvenreich, man sollte gemächlich dahinbummeln.

Von Deutschland reist man über die Grenzübergänge Eisenstein/Železná Ruda (ab München, Regensburg) oder Phillipsreuth/Strážný (ab München, Passau), von Österreich über Bad Leonfelden/ Studánky (ab Salzburg, Linz), Wullowitz/Dolní Dvořiště (ab Graz, Linz), Gmünd/České Velenice (ab St. Pölten, Krems), Neunagelberg/ Halámky (ab Wien, Horn), Grametten/Nová Bystřice (ab Wien, Horn) oder Fratres/Slavonice (ab Wien, Horn) nach Südböhmen.

Klima und Reisezeit

Südböhmen ist ein Reiseziel für alle Jahreszeiten, sieht man vom feucht-nebeligen November ab, wenn die Skisaison noch nicht begonnen hat. Die meisten Sehenswürdigkeiten allerdings sind von November bis März geschlossen oder nur nach Voranmeldung zugänglich. Dafür kann man zwischen Dezember und April die weiße Pracht genießen, denn der Böhmerwald – mit 1378 m ist der Plesné (Plöckenstein) seine höchste Erhebung in Südböhmen – ist eines der schneesichersten Mittelgebirge Europas mit einem gut ausgebauten Netz von Sessel- und Schleppliften und bestens präparierten Langlaufloipen. Im Allgemeinen ist das Klima in Südböhmen relativ mild, in den Hochlagen naturgemäß feuchter und kühler, in Tälern und Beckenlagen wärmer und trockener. Die Durchschnittstemperaturen liegen im Juli bei 25 °C, im Januar bei −3 °C. Die meisten Regenfälle gibt es zwischen Juni und August.

Český Krumlov und der südliche Böhmerwald

Karte S. 280

Unter den touristischen Zielen Tschechiens nimmt Český Krumlov (Böhmisch Krumau) nach Prag unangefochten den zweiten Platz ein. Das 14 000-Einwohner-Städtchen, das sich an die engen Windungen der jungen Moldau schmiegt, hat im Zentrum sein historisches Bild bewahrt – man könnte meinen, die Zeit sei stehen geblieben.

9 Český Krumlov

Vergleiche mit den schönsten Orten Europas drängen sich bei der Beschreibung von Český Krumlov zwangsläufig auf. Ob beim Anblick des hoch auf einem schroffen Felsen über der Moldau thronenden Schlosses Salzburg oder Edinburgh als Déjà-vue-Vorlage herhalten müssen, ob einem beim Bummel durch die mittelalterlichen Gassen Siena oder beim Überqueren der vielen Brücken über den Fluss Venedig in den Sinn kommen, die Perle Südböhmens besitzt tatsächlich von jedem etwas – von der heiteren Gelassenheit Salzburgs, der kühlen Strenge Edinburghs, dem südländischen Flair Sienas, der müden Morbidität Venedigs – und ist dennoch unvergleichlich. Zumal jetzt, da nach einem halben Jahrhundert im Dornröschenschlaf, all die Schätze einer entschwundenen Epoche zum Vorschein kommen, die man längst verloren wähnte.

Im Zweiten Weltkrieg von Bomben verschont, kam es in Český Krumlov nach der Vertreibung der deutschsprachigen Bevölkerung zu einem starken Zuzug von Menschen vornehmlich aus dem Norden und Osten des Landes. Die Wohnungsprobleme wurden durch die massenweise Errichtung billiger Plattenbauten an der Peripherie einigermaßen gelöst, die alten Häuser der Innenstadt jedoch dem Verfall preisgegeben. Heute blüht hier neues Leben auf, die historischen Gemäuer wurden dank privater Initiativen unter strengen Denkmalschutz-Auflagen saniert und vor dem Abbruch bewahrt. Das Hotel-Restaurant ›Konvice‹ (›Zur Kanne‹), das urige Gasthaus ›Na louži‹ (›An der Lache‹) mit Original-Inneneinrichtung aus dem Jahr 1932 oder das ›Internationale Kulturzentrum Egon Schiele‹ sind nur einige Beispiele dafür.

Dass Krumau sich an manchen Tagen der Hochsaison in einen Tummelplatz verwandelt, gehört freilich zu den Schattenseiten der neuen Ära. Doch früh am Abend oder besonders im Winter senkt sich verträumte Stille über das Städtchen – die Zeit für Genießer. Sie lassen sich treiben im mittelalterlichen Gassengewirr mit seinen vielen kleinen Läden und Galerien für Glas, Keramik, böhmischen Granatschmuck, Bücher, Schallplatten und alte und neue Kunst.

Kenner wissen aber auch die Einsamkeit lauschiger Uferpromenaden zu schätzen, ländliche Idyllen inmitten eines urbanen Zentrums. »Die Moldau macht einen Ring, dann macht sie außerhalb desselben einen zweiten verkehrten und dann noch einen größeren, der wieder verkehrt ist.« So beschrieb der Dichter Adalbert Stifter die ›krumme Au‹, die Namensgeberin der Stadt. Aufgrund der zahlreichen Schlingen ist der Fluss in Krumlov/Krumau tatsächlich allgegenwärtig.

Budweiser Tor

Ein guter Ausgangspunkt für die Besichtigung von Český Krumlov ist das im Renaissancestil errichtete **Budweiser Tor** **1** (Budějovická brána). Es liegt unweit der Umgehungsstraße Chvalšinská mit einer Reihe großer Parkplätze. Hier beginnt auch ein markierter, 3,5 km langer Stadtrundgang, der zu den interessantesten Baudenkmälern führt. Über die Latrán-Straße erreicht man mit wenigen Schritten den Eingang zum Schloss (Krumlovský zámek) das trotz Restitutionsgesetz in staatlichem Besitz verblieben ist.

Schloss

2 Im Laufe von sechs Jahrhunderten entstand auf einem von Süden durch die Moldau und auf der Nordseite durch den Bach Chvalšinský potok geschützten und von Ost nach West ansteigenden Felsrücken ein Ensemble von etwa 40 palastartigen Bauten mit mehr als 300 Räumen, die sich um fünf Schlosshöfe und das Schlossgartenareal konzentrieren. Den Anfang machte eine Burg, die in der zweiten Hälfte des 16. Jh. zu einer monumentalen, prunkvollen **Renaissance-Residenz** umgebaut wurde, als Sitz der damals bedeutendsten Adelsfamilie Böhmens, derer von Rosenberg (Rožmberk). In die Geschichte des Landes eingegangen sind vor allem zwei Angehörige dieses Geschlechts, Wilhelm (Vilém) und Peter Vok von Rosenberg, hochgebildete Humanisten, Mäzene der Kunst und Kultur und fähige Politiker, die höchste königliche Ämter bekleideten.

Nachdem das Herrschaftsgut 1602 an den Habsburger Rudolf II. gefallen war, wurde das Schloss Schauplatz wüster Orgien des geistig minderbemittelten illegitimen Kaisersohnes Don Julius. Ein vermauertes Fenster zeugt noch heute vom Unglück einer Baderstochter, die, um den Nachstellungen des Verrückten zu entgehen, von einem Turmzimmer in die Tiefe sprang. Unter der Familie Eggenberg, mit der im Zuge der Gegenreformation der Stil des Barocks Einzug hielt, und auch später als Schwarzenbergsche Domäne blieb die Struktur des Adelssitzes trotz baulicher Ergänzungen und Innenausstattungen im Wesentlichen unverändert.

Das **Rote Tor** (Červená brána) bildet den Haupteingang zu dem weitläufigen Areal. Kunsthandwerker bieten im ersten Vorhof ihre

Mit den Autoren unterwegs

Nicht versäumen!

Krumlovský zámek: Eines der schönsten Schlösser Böhmens mit einem original erhaltenen Barocktheater (s. S. 271).

Zisterzienserkloster Vyšši Brod mit der gotischen Kirche und grandiosen barocken Bibliotheksräumen (s. S. 278).

Das Altstadtensemble von Prachatice: Ein hübscher Marktplatz und viele Hausfassaden aus der frühen Neuzeit machen dieses Städtchen zu einer kleinen Perle (s. S. 286).

České Budějovice : Ein riesiger Marktplatz und eine berühmte Brauerei (s. S. 289).

Für Theater- und Opernfans

Eine Opern-, Ballett- oder Theateraufführung auf der Freilichtbühne im Schlosspark von Český Krumlov mit drehbarem Zuschauerraum – wenn das kein ein Erlebnis ist (Juni–Sept.).

Für Genießer

Ein kühles Bier in einem der **Gartenlokale von Český Krumlov** an der Moldau. Besonders süffig ist der Hopfensaft der lokalen Brauerei Eggenberg (s. S. 276).

›Kurzweilige‹ Ausflüge

Lassen Sie sich vom tschechischen Trickfilm begeistern. Wo? Im Museum des zauberhaften Renaissanceschlösschen **Kratochvíle** (zu deutsch ›Kurzweil‹, s. S. 287). Nicht weit von Kratochvíle entfernt liegt **Hluboká** (Frauenberg), das ›tschechische Neuschwanstein‹. Alleine wird man dort jedoch nicht sein, denn das Schloss zählt zu den meist besuchten Touristenattraktionen Böhmens (s. S. 288). Böhmische Dörfer gibt es nicht nur sprichwörtlich, sondern ganz wörtlich im **Svobodná Blata**, im ›Freien Moorland‹ westlich von České Budějovice, wo schöne alte Bauerngehöfte – meist aus der ersten Hälfte des 19. Jh. – erhalten sind, darunter auch das berühmte, UNESCO-geschützte Dorf **Holašovice** (s. S. 288).

In lauen Sommernächten wird in Český Krumlov die Straße zum Wohnzimmer

Waren an. Hier befindet sich auch der Zugang zum **Lapidarium** (Juli/Aug. tgl. außer Mo 10–17 Uhr), einer Ausstellung originaler Barockstatuen aus dem Schlossareal. Über die Brücke des Bärenzwingers, in dem nach wie vor zwei der Rosenbergschen Wappentiere ihre Runden drehen, gelangt man in den zweiten Hof. Zu den ältesten Teilen der mächtigen Anlage zählt der mit einem Arkadenumgang versehene runde **Krumauer Turm** (Krumlovská věž), das markante Wahrzeichen der Stadt (Juni–Aug. tgl. 9–17.30, Apr., Mai, Sept. Okt. tgl. 9–16.30 Uhr). In weiterer Folge erreicht man durch einen breiten Gang mit Reitertreppe die **Obere Burg** (Horní hrad). Es bedarf keiner großen Phantasie, sich hier den Einzug von Rittern mit klirrenden Rüstungen vorzustellen, die ihre über den Holzboden tänzelnden Pferde mühsam im Zaum halten.

Im Rahmen der Führungen durch die Innenräume der Oberen Burg (Tel. 380 704 721, castle@ckrumlov.cz, Apr.–Okt. tgl. außer Mo 9–17/18 Uhr) kann man neben anderen Kostbarkeiten eine Tapisserien-Sammlung mit Brabanter Gobelins aus Barock und Rokoko, eine Gemälde-Kollektion, die dem hl. Georg geweihte Schlosskapelle und, als Höhepunkt, den **Maskensaal** (Maskarní sál) besichtigen. Dieser begeisterte 1895 Rainer Maria Rilke: »Er ist einzig in seiner Art. Die ganzen Wände sind mit überlebensgroßen, voll heiterer Ironie gemalten Figuren bedeckt. Da sieht man Ritter und Herren, edle Frauen und würdige Matronen, Zwerge und Riesen, Harlekins und Zauberer in buntem Gewimmel. Musikanten spielen auf den Galerien, Damen blicken aus den Logen, und an der Tür halten zwei riesige stramme Grenadiere strenge Wacht. Die Fülle der Personen und die wunderbare naive Plastik derselben machen einen geradezu betäubenden Eindruck.« Josef Lederer schuf diese Farbenpracht 1748. In einer Fensternische setzte er sich mit einem humorigen Selbstporträt – zwischen Figuren der Commedia dell'arte eine Tasse Kaffee trinkend – ein bleibendes Denkmal.

An ein antikes römisches Aquädukt erinnert die mit Barockplastiken geschmückte, mehr als 100 m hohe **Mantelbrücke** 3 (Plášt'ový most), über die man ein weiteres Juwel des Areals erreicht: das **Barocktheater** 4 (Mai–Okt. tgl. außer Mo Führungen um 10, 11, 13, 14 und 15 Uhr, maximal 20 Personen). 1684 zunächst als Holzbau errichtet und 1766 umgestaltet, stellt es ein in Europa nahezu einzigartiges Gesamtkunstwerk dar. Bühne, Zuschauerraum, Kulissen, Kostüme, Requisiten, Bühnentechnik und die Dokumentation des Repertoires blieben im Original komplett erhalten.

Schlosspark

Der ab 1678 im französischen Stil terrassenförmig angelegte, rund 10 ha große **Schlosspark** 5 mit einem Teich, dem Rokoko-Lustschlösschen Bellaria und der zu einem Konzertsaal ausgebauten ehemaligen Winterreitschule bildet zusammen mit dem Maskensaal das bezaubernde Ambiente für ein **internationales Musik- und Theaterfestival**, das alljährlich zwischen Juni und September veranstaltet wird. Eine drehbare Tribüne für 800 Personen inmitten des Parks ermöglicht bei Schauspiel-, Ballett- und Opernaufführungen raschen Szenenwechsel (Schlosspark freier Eintritt, Apr.–Okt. tgl. 9–16.30/17.30 Uhr).

Altstadt

Zwei Wege führen nun in die Altstadt: Direkt vom Schlosspark über die historische Vorstadt Plešivec (Flößberg) oder – schöner – durch das Schlossareal und das Rote Tor zurück zur Latrán-Straße, dann über die höl-

Český Krumlov: Cityplan

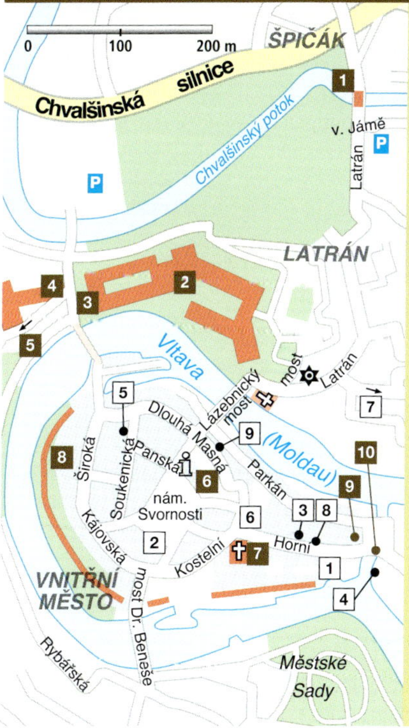

Sehenswürdigkeiten

1 Budweiser Tor
2 Schloss
3 Mantelbrücke
4 Barocktheater
5 Schlosspark
6 Rathaus
7 St. Veits-Kirche
8 Egon Schiele Art Centrum
9 Regionalmuseum
10 Grafitbergwerk

Übernachten

1 Růže
2 Zlatý Anděl
3 Konvice
4 Myší Díra
5 Travellers Hostel

Essen und Trinken

6 Krčma v Šatlavské
7 Eggenberg
8 Konvice
9 U dwau Maryí

zerne Baderbrücke (Lazebnický most) und durch die schmale Rathausgasse (Radniční ul.) zum Zentrum delnnenstadt, dem von schönen Renaissance-Häusern gesäumten **Marktplatz** (nám. Svornosti – Platz der Eintracht). Das **Rathaus** 6 entstand durch Verbindung zweier gotischer Häuser, die durch ein Renaissance-Fries optisch miteinander verbunden wurden. Die Wappen an der Fassade repräsentieren die böhmischen Länder, die Adelsfamilien Eggenberg und Schwarzenberg sowie die Stadt. Etwas seitlich befindet sich auch das Symbol der UNESCO – als Zeichen, dass ganz Český Krumlov unter dem besonderem Schutz dieser Weltorganisation steht.

Die **St. Veits-Kirche** 7 (Kostel sv. Víta) bildet in der Silhouette der Stadt den sakralen Gegenpol zu Schloss und Turm. Das dreischiffige gotische Gotteshaus, einer der Höhepunkte der vorhussitischen Architektur Südböhmens, wurde 1439 geweiht und im Barock mit üppiger Innenausstattung versehen.

Egon Schiele Art Centrum

Auf dem Weg in die Široká ul. 70–72, zum Gebäude der ehemaligen Stadtbrauerei aus dem Jahr 1578, heute Sitz des Internationalen **Egon Schiele Art Centrums** 8, kommt man an wunderschönen Renaissance-Häusern mit reichem Sgraffito-Schmuck vorbei. Das 1993 auf Initiative des aus Österreich stammenden New Yorker Sammlers und Kunsthändlers Serge Sabarsky und des Direktors des Passauer Museums Moderner Kunst, Gerwald Sonnberger, gegründete Schiele-Zentrum zeigt eine Dokumentation über Schieles Leben und Werk sowie eine ständige Ausstellung von 80 Zeichnungen und Aquarellen des Künstlers.

Wechselausstellungen zur Kunst des 20. Jh. ergänzen das Angebot des Hauses. Auch Räume für Symposien, Vorträge, Konzerte und Lesungen sowie ein gemütliches Café und ein gut sortierter Museumsshop stehen zur Verfügung. Mehr als 100 000 Besucher werden hier alljährlich gezählt. Das hätte sich Egon Schiele (1890–1918), der 1911 in der Geburtsstadt seiner Mutter einige seiner bedeutendsten Bilder schuf, wohl nicht träumen lassen (Tel. 380 704 011, office @schieleartcentrum.cz, tgl.10–18 Uhr).

Weitere Sehenswürdigkeiten

Im **Regionalmuseum** 9 wird die Stadtgeschichte bis Ende des 19. Jh. dokumentiert sowie eine ständige Ausstellung über Adalbert Stifter gezeigt (Regionální muzeum, Horní 152, Tel. 380 711 674, März/April und Okt. bis Dez. Di–Fr 9–16, Sa und So 13–16 Uhr, Mai bis Sept. tgl. 10–17/18 Uhr.

Für die Besichtigung des **Grafitbergwerks** 10 wird man mit Bergmannskleidung und Lampe ausgestattet, dann geht es mit der Grubenbahn in die Tiefe (Grafitový důl, Chvalšinská ulice, Tel. 380 711 199, grafitovy dul@quick.cz, Führungen April–Juni u. Sept., Okt. auf Bestellg., Juli/August tgl. 9 –17 Uhr).

Infozentrum: 38101 Český Krumlov, nám. Svornosti 2, Tel. 380 704 622, Fax 380 704 619, www.ckrumlov.cz (Juli, Aug. 9–20, Juni, Sept. 9–19, April, Mai, Okt. 9–18, Nov.–März 9–17 Uhr).

Růže 1: Horní 154, Tel. 380 772 100, Fax 380 713 146, info@hotelruze.cz. Luxusherberge in einem ehemaligen Jesuitenkolleg, Zimmer mit Stilmöbeln, Sommerterrasse, Schwimmhalle. DZ 100–230 €.

Zlatý Anděl 2: nám. Svornosti 10, Tel. 380 712 311, Fax 380 712 735, zlatandel@iol.cz. Der renovierte und modernisierte ›Goldene Engel‹ am Hauptplatz hat Tradition – auch seine Bierstube, sein Restaurant und sein Café. DZ 0–130 €.

Konvice 3: Horní 144, Tel. 380 711 611, Fax 380 711 327, zdikov@t-online.de, www. boehmerwaldhotels.de/krumlov. Sympathischer Familienbetrieb mit gemütlichen Apartments im hinreißenden Ambiente eines Ensembles aus dem 16. Jh. DZ 55–65 €.

Myší Díra 4: Rooseveltova 28, Tel. 380 712 853, Fax 380 711 900, pension@malecek.cz. Nette Pension in zentraler Lage, schlicht möblierte Zimmer mit Sat-TV. DZ 40–70 €.

Travellers Hostel 5: Soukenická 43, Tel./ Fax 380 711 345, krumlov@travellers.cz. Ein

Unerwiderte Liebe

Thema

»Sie wissen, wie gerne ich in Krumau bin; und jetzt wird es mir unmöglich gemacht«, beklagt er sich bei einem Freund, prophezeit aber gleichzeitig: »Einmal wird eine Gedenktafel an diesem Gartenhaus angebracht: Hier lebte Egon Schiele«. 81 Jahre später sollte sich diese Voraussage erfüllen.

»Ich möchte fort von Wien, ganz bald. Wie häßlich ist's hier. Nach dem Böhmerwald möcht ich, Neues muß ich sehen und will es forschen, will dunkle Wasser kosten, krachende Bäume, wilde Lüfte sehen, will modrige Gartenzäune staunend ansehen, junge Birkenhaine und zitternde Blätter hören, will Licht und Sonne sehen und nasse, grünblaue Abendtäler genießen, Goldfische glänzen spüren, weiße Wolken bauen sehen, Blumen möcht' ich sprechen, so schön freudige Felder binden mit rosa riechender Luft …«

Die Sehnsucht des Wiener Malers Egon Schiele (1890–1918) nach der Geburtsstadt seiner Mutter sollte erfüllt werden. Im Frühjahr 1911 traf der 21jährige mit seiner vier Jahre jüngeren Freundin Wally Neuzil in Krumau ein und fand bald, wovon er träumte: ein Gartenhaus am Moldau-Ufer. Voll Begeisterung schrieb er seinem zukünftigen Schwager, dem Maler Anton Peschka: »Die alten Häuser sind so durchwärmt von der Sienaluft, überall gibt es sonnverbrannte Rouleaus weiß-rot, und dazu spielt zuzelig eine alte Drehorgel …«

Egon und Wally fühlten sich wie im Paradies, doch die Idylle ging jäh zu Ende. Die kleinbürgerlichen Nachbarn Schieles, denen die ›wilde Ehe‹ mit Wally und die nackten Modelle im Garten ein Dorn im Auge waren, erzwangen die Abreise des Paares. Heute aber ist Krumau stolz darauf, dass der unbequeme Künstler wenigstens für kurze Zeit seine Zelte hier aufschlug.

Richtig Reisen-Tipp: Die Moldau hinunter!

Ein großer Spaß für die ganze Familie ist eine Kanufahrt auf der Moldau. Als besonders schöne Strecke ohne gefährliche Stromschnellen bietet sich der 25 km lange Abschnitt zwischen Rožmberk und Český Krumlov an. Man muss keine großen Paddelkenntnisse mitbringen, um diesen Kurs zu bewältigen, ohne mit dem feuchten Element unangenehme Bekanntschaft zu machen. Der Fluss ist meist nur knietief, außer vor den Wehren, die nicht allzu schwierig zu durchfahren sind, die man jedoch auch umgehen kann. Dennoch sollten Schwimmwesten und Schutzhelme, insbesondere für Kinder, zur Standardausrüstung gehören.

Mit einem Kleinbus wird man zum Startplatz gebracht, die Tour nimmt gemächliche fünf Stunden in Anspruch, ruhig zieht die Moldau das leicht zu steuernde Boot in ihrer Strömung mit. Unterwegs gibt es schattige Rastplätze und kleine Gaststätten, wo man sich mit Speis und Trank versorgen kann. Das ›Kemp Rožmberk‹ (Tel. 380 749 816, Mai–Sept. geöffnet) hat sich ganz auf Wassersportler eingestellt.

Boote samt kompletter Ausrüstung (Schwimmwesten, Helme, wasserdichte Gepäckssäcke etc.) kann man u. a. bei folgenden Firmen in Český Krumlov mieten: Maleček (Rooseveltova 28, Tel./Fax 380 712 508, lode@malecek.cz), Sportshop (Kájovská 63, Tel. 380 715 052, surfsport-cb@volny.cz) und Ingetour (Kemp Nové Spolí, Tel. 380 746 139,).

guter Platz für junge Leute – in einem mittelalterlichen Bürgerhaus. DZ 25–35 €.

Krčma v Šatlavské [6]: Horní 157, Tel. 380 713 344, 10–22 Uhr, Grillkeller im Stil einer mittelalterlichen Schänke mit deftigen Gerichten. Hauptgerichte ab 6 €.

Eggenberg [7]: Latrán 27, Tel. 380 711 426, 11–23 Uhr. Restaurant der lokalen Brauerei mit Bierstube. Im Sommer regelmäßig Musikveranstaltungen. Hauptgerichte ab 5 €.

Konvice [8]: Horní 144, Tel. 380 711 611, 11–22 Uhr, verfeinerte böhmische Küche mit internationalem Einschlag, Terrasse mit schönem Blick auf das Schloss von Český Krumlov. Hauptgerichte ab 5 €.

U dwau Maryí [9]: Parkán 104, Tel. 380 717 228, 11–23 Uhr. Rustikale Edelkneipe mit alten böhmischen Gerichten, Gastgarten an der Moldau. Hauptgerichte ab 5 €.

Im Zentrum von Český Krumlov gibt es zahlreiche Läden für Glas, Keramik und andere Souvenirs, wobei billige Massenware leider immer mehr Verbreitung findet. Bessere Ware bieten u. a. die **Galerie Rožmberský Jezdec** (Latrán 39, Glas, Glasschmuck), die **Galerie Studnice** (Radniční 28, Bilder, Grafik, Plastiken) und die **Galerie Art** (Latrán 13, Malerei, Grafik, Keramik, Plastiken, Schmuck tschechischer Künstler).

In der sommerlichen Hochsaison haben viele der traditionellen Kneipen bis lange nach Mitternacht geöffnet, Diskotheken und andere Nachtlokale werden eröffnet und teilweise wieder aufgegeben. Betrieb bis jeweils 3 Uhr morgens versprechen in der Saison das **U Hada** (Rybářská 37, Tel. 606 957 697) und der **M Club** (Rybářská 40, Tel. 380 716 850).

Městské divadlo (Stadttheater): Horní 2, Tel/Fax 380 711 841, Programminfo unter www.divadlo.ckrumlov.cz.
Kino J & K: Špičák 134, Tel. 380 711 892, zahlreiche Filme in Originalsprache, ganzjähriger Betrieb, Vorstellungen Mo–Sa 19 Uhr.
Fest der fünfblättrigen Rose: Mittelalterliches Stadtfest mit Musik und Straßentheater (Juni).
Festival der Alten Musik und Klavierfestival: Juli.
Internationales Musikfestival: Juli/August von Klassik bis Jazz.

Floß- und Kanufahrten auf der Moldau: s. Richtig Reisen-Tipp S. 276).
Reiten: Reitklub Slupenec, Slupenec 1, (2,5 km südlich von Český Krumlov), Tel. 380 711 052, info@jk-slupenec.cz. Für Anfänger und Fortgeschrittene, tgl. außer Mo 10–17 Uhr.
Wintersport: Skiareal Kramolín, Lipno, Tel. 380 736 053, www.ski.lipno.cz. Fünf präparierte Pisten, Snowboardpark, Abendbetrieb, Skischule, 39 km gepflegte Langlaufloipen.

Ein direkter **Zug** täglich von und nach Prag, etwa alle 2 Std. Zugverbindungen mit České Budějovice. **Busverbindungen** (Busbahnhof Kaplická 586) beinahe stündlich mit České Budějovice und mehrmals pro Tag mit Rožmberk nad Vltavou.

10 Südlicher Böhmerwald

Český Krumlov ist ein idealer Ausgangspunkt für Ausflüge in den südlichen Böhmerwald. Die Tschechen haben für dieses größte geschlossene Waldgebiet Mitteleuropas, das sich bis Bayern und Österreich erstreckt, den treffenden Namen ›Šumava‹ (von šumětý = rauschen) gefunden. Weite Teile des Böhmerwaldes wurden 1991 zu einem Nationalpark zusammengefasst, weitere 994 km^2 zum Naturschutzgebiet erklärt. Während der kommunistischen Diktatur als grenznahes Sperrgebiet weitgehend entvölkert, steht dieses Paradies heute wieder dem Tourismus offen.

In vielen Mäandern windet sich die **Moldau** – und mit ihr die Straße – durch lichte, liebliche Landschaft. Wiesen, Weiden und Wäldchen säumen die Ufer des schmalen Flüsschens, Sägewerke, zum Teil verlassen, zum Teil noch in Betrieb, erinnern an die einstige, inzwischen aber schwindende Bedeutung der Holzgewinnung. Bunte Zelte auf kleinen Campingplätzen, die durch malerische Holzbrückchen mit der Hauptstraße verbunden sind, und Kanufahrer auf dem glitzernden, ruhig dahinfließenden Wasser bieten ein friedliches Urlaubsbild.

Rožmberk nad Vltavou

Mehr als 30 m hoch über der Moldau, auf einem nach drei Seiten steil zur Moldau abfallenden Felsen, steht die mächtige Burg von **Rožmberk nad Vltavou** 1 (Rosenberg an der Moldau). Von der Mitte des 13. Jh. errichteten Oberen Burg blieb nach einem Brand 1522 nur der gotische Jakobín-Turm übrig. Die Untere Burg dagegen wurde im Stil der Renaissance wieder aufgebaut und kann besichtigt werden (Tel. 380 749 838, April, Okt. Sa, So 9–16 Uhr, Mai–Sept. tgl. außer Mo 9–16/17 Uhr).

Das Kastell war Stammsitz der Witigonen. Adalbert Stifter hat deren sagenhaftem Urvater Witiko (Vítek) in seinem gleichnamigen Roman ein Denkmal gesetzt. Der Ritter Witiko, hatte der Legende nach fünf Söhne, die er an seinem Lebensabend mit Gütern beschenkte.

Jedem von ihnen vermachte er auch das Zeichen seines Geschlechts, die fünfblättrige Rose. Der älteste Sohn Jindřich erhielt eine goldene Rose und die Burg Jindřichův Hradec (Neuhaus, s. S. 297), Vilém vertraute er die silberne Rose und Třeboň (Wittingau, s. S. 295) an, Smil empfing die blaue Rose und das Gut Stráž (Platz), Vok die rote Rose und die Besitzungen Krumlov (Krumau) und Rožmberk (Rosenberg), der jüngste Sohn Sezima schließlich die schwarze Rose und das Gut Sezimovo Usti (heute ein unbedeutender Industrievorort von Tábor). Die ›Teilung der Rosen‹ ist Motiv mehrerer Gemälde, die u .a auf den Schlössern von Telč, Krumlov und Jindřichův Hradec zu sehen sind.

In all diesen Schlössern lebt wie auf Rožmberk auch die Sage von der ›Weißen Frau‹ weiter, von der es mehrere Versionen gibt. Am häufigsten erzählt wird die Legende der Perchta (Berta) von Rožmberk, die 1449 mit Johannes von Liechtenstein vermählt, an der Seite des hartherzigen Mannes aber nicht glücklich wurde. Erst sein Ableben befreite sie von Leid und Erniedrigungen und sie wurde zur Wohltäterin der Notleidenden. Bis weit in das 19. Jh. hielt sich auf den ehemals Rosenbergschen Schlössern und Burgen der Brauch, einmal jährlich die Armen der Umgebung zu einem Festmahl einzuladen als Huldigung an die ›Weiße Frau‹. Ein Porträt der Perchta, deren Geschichte dem österreichischen Dichter Franz Grillparzer als Vorlage zu seinem Drama ›Die Ahnfrau‹ diente, hängt u. a. auch in den Räumlichkeiten von Rožmberk.

Růže: Náměstí 78, Tel. 380 749 715, Fax 380 749 717, recepce @hotelruze. rozmberk.cz. Gepflegtes, kleines Hotel an der Moldau mit barockem Ambiente. DZ 35–55 €. Gutes Restaurant mit Terrasse über dem Fluss.

U Martina: Náměstí 79, Tel./Fax 380 749 745,

Wer meint, schnell vorwärts kommen zu müssen, verpasst den schönen Blick auf die Burg von Rožmberk

hotelumartina@razdva.cz. Das Nachbarhaus vom Růže, auch hier schöne, z. T. mit Stilmöbeln eingerichtete Zimmer. DZ 40–50 €.

Vyšší Brod

Etwa 10 km weiter südlich, an einer Moldau-Furt am alten Handelsweg zwischen Linz und Budweis, liegt das prächtige Zisterzienserkloster **Vyšší Brod** 2 (Hohenfurt). Als Dank für eine wundersame Errettung aus den Fluten der Moldau, wie die Legende besagt, aber auch mit dem Ziel, den Böhmerwald zu kolonisieren, wurde das Kloster im Jahre 1259 von Peter Vok I. gegründet. Das Anfang des 15. Jh. mit einer starken Verteidigungsmauer umgebene Areal widerstand sogar den Hussitenstürmen, und als Kaiser Joseph II. die Klöster seines Herrschaftsbereiches reihenweise säkularisierte, ließ er Hohenfurth unbehelligt.

Wie die Vandalen hausten die Kommunisten nach der Vertreibung der Mönche ab 1950 in den Räumlichkeiten des Klosters. Zahlreiche nicht bewegliche Kunstwerke fielen der Vernichtung anheim, die kostbarsten Objekte wurden glücklicherweise in der Prager Nationalgalerie in Sicherheit gebracht. Heute lebt wieder ein knappes Dutzend Mönche in Hohenfurt, im Zuge des Restitutionsverfahrens wurde ein Großteil der Kunstschätze, unter ihnen das so genannte ›Záviš-Kreuz‹, eine unvergleichliche Goldschmiedearbeit aus der zweiten Hälfte des 13. Jh., den Besitzern zurückgegeben. Dazu zählen auch neun Tafelbilder des Hohenfurther Meisters (14. Jh.) und die berühmte Hohenfurther Madonna (um 1400), ein Tafelbild des ›weichen Stils‹, der dem Marienkult im 15. Jh. volkstümliche Züge verlieh.

Das Kernstück des Stiftes, die **Kirche Mariä Himmelfahrt**, stellt das bedeutendste und besterhaltene Denkmal der gotischen Zisterzienser-Architektur in Böhmen dar. Im Gegensatz zu vielen anderen wurde die 1360–1380 entstandene Klosterkirche von Vyšší Brod niemals im Barockstil umgebaut. Als reizvoller Kontrast zu dem schlichten Inneren mit seinem Kreuzrippengewölbe und den hohen, mit Glasmalereien versehenen Spitzbogenfenstern springt der monumentale frühbarocke Hochaltar ins Auge, neben dem sich an einer Wand die Grabplatte der Rosenbergs befindet. Reine Gotik trifft man wieder im Kreuzgang und im Kapitelsaal an, in dessen Mitte von einem raumbeherrschenden gebündelten Pfeiler strahlenförmig angeordnete Gewölberippen ausgehen.

Ein geradezu jubelnder böhmischer Barock dominiert dagegen die beiden **Bibliotheksräume**, den großen Theologischen und den kleineren Philosophischen Saal. In den mit Figuren und Heiligenbildern reich verzierten Rokoko-Schränken werden mehr als 70000 Bände überwiegend religiösen und philosophischen Inhalts aufbewahrt. Die – nach Strahov (Prag) und Teplá – drittgrößte Bibliothek Böhmens hütet auch eine beachtliche Sammlung von Erstdrucken und mittelalterlichen Handschriften; das älteste Exemplar stammt aus dem beginnenden 13. Jh. und wurde bei der Stiftsgründung aus dem Mutterkloster Wilhering mitgebracht (Tel. 380 746 674, cist.klaster@vyssibrod.cz, Mai–Sept. Di–Sa 9–11.30 und 13–16, So 13–16 Uhr, Okt.–April Voranmeldung erforderlich)

In der ehemaligen zweiten Abtei von Hohenfurth ist eine Expositur des Prager **Postmuseums** untergebracht. Mit nostalgischen Ausstellungsstücken, die das Post- und Fernmeldewesen vom 16. Jh. bis in unsere Tage dokumentieren, lässt sich eine eventuelle Wartezeit auf die Stiftsführung kurzweilig verbringen (Apr.–Okt. tgl. außer Mo 9–12 und 13–17 Uhr).

i **Infozentrum:** 38273 Vyšši Brod, Náměstí 104, Tel. 380 746 627 (Mai–Sept. 9–13 und 13.30–17 Uhr).

Panský Dům: Třída Míru 82, Tel. 380 746 660, Fax 380 746 669, info@hotel-panskydum.cz. Ein Haus mit, wie die alten Fotos verraten, viel Tradition, die Zimmer sind aber freundlich und modern. DZ 35–45 €.

Inge Penzion: Třída Míru 379, Tel. 380 746 139, Fax 380 746 953. Dieses gastfreundliche Haus ist ganz auf Paddler eingestellt, organisiert auch Kanu-Touren. DZ 15–28 €.

Südlicher Böhmerwald

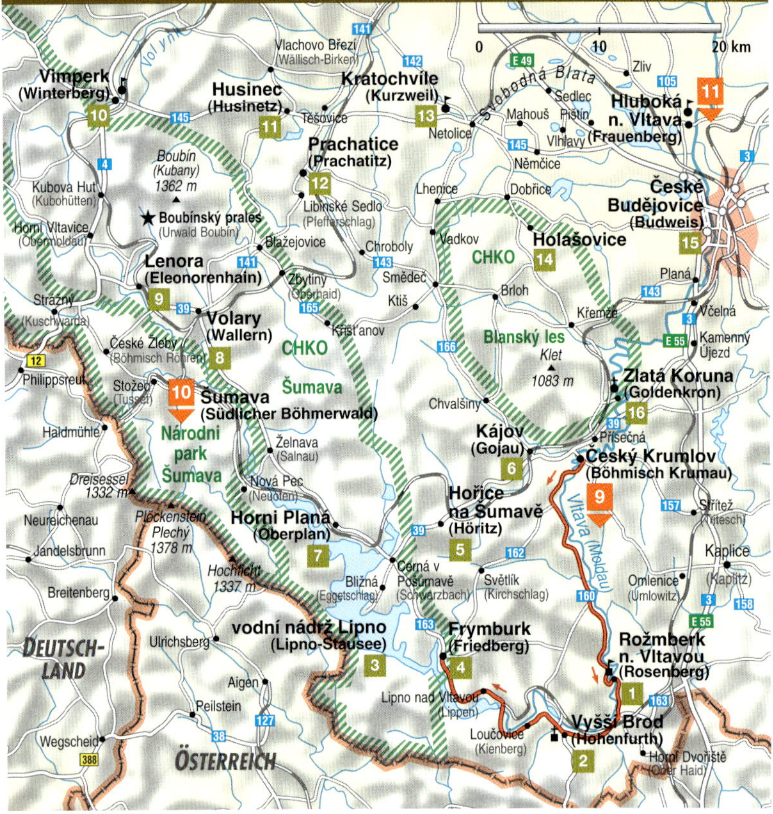

Lipno-Stausee

Etwas westlich von Vyšší Brod liegt der **Stausee von Lipno** 3 (Lippen). Pläne zur Regulierung des Moldau-Oberlaufes, an dem es infolge des geringen Gefälles häufig zu Überschwemmungen kam, bestanden bereits im 19. Jh. Damals wollte man zwischen dem Moldau-Quellgebiet nahe der bayerischen Grenze und der sagenumwobenen Teufelsmauer, einem Naturdenkmal mit gewaltigen Gesteinsformationen, 26 kleinere Reservoirs schaffen, mit denen das Wasser aufgehalten werden sollten. Die Kommunisten errichteten dann kurzerhand bei Lipno in den 50er Jahren des 20. Jh. eine 25 m hohe und 275 m lange Talsperre, hinter der Dörfer – wie die Holzfällersiedlung Lipno und Teile von Frymburk – von den Fluten überspült wurden.

Trotz fragwürdiger Wasserqualität hat sich an den Ufern ein lebhafter Freizeitbetrieb mit Hotels, Restaurants und Campingplätzen entwickelt. In den Sommermonaten werden auch Schiffsrundfahrten angeboten. Interessanter als der Wassersport sind aber eigentlich die vielen Wandermöglichkeiten, z. B. zum Schwarzenbergischen Schwemmkanal, zur Burgruine Vitkův Kámen (Wittinghausen), ehemals Rosenbergischer Besitz und Schauplatz von Stifters Erzählung ›Hochwald‹, oder zum **Plöckensteiner See** (Plešné jezero).

Infozentrum: 38278 Lipno nad Vltavou 104, Tel. 380 736 053, Fax 380 736 054, www.lipno.info, (Mai–Sept. Mo–Sa 10–12 und 13–18 Uhr, Okt.–Apr. Mo–Sa 10–12 und 13–16 Uhr).

Kramolín: Kramolín 55, Tel./Fax 380 736 147, benes-kramolin@quick.cz. Modernes 60-Betten-Haus mit allem Komfort, in der Nähe zahlreiche Sportmöglichkeiten, u. a. Reiten, Golf, Skifahren. DZ 30–45 €.

Der Lipno-Stausee und seine Umgebung bieten zahlreiche **Sportmöglichkeiten**. Im Sommer am Wasser (Segeln, Surfen, Kanufahren, Angeln) und zu Lande (Golf, Tennis, Klettern, Reiten, Mountainbiking, Wandern, Nordic Walking), im Winter alpiner und nordischer Skilauf in dem modernen Skizentrum Kramolin. Das detaillierte Programm ist im Infocentrum erhältlich.

Schiffsrundfahrten: Kleine (22 km) und große (32 km) Rundfahrt, Abendfahrten mit Tanz und Musik von Mai bis Oktober ab Hafen von Lipno. Aktuelles Angebot unter Rosenberger Lipno Line, Tel./Fax 380 736 168 und www.rosenberger-lipno-line.com.

Frymburk

Das Städtchen **Frymburk** 4 (Friedberg) liegt seit seiner teilweisen Überflutung in den 50er Jahres des vergangenen Jahrhunderts auf einer Halbinsel des Lipno-Stausees.

Von der im 13. Jh. entstandenen Gemeinde, heute ein beliebter Ferienort mit Badestrand, blieben nach der Überflutung die spätgotische St. Bartholomäuskirche mit wertvoller Barockausstattung, ein Brunnen aus dem Jahre 1676 und die barocke Pestsäule erhalten. Adalbert Stifter hatte hier seine unerfüllte Jugendliebe, die Leinwandhändlerstochter Fanny Greipl, ›Braut meiner Träume‹, kennen gelernt, die ihn auf Anordnung ihrer Eltern wegen seiner Mittellosigkeit abweisen musste.

In dieser Gemeinde, an deren Seeufer sich Campingplätze aufreihen, beginnt der **Nationalpark Böhmerwald** (Národní park Šumavá). Es gibt aber auch einige gute Hotels.

Vltava: 382 79 Frymburk 45, Tel. 380 735 604, Fax 380 735 603, info@hotel-vltava.com. Komfortables 85-Betten-Haus der gehobenen Mittelklasse, Schwimmbad, Tennisplatz und andere Sportangebote. DZ 70–100 €.

Maxant: Náměstí 80, Tel./Fax 380 735 229, maxant@iol.cz. Netter Familienbetrieb am Hauptplatz mit lebhaftem Terrassen-Café. Für gestresste Sportler gibt es in dem gepflegten Haus auch einen Massagesalon. DZ 35–45€.

Abstecher nach Hořice na Šumavě und Kájov

Bei Černá v Pošumaví (Schwarzbach), früher durch seine Graphitgruben von wirtschaftlicher Bedeutung, verlässt man die Uferroute und biegt in die Straße 159 ein, über die man via **Hořice na Šumavě** (Höritz) den populären Wallfahrtsort **Kájov** (Gojau) erreicht. In **Hořice na Šumavě** 5 (Höritz), dem ›böhmischen Oberammergau‹, fanden in den Jahren 1816–1947 alljährlich Passionsspiele statt, zu denen die Zuschauer aus nah und fern herbeipilgerten. 1896 wurden die von Laien gestalteten Spiele durch die Gebrüder Lumière auf dem ersten längeren Film in der Geschichte der Kinematographie festgehalten. Der Streifen war natürlich auch der erste, der jemals in Böhmen gedreht wurde. Ein Ende des 19. Jh. errichtetes Passionsspielhaus wurde nach 1948 abgerissen. Seit einigen Jahren finden die traditionsreichen Spiele jeweils Mitte August in einem natürlichen Amphitheater wieder statt. Über die Geschichte dieser volkstümlichen Veranstaltung informiert eine kleine Dokumentation im örtlichen Museum (Hořické Muzeum, Tel. 601 272 163, Mai–Sept. tgl. 9–12 und 13–17 Uhr). Näheres über die Passionsspiele im KIC Informationscentrum Horní Planá.

In der malerischen Landschaft über dem Tal des Baches Potocnice erhebt sich der beliebteste Wallfahrtsort des Böhmerwaldes: **Kájov** 6 (Gojau) mit der Kirche Mariä Himmelfahrt aus den Jahren 1471 bis 1485, als Meisterwerk südböhmischer Spätgotik gerühmt. Auch Gläubige aus Österreich und Süddeutschland beten alljährlich am zweiten

Richtig Reisen-Tipp: Urwald von Boubin

Nur wenige Kilometer südöstlich von Vimperk erstreckt sich ein Waldgebiet, der **Urwald Boubín**, der sich an den Hängen des gleichnamigen, 1362 m hohen Berges (zu deutsch: Kubany) ausbreitet. 1858 von Johann von Schwarzenberg unter Schutz gestellt, blieb durch absolutes Nutzungsverbot seine Ursprünglichkeit zur Gänze bewahrt. Hier gibt es Jahrhunderte alte Bäume (vor allem Tannen, Fichten und Buchen), riesigen Stelzenwurzeln entwachsen mächtige Stämme, doppelt, gerade, verkrümmt oder in bizarren Gestalten, je nach Laune der Natur. Rund um den Urwald führt ein Lehrpfad, der am Damm des kleinen Sees U pralesa (Am Urwald) beginnt.

Sonntag im Oktober vor dem Gnadenbild, einer kostbaren gotischen Madonnenstatue inmitten des barocken Hochaltars. Zum Dank für seine wundersame Errettung pilgerte im Jahr 1618 auch der kaiserliche Statthalter Martiniz nach Gojau, nachdem sein – in die Geschichte eingegangener – Prager Fenstersturz dank des rettenden Misthaufens im Hof der Prager Burg bekanntlich glimpflich verlaufen war.

Horní Planá

Zurück zum Lipno-Stausee. Literaturfreunde werden es nicht versäumen, dem Geburtshaus des Dichters Adalbert Stifter in **Horní Planá** 7 (Oberplan) einen Besuch abzustatten. Von hier aus gibt es auch Autofähren zum anderen Seeufer, dem Ausgangspunkt schöner Wanderungen und Radtouren im südlichen Böhmerwald, die bis in das österreichische Mühlviertel führen.

In der Linken einen Schlapphut, in der Rechten ein Buch, blickt der Dichter, lässig an ein Mäuerchen gelehnt, mit versonnenem Lächeln auf den Betrachter herab. Das 1906 von dem Bildhauer Karl Wilfert aus Cheb (Eger) geschaffene, zweieinhalb Meter hohe Bronze-Denkmal Adalbert Stifters (1805–1868) auf einem kleinen Hügel über dem lieblichen Horní Planá hat sich ebenso wie das Geburtshaus des Poeten zu einem Pilgerziel vornehmlich für Literaturliebhaber aus Deutschland und Österreich entwickelt. In seiner Heimat ist Stifter allerdings, ein ›deutschschreibender Schriftsteller aus dem Böhmerwald‹, wie eine lokale Broschüre vermerkt, keineswegs ein Begriff, wenngleich alle seine Werke in hervorragenden tschechischen Übersetzungen vorliegen.

Das liebevoll restaurierte Geburtshaus des Dichters am Ortseingang enthält seit 1960 eine kleine Gedenkstätte, für die man sogar noch Originalmobiliar bewahren konnte (Palackého 21, Tel. 380 738 473. Die Öffnungszeiten können auch im Informationszentrum erfragt werden).

Am Geburtshaus beginnt auch der 6,5 km lange Stifter-Pfad (Stifterova stezka), ein bequemer, nicht allzu steil ansteigender Spazierweg, der vorbei am Denkmal zum Gutwasserberg (Dobrá voda) und seiner spätbarocken Kapelle der Schmerzhaften Muttergottes führt.

Horní Planá selbst wäre wie zu Stifters Zeiten ein stilles Bauerndorf geblieben, hätte nicht der Stausee den Fremdenverkehr kräftig angekurbelt, sodass die mehr als ein Dutzend Hotels und anderen Unterkünfte der heute größten Gemeinde am See in der Sommersaison ziemlich ausgebucht sind – mit Urlaubern, die nicht Massentourismus, sondern eine Sommerfrische der guten, alten Art suchen.

Rund 7 km nordwestlich von Horní Planá, in der alten Holzfäller-Ortschaft **Nová Pec** am oberen Ende der Lipno-Talsperre beginnt der bequeme Weg entlang dem **Schwarzenbergischen Schwemmlandkanal,** genauer gesagt entlang den Teilen des Kanals, die renoviert wurden (blaue Markierung). Den Visionen des Forstingenieurs Josef Rosenauer (1735–1804) verdanken wir dieses herausragende technische Denkmal, das zur Holzversorgung von Wien und Budapest die Wasserscheide zwischen Moldau und Donau überwand. Ca. 14 Mio. m^3 Holz konnten durch diese 44,4 km lange Trift aus dem Böhmerwald in die Donaumetropolen transportiert werden. Der in den Jahren 1789–1822 errichtete Kanal beginnt in einer Seehöhe von 925 m am so genannten Lichtwasser (Svetlá voda) nahe der bayrischen Grenze, führt dann durch einen Tunnel von 419 m Länge, überquert in einer Höhe von 790 m die Wasserscheide und endet auf österreichischem Gebiet in der Großen Mühl, einem Donau-Zufluss. Gespeist wurde der Schwarzenberg-Kanal vom Wasser aus 27 Böhmerwälder Bächen sowie von drei künstlichen und einem natürlichen Reservoir, dem **Plesné jezero** (Plöckensteiner See). Der Zahn der Zeit und der technische Fortschritt überholten den Kanal jedoch bald. Die Holzschwemme nach Wien wurde 1891 eingestellt, die nach Oberösterreich 1916. Einige Abschnitte zur Holzbeförderung in die Moldau blieben bis 1962 in Betrieb.

KIC Infozentrum: 382 26 Horní Planá, Náměstí 8, Tel. 380 738 008, kic@horniplana.cz (Jan.–Juni und Sept.–Dez. Mo–Sa 7.30–11.15 und 12–16, Juli/Aug. tgl. 8–11.30 und 12–18 Uhr). Das KIC Infocentrum ist zuständig für das gesamte Gebiet des Lipno-Stausees und Umgebung.

Svata Anežka: Jenišov u Lipna, Tel./Fax: 380 738 338, najezere@euroagentur.cz. Komfortables kleines Hotel mit 40 Betten, Nichtraucher-Zimmern und zahlreichen Sportmöglichkeiten in unmittelbarer Nähe. DZ 40–70 €.

Na Pláži: 382 26 Horní Planá, Jiráskova 42, Tel./Fax 380 738 374, info@hotel-plaz.cz. Ein modernes, zwar etwas gesichtsloses, aber am See gelegenes Hotel, rund 1 km vom Ortszentrums entfernt, mit sehr zweckmäßig eingerichteten, aber geräumigen Zimmern. DZ 40–50 €.

Volary

Der in ein weites, grünes Tal gebettete Ort **Volary** 8 (Wallern), heute ein ruhiges, eher ärmliches 4000-Einwohner-Städtchen, erlebte seine Blütezeit zwischen dem 13. und 17. Jh., als er Reisenden auf dem ›Goldenen Steig‹ Herberge bot. Auf dem bedeutenden Handelsweg zwischen dem Donauraum und Böhmen wurde vor allem Salz transportiert, die Zollgebühren, ständiger Zankapfel im Verhältnis zur Nachbarstadt Prachatice (Prachatitz), bescherten den Einwohnern relativen Wohlstand. Dies dürfte auch das Motiv der Siedler aus Tirol und der Steiermark gewesen sein, die sich im 16. Jh. hier niederließen und dem Städtchen mit seinen Holzhäusern alpenländischen Typs (›Wallern-Häuser‹) sein Gepräge gaben. 1863 zum Großteil durch einen Brand vernichtet, sind jetzt nur noch einige wenige Beispiele dieser alten bäuerlichen Architektur in Volary zu sehen, die auch in dem kleinen **Stadtmuseum** (Volarské Muzeum, Česká 71, Tel. 388 333 259, Mai–Okt. tgl. außer Mo 10–12 und 13–17 Uhr) dokumentiert ist.

Lenora

An die ›goldenen‹ Zeiten der vor mehr als 150 Jahren gegründeten Glasindustrie will man heute in dem nach der Fürstin Eleonore von Schwarzenberg benannten kleinen Luftkurort **Lenora** 9 (Eleonorenhain) wieder anknüpfen – ein Geheimtipp für Freunde gediegener böhmischer Glaswaren. Sehenswert ist vor allem das kleine, feine Glasmuseum (Sklarské Muzeum, 38442 Lenora, Mai–Okt. Mo–Fr 9–13 und 14–16, Sa, So 9–12 Uhr). Vor dem Ortseingang aus Richtung Volary gibt es linker Hand eine gedeckte Holzbrücke aus dem 19. Jh., von der aus man damals geflößte Baumstämme zählen konnte.

Vimperk

Das freundliche Industriestädtchen **Vimperk** 10 (Winterberg) (8100 Einwohner) im Tal der Volyňka (Wolinka) wird von einem **Schloss** beherrscht, das durch Umbau aus einer Wachtburg am ›Goldenen Steig‹ entstand. Die Stadt, besser noch die kleineren Orte in ihrer Umgebung wie z. B. **Zdíkov**, bieten sich als ideale Ausgangspunkte für Wanderungen und Radtouren durch den Böhmerwald an. Man befindet sich hier am Rande eines in Mitteleuropa äußerst seltenen Naturphänomens, des Boubin-Urwaldes (s. Richtig Reisen Tipp S. 282).

In Vimperk hat die Glasherstellung eine Jahrhunderte alte Tradition, ebenso die Buchdruckkunst, die man hier nach wie vor auf höchstem Niveau pflegt. 1484, kurz nach Gutenbergs epochemachender Erfindung, richtete Johannes Alacrav in Vimperk eine der ersten Buchdruckereien Böhmens ein, aus der wahrscheinlich der älteste gedruckte Kalender Europas stammt. 1855 erneuerte Jan Steinbrenner den Betrieb, der dann später

Ein Wandergebiet für die ganze Familie: der Böhmerwald

Gebetbücher in 24 Sprachen, Miniaturbücher mit beigelegtem Vergrößerungsglas sowie in Büffelhorn, Schildkrötenleder, Fischhaut und Perlmutt gebundene Bände in alle Welt exportierte. Bis heute konnte die Druckerei ihr hohes international geschätztes Niveau bewahren.

Die Häuser am Marktplatz (nám. Svobody) stammen zum Teil aus Gotik und Renaissance, das **Rathaus** ist barocken Ursprungs. Am Hauptaltar der gotischen **Pfarrkirche Mariä Heimsuchung** befindet sich eines der schönsten Beispiele ›Schöner Madonnen‹, eine spätgotische, in einen kostbaren Stoffumhang gekleidete und mit einer Nachbildung der Habsburger-Krone geschmückte Statue aus der Zeit um 1400. Reste der Stadtbefestigung entdeckt man westlich des Marktplatzes und auf dem Weg zum Oberen Schloss, das nach totaler Zerstörung im Dreißigjährigen Krieg wiederaufgebaut, 1857 aber erneut ein Raub der Flammen geworden war. Seine heutige Gestalt stellt eine um Authentizität bemühte Mischung aus Renaissance und Barock dar, kunsthistorisch ist der Bau allerdings von geringerem Wert. In dem darin untergebrachten **Stadtmuseum** wird die Geschichte des Böhmerwaldes, insbesonderen der Glaserzeugung und der Buchdruckkunst dokumentiert (Tel. 388 411 506, Mai–Okt. tgl. außer Mo 9–12 und 13–16 Uhr).

i **Infozentrum:** 38501 Vimperk, nám. Svobody 8, Tel. 388 411 894, infocen trum@mesto.vimperk.cz (Juni–Sept. Mo–Fr 9–17, Sa, So 8–12 und 12.30–16, Okt.–Mai Mo–Fr 9–16 Uhr).

Amber Hotel Anna: Kaplířova 168, Tel. 388 412 050, Fax 388 411 694, anna@legner.cz. Renoviertes 100-Betten-Haus am Flüsschen, nichts für höhere Ansprüche, aber vor Ort immer noch die beste Adresse.

Schlosshotel Zdikov: 38472 Zdikov 1, Tel. 388 426 828, Fax 388 426 729, info@boehmerwaldhotels.de. 7 km westlich von Vimperk gelegen, gepflegte Zimmer, schöner Garten, Sauna, Hallenbad, gemütliches Restaurant mit exzellenter Küche. DZ 40–80 €.

Lotte: Rožmberská 4, Tel. 388 514 034. 11–22 Uhr. Nettes Restaurant im 1. Stock mit phantasiereicher Küche, gepflegten Getränken und freundlicher Bedienung.

Husinec

Der Geburtsort des tschechischen Reformators Jan Hus (um 1371–1415) ist eines jener verschlafenen Bauerndörfer, die man normalerweise links liegen lässt. Nichts deutet mehr darauf hin, dass in der Umgebung von **Husinec** 11 (Husinetz) einst Gold geschürft wurde, die Goldadern der heitigen Zeit, die großen Touristenströme, verlaufen an anderen Stellen. Dennoch hat sich auch die alles andere als von Wohlstand gesegnete 500-Seelen-Ortschaft recht fein herausgeputzt, wenn nicht für die Fremden, dann für sich selbst – mit viel Liebe zum Detail, wie das neu verlegte mittelalterliche Pflaster vor dem Haus Nr. 36, in dem der Überlieferung nach Jan Hus zur Welt gekommen sein soll, zeigt.

Die darin eingerichtete **Hus-Gedenkstätte** (Eingang Nr. 37) dokumentiert Leben und Werk des Reformators und seine Bedeutung für die europäische Geistesgeschichte. Eine – auch deutschsprachige – Tonband-Erklärung begleitet den Besucher durch das im Kern gotische Haus, hinter dem sich ein gepflegter Garten erstreckt (Dům Jana Husa, Tel. 388 331 284, Mai–Sept. tgl. außer Mo 9–12 und 13–16 Uhr).

Das **Hus-Denkmal** auf dem Platz vor der gotischen Heiligkreuz-Kirche stammt aus dem Jahr 1958.

Prachatice

Wer über genügend Phantasie verfügt, um sich Autos, moderne Straßenbeleuchtung und die vietnamesischen Händler am Marktplatz wegzudenken, betritt durch das Untere Stadttor (Píseká brána) – mit seiner Höhe von 14 m und Breite von 8 m sowie seinen zwei Durchgängen, den Zinnen und Ecktürmchen beinahe eine eigenständige Festung – plötzlich die Welt des 16. Jh. Aus dieser Epoche stammt der Großteil des historischen Stadtkerns von **Prachatice** 12 (Prachatitz), der mehr als 100 denkmalgeschützte Objekte umfasst. Nicht fürstliche Repräsentationslust, sondern bürgerliches Selbstbewusstsein, begründet auf solidem Wohlstand durch Salzhandel, Fischzucht, Bierbrauerei und Grundbesitz, schuf in Prachatice – heute ein 12 000 Einwohner zählender Ort – ein reizvolles architektonisches Gesamtkunstwerk in vielfältiger individueller Gestaltung. Der größte Bürgerstolz war wie immer das **Rathaus**, am rechteckigen Marktplatz an der Stelle eines gotischen Herrschaftsgebäudes der Rosenberg errichtet. Die Fassade des prachtvollen Renaissancebaus (1571) schmücken Sgraffiti-Figuren und lateinische Sinnsprüche. Darstellungen der Tugenden, Gerichtsszenen und Motive aus dem ›Totentanz‹ von Hans Holbein. Zum mittelalterlichen Bild gehören am Marktplatz und in den umliegenden Gassen auch – um nur einige aufzuzählen – das Fürstenhaus (Knížecí dům/Nr. 169), das Žd'árský-Haus, in dem sich heute das **Museum für Stadtgeschichte** befindet (Nr. 13, tgl. außer Mo 9–17 Uhr), das Rumpál-Haus (Nr. 41, früher Brauhaus), die von Jan Hus besuchte Lateinschule (Kostelní náměstí 29) an der Stadtmauer mit Sgraffito-Darstellungen aus der Herkules-Legende und das mutmaßliche Hus-Wohnhaus (Husova ul. 71).

Dem Reichtum der Bürger entspricht schließlich auch die **St. Jakobs-Kirche** (um 1350), eines der eindrucksvollsten Beispiele böhmischer Gotik. Sie gilt als architektonisches Vorbild für die wenige Jahre später von Kaiser Karl IV. gestiftete Nürnberger Frauenkirche, womit der gerne herangezogene Vergleich, Prachatitz sei das ›Nürnberg des Böhmerwaldes‹, zumindest in einem Punkt seine Berechtigung hat.

Infozentrum: 383 01 Prachatice, Velké nám. 1, Tel./Fax 388 312 563, icentrum @prachatice-info.cz (Juni–Sept. Mo–Fr 9–18, Sa, So 10–12 und 13–17, Okt.–Mai Mo–Fr 8–17 Uhr).

Albatros: Vodňanská 1277, Tel. 388 311 245, Fax 388 311 400, albatros-pt @albatros-pt.cz. Neu erbautes Vier-Sterne-Hotel in ruhiger Lage am Stadtrand mit Fitness- und Sportzentrum. DZ ab 50 €.
Koruna: Velké náměsti. 48, Tel. 388 310 177, koruna@c-box.cz. Bequeme Zimmer in historischem Gebäude mit Renaissance-Fassade am Hauptplatz. DZ 30–40 €. Gutes Keller-Restaurant.
Parkán: Věžní 51, Tel. 388 311 868, pavel. hlavac@iol.cz. Auch in diesem historischen Gemäuer an der alten Stadtmauer gibt es schöne Zimmer. Auf der Terrasse mit Blick auf den Park kann man den Tag stimmungsvoll ausklingen lassen. DZ 30–40 €.

Festival des Goldenen Steiges (Slavnosti zlaté solné stezky): Mitte Juni, mit Theater- und Musikprogramm, Markt und Umzug in historischen Kostümen.

Stündliche **Busverbindungen** mit České Budějovice, alle 2 Stunden mit Prag. Weitere Linien nach Husinec und Vimperk.

Schloss Kratochvíle

Einen treffenderen Namen könnte das Renaissanceschloss an der Straße nach České Budějovice wohl kaum haben. Denn Langeweile kommt auf **Schloss Kratochvíle** 13 (Kurzweil) garantiert nicht auf. Dafür sorgt nicht nur der anmutige, von Baldassare Maggi da Arogno für Wilhelm von Rosenberg nach dem Muster lombardischer Villen errichtete Bau, der wegen des Moorbodens auf hunderten Pfählen ruht. Auch die Führung durch die mit Fresken reich geschmückten Räumlichkeiten begeistert Jung und Alt. Hier geht es ausnahmsweise einmal nicht durch ein museales Depot von Mobiliar, Gemälden und anderen Kunstgegenständen, sondern ins Reich der Phantasie, denn Kratochvíle beherbergt eine einzigartige Ausstellung über tschechische Puppen- und Zeichentrickfilme.

Die Dokumentation des weltberühmten **tschechischen Trickfilms** veranschaulicht den künstlerischen und technischen Aufwand, der erforderlich ist, um die lustigen Figuren – jede einzelne ist auch über die Grenzen Böhmens hinaus den meisten Kindern ein Begriff – auf der Leinwand in Bewegung zu bringen. So arbeiten an einem 10-Minuten-Streifen mindestens hundert Spezialisten ein gutes halbes Jahr, sind dafür doch mehr als 14 000 verschiedene gezeichnete Folien erforderlich. Auch richtige Puppenstuben mit beweglichen Figürchen sowie Scherenschnitte gehören zur Ausrüstung der Filmzauberer. Zum Abschluss wird natürlich eine kleine Filmvorführung gezeigt.

Die hervorragende Akustik der Kapelle und des Goldenen Saales des Lustschlosses wird in den Sommermonaten für Theateraufführungen und Kammerkonzerte genutzt (Tel. 388 324 380, April/Okt. Sa, So 9–16, Mai/Sept. tgl. außer Mo 9–16.15, Juni – Aug. tgl. außer Mo 9–17.15 Uhr).

Svobodná Blata

Alte böhmische Volksarchitektur aus der ersten Hälfte des 19. Jh. hat sich im Gebiet westlich von Budweis erhalten. Eine Fahrt durch **Svobodná Blata** (Freies Moorland) führt durch eine leicht hügelige Landschaft mit schmalen, kurvenreichen und von Alleebäumen gesäumten Straßen, vorbei an den dunklen Augen der Teiche, in denen sich bunt gestrichene Bauernhöfe mit Renaissance oder Barockgiebeln spiegeln. Groß ist die Freude, wenn plötzlich eines der alten Häuser zu sehen ist, ein frisch geweißtes Kirchlein, ein Dorfanger samt Weiher, ein gepflegtes Vorgärtchen, in dem Bauernblumen wie Rittersporn, Pfingstrosen oder Feuerlilien blühen. Nur am Horizont stören die bedrohlich wirkenden Atommeiler von Temelín den beschaulichen Frieden.

Übrigens: Mit der Redewendung »Das ist für mich ein böhmisches Dorf«, die man noch heute für Unbekanntes verwendet, waren ursprünglich die slawischen Namen vieler Orte in Böhmen gemeint, die für die Deutschen nicht nur fremdartig klangen, sondern von diesen auch kaum korrekt ausgesprochen werden konnten.

Holašovice

Das Vorzeigedorf, von der UNESCO in die Liste des Welterbes aufgenommen, ist **Holašovice** 14, ein wahres Prachtbeispiel für den ›böhmischen Bauernbarock‹, wie man diese idyllische Architektur auch bezeichnet (s. Abb. S. 8/9). Auf dem riesigen Dorfanger, den ein geschlossenes Häuserensemble umgibt, finden immer wieder bunte Volksfeste statt, keine Touristenspektakel, sondern spontane Feiern der einheimischen Bevölkerung, wie z. B. das Aufstellen des Mai-Baumes oder beim traditionellen Bauernmarkt Ende Juli. Das detaillierte Programm kann man im Informationscentrum im nur 15 km entfernten České Budějovice erfahren. Von der südböhmischen Hauptstadt gibt es täglich mehrere Linienbusse nach Holašovice. Weitere schöne Dörfer im ›Freien Moorland‹ sind Záboří, Dobčice, Němčice, Mahouš, Male Chrášt'any und Vlhavy.

11 Schloss Hluboká nad Vltavou

In die kleine, rund 10 km von České Budějovice entfernte Stadt Hluboká würde sich wohl kaum ein Tourist verirren, wäre da nicht das riesige gleichnamige Schloss, das unübersehbar über der Moldau thront und im Sommer von Besuchern aus dem In- und Ausland beinahe überrollt wird. Hluboka (Frauenberg) ist außen und innen eine Schöpfung des romantischen 19. Jahrhunderts. Eleonore von Schwarzenberg (1812–1873), die ehrgeizige Gemahlin von Fürst Johann Adolf II. von Schwarzenberg, stand als treibende Kraft hinter der radikalen Umgestaltung des Schlosses zu einem repräsentativen Adelssitz. Die Architekten Franz Beer und Ferdinand Damian Deworetzky erhielten den Auftrag für ein Bauwerk mit 140 prunkvoll ausgestatteten Räumen, das den Glanz des mächtigen Fürstengeschlechtes demonstrieren sollte. Als Vorbild diente – ganz unbescheiden – Windsor Castle, das Stammschloss des englischen Königshauses.

Schlossbesichtigung

Mit seinen Basteien und Türmen, den Zinnen, Erkern und spitzbogigen Fenstern wirkt Hluboká von außen wie ein Bauwerk aus einem Guss. Im Inneren dagegen wird man mit einer Vielzahl von Epochen und Stilen, vor allem aber mit einer unglaublichen Menge an Exponaten konfrontiert – und das, obwohl man längst nicht alle der um zwei Innenhöfe gruppierten Räume zu Gesicht bekommt. Im Eiltempo wird man durch die etwa 40 zu besichtigenden Räume geführt, und es gilt daher, sich auf die wichtigsten Kostbarkeiten zu konzentrieren: die hervorragende Sammlung flämischer Tapisserien des 17. Jh., ein Ensemble gotischer Tafelgemälde, die Kollektion kostbarer böhmischer und venezianischer Barockgläser sowie Mobiliar mit Geschichte wie etwa der barocke Kleiderschrank, den die Schwarzenberg aus dem Nachlass Adalbert Stifters erworben hatten.

Wenn etwas Zeit bleibt, dann erzählt die Führerin die Geschichte von Aufstieg und Fall des Herrn Zawisch (Závi,) von Falkenstein, der durch seine Ehe mit Přemysl Ottokars II. Witwe Kunigunde zum allmächtigen Berater des jungen Königs Wenzel (Václav) II. avancierte. Seine Pläne zur Wiederherstellung von Ottokars Reich konnten von Rudolf von Habsburg jedoch durchkreuzt werden. Eine fein gesponnene Intrige ließ Wenzel das Vertrauen zu Zawisch verlieren, der in Haft ge-

Das tschechische Neuschwanstein: Hluboká

setzt und vor den Augen seines Bruders auf einer Wiese vor seinem eigenen Schloss Hluboká geköpft wurde (Zámek Hluboká, Tel. 387 967 045, Apr./Sept./Okt. Di–So 9–17.30, Mai/Juni Di–So 9–18, Juli/Aug. tgl. 9–18 Uhr).

Aleš-Galerie

Auch wenn einem nach der Führung von all den Schicksalen, Jahreszahlen und unterschiedlichsten Eindrücken der Kopf brummt, sollte man die gleich gegenüber, im ehemaligen Reitsaal untergebrachte Südböhmische **Aleš-Galerie** nicht versäumen. Zu Unrecht herrscht hier viel geringerer Andrang als im Schloss, denn die Besichtigung der ständigen Ausstellung gotischer Plastiken und Tafelbilder sowie von Gemälden flämischer und holländischer Meister des 17. Jh. ist ebenso lohnend (Alšova jihočeská galerie, Tel. 387 967 041, tgl. 9–11.30 und 12.30–18 Uhr).

Infozentrum: 37341 Hluboká nad Vltavou, Masarykovo 35, Tel. 387 966 164 (Apr.–Okt. 10–17 Uhr)

Štekl: Bezručova 141, Tel. 387 967 491, Fax 387 965 943, stekl@bohemia-gold.cz. Luxusherberge im Stil des benachbarten Schlosses. Auch die Zimmer sind opulent eingerichtet. DZ 150–200 €.

Na Růžku: nám. ČSA 25, Tel. 387 966 666, 11–23 Uhr. Weinstube und Restaurant mit lokaler Hausmannskost, gemütliches Kellergewölbe. Hauptspeisen ab 4 €.

České Budějovice

Nicht nur das weltberühmte Bier, sondern auch das historische Zentrum mit seinem alle Dimensionen sprengenden Hauptplatz ist stets den Besuch der südböhmischen Metropole wert. Als wirtschaftliches und kulturelles Zentrum der Region bietet České Budějovice 15 (Budweis) urbanes Leben, ohne seine beschauliche Atmosphäre und seinen provinziellen Charme zu verlieren. Internationalen Ruhm verdankt das populärste Produkt der

Stadt einem gewissen Signore Carlo Pedersoli, besser bekannt als Bud Spencer. Der fauststarke Neapolitaner, Held unzähliger Western- und Prügelfilme, hatte für seinen Künstlernamen zwei ›Paten‹: den großen amerikanischen Schauspieler Spencer Tracy und das Budweiser Bier (Budvar), in seiner amerikanischen Version kurz ›Bud‹ genannt. Ohne Zögern bezeichnet der Leinwandstar das weltweit exportierte südböhmische Gebräu immer wieder als sein Lieblingsgetränk.

Gutes Bier gibt es freilich überall in der Tschechischen Republik, wenn auch Kenner genau zwischen Budweiser und Konkurrenzprodukten zu unterscheiden und die Vorzüge ihrer Marke wie philosophische Traktate zu verteidigen wissen. Die Geschichte der Aufbereitung von Hopfen und Malz ist in Budweis beinahe so alt wie die Stadt selbst, deren selbstbewusste Bürger sich bald mit Hilfe königlicher Privilegien nicht nur das Brau-, sondern auch das Stapelrecht sicherten. Damit wurden alle durchreisenden Kaufleute gezwungen, ihre Waren hier drei Tage feilzubieten, was den Ort zu einem begehrten Handelsplatz machte und bereits im Mittelalter für lukrativen Bierexport sorgte.

1832 läutete die erste auf dem europäischen Kontinent von Pferden gezogene Eisenbahn Linz–Budweis (131 km, Fahrzeit 14 Stunden) das Industriezeitalter ein, seither wuchs die Einwohnerzahl um das Zehnfache auf heute rund 100 000. Als Mittelpunkt eines Agrargebietes beschäftigt man sich vornehmlich mit der Lebensmittelproduktion, nicht zuletzt natürlich und höchst erfolgreich mit der Bierbrauerei. Andere Industriezweige verarbeiten weitere Rohstoffe Südböhmens wie Grafit (Bleistiftfabrik) oder Holz (Möbel). Trotz des rapiden Wachstums und der damit verbundenen Bautätigkeit blieb das historische Zentrum und damit das unverwechselbare Gesicht der Stadt aber im Wesentlichen erhalten.

Im Zentrum

Die planende Hand einstiger Stadtherren prägt bis heute das Bild von České Budějovice (Budweis). Nicht enge, verwinkelte Gässchen am Fuße einer Burg wie in vielen anderen Städten Südböhmens, sondern schachbrettartig angelegte Straßenzüge weisen auf höchste strategische Planung hin, ausgeführt im Auftrag Ottokars II., der um 1265 auf einem trocken gelegten Sumpfgebiet am Zusammenfluss von Moldau und Maltsch (Malse) ein Bollwerk gegen die wachsende Macht der Rosenberg errichten ließ.

Den Mittelpunkt bildet der quadratische, in seinen Ausmaßen (133 m Seitenlänge) überwältigende Hauptplatz, der den Namen des Stadtgründers trägt. Wo adlige Residenzen fehlten, hatten die Bürger das Sagen: Stolz dominiert das **Rathaus** 1 – ursprünglich Renaissance, nach dem Barockumbau mit Türmchen, Plastiken und anderen architektonischen Details ausgestattet – seine Umgebung, den Ringplatz, um den sich durch Arkadengänge verbundene Wohnhäuser aus dem 13. bis 19. Jh. wie Perlen reihen. Beliebter Treffpunkt ist der barocke **Samson-Brunnen** 2, mit 17 m Durchmesser der größte Steinbrunnen des Landes.

Um sich einen Überblick über die regelmäßige Anlage der Stadt zu verschaffen, empfiehlt sich die Besteigung des **Schwarzen Turms** 3 (Černá věž), der mit 72 m den Hauptplatz markant überragt (10–18 Uhr, Apr. bis Juni und Sept./Okt. Di–So, Juli/Aug. auch Mo). In der zweiten Hälfte des 16. Jh. als Glocken- und Wehrturm errichtet, weist das Wahrzeichen von Budweis im unteren Teil gotische, im oberen bereits Renaissance-Elemente auf. Im Stil eines italienischen Campanile steht der Schwarze Turm getrennt von der benachbarten **St. Nikolaus-Kathedrale** 4 (Katedrála sv. Mikuláše), einem ursprünglich gotischen Bauwerk, das nach dem großen Stadtbrand 1641 in frühbarocker Manier wiederaufgebaut wurde.

Ältestes Gebäude von České Budějovice ist das ehemalige **Dominikanerkloster** 5 (1784 aufgelöst, heute Gymnasium) mit Kreuzgang und Kirche. Die **Klosterkirche Mariä Opferung** 6 (Kostel Obětování Panny Marie) gilt als eines der schönsten Beispiele böhmischer Frühgotik. Scharf gegen den blauen Himmel hebt sich der stufenartig

České Budějovice: Cityplan

Sehenswürdigkeiten

1 Rathaus
2 Samson-Brunnen
3 Schwarzer Turm
4 St. Nikolaus-Kathedrale
5 Dominikanerkloster
6 Klosterkirche Mariä Opferung
7 Salzhaus
8 Eiserne Jungfrau
9 Südböhmisches Museum
10 Budweiser Brauerei

Übernachten

1 Grand Hotel Zvon
2 Malý Pivovar
3 Klika
4 U Solné Brány
5 Bohemia
6 Penzion Centrum

Essen und Trinken

7 Beran
8 Columbia
9 Vino z Panské
10 U Havrana

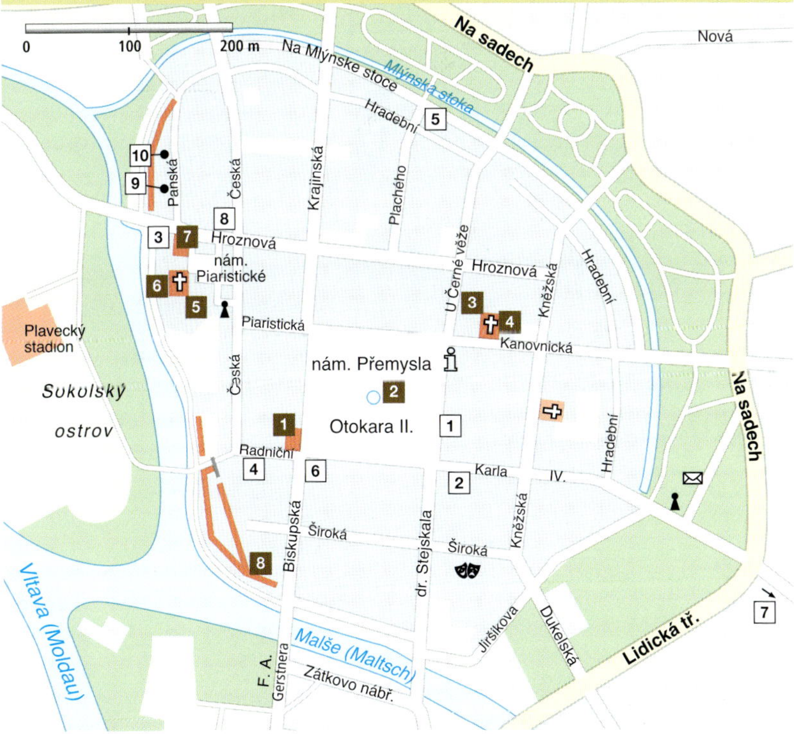

ansteigende Giebel des spätgotischen **Salzhauses** 7 (Solnice) ab. Nachdem die Moldau um 1550 schiffbar gemacht worden war, wurde Budweis zu einem der wichtigsten Salzumschlagplätze Böhmens. Nur wenige Schritte sind es bis zum **Mühlgraben** (Mlynská stoka) und zu den teilweise restaurierten Stadtmauern, zwischen denen sich der Bischofsgarten mit der Schwalbenschwanz-Bastei (Otakarova bašta) und dem viereckigen Wehrturm **Eiserne Jungfrau** 8 befindet. Alles in allem strahlt České Budějovice

Der Samsonbrunnen auf dem Marktplatz von Budweis

in seinem Zentrum Kleinstadt-Atmosphäre aus, eine sympathische Mischung aus mittelalterlichem Ambiente, heiterem italienischem Flair, nostalgischem Gepräge der Donaumonarchie und moderner Lebendigkeit.

Außerhalb des Zentrums

Im **Südböhmischen Museum** 9 sind Bücher, Münzen, Waffen u. a. zu Geschichte, Natur und Kultur ausgestellt, aber die Präsentation wirkt ein wenig verstaubt (Jihočeské krajske muzeum, Dukelská, Tel. 387 929 328, tgl. außer Mo 9–12 und 13–17 Uhr).

In der **Budweiser Brauerei** 10 sind Gruppenführungen mit und ohne Verkostungen an Werktagen ab 9 Uhr möglich (Anmeldungen unbedingt erforderlich, auch im Infozentrum möglich. Budvar pivovar, Karolíny Světlé, 2,5 km auf der Straße nach Prag, Bus Nr. 2, Tel. 387 705 341).

Infozentrum: 37092, České Budějovice, nám. Přemysla Otakara II., Tel. 386 801 413, Fax 386 801 414, infocb@c-budejovice.cz (Mai–Sept. Mo–Fr 8.30–18, Sa 8.30–17, So 10–12 und 12.30–16 Uhr, Okt.–Apr. Mo–Fr 9–16, Sa 9–12 und 12.30–15 Uhr).

Grand Hotel Zvon 1: nám. P. Otakara II. 28, Tel. 387 311 384, Fax 387 311 385, sales@hotel-zvon.cz. Traditionsreiches Hotel am schönsten Platz im Ortszentrum, Zimmer und Service entsprechen aber nicht immer den Erwartungen. DZ 70–150 €.

Malý Pivovar 2: Karla IV. 8–10, Tel. 386 360 471, Fax 386 360 474, hotel@malypivovar.cz. Komfortable, äußerst geschmackvoll und stilsicher eingerichtete Zimmer in altem Gemäuer. DZ 80–110 €.

Klika 3: Hroznová 25, Tel. 387 318 171, Fax 387 222 775, hotel@hotelklika.cz. Gut ausgestattete, helle und freundliche Zimmer, Im Restaurant sind noch Spuren der alten Stadtmauer aus dem 14. Jh.zusehen. DZ 60–80 €.

U Solné Brány 4: Radniční 11, Tel. 386 354 121, Fax 386 354 120, hotel@hotelusolnebrany.cz. Nettes kleines Hotel im historischen Zentrum – hier stimmt das Preis-Leistungs-Verhältnis. DZ 50–80 €.

Bohemia 5: Hradební 20, Tel./Fax 386 360 691, hotel-bohemia@volny.cz. Geboten wird moderner Komfort in barocken Bürgerhäusern mit einladend-gemütlichen Zimmern; gutes Restaurant in romantischem Kellergewölbe. DZ 50–70 €.

Penzion Centrum 6: Biskupská 130, Tel. 387 311 801, Fax 387 311 393, penzion_restaurant@centrum.cz. Große Zimmer, netter Service, zentrale Lage – eine Top-Adresse für kleinere Brieftaschen. DZ 40–50 €.

Beran 7: Žižkova 3, Tel. 386 359 559, 11–23 Uhr. Mit Krimskrams ausgestattetes Kellerlokal, international südländische Küche, recht schmackhafte und gute Abwechslung zum Schweinebratenalltag. Hauptgerichte 4–10 €.

Columbia 8: Česká 30, Tel. 387 315 915, 10–23 Uhr. Sympathisches Café-Restaurant mit Riesenportionen der böhmischen Küche. Hauptgerichte ab 5 €.

Vino z Panské 9: Panská 14, Tel. 387 318 511, werktags ab 10 Uhr. Winziges Weinrestaurant im 1. Stockwerk über einer gut sortierten Weinhandlung, zu essen gibt es kräftige böhmische Happen. Ab 5 €.

U Havrana 10: Panská 13, Tel. 387 318 132, 11–23 Uhr. Eine der vielen Bierkneipen der Stadt, mit süffigem Budweiser, versteht sich. Snacks ab 3 €.

Im Stadtzentrum finden sich zahlreiche Bierkneipen, Weinlokale, Bars und Clubs wie z. B.:

Legend Bar: Radniční 9. Hier wird zuweilen bis zum Morgengrauen gefeiert.

Club Zeppelin: nám. Otakara II. 38/3. Stock. Rockmusik und Aktionen.

Direkte Schnellzugverbindungen gibt es mehrmals täglich mit Plzeň, Tábor, Prag, Jíhlava und Linz, Busse von und in alle größeren Orte Südböhmens (Busbahnhof Žižkova 32).

Zlatá Koruna

Die dreischiffige Basilika von **Zlatá Koruna** 16 (Goldenkron) ist seit sieben Jahrhunderten Pfarrkirche des Ortes, während das benachbarte, ursprünglich durch Mönche aus Heiligenkreuz in Niederösterreich besiedelte Kloster nach seiner Aufhebung durch Joseph II. zunehmend verkam und bis 1908 einer Metallgießerei als Produktionsstätte diente. Die Klostergründung geht auf König Ottokar II. (1263) zurück und soll an seinen Sieg über die Ungarn erinnern. 1420 wurde der Komplex von den Hussiten niedergebrannt, nach 1609 jedoch wieder barock aufgebaut.

Ein architektonisches Juwel ist die gotische **Konventskirche Mariä Himmelfahrt,** die im Barock üppig ausgestattet wurde. Ein optisches Phänomen ist beachtenswert: Im großen Weihwasserbecken spiegeln sich das Presbyterium, der monumentale barocke Hochaltar und das Deckengemälde darüber, eine Darstellung von Mariä Himmelfahrt, in all ihrem Glanz wider. Es bedarf freilich nicht dieser optischen Spielerei, um die Harmonie der mit 70 m Länge gewaltigen Architektur aus der Werkstatt Michael Parlers bewundern zu können. Der böhmische Barockkünstler Jakob Eberle schuf das Ehren-Grabmal Ottokars II. im Chor: Die Schlachtenbilder verherrlichen den Sieg des Přemysliden über die Ungarn, der geöffnete Deckel verweist darauf, dass der König nicht hier begraben ist, sondern im Prager St.-Veits-Dom, während die Darstellung des mit der böhmischen Krone davoneilenden Merkur Ottokars kurzes Glück und jähes Ende andeuten. Eine Kopie der ›Goldenkroner Madonna‹, eines gotischen Tafelbildes im ›Schönen Stil‹, schmückt den Hauptaltar. Das Original befindet sich in der Prager Nationalgalerie.

Der ehemalige **Klosterkomplex** präsentiert sich in verträumter Stille: Der gotische, mit Stuck und Malerei des Rokoko verzierte Kreuzgang, der hochgotische Kapitelsaal mit Kreuzrippengewölben über zwei Mittelpfeilern und die Reste der kleinen Schutzengelkapelle wurden sorgfältig wieder instand gesetzt.

In einem der Konventsgebäude zeigt die Staatliche Wissenschaftliche Bibliothek von Budweis eine Ausstellung südböhmischer Literatur – ein herrlicher Platz, um in Ruhe zu schmökern, vorausgesetzt, man versteht die tschechische Sprache (Klášter Zlatá Koruna, Tel. 380 743 126, April, Mai, Sept., Okt. tgl. außer Mo 9–12 und 13–16, Juni–Aug. tgl. außer Mo 8–12 und 13–17 Uhr).

Südböhmen: Der Osten

Karte S. 299

Eine beruhigend-schöne Kulturlandschaft, durchzogen von einem Netz von Kanälen und mehr als 500 Fischteichen, grandiose Stadtensembles und einige der schönsten und romantischsten Burgen Südböhmens erwarten den Besucher in dem abwechslungsreichen Gebiet östlich von České Budějovice und Tábor.

Nové Hrady

Das liebliche Städtchen **Nové Hrady** 1 (Gratzen) am Nordrand der gleichnamigen Berge erlebte unter den Rosenberger Herrschern seine Blütezeit. Nach der Niederschlagung des böhmischen Adelsaufstandes gelangte es in den Besitz des kaiserlichen Generals Karl Bonaventura Buquoy, dessen Nachfahren bis 1945 hier residierten. Die gotische, später mehrmals umgebaute **Burg** wurde nach der Wende mehrere Jahre lang restauriert und beherbergt heute eine ständige Ausstellung südböhmischer Glaserzeugnisse (Státní hrad, Tel. 386 362 135, Mai–Sept. tgl. außer Mo 9–12 und 14–16 Uhr) sowie Institute der tschechischen Akademie der Wissenschaften. In dem von den Buquoys zu Anfang des 19. Jh. errichteten **Empire-Schloss** mit einem ausgedehnten englischen Park ist eine landwirtschaftlich-technische Fachschule untergebracht.

Umgebung

Besonders schön ist die Umgebung der Stadt, vor allem der unter Naturschutz stehende Landschaftspark **Terezino údolí** 2 (Theresiental) 1 km südwestlich von Nové Hrady. Ein Naturlehrpfad führt an romantischen Empirebauten und exotischen Bäumen und Sträuchern vorbei bis zu einem künstlichen Wasserfall am Flüsschen Stropnice (Strobnitz), über dem sich die spätgotische **Festung Cuknštejn** erhebt (Zuckenstein, Besichtigung auf Anfrage).

i **Infozentrum:** 37333 Nové Hrady, nám. Republíky 46, Tel. 386 362 195, kic@novehrady.cz (Mai–Sept. Mo–Fr 10–17 Uhr). Vermittelt auch günstige Privatquartiere.

Třeboň

Wer in Böhmen den Namen dieser 9000-Seelen-Gemeinde hört, denkt zuallererst an Karpfen. Gewiss, die schmackhaften Fische aus einem der vielen Teiche im Umland der mittelalterlichen Stadt **Třeboň** 3 (Wittingau) zählt – insbesondere in der Weihnachtszeit – zu den meistbegehrten kulinarischen Spezialitäten des Landes. Dennoch wird die Assoziation dem alten Wittingau nur zu einem geringen Teil gerecht. Die Entwicklung der Teichwirtschaft hängt nämlich eng mit jener Stadt zusammen, die ihrerseits der Blütezeit unter der Herrschaft der Rosenberg und Schwarzenberg hervorragende architektonische Ensembles verdankt. Restauratoren und Denkmalschützer haben ganze Arbeit geleistet, um diesen Ort wieder in all seiner Pracht herauszuputzen.

Stadtrundgang

Rund um den langgezogenen **Marktplatz** (Masarykovo nám.) und in dessen Seitengassen reiht sich ein schönes Bürgerhaus an das andere. Viele sind im Kern spätgotisch oder aus der Renaissancezeit, einige noch mit Laubengängen versehen. Am bemerkenswertesten: das Renaissance-**Rathaus** (1566)

In Třeboň ein beliebtes Fotomotiv: das Schloss

und das Eckhaus **›U bílého koníčka‹** (Zum weißen Rößl, 1544), heute ein Hotel.

Ungebrochener Tradition erfreut sich das **Brauhaus** in der Seitenstraße Březanova, ursprünglich im Renaissance-Stil erbaut, dann barockisiert. Die 1379 gegründete Brauerei erzeugt heute jährlich rund 320 000 Hektoliter helles und dunkles Bier der beliebten Marke ›Regent‹.

Als Vorbild für eine Reihe weiterer Sakralbauten in Böhmen diente die 1367–1380 als zweischiffige Hallenkirche errichtete **St.-Ägidius-Kirche** (Chrám sv. Jiljí), ein in seiner Form ausgewogenes Juwel gotischer Baukunst. Im Zuge der Barockisierung 1781 wurden die kostbaren Tafelbilder des Meisters von Wittingau entfernt; drei von ihnen befinden sich heute in der Prager Nationalgalerie. Der Kirche erhalten blieb (am rechten Seitenaltar) glücklicherweise die ›Madonna von Wittingau‹ eine gotische Kalksteinfigur (um 1390), deren unbekannter Schöpfer mit dieser Skulptur den ›Schönen Stil‹ bereits vorweggenommen hat.

Das weitläufige Areal des **Schlosses** mit vier Höfen schließt sich direkt an den Marktplatz an. In dem prächtigen Renaissancebau sind mit Mobiliar, Bildern und Waffen reich ausgestattete Räumlichkeiten zu besichtigen. Hinter dem Schloss erstreckt sich ein großer englischer Park (Zámek Třeboň, Tel. 384 721 193, Apr./Mai und Sept./Okt. Di–So 9–16, Juni–Aug. tgl. außer Mo 9–17.15 Uhr).

Umgebung von Třeboň

Bereits im 15. und 16. Jh. entstand im Auftrag der Rosenberg ein geradezu perfektes und bis heute unübertroffenes System von Kanälen und Teichen, das den Fluss Lužnice (Lainsitz) als Wasserspender einbindet. Hauptader ist der **Zlatá stoka,** der so genannte Goldene Kanal, 48 km lang, 2–4 m breit und durchschnittlich 1,5 m tief. Er speist die meisten Fischteiche, die zum Teil riesige Ausmaße haben. Der größte, der **Rožmberský rybník** (Rosenberger Teich), breitet sich über 720 ha aus und wird von einem 2,4 km langen, bis zu 26 m hohen Damm aufgestaut. Auf heftige Proteste der Bewohner von Třeboň stieß seinerzeit die Anlage des **Rybník svět** (Weltteich), der bis unmittelbar an die Stadtmauern reichte. Schließlich aber beruhigten sich die Gemüter, und heute befindet sich an dem Teich ein Moor-Heilbad.

1977 wurde das Gebiet um Třeboň – eine Fläche von 700 km^2 – als Biosphären-Reservat von der UNESCO unter Schutz gestellt. Für Radler gibt es einen 39 km langen Radwanderweg (Cyklistická stezka Okolo Třeboňe) mit 22 Informationstafeln an den interessantesten Stellen der östlichen Umgebung von Třeboň. Südlich der Stadt liegt das 6000 ha große **Torfmoor Červené blato**, das auf einem Naturlehrpfad durchwandert werden kann.

Zu einer Touristenattraktion ersten Ranges hat sich die alljährliche **›Karpfen-Ernte‹** im Spätherbst entwickelt. Dabei wird aus dem jeweiligen Teich, der danach eine2-3-jährige-Schonzeit erhält, das Wasser ausgelassen, und bald zappeln die kräftigen Fische – neben Karpfen auch Zander, Aale, Schleie, Hechte und Welse – in den Netzen. Damit sie möglichst frisch auf die Weihnachtstische wandern, kommen die Tiere zunächst in riesige Wasserbehälter, in denen sie auch transportiert werden. Die Ernte kann sich sehen lassen: Allein aus dem Rosenberger Teich werden im Durchschnitt jährlich 100 t Fisch gewonnen.

Infozentrum: 37901 Třeboň, Masarykovo nám. 103, Tel. 384 721 169, info@iks.tbnet.cz (Sept.–Mai Mo–Fr 9–17, Juni Mo–Fr 9–18, Sa 9–12, Juli/August Mo–Fr 9–19, Sa, So 9–12 und 15–19 Uhr).

Zlatá hvězda: Masarykovo nám. 107, Tel. 384 757 111, Fax 384 757 300, mailbox@zhvezda.cz. Bestes Hotel am Ort. Kurzentrum mit Moorbädern. DZ 60–90 €.

Bílý koníček: Masarykovo nám. 97, Tel. 384 721 213, hotel@hotelbilykonicek.cz. Hinter der üppigen Renaissance-Fassade verbergen sich recht simple Zimmer. DZ 30–45 €.
Penzion Siesta: Hradební 26, Tel. 384 724 831, penzionsiesta@tiscali.cz. Freundlicher Familienbetrieb in Zentrumsnähe, hier fühlt man sich wirklich willkommen. DZ 20–30 €.

Bílý koníček: Masarykovo nám. 97, Tel. 384 721 213, 11–22 Uhr. Spezialisiert auf Fischgerichte ab 7 €.
Šupina: Valy 155, Tel. 384 721 149, 11–22 Uhr. Eines der populären Fischrestaurants dieser Gegend. HAuptgerichte ab 6 €.

Stündliche **Busverbindungen** von und nach České Budějovice, mehrmals pro Tag von und nach Jindřichův Hradec.

Jindřichův Hradec

Die Kleinstadt **Jindřichův Hradec** 4 (Neuhaus) entstand um eine Burg des Wittigonen Heinrich, der ihr den Namen Nova Domus – Neuhaus – gab. Das weithin sichtbare Schloss, das aus dieser Burg hervorging, ist heute ein Besuchermagnet im nordöstlichen Südböhmen.

Schloss

Jindřich (Heinrich) errichtete zu Beginn des 13. Jh. an einem der wichtigsten Handelswege seine Burg ›Nova domus‹ (Neues Haus), von der aus das Geschlecht der Herren von Neuhaus (z Hradce) bis zu seinem Aussterben 1604 regierte. Von der ursprünglich romanischen Burganlage blieben nur noch Reste erhalten, während gotische Teile, ein mächtiger Rundturm und ein zweistöckiger Burgpalast, die Zeiten unbeschadet überdauert haben. Sein heutiges Aussehen erhielt das größte Wasserschloss Böhmens – seit 1945 in staatlichem Besitz – jedoch vor allem durch italienische Baumeister des 16. Jh.

Hochrangige Kunstwerke, darunter gotische Fresken, Renaissance-Bilder, Gemälde des Barockmalers Peter Brandl, Porzellan

Mit den Autoren unterwegs

Im Karpfenparadies ...

... ist man in dem hübschen Städtchen **Třeboň.** Einmal im Jahr werden die Karpfenteiche abgelassen – ein Spektakel, bei dem man zuschauen kann (s. S. 295)

Ein Schloss, zwei Schlösser ...

Wer nach Hluboká von Schlossbesichtigungen noch nicht genug hat: Das mächtige Schloss von **Jindřichův Hradec** lohnt auf alle Fälle einen Besuch (s. S. 297), für romantisch Veranlagte ist das entzückende Wasserschlösschen **Červená Lhota** vielleicht eher zu empfehlen (s. S. 300).

und flämische Gobelins, werden dem Besucher beim Rundgang durch die weitläufigen Räumlichkeiten des Schlosses präsentiert. Nicht versäumen sollte man das manieristische Gartenrondell, für dessen Stuckverzierung in den 90er Jahren des 16. Jh. sage und schreibe 4,5 kg Gold verwendet wurden. Aufgrund der hervorragenden Akustik unter der 15 m hohen Kuppel dient das Rondell als Konzertsaal. Emma Destinová, im Nachbarort Stráž geboren, gab hier Anfang des 20. Jh. ihre ersten Liederabende, ehe sie als Partnerin Enrico Carusos an der New Yorker Met Triumphe feierte.

An eine andere berühmte Dame von Schloss Neuhaus wird in der aus der Zeit um 1500 stammenden Schwarzen Küche – der besterhaltenen Räucherküche Böhmens – erinnert, an die ›Weiße Frau‹, die auch in diesen Mauern spuken soll. Der Sage nach soll sie jeweils am Gründonnerstag hier einen süßen Brei für die Armen der Stadt gekocht haben (Tel. 384 321 279, zamekjindrichuvhradec@elsynet.cz, tgl. außer Mo Apr. und Okt. 10–15.15, Mai und Sept. 10–12 und 13–16.15, Juni–Aug. 9.30–16.15 Uhr).

Sehenswertes im Ort

Der **Friedensplatz** (nám. Míru) ist der zentrale Marktplatz mit schönen Bürgerhäusern (Renaissance-Sgrafito am Haus Nr. 139/Lagrův dům), dem barocken Rathaus und einer Dreifaltigkeitssäule. Hinter dem Rathaus steht die gotische **Kathedrale Mariä Himmelfahrt**. Vom Turm der Kirche bietet sich ein schöner Rundblick über die Stadt (tgl. 10–12 und 13–16 Uhr). Im **Kreismuseum** im ehemaligen Jesuitenkolleg erwarten den Besucher eine hervorragende Sammlung gotischer und barocker Plastiken und die größte Weihnachtskrippe des Landes, bestehend aus mehr als 1000 zum Teil beweglichen Figuren und Gegenständen, die der Strumpfmacher Tomáš Krýza bis 1756 in 60-jähriger Arbeit geschaffen hat (Muzeum Jindřichohradecka, Balbínovo nám. 19, Tel. 384 363 660, Mai und Okt. Di–So, Juni bis Sept. tägl. 8.30–12 und 13–17 Uhr).

Infozentrum: 37701 Jindřichův Hradec, Panská 136, 384 363 546, Fax 384 361 503, info@jh.cz (Sept.–Juni Mo–Fr 8–17, Sa 8–12, Juli/Aug. Mo–Fr 8–18, Sa, So 8–12 Uhr).

Concertino – Zlatá Husa: nám. Míru 141, Tel. 384 362 320, Fax 384 362 323, svihalek@concertino.cz. Spitzenhotel der Stadt am zentralen Marktplatz, höchster Komfort nach internationalem Standard. DZ 60–90 €.

Bílá Paní: Dobrovského 5, Tel. 384 363 329, Fax 384 362 660, recepce@hotelbilapani.cz. Die ›Weiße Frau‹ hat sich in einem historischen Bürgerhaus gegenüber dem Schloss einquartiert: Gepflegtes kleines Hotel in ruhiger Lage. DZ 40–60 €.

Cyklopenzion Kasper: nám. Míru 178, Tel./Fax 384 361 474, kasper@cyklopenzion.cz. In dem liebevoll restaurierten Haus am Hauptplatz ist man ganz auf Fahrrad-Touristen eingestellt. DZ 40–60 €.

Die besten Restaurants findet man in den Hotels **Concertino** (böhmische Küche mit französischem Einschlag, Hauptgerichte ab 8 €) und **Bílá Paní** (große Auswahl an lokalen Spezialitäten, Hauptgerichte ab 6 €, Adressen s. oben bei Übernachtung).

Südböhmen: Der Osten

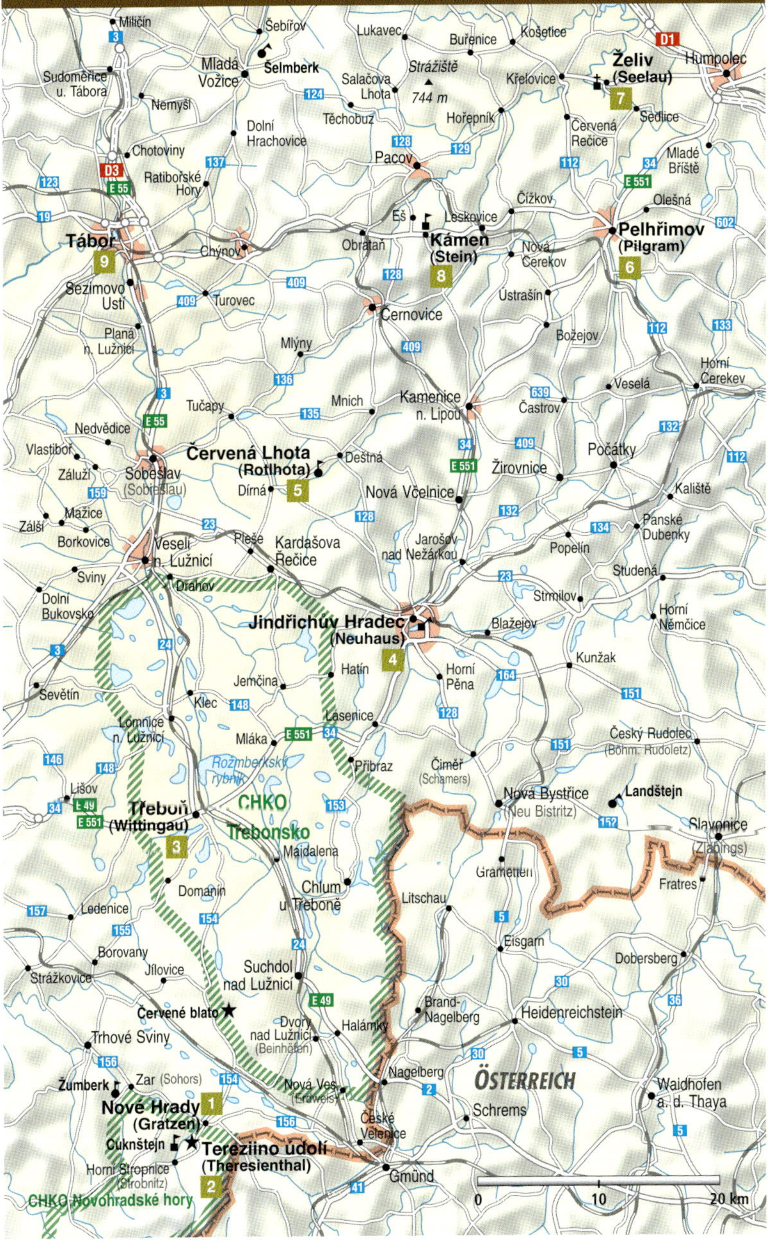

Pod Hradem: Tel. 384 362 203, 11–23 Uhr. Bistro mit Terrasse am Fluss, große Getränkeauswahl, einfache Gerichte ab 4 €.

Die 20 000-Einwohner-Stadt liegt an der Bahnlinie České Budějovice – Jihlava, beide Orte sind in etwa einer Stunde erreichbar. Direkte Züge verkehren auch nach Tábor und Prag. Regelmäßige Busverbindungen gibt es mit Telč, Tábor, Slavonice, České Budějovice, Brno und Prag.

Červená Lhota

Inmitten eines von dichten Wäldern umgebenen idyllischen Parks spiegelt sich das rote Renaissanceschloss **Červená Lhota** 5 (Rotlhota) im dunklen Wasser eines Teichs. Eine schmale Steinbrücke verbindet das vierflüglige Gebäude, das beinahe die ganze Fläche des aus dem See herausragenden Felsens einnimmt, mit dem ›Festland‹. Wo einst herrschaftliche Kutschen anrollten, stauen sich heute die Besucher, denn das Märchenschloss, seit 1945 in Staatsbesitz, zählt trotz seiner Lage abseits großer Straßen zu den beliebtesten Sehenswürdigkeiten Tschechiens. Die ehemalige Sommerresidenz der Schönburg-Hartensteins dient nicht nur immer wieder als Filmkulisse, sondern auch als stilvoller Rahmen für Hochzeiten.

In den von den letzten adligen Besitzern ausgestatteten Räumen sind wertvolles Mobiliar, Barock- und Rokoko-Kachelöfen, Porzellan führender europäischer Werkstätten sowie eine Bildersammlung italienischer, holländischer und österreichischer Maler zu bewundern. Der Musiksalon erinnert an den Komponisten **Karl Ditters von Dittersdorf** (1739–1799), einen der Mitbegründer der deutschen Oper, der die letzten zwei Jahre seines Lebens auf Schloß Červená Lhota verbrachte.

Im Großen Arbeitszimmer begegnet man einer kunsthistorischen Rarität: einem Gemälde mit der Abbildung von Joachim und Zacharias von Hradec (um 1529). Es handelt sich um eines der ganz seltenen Kinderporträts der Renaissance, herrschte doch damals der Aberglaube, auf Bildern festgehaltene Kinder würden das Jahr nicht überleben. Joachim und Zacharias erreichten dennoch ein hohes Alter. Als hässliche Alte hat ein zeitgenössischer Graphiker Margarethe Maultasch von Kärnten und Tirol porträtiert. Die böse Karikatur der resoluten Herzogin – sie vertrieb ihren böhmischen Ehemann aus Tirol – befindet sich in der Schlossküche (Tel. 384 384 228, April u. Okt. nur Sa, So 9–16, Mai u. Sept. Di–So 9.30–16, Juni–Aug. Di–So 9.30–17.15 Uhr).

Pelhřimov

Der regelmäßige Grundriss um einen großen quadratischen Platz, angelegt von den Prager Bischöfen im 13. Jh., prägt auch heute noch den unter Denkmalschutz stehenden Kern des hübschen Bezirksstädtchens **Pelhřimov** 6 (Pilgram). Stress scheint hier unbekannt zu sein. Bereits am frühen Nachmittag spazieren die Einheimischen mit ihren Kindern gemächlich über den von Renaissance- und Barockhäusern, aber auch einem bemerkenswerten kubistischen Bau aus den Jahren 1913–15 gesäumten **Marktplatz**, der für den Autoverkehr gesperrt ist. Um den Empire-Brunnen mit der Statue des hl. Jakob in der Mitte des Platzes schart man sich zu einem Schwätzchen, auch die Lokale, zum Teil mit Tischen in Laubengängen, sind gut besucht.

Von den alten Befestigungen sind noch Teile der Stadtmauer sowie zwei Tore erhalten, das **Rinaretzer Tor** (Rynárecká brána) im Süden und das kleinere **Iglauer Tor** (Jihlavská brána). Die **Pfarrkirche St. Bartholomäus**, eine dreischiffige Basilika mit Bauelementen der Gotik, Renaissance und des Barock, sowie das spätbarocke **Schloss**, heute Sitz des **Kreismuseums** (Tel. 565 323 184, Okt.–März Di–Fr, Apr.–Sept. Di–So 9–12 und 13–17 Uhr), schließen direkt an den Platz an.

Infozentrum: Masarykovo nám. 1, Tel. 565 326 924, ic@kzpe.cz (Juni–Sept.

tgl. 9–12.30 und 13–17, Okt.–Mai Mo–Fr 9–12.30 und 13–16 Uhr).

Želiv

Die stille Ortschaft **Seelau** 7 abseits der großen Touristenwege ist wegen ihres **Prämonstratenserklosters** zumindest einen kurzen Besuch wert. Mit dem Gründungsjahr 1139 zählt die Abtei Želiv zu den ältesten Klöstern Böhmens. Vom ursprünglich romanischen Bau blieb kaum ein Stein mehr erhalten, gotische Elemente wurden zu Beginn des 18. Jh. im Zuge der barocken Erneuerung durch Giovanni Santini in die Architektur einbezogen. Insbesondere die Klosterkirche Mariä Geburt stellt eines der schönsten Beispiele der für Böhmen typischen ›Barockgotik‹ dar: üppige Ausstattung unter schlichtem Rippengewölbe. Eine geschnitzte Kanzel, über und über mit Gold verziert, wertvolles Chorgestühl und Altarbilder von Anton Maulpertsch sind nur einige der kostbaren Details dieses Barockjuwels unter gotischem Dach.

Mit viel Elan wurde 1991 das klösterliche Leben – und die Tradition der Bierbrauerei – wieder aufgenommen, etwa 30 Mönche betreuen mittlerweile Pfarreien der Umgebung. Im eigenen Haus trauert der Orden seiner großen Bibliothek nach, deren Bestände die KP-Machthaber über das ganze Land verteilt haben. Die Ordensbüder sind jedoch zuversichtlich, zumindest einen Teil ihres Bücherschatzes wieder zurückzuerhalten (Tel/Fax 565 581 193, www.zelic.cz, Klosterführungen Mo–Sa um 10 und 15, So um 15 Uhr).

Tipp für Motorradfans

Das Dörfchen **Kamen** 8 (Stein) auf der Staatsstraße Nr.19 wartet in seiner ursprünglich gotischen, im 19. Jh. im Stil des Historismus umgebauten Burg mit einer Attraktion für Rennsportfans auf, nämlich mit einem **Internationalen Motorrad-Museum**. Das älteste Exponat stammt aus dem Jahr 1894, wurde in München konstruiert und erreichte eine Spitzengeschwindigkeit von 40 km/h. Ein Rundgang durch die Ausstellung erinnert daran, dass Tschechen im Motorradbau seit jeher eine führende Rolle gespielt haben und auch im Rennsport beachtliche Erfolge erzielen konnten (Muzeum Motocykli, April und Okt. nur Sa, So 9–12 und 13–16, Mai bis Sept. Di–So 9–12 und 13–17 Uhr).

Tábor

»Für uns ist Tábor Programm, und dem bleiben wir treu«: Stolze Worte fand 1918 der soeben aus dem Exil heimgekehrte Tomáš G. Masaryk für eine stolze Stadt, einen Hort der Revolution des Glaubens und der Politik. Die Bürger von Tábor 9 wichen stets nur der Gewalt, im Grunde ihres Herzens aber blieben sie gegenüber allen Obrigkeiten widerborstig.

Die Geschichte der Stadt ist untrennbar mit dem Schicksal der Hussiten verbunden. Tábor – der Name geht auf den biblischen Berg zurück, auf dem Jesus den Jüngern in gleißendem Licht erschien – war Keimzelle und Heimat der radikalen Sozialrevolutionäre unter dem Banner des Kelches (s. Thema S. 303).

Auf den ersten Blick scheint die 37 000 Einwohner zählende Stadt heute wenig einladend, ist sie doch von gesichtslosen Industrieanlagen und grauen Plattenbauten umgeben. Wer aber durch die Vororte dringt, den erwartet im Zentrum ein atemberaubend schönes Altstadtensemble.

Rundgang

Selbstbewusst thront der von dicken Mauern und mächtigen Türmen umgebene historische Ortskern auf einem Felsen über der Lužnice (Lainsitz) und dem Teich Jordan, dem 1492 angelegten ältesten Stausee Böhmens, der die Stadt Jahrhunderte lang mit Trinkwasser versorgte und heute als Freizeitanlage genutzt wird. Unverhohlenen Bürgerstolz strahlen die prächtig herausgeputzten Häuser rings um den **Žižka-Platz** (Žižkovo náměstí) und in den angrenzenden kleinen Gässchen aus, insbesondere das spätgotische **Rathaus** mit seinen markanten Giebeln. Es beherbergt das Hussiten-Museum, eine umfangreiche, mit viel Liebe zum Detail aufbereitete Dokumentation über ein bedeutendes Kapitel europäischer Geistesgeschichte. Ein prächtiges Netzrippengewölbe überspannt den Großen Rathaussaal (Husitské muzeum, Tel. 381 252 245, Nov.–März Mo–Fr. 9–16, Apr.–Okt. tgl. 8.30–17 Uhr).

Vom Museumsgebäude aus zugänglich sind derzeit rund 800 m Kellergewölbe. Die im 15. und 16. Jh. bis zu einer Tiefe von 16 m unter dem Žižka-Platz angelegten unterirdischen Gänge haben eine Gesamtlänge von 14 km. Sie dienten der Bevölkerung als Zufluchtsort in Kriegen und bei Bränden, aber auch zur Lagerung von Lebensmitteln, denn hier herrscht beständig eine Temperatur von 10°C (Besichtigungszeiten wie Museum, Führungen ab 5 Teilnehmern).

Dominierendes Bauwerk des Hauptplatzes ist die **Dechanatskirche** ›Zur Verklärung Christi auf dem Berge Tabor‹, ein spätgotisches dreischiffiges Gotteshaus mit 77 m hohem Turm, dem 1677 eine barocke Kuppel aufgesetzt wurde. Vor der Kirche blickt von seinem Sockel der einäugige Feldherr Žižka trutzig herab, ein Werk des Bildhauers Josef Strachovský (1884). Die Jahreszahl 1567 trägt der Renaissance-Brunnen mit Rolandsstatue im Mittelpunkt des Platzes.

Von den mittelalterlichen Befestigungsanlagen ist vor allem das **Bechiner Tor** (Bechyňská brána) mit dem Rest der ehemaligen Hussiten-Burg, dem runden Kotnov-Turm, sehenswert. Ein kleines **Museum** in dem Gebäude dokumentiert das bäuerliche Leben der Gegend (Mai–Sept. tgl. 8.30–17 Uhr).

Umgebung

Wer den Turm besteigt, überblickt nicht nur die gesamte Altstadt, sondern sieht auch die Silhouette der barocken Wallfahrtskirche ›Mariä Himmelfahrt‹ von **Klokoty** (Klokot), die sich 1 km westlich auf dem gegenüberliegenden Hügel am Rand eines modernen Wohnviertels erhebt. Eine zeitlose Atmosphäre umgibt den mit vielen Türmchen geschmückten Bau. Alte Leute, Bewohner des im benachbarten ehemaligen Klostergebäude untergebrachten Seniorenheimes, sinnieren auf den Bänken der Hofarkaden vor sich hin, die durch ein Tor direkt mit dem Friedhof verbunden sind (Klosterführungen müssen im Infozentrum angemeldet werden).

Infozentrum: 39001 Tábor, Žižkovo nám. 2, Tel. 381 486 230, Fax 381 486 239, infozentrum@mu.tabor.cz (Mai–Sept. Mo–Fr 8.30–19, Sa, So 10–16, Okt.–Apr. Mo–Fr 9–16 Uhr).

Dvořák: Hradební 3037, Tel. 381 251 290, Fax 381 251 299, dvorakta@genea2000.cz. Internationales Kongresshotel mit komfortablen Zimmern und guter Infrastruktur. DZ 90–110 €.
Lázně: Čelkovice 44, Tel. 381 202 511, Fax 381 202 513, lazne@genea2000.cz. Der Hotelneubau auf dem Gelände des ehemaligen Stadtbades am Fluss bietet schöne, helle Zimmer mit guter technischer Ausstattung. DZ 70–80 €.
Dáša: Bílkova 735, Tel. 381 256 253, pensiondasa@volny.cz. Nette 20-Betten-Pension mit Fitnessraum und Sauna. DZ 30–40 €.

U dvou koček: Svatošova 310, Tel. 381 256 802, tgl. 10-23 Uhr. Böhmisch-mährische Speisen mit einem Hauch französischer Küche. Hauptgerichte ab 7 €.
Meluzina: Radnická, Tel. 381 254 180, 10-22 Uhr. Restaurant und Cocktail Bar neben dem Rathaus, Sommerterrasse, böhmische Spezialitäten. Hauptgerichte ab 6 €.
Beseda: Žižkovo nám. 5, Tel. 381 253 723, Mo-Do 11-22, Fr, Sa 10-23 Uhr. Traditionswirtshaus am Hauptplatz, deftige böhmische Speisen. Hauptgerichte ab 5 €.

Hussiten-Festival: jeweils 2. September-Wochenende; Musik, Tanz, Umzüge in mittelalterlichen Kostümen.

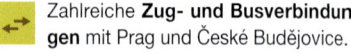

Zahlreiche **Zug- und Busverbindungen** mit Prag und České Budějovice.

Vorkämpfer für eine tschechische Kirche

Thema

Die politische, wirtschaftliche und soziale Situation war Ende des 14. Jh. zum Zerreißen gespannt. Der Blütezeit unter Karl IV. folgte der Verfall der Staatsmacht. Katastrophen, Krankheiten und Tod galten als Strafe Gottes. Dies war die Zeit, in der Jan Hus, Magister, Lehrer und Dekan an der Prager Universität, seine revolutionären Thesen entwickelte.

Jan Hus, 1369 oder 1371 im südböhmischen **Husinec** (Husinetz) geboren, forderte unter Berufung auf das Gewissen eine von Besitz und aller Weltlichkeit gereinigte Kirche sowie die Selbständigkeit der Tschechen. Ein Skandal, doch unter der Bevölkerung stießen seine Predigten in der Prager Bethlehemskapelle, die von ihren Gründern zur Verkündung des Wortes Gottes in tschechischer Sprache bestimmt war, auf breite Zustimmung.

Der Papst reagierte mit Exkommunikation, Hus musste sich auf die Ziegenburg (Kozí hrádek) nahe Tábor zurückziehen, wo er zahlreiche Schriften, darunter sein Hauptwerk ›De ecclesia‹, verfasste, mit denen er die gesamte Herrschaftsordnung der katholischen Kirche in Frage stellte. Unter Zusicherung freien Geleits durch König Sigismund stellte er sich 1414 dem Konzil von Konstanz, um seine Thesen vorzutragen. Doch das Wort des Kaisers war nichts wert. Man erhob Anklage wegen Ketzerei und brachte ihn auf den Scheiterhaufen.

Der Feuertod entwickelte sich rasch zum Flächenbrand, denn nun verweigerten die Anhänger des Hingerichteten dem Papst den Gehorsam. Einer seiner Schüler, Magister Jakoubek von Stříbro, führte das Abendmahl ›in beiderlei Gestalt‹ (sub utraque specie) ein, bei dem auch einfache Laien beim Sakrament den Wein aus dem Kelch tranken. Die ›Utraquisten‹, wie sich die Hussiten seither nannten, konnten sich nur wenige Jahre relativ friedlicher Religionsausübung erfreuen, dem Ersten Prager Fenstersturz 1419 folgten 15 Jahre blutiger Kämpfe, die als ›Hussitenkriege‹ in die Geschichte eingegangen sind. Tábor wurde zum Zentrum der radikalsten Utraquisten, deren genialer Feldherr Jan Žižka von Trocnov den königlich-katholischen Truppen eine Niederlage nach der anderen beibrachte. Žižka bestand auch auf den Ausbau der Festung Tábor, und die sagenhaften Bottiche am Stadtplatz, in die alle Neuankömmlinge ihr Barvermögen warfen, dienten zur Finanzierung der Bollwerke.

Die hussitischen Heere verbreiteten Angst und Schrecken, doch gelang es Rom, die Bewegung zu spalten. Auf dem Basler Konzil (1433) wurden den Utraquisten in den ›Prager Kompaktaten‹ weitgehende Zugeständnisse gemacht. Die weiterhin kampfenden Taboriten mussten sich 1434 der Übermacht geschlagen geben.

Im Zuge der Gegenreformation leisteten vor allem die Jesuiten ganze Arbeit bei der Zurückdrängung der ›Ketzer‹, hussitische Literatur stand auf dem Index der verbotenen Bücher. Die staatspolitischen Ideen des Jan Hus fielen erst wieder bei der tschechischen Nationalbewegung des 19. Jh. auf fruchtbaren Boden, die religiösen mündeten 1920 in der Gründung der ›Tschechoslowakischen Hussitischen Kirche‹, die in Böhmen und Mähren heute als ›Tschechische Nationalkirche‹ etwa eine halbe Million Anhänger besitzt.

Rund um den Orlík-Stausee

Karte S. 305

Die älteste Steinbrücke und die bedeutendste frühgotische Königsburg Tschechiens sind weitere Höhepunkte im Besichtigungsprogramm. Die Natur wartet mit einem Patchwork aus Wäldern, Wiesen und Wasserläufen auf. Rund um den Orlík-Stausee bietet ein großes Erholungsparadies zahlreiche Bade-, Wander- und Angelmöglichkeiten.

Písek

Gold war das Motiv für die Gründung der könglichen Stadt durch Přemysl Ottokar II. Mitte des 13. Jh.: das Edelmetall, das schon die Kelten aus dem Flusssand (písek = Sand) der Otava (Wottawa) wuschen, und auch die klingenden Münzen, die der ›Goldene Steig‹ als bedeutende Handelsstraße des Mittelalters der Lagerstätte **Písek** 1 (Pisek) bescherte. Als die Quellen des Reichtums versiegten, baute man im 19. Jh. eine florierende Textil- und Möbelindustrie auf, die bis heute die rund 30 000 Bürger nährt. Daneben wurde die kulturelle Tradition gepflegt. Písek verfügt über ein ständiges Theater und über zahlreiche Schulen, die der Stadt ein junges Gepräge geben.

Altstadt

Lebendig ist aber auch die Vergangenheit von **Písek.** Auf sieben Pfeiler stützt sich die 111 m lange **frühgotische Steinbrücke** über die Otava. Die so genannte **Hirschbrücke** (Kamenný most) wurde Ende des 13. Jh. errichtet und ist damit das älteste erhaltene Bauwerk dieser Art in Tschechien. Sie ist älter als die Prager Karlsbrücke, aber ebenso wie diese mit barocken Statuengruppen geschmückt. Während des Katastrophen-Hochwassers im Sommer 2002 wurde die Brücke vollständig überspült und eine der Statuen, ein steinerner Engel, vom Fluss mitgerissen. Die Skulptur konnte jedoch geborgen werden, und eine Spendenaktion der Bevölkerung ermöglichte im Zuge der einjährigen Wiederherstellungsarbeiten auch eine rasche Restaurierung des Engels.

Von den **mittelalterlichen Stadtbefestigungen** sind noch ein Teil der Mauern, ein Rundturm und mehrere Basteien vorhanden. Die mittelalterlichen Bürgerhauser am **Marktplatz** haben Renaissance- und Barockfassaden erhalten. Durch den Hof des barocken Rathauses kann man die auf einem Felsriff über dem Fluss erbaute und teilweise 1532 durch einen Brand zerstörte **Königsburg** erreichen. Im gotischen Burgsaal sind Wandmalereien aus dem 15. Jh.erhalten geblieben. Im Westflügel der Burg befindet sich das **Regionalmuseum** (Prácheňské historické muzeum, Velké nám. 114, Tel. 382 211 113, tgl. außer Mo 9–17/18 Uhr).

Die gotische **Pfarrkirche Mariä Geburt** stammt aus dem ausklingenden 13. Jh. Im Gotteshaus wird das ebenfalls gotische Tafelbild der ›Madonna von Písek‹, ein vielverehrtes Gnadenbild, gehütet.

Mit den Autoren unterwegs

Nicht versäumen!

Tschechiens älteste Brücke steht in **Písek** und ist ein pittoreskes Fotomotiv (s. S. 304).

Traumhaft schön liegt die mittelalterliche **Burg Zvíkov** am Zusammenfluss von Moldau und Wottawa (s. S. 306).

Rund um den Orlík-Stausee

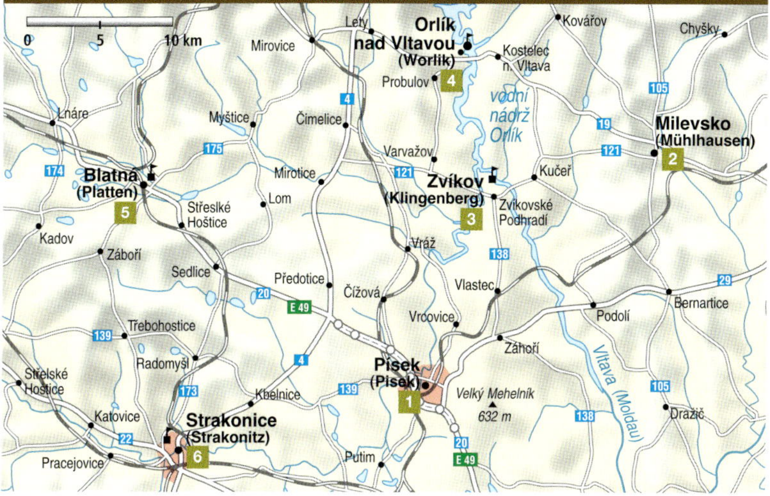

Umgebung von Písek

Ein beliebtes Erholungsgebiet sind die von Mischwald bedeckten Piseker Berge (Písecké hory) südöstlich der Stadt. Vom höchsten Berg (Velký Mehelník, 632 m) genießt man eine Fernsicht bis in den Böhmerwald. Der 6,5 km lange Naturlehrpfad Cesta drahokamu (Edelsteinweg) erinnert an die ›goldenen Zeiten‹ Píseks.

Infozentrum: 397 01 Písek, Heydukova 97, Tel./Fax 382 213 592, icpisek@mupisek.cz (Sommersaison tgl. 9–18, im Winter Mo–Fr 9–17 Uhr).

America: R. Weinera 2375, Tel. 382 219 357, Fax 382 212 361, reception@interhotel-america.com. Modernes Vier-Sterne-Hotel, etwas gesichtslos, doch zweckmäßig eingerichtet und mit guter Infrastruktur. DZ 70–80 €.
City: Alšovo nám. 35, Tel. 382 215 192, lala@cityhotel.cz. Nettes Hotel der Mittelklasse im Zentrum. DZ 40–50 €. Gutes Restaurant im Haus (Lala's, 10–22 Uhr, Hauptgerichte ab 5 €).
U Kapličky: Budějovická 2404, Tel. 382 216 269, Fax 382 215 300, hotel.gregr@volny.cz. 60-Betten-Haus in zentraler Lage mit sauberen, schlichten Zimmern. DZ 40–50 €.

U Zlatého Býka: Kocinova 1, Tel. 382 221 286, 11–23 Uhr. Gutes Steakhaus mit schöner Terrasse. Hauptgerichte ab 6 €.
U Přemysla Otakara II: Velké nám. 114, Tel. 382 212 132, 11–22 Uhr. Populäres Grillrestaurant im Burg-Innenhof, gepflegte Biere. Hauptgerichte ab 5 €.
U Reinerů: Heydukova 98, Tel. 382 213 484, 10–22 Uhr. Gasthaus mit Terrasse beim Infozentrum, nur böhmische Küche. Hauptgerichte ab 4 €.

Mehrmals pro Tag Zugverbindungen mit Plzeň, České Budějovice und Tábor, Busse von und nach Prag und Orlík.

Milevsko

Allein schon des mit einem barocken Rathaus einladend anmutenden **Hauptplatzes** wegen sollte man das schmucke 10000-Seelen-Städtchen **Milevsko** 2 (Mühlhausen) – nicht zu verwechseln mit Mühlhausen an der Moldau/Nelahozeves – nicht links liegen lassen. Sehenswert ist auch die etwas außerhalb des Stadtkerns liegende **Prämonstratenser-Abtei**, ein eindrucksvolles Denkmal romanischer, gotischer und barocker Architektur. Dominiert wird das Areal von der dreischiffigen Klosterkirche Mariä Himmelfahrt, Ende des 12. Jh. erbaut und in späteren Stilepochen behutsam umgestaltet. Im Kloster befindet sich das interessante **Stadtmuseum** mit Volkskunst des 16.–19. Jh. (Milevske muzeum, Klášter 563, Tel. 382 521 093, März–Dez. Di–So 9–12 und 13–17 Uhr).

Dass die Mühlhausener zu feiern verstehen, stellen sie alljährlich zur Karnevalszeit unter Beweis. Die Faschingsumzüge bilden in ganz Böhmen viel beachtete Höhepunkte der ›närrischen Zeit‹.

Zvíkov

Burg

Ein Besuch der gewaltigen Burganlage **Hrad Zvíkov** 3 (Burg Klingenberg) gleicht einer Zeitreise ins Mittelalter. Der bequeme Waldweg vom Parkplatz bis zur Steinbrücke vor dem Piseker Torturm stimmt langsam darauf ein. Schon nach wenigen Kurven kommt der mächtige, 32 m hohe Rundturm ins Bild, der jahrhundertelang allen Belagerern, vor allem in den Hussitenkriegen, widerstand, von dem aus die Burgherren jedoch auch den Handelsverkehr auf der Moldau jederzeit unter Kontrolle hatten. Wieder braucht es nicht viel Phantasie, sich an diesem Ort in die Zeit der Ritter, Minnesänger und Burgfräulein zurückzuversetzen: Ungeduldig schnauben kampfbereite Rösser, während sich das fröhliche Lachen der von Troubadouren angehimmelten Damen mit dem martialischen Klirren der Waffen und Rüstungen vermengt. Man riecht den Wildschweinbraten, der im Hof vor dem Königspalast am Spieß zubereitet wird. Die Mannschaften sind in voller Stärke präsent, schließlich birgt die Burg Böhmens kostbare Kronjuwelen. Die Verantwortung für den königlichen Schatz trug Zvíkov, bis Karlštejn fertiggestellt worden war.

Diese Burg erzählt ihre Geschichte ganz von selbst, die Steine sprechen für sich. Mühelos lassen sich die rekonstruierten Teile von den Originalen unterscheiden, die ihr zartes

Zurück ins Mittelalter: Die Burg Zvíkov am Orlík-Stausee

Richtig Reisen-Tipp: Naturoase Orlík-Stausee

Der 68 km lange Orlík-Stausee entstand 1954–1962 als Teil der Moldau-Staukette, die von Lipno (s. S. 280) bis Slapy südlich von Prag reicht. Mit einer Höhe von 91 m und einer Länge von 511 m ist die Talsperre von Orlík die größte der Tschechischen Republik. Die Stauung macht sich nicht nur an der Moldau, sondern auch an deren Zuflüssen Otava (Wottawa) und Lužnice (Lainsitz) bemerkbar. Das Volumen des gestauten Wassers beträgt mehr als 700 Mio. m^3.

An den zum Teil bewaldeten Ufern des Sees gibt es mittlerweile einige Urlaubzentren, in denen man am Wochenende und in den Ferien vor allem Familien aus Prag trifft. Dennoch ist der von Nadel-, Buchen-, Eichen- und Mischwäldern umgebene Orlikstausee immer noch eine Region mit großem Erholungswert. Camper, Segler und Surfer, aber auch Angler kommen hier auf ihre Kosten. 1988 hing gar einmal ein 27 kg schwerer Hecht am Haken, was einen bis heute unerreichten Weltrekord darstellt. Der Fischbestand umfasst aber auch Zander, Karpfen, Barsch, Weißfisch und Wels.

Nur an zwei Stellen am See muss man mit vielen Mitbesuchern rechnen: bei der romantisch gelegenen Burg Zvíkov und bei Schloss Orlík. Zwischen diesen beiden Orten verkehren in den Sommermonaten auch Fährschiffe (Fahrpläne unter Tel. 603 231 161).

Rosenrot bis heute nicht verloren haben. Sogar im ältesten Trakt der Anlage, dem 20 m hohen ›Beulenturm‹ (Hlízová věž) in der Südwestecke des Königspalastes, blieben die eingeritzten Standeszeichen der Steinmetze gut sichtbar erhalten.

Zweistöckige Arkadengänge umgeben den Palasthof in Form eines unregelmäßigen Fünfecks, Geborgenheit schon in der geschlossenen, in sich ruhenden Anlage vermittelnd. Auch das spätgotische Fresko, eine heitere Tanzszene mit Liebespaaren, Falknern und den vier Kurfürsten mit dem böhmischen König im Hochzeitssaal, die dem hl. Wenzel geweihte Burgkapelle mit kostbaren Wandmalereien und dem um 1500 entstandenen Relief ›Beweinung Christi‹ sowie die übrigen Repräsentationsräume sind wie ein alle Sinne ansprechendes offenes Buch (Tel. 382 285 676, April und Okt. Sa und So 9.30–12 und 13–15.30, Mai und Sept. Di–So 9.30–12 und 13–16, Juni bis Aug. bis 17 Uhr).

An den Hängen des Felshügels standen früher eine Vorburg und ein kleines Kirchlein, beide wurden von den Fluten des Stausees verschlungen. Dafür entschädigt der schöne Blick vom Burgturm über den See.

Orlík nad Vltavou

Schloss

Pfaue, die den Besuchern stolz ihr prächtiges Federkleid präsentieren, ein englischer Rasen zwischen üppigen Philodendren, alten Trauerweiden und knorrigen Kastanienbäumen, Blumenschmuck, wohin das Auge reicht, eine meist ruhige, dunkle Wasserfläche, die das gesamte Anwesen an drei Seiten umgibt und es dadurch der restlichen Welt ein bisschen entrückt: das ist **Schloss Orlik** 4 (Worlik an der Moldau) im gleichnamigen Moldaustausee. Man spürt, dass die Pflege des Anwesens dem Hausherrn am Herzen liegt. Tatsächlich verbringt Fürst Karl VII. von Schwarzenberg, nach der Samtenen Revolution erster Kanzler des Präsidenten Václav Havel, viel Zeit auf , das seit 1992 wieder im Besitz seiner Familie ist.

Verständlich, dass seine Durchlaucht die Privatsphäre gewahrt haben will und sich nicht gerne von neugierigen Touristen ins Schlafzimmer blicken lässt. Deswegen fällt die Schlossführung auch etwas knapp aus. Lange Gänge, in denen unendlich viele Waffen und Jagdtrophäen hängen, ein kurzer

Blick in die reichhaltige Bibliothek und den kleinen Speisesaal, ein Gedenkraum für Feldmarschall Karl Philipp Schwarzenberg, den Triumphator über Napoleon in der Völkerschlacht bei Leipzig (1813), wenige hübsche Details wie ein Kachelofen mit Motiven aus Aesop-Fabeln – all das lohnt die Besichtigung des neugotisch umgestalteten Schlosses kaum. Statt dieser Geweih-Parade bieten sich beschauliche – und kostenlose – Spaziergänge durch den 150 ha großen, wunderschönen Park an (Tel. 382 275 101, Apr. bis Okt. tgl. außer Mo 9–16/17 Uhr).

U Jezera: Klučenice 137, Tel. 318 853 334, Fax 318 853 333, recepce@hotelujezera.cz. Gepflegtes, von einer holländischen Familie geführtes Hotel direkt am See. DZ 50–80 €.

U Toryka: Zámek Orlík, Tel. 382 275 181, tgl. außer Mo 10–19 Uhr. Schlossrestaurant mit internationaler Küche, die auch für den Ansturm von Besuchermassen gerüstet ist. Hauptgerichte ab 5 €.
U Cvrků: Orlík nad Vltavou 61, Tel. 382 275 124, 11–22 Uhr. Passables Dorfwirtshaus mit böhmischer Küche und einfachen Zimmern (ab 15 €). Hauptgerichte ab 4 €.

Blatná

Weißrosa schimmern Seerosen auf dunklem Hintergrund, Libellen ziehen ihre schwirrenden Kreise, verheißungsvoll rauscht es am Wehr, an dem sich die zum Teich aufgestaute Lomnice (Lomnitz) endlich wieder in ein Flüsschen verwandeln darf. Eine märchenhafte Szenerie für ein Märchenschloss. Das **Wasserschloss** am Rande des 8000-Seelen-Städtchens **Blatna** 5 (Platten), das für seine Fisch- und Rosenzucht berühmt ist, könnte den Brüdern Grimm tatsächlich als Vorbild gedient haben. Über ein stilvoll verwittertes Steinbrückchen führt der Weg zur Insel, auf der Mittelalter und romantisches 19. Jahrhundert einander perfekt ergänzen. Als wäre er nach einem halben Jahrtausend noch immer in Diensten der Herren von Rožmitál, bewacht ein steinerner Ritter auf einem Relief im Schlosshof den beeindruckenden Gebäudekomplex.

Im Inneren verbergen sich Reste einer romanischen Kapelle, spätgotische Wandmalereien und ein Palas aus der Frührenaissance. Ein englischer Garten, wie er verwunschener nicht sein könnte, sorgt für das entsprechende Ambiente der neugotischen Umbauten. Seit Ende des 18. Jh. ist das Schloss im Besitz der Familie Hildebrandt (Zámek Blatná, Tel. 383 422 934, April, Mai, Okt. Sa, So 10–16, Juni–Sept. tgl. außer Mo 10–16 Uhr).

Mehrmals pro Tag **Zugverbindungen** mit Plzeň und Strakonice, wenige direkte **Busse** von und nach Plzeň und Prag.

Strakonice

Wie Sušice und das nahe Horažd'ovice (Horaschdowitz) war auch die 25 000-Einwohner-Stadt **Strakonice** 6 (Strakonitz) eine Gründung des mährischen Geschlechts der Bavor, die sich ihre böhmischen Besitzungen in königlichen Diensten erworben hatten. Erst Přemysl Ottokar II. versuchte, eine weitere Machtausdehnung der mittlerweile einflussreichen Adligen des Landes zu verhindern. So musste einerseits eine seiner Töchter in die Familie einheiraten, um die Treuebande der Bavorowen zum Thron zu festigen. Auf der anderen Seite führte er den nunmehr mit dem Königshaus verwandten Mährern mit den Neugründungen Písek (Pisek) und Vodňany (Wodnian) ihre Grenzen vor Augen. Der Konkurrenzkampf zwischen Krone und Feudalherren hatte einen ungeheuren Aufschwung zur Folge, denn beide Seiten versuchten, einander im Befestigungsbau zu übertreffen.

Letztlich gewann Ottokar die Oberhand über Sušice und Horažd'ovice, die er sogleich mit Privilegien ausstattete und zu königlichen Städten ausrufen ließ. Nur an die – an einer im Mittelalter bedeutenden Nord-

›Wie die alten Rittersleut'‹ – im Speisesaal von Schloss Orlík

Süd-Verbindung liegende – Strakonitzer Residenz der Mährer kam er nicht heran. Auf der um 1180 errichteten **Burg** des Kreuzritters Bavor I. hatten nämlich bereits Mitte des 13. Jh. die Johanniter mit einem kleinen Konvent im Osttrakt der Anlage einen Fuß in der Tür. 1421 fiel der Feudalbesitz zur Gänze an den Malteser-Orden, der noch im selben Jahr sein Großpriorat in die Wasserburg verlegte und bis 1694 seinen Hauptsitz hier an der Otava (Wottawa) hielt.

In der Renaissance verwandelte sich die Festung in einen klerikalen Repräsentationssitz, im Barock kam es zu den letzten wesentlichen Umbauten an einer der ältesten Steinburgen Böhmens. An der Südseite des dreieckigen Areals liegen die romanisch-gotischen Bauten der Johanniter-Kommende: Die Kirche des hl. Prokop schließt an den mit gotischen Wandmalereien ausgeschmückten Kreuzgang an. Fresken aus dem frühen 14. Jh. finden sich in dem von einem Kreuzgradgewölbe überspannten Kapitelsaal im Erdgeschoss des romanischen Palas .

Im zweistöckigen ›neuen Palas‹ von 1260 dokumentiert das **Regionalmuseum** außer der Goldgewinnung im mittelalterlichen Strakonice die Tradition der für die Region noch immer typischen **Dudelsackmusik**, der auch alljährlich Mitte August ein in Fachkreisen viel beachtetes internationales Festival gewidmet ist (Hrad Strakonice und Muzeum středního Pootaví, Tel. 383 321 537, Mai–Okt. Di–So 9–16/17 Uhr).

Infozentrum: 38621 Strakonice, Velké nám. 2, Tel. 383 700 701, infocentrum@strakonice.net, Okt.–Apr. Mo, Di, Do, Fr 8–12 und 13–16, Mi 8–12 und 13–18, Mai–Sept. Mo–Fr 8–19, Sa 9–13 Uhr.

Amber Hotel Bavor: Na ohradě 31, Tel. 383 321 300, Fax 383 321 299, bavor@legner.cz. Modernes Haus am Fluss mit 70 Zimmern und 7 Suiten, wegen seiner guten technischen Infrastruktur bei Geschäftsleuten beliebt. Bewachte Parkplätze, Restaurant. DZ 65–80 €.

Regelmäßige **Zug- und Busverbindungen** mit Plzeň und České Budějovice, Direkt-Busse auch von und nach Prag.

Kapitel 5

Mähren

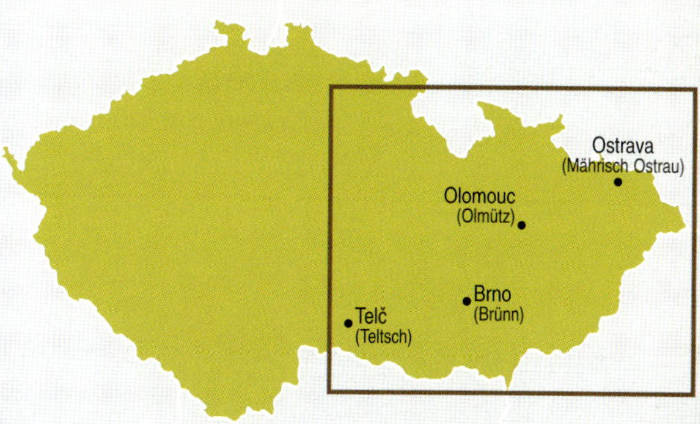

Auf einen Blick: Mähren

Rauchende Schlote und paradiesisches Bauernland

Mit der Böhmisch-Mährischen Höhe (Českomoravská vrchovina) hat die Natur eine quer durch die Republik verlaufende Grenze gezogen – nämlich die zwischen den beiden tschechischen Landesteilen, Böhmen und Mähren. Das Verhältnis zwischen den beiden wird gern mit dem von Geschwistern verglichen: Man ist durch die engen Familienbande zwar herzlich verbunden, hat aber durchaus seinen eigenständigen Charakter. Böhmen profitiert von der Reisefreudigkeit seiner westlichen Nachbarn, Mähren liegt touristisch eher im Windschatten. Noch größer als zwischen Böhmen und Mähren sind die Unterschiede zwischen Nordmähren und Südmähren: Der Norden ist ein von Industrie geprägter Landesteil, mit Ausnahme der Bergregionen landschaftlich wenig attraktiv, aber dafür mit Zeugnissen einer großen Vergangenheit gesegnet. Im Süden dagegen trifft man auf eine ländliche, beinahe schon mediterrane Region. Das wohl bestellte Bauernland an der Grenze zu Österreich und der Slowakei erwartet den Reisenden mit hinreißenden Stadtensembles, barocken Schlössern, romantischen Kellergassen und dem besten Wein Tschechiens. Dem Charme dieser Landschaft verfällt man gern: Weingärten bedecken sanfte Hügel, gemächlich winden sich Flüsse und Bäche durch Wiesen und liebliche Täler. Wein gehört für die traditionsbewussten Südmährer stets dazu, wenn es etwas –

im wahrsten Sinne des Wortes – zu begießen gibt. Und gefeiert wird oft, bei Kirchweihfesten, Taufen und Hochzeiten ebenso wie bei den zahlreichen Volksfesten.

Inoffiziell besitzt Tschechien seit dem 18. Jh. noch einen dritten Landesteil: Schlesien. Dabei handelt es sich um jenes nun zu Nordmähren gehörende Gebiet, das Friedrich II. von Preußen Österreichs Maria Theresia nach drei gewonnenen Kriegen überlassen hatte. Die damals willkürlich gezogene Grenze blieb im Wesentlichen bestehen und trennt heute die Tschechische Republik und Polen. Schlesische Eigenart hat sich in Folklore und Architektur (Streifenhäuser, Holzkirchen) erhalten; der von den deutschen Siedlern einst gesprochene Dialekt ist nahezu vergessen.

Highlights

12 **Telč:** Unter allen historischen Marktplätzen Tschechiens besitzt Telč unbestritten den schönsten (s. S. 325).

13 **Morávský Kras**: Riesige unterirdische Hallen, labyrinthische Gänge und Flussläufe verstecken sich im Mährischen Karst unweit von Brno (s. S. 336).

14 **Lednice/Valtice:** Gartenkunst in großem Stil, denn zwischen zwei Schlössern erstreckt sich eine herrliche Parklandschaft von fast 200 km² (s. S. 340).

15 **Olomouc:** Die alte Přemysliden-Stadt besticht durch ihre sehenswerten Kirchen und Brunnen, aber auch durch ihr studentisches Flair (s. S. 354).

Reiseplanung

Südmähren verdient es, mit viel Muße bereist zu werden. In einem Schnelldurchgang von drei oder vier Tagen hat man zwar vieles, aber nicht das Wesentliche gesehen. Dieses Land will nicht erobert, sondern erspürt, erfühlt und erschnuppert werden. Hier ist ein großzügiges Zeitbudget die wichtigste Währung – eine Woche ist das Minimum, ideal wären zwei.

Während man in Südmähren nahezu überall kleine Entdeckungen machen kann, sollte man eine Tour durch **Nordmähren** sorgfältig planen. Bei weitem nicht alle Gebiete in dieser Region sind touristisch interessant und die ›Rosinen‹ liegen bisweilen sehr verstreut. Ohne eigenes Fahrzeug kommt man nicht sehr gut voran. Natürlich gibt es öffentliche Verkehrsmittel, doch die verkehren meistens nicht in der Häufigkeit, wie man es sich als Urlauber wünschen würde. Auch die touristische Infrastruktur Nordmährens lässt noch etwas zu wünschen übrig. Zwar hat sich die Situation merkbar verbessert, doch die Auswahl an Unterkunftsmöglichkeiten und Lokalen ist nach wie vor bescheiden. Weder in der Quantität noch in der Qualität lassen sich nordmährische Hotels und Restaurants mit denen im Süden des Landes vergleichen.

Klima und Reisezeit

Am schönsten ist Mähren im Frühjahr und Sommer. Im Mai und Juni, wenn der Raps zu blühen beginnt, legt sich ein goldgelber Teppich über das Land. Im Juli und August wogen die Weizenfelder und es duftet nach frisch gemähtem Heu. Wenn das Korn eingebracht ist, beginnt die Weinlese – und damit erneut eine Jahreszeit, die für Mähren-Besucher ihren Reiz hat. In Nordmähren, das vor allem für Wanderer attraktiv ist, endet die kurze Saison spätestens Ende September, in Südmähren kann auch der Oktober noch sehr schön sein.

Richtig Reisen-Tipp

Handwerk mit Tradition: Handgeschöpftes Papier aus der ältesten Manufaktur in Mitteleuropa gibt es in **Velké Losiny** (Großullersdorf) – zum Anschauen in einem kleinen Museum und zum Kauf im dazu gehörenden Laden (s. S. 363).

Mähren: Der Südwesten

Karte S. 318

Das Dreieck zwischen Jihlava, Brno und Znojmo ist mit seinen Prachtschlössern aus Renaissance und Barock und ein paar unvergleichlichen Stadtplatz-Ensembles reich an Kultursehenswürdigkeiten - eine wahre Schatzkammer inmitten sanfter Hügel mit Wäldern und Äckern, Teichen und kleinen Flüssen.

Jihlava

Damit man das historische Ensemble des schönen Hauptplatzes von **Jihlava** 1 (Iglau) ungestört genießen kann, müsste erst ein modernes Betonmonster abgerissen werden: Mitten auf der Fläche, auf der ehemals nur zwei Brunnen und eine barocke Mariensäule standen, wurde ein Kaufhaus errichtet - die berühmte Faust aufs Auge. Das schmerzt umso mehr, je eingehender man die liebevoll renovierten Bürgerhäuser der 53 000 Einwohner zählenden Stadt betrachtet: Mit ihren Lauben, den gotischen Gewölben und Renaissance-Erkern, den prunkvollen Portalen sowie den barocken und klassizistischen Fassaden entfalten sie eine Art Stilgeschichte der letzten Jahrhunderte.

Sehenswertes

Jeder Stadtrundgang beginnt an eben diesem Hauptplatz, Masarykovo náměstí, der mit 3,6 ha einer der größten des Landes ist. Nicht alltäglich ist die Entstehungsgeschichte der beiden dortigen **Stadtbrunnen**, der eine mit **Poseidon,** der andere mit dessen Gemahlin **Amphitrite** an der Spitze. Die 1799 von dem Iglauer Bildhauer Václav Prchal geschaffenen Figuren wurden aus dem Vermögen finanziert, das ein Bettler namens Krejcárek hinterlassen hatte. Im Tuchmacher-Zunfthaus und einem ebenfalls aus der Renaissance stammenden Nebengebäude fand das **Bergland-Museum** (Muzeum Vysočiny, Masarykovo nám. 57/58, Tel. 567 300 091, Di–So 9–17 Uhr) seinen Platz. Im **Stadtarchiv** (Nr. 66) , wo Reste von aus dem 15. Jh. stammenden Fresken mit der Anbetung der Könige zu sehen sind, werden u. a. auch die Originalurkunden des Iglauer Berg- und Stadtrechtes aus dem 13. Jh. aufbewahrt. Das überwiegend von deutschen Kolonisten bewohnte Städtchen war nämlich ab dem 13. Jh. einer der bedeutendsten Bergbauorte Böhmens. Die Silbererzminen bescherten Iglau bis zum Dreißigjährigen Krieg einen sagenhaften Reichtum, das Iglauer Bergrecht wurde zum Vorbild für zahlreiche Bergbauorte in Europa und in Amerika.

Drei gotische Bauten bildeten die Basis für das Mitte des 16. Jh. errichtete **Rathaus,** das 200 Jahre später eine barocke Fassade erhielt. Der große Saal im ersten Stock weist ein Backstein-Rippengewölbe auf, die kunstvolle Täfelung im hinteren Teil stellt ein besonders gelungenes Beispiel gotischer Holzschnitz-Arbeit dar. Führungen durch einige Abschnitte der an manchen Stellen dreigeschossigen **unterirdischen Gänge** der Stadt - Gesamtlänge 25 km - starten beim Rathaus (Historické podzemi, Tel. 567 321 116, tgl. Apr., Sept. 10–16, Mai 9–16, Juni–Aug. 9–17, Okt. 10–15, Führungen zu jeder Stunde außer 13 Uhr). Der Jesuitenorden stand Pate beim Bau der benachbarten barocken **St.-Ignatius-Kirche,** die als größten Schatz ein gotisches Kruzifix, das so genannte Přemyslidenkreuz, hütet.

Das in den Nachkriegsjahrzehnten heruntergekommene gotische **Dominikanerklos-**

ter in der Křižová ul. konnte buchstäblich im letzten Moment vor dem endgültigen Verfall gerettet werden. In seinem Westtrakt wurde ein komfortables Hotel eingerichtet, das den Namen **Gustav Mahlers** (1860–1911) trägt. Dem großen Komponisten, der in Iglau seine Kinder- und Jugendjahre verbracht hatte, ist eine **Gedenkstätte** in der Kosmákova ul. 9, einer Seitengasse des Hauptplatzes, gewidmet. Das Museum zeigt die Dauerausstellung ›Der junge Gustav Mahler und Iglau‹ (Tel. 567 309 147, Apr.–Sept. Di–Fr 9–12, 13–17, Sa, So 13–17 Uhr). Eine Mahler-Gedenktafel befindet sich am Haus Znojemská ul. 4, in dem die Familie gewohnt hat.

Durch das alte Pfarrgässchen Farní ul. gelangt man vom Hauptplatz zur 1250 erbauten **St. Jakobs-Kirche** mit zwei unterschiedlich hohen Türmen, von denen der eine, 63 m hoch, als Stadt- und **Aussichtsturm** dient (Juni–Aug. Di–So 10–13, 14–18 Uhr). Im Inneren des Gotteshauses findet man eine Kalksteinskulptur der hl. Katharina (um 1400), ein vergoldetes Renaissance-Taufbecken (1599) des Nürnberger Meisters Johann Hirt und eine Pietà – eine kleine Madonna mit großer Würde, unscheinbar auf den ersten Blick, hinreißend bei näherer Betrachtung.

Auf der gegenüberliegenden Seite des Hauptplatzes führt ein kleines Gässchen zum **Frauentor-Turm,** dem letzten erhaltenen der einst fünf Stadttore. Seine Mauerkrone ist zugänglich, von den Zinnen mit einer Höhe von 24 m bietet sich ein Ausblick auf die ganze Stadt (Brána Matky Boží, 567 333 659, Di–Fr 9–11.45, 14–17, Sa, So 14–17 Uhr). Von hier sind es nur wenige Schritte zur **Minoritenkirche Mariä Himmelfahrt,** einer romanisch-gotischen Basilika aus dem 13. Jh. mit barocker Fassade.

i **Infozentrum:** 58601 Jihlava, Masarykovo náměstí 19, Tel. 567 167 158, www.jihlava.cz, Mo–Fr 8–17, Sa 8–12, Juli, Aug. auch So 13–17 Uhr.

Grand Hotel: Husova 1, Tel. 567 303 541, Fax 567 310 199, info@grandjihlava.cz. Gediegenes Stadthotel im Zentrum mit ansprechenden Mittelklasse-Zimmern. DZ 70–110 €. Empfehlenswert auch das Restaurant mit nationaler und internationaler Küche, tgl. 11–22 Uhr. Hauptgerichte ab 6 €.

Gustav Mahler: Křížová 4, Tel. 567 320 501, Fax 567 320 507, recepce@hotelgmahler.cz. Zauberhaftes Hotel in einem ehemaligen Kloster, Zimmer unterschiedlicher Qualität und Preisklasse. DZ 70–90 €. Weinrestaurant ›Viola‹ im Haus, tgl. 11–22 Uhr. Hauptgerichte ab 6 €.

U svatého Jakuba: Jakubské nám. 4, Tel. 567 579 411, Fax 567 579 413, penzionjakub@ji.cz. Komfortable Frühstückspension, Zimmer aufwändig möbliert und mit Internetanschluss ausgestattet. DZ 70–80 €.

Zlatá Hvězda: Masarykovo nám. 32, Tel. 567 309 421, Fax 567 309 496, hotel@zlata.hvezda.cz. Stilvolles Drei-Sterne-Hotel am Hauptplatz, 36 Betten, freundlich-hell möb-

Mit den Autoren unterwegs

Jüdisches Leben

Ein Spaziergang durch das einstige Ghetto von **Třebíč** wird zu einer Begegnung mit der jüdischen Vergangenheit in Tschechien (s. S. 316).

Probieren!

Echte **Znaimer Gurken** (Okurky): süß-sauer und knackig, eine in Gläsern eingelegte, himmlische Delikatesse aus dem schönen Znojmo (s. S. 320).

Sehenswert

Schloss Vranov: Nicht nur die Lage dieses Barockschlosses ist sensationell (s. S. 321).

Wandern und Radfahren

... sollten Sie im grenzüberschreitenden **Nationalpark Podyjí** (Thayatal), einer der letzten nahezu im Urzustand erhaltenen Flusstal-Landschaften Mitteleuropas (s. S. 322). Wer möchte, kann den Naturausflug auch mit einer Besichtigung von Schloss Vranov kombinieren (s. S. 322).

Kleine Welt: das jüdische Ghetto in Třebíč

lierte Zimmer, bewachter Parkplatz in Hotelnähe. DZ 50–60 €. Restaurant und Bierstube mit klassisch tschechischer Küche Pizza-Bar, tgl. 10–22 Uhr. Hauptgerichte ab 4 €.
Horácká Rychta: Komenského 11, Tel. 567 302 721, Fax 567 302 725, horackarychta@tiscali.cz. Familienpension wenige Schritte vom Hauptplatz entfernt. DZ 35–45 €. Snackbar im Haus mit internationalen, auch chinesischen Gerichten, Mo–Sa 9.30–22.30, So 9–20 Uhr. Hauptgerichte ab 4 €.

U Vévody Albrechta: Masarykovo nám. 40, Tel. 567 308 074, tgl. 10–23 Uhr. Uriges Wirtshaus im 1. Stock eines historischen Hauses am Hauptplatz, Gaststube mit Renaissance-Fresken, herzhafte lokale Küche. Hauptgerichte ab 3 €.
Radniční: Masarykovo nám. 65/66, Tel. 567 303 556, tgl. 10–23 Uhr. Rathaus-Restaurant. Hauptgerichte ab 3 €.
Kavárna Premiera: Komenského 24, Tel. 567 321 717, Mo–Do 10–22, Fr, Sa 10–23, So 14–22 Uhr. Kaffeehaus mit kalten und warmen Gerichten. Hauptspeisen ab 3 €.

Das traditionelle Stadtfest **Iglauer Berghauer-Zug** findet jährlich im Juni statt, im Juli und August der **Iglauer Kultursommer** mit Konzerten und Theateraufführungen sowie im September das **Internationale Mahler-Musikfestival**.

Regelmäßig verkehrende **Schnellzüge** und **Schnellbusse** verbinden die Stadt mit Prag, Brno, Třebíč und České Budějovice.

Třebíč

Drei Mönchskapuzen schmücken das Wappen der heute 40 000 Einwohner zählenden Stadt **Třebíč** 2 (Trebitsch). Sie verweisen auf die Tatsache, dass die erste Ansiedlung um ein 1101 gegründetes Benediktinerkloster entstanden war. Als Baudenkmal von außerordentlichem Rang rühmen Kunsthistoriker die dem hl. Prokop geweihte **romanische Basilika,** die zwischen 1240 und 1260 als Abteikirche errichtet wurde. Unter dem Einfluss rheinischer und südfranzösischer Bauhütten entstand eine dreischiffige Kirche aus behauenen Quadern mit reich verziertem romanischen Portal sowie romanischen und gotischen Fenstern. Aus der Erbauungszeit erhalten blieb auch die große Krypta, die man im Rahmen einer Führung nach Voranmeldung im Infozentrum besichtigen kann.

Das zur Kirche gehörende Kloster verfiel, wurde dann aber als Schloss wieder aufgebaut – zunächst im Stil der Renaissance, später in barocken Formen. Bemerkenswert sind hier die Treppe und der große Saal mit den Familienwappen der Waldstein, die bis 1945 Eigentümer des Gebäudekomplexes waren. Heute beherbergt das Schloss das **Westmährische Museum,** das eine Mineraliensammlung und eine Dauerausstellung zur Volkskunst zeigt. Für Besucher sicher ebenfalls interessant ist die Dokumentation zur Krippenbaukunst, für die Třebíč seit Beginn des 19. Jh. in ganz Europa berühmt war (Zámek 1, Tel. 568 840 518, Apr.–Okt. Di–So 8–12, 13–17, Juli, Aug. auch Mo, Nov.–März Di–So 8–12, 13–16 Uhr).

Am Ufer der Jihlava (Igel) findet man noch Reste der **Stadtbefestigung**, am großen Marktplatz (Karlovo nám.) wertvolle, detailgetreu restaurierte **Bürgerhäuser** gotischen Ursprungs mit üppigem Renaissance-Sgraffitoschmuck wie z. B. das **Bemalte Haus** (Malovaný dům), einst von einem venezianischen Kaufmann errichtet, oder das **Schwarze Haus** (Černý dům).

Einen Besuch verdient Třebíč aber vor allem einer Sehenswürdigkeit wegen, die von der Stadt mit Millionenaufwand rekonstruiert und restauriert und von der UNESCO in die Liste des Welterbes aufgenommen wurde: das alte **jüdische Ghetto** östlich der Basilika. 123 Häuser und zwei Synagogen stehen hier dicht gedrängt. Die niedrigen Häuschen, in die heute Weinstuben, Cafés und winzige Läden eingezogen sind, die in den Fels gehauenen Stiegen und die schmalen Gassen vermitteln einen Eindruck von den beengten Verhältnissen im Ghetto. Zu den wertvollsten Objekten gehört die Ende des 17. Jh. erbaute **Hintere Synagoge** mit Waldmalereien aus den Jahren 1706–07. Sie dient heute als Konzert- und Ausstellungsraum (tgl. 10–12, 13–17 Uhr). Der **jüdische Friedhof** mit fast 3000 Grabsteinen – der älteste stammt aus dem Jahr 1641 – beweist die einstige Größe der jüdischen Gemeinde in Třebíč.

i **Infozentrum:** 67401 Třebíč, Karlovo nám. 53, Tel. 568 847 070, www.kviztrebic.cz, Nov.–März Mo–Fr 8–17, Sa 9–13, Apr.–Juni, Sept., Okt. Mo–Fr 8–18, Sa 9–13, Juli, Aug. tgl. 9–12, 13–17 Uhr. Weitere Informationsbüros befinden sich im Ghetto (Subakova 1/44, Tel. 568 823 005, tgl. 10–12, 13–17 Uhr) und bei der Basilika im Schloss (Zámek 1, Mobiltel. 777 746 982, Di–Do 9–12, 13–17, Fr 9–12, 13–16.30, Sa–Mo 13–17 Uhr).

Grand: Karlovo nám. 5, Tel. 568 848 560, Fax 568 848 563, info@grand-hotel.cz. 3-Sterne-Haus am Hauptplatz (135 Betten), komfortable Zimmer mit Internetanschluss, Sauna. DZ 40–50 €. Restaurant mit internationaler und mährischer Küche, tgl. 11–22 Uhr. Hauptgerichte ab 4 €.

Winkler: V. Nezvalova 8, Tel. 568 840 514, Fax 568 841 506, recepce@hotel-winkler.cz. Netter Familienbetrieb (30 Betten). DZ 35–45 €. Restaurant mit Hofterrasse, lokale Spezialitäten, Mo–Do 10–22, Fr, Sa 10–24, So 11–22 Uhr. Hauptgerichte ab 4 €.

U synagogý: Subakova 3, Tel. 568 823 005. Frühstückspension in der Denkmalschutzzone des ehemaligen Ghettos, eigener Parkplatz. DZ 20–30 €.

Gute Küche bieten die Restaurants von Grand Hotel und Hotel Winkler (s. o.).

Regelmäßige **Zug- und Busverbindungen** nach Brno, Jihlava, Telč und Prag.

Náměšť nad Oslavou

Mit einem kleinen Déjà-vu-Erlebnis überrascht das Städtchen **Náměšť** 3 (Namiest an der Oslawa): Über das Flüsschen spannt sich eine Miniaturausgabe der Prager Karlsbrücke, nicht so überlaufen und auch nicht ganz so malerisch, aber zu beiden Seiten mit 20 Barockstatuen aus den Jahren 1730–1740 geschmückt.

Náměšť war einst das Zentrum der hussitischen Gemeinschaft der ›Böhmischen Brüder‹, die hier 1533 bereits die erste gedruckte

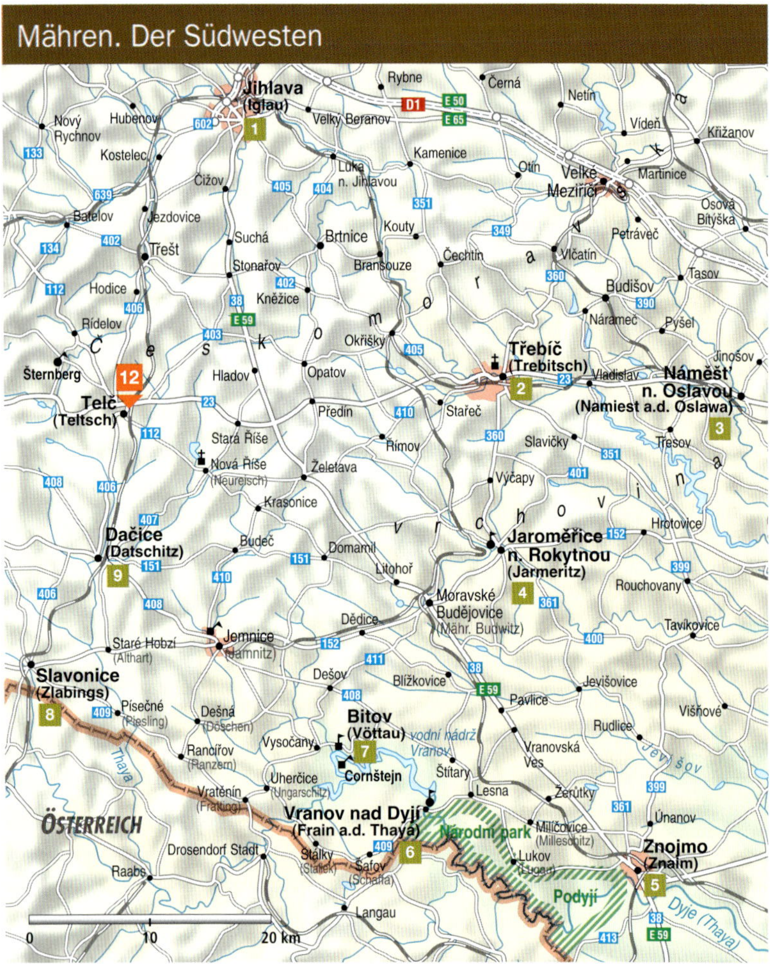

Grammatik der tschechischen Sprache herausbrachten.

Hoch über dem Ort thront das im 16. Jh. von einem italienischen Architekten entworfene **Renaissanceschloss** mit einem von Arkaden gesäumten Innenhof. Seine Funktion als Sommersitz des Staatspräsidenten erfüllt der repräsentative Bau längst nicht mehr, dafür bestaunen Besucher aus nah und fern die wertvolle Sammlung von **Tapisserien** aus dem 16.–19. Jh. Zu den kostbarsten Exponaten zählen zwei spätgotische Stickereien venezianischen Ursprungs, eine Serie spätbarocker französischer Gobelins aus der königlichen Manufaktur in Beauvais und Wandteppiche mit Szenen aus dem Landleben nach Vorlagen von Francesco Casanova, dem Bruder des in Böhmen verstorbenen Abenteurers (Státní Zàmek, Tel. 568 620 319, Apr., Okt. nur Sa, So 9–16, Mai, Juni, Sept. Di–So 9–17, Juli, Aug. Di–So 9–18 Uhr).

i **Infozentrum:** 67571 Náměšt' nad Oslavou, Masarykovo nám. 100, Tel. 568

620 493, mks-namest@iol.cz, Sept.–Mai Mo–Fr 9–12, 13–16, Juni–Aug. tgl. 9–12, 13–17 Uhr.

Busverbindungen mehrmals täglich nach Brno.

Jaroměřice nad Rokytnou

Den Beinamen ›Klein-Versailles‹ trägt das aus einer gotischen Wasserburg hervorgegangene Barockschloss des Städtchens **Jaroměřice nad Rokytnou** 4 (Jaromeritz) zu Recht. Klein mag es zwar im Vergleich zu den gewaltigen Ausmaßen seines französischen Pendants sein, in Mitteleuropa aber stellt es eines der schönsten Baudenkmäler der Barockzeit dar, das den Vergleich mit berühmten Vorbildern nicht scheuen muss.

Graf Johann Adam von Questenberg (1678–1752), dessen Familie nach der Schlacht am Weißen Berg die Herrschaft über das Städtchen zugefallen war, beauftragte Jakob Prandtauer (1658–1726), den österreichischen Stararchitekten des Barock, mit den Planungen. Gleichzeitig mit den Gebäuden wurde zwischen 1700 und 1737 auch der Schlossgarten französischen Typs angelegt. Unter Johann Adam, der am habsburgischen Kaiserhof diente, erblühte Jaroměřice zu einem hochrangigen Kulturzentrum Mährens. Der Hausherr beherrschte mehrere Musikinstrumente und hielt sich eine von dem Komponisten Frantivek Václav Míča geleitete Schlosskapelle. Im Schlosstheater finden auch heute noch klassische Konzerte statt und viele der Exponate sind der musikalischen Tradition des Hauses gewidmet.

Die Schlossführung umfasst zwei große Säle – den **Ahnensaal** mit Jahreszeiten-Deckenfresken und Porträts der Questenberg sowie den riesigen, reich verzierten **Tanzsaal** – sowie zehn Salons im ersten Stock des Hauptflügels, von denen das **Chinesische Kabinett** die prunkvollste Ausstattung besitzt. Im Erdgeschoss kann der Besucher noch das mit Muscheln und Steinen verzierte **Römische Bad** besichtigen und die **Sala Terrena**, deren Wand- und Deckenmalereien eine mit Kletterpflanzen bewachsene Pergola imitieren (Státní zámek, Tel. 568 440 237, Apr., Okt. nur Sa, So 9–16, Mai, Juni, Sept. Di–So 9–17, Juli, Aug. Di–So 9–18 Uhr). Die hochbarocke Schloss-, und heutige **Pfarrkirche**, schließt sich im Westen an den zweistöckigen Gebäudekomplex an (Eingang von der Seitengasse).

Infozentrum: 67551 Jaroměřice nad Rokytnou, Komenského nám. 1209, Tel. 568 440 132, www.meks-jaromerice.cz, Mo, Mi, Fr 7–12, 13–21, Di, Do 7–12, 13–15.30 Uhr.

Der berühmte Opernsänger Peter **Dvorský** veranstaltet jedes Jahr im August ein **Internationales Musikfestival** im Schloss (Konzerte, konzertante Opern).

Beste Verbindung mit dem **Bus**, bis zu fünfmal täglich nach Brno.

Znojmo

Heiß umkämpft und wild umstritten – auf diesen kurzen Nenner könnte man die wechselvollen Geschicke der heute 37 000 Einwohner zählenden Stadt an der Grenze zu Österreich bringen. Seit der frühen Neuzeit hatte **Znojmo** 5 (Znaim) in fast jedem Jahrhundert unter den Wirren der europäischen Politik zu leiden: 1648 wurde die Stadt von den Schweden eingenommen, 1742 von den Preußen, 1809 von Napoleon. Die zunehmenden nationalen Spannungen zwischen Tschechen und Deutschen schlugen sich 1918 in der Proklamation des ›Deutschen Südmährens‹ mit der Hauptstadt Znaim nieder. Bereits zwei Monate später marschierte die tschechoslowakische Armee ein und beendete die Abspaltung.

Sehenswertes in Znojmo

Von den vielen Sehenswürdigkeiten des Zentrums, das sich seinen mittelalterlichen Stadtgrundriss und **Teile der Stadtbefestigung** (Basteien, Schanzen und spätgotischer Turm

Gurken und Wein
Nicht nur für süß-saure Gurken, auch für trockenen, herben Wein ist Znojmo berühmt. In den aus Gotik, Renaissance und Barock stammenden, liebevoll restaurierten Häusern haben sich viele gemütliche Weinstuben etabliert. Kenner Znojmos wissen, was sie Mitte September erwartet: ein **Weinlesefest** mit Umzügen in historischen Kostümen, das die Stadt ein Wochenende lang in eine mittelalterliche Bühne verwandelt.

mit Prager Tor / Pražská brána) bis heute bewahrt hat, sei vor allem die 1134 mit prächtigen Wandmalereien ausgestattete **Rotunde der hl. Katharina** (rotunda sv. Kateřiny) hervorgehoben, die älteste romanische Kirche Mährens. Die Fresken mit Szenen aus der tschechischen Sagenwelt gehören zu den ältesten Kunstwerken des Landes (Hradní 1, Tel. 515 222 311, Mai nur Sa, So, Juni–Sept. Di–So 10–17 Uhr; zur Schonung der Fresken maximale Besuchsdauer 15 Minuten, wenn die klimatischen Verhältnisse es zulassen).

Im 17. und 18. Jh. wurde die ursprünglich gotische Burg in ein **barockes Schloss** umgebaut. Seit 1920 beherbergt es eine **Dependance des Südmährischen Museums**, das vor allem Dokumente zur Znaimer Geschichte, aber auch Mobiliar von der Renaissance bis ins 19. Jh. bewahrt (Jihomoravské muzeum, Hradní 1, Tel. 515 222 311, Mai–Sept. Di–So 9–17 Uhr). Eine weitere Zweigstelle des Museums befindet sich im ehemaligen **Minoritenkloster**, wo u. a. archäologische Fundstücke und orientalische Waffen gezeigt werden (Přemyslovců 6, Tel. 515 282 211, Okt.–Apr. Mo–Fr 9–17, Mai–Sept. auch Sa, So 10–17 Uhr) .

Der Untere Marktplatz (Masarykovo nám.) ist der wichtigste Stadtplatz von Znaim. Seine Wirkung wird durch den Betonbau eines Kaufhauses leider stark beeinträchtigt. Am Platz steht seit 1950 das **Haus der Kunst** des Südmährischen Museums, das man auf den Grundmauern zweier gotischer Häuser errichtet hatte (Dům umění, Masarykovo nám. 11, Tel. 515 226 529, www.znojmuz.cz, Di–Sa 9–17 Uhr). Die ständige Ausstellung ist der Kunst von der Gotik bis zum Barock gewidmet. Sie wird ergänzt von Wechselausstellungen zur zeitgenössischen Kunst. Auf der Rückseite, zur ulice Dolní Česká, ist die Fassade des gesamten Gebäudes mit Ornamenten in Sgraffitotechnik bedeckt.

Vom fast 80 m hohen spätgotischen **Rathausturm** mit der markanten Spitze genießt man an klaren Tagen eine Aussicht bis zu den Alpengipfeln (Radniční věž, Tel. 515 216 297, Okt.–Apr. Mo–Fr 9–13, 14–18, Sa 9–13, Mai–Sept. Mo–Fr 9–13, 14–18, Sa, So 9–13, 14–17 Uhr). Allemal eine Besichtigung wert ist auch **Znaims ›Unterwelt‹**: bis zu vier Geschosse umfassende Keller und Gänge mit einer Gesamtlänge von 12 km, die seit dem Ende des 14. Jh. zum Schutz der Bevölkerung auf einer Fläche von 40 ha unter dem Stadtkern gegraben wurden (Znojemské podzemí, Slepičí třída 2, Tel. 515 221 342, Apr. Mo–Sa 10–16, Mai, Juni, Sept. tgl. 9–16, Juli, Aug. tgl. 9–17, Okt. nur Sa 10–16 Uhr).

i **Infozentrum:** Obroková 10, 66900 Znojmo, Tel. 515 222 552, www.tic.znojmocity.cz, Okt.–März Mo–Fr 9–13, 13.30–17, Sa 8–12.30, Apr.–Sept. Mo–Sa 9–13, 13.30–17 Uhr.

Prestige: Pražská 100, Tel. 515 224 595, Fax 515 246 621, info@hotel-prestige.cz. Vier-Sterne-Hotel am Stadtrand, komplett erneuert. Komfortable Zimmer (167 Betten), Wellness-Center mit Pool, Sauna, Massagen und Fitnessräumen. DZ 70–80 €. Restaurant, Weinstube, Gartenterrasse, tgl. 11–23 Uhr. Hauptgerichte ab 7 €.

Hotel N: Přímětice 62, Tel. 515 228 164, Fax 515 228 165, hoteln@hoteln.cz. Mittelklasse-Hotel (70 Betten) mit Sauna und Solarium im Haus. DZ 40–50 €. Restaurant mit guter lokaler Küche, Weinstube, Vinothek, tgl. 11–22 Uhr. Hauptgerichte ab 6 €.

Kárník: Zelenářská 25, Tel. 515 226 826, Fax 515 221 889, info@hotelkarnik.net. Nettes Hotel (50 Betten) im Herzen des historischen Zentrums, alle Zimmer mit Bad/Dusche/WC.

DZ 30–35 €. Café-Restaurant, Weinstube, tgl. 8–23 Uhr. Hauptgerichte ab 5 €.
Havelka: Mikulášské nám. 3, Tel. 515 220 138. Entzückende Mini-Pension (2 Zimmer) mit kleinem Café-Restaurant. Böhmische Küche, tgl. 9–22 Uhr. Hauptgerichte ab 4 €.

Mikuláš: Mikulášské nám. 7, Tel. 515 220 855, Mo–Sa 8–15 Uhr. Mittagstisch mit Wiener und mährischer Küche, Wild- und Fischspezialitäten. Hauptgerichte ab 4 €.
Styl: Dukelská 133, Mobiltel. 776 204 299, tgl. 11–22 Uhr. Breites Speisenangebot von mährischen Gerichten bis zu Pizza, großer Sommergarten. Hauptgerichte ab 3 €.

Direkte **Busverbindungen** 5x nach Brno und 2x nach Prag, **Züge** mehrmals pro Tag von und nach Brno.

Schloss Vranov nad Dyjí

Allein schon die spektakuläre Lage macht es zu einem der schönsten Bauwerke Tschechiens: Auf einem schroff abfallenden Felsen oberhalb der Thaya, umgeben von Wäldern, thront das monumentale Barockschloss **Vranov** 6 (Frain an der Thaya). Bauherr war Graf Michael Johann II. von Althann, der 1680 die um 1100 erstmals erwähnte Trutzburg erwarb und erweitern ließ. Knapp 100 Jahre zog sich der Umbau hin. Für den Ahnensaal und die Schlosskapelle lieferte der viel beschäftigte Barockarchitekt Johann Bernhard Fischer von Erlach die Pläne. Nach Graf Michael Johanns Tod 1702 ließen sein Sohn Michael Hermann und nach 1722 hauptsächlich seine Schwiegertochter Maria Anna Pignatelli die Bauarbeiten fortsetzen. Die ebenso schöne wie intelligente Italienerin beauftragte Anton Erhard Martinelli mit der Errichtung des dreiflügeligen Schlossgebäudes. Ein persönliches Geschenk des Kaisers an die kultivierte Gräfin, die den Monarchen auf Frain einige Male beherbergte, waren die beiden kolossalen Statuengruppen an der prächtigen Freitreppe des Ehrenhofs (Herkules im Kampf mit dem Riesen Antäus; Äneas trägt seinen Vater Anchises aus dem brennenden Troja), Werke des Bildhauers Lorenzo Mattielli.

Aus der kurzen Wirkungszeit des neuen Schlossherrn Josef Hilgartner von Lilienborn (ab 1793), der den grundlegenden Umbau des Schlosses zu Ende führte, blieben nur wenige Kunstwerke erhalten. Die Räumlichkeiten wurden um diese Zeit mit klassizistischen Malereien ausgeschmückt. An die Ära der weiteren Eigentümer von Vranov, der polnischen Aristokratenfamilien Mniszek und Stadnicky, erinnern neben einigen Porträtgemälden und der großen Bibliothek vor allem kostbare Keramiken. Im Jahr 1816 hatte Stanislaus Mniszek die **Frainer Steingut-Fabrik** erworben, die er durch die Verpflichtung ausländischer Spezialisten zu so hohem künstlerischen Niveau führte, dass die Erzeugnisse als ›Frainer Wedgwood‹ international begehrt waren.

Schlossbesichtigung

Zum Glück für den heutigen Besucher hatte Johann Fischer von Erlach dafür plädiert, Teile der alten gotischen Burgbefestigung wie den Wasserturm, den so genannten Krähenturm an der Ostseite der Anlage und die 57 m lange Zugbrücke zu erhalten, sodass sich das Gebäude-Ensemble als eine Mischung aus barockem Schloss und mittelalterlicher Burg präsentiert. Über eine Brücke (die heute die mittelalterliche Zugbrücke ersetzt) kommt der Besucher zunächst in die **Vorburg** und von dort auf den Hof der barocken Schlossanlage, der zugleich auch als **Aussichtsterrasse** dient.

Besichtigt werden können u. a. das Schlafgemach der Gräfin Pignatelli, der Gesellschaftssalon, der Orientalische Salon, das Freimaurerzimmer, die Gemäldegalerie und die Bibliothek sowie insgesamt mehr als 10 000 Ausstattungsstücke, die allerdings zum Teil auch aus anderen Schlössern Tschechiens stammen. Höhepunkte des Besichtigungsrundgangs sind der ovale, als eigenständiger Bau angelegte und über zwei Geschosse reichende Ahnensaal, dessen Freskenschmuck von Johann Michael Rottmayr dem Bauherren huldigt, und die Schlosskapelle mit der unterirdischen Gruft der Althanner (Státní zámek Vranov, Tel. 515 296 215, Apr., Okt. nur Sa, So 9–16, Mai, Juni, Sept. Di–So 9–17, Juli, Aug. Di–So 9–18 Uhr, Mittagspause 12–13 Uhr).

Umgebung von Vranov

Die **Talsperre Vranov** wurde 1933 zur Regulierung der Dyje (Thaya) errichtet, da der Fluss – er bildet stellenweise die natürliche Grenze zwischen Tschechien und Österreich – vor allem im Frühjahr an seinem Unterlauf verheerende Überschwemmungen verursachte. An der oberhalb von Vranov erbauten Staumauer steht ein Kraftwerk. Durch das aufgestaute Wasser bildete sich ein 32 km langer See, der von dichten Wäldern gerahmt wird. Er wurde ein beliebtes, an Wochenenden heftig frequentiertes Erholungsgebiet, im Volksmund auch ›Mährische Adria‹ genannt.

Bei der Flutung versank das alte Dörfchen **Bítov** (Vöttau), und die als Grenzfestung im 11. Jh. auf einem Granitfelsen über dem Thayatal entstandene Burg Bítov 7, im 19. Jh. neugotisch gestaltet, spiegelt sich jetzt im See. In der Burg können naturwissenschaftliche Sammlungen, darunter präparierte Hunde, sowie Waffen- und Jagdkollektionen besichtigt werden (Hrad Bítov, Tel. 515 294 622, Apr., Okt. nur Sa. So 9–16, Mai, Juni, Sept. Di–So 9–17, Juli, Aug. Di–So 9–18 Uhr. Mittagspause 12–13 Uhr).

Nach dem Fall des Eisernen Vorhangs entstand der teilweise grenzüberschreitende, 62 km² große **Nationalpark Podyjí** (Thayatal) mit 70 km markierten Wanderwegen und 30 km langen Radlertrassen. Er reicht von Vranov bis Znojmo und umfasst eine der letzten Flusstallandschaften im mitteleuropäischen Hügelland. Fast 100 bedrohte Pflanzenarten – vom Silberblatt bis zur Pracht-Königskerze – sind im Nationalpark vertreten, ebenso 55 Arten von Säugetieren und 165 Vogelarten.

Als eigenständiger Bau thront der Ahnensaal von Schloss Vranov über der Thaya

Infozentrum: 67103 Vranov nad Dyjí, Náměstí 47, Tel. 515 296 285, www.vranov-region.cz, Sept.–Juni Mo, Mi 6.30–17, Do bis 15.30, Di, Fr bis 13 Uhr, Juli, Aug. Mo–Sa 9–17, So 9–15 Uhr.

Pod Zámkem: Náměstí 45, Tel./Fax 515 296 216, pod-zamkem@pod-zamkem.cz. Drei-Sterne-Hotel (45 Betten) mit einfach möblierten Zimmern, alle mit Dusche/WC und Sat-TV. DZ 35–40 €. Restaurant mit Hausmannskost, tgl. 11–22 Uhr. Hauptgerichte ab 4 €.
Jelen: Zámecká 250, Mobiltel. 602 392 726, j.vrbova@vranov.com. Sympathische Familienpension in ruhiger Lage 300 m vom Hauptplatz entfernt. Zwei- bis Vierbett-Apartments mit Bad/WC und kleiner Küche. Auch ein Garten und ein abgeschlossener Parkplatz gehören zum Haus. DZ 25–30 €.

Bis zu neun tägliche **Busverbindungen** nach Znojmo.

Slavonice

Man betritt **Slavonice** 8 (Zlabings) und steht plötzlich mitten in der Welt der Renaissance. Der Mittelpunkt des im 13. Jh. gegründeten Städtchens nahe der Grenze zu Österreich ist seit dem 14. Jh. unverändert: An den trapezförmigen **Unteren Platz** (nám. Míru) schließt sich nach einem kurzen Straßenstück der kleinere, längliche **Oberen Platz** (Horní nám.) an, der vom **Znaimer Tor** (Znojemská brána) begrenzt wird. Dazwischen liegt die gotische **Pfarrkirche Mariä Himmelfahrt** mit dem ehemaligen Herrenhaus, das 1898 durch ein neues Gebäude ersetzt wurde.

Tuchmacher und andere Handwerksbetriebe, die ihre Ware über die nahe Grenze nach Österreich exportierten, führten das Städtchen im 15. und 16. Jh. zu hoher wirtschaftlicher Blüte. In dieser Zeit entstanden auch die prächtigen Bürgerhäuser. Die Verlegung der Poststraße zwischen Wien und Prag, Verwüstungen des Dreißigjährigen Kriegs und verheerende Feuersbrünste trugen zum Niedergang bei, von dem sich Slavonice bis heute nicht ganz erholen konnte. Anfang des 20. Jh. wurden Teile der Stadtbefestigung geschleift, des alten Rathauses, das 1910 einem Neubau weichen musste, und eines schönen Renaissancehauses am Unteren Platz. Trotz dieser Bausünden blieb der historische Ortskern in seinem Wesen erhalten, und so gehört Slavonice heute zu den schönsten historischen Städtchen des Landes.

Der Bauboom zu Beginn der Neuzeit brachte zahlreiche ausländische Architekten, Sgraffito-Künstler und Maler in die Stadt. Viele Räume wurden damals mit Wandmalereien biblischen und profanen Inhalts ausgestattet. Die Häuserfassaden erhielten reich gestaltete Sgraffiti im Geist der Renaissance: ornamentale Motive, vor allem aber komplizierte Szenen mit Episoden aus dem Alten Testament, manchmal sogar mit erläuterndem Text, sowie Abbildungen von Kaisern, Königen, Herzögen und Helden der antiken Mythologie. Mit Fresken aus dem 16. Jh. ist das **Lutheranische Bethaus** (Horní nám. 517) geschmückt, in dem eine Ausstellung von Wirtschaftswerkzeugen gezeigt wird (Tel. 384 493 159, Mai–Sept. tgl. 10–12 und 13–17 Uhr). **Diamantengewölbe** finden sich in den Häusern Nr. 480 und 459. Wie der Ort einmal ohne Bausünden ausgesehen haben muss, kann man an Hand der Exponate im **Stadtmuseum** erahnen (nám. Míru 476, Tel. 384 493 502, Mai, Sept. nur Sa, So 10–12, 13–17, Juni–August tgl. 9–12, 13–18 Uhr).

Infozentrum: 37881 Slavonice, nám. Míru 480, Tel. 384 493 320,www.slavonice-mesto.cz, Juni–Sept. tgl. 9–18, Okt.–Mai Mo–Fr 10–16 Uhr.

U Růže: nám. Míru 452, Tel. 384 493 004, Fax 384 493 987, hotel@dumuruze.cz. Komplett erneuertes Hotel am Hauptplatz, 12 Zimmer mit Kochnische, Parkplatz, Pool, Sauna. DZ 55–65 €.
Arkada: nám. Míru 466, Tel. 384 408 408, Fax 384 408 401, info@hotelarkada.cz. 2003 umgebautes kleines Hotel in historischem Ge-

Fassaden, die Geschichten erzählen: Sgraffiti in Slavonice

bäude, Zimmer schlicht-modern mit Bad/WC und Sat-TV ausgestattet. DZ 35–45 €. Restaurant mit mährisch-österreichischer Küche, tgl. 11–22 Uhr. Hauptgerichte ab 4 €.

Apettito: nám. Míru 478, Tel. 384 493 438, tgl. 10-23 Uhr. Restaurant mit umfangreicher Karte. Hauptgerichte ab 4 €.

Einige **Lokalzüge** täglich von und nach Jihlava, **Busverbindungen** mit Prag (1 x tgl.) und Jindřichův Hradec.

Dačice

Das im 15. Jh. gegründete Städtchen **Dačice** 9 (Datschitz) liegt in einer Region, die ihres rauen Klimas wegen auch ›Böhmisches Kanada‹ genannt wird. Seine wirtschaftliche Bedeutung als Schnittpunkt wichtiger Handelsstraßen spiegelt sich in zwei repräsentativen Schlössern wider, dem mit Sgraffitoschmuck ausgestatteten **Herrenhaus** der Edlen Krajír von Krajek aus dem 16. Jh. (Marktplatz) und dem **Neuen Schloss**. Historische **Bürgerhäuser** und das **Renaissancerathaus** mit seiner eindrucksvollen Sgraffitofront säumen den Stadtplatz, über dem sich die spätbarocke **Pfarrkirche St. Laurentius** und ihr siebenstöckiger, 51 m hoher **Renaissanceturm** mit Arkadengalerie erheben. Auch das **Neue Schloss** ist ein stattlicher Renaissancebau mit einem im Empire umgestalteten Hauptflügel und kostbarer Empiremöbel-Sammlung (Státní zámek Dačice, Havlíčkovo nám. 85, Tel. 384 420 246, Apr., Okt. nur Sa, So 9–11, 13–15, Mai, Sept. Di–So 9–11, 13–15.30, Juni–Aug. Di–So 9–11.30, 13-16.30 Uhr). An das Schloss schließt sich ein 10 ha großer **Park** an. In einem Seitenflügel sind **Stadtmuseum und -galerie** mit tschechischer Kunst des 19. und 20. Jh. sowie einer Dokumentation der Stadtgeschichte untergebracht (Městské muzeum, Tel. 384 422 493, Di–So 9–16/17 Uhr).

Infozentrum: 38001 Dačice, Palackého nám. 1 (Rathaus), Tel. 384 401 265, www.dacice.cz, Mo–Fr 9–12,13–17 Uhr.

In Dačice halten wenige **Lokalzüge** auf der Strecke Slavonice – Dačice – Telč – Jihlava.

12 Telč

»Ich möchte wetten, dass es bei uns keinen schöneren Marktplatz als den in Telč gibt. Er ist sehr lang, von Toren abgeschlossen und ringsum von Laubengängen gesäumt. Jedes Haus hat einen hohen Giebel mit schönen Konturen und mit Stuck und ist rosa oder blau oder weiß angestrichen, und das alles ist altertümlich sauber und friedlich; durch irgendein Wunder gibt es dort kein neues Rathaus und keine neue Schule, sondern lauter solche würdigen Nachbarhäuser und mitten auf dem Marktplatz einen Brunnen und eine gewundene Säule und dann in einer Ecke ein Schloss. Und dort im Hof sieht man wunderschöne Arkaden und eine Statue von Adam und Eva, die beide sehr mager und keusch sind. Aber der mit Katzenköpfen gepflasterte Marktplatz ist das Schönste von allem. Männer von Telč, lasst ihm nichts geschehen!«

Um den Stadtplatz

Auch ohne den Appell des Schriftstellers Karel Čapek weiß man in Telč (Teltsch) schon seit langem mit dem großen historischen Schatz behutsam umzugehen, der bereits in die UNESCO-Liste des Welterbes aufgenommen ist. Der dreieckige Stadtplatz (náměstí Zachariáše z Hradec) ist beispiellos in seiner Perfektion und Geschlossenheit. Entstanden ist das Gesamtkunstwerk nach dem großen Stadtbrand 1530, als die Bürgerhäuser im Stil von Renaissance und Frühbarock erneuert wurden. Alle Häuser sind etwa gleich hoch und stehen mit dem Giebel zum Platz. Da man ihren Besitzern bei der Gestaltung freie Hand gelassen hatt weist jedes der nur etwa 10 m breiten, aber nur bis zu 30 m tiefen Gebäude seine unverwechselbare Eigenart auf. Die einen entschieden sich für eine zinnengeschmückte Attika, andere für einen kreisförmigen Dachaufsatz nach italienischem Vorbild oder gar eine freskengeschmückte Blendfassade, die ein nicht existierendes Stockwerk vortäuscht. Verbunden sind alle Häuser durch Arkaden, unter denen man trockenen Fußes um den Platz gehen kann.

Renaissanceschloss

Seit fünf Jahrhunderten begrenzt es in nahezu unveränderter Gestalt das schmale Ende des Stadtplatzes. Zacharias von Neuhaus finanzierte den kostspieligen Renaissanceumbau der ehemals gotischen Burg durch die Mitgift seiner Gemahlin Katharina von Waldstein. Der ältere Teil entstand um 1554, die zweite Bauetappe, für die Baldassare Maggi da Arogno verantwortlich zeichnete, erstreckte sich bis 1568. Nur vier Familien herrschten über das (heute staatliche) Schloss: Nach den Hradec (Neuhaus) kamen die Slawata (Wilhelm Slawata von Chlum wurde 1618 als treuer Habsburg-Anhänger und königlicher Statthalter eines der Opfer des Zweiten Prager Fenstersturzes), danach die Liechtenstein-Kastelkorn und schließlich Ende des 18. Jh. bis 1945 die Podstatsky-Liechtenstein.

Bankettsaal, **Schatzkammer** und **St.-Georgs-Kapelle**, alle reich mit Sgraffiti versehen, sowie die ehemalige **Waffenkammer**, deren zartes Sterngewölbe mit stuckverzierten Rippen einer spanischen Spitzenmantilla gleicht, sind im Erdgeschoss zu besichtigen. Der Rundgang durch die zweite Etage beginnt im **Theatersaal**, in dem im 19. Jh. unter dem musikbegeisterten Leopold II. von Podstatsky-Liechtenstein – er hatte den Beinamen ›k. u. k. Hofmusikgraf‹ – Konzerte gegeben und Opern aufgeführt wurden. Durch den **Afrikanischen Saal** mit Jagdtrophäen und ethnographischen Exponaten verlässt man den älteren Teil des Schlosses und betritt über einen Arkadengang den **Marmorsaal** (Holzkassettendecke mit mythologischen Szenen) mit einer Kollektion von Waffen und Rüstungen. Ein Porträt der Perchta (Berta) von Rosenberg – melancholische Augen, Stupsnase und trauriger Mund – erinnert daran, dass auch hier die ›Weiße Frau‹ durch die Gemächer geistern soll.

Zwei weitere Räumlichkeiten sind von Bedeutung: Der prunkvolle **Goldene Saal** mit seiner aus 30 achteckigen Kassetten bestehenden Decke, eines der schönsten Beispiele von Renaissanceschnitzarbeit in Europa, sowie die **Allerheiligen-Kapelle**, in deren Mitte sich hinter einem dekorativen schmiedeeisernen Gitter der Sarkophag mit den sterblichen Überresten des Zacharias von Neuhaus und seiner Frau Katharina befindet (Státní zámek Telč, Tel. 567 243 953, www.zamek-telc.cz, tgl. außer Mo April, Okt 9–12,13–16, Mai–Sept. 9–12, 13–17 Uhr).

Sehenswert ist auch das im Schloss untergebrachte kleine **Kreismuseum** mit einer Dokumentation der Stadtgeschichte und einer aus der zweiten Hälfte des 19. Jh. stammenden mechanischen Krippe (Muzeum vysočiny, Tel. 567 243 918, Apr.–Okt. tgl. außer Mo 9–16/17 Uhr).

Am anderen Ende des leicht ansteigenden Marktplatzes, dessen Fläche von einer barocken **Mariensäule** und zwei ebenfalls barocken Brunnen gegliedert wird, ist eine letzte Erinnerung an eine alte landesfürstliche Feste erhalten: ein 49 m hoher spätromanischer **Turm**, der an die gotische **Hl.-Geist-Kirche** angebaut wurde. Von seiner Spitze bietet sich ein interessanter Blick auf den Stadtkern (Tel. 567 243 145, Mai, Sept. nur Sa, So 13–17, Juni–August Di–So 10–11.30, 13–18 Uhr).

Infozentrum: 58856 Telč, nám. Zachariáše z Hradec 10, Tel. 567 112 407, www.telc-etc.cz, www.telcsko.cz, Mai, Juni, Sept. Mo–Fr 8–17, Sa, So 10–17, Juli, Aug. Mo–Fr 8–18, Sa, So 10–18, Okt. Mo–Fr 8–17, Sa, So 10–16, Nov.–Apr. Mo–Mi 8–17 Uhr.

Celerin: nám. Zachariáše z Hradec 43, Tel. 567 243 477, Fax 567 213 581, office@hotelcelerin.cz. Ein Haus mit Atmosphäre, die 12 Doppelzimmer, alle mit Bad/WC und Sat-TV, sind höchst unterschiedlich möbliert – von viktorianisch-verspielt bis rustikal. DZ 60–80 €.
Černý orel: nám. Zachariáše z Hradec 7, Tel. 567 243 222, Fax 567 243 221, hotel@cernyorel.cz. Mit 63 Betten das größte Hotel des Ortes, historisches Gebäude von 1543, Ende der 1990er Jahre renoviert, gehobener Standard, Restaurant mit Sommergarten und Weinstube. DZ 50–70 €.
Hotel Telč: Na Můstku 37, Tel. 567 243 109, Fax 567 223 887, hotel.telc@tiscali.cz. Kleines Hotel (23 Betten) im Zentrum, schöne Zimmer, kein Restaurant. DZ 40–50 €.
Na Hrázi: Na Hrázi 78, Tel. 567 213 150, Fax 567 213 151, hraz@volny.cz. 35-Betten-Hotel wenige Schritte außerhalb des historischen Zentrums, alle Zimmer mit Bad/WC, Sat-TV, privater Parkplatz. Restaurant und Bierstube im Haus. DZ 35–45 €.
Penzion Vacek: Mlýnská 104, Tel. 567 213 099, info@penzionvacek.cz. Drei schöne Apartments (maximal 10 Betten) mit Bad/WC, Küche, Parkplatz in einem kleinen Haus mit Garten nahe beim Hauptplatz. DZ 25–30 €.

Im Sommer begehrt: die Restaurants mit Blick auf den Stadtplatz.

Das Herz von Telč ist ein Platz so schön wie aus dem Bilderbuch

U Zachariáše: nám. Zachariáše z Hradce, Tel. 567 243 672, tgl. 10–24 Uhr. Die Terrasse dieses Restaurants am Platz ist im Sommer stets bis auf den letzten Platz besetzt, aber auch drinnen ist es recht gemütlich. Gute lokale und internationale Küche. Hauptgerichte ab 8 €.
Šenk pod věží: Palackého 116, Tel. 567 243 889, tgl. 11–23 Uhr. Schöne Hofterrasse, gemütliche Gaststube, internationale Grillspezialitäten. Hauptgerichte ab 6 €.
Na Kopečku: Jihlavska 4, Tel. 567 243 405, tgl. 9–23 Uhr. Echte böhmische Kneipe, nur 50 m vom Nordende des Hauptplatzes entfernt. Deftige Speisen und frisch gezapftes Bier, Hauptgerichte ab 3 €.

Im Juni **Europäische Musiktage** und im August ein **Folkmusik-Festival**.

Das sanfte Hügelland eignet sich gut für **Radtouren**. Fahrräder verleiht Miluse Spázalová (nám. Zachariáše z Hradec 8, Tel. 567 243 562, in der Saison tgl. 9–18 Uhr). Einen Überblick über die Umgebung kann man sich vom **Aussichtsturm Oslednice** verschaffen, zu dem vom Stadtplatz ein gelb markierter Wanderweg führt (2 km).

Täglich **Busverbindungen** nach Jihlava, Znojmo und Prag. Die Busse von České Budějovice nach Brno halten in Telč. Bummelzüge nach Slavonice und Jihlava.

Brno und Umgebung

Karten S. 330/337

Tschechiens zweitgrößte Stadt bietet nicht nur innerhalb ihrer Grenzen, sondern auch in ihrem Umkreis eine bunte Palette an Sehenswürdigkeiten. Sie reicht vom Schauplatz der Drei-Kaiser-Schlacht von Austerlitz aus dem Jahr 1805 über die unterirdische Tropfstein-Märchenwelt des Mährischen Karstes bis hinunter nach Lednice, zu einem der schönsten Landschaftsparks in ganz Tschechien.

Brno

Reiseatlas: S. 10, F 2/3

Brno (Brünn) ist mit fast 400 000 Einwohnern die größte Stadt Mährens und die zweitgrößte des Landes, eine Stadt der Messen und Motorradrennen, Zentrum von Industrie und Handel, Universitätssitz und Hauptstadt der Region Südmähren. Eine Vielzahl von berühmten Namen sind mit Brünn verknüpft: große Baukünstler und Architekten wie Meister Anton Pilgram oder Adolf Loos, der 1870 in Brünn geboren wurde, Musiker wie der Komponist Leoš Janáček oder die Opernsängerin Maria Jeritza, Wissenschaftler wie Johann Gregor Mendel, der Begründer der Erblehre oder Techniker wie Viktor Kaplan, der in Brünn lehrte und als Konstrukteur der ersten Turbine in die Geschichte einging.

Die Anfänge von Brno gehen auf eine Siedlung um die Burg Brünn zurück, die 1243 das Stadtrecht erhielt. Viele Jahrhunderte lang war Brünn eine vorwiegend deutschsprachige Stadt – bis zum Ende des Zweiten Weltkrieges und dem so genannten ›Brünner Todesmarsch‹ im Juni 1945, bei dem nahezu alle deutschsprachigen Einwohner zur 60 km entfernten österreichischen Grenze marschieren mussten. Nach 1945 stieg Brünn zu einem der führenden Industrie- und Messestandorte des Landes auf. Der Preis dafür war der Ruf, eine schäbige und vernachlässigten Stadt zu sein, von dem sich Brünn nur langsam befreien kann. Die Restaurierungen im historischen Zentrum brachten endlich wieder so manches Juwel zu Tage. Trotz internationaler Beziehungen und Veranstaltungen hat die Stadt auch heute noch eher einen gemütlichen, provinziellen Charme.

Vom Kapuzinerplatz zum Freiheitsplatz

Vom Bahnhof kommend, erreicht man in wenigen Gehminuten über die Masarykova ulice den stimmungsvollen **Kapuzinerplatz** (Kapucínské náměstí), ehemals Kohlenmarkt. Er weist eine durch das System der mittelalterlichen Gassen vorgegebene Dreiecksform auf. Das dortige Kapuzinerkloster mit der **Hl.-Kreuz-Kirche** **1** stammt aus der Mitte des 17. Jh. In der Krypta kann man Mumien von Angehörigen und Wohltätern des Ordens besichtigen, aber auch den Sarkophag, unter dessen Glasdeckel der legendäre Pandurenführer Franz von der Trenck (1711–1749) – mit falschem Kopf – ruht. Der Haudegen in österreichischen Diensten war wegen Untreue zu lebenslanger Festungshaft verurteilt worden. Obwohl er nur zwei Jahre in den unmenschlichen Kerkern der Burg Spielberg verbrachte, starb er bald danach an Wassersucht. Sein Kopf wurde gestohlen, der Leichnam mit dem Schädel eines Unbekannten ergänzt (Kapuzinergruft/Kapucínská hrobka, Di–Sa 9–12, 14–16.30, So 11–11.45, 14–16.30 Uhr).

Der größte Platz der Stadt, der **Kohlmarkt** (Zelný trh), bestand bereits im 13. Jh. und diente damals wie heute als bunter Markt. Rund um den Parnass-Brunnen – nach einem Entwurf von Fischer von Erlach erbaut – werden an Werktagen Obst, Gemüse und Blumen verkauft, die zum Großteil frisch aus den landwirtschaftlichen Betrieben der Umgebung angeliefert wurden. Die **Reduta** 2 (Zelný trh 4) gehört zu den ältesten Theatergebäuden Mitteleuropas (1734). Hier wirkten Mozart und sein ›Zauberflöte‹-Librettist, der Schauspieler und Theaterdirektor Emanuel Schikaneder, debütierten Charlotte Wolters und Therese Krones, brillierten die Tenöre Leo Slezak und Julius Patzak. Heute ist die Reduta, die zum Brünner Nationaltheater gehört, Musiktheater und Schauspiel.

Im ehemaligen Dietrichstein-Palast, im Bischofshof und in weiteren anliegenden Gebäuden zeigt das 1818 gegründete **Mährische Landesmuseum** 3 seine natur- und kulturgeschichtlichen Schätze. Die Attraktivität dieses Museums hält sich in Grenzen – wäre da nicht die **›Venus von Věstonice‹**. Die nur knapp elf Zentimeter große Statuette zählt zu den ganz großen Funden aus der Altsteinzeit. Es war eine archäologische Sensation, als die Figur 1925 im südmährischen Dorf Dolní Věstonice (Unterwisternitz) bei archäologischen Grabungen entdeckt wurde. Etwa 25 000 Jahre lang lag die winzige Skulptur zwischen Mammutknochen und Wolfsschädeln, in denen noch Speerspitzen steckten. Die aus einer Mischung von Ton und pulverisierten Knochen modellierte, tiefschwarze Frauenfigur war vermutlich hier an Ort und Stelle gebrannt worden– sie gilt somit als eine der ältesten Keramikarbeiten der Welt. Wie bei ähnlichen, jedoch um einige Jahrtausende jüngeren Steinzeitstatuetten sind Gesicht und Gliedmaßen kaum ausgearbeitet, die weiblichen Attribute Brust und Becken dafür um so stärker. Die waagrechte Furche unterhalb des Nabels könnte einen Gürtel andeuten. Während in Brünn das Original dieser bedeutenden Plastik aufbewahrt wird, blieb dem Fundort Dolní Věstonice für das kleine Dorfmuseum nur eine Kopie (Moravské zemské muzeum, Zelný trh 8, Tel. 542 321 205, Di–Sa 9–17 Uhr).

Mit den Autoren unterwegs

Klein, aber kostbar

Sie ist gerade einmal elf Zentimeter groß, aber eine der bedeutendsten Fundstücke aus der Vor- und Frügeschichte: die **›Venus von Věstonice‹** im Mährischen Landesmuseum von Brünn (s. S. 329)

Treffpunkt Freiheitsplatz

Brno hat viel zu bieten, obwohl man das der Stadt auf den ersten Blick vielleicht nicht zutraut. Treffpunkt für Einheimische und Touristen ist der Freiheitsplatz (náměstí Svobody), der mit seinen Fassaden von der Renaissance bis zur Gegenwart die lange Baugeschichte Brünns widerspiegelt (s. S. 331).

Brünn und die Moderne

Wie avantgardistisch großbürgerliches Wohnen sein kann, erfährt man in der funktionalistischen Villa Tugendhat, einem Meisterstück von Mies van der Rohe (s. S. 333).

Ausflug in die Tropfsteinwelt

Die Höhlen im Mährischen Karst liegen quasi vor der Haustür von Brünn (s. S. 336)

Schlösser und Gartenkunst

Schloss Bučovice: Hinter einer unscheinbaren Fassade verbirgt sich ein Renaissance-Juwel der Sonderklasse (s. S. 336).

Schloss Lednice besitzt einen Landschaftspark nach englischem Vorbild, der in Tschechien einmalig ist (s. S. 340).

Durch die Radnická ulice gelangt man vom Zelný trh zum **Alten Rathaus** 4, dem ältesten Profanbau Brünns, dessen Kern mit Aussichtsturm ins 13. Jh. zurückreicht. Das spätgotische Portal (1510) ist ein Werk von Anton Pilgram, dem Leiter der Bauhütte des Wiener Stephansdoms. Als der Meister von der Stadt nicht das vereinbarte Honorar erhielt, soll er – so die Legende – das mittlere Portaltürmchen krumm gestaltet haben (Turmbesteigung Apr.–Sept. tgl. 9–17 Uhr).

Brno: Cityplan

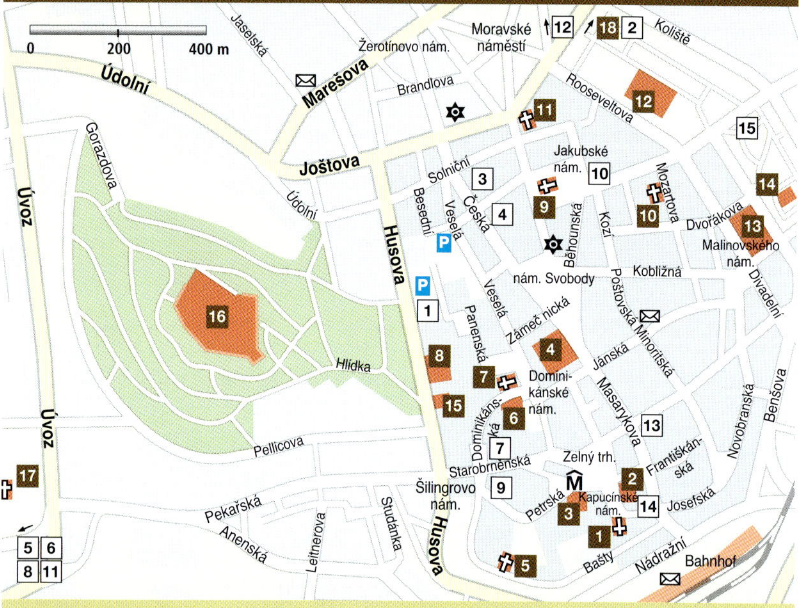

Sehenswürdigkeiten

1 Hl.-Kreuz-Kirche
2 Reduta
3 Mährisches Landesmuseum
4 Altes Rathaus
5 Dom St. Peter und Paul
6 Velký Špalíček
7 Dominikanerkirche St. Michael
8 Neues Rathaus
9 St.-Jakob
10 Jesuitenkirche Mariä Himmelfahrt
11 St.-Thomas-Kirche
12 Janáček-Opernhaus
13 Mahen-Theater
14 Haus der Kunst
15 Mährische Galerie
16 Burg Spielberg
17 Mariä Himmelfahrt
18 Villa Tugendhat

Übernachten

1 Premier Hotel International
2 Amphone
3 Avion
4 Pegas
5 Na Starém Brně
6 Pension BVV

Essen und Trinken

7 Royal Ricc
8 U Královny Elišky
9 Biskupská vinárna
10 Černý medvěd
11 Pivovarská pivnice
12 Haribol
13 Jasa Kavárna
14 Kavárna U Kapucinů
15 Zemanova Kavárna

Im Durchgang zum Rathaushof finden sich zwei berühmte **Brünner Wahrzeichen**, ein Krokodil und ein Rad, beide von hübschen Sagen umwoben. Die Riesenechse soll ein von einem tapferen Ritter erlegter Drache gewesen sein, der einst in der Umgebung von Brünn sein Unwesen trieb. Tatsächlich stammt das Krokodil aus dem Amazonasgebiet und war ein Geschenk von Erzherzog Matthias, als dieser 1608 im habsburgischen Bruderzwist mit Kaiser Rudolf II. um die Gunst der mährischen Stände warb. Das zweite Wahrzeichen stellt, so die auch auf einer Gedenktafel verewigte Legende, das Ergebnis einer feucht-fröhlichen Wette des Zimmermanns Jiří Birk aus Lednice (Eisgrub) dar, dem es am 14. Mai 1636 gelungen sein soll, innerhalb eines einzigen Tages einen Baum zu fällen, ein Wagenrad zu fertigen und es von seinem Heimatort in das 50 km entfernte Brünn zu rollen. Heute käme Birk damit ins Buch der Rekorde, damals trug ihm die Aktion einen zweifelhaften Ruhm ein: Man glaubte, er sei mit dem Teufel im Bunde gewesen. 1994 wollten ihm zwei Brünner nacheifern, doch die viel belachte Aktion endete schon nach wenigen Kilometern im Wirtshaus.

Als markanter Punkt in der Stadtsilhouette thront auf dem Petrov (Petersberg) der **Dom St. Peter und Paul** 5, vom oberen Ende des Kohlmarkts über die Petrská ulice zu erreichen. Er wurde an der Stelle der ersten Brünner Fürstenburg und einer romanischen Basilika im 14. Jh. errichtet, Mitte des 18. und um Ende des 19. Jh. umgebaut. Die um 1300 entstandene steinerne Madonna im Kircheninneren zählt zu den ältesten Kunstwerken Brünns. Durch den Park **Denisovy sady** mit Resten mittelalterlicher und barocker Mauern und Basteien sowie einem klassizistischen Obelisk zum Andenken an die Beendigung der napoleonischen Kriege und weiter durch die Biskupská ulice erreicht man die Dominikánská ulice. Das **Haus der Herren von Kunštát** (Nr. 9) ist ein zu Beginn des 18. Jh. zu einer Markthalle umgestalteter Renaissance-Adelssitz, heute Zweigstelle des Hauses der Kunst mit wechselnden Ausstellungen. Der Block zwischen den Straßen Dominikánská, Starobrněnská und Mečová, genannt **Velký Špalíček** 6 (Großer Klotz), setzt sich aus interessanten Häusern – von der Gotik bis zum Jugendstil – zusammen.

Auf der Terrasse der frühbarocken **Dominikanerkirche St. Michael** 7 stehen Steinskulpturen aus der ersten Hälfte des 18. Jh.; das ehemalige Kloster (Kreuzgang aus dem 13.–15. Jh.) dient heute als Stadtamt. Aus dem Gebäudekomplex sticht das in den 1930er Jahren rekonstruierte **Neue Rathaus** 8 hervor, wobei große Teile des ursprünglichen Renaissance- und Barockbaus erhalten blieben. Durch die Zámečnická ulice geht es zum **Freiheitsplatz** (náměstí Svobody), dem pulsierenden Herz des Zentrums. Beachtenswert sind der Klein-Palast (Nr. 15, Mitte 19. Jh.), ein Neorenaissance-Wohnhaus des Architekten Theophil Hansen, der Schwartz-Palast (Nr. 17, schönstes Renaissancehaus von Brünn), das ehemalige Stift für adlige Damen (Nr. 13, Ende 17. Jh., heute Volkskundemuseum), das funktionalistische Gebäude der Mährischen Bank (Nr. 21) sowie das 1901 entstandene und seither aus ästhetischen Gründen umstrittene Haus der vier Karyatiden (Nr.10), das man in Brünn auch ›Haus der vier Bengel‹ (U čtyř mamlasů) nennt.

Nordöstliche Altstadt

Von der Česká ulice (Fußgängerzone) zweigt rechts die kleine Jakubská ab, die zur gotischen Pfarrkirche **St. Jakob** 9, zur prächtigen barocken Jesuitenkirche **Mariä Himmelfahrt** 10 und dann durch die Rašínová zur **St.-Thomas-Kirche** 11 führt, einem ursprünglich gotischen, aber barock umgebauten Gotteshaus mit einem Altarbild von Maulpertsch. In dem zur Kirche gehörenden ehemaligen Statthalterpalast befindet sich die sehenswerte ständige Ausstellung alter Kunst (Gotik bis 19. Jh., Graphikkabinett), eine Zweigstelle der Mährischen Galerie (Místodržitelský palác, Moravské nám. 1, Tel. 542 321 100, Mi–So 10–18 Uhr).

Über den ehemaligen Burgring (Rooseveltová) gelangt man zum modernen **Janáček-Opernhaus** 12 (erbaut 1960–65), dessen

Viele Epochen, vor allem aber das 19. Jahrhundert, prägen das Stadtbild von Brno

künstlerisches Niveau weit über dem einer Provinzbühne liegt. Daran schließen das **Mahen-Theater** 13 (1881/82, früher Oper, heute Schauspielhaus), das erste mit elektrischer Kohlestift-Beleuchtung ausgestattete Theatergebäude des Kontinents, sowie das **Haus der Kunst** 14 an (Dům umění, Malinovského nám. 2, Tel. 542 211 808, tgl. 10–18 Uhr, wechselnde Ausstellungen).

Westlich der Altstadt

In der Husova ulice 14 westlich der Altstadt ist in einem Neorenaissancebau (1882/83) die **Mährische Galerie** 15 mit umfangreichen Sammlungen angewandter Kunst vom Mittelalter bis zur Moderne untergebracht (Moravská galerie, Tel. 532 169 222, Di–So 10–18 Uhr). Das dritte Gebäude der Mährischen Galerie liegt ein paar Häuser weiter, und zwar im **Pražák-Palast**, in dem die tschechische Moderne gezeigt wird (Pražákův palác, Husova 18, Tel. 532 169 111, Mi–So 10–18 Uhr).

Schräg gegenüber beginnt der Parkweg zur **Burg Spielberg** 16 (Špilberk). Diese wurde Ende des 13. Jh. errichtet, mehrmals umgestaltet und 1740 zu einer Festung ausgebaut. 1809 ließ Napoleon das äußere Befestigungssystem schleifen. Während Spielberg seine strategische Funktion verlor, wuchs seine Bedeutung als Gefängnis. Die berühmt-berüchtigten **Kasematten** (Kasematy) gingen zwischen dem 17. und 19. Jh. als wenig ruhmreiches Kapitel in die Geschichte der Habsburger-Monarchie ein. Vor allem nationale Freiheitskämpfer schmachteten unter unvorstellbar grausamen Bedingungen, oft Hände und Füße in Eisen gelegt, in den finsteren Verliesen. Seit einiger Zeit widerlegt ist freilich ein Histörchen über Kaiser Joseph II.: Eine volle Stunde soll der für seine Zeit ungewöhnlich vorurteilsfreie Habsburger in einem für Schwerverbrecher bestimmten Kerker eingeschlossen verbracht und daraufhin die schlimmsten Strafformen abgeschafft haben. Erst 1853 wurde das Gefängnis geschlossen und die Burg in eine Kaserne umgewandelt. Aber schon während des Ersten Weltkriegs und später unter der Nazi-Diktatur füllten sich die unterirdischen Anlagen wieder mit Häftlingen. Heute kann der schaurige Komplex besichtigt werden – eine Geschichtsstunde für Leute mit guten Nerven

(Tel. 542 123 614, April–Juni, Sept., Okt. tgl. außer Mo 9–17 Uhr, Juli, Aug. tgl. 9–18 Uhr). In der Burg ist auch das interessante **Museum der Stadt Brünn** untergebracht, in dem neben der umfangreichen Darstellung der Stadtgeschichte auch eine Gemäldegalerie mit Werken von der Renaissance bis zur Moderne zu besichtigen ist (Muzeum Města Brna, Tel. 542 123 611, Apr.–Okt. Di–So 9–17/18, Nov.–März Mi–So 10–17 Uhr).

Zu den weiteren Sehenswürdigkeiten Brünns zählt die hochgotische **Kirche Mariä Himmelfahrt** 17 mit einem Gnadenbild der Schwarzen Madonna. Im zur kirche gehörenden Augustinerkloster führte der Abt Johann Gregor **Mendel** (1822–1884) seine ersten Kreuzungsversuche an Erbsen- und Bohnenpflanzen durch, auf deren Grundlage er die nach ihm benannte Vererbungslehre – die ›Mendelschen Gesetze‹ – entwickelte. Über diese Epoche machende Entdeckung informiert das **Mendelianum – Museum der Genetik** (Mendlovo nám. 1, Tel. 543 424 043, Di–So 10–18 Uhr).

Außerhalb der Altstadt

Ein Meisterwerk der Bauhausarchitektur ist die 1928/30 an einem Hanggrundstück errichtete **Villa Tugendhat** 18. Zum ersten Mal in der Architekturgeschichte wurde eine Stahlskelettkonstruktion bei einem Wohnhaus angewandt. Dies ermöglichte u. a. einen ballsaalgroßen Wohn- und Essraum und Fensterflächen über die gesamte Geschosshöhe. Bauhausdirekor Ludwig Mies van der Rohe entwarf das extravagante Einfamilienhaus für die jüdische Industriellenfamilie Tugendhat, die 1937 vor den Nationalsozialisten fliehen musste. Die funktionalistische Villa ist das einzige Bauwerk van der Rohes aus der Vorkriegszeit, das in fast ursprünglichem Zustand erhalten ist. Als richtungsweisendes Beispiel moderner Architektur wurde sie in die Liste des UNESCO-Welterbes aufgenommen (Černopolní ulice 45, Straßenbahn 3, 5, 11, Haltestelle ›Kinderkrankenhaus‹, Tel. 545 212 118, www.tugendhat-villa.cz, Mi–So 10–18 Uhr; Führungen jede Stunde, Voranmeldung empfohlen).

Infozentrum: 65878 Brno, Radnická 10, Tel. 542 211 090, www.kultura-brno.cz, Mo–Fr 9.30–18, Sa, So 9–17.30 Uhr.

Wie in allen großen Städten steigen auch in Brünn bei Messen und anderen internationalen Veranstaltungen die Zimmerpreise erheblich, z. T. um bis zu 100 %.

Premier Hotel International 1: Husova 16, Tel. 542 122 111, Fax 542 210 834, sales@hotelinternational.cz. Vier-Sterne-Hotel der Best-Western-Kette, 400 Betten, Zimmer mit hohem Standard, geräumig und komfortabel. Café-Restaurant, Weinstube, Schwimmbad, Sauna, Fitnesscenter. DZ 100–250 €.

Amphone 2: Tř. kpt. Jaroše 29, Tel. 545 428 310, Fax 545 428 311, reception@amphone.cz. Gediegenes Drei-Sterne-Hotel (110 Betten) an einem eleganten Boulevard, 10 Minuten zu Fuß zum Zentrum. Freundliche Zimmer gehobenen Standards, Restaurant, Weinstube. DZ 50–100 €.

Avion 3: Česká 20, Tel. 542 215 016, Fax 542 214 055, avion@ignet.cz. Mittelklassehotel in einem funktionalistischen Gebäude der 1920er Jahre, zentrale Lage, Zimmer unterschiedlicher Größe und Qualität, Restaurant, Café, Weinbar. DZ 40–90 €.

Pegas 4: Jakubská 4, Tel. 542 210 104, Fax 542 214 314, hotelpegas@hotelpegas.cz. 25-Betten-Hotel über einem der beliebtesten Bierlokale der Stadt (eigene Brauerei), zentrale Lage, gemütliche Zimmer. DZ 40–75 €.

Na Starém Brně 5: Mendlovo nám. 1, Tel. 543 247 872, Fax 541 243 738, info@penzion-brno.com. 13-Betten-Frühstückspension beim Mendelianum, ansprechende Zimmer, Weinbar, Parkplatz. DZ 40–70 €.

Pension BVV 6: Hlinky 28a, Tel. 543 232 906, Fax 543 213 426, praskova@c-box.cz. Familiäre Pension rund 1,5 km westlich des Zentrums, gemütliche Zimmer (40 Betten), ausgiebiges Frühstück. DZ 35–45 €.

Royal Ricc 7: Starobrněnská 10, Tel. 542 219 262, tgl. 11.30–23 Uhr. Romantisches Lokal mit ausgezeichneter Küche, Spitzenweine aus ganz Europa. Hauptgerichte ab 9 €.

U Královny Elišky [8]: Mendlovo nám. 1, Tel. 543 212 578, Di–Sa 19–1 Uhr. Gemütlicher Weinkeller mit schmackhaften Grillgerichten und mährischen Spezialitäten. Hauptgerichte ab 7 €.
Biskupská vinárna [9]: Biskupská 6, Tel. 543 237 116, tgl. 11–0.30 Uhr. Modernes Lokal, umfangreiche Weinkarte, internationale Küche. Hauptgerichte ab 6 €.
Černý medvěd [10]: Jakubské nám. 1, Tel. 542 214 548, Mo–Sa 11–23, So 12–22 Uhr. Schon im 15. Jh. als Gaststätte erwähnt, wird dieses Restaurant gern für Geschäftsessen frequentiert. Mährische und internationale Küche. Hauptgerichte ab 6 €.
Pivovarská pivnice [11]: Mendlovo nám. 20, Tel. 543 240 175, tgl. 9–22 Uhr. Brauereikneipe mit der Atmosphäre des Brünns der 1950er Jahre. Hauptgerichte ab 4 €.
Haribol [12]: Lužánecká 4, Tel. 545 215 636, Mo–Fr 11–16 Uhr. Vegetarisches, Salate, hausgemachte Brote. Hauptgerichte ab 3 €.

Kaffeehäuser
Jasa Kavárna [13]: Masarykova 37, Tel. 542 211 146, rund um die Uhr geöffnet. Café, Bäckerei und Delikatessenladen in einem mit köstlichen Snacks (ab 1 €).
Kavárna U Kapucinů [14]: Kapucínské nám. 7, Tel. 542 212 757, Mo–Sa 9–21, So 14–20 Uhr. Kuchen, Torten, Eiscreme (ab 1.50 €).
Zemanova Kavárna [15]: Jezuitská 6, Tel. 542 218 096, Mo–Fr 10–22, Sa, So 11–22 Uhr. Replik eines funktionalistischen Gebäudes von 1923, kleine Speisen (ab 2 €).

Im Allgemeinen liegen die Preise in Brünn etwas niedriger als in Prag. Die schönsten Geschäfte befinden sich in der **Fußgängerzone** zwischen Freiheitsplatz (nám. Svobody) und Hauptbahnhof. Hinter dem Bahnhof liegt ein großer **Tesco-Supermarkt**, ein paar 100 m weiter, zwischen Bahnhof und Busbahnhof, in der ul. Trnitá, wurde 2005 auf einem ehemaligen Fabrikgelände die **Galerie Vaňkova** eröffnet, ein riesiges Einkaufszentrum mit mehr als 130 Geschäften, Cafés und Restaurants auf einer Fläche von 37 000 m^2.

Im Umkreis des zentralen nám. Svobody sind genügend Restaurants, Weinkeller, Bierkneipen und Bars für eine längere Nacht. Disco-Fieber gibt es im **Boby Centrum** (Boby-Hotel, Sportovni 2, tgl. 19–3 Uhr) und im **Mandarin** (Jakubské nám. 6), etwas ältere Semester frequentieren das **Tabarin** (Divadelní 3). Die Gratis-Wochenzeitschrift **Metro** informiert (in tschechischer Sprache) über Clubs, Konzerte und andere Events.

Das Brünner **Nationaltheater** (Narodní divadlo, Tel. 542 158 252, Fax 542 213 746, zora@ndbrno.cz,) bespielt drei Häuser: das Reduta (Zelný trh 4, Musiktheater, Schauspiel), das Mahen-Theater (Mahenovo divadlo, Rooseveltova, Schauspiel) und das Janáček-Theater (Janáčkova divadlo, Rooseveltova, Oper, Ballett). Zentrale Vorverkaufsstelle: Dvořákova 11, Mo–Fr 8–17.30, Sa 9–12 Uhr und am Abend der Vorstellung.
Klassische Konzerte gibt die **Brünner Philharmonie** (542 212 300,) im Versammlungshaus (Besední dům, Komenského nám. 8).
Mährischer Herbst (Moravský podzim): Internationales Musikfestival alljährlich Ende September/Anfang Oktober.
Tausende Besucher strömen am letzten Augustwochenende zum Internationalen **Motorrad-Grand-Prix** auf dem Motodrom Brno.

Der nationale **Tuřany Flughafen** liegt rund 8 km südöstlich des Zentrums, regelmäßige Inlandsflüge nach Prag, das man mit dem **Schnellbus** in nur 2,5, mit der **Bahn** in gerade mal 3 Stunden erreicht. International gibt es Bus- und Zugverbindungen u. a. nach Wien und Berlin.

Slavkov u Brna

Reiseatlas: S. 11, B 2
Als Schauplatz der **Drei-Kaiser-Schlacht** vom 2. Dezember 1805 ist das Städtchen **Austerlitz** 21 km östlich von Brünn in die Geschichte eingegangen. Weitaus weniger bekannt, aber durchaus einen Besuch wert ist das Schloss von Slavkov u Brna.

Militärschauplatz

Es war jenes blutige Gemetzel vom 2. Dezember 1805, bei dem Napoleon die vereinigten Streitkräfte Österreichs und Russlands vernichtend schlug. Das Kampffeld erstreckt sich etwa 8 km westlich von Austerlitz und wird durch den Friedenshügel (Mohyla míru) auf der Anhöhe **Práce** (Pratzen) markiert. Ein 26 m hohes **Mahnmal mit Ossarium** zur Aufnahme der Gebeine der mehr als 24 000 Gefallenen wurde 1911 errichtet. Im Inneren der pyramidenförmigen, von einem 10 m hohen Kreuz gekrönten Gedenkstätte lässt sich ein akustisches Phänomen erproben: Wenn sich zwei Personen in gegenüberliegenden Ecken aufstellen, können sie sich deutlich verständigen (Mohyla míru, Tel. 544 244 724, Okt.–März Di–So 9–15.30, Apr. Di–So 9–17, Mai, Juni, Sept. tgl. 9–17, Juli, Aug. tgl. 9–18 Uhr).

Alljährlich am 2. Dezember wird die Schlacht am Originalschauplatz von Freiwilligen aus ganz Europa in historischen Kostümen nachgestellt. Über die Details der Schlacht informiert das im Schloss eingerichtete **Historische Museum** (Palackého nám. 1, Tel. 544 221 204, Apr., Okt., Nov. Di–So 9–16, Mai, Sept. Di–So 9–17, Juni–Aug. tgl. 9–17 Uhr).

Schloss

Auf der Suche nach einem standesgemäßen Quartier fiel Napoleons Wahl natürlich auf das Barockschloss von Austerlitz, wo sich die Verlierer die Bedingungen für einen Vorfrieden diktieren lassen mussten. Das Schloss befand sich seit Jahrhunderten im Besitz der Familie Kaunitz, eines alten mährischen Adelsgeschlechts, das den mittelalterlichen Bau von dem Italiener Domenico Martinelli in einen prächtigen Barockpalast verwandeln ließ. Vollendet wurden die Bauarbeiten jedoch erst unter Fürst Wenzel Anton von Kaunitz (1711–1794). Als Haus-, Hof- und Staatskanzler der Kaiserin Maria Theresia hatte er über drei Jahrzehnte die österreichische Politik bestimmt und in seiner hohen Position auf einen repräsentativen Wohnsitz mit entsprechender Ausstattung – kostbare Gemälde des 17. und 18. Jh. – und einen 16 ha großen Park Wert gelegt.

Die Kanonen rauchen, aber die Kugeln sind Attrappen bei den alljährlichen ›Kriegsspielen‹ auf dem Schlachtfeld von Austerlitz

Infozentrum: 68401 Slavkov u Brna, Palackého nám. 1, Tel. 544 220 988, www.slavkov.cz, Nov.–März Mo–Fr 9–16, Apr., Mai Di–So 9–17, Juni–Aug. tgl. 9–18.30, Sept., Okt. Di–So 9–17 Uhr.

Tägliche mehrere **Bus- und Zugverbindungen** mit Brno.

Schloss Bučovice

Reiseatlas: S. 11, B 2

Der erste Eindruck vom berühmten **Schloss Butschowitz** verspricht wenig. Schutzlos erhebt sich ein mächtiges Gebäude hinter einem weiten, öden Platz, nachdem in kommunistischen Zeiten während der 1980er Jahre alle das Vorschloss zur Stadt hin abgrenzenden Mauern niedergerissen worden sind. Im Inneren verbirgt sich jedoch eine **Renaissanceperle**, die schon zur Zeit seiner Entstehung (1567–1582) alles übertraf, was Bauherren und Künstler in dieser Richtung in den böhmischen Ländern jemals geschaffen hatten. Auftraggeber war der hochgebildete Adlige Johann Schembera Černohorský von Boskowitz, Architekt der Wiener Hofkünstler und Gelehrte Jacopo Strada (1515–1588).

Südländische Beschwingtheit zeichnet die dreigeschossigen, von 96 schlanken Säulen getragenen **Renaissance-Arkaden des Innenhofs** aus, dessen Stilreinheit nördlich der Alpen einmalig ist. In der Mitte steht ein Brunnen mit Meerjungfrauen, phantastischen Ungeheuern und einem Bacchanten, ein Meisterwerk des florentinischen Manierismus (1637). Staunend betrachten Besucher den prunkvollsten Raum, den durch ein zierliches Lünettengewölbe abgeschlossenen **Kaisersaal** mit seinen zahlreichen manieristischen Arabesken und Stuckplastiken: die anmutige Diana auf der Jagd, der grimmige Kriegsgott Mars, Europa auf dem Stier, Karl V. als Ritter zu Pferd, einen überwundenen Türken zu Füßen, und Büsten römischer Kaiser. Im benachbarten Vogelsaal sieht man Leda mit dem Schwan und Zeus auf einem gewaltigen Adler, die Decke des Venuszimmers beherrscht das Temperagemälde ›Venus und Adonis‹, gemalt nach der Vorlage von Paolo Veronese. Das Hasenzimmer wurde als Bühne für humorvolle Jagdszenen gestaltet, in denen Jäger und Gejagte ihre Rollen vertauscht haben, der Saal der fünf Sinne zeigt allegorische Malereien (Státní zámek Bučovice, Tel. 517 383 135, www.bu covice-zamek.cz, Apr., Okt. nur Sa, So 9–16, Mai–Sept. tgl. außer Mo 9–12 und 13–16 Uhr).

Tägliche mehrere **Busse** und **Züge** nach Brno.

13 Moravský Kras und Burg Pernštejn

Zwei Sehenswürdigkeiten in der Umgebung von Brno lassen sich gut in einem Tagesausflug verbinden: der **Mährische Karst** (Moravský Kras) und die prächtige mittelalterliche **Burg Pernštejn**.

Moravský Kras

Reiseatlas: S. 11 A 1/2

Das umfangreichste Karstgebiet Tschechiens erstreckt sich auf einer 3 bis 6 km breiten und etwa 25 km langen Kalksteinplatte, die sich von Brünn nach Norden zieht. Tief eingeschnittene Abgründe und Täler, atemberaubende Schluchten und schier unendliche Wasserschlünde zerfurchen das nahezu flache, 100 km² umfassende und von Mischwäldern bedeckte Terrain. Aus den umliegenden Gebieten fließen große Wassermassen heran, die das Entstehen von mehr als 1500 Höhlen ermöglichten. Diese liegen in drei Ebenen übereinander und sind durch Kamine und unterirdische Dome miteinander verbunden. Die meisten Höhlen der mittleren Ebene werden von Wasserläufen wie dem Fluss Punkva durchflossen, was zur Herausbildung einer überwältigenden Tropfstein-Zauberwelt führte.

Ausgangspunkt für Ausflüge in das Landschaftsschutzgebiet und die Besichtigung der Höhlen des Mährischen Karsts ist die Kreisstadt **Blansko** 1, von dort geht es durch das Tal der Punkva. Bei der **Felsen-**

Moravský Kras (Mährischer Karst)

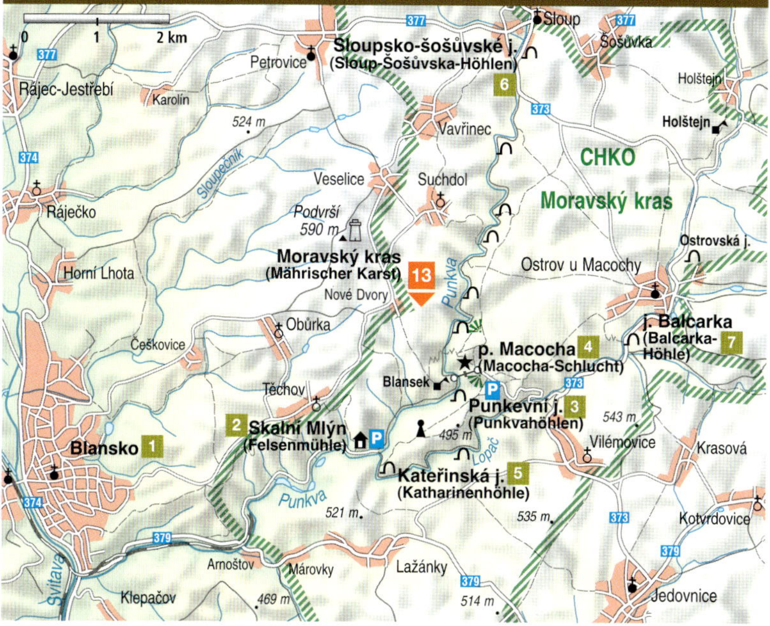

mühle 2 (Skalní mlýn), wo sich auch ein Hotel mit Restaurant, ein Infozentrum und Parkplätze befinden, enden die öffentlichen Zufahrtsstraßen. Wer sich den 3 km langen Fußmarsch bis zum Höhleneingang der Punkva-Höhlen ersparen will, kann in (kostenpflichtige) Elektrowägelchen umsteigen.

Vier Schaugrotten wurden für die Öffentlichkeit zugänglich gemacht, von denen die **Punkva-Höhlen** 3 (Punkevní jeskyně) das längste System bilden und sowohl zu Fuß als auch, wenn der Fluss nicht Hochwasser führt, per Boot besichtigt werden können. Im Verlauf des unterirdischen Rundgangs betritt man den Boden der 138 m tiefen **Macocha-(Stiefmutter-)Schlucht** 4, um die sich eine dramatische Legende rankt. Eine Frau wollte sich, weil ihr eigenes Kind hässlich war, aus Eifersucht ihres hübschen Stiefsohns entledigen. Sie befahl ihm, am Rand der Schlucht Heilkräuter zu pflücken, und stürzte ihn dabei in die Tiefe. Der Junge – von einem Engel sanft getragen – konnte sich im Fallen an einen aus der Felswand wachsenden Strauch klammern. Dorfleute retteten ihn und warfen die grausame Stiefmutter in den Abgrund.

Von zwei **Aussichtsplattformen**, per Seil-

Führungen in die Höhlen des Mährischen Karsts

Für die **Punkva-Höhlen** sollte man sich vor allem in den Sommermonaten unbedingt rechtzeitig – mindestens eine Woche vorher – **Eintrittskarten** reservieren lassen. Die darauf angegebenen Führungszeiten sind genau einzuhalten. Vorbestellungen in den Infozentren von Brünn und Blansko sowie beim Zentralen Informationsdienst Mährischer Karst. Für die übrigen Höhlen sind keine Reservierungen notwendig. Warme Kleidung (Temperatur in den Höhlen ganzjährig 7–8 °C) und festes Schuhwerk nicht vergessen!

bahn zu erreichen, bietet sich ein Blick in den Schlund, den kaum ein Sonnenstrahl berührt. Ebenso gewaltig ist der Eindruck vom Grund des durch Deckeneinsturz einer riesigen Höhle entstandenen Kessels. Magisch bricht sich das Tageslicht in diffusem Grün nochmals in dem kleinen, 30 m tiefen Teich. Unterirdische Seen mit kristallklarem, grünlich schimmerndem Wasser, das eine ganzjährig gleichbleibende Temperatur von 6 °C aufweist, enge, niedrige Gänge, die in hohe Dome münden, und immer wieder bizarr geformte Tropfsteingebilde in allen Größen und Farben – ein unvergessliches Naturerlebnis (Tel. 516 418 602, Nov.–März Di–So 8.40–14, Apr.–Juni und Sept. Mo 10–15.50, Di–So 8.20–15.50, Juli, Aug. Mo 10–17, Di–So 8.20–17, Okt. Di–Fr 8.40–14, Sa, So 8.20– 15.40 Uhr. Geschlossen 24.–26.12. und 1.1. Von April–Okt. finden die Führungen im Abstand von mindestens 20, im Nov.–März von mindestens 40 Minuten statt).

Knapp 15 Minuten zu Fuß von Skalní mlýn befindet sich auch die **Katharinen-Höhle** 5 (Kateřinská jeskyně) mit dem größten unterirdischen Dom – 95 m lang, 20 m hoch und 44 m breit – des gesamten Karstgebiets. Aufgrund seiner hervorragenden Akustik dient er zuweilen auch als Konzertsaal (Katharinen-Höhle, Tel. 516 413 161, Dez.–Febr. geschl., März, Nov. Di–So Führungen um 10, 12, 14, Apr. Di–So 8.20–16, Mai–Sept. tgl. 8.20–16, Okt. Di–So 8.20–14 Uhr).

Der 6,5 km lange Höhlenkomplex **Sloup-Šošůvka** 6 (beim Dörfchen Sloup) war bereits in der Urzeit von Menschen bewohnt. 1965 wurde hier ein menschlicher Oberkiefer mit vier Zähnen gefunden, dessen Alter auf 40 000 Jahre geschätzt wird (Sloupsko-Šošůvské jeskyně, Tel. 516 435 335, Dez.–Febr. geschl., März, Okt., Nov. Di–So Führungen um 10, 12, 13, Apr. Di–So 8– 15.30, Mai–Sept. tgl. 8–15.30 Uhr).

Die **Balcarka-Höhle** 7 (bei der Ortschaft Ostrov) wird von Touristen am wenigsten besucht. Sie bietet gleichfalls einen knapp einstündigen Rundgang durch die Tropfstein-Wunderwelt (Tel. 516 444 330, Dez.–Febr. geschl., März, Nov. Di–So Führungen um 9, 11, 13, Apr. Di–Fr 8–16, Sa, So 8.30–16, Mai–Sept. Mo–Fr 8–16, Sa, So 8.30–16, Okt. Di–So Führungen um 9, 11, 12, 13, 14 Uhr).

Infozentrum Blansko: 67801 Blansko, Rožmitálova 6, Tel. 516 410 470, info centrum@blansko.cz, Mo–Fr 9–18, Sa 9–12 Uhr.
Zentraler Informationsdienst Mährischer Karst und Reservierung von Eintrittskarten: Skalní mlýn 96, Tel. 516 413 575, Fax 516 415 379, www.cavemk.cz, täglich Apr.–Juni, Sept. 8–16.30, Juli, Aug. 8–17, Okt.–März 8–15 Uhr. Hier kann man Eintrittskarten für alle Höhlen sowie für die Elektrobahn zur Punkva-Höhle und für die Seilbahn zur Aussichtsplattform kaufen.

Skalní mlýn: Skalní Mlýn 96, Tel. 516 418 113, Fax 516 418 114, smk@ smk.cz. Großzügig ausgebautes Hotel (92 Betten) bei den Kassen vor den Höhlen, alle Zimmer mit Dusche/WC und Sat-TV, Sauna, Fitnessräume, hoteleigener Parkplatz. DZ 60–80 €. Im Restaurant kann man sich nach einer Höhlentour mit mährischen Spezialitäten stärken, tgl. 10–22 Uhr. Hauptgerichte ab 5 €.
Panorama: Těchov 168, Tel. 516 418 111, Fax 516 418 115, info@hotelpanorama.cz. Von Grund auf renoviertes 100-Betten-Hotel in schöner Grünlage an einem Badeteich. Zimmer in gehobener Standardausführung, Sauna, Fitness, Kinderspielplatz. DZ 50–60 €. Restaurant mit lokaler und internationaler Küche, tgl. 11–22 Uhr. Hauptgerichte ab 5 €.
U Rechů: Hořicka 42, Mobiltel. 777 132 343, penzionrech@centrum.cz. Entzückende kleine Familienpension in ruhiger Lage am Rand von Blansko, nette, einfache Zimmer mit Du/WC. DZ 20–25 €. Restaurant nur für Pensionsgäste.

Zugverbindung zwischen Blansko und Brno etwa alle halbe Stunde. Dann sollte man sich aber bis Skalní mlýn ein Taxi nehmen, denn der Linienbus vom Busbahnhof Blansko (Bahnsteig 6) verkehrt selbst in der Saison nur 5-mal täglich.

An der höchsten Stelle des Städtchens Mikulov thront das Schloss

Burg Pernštejn

Reiseatlas: S. 10, E 2

Burg Pernštejn ist mit ihren Zinnen und Türmen eine Burg wie aus dem Bilderbuch, und so wundert es nicht, dass sie schon oft als Kulisse für Märchenfilme diente. Lange Zeit galt die im 13. Jh. begonnene Burg als uneinnehmbar. Im Lauf der Jahrhunderte verlor sie durch zahlreiche Um- und Anbauten mehr und mehr ihren wehrhaften Charakter und wurde zu einem komfortablen Adelssitz. Die Innenburg wurde im 18. und 19. Jh. umgestaltet. Aus dieser Zeit stammt auch die Einrichtung ihrer Räumlichkeiten. Bei einem Brand im Frühjahr 2005 wurde ein Teil der Nebengebäude beschädigt, doch soll die Burg ab Frühjahr 2006 wieder für Besichtigungen geöffnet sein.

Mikulov

Reiseatlas: S. 11, A 3

Die Silhouette von **Mikulov** (Nikolsburg) ist unverwechselbar: das mächtige, gedrungene Schloss, die Türme der gotischen St. Wenzelskirche und der spätbarocken Piaristenkirche St. Johannes d. Täufer, die Doppelturmfassade der St.-Anna-Kirche und dazu die ziegelrote Dachlandschaft vor dem Hintergrund der runden Wölbung des Heiligen Bergs (Svatý kopeček), einer Kalksteinerhebung mit strahlend weißer Kapelle. Der Blick von der Stadt: Weinberge auf sanften Hügeln, bis weit nach Österreich hinein, dessen Grenze nur ein paar Steinwürfe entfernt liegt.

Sehenswertes

Seit dem Fall des Eisernen Vorhangs haben sich das Städtchen und seine Umgebung von einer verlassenen Region am Stacheldraht zum selbstbewussten, knapp 8000 Einwohner zählenden Kulturzentrum gemausert. In frischem Putz strahlen die mit Sgraffiti geschmückten Laubenhäuser am historischen Marktplatz. Das monumentale Renaissanceschloss, im 18. Jh. barock umgebaut und in den letzten Tagen des Zweiten Weltkriegs schwer beschädigt, wurde rekonstruiert und beherbergt heute ein interessantes **Regionalmuseum** mit einer Weinbauausstellung, deren Prunkstück ein Riesenfass von 1643 mit einem Fassungsvermögen von 1010 hl ist (Regionální muzeum Mikulov, Tel. 519 510 255, www.rmm.cz, Apr., Okt. Di–So 9–16, Mai–Sept. Di–So 9–17 Uhr). Zeugnisse aus der Geschichte des Weinbaus sind auch die mittelalterlichen Weinkeller unter dem Pulverturm der **Ziegenburg** (Pod kozím hrádkem), von denen einige zur warmen Jahreszeit immer wieder an Wochenenden ihre Weine direkt vom Fass ausschenken.

Die Nähe zur Hauptstadt der Monarchie hat Mikulov über Jahrhunderte geprägt. 1753 nahm Maria Theresia hier die Huldigung der mährischen Stände entgegen, 1805 fanden Friedensverhandlungen zwischen Österreich und Napoleon Bonaparte statt, 1866 wurden in Nikolsburg zwischen den Repräsentanten Österreichs und Preußens die Bedingungen für einen Waffenstillstand vereinbart, und aus dem jüdischen Viertel von Mikulov kam Joseph von Sonnenfels (1733–1817), ein zum Christentum konvertierter Staatsrechtler, Jurist und wichtigster Berater Kaiser Josephs II.

Die jüdische Gemeinde der Stadt war einst die größte Mährens, heute bezeugt dies nur noch der **Jüdische Friedhof** mit rund 4000 Grabsteinen (Juli, Aug. Mo–Fr 9–17 Uhr). Eine Ausstellung über die Geschichte der Nikolsburger jüdische Gemeinde ist in der Synagoge in historistisch-orientalischem Stil zu besichtigen (15.5. –30.9. tgl. außer Mo 10–17 Uhr).

Infozentrum: 68201 Mikulov, Masarykovo nám. 1, Tel. 519 510 855, tic@mikulov.cz, Nov.–März Mo–Fr 8–12, 13–17, Apr., Mai, Sept., Okt. Mo–Fr 8–12, 13–17, Sa, So 9–16, Juni–Aug. Mo–Fr 8–18, Sa, So 9–18 Uhr.

Rohaté Krokodýl: Husova 8, Tel. 519 510 692, Fax 519 511 695, rohaty.krokodyl@worldonline.cz. Das gemütlichste Hotel der Stadt liegt im ehemaligen jüdischen Viertel unterhalb der Burg. Es bietet Zimmer verschiedener Kategorien, aber alle liebevoll möbliert, Kunstgalerie im Haus. Ein Hotel zum Wohlfühlen! DZ 45–55 €. Restaurant und Bierstube mit mährischen Spezialitäten, frisch gezapften Bieren, auch

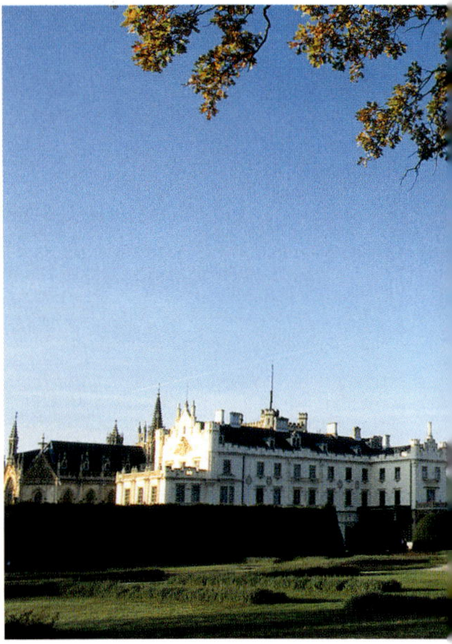

eine Weinprobe ist möglich, tgl. 11–23 Uhr. Hauptgerichte ab 4 €.

Eliska: Piaristè 4, Tel./Fax 519 513 073, hotel@bottling.cz. Nettes 3-Sterne-Haus nur fünf Minuten vom Hauptplatz, freundliche Zimmer mit Dusche/WC und TV. DZ 28–35 €.

U Horáký: Gagarinova 35, Tel/Fax 519 510 657, horak.mikulov@seznam.cz. Einfache 30-Betten-Pension in einer ruhigen Villengegend, 10 Minuten zu Fuß vom Zentrum entfernt, saubere Zimmer mit Dusche/WC, abgeschlossener Parkplatz. DZ 20–25 €. Gemütliches Restaurant mit Weinkeller, tgl. 11–22 Uhr. Hauptgerichte ab 3 €.

Dionysos: Nám. 1, Tel. 519 511 132, tgl. 10–22 Uhr. Café-Konditorei und Weinstube im Rathaus, gute mährische Kost, tgl. 9–22 Uhr. Hauptgerichte ab 3 €.

Am Hauptplatz und in den umliegenden Gassen finden sich mehrere **Vinotheken** mit einem großen Angebot ausgezeichneter mährischer Weine.

Englische Gärten lieferten das Vorbild für den Park von Lednice

Im September lockt ein **Weinlesefest** Besucher diesseits und jenseits der tschechisch-österreichischen Grenze an.

Das weitläufige, flache Parkareal von Lednice durchstreift man bequemsten mit dem **Fahrrad**, das man in fast allen Hotels und Pensionen der Gegend mieten kann.

Die **Bahnverbindungen** nach Brno oder Prag erfordern ein Umsteigen in Břeclav. Direkte **Busse** von und nach Brno verkehren bis zu zehnmal täglich.

14 Lednice

Reiseatlas: S. 11, A/B 3

In den Thaya-Auen Südmährens, inmitten einer anmutigen, fast 200 km² umfassenden Parklandschaft schufen Macht und Reichtum die unvergleichliche Schloss- und Gartenszenerie von **Lednice** (Eisgrub). Die Liechtensteinschen Fürsten, die hier wie in einem Miniaturstaat residierten, ließen eine gotische Burg im 16. Jh. zu einem Renaissanceschloss und im 17. Jh. zu einer barocken Sommerresidenz umbauen. Mitte des 19. Jh. kam es zur kompletten Umgestaltung des **Schlosses**. Alois II. von Liechtenstein begeisterte sich nämlich für den eben erst in Mode gekommenen Tudor-Stil und entsandte seinen Hofarchitekten Georg Wingelmüller zum Studium nach England. Seit 1858 zeigt sich die Fürstenresidenz in neugotischem Kleid, vom Erbe der Barockbaumeister blieben lediglich Reithalle und Stallungen übrig.

Unbestritten sind Charme und Zauber des **Schlossparks**, einer im Lauf der Jahrhunderte gewachsenen Kunstlandschaft mit Teichen, Inselchen, Brücken, exotischen Gewächsen und romantisierenden Bauten. Schmale Fußpfade führen zum ›Tempel der drei Grazien‹, zu einem ›Römischen Aquädukt‹, einer ›Burgruine‹ oder einem 60 m hohen Minarett. Aus Zorn über die Gemeinde Lednice, die ihm den Verkauf eines für eine geplante Kirche benötigten Geländes verweigert hatte, beauftragte Alois II. von Liechtenstein den Wiener Josef Hardtmuth mit der Errichtung einer Moschee – »um die Heiden zu bestrafen«. Doch das kostspielige Projekt beschränkte sich schließlich auf einen schlanken, zugespitzten maurischen Turm, in dem manche eine vorweggenommene Werbebotschaft des Baumeisters zu sehen vermeinen: Hardtmuth ging nämlich nicht als Architekt in die Geschichte ein, sondern als Erfinder des Bleistifts (Státní zámek Lednice, Tel. 519 340 128, Apr., Okt. nur Sa, So 9–16, Mai–August Di–So 9–18, Sept. tgl. außer Mo 9–17 Uhr).

Valtice

Eine schnurgerade, 7 km lange Allee verbindet Lednice seit dem 17. Jh. mit dem benachbarten Städtchen **Valtice** (Feldsberg), das ebenfalls ein **Schloss** besitzt. Johann Bernhard Fischer von Erlach war einer der Architekten des vierflügeligen Baus, der sich von 1387 bis 1945 iohne Unterbrechung Besitz der Liechtenstein befand. Dank ihres unermesslichen Vermögens verstanden sich diese Fürsten auf repräsentative Hofhaltung und das Sammeln einzigartiger Kunstschätze. Einblicke in die barocke Lebensart der Liechtenstein geben das vergoldete Stuckwerk prunkvoller Marmor- und Spiegelsäle oder die mit Edelhölzern verkleidete Schlosskapelle. Sehenswert ist auch der prachtvolle **Schlosspark** aus dem frühen 19. Jahrhundert (Státní zámek Valtice, Tel. 519 352 423, Apr., Okt. nur Sa, So 9–16, Mai–Aug. tgl. 8–17, Sept. tgl. 9–17 Uhr).

Im Schloss von Valtice ist auch der **Nationale Weinsalon samt Vinothek** untergebracht, Weinproben werden in den historischen Kellern veranstaltet (Národní Salon Vín, Zámek 1, Tel. 519 352 744, Verkostungen Di–Do 9.30–17, Fr, Sa 10.30–18, im Sommer auch So 10.30– 18 Uhr). Die Weinmesse von Valtice findet jeweils im Mai statt.

Infozentrum Lednice: 69144 Lednice, Zámecké nám. 68, Tel. 519 340 986, tic@lednice.cz, www.lednice.cz, Apr.–Okt. Mo–Fr 9–11 und 12–17, Sa, So 10–17 Uhr.
Infozentrum Valtice: 69142 Valtice, nám. Svobody 4, Tel. 519 352 978, www.radnice valtice.cz, Apr.-Sept. tgl. 8.30–17, Okt.–März Mo–Fr 7–15.30 Uhr.

My Hotel Lednice: 21. dubna 657, Tel. 519 340 130, Fax 519 340 166, info@myhotel.cz. Neues Haus mit 110 Betten, komfortable Zimmer mit Sat-TV und Internetanschluss. DZ 70–90 €. Gutes Restaurant mit mährischen Grillspezialitäten, tgl. 11–22 Uhr, Hauptgerichte ab 6 €.
Hraniční zámeček: 69143 Hlohovec u Břeclav 16, Tel. 519 354 354, Fax 519 354 353, info@hranicnizamecek.cz. Entzückend restauriertes Schlösschen zwischen Lednice und Valtice, geräumige, komfortable Zimmer (55 Betten), Sauna, Fitnesscenter, bewachter Parkplatz, Fahrradverleih. DZ 60–80 €. Spitzenrestaurant mit französisch inspirierter Küche, tgl. 11–23 Uhr. Hauptgerichte ab 6 €.
Apollon: P. Bezruče 720, Valtice, Tel. 519 352 625, Fax 519 352 009, apollon@genea 2000. cz. Die einstige Kinderklinik an der Straße nach Lednice wurde zu einem schönen Mittelklassehotel umgebaut. 51 Betten in liebevoll möblierten Zimmern, bewachter Parkplatz, Garage. DZ 60-80 €. Restaurant mit breiter Auswahl an Spezialitäten, tgl. 11–22 Uhr. Hauptgerichte ab 5 €.
Hubertus: Zámek Valtice, Tel. 519 352 537, Fax 519 352 538, hubertus@valtice.cz. Schlosshotel in einem Seitenflügel des Barockbaus. 58 Betten in Zimmern unterschiedlicher Qualität, Einrichtung wirkt etwas verstaubt. DZ 50–60 €. Schlossrestaurant mit regionaler Küche (Wild, Fisch, etc.), tgl. 7–23 Uhr. Hauptgerichte ab 5 €.
Onyx: Nejdecká 176, Tel. 519 340 068, Fax 519 340 174, penzion@onyx.made.cz. Sympathische 70-Betten-Pension nahe dem Zentrum von Lednice. Zimmer schlicht möbliert. DZ 30–35 €. Beliebtes Restaurant, Weinkeller und Sommerterrasse mit großem offenen Grill, tgl. 11–22 Uhr. Hauptgerichte ab 5 €.

Beide Orte sind über eine **Nebenbahnlinie** und **Buslinien** miteinander und mit Břeclav verbunden, wo man in Schnellzüge nach Brno und Prag umsteigen kann.

Mähren: Der Südosten

Karte S. 345

Von den Ausläufern der Weißen Karpaten bis zur March-Ebene reicht das friedliche Landschaftsbild des an die Slowakei und Österreich grenzenden Ostteils von Südmähren. Im verträumten Luhačovice kann man Kraft und gute Luft tanken, in Kroměříž durch ehemals bischöfliche Parks spazieren und in Weinkellern die Eindrücke historischer Stadtzentren und romantischer Burgen nachwirken lassen.

Kroměříž

Kroměříž 1, das einstige Kremsier, ist heute ein ruhiges Städtchen mit rund 30 000 Einwohnern. Für eine Stadt dieser Größe besitzt Kroměříž ein vergleichsweise reiches Kulturleben und ein paar hochkarätige Kunstdenkmäler aus der Zeit, als es Sommerresidenz der Erzbischöfe von Olmütz war. Wer möchte in Anbetracht des heutigen Städtchens glauben, dass hier einst große Geschichte geschrieben wurde? Knapp 70 Jahre vor ihrem Untergang verspielte die Habsburger-Monarchie hier die Chance auf eine Lösung ihres existentiellen Problems: der Nationalitätenfrage. Als die Wirren des Revolutionsjahrs 1848 im November eine Verlegung des Reichstags von Wien in das Erzbischöfliche Schloss von Kremsier erforderten und Kaiser Ferdinand I. mit seinem Hofstaat nach Olmütz geflüchtet war, schien die Zeit für eine neue Verfassung nach föderalistischem Prinzip reif. Der im ›Exil‹ von Kremsier ausgearbeitete Entwurf legte u. a. das Prinzip der Gleichberechtigung aller Völker der Monarchie fest. Doch der neue Ministerpräsident und Metternich-Nachfolger Felix Fürst zu Schwarzenberg ließ am 7. März 1849 den für ihn ›revolutionären‹ Kremsierer Reichstag mit Gewalt auflösen. Für die Donau-Monarchie nahm das Unheil seinen Lauf: Die Gelegenheit, das Nationalitätenproblem in den Griff zu bekommen, kam so schnell nicht wieder.

Barockschloss

Vor einem Spaziergang durch die beiden Parks sollte man zuerst dem **Erzbischöflichen Schloss** einen Besuch abstatten. Bauherr der 1664–95 entstandenen Anlage war Bischof Karl Eusebius Liechtenstein-Castelkorn, der 1688 auch eine der ersten Musikschulen Mitteleuropas gründete. Der mit Deckenfresken und Stuck üppig verzierte **Reichstagssaal** (Sněmovní sál), das Prunkstück der Residenz, dient heute häufig Kongressen, Tagungen und Firmenpräsentationen. Wenn man Pech hat, sind bei solchen Veranstaltungen gleich sämtliche historischen Räumlichkeiten – Thronsaal, Speisesaal, der 20 m lange Lehenssaal mit herrlichen Maulpertsch-Fresken, Bibliothek, Schlosskapelle – für die Öffentlichkeit gesperrt. Mit einiger Hartnäckigkeit (und gutem Trinkgeld) erhält man aber eine Sonderführung. Und erfährt dabei, dass zahlreiche Szenen von Milos Formans berühmtem Mozart-Film ›Amadeus‹ hier gedreht wurden (die eigens dafür angefertigten Kristall-Lüster ließ das Filmteam als Geschenk zurück), dass außerdem die **Bibliothek** 110 000 Bände in 36 Sprachen umfasst und die Erzbischöfliche Münzsammlung nach dem Vatikan die zweitgrößte der Welt ist. Das immer wiederkehrende Motiv des Davidsterns erinnert an den jüdischen Olmützer Erzbischof Kohn, der in offenbar toleranteren Zeiten in der katholischen Hierarchie Karriere machen konnte.

Mit den Autoren unterwegs

Kunst und Gärten

Kroměříž. Die Kleinstadt war früher bischöfliche Residenz. Kein Wunder, dass sie eine glänzende Gemäldesammlung und zwei herrliche Gartenanlagen besitzt. (s. S. 343

Prost!

Der berühmte Pflaumenschnaps **Slibowitz** schmeckt an seinem mährischen Produktionsort Vizovice am besten (s. S. 349).

Ritterlich

Burg Buchlov ist eines der am besten erhaltenen Beispiele mittelalterlicher Festungsbaukunst in Mähren (s. S. 352).

Zu den wertvollsten Sammlungen der europäischen Malerei des 16. und 17. Jh. in Tschechien gehört die **Gemäldegalerie** des Schlosses. Sie besitzt Bilder von Tizian, Cranach, Veronese, Bassano, van Dyck und Brueghel. Das **Musikarchiv** verfügt über die vollständigste Musikalienkollektion aus dem 17. Jh. in Mitteleuropa, über handschriftliche Originalpartituren von Haydn, Mozart und Stamitz sowie über von Beethoven redigierte Notenblätter mit Kompositionen des Erzbischofs Rudolf Johann (Arcibiskubsky zámek Kroměříž, Sněmovní nám. 1, Tel. 573 502 011, www.azz.cz, Apr., Okt. nur Sa, So 9–16, Mai–Sept. tgl. außer Mo 9–17 Uhr).

Gartenanlagen

Der ältere der beiden Gärten von Kroměříž, der **Untere Schlossgarten** (Zámecká zahrada) wurde im 19. Jh. als englischer Park mit drei Teichen, künstlichen Grotten und exotischen Pflanzen angelegt. Er erstreckt sich über 64 ha bis ans Ufer der Morava und enthält eine Reihe von Gartenbauten, darunter die Pompejanische Kolonnade mit zwei aus Pompeji stammenden Statuen, den Fischer-Pavillon und die Colloredo-Kolonnade mit Malereien des aus Kremsier stammenden Künstlers Max Švabinský (1873–1962).

Das zweite Kleinod der Gartenarchitektur ist der zauberhafte **Blumengarten** (Kvetná zahrada) am Rand des Städtchens (Eingang Straße Gen. Svobody), ein manieristischer italienischer Park aus dem späten 17. Jh. mit einer 244 m langen, mit antiken Götterstatuen geschmückten Arkadengalerie, einem Rondell, einem Labyrinth, Grotten und Pavillons. Schloss und Gartenanlagen wurden von der UNESCO in die Liste des Welterbes aufgenommen (Gärten ganzjährig geöffnet, wenn es die Wetterbedingungen zulassen: Sommerzeit tgl. 7–19, Winterzeit tgl. 7–16 Uhr).

Sehenswertes in der Stadt

Bei einem Bummel durch die Stadt, ob er nun zu den Resten der Stadtmauern mit dem **Mühltor** (Mlynská brána; 1585), zur barocken **Piaristenkirche** Johannes der Täufer, zur gotischen **St.-Mauritius-Kapitelkirche** oder zur barocken **Pfarrkirche Mariä Himmelfahrt** mit Fresken von Franz Anton Maulpertsch führt, wird man immer wieder den stimmungsvollen **Hauptplatz** (Velké náměstí) mit dem **Renaissancerathaus** und der barocken Mariensäule überqueren. Im Rathaus befindet sich auch das **Regionalmuseum** mit einer beachtlichen Sammlung von Werken Max Švabinskýs (Muzeum Kroměřížska, Tel. 573 338 388, tgl. außer Mo 9–12 und 13–17 Uhr). Die barocken **Bürgerhäuser**, die dem Platz seine unverwechselbare Atmosphäre verleihen, sind Bischof Karl von Liechtenstein zu verdanken, der nach den Zerstörungen des Dreißigjährigen Kriegs das Schloss barock wieder aufbauen ließ und die Bürger auf denselben repräsentativen Stil verpflichtete.

i **Infozentrum:** 76701 Kroměříž, Velké nám. 50, Tel. 573 334 191, krominfo@krominfo.cz, www.mesto-kromeriz.cz, Apr.–Okt. Mo–Fr 8.30–18, Sa, So 9–13, Nov.–März Mo–Fr 8.30–17, Sa 9–13 Uhr.

Excellent: Riegrovo nám. 164, Tel/Fax 573 333 023, excellent@tunker.com. Hotel-Pension der gehobenen Kategorie in einem schönen Barockhaus im Zentrum,

Mähren: Der Südosten

komfortable, freundliche Zimmer, sehr gutes Restaurant, Weinkeller. DZ 50–60 €.

Domov: Riegrovo nám. 157, Tel./Fax 573 344 744, info@penziondomov.cz. Kleine Pension mit familiärer Atmosphäre in einem 2002 komplett restaurierten Bürgerhaus von 1899. Stilvoll möblierte Zimmer, reservierter Parkplatz vor dem Haus. DZ 45–55 €.

Hvězda: Osvoboditelů 182, Tel. 573 339 914, Fax 573 331 950, webmaster@hvezdahotel.cz. Modernes Haus der unteren Mittelklasse in einer ruhigen Ecke am Rand des Zentrums, 70 Betten, abgeschlossener Parkplatz, Restaurant. DZ 30–40 €.

Die oben genannten Hotels und Pensionen (ausgenommen Domov) haben auch empfehlenswerte Restaurants.

Holub: Kollarova 741, Tel. 573 339 342, tgl. 11–23 Uhr. Das Restaurant der Vier-Sterne-Pension in einer ehemaligen Jagdvilla von 1927 gilt als das beste der Stadt, 5 Minuten zu Fuß vom Hauptplatz. Große Weinkarte. Hauptgerichte ab 6 €.

Central: Velké nám. 37, Tel. 573 335 512, tgl. 11–22 Uhr. Stilvolles Lokal am Hauptplatz, mährische Küche. Hauptgerichte ab 5 €.

Myslivna: Velehradská 507, Tel. 573 338 876, Mo–Fr 9–22, Sa, So 8–21 Uhr. Café-Restaurant mit leckeren Gerichten vom Grill. Hauptgerichte ab 5 €.

Eine Diskothek (**Slady**, Na Sladovnách 1576) und ein populäres Pub ist die Hrb-Bar (Křížná, Seitengässchen vom Hauptplatz, tgl. ab 17 Uhr), dazu jede Menge Sexclubs – in Kroměříž geht man am besten spätestens um Mitternacht in die Federn.

Internationaler **Musiksommer**, jährlich im Juni und Juli mit Konzerten im Schloss und in den Gärten.

Direkte **Züge** gibt es nur nach Brno, für alle übrigen Destinationen muss man mindestens einmal umsteigen. **Busverbindungen** mit Zlín, Olomouc, Brno und Prag.

Zlín

Wer sich nicht für moderne Architektur interessiert oder für Fußbekleidung jeglicher Art begeistern kann, muss die 90 000-Einwohner-Stadt **Zlín** 2 nicht unbedingt in sein Reiseprogramm aufnehmen. Vergeblich sucht man hier einen historischen Marktplatz oder stimmungsvolle Winkel. Dafür ist die einstige Schuhmetropole eine Stadt des 20. Jahrhunderts, genauer gesagt der 20er- und 30er-Jahre, erbaut als Musterstadt des Funktionalismus (s. S. 348). Das Bild von Zlín bestimmen kleine Arbeiterhäuer und großzügige Fabrikanlagen von dem Schuhfabrikanten Tomas Bat'a .

Sehenswertes in Zlín

Das Zentrum der Stadt wird beherrscht – wie könnte es anders sein – von der einstigen Bat'a- Schuhfabrik. Und mit ihr das so genannte **Gebäude 21**, ein Hochhaus an der Durchgangsstraße třida T. Bati, das 1938 als Verwaltungssitz der Fabrik errichtet wurde. Eine technische Besonderheit des Wolkenkratzers ist der gläserne Aufzug – er bildete das 6 x 6 m große, klimatisierte Büro des Firmenchefs, der damit alle 16 Stockwerke quasi auf Knopfdruck kontrollieren konnte. Die zweite Hauptattraktion Zlíns ist das im Erdgeschoss untergebrachte **Schuhmuseum** (Obuvnické muzeum, T. Batí tř. 1970, Tel. 577 522 225, www.muzeum.zlin.cz, Apr.–Okt. Di–So 10–12, 13–17 Uhr, Jan. geschlossen, Nov., Dez., Febr., März Di–Fr 10–12, 13–17 Uhr). Geschichte und Gegenwart des Schuhmacherhandwerks und der Schuhindustrie werden hier anhand von mehr als 1000 Exponaten veranschaulicht. Grundstock der reichhaltigen Sammlung sind historische Schuhe aus aller Welt, darunter Raritäten wie die mehr als 150 Jahre alten chinesischen Stoffschuhe oder Schuhe von australischen Ureinwohnern aus Straußenfedern und menschlichen Haaren.

Auf der anderen Straßenseite öffnet sich der Platz der Arbeit (náměstí Práce) mit dem 1933 erbauten **Großen Kino** (Velké kino), das mehr als 2000 Zuschauern Platz bietet, sowie dem kaum zu übersehenden, elfstöckigen **Hotel Moskva** (1932/33). Ebenfalls 1933, anlässlich des ersten Todestags von Bat'a, wurde das **Kunsthaus** (Dům umění, T. G. Masaryka 2570) eröffnet, in dem sich nun die Regionalgalerie befindet (Krajská galerie, Tel. 577 210 662, tgl. außer Mo 9–12, 13–17 Uhr). Das Schloss steht an der Stelle einer mittelalterlichen Befestigung und wurde, ursprünglich im Renaissancestil errichtet, im 18. Jh. barock umgebaut. Heute hat hier das **Museum Südostmähren** seinen Sitz (Muzeum Jihovychodní Moravy, Tel. 577 004 611, Di–So 9–12, 13–17 Uhr). Es zeigt u. a. eine Dokumentation über die Filmstudios von Zlín und wechselnde Ausstellungen.

Infozentrum: 76140 Zlín, nám. Míru 12, Tel. 577 630 271, www.mestozlin.cz, Mo–Do 8–18, Fr 8–17 Uhr.

Sole: T. Batí tř. 5213, Tel. 577 210 458, Fax 577 210 254, hotel.sole@worldonline.cz. Mittelklassehotel etwa 1 km östlich des Zentrums, kleine, aber sympathische Zimmer. DZ 30–40 €. Restaurant (tgl. 6–22 Uhr) mit mährischer Küche. Hauptgerichte ab 5 €.

Ondráš: Kvitková 4323, Tel. 577 210 603, Fax 577 210 178, recepce@ondras.zlin.cz. Zentrale Lage, 26 freundliche Zimmer, Casino im Haus, bewachter Parkplatz. DZ 30–40 €. Restaurant, Pizzeria, Bierstube, tgl. 10–22/24 Uhr. Hauptgerichte ab 3–4 €.

Was sollte man in Zlín anderes kaufen als Schuhe? Am besten gleich im **Bat'a-Shop** (Dlouhá 130).

In Otrokovice heißt es umsteigen, wenn man Zlín per **Bahn** erreichen will. Besser und schneller fährt man mit **Bussen** von und nach Olomouc, Kroměříž und Brno.

Vizovice

Viele Kunstfreunde pilgern wegen der hochkarätigen Gemäldesammlung in das sympathische Städtchen **Vizovice** 3 (Wisowitz) im

Von hier aus wurde das Bata-Imperium verwaltet: das Hochhaus Nr. 21

Die Bat'a-Stadt

Thema

Industriestädte sind im Süden von Mähren eher dünn gesät, Zlín ist eine davon. Nur sehr architekturinteressierte Touristen verirren sich in die Stadt, aus der einst der halbe Ostblock mit Schuhen versorgt wurde – mit Bat'a-Schuhen. Gegründet wurde das Schuhimperium von Tomás Bat'a (1876-1932).

Zlíns Aufstieg war auch der Aufstieg von Tomás Bat'a. Es begann damit, dass sich der mährische Jungunternehmer im Ersten Weltkrieg das Monopol für die Schuhlieferungen an die österreichisch-ungarische Armee sicherte. Innerhalb weniger Jahre machte er so aus einem Kleinbetrieb eine Fabrik mit 4000 Arbeitern. Doch das genügte Tomás Bat' a noch nicht. Ab 1923, nach seiner Wahl zum Bürgermeister, steuerte er auch die Geschicke der Stadt. Er machte Zlín zu einer Metropole der Schuhproduktion und er begann, die Stadt auch architektonisch nach seinen Vorstellungen zu formen. Er holte die modernsten Architekten nach Mähren und ließ nach ihren Plänen Arbeiterhäuser und Verwaltungsgebäude, Kaufhäuser, Krankenhäuser und Schulen bauen. Und natürlich die Fabrikanlage der Bat'a-Schuhe.

Er kümmerte sich nicht nur um die Schuhproduktion, sondern auch um die Errichtung zeitgemäßer Produktionsstätten. Seine Vision war, Bauwerke nicht anders als Fußbekleidung herzustellen, nämlich in Serie und damit kostengünstig. Als Raster für die Fabrikbauten diente ein Stahlbetonskelett mit Ziegelfüllung, das ein Technikerteam der firmeneigenen Baugesellschaft so lange standardisieren musste, bis ein universell verwendbares Modulraster entwickelt war, das auch im Wohnungsbau eingesetzt werden konnte.

Bat'as Architekten Jan Kotěra und sein Schüler František L. Gahura konzipierten Zlín als eine Industriestadt, die Vorbildcharakter haben sollte. Die Fabrikgebäude lagen eingebettet in Grünanlagen, und zu den Ein- oder Zweifamilienhäusern in den Arbeitersiedlungen gehörten Gärten. Bat'a bot damit seinen Angestellten Wohnungen mit (vergleichsweise) hohem Standard zu niedrigen Preisen. Trotz Typisierung und Standardisierung gelang es seinen Architekten, hochwertige Entwürfe zu realisieren. So entstanden neben den charakteristischen ziegelroten Wohnhäusern im Zentrum von Zlín u. a. ein imposantes Einkaufszentrum, eine Markthalle, ein Großkino mit angeschlossenem Filmstudio, Sporthallen, Schwimmbäder, ein Krankenhaus, Schulen und Lehrlingsheime. Als interessante Beispiele für die funktionalistische Architektur der 1930er Jahre in Europa gelten das (damals wie heute) größte Hotel Zlíns, das **Grandhotel Moskau**, Bat'as **Kunsthaus** und das 1938 errichtete **Firmen-Verwaltungsgebäude,** das so genannte Hochhaus Nr. 21. Mit seinen 16 Stockwerken war es lange Zeit das höchste Gebäude im Land.

Die internationale Architektenschaft, an ihrer Spitze kein geringerer als der berühmte Le Corbusier, geriet beim Anblick der konsequenten Umsetzung eines wegweisenden Städtebaukonzeptes ins Schwärmen. Zlín war für sie *das* Beispiel einer **›cité industrielle‹**, der Ort, an dem ihre Ideen von sozialer Gleichheit, Rationalisierung der Arbeit und dem Leben in einer funktionalistisch ausgerichteten, aber dennoch lebenswerten Industriestadt Wirklichkeit geworden war.

mährisch-walachischen Bergvorland, rund 15 km von Zlín entfernt. Ihr Ziel ist das von Franz Anton Grimm entworfene spätbarocke **Schloss** mit Werken niederländischer, französischer, italienischer und österreichischer Meister. Zu der Dreiflügelanlage gehört auch ein schöner, weitläufiger Park (Státní Zámek Vizovice, Tel. 577 452 762, Apr., Sept., Okt. Di–So 9–12, 13–16, Mai–Aug. Di–So 9–12, 13–17 Uhr).

Freunde hochprozentiger Genüsse wiederum wissen um Vizovices flüssigen Schatz – den **Slibowitz**. Schon von weitem ist das Bittermandelaroma der Pflaumenkerne zu riechen, die unter den Destillierkesseln der traditionsreichen, 1894 gegründeten Firma Rudolf Jelínek glühen. Ist schon das Heizmaterial ungewöhnlich genug, so erinnert das Brennen selbst an eine kultische Handlung. Ganze Waggonladungen des blauen Steinobstes, das dank Bodenbeschaffenheit und Klima hier zu besonders aromatischer Reife gelangt, durchlaufen die Gärbottiche, Destillierkessel und Ruhefässer, in denen ihr Extrakt volle zehn Jahre verweilt. Aber erst unter intensiver Sonnenbestrahlung in so genannten Sedimentationsgläsern verteilen sich die ätherischen Öle, erst dann nimmt der Slibowitz seine zartgoldene Färbung an, erhält er seinen unnachahmlichen Geschmack. Die Produktpalette enthält übrigens neben Rum und anderen Obstbränden eine koschere Variante, über die Abgesandte des Oberrabbinats von der Ernste bis zur Abfüllung wachen.

Und noch eine weitere Spezialität kommt aus Vizovice: **Wacholdergeist** (Borovička), dessen Grundstoff auf abertausend Büschen an den Hängen der mährisch-walachischen Hügel wächst. Für Firmenbesichtigungen wurde das Exkursions- und Besucherzentrum **Destillery Land** samt Kinosaal und Museum eingerichtet. Im Rahmen der Führungen (90 Minuten) gibt es auch eine Verkostung der Produkte. Und im **Fabrikverkauf** kann man sich preisgünstig mit ein paar Flaschen der Edelbrände eindecken (Rudolf Jelínek a.s., 76312 Vizovice, Razov 472, Tel. 577 686 119,www.rjelinek.cz, Mo–Fr 9–12, 13–17, Sa 9–12 Uhr).

Regelmäßige **Lokalzüge** und **Busse** verbinden Vizovice mit Zlín.

Luhačovice

Der Aufstieg von **Luhačovice** 4 (Luhatschowitz) zum Kurort begann im Jahr 1902. Damals gründete der Arzt Dr. František Veselý die ›Aktiengesellschaft Bad Luhačovice‹ und fungierte auch gleich als deren erster Direktor. In Zusammenarbeit mit dem slowakischen Architekten Dušan Jurkovič entstand in Luhačovice ein Kurviertel mit hübschen Kolonnaden und verspielten Pavillons inmitten eines ausgedehnten Parks. Heute ist Luhačovice Mährens größtes und meist besuchtes Kurbad, was man ihm aber eigentlich nicht ansieht. Damals wie heute verströmt der Ort nicht die Eleganz der westböhmischen Bäder, sondern eine ländlich-gemütliche Atmosphäre. Diese rührt nicht zuletzt daher, dass Villen, Pensionen und Hotels aus der Gründerzeit das Bild bestimmen, deren Baustil die modernen Formen des Jugendstils mit der traditionellen Architektur der mährischen Walachei verknüpften. Die Kurverwaltung von Luhačovice herrscht über ein Dutzend Kurhotels und -pensionen verschiedener Kategorien und mannigfaltigen Heilbehandlungen. Sie liegt – nach Verstaatlichung in der KP-Ära – wieder in den Händen einer Aktiengesellschaft.

Das angenehme **Reizklima** in einem waldumsäumten Talkessel auf einer Seehöhe von 250 m erweist sich als ideal für alle, die an Atemwegserkrankungen leiden. Der wahre Gesundbrunnen aber liegt tief im Erdinneren: **Zwölf Quellen** – elf alkalische Sauerbrunnen, die zu den stärksten in Europa gehören, und eine Schwefelquelle – sprudeln bereits, weitere sechs sollen erschlossen werden. Mit einer Temperatur von ca. 11 °C tritt das Heilwasser zu Tage, pro Minute quellen 210 l aus der Erde, die 1,25 kg Mineralstoffe enthalten.

Von Mai bis September sorgen, wie in jedem gut besuchten Kurbad, Konzerte, Theateraufführungen und Folkloredarbietungen für Unterhaltung. Interessierte finden zudem ein

ethnographisches Museum in der Villa Lipová mit einer Sammlung kunstvoll bemalter Ostereier, von Glas, Keramiken und anderen Objekten der Volkskunst (Muzeum v Luhačovicích, Lázeňské nám. 95, Tel. 577 132 883, Apr.–Okt. Di–So 9–12, 13–17, Nov.–März nur Do 9–12, 13–17 Uhr). Außerhalb der Hauptsaison bietet sich Luhačovice als idealer Ausgangspunkt zur Entdeckung der Mährischen Slowakei und der Walachei an.

Infozentrum: 76326 Luhačovice, Masarykova 950, Tel. 577 132 341, luha info@mesto.luhacovice.cz, Juli, Aug. Mo–Fr 8–18, Sa 9–13, So 13–17, die übrigen Monate Mo–Fr 8–16/17 Uhr.
Kurverwaltung Lázně Luhačovice, Lázeňské náměstí 436, Tel. 577 682 111, Fax 577 131 179, info@lazneluhacovice.cz.

In Luhačovice gibt es dank des ganzjährigen Kurbetriebs eine Vielzahl an Hotels, Pensionen, Privatquartieren, Restaurants und Cafés. In den meisten Kurhotels werden auch Heilbehandlungen angeboten, in den Restaurants dieser Häuser serviert man einheimische und internationale Küche sowie Diät- oder vegetarische Gerichte. Die Kategorien umfassen 4 Sterne (Jurkovičův dům, Palace, Dům B. Smetana, Jestřabí) und 3 Sterne (Morava). Über spezielle Kurarrangements in diesen Hotels informiert die Kurverwaltung, die Angebote liegen – je nach Saison, Hotel und Kuranwendungen – zwischen 300 und 550 € pro Person und Woche, wobei ab der 3. Woche spürbare Preisnachlässe gewährt werden.
Alexandria: Masarykova 567, Tel. 577 131 113, Fax 577 131 263, alexandria@lazneluha covice.cz. Gepflegtes Haus der gehobenen Mittelklasse im Stadtzentrum, geräumige Zimmer. DZ 60–80 €. Stilvolles Restaurant mit internationaler Küche, tgl. 7–14, 18–22 Uhr. Hauptgerichte ab 6 €.
Fontana: Jurkovičova alej 858, Tel. 577 117 111, Fax 577 133 849, hotel.fontana@orea.cz. Großhotel (310 Betten) am Rand des Kurorts bei einem Stausee im Grünen. Alle Zimmer nach üblichem Standard möbliert. 50–75 €. Restaurant mit lokaler Küche, tgl. 11–23 Uhr. Hauptgerichte ab 5 €.
Vltava: Dr. Veselého 169, Tel./Fax 577 131 376, jsuransky@iol.cz. Das Blau der Fassade ist nicht zu übersehen, die Zimmer im Inneren sind recht einfach, aber nicht ungemütlich. DZ 30–40 €. Mährisches Restaurant, tgl. 8–24 Uhr. Hauptgerichte ab 4 €.

Regelmäßige **Buslinien** von Wien, Brno, Zlín, Uherský Brod und Prag, weniger bequem sind die wenigen **Bahnverbindungen**.

Uherský Brod

Jan Amos Komensky (1592–1670), besser bekannt unter dem Namen Comenius, ist der große Sohn des Städtchens **Uherský Brod** 5 (Ungarisch Brod). Das Licht der Welt dürfte er zwar mit hoher Wahrscheinlichkeit im nahen Nivnice (Niwnitz) erblickt haben. Dennoch befinden sich an einem Haus am Stadtplatz eine Porträtplastik aus weißem Marmor und eine Gedenktafel, auf der es heißt, dass »einigen Berichten gemäß hier am 28. März 1592 J. A. Komensky, der letzte Bischof der Brüdergemeinde und große Lehrer der Völker, geboren wurde und seine Kindheit verbracht hat«. Wer mehr über Persönlichkeit und Wirken des schon zu Lebzeiten in ganz Europa geschätzten Theologen und Pädagogen erfahren will, ist im Comenius-Museum im ›Baraník‹, einem früheren Marstall vom Anfang des 18. Jh., am richtigen Ort. Gezeigt werden hier eine ethnographische Sammlung, Andenken an Comenius und vor allem eine 10 000 Bände umfassende Bibliothek (Muzeum Jana Amose Komenského, 68812 Uherský Brod, Přemysla Otakara II. 37, Tel. 572 632 288, tgl. außer Mo 9–12,12.45–16.45 Uhr).

In der Umgebung von Uherský Brod haben sich bis heute die bunten mährisch-slowakischen **Trachten** aus alter Zeit erhalten. Nach wie vor trägt man sie an Sonn- und Feiertagen, vor allem aber bei besonderen Anlässen. Wenn sich die kleine Ortschaft Vlčnov im

Frühling für ihren traditionellen ›**Königsritt**‹ rüstet, lässt keiner der älteren Dorfbewohner sein farbenprächtiges Gewand im Schrank.

Regelmäßige **Busverbindungen** mit Brno (3x), Zlín und Uherské Hradiště, direkte **Züge** jeweils einmal täglich von und nach Olomouc, Brno und Prag .

Tipp für Folklorefreunde
Knapp 20 km südlich von Uherské Hradiště liegt die Ortschaft Strážnice, in der alljährlich am letzten Juni-Wochenende ein Internationales **Folklorefestival** stattfindet, das größte in ganz Tschechien!

Uherské Hradiště

Seit 1949 laufende Ausgrabungen in **Staré Město**, einem Vorort von **Uherské Hradiště** 6 (Ungarisch Hradisch), erbrachten den Nachweis, dass hier eine bedeutende altslawische Siedlung, mit ziemlicher Sicherheit sogar das **Zentrum des Großmährischen Reichs** lag. Noch zu Beginn des 12. Jh. hieß der Ort Velegrad (zu Deutsch: Großburg). Eine Stadt gleichen Namens nennen auch die Chronisten des Klosters Fulda, die um das Jahr 871 die Metropole ›**Rastislavs**‹, eines Hauptfürsten dieses untergegangenen frühen Staatsgebildes, erwähnen.

Freigelegt wurden die Grundmauern von zwei Kirchen und einer Rotunde aus dem 9. Jh., Reste von Werkstätten, von Schmelzöfen für Eisen- und Bronzegießerei und von Wohnhäusern sowie mehrere Nekropolen mit kostbaren Grabbeigaben, vorwiegend Gold- und Silberschmuck. Die Größe der Siedlung betrug 250 ha, ihr landwirtschaftliches Hinterland nahm eine Fläche von mindestens 400 km² ein. Bei der 4 km südöstlich liegenden Gemeinde Sady (Derfle) entdeckte man die Ruinen einer ehemals zweistöckigen Barockkirche, zweifelsfrei Sitz des ältesten Bistums Mährens und damit des Slawenapostels Method.

Diese Ausgrabungsstätten können nicht besichtigt werden, eine umfangreiche Dokumentation bietet jedoch die **Nationale Kultur- und Gedenkstätte Großmährisches Reich**, ein moderner Museumsbau in einer parallel zur Hauptstraße verlaufenden Gasse (Památník Velké Moravy, Staré Město, Jezuitska 1885, Tel. 572 543 382, Apr.–Okt. tgl. außer Mo 9–12, 12.30–17 Uhr). Die eindrucksvolle Schau ist eine Zweigstelle des **Regionalmuseums Slovácko** in Uherské Hradiště, in dem u. a. schöne Volkstrachten zu sehen sind (Slovácké muzeum, Smetanovy sady 179, Tel. 572 551 370, Apr.–Okt. Di–Sa 9–12, 12.30–17 Uhr).

Infozentrum: 68601 Uherské Hradiště, Masarykovo nám. 21, Tel. 572 525 526, www.mic.uh.cz, Mo–Fr 8–12, 13–18 Uhr.

Slunce: Masarykovo nám. 155, Tel. 572 432 640, Fax 572 432 668, slunce@synohotels.com. Bezauberndes Vier-Sterne-Hotel in einem von Grund auf erneuerten Renaissancegebäude vor einem barocken Brunnen im Stadtzentrum. Komfortable Zimmer mit Internetanschlüssen. DZ 90–120 €. Modernes Restaurant mit tschechischer und internationaler Küche (tgl.11–22 Uhr, Hauptgerichte ab 5 €), Café, Bistro, Weinstube, Pianobar im Haus.
Grand: nám. Palackého 349, Tel. 572 551 511, Fax 572 552 119, hotel@grand-uh.cz und **Morava:** Šafaříkova 855, Tel. 572 551 508, Fax 572 552 975, morava@grand-uh.cz sind zwei Mittelklassehotels mit netten Zimmern des gehobenen Standards. Reservierte Parkplätze. DZ 55–75 €.
Maxi: Mariánské nám. 81, Tel. 572 553 523, Fax 572 550 248, maxi@maxi.uh.cz. Neues Hotel für Nichtraucher in einem komplett renovierten Gebäude in der Fußgängerzone des historischen Zentrums. Bequeme Zimmer mit Stilmöbeln und Internetanschluss, eigener Parkplatz. DZ 50–60 €. Rauchverbot herrscht auch in der hauseigenen Pizzeria, tgl. 10–23 Uhr. Hauptgerichte ab 3 €.
Modrá Růže: Žerotínova 225, Mobiltel. 731 467 742, modraruze@modraruze.cz. Einfache

Frühstückspension, Zimmer schlicht möbliert, aber alle mit Bad/WC. DZ 25–30 €.

Gut essen kann man in den meisten Hotelrestaurants von Uherské Hradiště. Bei Einheimischen sehr beliebt sind die Restaurants der Hotels Morava und Grand, beide mit lokaler Küche und mährischen Weinen, tgl. 11–22 Uhr. Hauptgerichte ab 4 €.

Ein bis zwei direkte **Züge** pro Tag nach Brno und Prag, mindestens 4 direkte **Busverbindungen** mit Brno, 2-mal mit Prag.

Velehrad

Papst Pius XI. verlieh der beliebtesten Wallfahrtskirche Mährens 1927 den Rang einer ›päpstlichen Basilika‹, Johannes Paul II. stellte sich 1990 höchstpersönlich mit einer goldenen Rose ein. An seinen Besuch in der sonst kaum interessanten Ortschaft **Velehrad** 7 (Welehrad) unweit von Uherské Hradiště erinnert ein großes weißes Kreuz vor dem 1205 gegründeten ehemaligen Zisterzienserkloster, das 1784 der Säkularisierung Kaiser Josephs II. zum Opfer gefallen war.

Ihre heutige barocke Gestalt erhielten Kloster und Kirche nach einer Feuersbrunst 1681. Trotz der radikalen Eingriffe bewahrte sich vor allem die mächtige **Basilika Mariä Himmelfahrt** in Grundriss und Proportionen den Charakter eines romanisch-gotischen Baus. Hatten sich schon die Zisterzienser um die Erforschung des Ideenguts von Cyrill und Method verdient gemacht, so erlebten die Slawen-Apostel im Zuge des nationalen tschechischen Erwachens eine Renaissance, die sich in Statuen und Bildern im Kircheninneren niederschlug. Kloster und Kirche werden heute von den Jesuiten betreut, die auch ein Gymnasium betreiben. Besichtigt werden können die Kirche und ein Lapidarium mit den Überresten der Originalbasilika (Tel. 572 420 140, Apr., Mai, Sept., Okt. Di–So 9–12, 13–17, Juni–Aug. tgl. 9–12, 13–17 Uhr).

Ein auch für Kinder lehrreicher **Archäologiepark** mit der Rekonstruktion einer befestigten Siedlung aus der Zeit des Großmährischen Reichs wurde in dem Dorf Modrá in Sichtweite von Velehrad errichtet (Archeopark Modrá, 68706 Velehrad, Modrá 170, Tel. 572 571 180, www.archeoskanzen. cz, Mai–Okt. tgl. 9–17, Nov.–Apr. nur Sa, So 10–16 Uhr).

Wenig frequentierte Busverbindung nach Uherské Hradiště.

Buchlov und Buchlovice

Burg Buchlov

Nur wenige Burgen sind so gut erhalten wie die in **Buchlov** 8 (Buchlau). In beherrschender Lage auf einer Anhöhe inmitten dichter Wälder thront die einst königliche Festung. Ihre Entstehungszeit reicht in die erste Hälfte des 13. Jh. zurück, Um- und Anbauten im Stil von Renaissance und Barock erfolgten im 15. bis 18. Jh. Die Räumlichkeiten demonstrieren eindrucksvoll die adelige Wohnkultur in der Zeit der Gotik und Renaissance.

Neben einer beachtlichen **Kunstsammlung** sieht man im Verlauf der Schlossführung auch das interessante **Familienmuseum der Grafen Berchtold**, eines aus Tirol stammenden Geschlechts, das zu Beginn des 17. Jh. nach Mähren eingewandert und von 1800 bis 1945 im Besitz von Burg Buchlov und dem nahen Schloss Buchlovice war. Insgesamt 17 Jahre seines Lebens verbrachte Leopold I. Berchtold (1759–1809) auf Reisen in alle Welt, bei denen er eine kunterbunt gemischte **naturwissenschaftliche Sammlung** zusammentrug. Seine philanthropische Tätigkeit gipfelte in der Errichtung eines Krankenhauses in Buchlovice. Als die Betten in den napoleonischen Kriegen nicht ausreichten, räumte der Graf kurzerhand sein Schloss und siedelte auf die unbequeme Burg Buchlov über. Leopold starb mit 50 Jahren an Typhus: Bei der aufopfernden Pflege der Patienten hatte er sich angesteckt. Sein Sohn Siegmund verbrachte unfreiwillig viel Zeit auf Buchlov – wegen seiner Beteiligung am ungarischen Aufstand gegen die Habsburger wurde er 1848 zum Tod verurteilt, dann zu lebenslangem Hausarrest begnadigt –, wo er die Exponate seines Vaters ordnete und damals schon der Öffentlichkeit zugänglich machte. Ein Ausstellungsstück, mit dem man auf einer mittelalterlichen Burg kaum rechnet: ein ägyptischer Sarkophag samt Mumie (Státní Hrad Buchlov, Tel. 572 595 161, Apr., Okt. nur Sa, So 9–15, Mai, Juni, Sept. Di-So 9–16, Juli, Aug. Mo 9–16, Di–So 9–17 Uhr).

Schloss Buchlovice

Ende des 17. Jh., als die Ansprüche an den Wohnkomfort stiegen und die Herren von Buchlov erkannten, dass Burgen ohnedies kaum mehr ihre Schutzfunktion erfüllen konnten, entstand in Sichtweite ihrer Festung (s. unten), im benachbarten **Buchlovice** 9 (Buchlowitz), ein zierliches Schlösschen im Stil einer italienischen Barockvilla, eingebettet in ein abfallendes Terrain, umgeben von einem zauberhaften Landschaftspark mit altem, zum Teil exotischem Baumbestand. Auftraggeber war Johann Dietrich Graf von Peterswald, dessen aus Italien stammende Gemahlin Eleonora hinter den kalten, feuchten Burgmauern vor Heimweh verging. In Buchlovice fühlte sie sich endlich in vertrautem Ambiente. Das 1707 fertig gestellte **Schloss** setzt sich aus zwei halbkreisförmigen, mit ihren Hofseiten einander zugewandten Gebäuden zusammen. Den zwei Stockwerke hohen Hauptsaal schmücken Deckengemälde mit Allegorien der guten Eigenschaften Eleonoras – Gerechtigkeit, Unschuld, Tapferkeit und Liebe zur Kunst. Hier fand 1908 das Treffen zwischen den Außenministern Russlands und Österreich-Ungarns statt, bei dem die Annexion Bosnien-Herzegowinas durch die Donaumonarchie ausgehandelt wurde (Státní Zámek Buchlovice, Tel. 572 434 240, Apr., Okt. nur Sa, So 9–16, Mai, Juni, Sept. Di–So 9–17, Juli, Aug. tgl. 9–16 Uhr).

i **Infozentrum:** 68708 Buchlovice, nám. Svobody 6, Tel. 572 595 996, www.buchlovice.cz, Apr.–Okt. Di-So 9–12, 12.30–16/17, Nov.–März Di–So 10–12, 12.30–15 Uhr.

Buchlovice liegt nicht an einer Eisenbahnlinie. Es gibt 2-malx pro Tag eine **Busverbindung** nach Brno, mehrmals täglich nach Uherské Hradiště.

Barock zurechtgestutzt: die Buxbäume im Garten von Schloss Buchlovice

Olomouc und das Altvatergebirge

Karte S. 357/361

Olmütz ist nicht zuletzt dank der vielen Studenten eine der lebhaftesten Städte Tschechiens. Seltsamerweise sind diese Perle und ihr ebenso interessantes Hinterland, das bis ins Altvatergebirge (Hrubý Jeseník) reicht, bis heute abseits der großen Touristenströme geblieben.

15 Olomouc

Ein denkmalgeschütztes Zentrum mit stattlichen Patrizierhäusern, Dom und ein paar sehenswerten Kirchen – muss man noch mehr anführen, um zu unterstreichen, dass sich ein Besuch in Olomouc (Olmütz) lohnt? Vielleicht noch die vielen Geschäfte, die Studentenkneipen und Cafés? Oder das mit zwei Theatern, einem Symphonieorchester und mehr als zwei Dutzend Galerien und Museen vergleichsweise vielfältige Kulturangebot? Olomouc, mit 100 000 Einwohnern noch keine echte Großstadt, wird den Erwartungen des Kunstinteressierten gerecht, begeistert aber auch den, der in den Alltag einer tschechischen Studentenstadt eintauchen möchte.

Geschichte

In keiner anderen Stadt Mährens ist die Präsenz der Kirche so stark wie in Olomouc. Die Mitte des 11. Jh. um eine Premyslidenburg entstandene Siedlung wurde schon 1063 zum Bistum ernannt (nach Prag das zweitälteste der böhmischen Länder) und 1777 zum Erzbistum – dem größten Europas übrigens. Die Olmützer Bischöfe – und später die Erzbischöfe – herrschten wie Fürsten, insofern sind Vergleiche mit Salzburg oder Passau durchaus gerechtfertigt. 1573 ging aus der sieben Jahre zuvor gegründeten Jesuitenakademie die **zweite Universität des Landes** hervor, unter deren Studenten sich der spätere General Wallenstein befand. Für den Olmützer Wenzelsdom und dessen Erzbischof Erzherzog Rudolf Johann von Habsburg, einen Bruder Kaiser Franz I., schrieb Beethoven seine ›Missa solemnis‹.

Auch der weltliche Teil der Stadt erlebte turbulente Zeiten. 1306 fiel in der Burg der letzte Přemyslide, Wenzel III., einem Meuchelmord zum Opfer. Während des Dreißigjährigen Kriegs wurde Olmütz von den Schweden fast gänzlich zerstört. Daher blieben nur wenige Bauten aus Gotik und Renaissance erhalten. Die neue Stadt entstand im Barockstil, doch musste die repräsentative Bautätigkeit eingestellt werden, als Maria Theresia 1741 die Errichtung von gewaltigen Befestigungsanlagen anordnete. An diesen biss sich Preußens Friedrich II. die Zähne aus. Später internierten die Österreicher in den Verliesen der Festung politische Gefangene wie den französischen Adligen und legendären General des amerikanischen Unabhängigkeitskriegs Gilbert de Lafayette und den russischen Anarchisten Michail Bakunin.

1848 suchte der kaiserliche Hof in Olmütz Zuflucht vor den Revolutionswirren in Wien, während der Reichstag nach Kremsier, das heutige Kroměříž, übersiedelte. Am 2. Dezember 1848 verzichtete Kaiser Ferdinand, durch Hofintrigen und die blutigen Ereignisse in der Residenzstadt entnervt, zugunsten seines 18-jährigen Neffen Franz Joseph auf den Thron. Der nur wenige Minuten dauernde Akt von Abdankung und Inthronisation fand im großen Saal der Erzbischöflichen Residenz statt. Die letzten Kapitel in der fast 700-jährigen Geschichte der Habsburgerdynastie wurden damit aufgeschlagen.

Stadtspaziergang

Der Spaziergang durch das Zentrum von Olomouc beginnt am ältesten Punkt der Stadt, auf dem Hügel über der March (Morava). Dort steht am Wenzelsplatz (Václavské nám.) der **Přemyslidenpalast** 1 aus dem 12. Jh. Nach einer Reihe von Umbauten sind davon allerdings nur spärliche Reste erhalten. Außer den Mauern, die heute einen Teil des gotischen Kreuzgangs aus dem 14. Jh. (mit Fresken aus der Zeit um 1500) bilden, blieben nur einige romanische Fenster mit reichem plastischem Schmuck. Die Besichtigung des Palasts schließt auch die gotische Johannes-Kapelle ein (Tel. 585 230 915, Apr.–Sept. Di–So 10–12 und 13–17 Uhr).

Der Ende des 19. Jh. im neogotischen Stil errichtete **Wenzelsdom** 2 steht an der Stelle einer nie vollendeten romanischen Basilika (1131), die im Lauf der Jahrhunderte mehrfach umgestaltet wurde. Unverändert im Renaissancestil blieb die Stanislaus-Kapelle mit Fresken des Olmützer Malers Jan Kristof Handke. Im Eingangsportal hat sich das ursprüngliche Bronzegitter, eine Nürnberger Metallgussarbeit aus dem Ende des 16. Jh., erhalten. Die heutige Form der Krypta stammt aus dem Jahr 1661. An der westlichen Stirnseite befindet sich ein marmorner Behälter mit dem Herzen des Olmützer Habsburger-Bischofs Rudolf Johann, dessen übrige sterbliche Überreste in der Wiener Kapuzinergruft ruhen.

Im Norden des Platzes erhebt sich hinter einem schmiedeeisernen Tor die ehemalige **Domdechantei** 3, ein frühbarocker zweiflügeliger Bau an der Stelle der Přemyslidenburg. Eine Gedenktafel erinnert an die Ermordung Wenzels III., eine andere an den Aufenthalt Wolfgang Amadeus Mozarts, der sich hier 1767 als Elfjähriger von einer Pockenerkrankung erholt und seine F-Dur-Symphonie komponiert hatte.

Durch die Dómská ulice und die Wurmová ulice gelangt man zum Bischofsplatz (Biskupské nám.) mit einer Reihe von Kanonikerhäusern aus dem 17. und 18. Jh., dem Erzbischöflichen Konsistorium aus dem Jahr 1681 (Anfang des 20. Jh. im Jugendstil um-

Mit den Autoren unterwegs

In Olomouc anschauen

Wer Olomouc nur einen Blitzbesuch abstattet, sollte zumindest den Oberring (Horní nám.) mit seinen schönen Palais und einer eindrucksvollen Dreifaltigkeitssäule gesehen haben (s. S. 355).

In Olomouc genießen

In jedem guten Delikatessengeschäft der Stadt ist er erhältlich, der weltberühmte **Olmützer Quargel** (Olomoucké tvarůžky). Der äußerst schmackhafte, unverwechselbare Handkäse wird in der Nähe von Olmütz im Städtchen Loštice (Loschitz/Straße Nr. 35 Richtung Moravská Třebová) hergestellt, wo es die Möglichkeit zu Betriebsführungen und zur Besichtigung eines kleinen Quargel-Museums gibt (Palackého 4, Tel. 583 445 111, Mo–Fr 9–15.30 Uhr).

Geld gespart

In den beiden Informationsbüros von Olomouc erhält man die für die gesamte Region bis ins Altvatergebirge gültige **Olomouc Card** (für 48 Stunden oder 5 Tage), die die kostenlose oder verbilligte Besichtigung von Sehenswürdigkeiten sowie Ermäßigungen in Restaurants, Hotels und Pensionen beinhaltet.

Und noch eine Burg

Die ehemalige Deutschordensburg **Bouzov** ist eine gelungene Mischung aus vielen Baustilen (s. S. 360).

Volksarchitektur

Die beiden kleinen Holzkirchen bei **Velké Losiny** sind schöne und seltene Beispiele für die Volksarchitektur der Renaissance (s. S. 365).

Gesundheitsurlaub

Warum nicht einmal kuren im Schwefelthermalbad Velké Losiny oder in den Naturheilbädern **Lázně Jesenik** und **Lipová Lázně**, die nach wie vor unschlagbar preisgünstig sind (s. S. 365 bzw. 367)?

gebaut), dem **Erzbischöflichen Palast** 4, einem frühbarocken Bau auf den Grundmauern eines Renaissancepalasts und Schauplatz der Thronbesteigung Kaiser Franz Josephs, und dem Theresianischen Zeughaus (1771–1778).
Die Křížkovského ulice mit mehreren Universitätsgebäuden führt zum Platz der Republik (nám. Republiky), auf dem der **Tritonen-Brunnen** 5 steht, eine bedeutende Bildhauerarbeit unbekannter Künstler (1709) nach dem Vorbild des gleichnamigen Bernini-Brunnens auf der Piazza Barberini in Rom. Monumentale Barockbauten sind die Kirche **Maria Schnee** 6 der Jesuiten und das anschließende Jesuitenkolleg. In der Denisova ulice steht linker Hand (Nr. 47) das **Kunstmuseum** 7, ein Jugendstilbau von 1902. Höhepunkte der dortigen Sammlungen sind Werke der niederländischen Malerei des 16. bis 18.Jh. (Muzeum umění, Denisova 47, Tel. 585 514 111, Di–So 10–18 Uhr).

Vom Kunstmuseum ist es nicht mehr weit zum Herzen der Altstadt, dem **Oberring** (Horní nám.), der vom mächtigen **Rathaus** 8 dominiert wird. Die vierflügelige Anlage, die vom Ende des 14. Jh. bis heute immer wieder umgebaut wurde und daher Stilelemente der Gotik, Renaissance und Neugotik (Fassade des Nordflügels) aufweist, bekrönt ein 75 m hoher Turm (1607) mit Umgang, hohem Renaissancehelm und der **Astronomischen Uhr** (geführte Turmbesteigung Apr.–Okt. tgl. um 11 und 15 Uhr, bei Bedarf häufiger). Die ursprüngliche Uhr stammte vom Ende des 15. Jh. und war damit fast ebenso alt wie ihr berühmtes Prager Pendant. Ihre neue künstlerische Ausschmückung schuf der mährische Maler Karel Svolinsky, die astronomischen und mechanischen Teile blieben im wesentlichen unverändert: Jeder Monat wird durch Feldarbeiten charakterisiert, Hammerschläge auf einen Amboss verkünden die Stunden, Figuren von Volksmusikern den Beginn des Glockenspiels mit Auszügen aus mährischen Volksliedern. Zum Abschluss des Spektakels, das sich täglich um 12 Uhr mittags abspielt, flattert ein goldener Hahn mit seinen Flügeln. Am Abend zeigt die Kunstuhr die jeweiligen Mondphasen an, ein Planetarium den gerade sichtbaren Sternenhimmel. An der Ostseite des Rathauses befinden sich ein imposantes Renaissanceportal mit Doppeltreppe und eine Renaissanceloggia. Im Inneren sind vor allem der Festsaal mit Kreuzrippengewölbe (1560) und die St.-Hieronymus-Kapelle mit wunderschönem gotischem Erker bemerkenswert.

Rund um das Rathaus gruppieren sich zwei Brunnen und eine beeindruckende Dreifaltigkeitssäule: der **Caesar-Brunnen** 9, dessen Barockplastik den sagenhaften Gründer der Stadt, Gaius Julius Caesar, auf einem Pferd darstellt, der **Herkules-Brunnen** 10 und die **Dreifaltigkeitssäule** 11, mit 35 m die höchste Barocksäule der Tschechischen Republik. Sie wurde 1754 in Anwesenheit von Kaiserin Maria Theresia geweiht und kürzlich von der UNESCO in die Liste des Welterbes aufgenommen.

Der Oberring wird von den so genannten ›**Reichen Häusern**‹ gesäumt, die sich bis in die Nebenstraßen hineinziehen. Es handelt sich dabei um ehemalige Besitzungen des niederen Adels und wohlhabender Bürger. Fast jedes Haus hatte seine eigene kleine Bierbrauerei und in den Lauben wurde der Gerstensaft verkauft. Zu den wichtigsten Gebäuden gehören das Salm-Palais (Nr. 1), ein monumentaler vierflügeliger Barockpalast, der Edelmann-Palast (Nr. 5), ein prächtiger Bau im Stil der italienischen Renaissance, in dem in den Jahren 1829 bis 1831 Österreichs Feldmarschall Joseph Wenzel Graf Radetzky, damals Festungskommandant in Olmütz, lebte (Gedenktafel), das barocke Petrasch-Palais (Nr. 25), in dem 1746 von Freiherr Josef Petrasch die älteste Gelehrtengesellschaft der Monarchie, die ›Societas incognitorum eruditorum in terris Austriacis‹, gegründet wurde, das Mährische Theater (Nr. 22), ein klassizistischer Bau (1829/30), in dem Gustav Mahler als Opernkapellmeister wirkte, daneben das Café Opera (Nr. 21), im Kern ein Renaissancebau, der barock und klassizistisch umgebaut wurde. Wirklich guten Kaffee und exzellente Mehlspeisen in stilvollem Ambiente erhält man allerdings nicht hier, son-

Olomouc: Cityplan

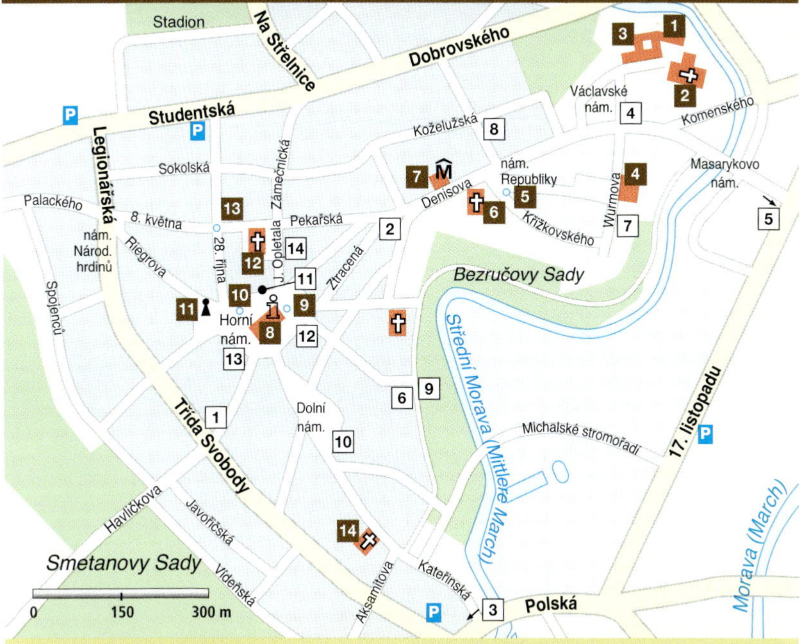

Sehenswürdigkeiten

1 Přemyslidenpalast
2 Wenzelsdom
3 Domdechantei
4 Erzbischöflicher Palast
5 Tritonen-Brunnen
6 Maria Schnee
7 Kunst-Museum
8 Rathaus
9 Caesar-Brunnen
10 Herkules-Brunnen
11 Dreifaltigkeitssäule
12 St.-Mauritius-Pfarrkirche
13 Merkur-Brunnen
14 St. Katharina

Übernachten

1 Gemo
2 Arigone
3 Lafayette
4 U Dómu
5 Sigma
6 Na Hradbách
7 Betánie

Essen und Trinken

8 Podovka
9 U Anděla
10 Hanácká
11 Moravská
12 Café Mahler
13 Caesar
14 Potrefená Husa

dern auf der anderen Seite des Platzes im gemütlichen Café Mahler (Nr. 11).

Nördlich des Oberrings führt die Opletalova ulice zur **St.-Mauritius-Pfarrkirche** 12, einem dreischiffigen spätgotischen Bau, der zu den bedeutendsten Architekturdenkmälern dieser Epoche in Mähren zählt. Im Chor befindet sich die größte Barockorgel Mitteleuropas, ein Werk von Michael Engler (1745), nördlich davon die manieristische Grabkapelle des Bauunternehmers Wenzel Edelmann (1572). Um die Kirche entdeckte man eine Siedlung aus dem 11. Jh. mit Resten einer Rotunde. Der nahe **Merkur-Brunnen** 13 gilt als der wertvollste der insgesamt sechs barocken Stadtbrunnen von Olmütz.

Südlich des Oberrings schließt sich ein weiterer Platz, der Niederring an (Dolní nám.). Reiche Kaufleute bauten sich am Niederring ihre Häuser. Analog zum Oberring schmücken auch diesen Platz zwei Brunnen – Neptun und Jupiter geweiht – und eine Mariensäule. Die Kateřinská ulice bringt uns zu Kirche und Kloster **St. Katharina** 14. Das einschiffige gotische Gotteshaus wurde 1701 barock umgebaut und 1848 wieder regotisiert. Aus der Zeit um 1400 stammt das Portal, das angeschlossene Kloster (1709) ruht auf Renaissancefundamenten.

Außerhalb des Zentrums

8 km nordöstlich des Stadtzentrums thront über den Niederungen der Morava auf dem 412 m hohen **Svatý kopeček** (Heiliger Berg) die Wallfahrtskirche Mariä Heimsuchung in überschwänglichem Barock. Zahlreiche Devotionalienstände und Imbissbuden zeugen vom regen Besuch dieses weithin sichtbaren Monuments des Glaubens.

Infozentrum: 77127 Olomouc, Horní nám. (Rathausarkaden), Tel. 585 513 385, www.olo mouc-tourism.cz, Mo–Sa 9–19 Uhr. Eine Zweigstelle befindet sich am Bahnhof (Tel. 585 785 620, Mo–Fr. 8–16 Uhr).

Schwindelerregend: der Blick ins Gewölbe der Kirche Mariä Heimsuchung

Gemo 1: Pavelčákova 22, Tel. 585 222 115, Fax 585 231 730, gemo@ho telgemo.cz. Vier-Sterne-Hotel (70 Betten) in einem schönen Bürgerhaus im historischen Zentrum, komfortable Zimmer, ausgestattet ausschließlich mit natürlichen Materialien. Restaurant mit internationaler Spitzenküche. DZ 120–130 €.

Arigone 2: Univerzitní 20, Tel. 585 232 351, Fax 585 232 350, arigone.olomouc@tiscali. cz. Entzückendes, kleines Hotel (46 Betten) mit gemütlichen, liebevoll möblierten Zimmern, nur 5 Gehminuten vom Rathausplatz entfernt. Gutes Restaurant. DZ 80–90 €.

Lafayette 3: Alšova 8, Tel/Fax 585 436 600, hotel@lafayette.cz. Ein geschmackvoll restauriertes Haus aus dem Ende des 19. Jh., etwa 15 Minuten zu Fuß vom zentralen Rathausplatz entfernt. DZ 80–90 €.

U Dómu 4: Dómská 4, Tel. 585 220 502, Fax 585 220 501, hoteludomu@email.cz. Winziges Hotel im Schatten des Wenzelsdomes, sechs nette Zimmer. 50–65 €.

Sigma 5: Jeremenkova 36, Tel. 585 232 076, Fax 585 231 725, olomouc@sigmaho tel.cz. Das Hotel der unteren Mittelklasse liegt direkt gegenüber dem Bahnhof, vom Zentrum etwa 2 km entfernt (Straßenbahn Linien 1, 2, 5 oder 6). DZ 40–60 €.

Na Hradbách 6: Hrnčířská 3, Tel/Fax 585 233 243, nahradbach@quick.cz. Winzige Pension in einer ruhigen Seitengasse der Altstadt, komfortable, individuell ausgestattete Zimmer. DZ 30–40 €.

Botánie 7: Wurmova 5, Tel. 585 233 860, Fax 585 221 127, hostel.olomouc@charita.cz. Saubere Herberge der katholischen Kirche ohne klösterliche Regeln, einfache Zimmer mit Gemeinschaftsbädern, gemütliches Café, zentrale Lage. DZ 10–20 €.

Podovka 8: Koželužská 31, Tel. 585 954 141, tgl. 11–23 Uhr. Gourmetlokal mit französischer und italienischer Küche, große Auswahl nationaler und internationaler Weine. Hauptgerichte ab 8 €.

U Anděla 9: Hrnčířská 10, Tel. 585 228 755, tgl. 11–22 Uhr. Populäres, kleines Restaurant in der Altstadt, mit traditioneller böhmisch-

mährischer Küche. Hauptgerichte ab 6 €.
Hanácká 10: Dolní nám. 38, Tel. 585 237 186, tgl. 11–23 Uhr. Urige Bierkneipe im Zentrum mit mährischer Küche, große Portionen. Hauptgerichte ab 5 €.
Moravská 11: Horní nám. 23, Tel. 585 222 868, tgl. 11–23 Uhr. Bei Einheimischen beliebtes Gasthaus am zentralen Hauptplatz, deftige Hausmannskost, frisch gezapfte Biere. Hauptgerichte ab 5 €.
Café Mahler 12: Horní nám. 11, Tel. 585 227 695, Mo–Sa 8–21, So 10–21 Uhr. Gemütliches Café-Restaurant nach Wiener Art mit Blick auf das Rathaus. Große Auswahl an Kuchen und Torten, aber auch warme Küche, Hauptgerichte ab 5 €.
Caesar 13: Horní nám. 1, 585 229 287, Mo–Sa 9–1, So 11–24 Uhr. Fastfoodtempel nach italienischer Art im Rathaus oder an schönen Tagen davor, stets gerammelt voll. Pizza und Pastagerichte ab 3 €.
Potrefená Husa 14: Opletalova 1, Tel. 585 203 171, tgl. 11–23 Uhr. Moderne Café-Bar mit leckeren kleinen und größeren Happen (ab 3 €).

Wie es sich für eine Universitätsstadt gehört, geht man in Olomouc alles andere als mit den Hühnern schlafen. Es gibt Dutzende von **Studentenkneipen**, die allerdings oft kein langes Leben haben. Im Zentrum finden sich zahlreiche Bier- und Weinlokale, die zumindest bis Mitternacht offen sind. Ein heißer Tipp für alle, die dann noch nicht ins Bett finden, ist die Straße Mlynská südlich des Unteren Rings (Dolní nám). Spätere Sperrstunden – zum Teil erst in den Morgenstunden – haben das Bierpub **The Crack** (Mlynská 4, Tel. 585 208 428), die Bar **Rasputin** (Mlynská 4, Tel. 585 208 428) sowie die Diskotheken **Belmondo Club** (Mlynská 4, Tel. 585 208 425) und **Captain Morgan´s** (Mlýnská 2, Tel. 585 234 665).

Als Drei-Sparten-Haus (Oper/Operette, Schauspiel, Ballett) wird das seit 1830 bestehende **Mährische Theater** (Moravské Divadlo, Horní nám. 22, Tel. 585 223 533) geführt. Als eines der führenden Symphonieorchester Tschechiens gilt die **Mährische Philharmonie** (Moravská Filharmonie, Horní nám. 23, Tel. 585 228 971,), die insbesondere Werke Gustav Mahlers spielt.

Zahlreiche **Zug- und Busverbindungen** in alle wichtigen Städte des Landes wie Ostrava, Prag und Brno. Zug- und Busbahnhof liegen am anderen Ufer der Morava östlich der Altstadt, der Hauptbahnhof (Hlavní nádraží, Jeremenkova 60) knapp 2 km entfernt (Straßenbahnlinien 1, 2, 5 oder 6), der Busbahnhof (Sladkovského 37) 1 km weiter (Straßenbahnlinien 5 oder 6). Fahrscheine erhält man in Tabakläden, an Kiosken oder an den gelben Automaten.

Umgebung von Olomouc

Burg Bouzov

Die Ursprünge der Wehrburg **Bouzov** 1 (Busau) reichen bis in das beginnende 14. Jh. zurück. 1696 ging das Anwesen in den Besitz der Hoch- und Deutschmeister des Deutschen Ordens über, die hier bis 1939 ansässig waren. Seit 1780 herrschten in ununterbrochener Folge österreichische Erzherzöge als Ordensmeister über die Burg, die dennoch zusehends verfiel. Ende des 19. Jh. beauftragte daher Erzherzog Eugen von Habsburg den Architekten Georg von Hauberrisser – er war auch der Erbauer des Münchner Neuen Rathauses – mit der Umgestaltung des Objekts zu einem repräsentativen Zeremonienschloss. Der Hochmeister stellte dafür 11 Mio. Goldkronen zur Verfügung.

1895 wurden die Ruinen des Nordflügels niedergerissen und die Arbeiten an einem neuen zweistöckigen Palast aufgenommen. Auch den Südpalast errichtete man auf dem alten Grundriss neu, weniger beschädigte Teile der Burg erfuhren eine gründliche Renovierung, ohne dass die historische Substanz gänzlich zerstört wurde. Der Münchner Architekt schuf damit die Idealvorstellung eines mittelalterlichen, dennoch aber bequem bewohnbaren Bauwerks, dessen vielfältige Stile – insbesondere Gotik und Renaissance – har-

Olomuc und das Altvatergebirge

monisch ineinander greifen. Als Vorbilder dienten ihm nicht zuletzt auch Details aus anderen Ordensniederlassungen, wie z. B. die Wendeltreppe im Schloss Mergentheim (Baden-Württemberg), die im Übergang zum Ostbau nachempfunden wurde. Die prachtvolle Inneneinrichtung mit Möbeln, Uhren, Bildern und Glasarbeiten stammt vorwiegend aus ehemaligen Besitztümern des Deutschen Ordens.

Heute präsentiert sich die während der Nazi-Okkupation von der SS besetzte Burg – sie wird von einer staatlichen Stiftung verwaltet – als malerischer, bestens erhaltener Bau im Stil der ›Butzenscheiben-Romantik‹, mit allen Attributen einer Burg des ausklingenden 19. Jh. – mit Zinnen, Erkern, Schießscharten und Wasserspeiern geschmückt, umgeben von einem gewaltigen Befestigungssystem mit drei Toren, Basteien, Gräben, Zugbrücken und Türmchen. Von den zahlreichen Räumlichkeiten besonders beachtenswert sind die neugotische Burgkapelle mit sechs Grabsteinen der Deutschmeister des Deutschordensschlosses Horneck bei Gundelsheim am Neckar aus dem 14. bis 16. Jh., Rittersaal, Säulenhalle und Jagdsaal sowie die mit allem Komfort ausgestatteten fürstlichen Gemächer. Kitsch und Kunst in trautem Nebeneinander, aber durchaus gefällig anzusehen (Hrád Bouzov, Tel. 585 346 202, www.hradbouzov.cz, Apr., Okt. nur Sa, So 9–15, Mai, Sept. tgl. außer Mo 9–16, Juni–Aug. tgl. außer Mo 9–18 Uhr).

Bouzov ist mit öffentlichen Verkehrsmitteln kaum zu erreichen, es gibt nur zwei **Busverbindungen** tgl. von Olomouc.

Moravská Třebová

Moravská Třebová 2 (Mährisch Trübau) wird wegen des ähnlichen Namens leicht verwechselt mit der nur wenige Kilometer entfernten böhmischen Schwesterstadt Česká Třebová (Böhmisch Trübau). Doch während diese zwar Eisenbahnknotenpunkt, aber touristisch wenig attraktiv ist, ist das mährische Trübau ein hübsches Städtchen, das im 13. Jh. gegründet wurde und wegen seiner zahlreichen **Renaissance- und Barockbauten** unter Denkmalschutz gestellt wurde. Den freundlichen quadratischen, mit Bäumchen bepflanzten Stadtplatz säumen zweistöckige, herausgeputzte alte Häuser (Haus Nr. 16 mit sehenswertem Steinportal von 1540, Haus Nr. 23 mit einem Frührenaissanceerker). Das **Rathaus** stammt von 1539, die Renovierungsarbeiten in den 1960er Jahren ließen auch den Zyklus von Renaissancewandmalereien mit allegorischen Darstellungen von Recht und Gerechtigkeit im großen Saal wieder erstehen. Vom großen Leid der Bevölkerung erzählt die lateinische Inschrift auf der barocken **Pestsäule** aus dem Jahr 1720: Innerhalb von sieben Monaten hatte die Epidemie des Jahrs 1715 »vier fromme Fürsten, einen Bürgermeister, einen Richter, fünf Ratsherren und 900 weitere fromme Leute« dahingerafft – das war damals ein Drittel der Bewohner.

Reichen Freskenschmuck weist die **Pfarrkirche Mariä Himmelfahrt** auf, die im gotischen Stil begonnen und nach Bränden barock umgestaltet wurde. Das **Frührenaissanceschloss**, das im 19. Jh. teilweise einem Brand zum Opfer gefallen war,hat mit seinem **Tor von 1492** das älteste erhaltene Renaissancedenkmal des Landes (Zámek, 57101 Moravská Třebová, Zámecke nám. 1, Tel. 461 312 458, Apr.–Okt. Di–Fr 9–17, Sa, So 13–17, Nov.–März Di–Fr 9–16, Sa, So 13–16 Uhr, verschiedene Ausstellungen, historisches Mobiliar).

Von der Umfahrungsstraße aus führt die mit Schindeln gedeckte **Totentreppe** (1575) auf den Kreuzhügel (Křížový vrch) mit einer spätgotischen Kapelle und einer barocken Kreuzweggruppe.

Bedeutendstes Jugendstilgebäude ist das **Vinzenz-Holzmeister-Museum**, Stiftung eines aus Mährisch Trübau stammenden amerikanischen Unternehmers und Millionärs, der seiner Geburtsstadt eine sensationelle Sammlung orientalischer Kunst, u. a. kostbare ägyptische Objekte, vermacht hat (Svitavská 18, Tel. 461 311 203, Apr.–Okt. Di–Fr 9–12, 14–17, Sa, So 14–16, Nov.–März Di–Fr 9–12, 14–16 Uhr).

Im Altvatergebirge

Šumperk

Ein Schild in englischer Sprache am Ortseingang überrascht: Die Stadt bezeichnet sich in großen Lettern als ›health city‹. Der Hinweis auf die Stadt der Gesundheit ist in Nordmähren gar nicht so abwegig, denn **Šumperk** 3 (Mährisch Schönberg), das ›Tor zum Altvatergebirge‹ (Hrubý Jeseník), liegt im breiten, grünen Tal der Desná (Treß), umgeben von bewaldeten Hügeln und Bergen. Als Schulstadt und Kulturzentrum erfreut sich Šumperk einer auch für Fremde sogleich spürbaren Vitalität. Es gibt wenige Städte in Tschechien, in denen der Aufschwung nach der Wende 1989 so sichtbar wurde: Gepflegte Parkanlagen, hübsche Villen, originelle Lokale und gut sortierte Geschäfte sprechen für sich.

Die stattlichen Bürgerhäuser im Empirestil, die den Marktplatz umgeben, werden überragt von der **Pfarrkirche**, einem gotischen Bau, der später barockisiert wurde. Auffallend im Stadtbild sind außerdem das **Renaissanceschlösschen**, das bereits im 17. Jh. als Salzlager, Brauerei und Schule zweckentfremdet wurde, und das **Geschaderhaus** (Geschaderův dům), ein im 18. Jh. barock umgestalteter Renaissancebau. Heute ist hier das **Haus der europäischen Begegnung** untergebracht, das seinen Schwerpunkt auf die tschechisch-deutsche Verständigung legt (Kladská 1, Tel. 583 215 142).

i **Infozentrum:** 78731 Šumperk, Hlavní tř. 22, Tel. 583 214 000, www.infosumperk.cz, Mo–Fr 8–12.30 und 13–17, Sa 8–12 Uhr.

Amco: Masarykovo nám. 43, Tel. 583 415 487, Fax 583 415 944, hotelamco@amco.cz. Nettes Mittelklassestadthotel in einem renovierten Jugendstilhaus im Zentrum, modern ausgestattete Zim-

Richtig Reisen-Tipp: Besuch bei der ältesten Papiermühle Mitteleuropas

Seit dem Jahr 1596 wird am Fuß des Altvatergebirges (Hrubý Jesenik) Papier vom Allerfeinsten hergestellt. Bis heute hat sich in der ehemaligen **Žerotin'schen Papiermühle** am aufwändigen Verfahren nichts geändert. Der Papierstoff wird in Siebe geschopft, dann getrocknet und anschließend geglättet. Alles per Hand, denn Maschinen jedweder Art sind in der ältesten Papiermühle Mitteleuropas nach wie vor verpönt. Dafür aber kann sich das Ergebnis sehen lassen: Ob nun Druck-, Schreib-, Aquarell- oder Filterpapier, der Qualitätsstandard entspricht dem höchsten Niveau.

Einige der hier hergestellten Sorten sind bei Restauratoren, die sich um die Rettung alter Drucke bemühen, besonders gefragt. Andere wiederum finden für Urkunden und Verträge Verwendung. Und nicht zuletzt schätzen all jene, die trotz Fax oder E-Mail das Briefschreiben noch nicht verlernt haben, edles, handgeschöpftes Büttenpapier außerordentlich.

Zum Betrieb gehört ein kleines **Museum,** in dem sich viel Interessantes über die Geschichte der Papierherstellung und über die Vielfalt der handgeschöpften Kostbarkeiten lernen lässt. Eine eigene Ausstellung ist zeitgenössischen tschechischen Künstlern gewidmet, die für ihre Werke Papier aus Velké Losiny verwendet haben. Handgeschöpftes Papier ist nicht billig, aber im Vergleich mit den Produkten anderer Papiermanufakturen Europas, von denen es ja nur noch wenige gibt, ist das Angebot im angeschlossenen **Laden** äußerst preiswert. Ausstellung und Museumsshop haben an Werktagen 9 –17 Uhr durchgehend geöffnet (Rucni papirna, 78815 Velké Losiny, Tel. 649 248 191, marketing.losiny@olpa.cz).

mer, Garage. DZ 40–55 €. Restaurant mit internationalen Spezialitäten, tgl. 11–22 Uhr. Hauptgerichte ab 4 €.

Mehrmals pro Tag **Züge** und **Busse** nach Olomouc.

Velké Losiny

Ein weißes Renaissanceschloss an einem rauschenden Bach, umgeben von einem gepflegten Park mit Teichen, ein Kurstädtchen mit schwefelhaltigen Heilquellen, vielen Grünanlagen und hübschen Villen im malerischen Tal des Desná-Flusses (Teß) inmitten der dicht bewaldeten Ausläufer des Altvater-Gebirges – ein Ort, so richtig geeignet, die Seele baumeln zu lassen.

Die Sehenswürdigkeiten von **Velké Losiny** 4 (Groß Ullersdorf) sind schnell besichtigt. Das ehemalige Liechtensteinsche **Schloss** (bis 1945), heute vom Heimatkundlichen Kreismuseum in Šumperk verwaltet, zählt sowohl architektonisch als auch vom Interieur her zu den am besten erhaltenen Zeugnissen der Renaissance in Tschechien. Da der dreiflügelige Renaissanceteil mit seinen zum Hof offenen Säulenarkaden in allen drei Geschossen im Gegensatz zum einstöckigen Barockanbau nur etwa 100 Jahre bewohnt war, wurden keine Veränderungen durchgeführt. Anhand des ursprünglichen Mobiliars sind so die Wohnverhältnisse des Renaissanceadels originalgetreu dokumentiert. Italienische Baumeister hatten das Schloss 1580–1589 für die mährische Adelsfamilie der Žerotín errichtet, die hier bis 1802 herrschte.

Der ehemalige Gerichtssaal im zweiten Stockwerk erinnert an eine düstere Periode Ende des 17. Jh. Hier führte der Inquisitionsrichter Franz Heinrich Boblig von Edelstadt **Hexenprozesse** durch: Innerhalb von nur 15 Jahren starben mehr als 100 Menschen – Frauen und auch Männer – auf dem Scheiterhaufen (Zámek Velké Losiny, Tel. 583 248 380, Apr., Okt. nur Sa, So 9–16, Mai–Aug. tgl. außer Mo 8–17, Sept. tgl. außer Mo 9–16 Uhr, Mittagspause 12–13 Uhr).

Das heute hochmoderne Kurhaus ist eines der ältesten **Bäder** Mährens, bereits 1592 wurde das erste Badehaus errichtet. Sechs Schwefelthermalquellen, 36,8 °C heiß, werden zu Heilzwecken eingesetzt.

Wintersportler wissen, warum sie ins Altvatergebirge fahren ...

Umgebung von Velke Losiny

Zwei kleine Holzkirchen, kostbare und seltene Denkmäler der Volksarchitektur der Renaissance, finden sich in den nahen Weilern **Žárovec** (St. Martinskirche, 1611) und **Maršíkov** (St. Michaelskirche, 1609).

Kurverwaltung: 78815 Lázně Velké Losiny, Lázeňska 240, Tel. 583 394 200, www.infosumperk.cz.

Diana: Jeseníky 618, Tel. 583 248 498, Fax 583 248 505, hotel.diana@cewood.cz. Großes Sporthotel (120 Betten) am Waldrand, Schwimmbad, Sauna, Fitnessräume. Zimmer sachlich eingerichtet. DZ 45–60 €. Restaurant mit internationaler Küche, tgl. 11–23 Uhr. Hauptgerichte ab 5 €.
Praded: Lázeňska 4, Tel/Fax 583 248 415, info@hotel-praded.cz. Nettes Mittelklassehotel in der Kurzone, modern ausgestattete Zimmer (65 Betten), Fahrrad-Verleih. DZ 30–45 €. Gepflegtes Café-Restaurant, Weinstube, tgl. 10–23 Uhr. Hauptgerichte ab 4 €.
Žerotín: Rude Armady 333, Tel. 583 213 849, Fax 583 224 442, recepce@hotelzerotin.com. Renoviertes Haus mit 10 schönen Doppelzimmern und zwei geräumigen Apartments, ausgestattet u. a. mit Internetanschluss. Abgeschlossener Parkplatz. DZ 25–40 €. Restaurant mit mährischen Spezialitäten, tgl. 11-22 Uhr. Hauptgerichte ab 4 €.

Täglich mehrere **Züge** und **Busse** nach Olomouc.

Jeseník

»Wen das Schicksal liebt, dem gedeiht es, in Freiwaldau zu leben.« Das alte sudetendeutsche Sprichwort trifft auf das im 13. Jh. gegründete friedliche Städtchen **Jeseník** 5 (Freiwaldau), heute Zentrum für Sommer- und Wintertourismus im Altvatergebirge, nach wie vor zu. Stress und Hektik scheint man hier nicht zu kennen, auch wenn die beschauliche Stille durch den Straßenverkehr in Richtung polnische Grenze bisweilen gestört wird. Ruhiger als auf der Hauptstraße geht es daher auf dem rechteckigen **Ringplatz** mit seinen zum Teil mit Lauben versehenen Häusern zu. Das **Rathaus**, ursprünglich ein Werk der Spätrenaissance, erfuhr um 1800 einen größeren Umbau und erhielt dabei einen achteckigen Uhrturm mit Zwiebelhelm.

Bedeutendstes Bauwerk ist die ehemalige **Wasserburg** der Breslauer Fürstbischöfe, im 13. Jh. errichtet, im 16. Jh. zum Renaissanceschloss ausgebaut, in derzeitiger Gestalt aus dem 18. Jh. Als fürstbischöflicher Amtshauptmann lebte und wirkte in dem Schloss von 1794–1798 der Komponist Karl Ditters von Dittersdorf. Heute dient das Gebäude als **Museum** mit Dokumentationen der Stadtgeschichte, des Bergbaus (bis ins 16. Jh. wurde in der Umgebung Gold geschürft), der Hexenprozesse und des Badewesens (Vlastivědné muzeum, Zámecke nám. 1, Tel. 584 401 070, Okt.–Apr. Di–Sa 10–12, 12.30–15.30, Mai, Juni, Sept. Di–Sa 9–12, 12.30–16.30, Juli, Aug. auch So 12.30–17 Uhr).

Auf die Gesundheit war man in Jeseník schon immer bedacht, und es ist kein Zufall, dass gerade hier zwei Naturheilmethoden ihren Ursprung haben, die – meist unter anderen Namen – die Welt eroberten. Lange vor dem bayrischen Pfarrer Sebastian Kneipp entdeckte der aus **Lázně Jeseník** (Gräfenberg, in die Stadt eingemeindet) stammende Bauer **Vinzenz Priessnitz** (1799–1851) die heilende Wirkung kalten Wassers. Zunächst angefeindet und wegen ›Scharlatanerie‹ sogar zu einer Gefängnisstrafe verurteilt, konnte er die Zweifler schließlich überzeugen und erhielt 1831 – Kneipp war gerade 10 Jahre alt – die offizielle Bewilligung zur Eröffnung einer Wasserheilanstalt. Schon 1839 betreute Priessnitz mehr als 1500 Kurgäste, die aus ganz Europa zur Linderung ihrer Leiden herbeieilten und »dem Genie des kalten Wassers«, so eine der Inschriften, in Dankbarkeit Denkmäler aufstellen ließen. Eines dieser mehr als ein Dutzend Monumente im Kurpark von Gräfenberg stammt von dem Münchner Bildhauer Ludwig Schwanthaler. Das berühmteste trägt einen Bronzelöwen, dessen Schwanz schon recht abgegriffen ist: Der Legende nach verleiht nämlich die Berührung dieses Teils erneute Manneskraft.

Die Methoden, mit denen Priessnitz seine Patienten behandelte, waren kalte Duschen, Umschläge, Bäder und viel Bewegung an der frischen Luft. Im Geburtshaus des Badepioniers wurde ein kleines **Priessnitz-Museum** eingerichtet (Lázně Jesenik, č.p. 175, Tel. 584 411 633, Juni–Aug. Di–So 10–12,12.30–17, Sept–Mai Di–Fr 12.30–17, Sa, So 10–12, 12.30–17 Uhr, Januar geschl.). Der Kurbetrieb mit einer Reihe von gepflegten Kurhäusern wird heute von einer Aktiengesellschaft verwaltet. Jeseník ist ein Kurort ohne Heilquelle, dafür aber mit rund 40 Brunnen, aus denen eiskaltes Wasser sprudelt (Kurverwaltung Priessnitzovy Léčebné lázně a. s., 79001 Lázně Jesenik, Priessnitzova 111, Tel. 584 491 111, Fax 584 412 168, rezervace@priessnitz.cz).

i **Infozentrum:** 79001 Jeseník, Masarykovo nám. 1/167, Tel. 584 498 155, mic@mujes.cz, www.jesenik.org, Mo–Fr 8–17, Sa, So 9–13 Uhr.

In Jeseník und Umgebung gibt es zahlreiche kleine Pensionen und Privatquartiere, über die man im Infozentrum Auskunft erhält. Von höherem Standard sind nur die Sanatorien in Lázně Jeseník, Infos bei der Kurverwaltung.

Alenka: Rejvizská 396, Tel./Fax 584 402 162, alenka@krizovyvrch.cz. Kleine Hotel-Pension mit familiärer Atmosphäre, nette, einfache Zimmer (45 Betten), Hotelgarage. DZ 25–35 €. Restaurant mit lokaler Küche, tgl. 11–22 Uhr. Hauptgerichte ab 4 €.

Staric: Lipovska 93, Tel 584 413 770, Fax 584 411 670, info@staric.cz. Das kleine Hotel ist im Zentrum in einem der ältesten Gebäude der Stadt untergebracht. Daher mangelt es noch an modernem Komfort. Zimmer mit und ohne Duschkabinen, WC teilweise auf dem Flur. DZ 18–25 €. Populär ist das Café-Restaurant mit Bierstube und mährischer Küche, tgl. 11–23 Uhr. Hauptgerichte ab 3 €.

Beinahe stündliche **Zugverbindungen** nach Šumperk, regelmäßige **Busse** nach Lázně Jeseník.

Javorník

Ehe man das Provinzstädtchen **Javorník** 6 (Jauernig) am Fuß des Reichensteiner Gebirges erreicht, verläuft die schmale Straße Richtung **Vidnava** (Weidenau) über sanftes, abfallendes Hügelland, in eine bis zur Neisse in Polen reichende Tiefebene. Bisweilen reichen die Gartenzäune polnischer Häuser bis an den Straßenrand. In Weidenau selbst finden sich hübsche Bürgerhäuser aus Renaissance und Barock.

Funde von Steinwerkzeugen belegen, dass die Gegend von Javorník bereits in der Urzeit besiedelt war. Urkundlich erwähnt wurde der Ort, der sich durch Gold- und Mineralienabbau soliden Wohlstand erwarb, erstmals 1281.

Auf dem Johannesberg (Jánsky vrch) hoch über der Stadt thront das gleichnamige **Schloss**, von Mitte des 14. Jh. bis 1945 Sommersitz der Breslauer Bischöfe, die für die Umbauten der ursprünglich gotischen Burg in eine repräsentative Residenz im 16., 17. und 19. Jh. verantwortlich zeichneten. In den Innenräumen ist Mobiliar von der Renaissance bis zum Biedermeier zu sehen, außerdem eine umfangreiche Sammlung von Pfeifen und Rauchutensilien. Zu den wertvollsten Ausstellungsstücken zählen drei gotische Heiligenfiguren. In der **Schlosskapelle** befindet sich ein Flügelaltar der niederländischen Schule aus dem Anfang des 17. Jh.

Für den in ihren Diensten stehenden Komponisten Karl Ditters von Dittersdorf bauten die Bischöfe im Schloss sogar einen eigenen Musik- und Theatersaal (Státní zámek Jánsky Vrch, Tel. 584 440 286, Apr., Okt. nur Sa, So 9–15, Mai–Aug. Di–So 9–16, Sept. Di–So 9–15 Uhr, Mittagspause 11.30–12.30 Uhr).

Im Ort erinnert eine Gedenktafel am barocken Wohnhaus des Musikers (Puskinova ul. 21) an Dittersdorfs Wirken in Jauernig. Ende August beginnt alljährlich in Javorník ein zweiwöchiges **Dittersdorf-Musikfestival**, das auch Konzerte in anderen Orten, vor allem in Jeseník, umfasst. Ältestes original erhaltenes Baudenkmal des Städtchens ist die spätromanisch-frühgotische **Friedhofskirche zum hl. Kreuz**.

Pod Zámkem: 79070 Javorník, Pod Zámkem 21, Tel/Fax 584 440 154, podzamkem@hotel-cz.com. 23-Betten-Hotel unter dem Schlossberg mit schönem Garten und abgeschlossenem Parkplatz. Zimmer einfach, aber alle mit Dusche/WC. DZ 30–45 €. Gepflegtes Restaurant mit lokaler Küche, geöffnet nach Bedarf. Hauptgerichte ab 4 €.

Taverna: Listopadu 450, Tel./Fax 584 440 363, info@hotel-taverna.cz. Saubere, sehr einfache Zimmer (20 Betten) im Zentrum. DZ 25–40 €. Gutes Café-Restaurant mit tschechischen Spezialitäten wie Schlachtplatte, Gänsebraten, Wild, Mo–Sa 11–24, So 11–22 Uhr. Hauptgerichte ab 4 €.

Die wenigen **Züge** der Lokalbahn Javorník–Dolní Lipová dienen als Zubringer zur Hauptstrecke nach Šumperk.

Lipová Lázně

Johann Schroth, der zweite der Naturheilkunde-Pioniere dieser Gegend, ist in dem Ort **Lipová Lázně** 7 (Nieder-Lindewiese) allgegenwärtig. Als Namensgeber des Kurhauses, als Denkmal, als Büste. Schroth (1798–1856), ein entfernter Verwandter von Vinzenz Priessnitz (s. S. 365), entwickelte neben anderen Methoden die Entschlackungsdiät mit trockenen Semmeln – als Mayr-Kur inzwischen längst ein Begriff. Im Gegensatz zur modernen Medizin, die zu den Semmeln als Flüssigkeitsgabe nur Milch, Tee oder Mineralwasser gestattet, verabreichte Schroth seinen Patienten Wein. Die fidelen Kuren sollen sehr beliebt gewesen sein.

Wissenschaftlicher, strenger und vor allem alkoholfrei geht es heutzutage im Schroth-Kurhaus zu, wo unter fachärztlicher Aufsicht Haut- und Stoffwechselerkrankungen behandelt werden (Kurverwaltung Schroth spol. s.r.o., 79061 Lipová Lázně, Lazeňská 248, Tel. 584 421 351, Fax 584 421 355, www.lazne.cz. Orientierungspreis für einen Kurtag inkl. Unterkunft und Diätprogramme: 20–30 €).

Der Kurort bietet sich aber auch als Ausgangspunkt für schöne Wanderungen ins Altvatergebirge an. So erreicht man (grüne Markierung ab Bahnstation) in etwa einer Stunde die **Tropfsteinhöhle Na Pomezí** (Am Grenzrain), die in einer Länge von 460 m für die Öffentlichkeit zugänglich ist. Die Besichtigung der erst 1936 entdeckten Höhle dauert etwa 50 Minuten (Jeskyně Na Pomezí, Tel. 584 421 284, Juli–Okt. tgl. außer Mo 9–16 Uhr, Nov.–Juni geschl.).

Über Horní Lipová erreicht man den **Ramsauer Sattel** (Ramzovské sedlo), auf dem sich die mit etwas über 1000 m höchstliegende Schnellzugstation der Tschechischen Republik befindet. Wegen ihrer Ähnlichkeit zum österreichischen Vorbild nennt man diese Bergbahnstrecke auch ›schlesischer Semmering‹.

Branná

Obwohl schon vom Sommer- und Wintertourismus entdeckt, konnte **Branná** 8 (Goldenstein) seinen Ruf als reizvollstes Städtchen des Altvatergebirges bisher erfolgreich verteidigen. Reste der gotischen **Burg** auf einem mächtigen Felsvorsprung prägen das Ortsbild ebenso wie das angebaute **Renaissanceschloss**, das Anfang des 20. Jh. abgebrannt ist und bisher nur provisorisch restauriert wurde (Hrad Branná, Mobiltel. 776 106 138, Apr.–Juni, Sept, Okt. nur Sa, So 9–17, Juli, Aug. tgl. außer Mo 9–17 Uhr). Eine Bogenbrücke verbindet Burg- und Schlosskomplex mit dem anschließenden Hügel, auf dem sich der Ort mit einem bemerkenswerten **Renaissancerathaus** und der gotischen **Pfarrkirche des hl. Michael** erhebt. Einige mit Schindeln gedeckte Holzhäuser, zum Teil aus der Barockzeit, vermitteln noch eine Ahnung vom Charme alter schlesischer Dörfer.

Neubauer: 78825 Branná, Ramzova 36, Mobiltel. 603 109 391, hotel-branna-neubauer@quick.cz. Schöner Neubau im Grünen, alle Zimmer (55 Betten) mit Balkon, 100 m zur Skiarena. DZ 35–40 €. Gepflegtes Restaurant mit lokaler Küche, tgl. 11–22 Uhr. Hauptgerichte ab 3 €.

Busverbindungen täglich mit Jeseník und **Züge** nach Jeseník und Šumperk.

Mähren: Der Osten

Karte S. 373

Dieser Teil Mährens ist mit 177 Bewohnern pro Quadratkilometer die am dichtesten besiedelte Region Tschechiens. Sieht man von der Mährischen Walachei ab, gibt es nur wenig Natur, dafür umso mehr Industrie, deren ökologische Sanierung wohl noch viele Jahre dauern wird. Kulturell ist die Gegend aber durchaus eine Entdeckung wert.

Ostrava

Ostrava 1 (Ostrau) ist eine Industriestadt und schon allein deshalb kein Reiseziel ersten Rangs. Die ›schmutzige‹ Vergangenheit will die Stadt so schnell wie möglich hinter sich bringen, doch der Aufbruch zu einem neuen Image braucht Zeit. Vergessen will man die geschwärzten, abbröckelnden Häuserfassaden, die Ruinen stillgelegter Betriebe und die riesigen Abraumhalden.

Bereits 1767 wurden in der 1267 durch den Olmützer Bischof Bruno von Schaumburg gegründeten Stadt die ersten Steinkohlevorkommen entdeckt und durch die Grafen Wilczek erschlossen. Die Verlängerung der Eisenbahnverbindung Wien–Brünn nach Ostrau durch den Bankier Samuel Rothschild, der auch zahlreiche Kohlegruben und Stahlwerke besaß, katapultierte die einstige Textilstadt ab 1847 an die Spitze der Schwerindustriezentren der Habsburger-Monarchie.

Seit 1994 für die Kohleförderung das ›Aus‹ kam, richtet sich die Hoffnung in der drittgrößten Stadt Tschechiens (325 000 Einwohner) auf den Dienstleistungssektor und die Hightechindustrie. Für die Ostrauer hat die Zukunft jedenfalls schon begonnen, die Anzeichen einer Besserung sind viel versprechend.

Zwar lassen sich Tristesse und Schäbigkeit nicht von heute auf morgen ändern, aber dass auf ehemaligen Gruben- und Fabrikgeländen heute Pflanzen wachsen und Ostrava mit 30 m^2 Parkfläche pro Einwohner inzwischen zu den grünsten Städten des Landes gehört, sollte nicht übersehen werden.

Stadtrundgang

Die Stadt hat drei Hauptbezirke: Slezká Ostrava (Schlesisch-Ostrau) östlich des Flusses Ostravice (Ostrawitza), wo die ersten Kohlevorkommen entdeckt wurden, die Industriezone Vítkovice an der westlichen Seite des Flusses und nördlich davon das eigentliche Zentrum Moravská Ostrava (Mährisch Ostrau). Den Stadtkern bildet der Masaryk-Platz (Masarykovo nám.), der verkehrsberuhigt ist. Er wird vom **Alten Rathaus** von 1556 mit barockem Uhrturm von 1687 dominiert, in dem heute das kleine **Stadtmuseum** untergebracht ist, das sich der regionalen Naturgeschichte und Archäologie widmet. Prunkstück ist die mehr als 25 000 Jahre alte Statue der **Venus von Petřkovice**, ein 5 cm großer weiblicher Torso aus Hämatit-Gestein, der unglaublich modern, beinahe kubistisch, aussieht (Ostravské muzeum, Masarykovo nám. 1, Tel. 596 123 760, Mo–Fr 9–17, Sa, So 9–13 Uhr, Juli, Aug. So geschlossen).

Die **Wenzelskirche,** wenige Schritte östlich, geht auf die erste Hälfte des 14. Jh. zurück. Südlich davon befindet sich in der Nähe des Ausstellungsgeländes das **Antonín-Dvořák-Theater**, erbaut 1906/07 im Jugendstil, einst als Deutsches Theater eine der wichtigsten deutschsprachigen Provinzbühnen (Divadlo Antonína Dvořáka). Das **Kunst-**

haus (Dům umění, Jurečkova 9, Tel. 596 112 566, Di–Sa 10–13, 13.30–18 Uhr, So, Mo geschl.) mit einer Sammlung tschechischer Kunst des 20. Jh. muss man nicht unbedingt gesehen haben, die funktionalistische Architektur des 1925–30 erbauten **Neuen Rathauses** (Nové radnice, Sokolska) mit seinem 85,6 m hohen Turm kann schon mehr begeistern. Von der Aussichtsplattform des Rathauses bietet sich ein schöner Rundblick über die Stadt (April– Okt. tgl. 10–19, Nov.–März tgl. 10–17 Uhr).

Das 1993 eröffnete **Bergbaumuseum** am stillgelegten Anselmschacht im Stadtteil Petřkovice ist ein unter Schutz gestelltes technisches Denkmal. Es zählt zweifellos zu den interessantesten Sehenswürdigkeiten Ostraus (Hornické muzeum Pod Landekem, Tel. 596 131 847, tgl. außer Mo 9–18 Uhr, Stadtbusse Nr. 34, 52 und 56 bis Haltestelle ›U Jana‹).

Infozentrum: 70200 Ostrava, Nádražní 196, Tel. 596 136 218, www.ostravainfo.cz, Mo–Fr 7–20.30, Sa 7.30–15, So 13–20.30 Uhr.

Brioni: Stodolní 8, Tel./Fax 596 117 848, info@helaxclub.cz. Die richtige Adresse inmitten des Vergnügungsviertels für alle, die es nach ausgiebigem Nachtleben nicht weit ins Bett haben wollen. 2004 komplett renoviert und auf einen zeitgemäßen Standard gebracht. Zimmer verschiedener Kategorien, Restaurant und Disko-Bar im Haus. DZ 60–120 €.

Nikolas: Nádražní 124, Tel./Fax 596 134 000, prodej@nikolas.cz. Kleines Hotel (20 Betten) in Bahnhofsnähe, nette Zimmer, eigener Parkplatz, Restaurant. DZ 50–70 €.

Maria: Přívozská 23, Tel. 596 110 676, Fax 596 110 678, objednavky@hotel-maria.cz. Familienhotel (51 Betten) in einem revitalisierten Haus im Zentrum. Zimmer kühl-modern möbliert, gutes Restaurant. DZ 40–60 €.

City Ostrava: Macharova 16, Tel. 596 134 090, Fax 596 134 100, reception@hotelcity-ostrava.cz. Sympathisches 3-Sterne-Hotel (52 Betten) in zentraler Lage, Zimmer mit gutem Standard, Restaurant. DZ 40–60 €.

Mit den Autoren unterwegs

Auf den Spuren Beethovens

Im Park des größen **Schlosskomplexes von Hradec nad Moravicí** lustwandelten einst Beethoven und Liszt (s. S. 371). Empfehlenswert ist ein Besuch des **Janáček-Musikfestivals**, das alljährlich Ende Juni in Hukvaldy, dem Geburtsort des Komponisten, stattfindet (s. S. 375)..

Hut ab!

Das **Hutmuseum in Nový Jičín** besitzt und zeigt Modelle von der Gotik bis zur Gegenwart – eine kurzweilige Kulturgeschichte der Kopfbedeckung (s. S. 374).

Aus einer anderen Zeit

Das Walachische Freilichtmuseum von **Rožnov pod Radhoštěm** gewährt einen Einblick in traditionelle Architektur und bäuerliche Lebensformen in der Walachei (s. S. 376).

Alle der oben angeführten Hotels haben auch empfehlenswerte, täglich geöffnete Restaurants mit vorwiegend internationaler Küche.

Ambrosia: Střelniční 10, Tel. 596 112 332, tgl. 11–23 Uhr. Nettes Restaurant am Rand der Fußgängerzone, griechische und italienische Spezialitäten. Hauptgerichte ab 6 €.

Moravská Chalupa: Musorgského 9, Tel. 596 124 937, tgl. 11–23 Uhr. Populäres Restaurant mit gemütlicher Atmosphäre und ausgezeichneter mährischer Küche, große Weinkarte. Hauptgerichte ab 5 €.

Radniční: Prokešovo nám. 8, Tel. 596 702 802, tgl. 11–23 Uhr. In dem Lokal im Neuen Rathaus kann man bei mährischen Spezialitäten und einem kühlen Bier gleich die tolle Architektur des Gebäudes studieren. Hauptgerichte ab 4 €.

Die **Tesco-Supermärkte** am Stadtrand haben rund um die Uhr geöffnet:

Ostrava-Hrabova, Karmelínska (Busse 35, 41 48, 50) und Ostrava-Třebovice, Třebovická 5554 (Busse 38, 44, 54, 56, 71).

Das große **Einkaufszentrum Hypernova** befindet sich in der Rudná 114 (Busse 45, 65). Im Zentrum gibt es die **Prior-Warenhäuser** (Zámecká 18 und Masarykovo nám. 15) und den **Bat'a-Schuhpalast** (Masarykovo nám. 13). Für den Fall, dass die Urlaubslektüre knapp wird, kann man sich in den **Buchhandlungen Librex** (Smetanovo nám. 8, größte Buchhandlung Tschechiens mit Internetcafé) oder **Academia** (Zámecká 2, mit gemütlichem Café) versorgen – beide führen auch deutsche Bücher.

Was das **Nachtleben** betrifft, so kann sich manche europäische Großstadt von Ostrava etwas abschauen. In mehr als 70 Bars, Clubs, Diskos und Pubs rund um die **Stodolní ul.** kann man die Nacht zum Tag machen. Manche haben bis in den frühen Vormittag hinein geöffnet. In ganz Tschechien gibt es kein zweites solches Vergnügungsviertel. In dieser Szene, die sogar über eine eigene Website (www.stodolni.cz) verfügt, kann sich jeder nach Lust, Laune und Geschmack austoben.

Am **Internationalen Flughafen** Ostrava-Mosnov (Tel. 597 471 136) landen u. a. Flüge von Prag (5 x tgl.) und München. Direkte **Züge** und **Busse** gibt es von und nach Prag, Brno und Olomouc. Hauptbahnhof: Nádražní tř., Busbahnhof: Vítkovická 1.

Opava

Nur langsam heilen die Wunden der jüngsten Vergangenheit in **Opava** 2 (Troppau), der ehemaligen Hauptstadt von Mährisch-Schlesien. Gegen Ende des Zweiten Weltkriegs wurde im Verlauf vierwöchiger schwerster Kämpfe ein Großteil der Baudenkmäler zerstört, die Wiederaufbauleistungen in vier Jahrzehnten KP-Herrschaft blieben gering. Seit der Wende wird an allen Ecken und Enden geputzt und gebaut, das triste Grau der Betonburgen prägt aber nach wie vor das Bild vor allem der Außenbezirke.

Die geographische Lage an der Grenze zwischen den Böhmischen Ländern und Oberschlesien bestimmte durch Jahrhunderte die Geschicke von Stadt und Umgebung. Zwei nationale Kulturen – die tschechische und die deutsche – standen einander, je nach politischer Lage, befruchtend oder feindselig gegenüber. Bis 1945 lebte mit mehr als 70 % eine starke deutsche Mehrheit in Troppau, nach deren Vertreibung zogen Menschen aus verschiedenen Winkeln des Landes in die Stadt.

Stadtspaziergang

Der historische Kern ist durch Parkanlagen – sie entstanden anstelle der Stadtmauern – von den neueren Vierteln getrennt. Den Oberen Platz (Horní nám.) dominiert der im späten Renaissancestil errichtete, 72 m hohe **Hláska-Turm** des so genannten ›Schmetterhauses‹. In dessen Nachbarschaft befindet sich das Anfang des 20. Jh. erbaute **Rathaus**. Das gegenüberliegende Gebäude des **Schlesischen Theaters** stammt aus den Jahren 1882/83. Ein typisches Baumaterial Schlesiens sind rote Ziegel – aus ihnen besteht auch die grandiose gotische **Pfarrkirche Mariä Himmelfahrt**, die nach einem Brand zu Beginn des 18. Jh. behutsam barockisiert wurde.

Auf dem Unteren Platz (Dolní nám.) konnte dank der Rekonstruktion zerstörter Häuser aus Gotik, Renaissance und Barock – etwa das Haus Nr. 4 **U bílého Koníčka** (Zum weißen Rössl) – das historische Bild einigermaßen wieder hergestellt werden. An der Ostseite des Platzes erhebt sich die frühbarocke **St.-Adalbert-Kirche** (Wiederaufbau ohne Deckenfresken), das anschließende ehemalige **Jesuitenkolleg** diente einst als Sitz des Schlesischen Landtags. Heute ist darin das Troppauer Landesarchiv untergebracht. Im südlichen Teil der Masarykstraße findet man das Areal des **Minoritenklosters**. Zum Kloster gehört die Kirche des Heiligen Geistes, ein ursprünglich gotischer Bau, der nach einem

Brand barockisiert wurde. In der Krypta ruhen die Fürsten der Troppauer Přemysliden-Linie. Das Kloster wird seit 1990 wieder vom Minoritenorden verwaltet. Gegenüber der Kirche erhebt sich das barocke **Sobek-Palais** mit Stuckfassade und kunstvollen Schmiedearbeiten an den Fenstern, nördlich davon das ebenfalls barocke, aber kleinere **Palais Blücher** (auch Larisch-Palais genannt, heute naturwissenschaftliche Abteilung des Schlesischen Landesmuseums).

Durch den **Smetana-Park** (Smetanovy sady) gelangt man zum 1893 im Stil der Neorenaissance erbauten **Schlesischen Landesmuseum** mit bedeutenden Sammlungen zu Kunst, Stadt- und Landesgeschichte und Natur. Mit dem Gründungsjahr 1814 ist es das älteste Museum Tschechiens (Slezské zemské muzeum, Tyrsova 1, Tel. 553 622 999, www.szmo.cz, tgl. Di–So 9–12, 13–16 Uhr).

In Opava kam 1910 die Tierforscherin und -schriftstellerin **Joy Adamson** zur Welt, gebürtige Friederike Gessner, die mit ihrem Buch ›Die Löwin Elsa‹ Weltruhm erlangte und 1981 in Afrika einem Mordanschlag zum Opfer fiel (Gedenktafel am Geburtshaus Na rybníčku 48, westlich der Altstadt).

Infozentrum: 74626 Opava, Horní nám. 67, Tel. 553 756 143, www.opava-city.cz, Mo–Fr 8–18, Sa 8–11, Juli/Aug. Sa 8–12, So 9–11 Uhr.

Opava: Žižkova 8, Tel. 553 759 340, Fax 553 759 362, recepce@hotel-opava.cz. 4 Sterne Haus mit Blick auf den Stadtpark, Zimmer (48 Betten) mit hohem Standard – u. a. mit Internetanschluss sowie abgeschlossenem Parkplatz. DZ 70–90 €.

Iberia: Pekařska 11, Tel. 553 776 701, Fax 553 776 702, info@hoteliberia.cz. Das komplett neu gestaltete schöne Haus aus dem 19. Jh. liegt nahe beim zentralen Oberring. 16 Doppelzimmer, stilvoll eingerichtet mit Sat-TV und Internetanschluss. DZ 50–70 €.

Das Hotel **Opava** (s. o.) besitzt ein gutes Restaurant mit einem breiten Angebot an internationalen Speisen und Getränken, tgl. 11–23 Uhr. Hauptgerichte ab 6 €. Gepflegt essen kann man auch im Restaurant des Hotels **Koruna,** nám. Republiky 17, Tel. 553 621 132, Fax 553 621 900.

Castillo: Einen Mix aus spanischer und mährischer Küche bietet das Restaurant im Hotel Iberia (s. o.), tgl. 11–23 Uhr. Hauptgerichte ab 5 €.

Mehr als ein Dutzend **Züge** und **Busse** verkehren täglich zwischen Opava (Bahnhof Opava východ) und Ostrava, wo man in die Schnellzüge nach Prag, Brno und Olomouc umsteigen kann.

Hradec nad Moravicí

Am Anfang von **Hradec nad Moravicí** 3 (Grätz) stand eine gotische Feste – Kern des heutigen Weißen Schlosses –, die sich im Besitz der Přemysliden-Fürsten befand. Nach dem Tod Ottokars II. fiel das Gebiet um Opava (Troppau) samt Hradec der schönen Königin-Witwe Kunigunde zu, deren Liebesromanze mit Zawisch von Falkenstein aus dem Hause Rosenberg tragisch endete. Als Kunigunde von ihrem machtgierigen Geliebten einen Sohn bekam, sahen die Anhänger von Ottokars Sohn Wenzel II. darin eine Gefährdung des Throns und ließen Zawisch auf einer Wiese vor Schloss Hluboká enthaupten.

Nach mehrmaligem Besitzerwechsel gelangte die inzwischen um zwei Flügel erweiterte Burg während des Dreißigjährigen Krieges in die Hände des dänischen Kriegsherrn Joachim Mitzlauf, der hier eine Falschmünzerwerkstatt in großem Stil betrieb. Aus minderwertigen Legierungen, vor allem Kupfer aus alten Braukesseln, stellte er Groschen und Kreuzer her und überschwemmte damit das ganze Land, bis Wallenstein Hradec für die kaiserliche Seite zurückeroberte. 1777 erwarben die oberschlesischen Fürsten von Lichnowsky die Burg. Sie blieb bis 1945 in ihrem Besitz.

Die Lichnowskys machten Grätz zu einem der lebendigsten Kulturzentren der Monarchie. Ludwig van Beethoven, Franz Liszt und

Niccolò Paganini waren ebenso zu Gast wie die Schriftsteller Karl Kraus, Hugo von Hofmannsthal und Gerhart Hauptmann. Von Beethoven wird erzählt, dass er im Sommer 1806 auf die Aufforderung des Hausherrn, vor französischen Offizieren zu spielen, mit überstürzter Flucht reagierte. In einem Brief wütete der Komponist: »Fürst, was Sie sind, sind Sie durch Zufall und Geburt. Fürsten hat es und wird es noch Tausende geben. Beethoven gibt's nur einen!« Trotz dieses Zerwürfnisses weilte der schwierige Künstler 1811 noch einmal auf Schloss Grätz, in dessen Park eine Beethoven-Büste steht. Ein Liszt-Obelisk erinnert an dessen Aufenthalt in den Jahren 1846 und 1848.

Den Lichnowskys sind nicht nur die zahlreichen Um- und Ausgestaltungen des **Weißen Schlosses** in verschiedenen, dem Zeitgeist entsprechenden Stilrichtungen zu verdanken, sondern im 19. Jh. auch der Bau eines weiteren Komplexes, des neugotischen **Roten Schlosses** samt dem **Weißen Turm**, einem mächtigen, frei stehenden Bergfried.

Im **Weißen Schloss,** der Hautsehenswürdigkeit von Hradec, sind luxuriös eingerichtete Repräsentationsräume, eine beachtliche **Kunstsammlung** und eine rund 16 000 Bände – von Inkunabeln bis ins 20. Jh. – umfassende **Bibliothek** zu besichtigen (Státní zámek, 74741 Hradec nad Moravicí, Městečko 2, Tel. 553 783 444, April, Okt. nur Sa, So 10–16, Mai–Sept. Di–So 9–17 Uhr). Im Roten Schloss sind ein Hotel, ein Restaurant und ein Konzertsaal untergebracht. Hier und unter freiem Himmel finden im Sommer Konzerte und Theateraufführungen statt.

Belaria: Žimrovická 663, Tel. 553 783 364, Fax 553 783 346, belaria@hotelbelaria.cz. Gehobenes Mittelklassehaus in Grünlage unter dem Schloss, mit Schwimmbad, Sauna, Fitnessräumen. DZ 45–65 €.
Červený zámek: Městečko 1, Tel. 553 783 021, Fax 553 770 760, www.cervenyzamek.hotel-cz.com. Hotel im Roten Schloss mit einfachen Zimmern (42 Betten). DZ 40–50 €. Restaurant in repräsentativen Sälen, lokale Speisen, 11–22 Uhr. Hauptgerichte ab 5 €.
Sonáta: Zámecká 302, Tel. 553 784 260, Fax 553 784 259, sonata@hotelsonata.cz. Modernes Hotel (64 Betten), gut ausgestattete Zimmer in Schlossnähe. DZ 35–45 €. Restaurant mit Bar und nationaler wie internationaler Küche, tgl. 11–23 Uhr. Hauptgerichte ab 4 €.

Belaria: Hotelrestaurant (s. o.) mit mährisch–schlesischer Küche, tgl. 11–23 Uhr. Hauptgerichte ab 6 €.
Empfehlenswerte Restaurants für Gäste und Nichtgäste gibt es auch im **Červený zámek** und im **Sonata** (s. o.).

Mehrere **Züge** und **Busse** pro Tag ins nur 7 km entfernte Opava.

Fulnek

Die Ursprünge des Städtchens **Fulnek** 4 gehen in das 13. Jh. zurück, im 17. Jh. war es das Zentrum der Böhmischen, später auch der Deutschen Brüdergemeinde in Mähren, einer bis heute bestehenden protestantischen Religionsgemeinschaft, die urchristliche Brüderlichkeit verwirklichen will. Ihre Spuren findet man in Fulnek unter anderem in der **spätgotischen Brüderkirche** unter dem Schloss, heute eine **Comenius-Gedenkstätte** in Erinnerung an die Lehrtätigkeit des Pädagogen in dieser Stadt, in der er eigenem Bekunden zufolge 1618–1621 »die glücklichsten Jahre« seines Lebens verbracht hatte (Českých Bratří 80, Tel. 556 741 015, Apr.–Okt. Di–Sa 9–16, So 9–14 Uhr, Nov.–März geschl.).

Der **Marktplatz** am Fuß des Schlossberges bildet mit seinem **Renaissancerathaus**, den meist zweistöckigen, teilweise mit Lauben versehenen Häusern und der barocken **Dreifaltigkeitssäule** ein eindrucksvolles Ensemble. Oberes und Unteres **Schloss**, beide viele Jahre als Depot missbraucht, warten nach ihrer Restaurierung noch auf eine künftige Nutzung.

Infozentrum: 74245 Fulnek, Masarykova 49, Tel. 556 713 713, www.ful

Mähren: Der Osten

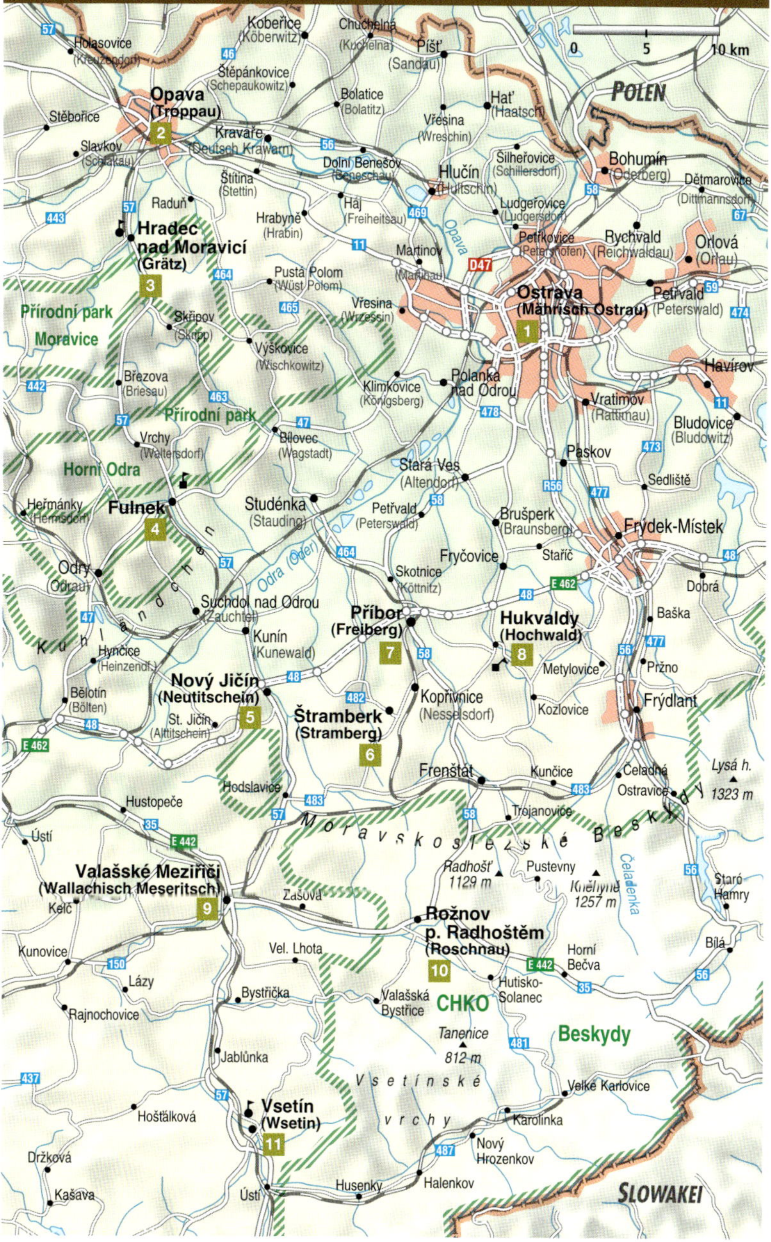

nek.cz, Mai–Okt. Mo–Fr 8–12.30, 13–17, Sa 8–12, Nov.–Apr. Di und Fr nur bis 15 Uhr, die übrigen Tage gleich.

Täglich mehrere **Busverbindungen** nach Opava, Ostrava und Nový Jičín.

Nový Jičín

Alte Hüte wird man im Zentrum der ehemaligen deutschen Sprachinsel ›Kuhländchen‹ zur Genüge finden. Denn die traditionsreiche Hutfabrik Hückel, 1799 gegründet, belieferte einst von **Nový Jičín** 5 (Neutitschein) aus die gesamte Monarchie mit modischen Kopfbedeckungen. Das Nachfolgeunternehmen richtete im **Schloss**, einem in der zweiten Hälfte des 16. Jh. erbauten, teilweise im Empirestil renovierten Renaissancebau, ein sehenswertes **Hutmachermuseum** (Kloboučnické muzeum) ein, das einzigartig in Europa Modelle von der Gotik bis zur Gegenwart umfasst: Barette, Mützen, Hauben, Zylinder und was sonst noch auf diesem Gebiet jemals erzeugt wurde. In den übrigen Schlossräumlichkeiten gibt es eine **Kunstgalerie** und die Dauerausstellung **Leben im Schloss** von Barock bis Jugendstil (28. října 12, Tel. 556 701 156, Apr.–Okt. Di–Fr 8–12, 13–17, Sa, So 9–15, Nov.–März Di–Fr 8–16, So 9–15 Uhr).

Auch sonst verdient das Städtchen, übrigens Geburtsort des Erblehreforschers Johann Gregor Mendel, an den im Stadtpark ein Denkmal erinnert, nicht, Beachtung. Zu entdecken gibt es Reste **gotischer Stadtmauern** sowie eine Fülle von **Renaissance- und Barockdenkmälern**. Auf dem von Laubengängen gesäumten Stadtplatz Masarykovo nám. fällt mit ihren hervorspringenden doppelstöckigen Arkaden die **Alte Post** (Stará Posta/1563) ins Auge. In der Mitte steht eine barocke **Mariensäule**, darunter befinden sich die **Bronzefiguren** eines tanzenden Kuhländer Bauernpaars. Die barockisierte **Pfarrkirche Mariä Himmelfahrt** mit einem Arkadenturm aus der Übergangszeit von der Gotik zur Renaissance birgt Holzschnitzereien aus dem 17. Jh.

Infozentrum: 74101 Novy Jičín, U Žerotínského zámku, Úzká 27, Tel. 556 711 888, icentrum@novy-jicin.cz, Mo–Fr 8–17, Sa, So 9–12 Uhr.

Rusty's: Tolstého 13, Tel. 556 707 522, Fax 556 712 161, info @hotelrustys.cz. Modernes Villen-Hotel (46 Betten) 5 Gehminuten vom historischen Zentrum. Der Besitzer ist ein Ex-Eishockey-Star der amerikanischen NHL. Gut ausgestattete Zimmer mit Internetanschluss. DZ 40–60 €. Nettes Restaurant mit Terrasse, Bar, lokale Küche, tgl. 11–23 Uhr. Hauptgerichte ab 4 €.
Praha: Lidická 6, Tel./Fax 556 701 229, recep ce@prahahotel.cz. Gepflegtes Mittelklassehotel in der Denkmalschutzzone des Zentrums (Fußgängerzone), freundlich möblierte Zimmer. DZ 35–50 €. Stilvoll-elegantes Café-Restaurant mit Kuchen, Torten sowie mährischen und internationalen Spezialitäten, tgl. 7–22 Uhr. Hauptgerichte ab 4 €.

Gute **Busverbindungen** nach Opava und Ostrava sowie Olomouc und Brno.

Štramberk

6 km östlich von Nový Jičín liegt der idyllische Ort **Štramberk** 6 (Stramberg). Um einen Felsen, auf dem eine **Burguine** thront, gruppieren sich **walachische Blockhäuser** aus dem 18. und 19. Jh., ein einzigartiges Ensemble der Volksarchitektur, das natürlich unter Denkmalschutz steht. Die Burg wurde bereits im 13. Jh. zerstört und nicht wieder aufgebaut. Man kann zwischen den Mauerresten spazieren und den zylindrischen **Turm Trúba** besteigen, von dem man eine schöne Aussicht auf das Hügelland der Umgebung hat (Mobiltel. 728 973 319, Apr., Sept., Okt. Di–So 10–17, Mai–Aug. Di–So 9–19, Nov.–März nur Fr–So 10–16 Uhr).

Štramberk wurde auch durch eine duftende Süßigkeit bekannt, die aus Lebkuchenteig hergestellten **Stramberger Ohren** (Stramberské usi), dem seit Jahrhunderten in Erinnerung an den legendären Sieg der Christen über ein Mongolenheer anno 1241 hergestellt werden.

Infozentrum: 742 66 Štramberk, Náměstí 456, Tel. 556 812 085, mic@stramberk.cz, April–Sept. Di–So 9–12, 12.30–17, Okt.–März Di–So 9–12, 12.30–16 Uhr.

Příbor

Die meisten, die sich nach **Příbor** 7 (Freiberg) verirren, kommen nicht wegen des wunderschönen **Marktplatzes** mit seinen tiefen Laubengängen unter barockisierten Renaissancehäusern. Für sie ist das Städtchen ausschließlich mit einem Namen verbunden: **Sigmund Freud**. Der Vater der Psychoanalyse erblickte im Jahr 1856 in einem kleinen Häuschen am Rand des alten Stadtkerns (Zámečnická ulice 117) das Licht der Welt. Hier lebte er bis zu seinem dritten Lebensjahr, ehe er mit seinen Eltern nach Wien übersiedelte.

Noch erinnert nur eine kleine Gedenktafel am dem einfachen Haus in tschechischer Sprache daran, dass Sigmund Freud hier geboren wurde. Doch nun will die Stadt sich mit dem Namen Freud besser vermarkten und plant, das Geburtshaus zu erwerben und darin ein Freud–Museum einzurichten. Auch ein Freud-Konferenzzentrum ist in Planung. Bisher gab es lediglich eine Freud-Büste in einer winzigen Grünanlage an einer Straßenecke vor dem Marktplatz, versteckt unter Birkenbäumchen, sowie **Freud-Gedenkräume** im **Regionalmuseum** im ehemaligen Piaristenkloster (Tel. 556 725 191, Di, Do 8–12,13–16, So 9–12 Uhr). Seit kurzem trägt nun auch der zentrale Marktplatz den Namen des 1939 im Londoner Exil verstorbenen Seelenarztes. Und in den Souvenirläden gibt es bereits T-Shirts und Bierkrüge mit dem Porträt Freuds zu kaufen.

Infozentrum: 742 58 Příbor, náměstí Sigmunda Freuda 19, Tel. 556 455 442, mic@pribor-mesto.cz, Mo–Fr 8–17, Sa 9–11.30, Juli, Aug. auch So 9–11.30 Uhr.

Regelmäßige **Busverbindungen** nach Ostrava und Olomouc.

Hukvaldy

Über **Hukvaldy** 8 (Hochwald), den Geburtsort des tschechischen Komponisten **Leoš Janáček** (1854–1928) im bewaldeten Hügelland der Vorbeskiden, thront auf einer Felsanhöhe eine gewaltige **Burgruine**, Reste einer Feste aus dem 13. Jh., die – im Stil der Renaissance und des Barock ausgebaut – 1762 einem Brand zum Opfer gefallen war. Erhalten blieben Wehranlage, Wachturm, Burghof und eine Kapelle aus dem Jahr 1602 (Hrad Hukvaldy, Tel. 558 699 323, Apr.–Aug. tgl. außer Mo 9–18, Sept. tgl. außer Mo 9–17 Uhr, Mittagspause 12.30–13 Uhr).

Rund um die Burgruine dehnt sich ein großer Park mit Wildgehegen und einem Freilichttheater aus, in dem jährlich von Anfang Juli bis Mitte August ein **Internationales Janáček-Musikfestival** veranstaltet wird (Festival Janáčkovy Hukvaldy, www.janack ovy-hukvaldy.cz, Festivalbüro in 70800 Ostrava-Poruba, M. Kopeckého 675, Tel. 596 126 067). Am Geburtshaus des Komponisten, der alten Schule an der Hauptstraße, wurde eine Gedenktafel angebracht, im ehemaligen Sommerhaus dokumentiert ein **Janáček-Museum** Leben und Werk des Tonkünstlers (Hukvaldy 79, Apr., Okt. Di–So 10–16.30, Mai, Sept. Di–So 10–17, Juni–Aug. Di–So 10–18 Uhr).

Infozentrum: 73946 Hukvaldy 3, Tel. 558 699 213, www.hukvaldy.cz, April–Okt. Mo–Fr 9–11 und 12–17 Uhr.

Wenige lokale **Busverbindungen** pro Tag nach Ostrava und Příbor.

Mährische Walachei

Die **Mährische Walachei** (Valašsko) ist eine Region mit lebendigen Traditionen und eigenem Dialekt, benannt nach den Hirten aus den südöstlichen Karpaten (Walachei, heute Rumänien), die sich hier im 16 Jh. angesiedelt hatten. Das Gebiet zwischen dem südlichen Teil der Mährisch-Schlesischen Beskiden und den Weißen Karpaten mit Berggipfeln um 1100 m besitzt noch ausgedehnte Nadelwaldbestände. Typisch für die alte walachische Kultur sind die Holzhäuser, wie man sie u. a. im Freilichtmuseum von Rožnov sehen kann, und die Trachten, die aber nur noch bei Folklorefestivals getragen werden.

Valasské Meziříči

Obwohl **Valasské Meziříčí** 9 die an Kunstdenkmälern reichste Stadt der Walachei ist, bedarf es noch jahrelanger Restaurierungsarbeiten, bis die historische Bausubstanz wieder in altem Glanz erstrahlt. Das Stadtzentrum bewahrte seinen Charakter aus Renaissance und Barock. Sehenswert sind einige Häuser auf dem **Marktplatz** und in den umliegenden Gässchen, wie das **Renaissancerathaus** und die ehemalige **Apotheke** ›Zum roten Adler‹ mit ihrer Rokokofassade. Das früher prachtvolle **Schloss** der Adelsfamilie Žerotín, ab 1538 errichtet und im 18. Jh. erweitert, ist völlig heruntergekommen.

Im Ortsteil Krásno am rechten Flussufer befinden sich die gotische **St. Jakobskirche** und das klassizistische **Kinsky-Schloss**, jetzt **Stadtmuseum** (Zámecká 3, Tel. 571 611 764, Di-So 9–17 Uhr, Stadtgeschichte, Glas, Holzarbeiten, Wandteppiche). Spezialität des Ortes ist die **Gobelinherstellung**, die seit 1909 in einer eigenen Fachschule gelehrt wird.

Regelmäßige **Busverbindungen** nach Olomouc und Ostrava, mehrere direkte **Züge** pro Tag von Prag.

Rožnov pod Radhoštěm

Rožnov pod Radhoštěm 10 (Roschnau am Radhoscht) am Südhang des 1129 m hohen Berges **Radhošt** ist ein beliebter Urlaubsort in den Beskiden. Doch nicht nur zum Wandern und Skifahren kommt man hierher: Das **Walachische Freilichtmuseum** lockt alljährlich Tausende von Besuchern in den Ort, der mit einigen Holzhäusern vom Stadtplatz die Basisexponate für das weitläufige Ausstellungsgelände lieferte. Dazu gehören das **Rathaus** (1779) und das so genannte **Vašek-Gasthaus** (1660), zu denen später im **Holzstädtchen** (Dřevěné městečko) weitere Objekte aus dem bürgerlich-handwerklichen Bereich hinzukamen. Ein weiterer Teil des Museums ist seit den 1960er Jahren das **Walachische Dorf** (Valašská dědina), ein ausgedehnter Komplex von bäuerlichen Gebäuden, während im **Mühlental** (Mlýnská dolina) technische Bauten (Mühle, Sägewerk, Hammerwerk etc.) gezeigt werden (Valašské muzeum v přírodě, Tel. 571 757 111, www.vmp.cz, Jan.–Apr. und Okt. nur Holzstädtchen tgl. 9–16, Mai–Sept. alle Anlagen tgl. 9–17 Uhr, Nov., Dez. geschl.).

Wer weitere Beispiele walachischer Volksarchitektur sehen will, fährt südöstlich von Rožnov über eine kleine Landstraße nach **Velké Karlovice** (Groß Karlowitz). Hauptsehenswürdigkeit des Städtchens ist die zauberhafte Holzkirche Maria Schnee aus dem Jahr 1754. Aus dem ausgehenden 18. Jh. stammen die Wirtschaftsgebäude, die zu einem kleinen Freilichtmuseum zusammengefasst wurden (Skanzen, Mai-Sept. Di–So 9–17 Uhr).

Folgt man dem **Tal des Flüsschens Vsetínská Becva** (Wsetiner Betschwa), das sich durch die Beskidenlandschaft schlängelt, trifft man auf weitere schöne alte Holzhäuser.

In **Pustevny**, ca. 10 km nordöstlich von Rožnov pod Radhoštěm, baute der slowakische Architekt Jurkovič 1899 zwei sehenswerte Pensionen im Stil der traditionellen walachischen Blockbauweise. Die beiden frisch renovierten Häuser werden heute als Restaurant und Hotel betrieben (›Maměnka‹ und ›Jidelna‹, Abb. S. 310/11).

Eroplan: 75661 Rožnov pod Radhoštěm, Horní paseky 451, Tel. 571 648 014, Fax 571 648 222, hotelero plan@hoteleroplan.cz. Neues 94-Betten-Hotel gehobener Kategorie nahe Freilichtmuseum. Geräumige helle, gut ausgestattete Zimmer und Apartments. DZ 60–110 €. Restaurant mit böhmischer, mährischer und internationaler Küche, verschiedenen Fassbieren und großer Auswahl italienischer Weine, Mo–Fr 6.30–22, Sa, So 7.30–22 Uhr. Hauptgerichte ab 4 €.

Altes walachisches Haus im Freilichtmuseum von Rožnov

Horal: Horní paseky 1691, Tel. 571 648 343, Fax 571 647 256, recepce@horalhotel.cz. Schöner Neubau mit bequemen Zimmern und Apartments (40 Betten), bewachter Parkplatz. DZ 40–80 €. Restaurant mit Sommerterrasse, lokale und internationale Spezialitäten, tgl. 10–22 Uhr. Hauptgerichte ab 3 €.

Regelmäßige **Busverbindungen** nach Olomouc, Brno, Prag (einmal pro Tag).

Vsetín

Albrecht von Wallenstein schrieb sich mit blutigen Lettern in das Geschichtsbuch des zu Beginn des 14. Jh. gegründeten Städtchens **Vsetín** 11 (Wsetin) ein. Herr über das Gut Vsetín schlug er die während des Dreißigjährigen Kriegs immer wieder aufflammenden Aufstände der walachischen Bevölkerung brutal nieder, 1644 etwa ließ er gleich 200 Rebellen hinrichten. Die ihm durch seine Heirat mit der reichen Witwe Lukrezia von Witschkow zugefallene Renaissancefeste ließ er Anfang des 17. Jh. zum vierflügeligen **Schloss** ausbauen. Der zuletzt im 19. Jh. klassizistisch umgestaltete Bau dominiert den Ort, der sich zunächst rund um das Schloss und nach Ende des Dreißigjährigen Kriegs auch am Ufer der Bečva (Betschwa) ausdehnte.

Bis 1945 war die weltberühmte Möbeldynastie **Thonet** im Besitz des Schlosses. Einige ihrer zeitlosen Designs, insbesondere die seit 1830 dank eines von Firmengründer Michael Thonet entwickelten Verfahrens, Holz in Dampf zu biegen, produzierten Bugholzmöbel, können nun im **Heimatkundlichen Regionalmuseum** im **Schloss** bewundert werden. Die Sammlungen umfassen u. a. auch Bilder walachischer Maler (Vlastivědně muzeum, Horní nám. 2, Tel. 571 411 690, Di–So 9–17 Uhr).

Infozentrum: 75501 Vsetín, Svárov 1080, Tel. 571 491 517, ic@mestovsetin.mic.cz, Mo–Fr 8–17 Uhr.

U Vychopňů: Jasenice 596, Tel. 571 432 039, Fax 571 412 095, hotel-vychopen@quick.cz. Traditionsreiches Hotel-Restaurant, seit 1884. Liebevoll ausgestattete Zimmer in dem von Grund auf renovierten Haus am Waldrand, Tennisplätze. DZ 40–60 €. Das Restaurant hat sich u.a. auf Grillgerichte spezialisiert, Mo–Sa 11–22, So 10–20 Uhr. Hauptgerichte ab 3 €.

Busse mehrmals täglich nach Ostrava, Olomouc und Brno.

Register

Register

Register

Register

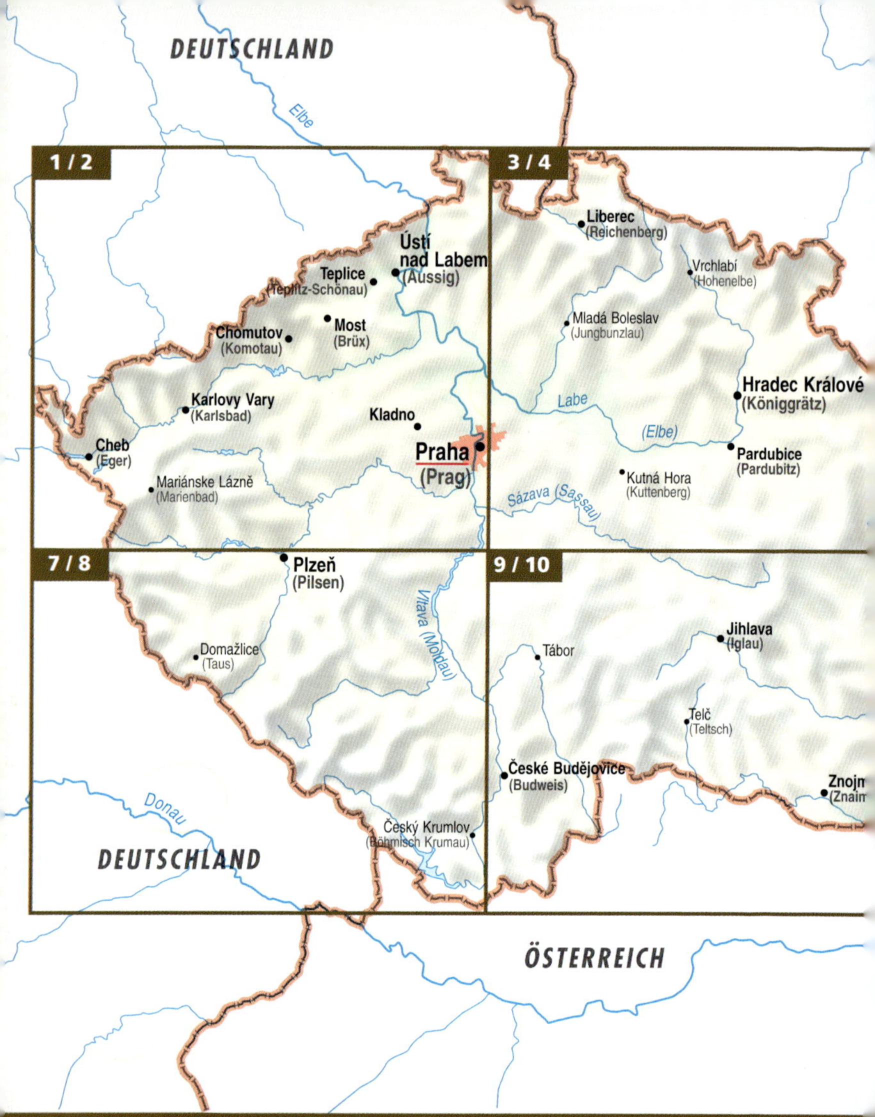
DEUTSCHLAND
Elbe
1 / 2
3 / 4
Liberec
(Reichenberg)
Vrchlabí
(Hohenelbe)
Ústí
nad Labem
(Aussig)
Teplice
(Teplitz-Schönau)
Most
(Brüx)
Chomutov
(Komotau)
Mladá Boleslav
(Jungbunzlau)
Hradec Králové
(Königgrätz)
Labe
(Elbe)
Karlovy Vary
(Karlsbad)
Kladno
Cheb
(Eger)
Praha
(Prag)
Pardubice
(Pardubitz)
Mariánske Lázně
(Marienbad)
Kutná Hora
(Kuttenberg)
Sázava (Sassau)
7 / 8
Plzeň
(Pilsen)
9 / 10
Vltava (Moldau)
Jihlava
(Iglau)
Domažlice
(Taus)
Tábor
Telč
(Teltsch)
České Budějovice
(Budweis)
Donau
Český Krumlov
(Böhmisch Krumau)
DEUTSCHLAND
ÖSTERREICH

POLEN

5 / 6

Opava
(Troppau)

Ostrava
(Mährisch Ostrau)

Odra (Oder)

Olomouc
(Olmütz)

Přerov

11 / 12

Morava (March)

Zlín

no
ünn)

SLOWAKEI

Donau

Legende

D1 62	Autobahn mit Anschlussstelle
	Schnellstraße
20	Fernstraße mit Nummer
	Hauptstraße
	Nebenstraße
	Straße in Bau; in Planung
x x x x	Straße für Kfz gesperrt
	Tunnel
	Eisenbahn
	Eisenbahntunnel
	Fähre
	Staatsgrenze
	Nationalpark; Naturpark
	Sperrgebiet
E 50	Europastraßennummer
✈	Internationaler Flughafen
✈	Nationaler Flughafen
⛔	Grenzübergang
★	Sehenswürdigkeit
∴	Archäologische Stätte
♦ ♦	Kloster; Kirche
♦ ♦	Burg; Schloss
♦ ♦	Burgruine; Schlossruine
⠿	Wasserfall
∩	Höhle
▲	Berggipfel
)(	Pass, Joch
🌴	Aussichtspunkt
(Bischofteinitz)	Ehemaliger deutscher Name

Reiseatlas
Tschechien

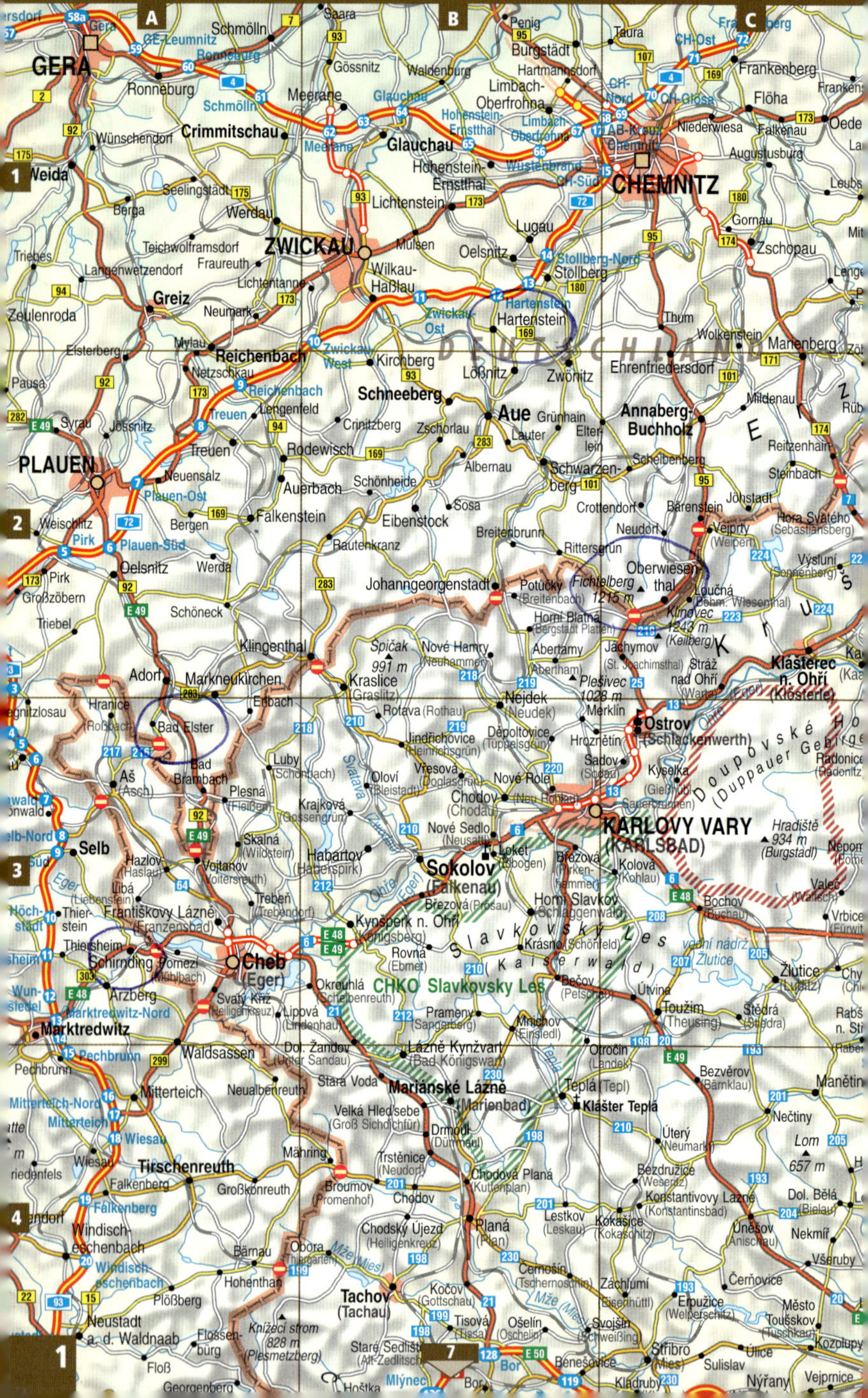
A
B
C
1
2
3
4
GERA
Schmölln
Ronneburg
Crimmitschau
Meerane
Glauchau
Hohenstein-Ernstthal
Limbach-Oberfrohna
Burgstädt
Penig
Taura
Frankenberg
Flöha
CHEMNITZ
Zschopau
Weida
Werdau
ZWICKAU
Lichtenstein
Oelsnitz
Lugau
Stollberg
Wilkau-Haßlau
Greiz
Zeulenroda
Hartenstein
Thum
Wolkenstein
Marienberg
Reichenbach
Kirchberg
Lößnitz
Zwönitz
DEUTSCHLAND
Ehrenfriedersdorf
Schneeberg
Aue
Annaberg-Buchholz
PLAUEN
Treuen
Rodewisch
Auerbach
Schönheide
Eibenstock
Schwarzenberg
Falkenstein
Oelsnitz
Johanngeorgenstadt
Oberwiesenthal
Fichtelberg 1215 m
Klínovec 1243 m
Jáchymov (St. Joachimsthal)
Klingenthal
Markneukirchen
Adorf
Bad Elster
Bad Brambach
Kraslice (Graslitz)
Nejdek (Neudek)
Klášterec n. Ohří (Klösterle)
Ostrov (Schlackenwerth)
Doupovské Gebirge (Duppauer Gebirge)
Aš (Asch)
Selb
KARLOVY VARY (KARLSBAD)
Chodov (Chodau)
Sokolov (Falkenau)
Loket (Elbogen)
Hradiště 934 m (Burgstadl)
Františkovy Lázně (Franzensbad)
Cheb (Eger)
Horní Slavkov (Schlaggenwald)
Slavkovský Les (Kaiserwald)
CHKO Slavkovsky Les
Žlutice
Toužim (Theusing)
Marktredwitz
Waldsassen
Mitterteich
Mariánské Lázně (Marienbad)
Teplá (Tepl)
Klášter Teplá
Tirschenreuth
Planá (Plan)
Tachov (Tachau)
Stříbro (Mies)
Neustadt a. d. Waldnaab
Knížecí strom 828 m (Plesmetzberg)
Bor
Kladruby
Nýřany
Kozolupy

7

1 cm = 7,5 km
1 : 750.000
0
10 km
20 km
D
E
F
Freiberg
Freital
Heidenau
Pirna
Dohna
Bastei
Nationalpark
Elbsandsteingebirge
Lilienstein
Königstein
Bad Schandau
Sebnitz
Neustadt
Hohnstein
Sächsische Schweiz
Národní park
České Švýcarsko
Schmilka
Hřensko
Pravčická brána
Rumburk
Jiříkov
Mikulášovice
Krásná Lípa
Varnsdorf
Dippoldiswalde
Höckendorf
Bobritzsch
Weißenborn
Reinhardtsgrimma
Glashütte
Liebstadt
Berggießhübel
Bad Gottleuba
Bahratal
Bielatal
Pretzschendorf
Schmiedeberg
Dönschten
Frauenstein
Mulda
Altenberg
Geising
Zinnwald-Georgenfeld
Cínovec
Rechenberg-Bienenmühle
Holzhau
Neurehefeld
Moldava
Sayda
Neuhausen
Olbernhau
Seiffen
Deutschneudorf
Petrovice
Libouchec
Jílové
Martiněves
DĚČÍN
(TETSCHEN)
CHKO
Labské pískovce
Růžová
Janská
Česká Kamenice
Kamenický Šenov
CHKO Lužické hory
Teufelsorgel
Nový Bor
Benešov n. Ploučnicí
Vrabinec
Dobkovice
Adolfov
Chlumec
Krupka
Dubí
TEPLICE
(TEPLITZ-SCHÖNAU)
Chabařovice
ÚSTÍ
(AUSSIG)
nad Labem
Velké Březno
Verneřice
ČESKÁ LÍPA
(BÖHM. LEIPA)
CHKO České středohoří
Žandov
Hrob
Osek
Duchcov
Lom
Meziboří
Litvínov
(Oberleutensdorf)
Hostomice
Řehlovice
Žalany
Střekov
Lovečkovice
Kravaře
Stvolínky
Zahrádky
Bliževeldy
Holany
Starý Berštejn
MOST
(BRÜX)
Jirkov
CHOMUTOV
(KOMOTAU)
Bílina
Braňany
Kostomlaty
Lovosice
Terezín
LITOMĚŘICE
(LEITMĚŘITZ)
Liběšice
Úštěk
Tuhaň
Dubá
Hrobčice
Třebenice
Bohušovice
Křešice
Polepy
Snědovice
CHKO Kokořínsko
Čížkovice
Chotěšov
Brozany
Hoštka
Štětí
Kokořín
Bečov
Libčeves
Havran
Nezabylice
Volevčice
Velemyšleves
Bitozeves
Raná
Oblík
510 m
Koštice
Budyně nad Ohří
Roudnice n. Labem
Počaply
Liběchov
Horní
Lenešice
Libochovice
Ohře
Labe
Žiželice
Postoloprty
LOUNY
(LAUN)
Mšené-lázně
Břežany
Ctiněves
Mělník
Chbany
Žatec
(Saaz)
Chlumčany
Peruc
Straškov-Vodochody
Spomyšl
Nová Ves
Lužec
Hořín
Byšice-Líh
Vltava
Holedeč
Pšov
Měcholupy
Vinařice
Panenský Týnec
Slaný
Zlonice
Černuc
Velvary
Veltrusy
Všetaty
Neratovice
Podbořany
Džbán
536 m
Ročov
Pozdeň
Nelahozeves
Kralupy n. Vltavou
Úžice
Odolena Voda
Bišany
Svojetín
Srbeč
Mšec
Turany
Krupá
Řevničov
Smečno
Vinařice
Libčice
Klecany
Líbeznice
Brandýs n. L.-Stará Boleslav
Kryry
Hořovičky
Kolešovice
Kněževes
Nové Strašecí
KLADNO
Roztoky
Petrohrad
Oráčov
Lišany
Ruda
Stochov
Tuchlovice
Buštěhrad
Horoměřice
PRAHA
(PRAG)
Jesenice
Rakovník
Lužná
Lány
Jeneč
Rakovnický p.
Žďár
Petrovice
CHKO
Unhošť
Hostivice
Křivoklát
Bělec
Hubenov
Čistá
Panoší Újezd
Zbečno
Chyňava
Rudná
Kožlany
Roztoky
Nižbor
Hýskov
Loděnice
Kralovice
Slabce
Týřov
Beroun
Radotín
Zbraslav
Plasy
Chříč
Křivoklátsko
Svatá
Mořina
Karlštejn
Černošice
Průhonice
Čestlice
Kozojedy
Mlečice
Kublov
Zdice
Bavoryně
Králův Dvůr
Srbsko
Dobřichovice
Dolní Břežany
Všechromy
Liblín
Berounka
CHKO Český kras
Řevnice
Davle
Želivec
Kaznějov
Kaceřov
Radnice
Žebrák
Suchomasty
Jílové u Prahy
Kam. Přívoz
Břasy
Zbiroh
Cerhovice
Lochovice
Mníšek p. Brdy
Štěchovice
Chrást
Těškov
Lhota
Mýto
Kařez
Hořovice
Hostomice
Slapy
Týnec n. Sáz.
Dýšina
Volduchy
Komárov
Jince
Nový Knín
PLZEŇ
(PILSEN)
Ejpovice
Rokycany
Holoubkov
Olešná
Dobříš
Stará Huť
Chotilsko
Hřebeny
Brdy
1
2
3
4
8
2

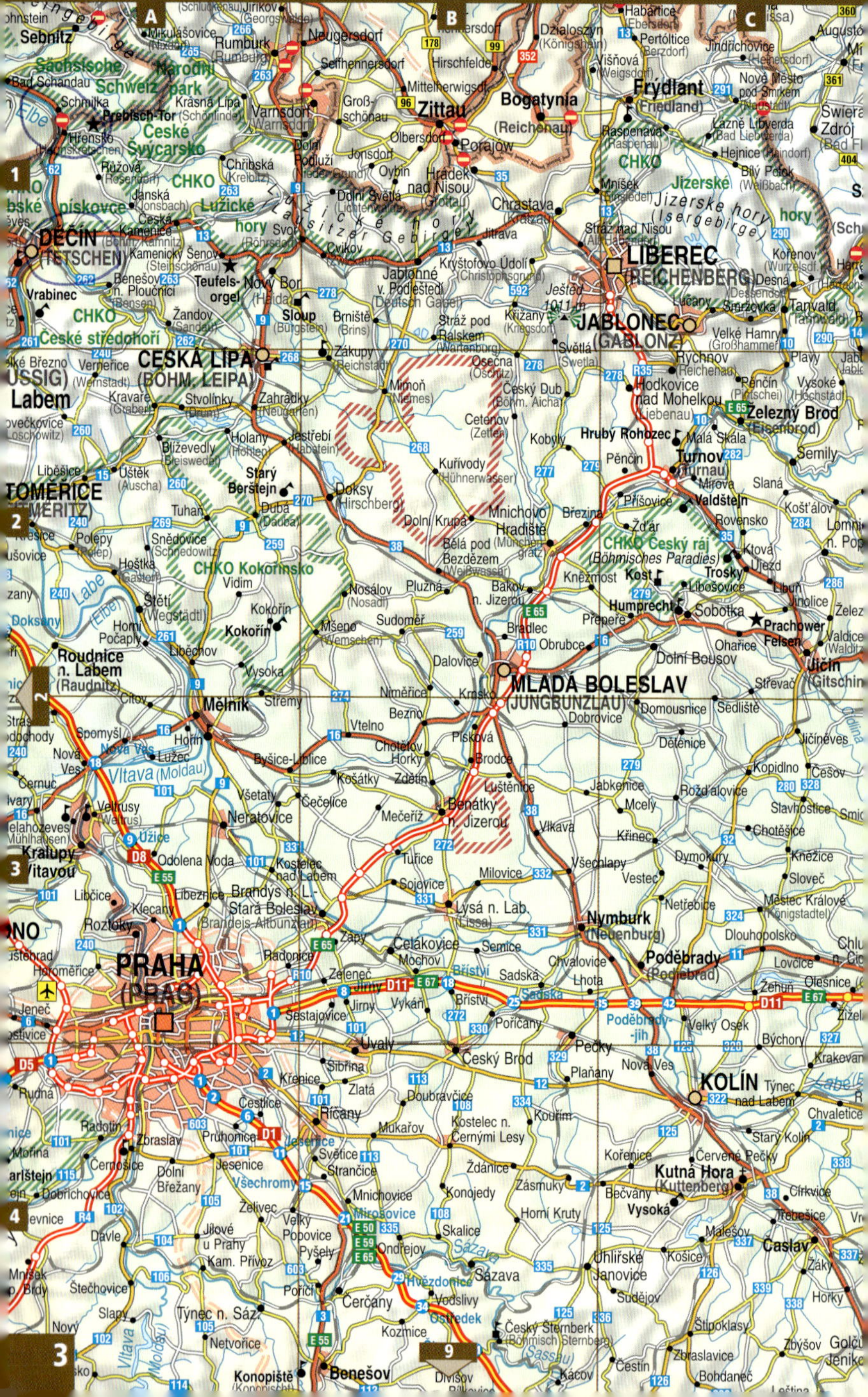
A
B
C
1
2
3
4
Sebnitz
Neugersdorf
Rumburk
Zittau
Bogatynia
Frýdlant
(Friedland)
Sächsische Schweiz
Národní park České Švýcarsko
Varnsdorf
Hřensko
CHKO Lužické hory
Lausitzer Gebirge
Hrádek nad Nisou
Chrastava
Jizerské hory
Isergebirge
DĚČÍN
(TETSCHEN)
LIBEREC
(REICHENBERG)
JABLONEC
(GABLONZ)
Ještěd 1011 m
Nový Bor
Sloup
Teufels-orgel
Jablonné v. Podještědí
CHKO České středohoří
ČESKÁ LÍPA
(BÖHM. LEIPA)
Mimoň
Český Dub
Hodkovice nad Mohelkou
Železný Brod
Turnov
Hrubý Rohozec
Semily
Labem
LITOMĚŘICE
Úštěk
Starý Berštejn
Doksy
Dubá
Mnichovo Hradiště
Bělá pod Bezdězem
CHKO Český ráj
(Böhmisches Paradies)
Trosky
Kost
Sobotka
Prachower Felsen
Jičín
CHKO Kokořínsko
Kokořín
Štětí
Roudnice n. Labem
(Raudnitz)
Mělník
Mšeno
Bakov n. Jizerou
MLADÁ BOLESLAV
(JUNGBUNZLAU)
Dobrovice
Kralupy n. Vltavou
Vltava (Moldau)
Neratovice
Benátky n. Jizerou
Brandýs n. L.-Stará Boleslav
Lysá n. Lab.
Milovice
Nymburk
(Neuenburg)
Poděbrady
Čelákovice
PRAHA
(PRAG)
Úvaly
Český Brod
Pečky
Kolín
Říčany
Kostelec n. Černými Lesy
Kutná Hora
(Kuttenberg)
Čáslav
Zbraslav
Mnichovice
Ondřejov
Sázava
Uhlířské Janovice
Čerčany
Benešov
Konopiště
Český Šternberk
9
3

D
E
F
1
2
3
4
5
POLEN
Lubomierz (Liebenthal)
Janówek
Str. Kraśnica (Schönau)
Chełmy
Niedaszów
Lusina
Gosc
Wawrzeńczyce
Strzyżowiec
Czernica
Lipa (Leipe)
Wieśnica
Strzegom (Striegau)
Pysczyn (Pitschen)
Czerńczyce (Kapsdorf)
Pasiecznik (Spiller)
Wojcieszów (Kauffung)
Roztoka
Żarow (Saarau)
Rybnica
Chawłow
JELENIA GÓRA (HIRSCHBERG)
Bolków (Bolkenhain)
Bronów
Jaworzyna Śląska (Königszelt)
Świdnik (Streckenbach)
Siodłkowice (Schollwitz)
Cieplice Siaskie-Zdrój (Bad Warmbrunn)
Rudawski Park
Domanów (Thomasdf.)
Świebodzice (Freiburg i. Schl.)
Świdnica (Schweidnitz)
Piechowice (Petersdorf)
Marciszów (Merzdorf)
Chwaliszów (Quolsdorf)
Słotwina (Schönbrunn)
Ślężański Park Krajobrazowy
Sulistrowice
Miłkow (Arnsdf.)
Kowary (Schmiedeberg)
Krajobrazowy
Szczawno-Zdrój (Bad Salzbrunn)
Wałbrzych (Waldenburg)
Kielczyn
Karpacz (Krummhübel)
Reziny
Mościsko (Faulbrück)
Borowica
Słupice
Kolo 506 m (Hohes Rad)
Kamienna Góra (Landeshut)
Boguszów Gorce (Gottesberg-Rothenberg)
Krkonoše (Riesengebirge)
Śnieżka
Ogorzelec (Dittersbach)
Piskorzów (Peiskersdorf)
Dzierżoniów (Reichenbach)
Mala Upa (Kl. Aupa)
Špindlerův Mlýn (Spindlermühle)
1602 m (Schneekoppe)
Krzeszów (Grüssau)
Park Krajobrazowy Sudetów Wałbrzyskich
Jedlina-Zdrój (Bad Charlottenbrunn)
Pieszyce (Peterswaldau)
Misečky
Miszkowice
Lubawka (Liebau)
Strážné (Pommerndorf)
národní park
Pec (Petzer)
Horní Maršov (Marschendf.)
Královec (Königshan)
Mieroszów (Friedland)
Głuszyca (Wüstegiersdorf)
Bielawa (Langenbielau)
Sokolec
Park Krajobrazowy Gór Sowich
Jodłownik
Dolní Dvůr (Niederhof)
Žacléř (Schatzlar)
Dlouhý Vrch 698 m
Adršpach (Adersbach)
Mezimĕstí (Halbstadt)
Zdrojowsko
Lutomierz
Vrchlabí (Hohenelbe)
Černý Důl (Schwarzenthal)
Svoboda n. Úpou (Freiheit)
Adersbacher Felsen
Mladé Buky (Jungbuch)
Broumov (Braunau)
Nowa Ruda (Neurode)
Budzów
Studenec
Rudník (Hermannseifen)
Chvaleč (Qualisch)
Radvanice (Radowenz)
Teplice n. Metují (Weckelsdorf)
TRUTNOV (TRAUTENAU)
Jívka
CHKO Broumovsko
Ścinawka Grn. (Obersteine)
Brzeźnica
Horka u St. Paky
Hostinné (Arnau)
Police n. Metují (Politz)
Radków (Wünschelburg)
Pilníkov
Úpice (Eipel)
Rtyně v. Podkrkonoší
Świecko
Nová Paka
Pecka
Vítězná
Červený Kostelec
Hronov
Wambierzyce (Albendorf)
Mostek
Nemojov
Kocbeře
Slatina nad Úpou
Kudowa-Zdrój (Bad Kudowa)
Kamieniec (Kamnitz)
Boguszyn
Kłodzko (Glatz)
Bílá Třemešná
Lázně Bělohrad
Dvůr Králové n. Labem (Königinhof)
Horičky
Ratibořice (Ratiborschitz)
Lewin Kłodzki (Hummelstadt)
Szczytna (Rückers)
Kuks
Náchod
Česká Čermná
Duszniki-Zdrój (Bad Reinerz)
Polanica-Zdrój (Bad Altheide)
Ostroměř
Miletín
Hřibojedy
Betlém
Česká Skalice
Vodní nádrž Rozkoš
Peklo (Hölle)
Hořice (Horschitz)
Vilantice
Jaroměř (Jermer)
Rychnovek
Nové Město n. Met. (Neustadt a.d. Mettau)
Olešnice (Gießhübel)
Starków (Neu Batzdorf)
Żelazno (Eisersdorf)
Nahořany
Sedloňov (Sattel)
Szklarka (Glasendorf)
Bystrzyca Kłodzka (Habelschwerdt)
Hořiněves
Šaplava
Stračov
Sadová
Smiřice
Libřice
Bohuslavice
Dobruška (Gutenfeld)
Deštné (Deschnei)
Orlické hory (Adlergebirge)
Myštěves
Předměřice nad Labem
Opočno (Opotschno)
CHKO Orlické hory
Orlické Záhoří
Černilov
Bělá
Všestary
HRADEC KRÁLOVÉ (KÖNIGGRÄTZ)
Idzików
Rydzów
Nechanice
Stěžery
Přepychy
Skuhrov nad Bělou
Zbodnice (Stiebnitz)
Dumażków (Ebersdorf)
Boharyně
Třebechovice p. Orebem
Solnice
Kvasiny
Říčky (Ritschka)
Pražská
Bělec
Lično
Rychnov n. Kněžnou (Reichenau)
Bartošovice (Batzdorf)
Dobřenice
Opatovice nad Labem
Týniště n. Orlicí
Rokytnice (Rokitnitz)
Międzylesie (Mittelwalde)
Býšť
Častolovice (Tschastolowitz)
Kostelec n. Orlicí
Pěčín
Chýšť
Hrobice
Vysoké Chvojno
Borohrádek
Vamberk
Kunvald
Sopřeč
Lázně Bohdaneč
Rokytno
Doudleby nad Orlicí
Mladkov
Boboszów (Bobischau)
Sezemice
Holice
Horní Jelení
Krchleby
Žamberk (Senftenberg)
Lichkov (Lichtenau)
Přelouč
Dašice
Ostřetín
Sedivec
Dolní Roveň
České Libchavy
Letohrad (Geiersberg)
Jablonné n. Orlicí (Gabel)
Valy
PARDUBICE (PARDUBITZ)
Jaroslav
Libchavy (Lichwe)
Radhošť
Choceň
Brandýs n. Orl.
Dolní Dobrouč (Dittersbach)
Dolní Čermná (Liebenthal)
Bukovice
Heřmanův Městec
Hrádek
Ústí n. Orlicí (Wildenschwert)
Horní Čermná
Chrudim
Hrochův Týnec
Stradouň
Vysoké Mýto
Lanšperk
České Heřmanice
Sloupnice
Ostrov
Slatiňany
Česká Třebová (Böhm. Trübau)
Lanškroun (Landskron)
Chrast
Luže
Cerekvice n. Loučnou
Němčice
Prachovice
Zádolí
Litomyšl (Leitomischl)
Lubník (Lubd.)
CHKO
Třebovice (Triebitz)
Tatenice (Tattenitz)
Seč
Nasavrky
Nové Hrady
Janov (Jansdorf)
Oheb
Mířetice
Skuteč
Zderaz
Dolní Újezd
Opatov
Železné hory
Proseč
Mikuleč
Trhová
Rušinov
Vilémov
10

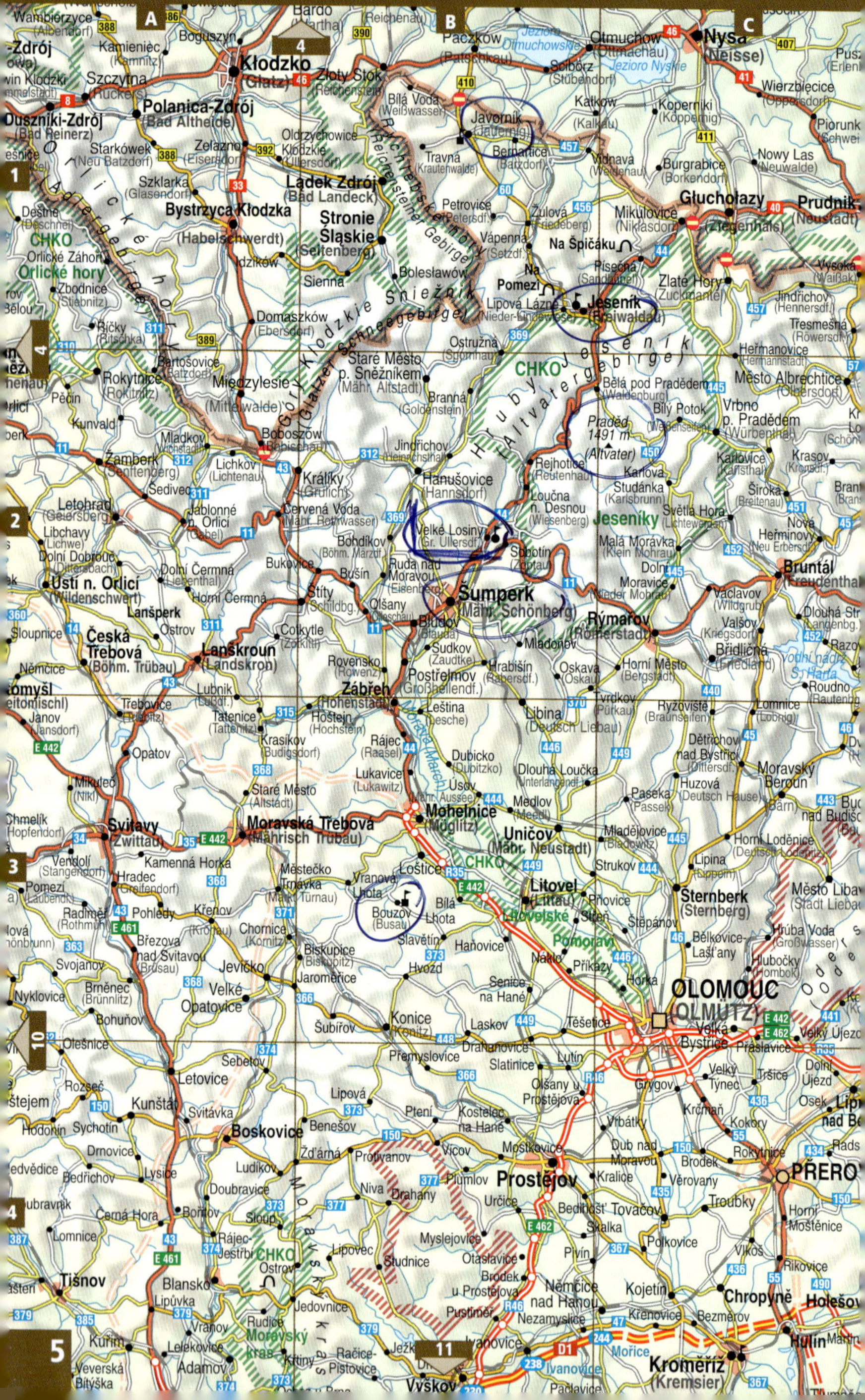
A
B
C
4
Kłodzko (Glatz)
Polanica-Zdrój (Bad Altheide)
Duszniki-Zdrój (Bad Reinerz)
Boguszyn
Kamieniec (Kamnitz)
Szczytna (Rückers)
Złoty Stok (Reichenstein)
Paczków
Otmuchów (Ottmachau)
Jezioro Otmuchowskie
Jezioro Nyskie
Nysa (Neisse)
Wierzbięcice
Bílá Voda (Weißwasser)
Javorník (Jauernig)
Bernartice (Barzdorf)
Travná (Krautenwalde)
Kałków
Kopernik (Köppernig)
Vidnava (Weidenau)
Burgrabice (Borkendorf)
Nowy Las (Neuwalde)
Piorunk
Lądek Zdrój (Bad Landeck)
Stronie Śląskie (Seitenberg)
Oldrzychowice
Kłodzko (Ullersdorf)
Żelazno (Eisersdorf)
Starkówek (Neu Batzdorf)
Szklarka (Glasendorf)
Bystrzyca Kłodzka (Habelschwerdt)
Orlické hory
Adlergebirge
CHKO Orlické hory
Orlické Záhoří
Zbodnice
Říčky (Ritschka)
Deštné
Bolesławów
Rychlebské hory
Reichensteiner Gebirge
Petrovice (Petersdf.)
Žulová (Friedeberg)
Vápenná (Setzdf.)
Na Pomezí
Na Špičáku
Mikulovice (Niklasdorf)
Głuchołazy (Ziegenhals)
Prudnik (Neustadt)
Písečná (Sandhübel)
Zlaté Hory (Zuckmantel)
Jindřichov (Hennersdorf)
Třemešná
Lipová Lázně (Nieder-Lindewiese)
Jeseník (Freiwaldau)
Idzików
Sienna
Domaszków (Ebersdorf)
Góry Kłodzkie Śnieżnik
Glatzer Schneegebirge
Bartošovice (Batzdorf)
Rokytnice (Rokitnitz)
Międzylesie (Mittelwalde)
Staré Město p. Sněžníkem (Mähr. Altstadt)
Branná (Goldenstein)
Ostružná
CHKO Jeseník
Hrubý Jeseník
Altvatergebirge
Heřmanovice
Město Albrechtice (Olbersdorf)
Bělá pod Pradědem (Waldenburg)
Bílý Potok
Vrbno p. Pradědem (Würbenthal)
Praděd 1491 m (Altvater)
Pěčín
Kunvald
Mladkov
Boboszów
Žamberk (Senftenberg)
Lichkov (Lichtenau)
Králíky (Grulich)
Jindřichov (Heinrichsthal)
Hanušovice (Hannsdorf)
Rejhotice (Reutenhau)
Karlova Studánka (Karlsbrunn)
Karlovice (Karlsthal)
Krasov
Široká
Letohrad (Geiersberg)
Sedlec
Jablonné n. Orlicí (Gabel)
Červená Voda (Mähr. Rothwasser)
Velké Losiny (Gr. Ullersdf.)
Loučná n. Desnou (Wiesenberg)
Jeseníky
Světlá Hora (Lichtewerden)
Malá Morávka (Klein Mohrau)
Heřminovy (Neu Erbersdf.)
Bruntál (Freudenthal)
Libchavy (Lichwe)
Dolní Dobrouč (Dittersbach)
Ústí n. Orlicí (Wildenschwert)
Dolní Čermná (Liebenthal)
Horní Čermná
Bohdíkov (Böhm. Märzdf.)
Ruda nad Moravou (Eisenberg)
Bušín
Bukovice
Sobotín (Zöptau)
Šumperk (Mähr. Schönberg)
Dolní
Moravice (Nieder Mohrau)
Václavov (Wildgrub)
Valšov (Kriegsdorf)
Dlouhá Stráň
Lanšperk
Sloupnice
Česká Třebová (Böhm. Trübau)
Ostrov
Lanškroun (Landskron)
Štíty (Schildbg.)
Olšany
Bludov (Blauda)
Sudkov (Zaudtke)
Mladoňov
Rýmařov (Römerstadt)
Břidličná (Friedland)
Vodní nádrž Slezská Harta
Roudno
Němčice
Litomyšl (Leitomischl)
Janov (Jansdorf)
Třebovice
Lubník
Tatenice (Tattenitz)
Colkytle (Zotkittl)
Rovensko (Rowenz)
Zábřeh (Hohenstadt)
Hoštejn (Hochstein)
Leština (Lesche)
Postřelmov (Großheilendf.)
Hrabišín (Rabersdf.)
Oskava (Oskau)
Horní Město (Bergstadt)
Tvrdkov (Pürkau)
Ryžoviště (Braunseifen)
Lomnice (Lobnig)
Libina (Deutsch Liebau)
E 442
Opatov
Krasíkov (Budigsdorf)
Rájec (Raasel)
Lukavice (Lukawitz)
Dubicko (Dubitzko)
Dlouhá Loučka (Unterlangendorf)
Děťichov
Mikuleč (Nikl)
Staré Město (Altstadt)
Úsov (Mähr. Aussee)
Medlov (Medl)
Paseka (Passek)
Huzová (Deutsch Hause)
Moravský Beroun (Bärn)
Chmelík (Hopfendorf)
Svitavy (Zwittau)
Moravská Třebová (Mährisch Trübau)
Mohelnice (Müglitz)
Uničov (Mähr. Neustadt)
Mladějovice (Bladowitz)
Horní Loděnice
Vendolí (Stangendorf)
Hradec (Greifendorf)
Kamenná Horka
Městečko Trnávka (Mähr. Türnau)
Loštice
CHKO
Litovel (Littau)
Strukov
Lipina
Šternberk (Sternberg)
Město Libavá (Stadt Liebau)
Pomezí (Laubendorf)
Radiměř (Rothmühl)
Pohledy
Křenov (Krönau)
Chornice (Kornitz)
Vranová Lhota
Bouzov (Busau)
Bílá Lhota
Pňovice
Střeň
Štěpánov
Hrubá Voda (Großwasser)
Hlubočky (Hombok)
Březová nad Svitavou (Brüsau)
Biskupice (Bischitz)
Jaroměřice
Slavětín
Hvozd
Hanovice
Litovelské Pomoraví
Náklo
Příkazy
Horka
Bělkovice-Lašťany
Svojanov
Jevíčko
Velké Opatovice
Senice na Hané
OLOMOUC (OLMÜTZ)
Velká Bystřice
Přáslavice
Velký Újezd
Nyklovice
Brněnec (Brünnlitz)
Bohuňov
Šubířov
Konice (Konitz)
Laškov
Těšetice
10
Olešnice
Sebetov
Přemyslovice
Drahanovice
Slatinice
Lutín
Velký Týnec
Tršice
Dolní Újezd
Letovice
Olšany u Prostějova
Grygov
Rozseč
Lipová
Krčmaň
Osek
Štějem
Kunštát
Svitávka
Ptení
Kostelec na Hané
Vrbátky
Kokory
Hodonín
Sychotín
Boskovice
Benešov
Dub nad Moravou
Drnovice
Žďárná
Protivanov
Vícov
Mostkovice
Brodek
Rokytnice
PŘEROV
Ludíkov
Niva
Plumlov
Prostějov
Kralice
Věrovany
Bedřichov
Lysice
Doubravice
Drahany
Určice
Bedihošť
Tovačov
Troubky
Horní Moštěnice
Dubravník
Černá Hora
Bořitov
Sloup
Skalka
Lomnice
Rájec-Jestřebí
Moravský kras
Lipovec
Myslejovice
Polkovice
Vlkoš
CHKO
Ostrov
Studnice
Otaslavice
Pivín
Říkovice
Tišnov
Blansko
Brodek u Prostějova
Němčice nad Hanou
Kojetín
Chropyně
Holešov
Lipůvka
Rudice
Jedovnice
Pustiměř
Křenovice
Vranov
Nezamyslice
Bezměrov
Kuřim
Lelekovice
Moravský kras
Kiliny
Račice-Pištovice
Ivanovice
Morice
Hulín
Veverská Bítýška
Adamov
Vyškov
Ivanovice
Kroměříž (Kremsier)
Paclavice
5
11
D1
E 461
E 462
R35
R46

1 cm = 7,5 km 1 : 750.000

0 10 km 20 km

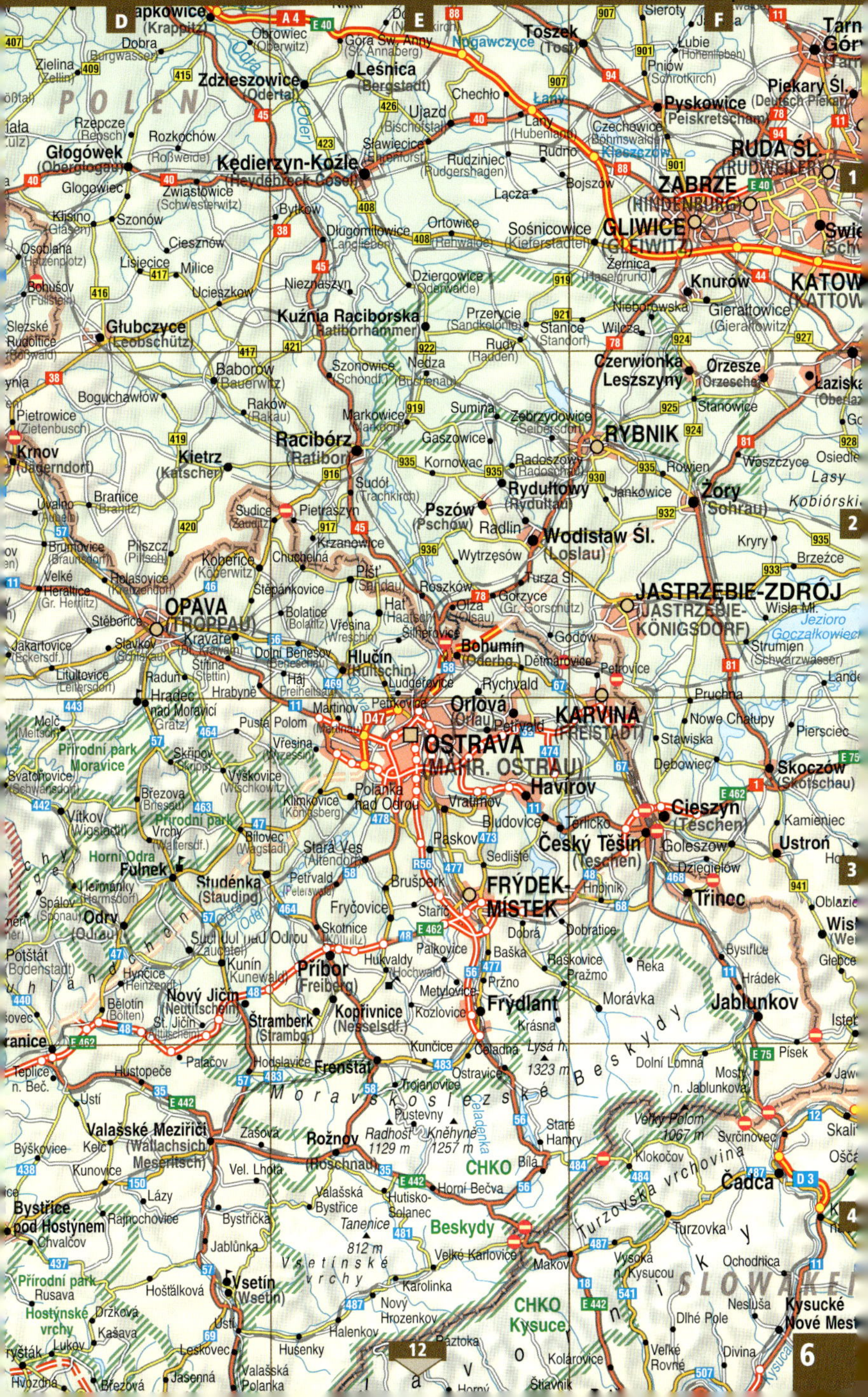

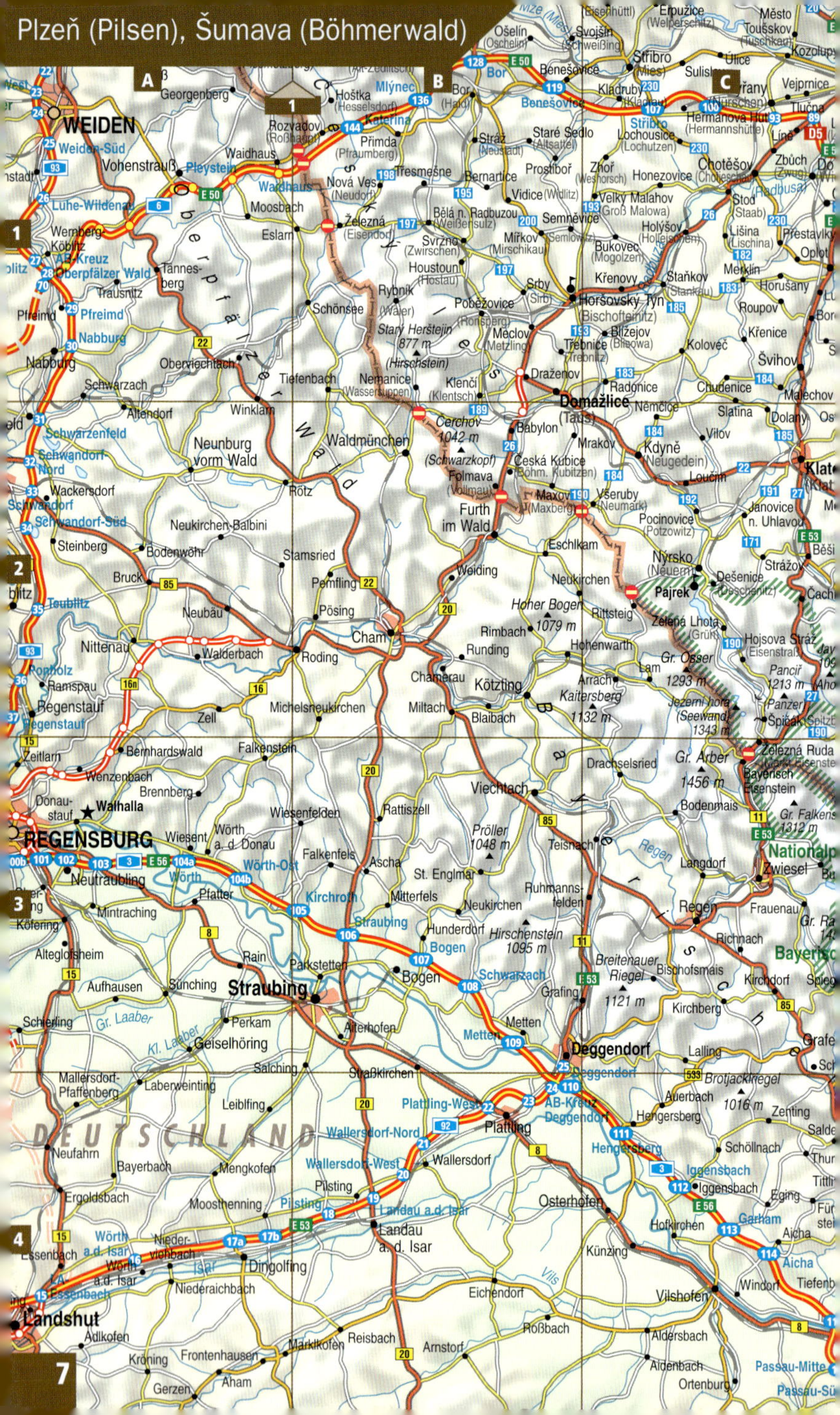
A
B
C
1
2
3
4
WEIDEN
Weiden-Süd
Vohenstrauß
Pleystein
Waidhaus
Rozvadov (Roßhaupt)
Hoštka (Hesselsdorf)
Mlýnec
Kateřina
Přimda (Pfraumberg)
Třemešné
Nová Ves (Neudorf)
Železná (Eisendorf)
Bor
Stříbro (Mies)
Kladruby (Kladrau)
Benešovice
Oselín (Oschelin)
Svojšín (Schweißing)
Erpužice (Welperschitz)
Město Touškov (Tuschkau)
Kozolupy
Úlice
Sulislav
Vejprnice
Třemošná
Hermanova Huť (Hermannshütte)
Lochousice (Lochutzen)
Chotěšov
Zbůch
Staré Sedlo (Altsattel)
Stráž (Neustadt)
Bernartice
Prostiboř
Zhoř (Weschorsch)
Honezovice
Vidice (Widlitz)
Bělá n. Radbuzou (Weißensulz)
Velký Malahov (Groß Malowa)
Semněvice
Holýšov (Holleischen)
Stod (Staab)
Líšina (Lischina)
Přestavlky
Merklín
Svržno (Zwirschen)
Mířkov (Mirschikau)
Bukovec (Mogolzen)
Houstoun (Hostau)
Křenovy
Staňkov (Stankau)
Horšovský Týn (Bischofteinitz)
Horušany
Roupov
Rybník (Waier)
Poběžovice (Ronsperg)
Srby (Sirb)
Staňy Herštejn 877 m (Hirschstein)
Meclov (Metzling)
Třebnice (Trebnitz)
Blížejov (Bilsowa)
Koloveč
Křenice
Švihov
Nemanice (Wassersuppen)
Klenčí (Klentsch)
Draženov
Radonice
Chudenice
Malechov
Domažlice (Taus)
Němčice
Slatina
Dolany
Čerchov 1042 m (Schwarzkopf)
Babylon
Mrákov
Kdyně (Neugedein)
Vílov
Česká Kubice (Böhm. Kubitzen)
Folmava (Vollmau)
Maxov (Maxberg)
Všeruby (Neumark)
Loučim
Klatovy
Janovice n. Uhlavou
Pocinovice (Potzowitz)
Nýrsko (Neuern)
Dešenice (Deschenitz)
Strážov
Běšiny
Pajrek
Čachrov
Zelená Lhota (Grün)
Hojsova Stráž (Eisenstraß)
Pancíř 1213 m (Panzer)
Špičák (Spitzb.)
Železná Ruda (Markt Eisenstein)
Bayerisch Eisenstein
Gr. Osser 1293 m
Jezerní hora (Seewand) 1343 m
Gr. Arber 1456 m
Gr. Falkenstein 1312 m
Nationalpark
Bayerischer
Zwiesel
Bodenmais
Oberpfälzer Wald
Tännesberg
Trausnitz
Wernberg-Köblitz
AB-Kreuz Oberpfälzer Wald
Luhe-Wildenau
Moosbach
Eslarn
Schönsee
Georgenberg
Pfreimd
Nabburg
Oberviechtach
Tiefenbach
Schwarzach
Altendorf
Winklarn
Neunburg vorm Wald
Waldmünchen
Schwarzenfeld
Schwandorf-Nord
Wackersdorf
Schwandorf
Schwandorf-Süd
Rötz
Neukirchen-Balbini
Steinberg
Bodenwöhr
Stamsried
Furth im Wald
Eschlkam
Neukirchen
Weiding
Bruck
Pemfling
Teublitz
Neubäu
Pösing
Cham
Hoher Bogen 1079 m
Rittsteig
Rimbach
Runding
Hohenwarth
Nittenau
Walderbach
Roding
Chamerau
Kötzting
Arrach
Lam
Kaitersberg 1132 m
Ponholz
Ramspau
Regenstauf
Zell
Michelsneukirchen
Miltach
Blaibach
Zeitlarn
Bernhardswald
Falkenstein
Wenzenbach
Brennberg
Drachselsried
Viechtach
Donaustauf
Walhalla
Wiesenfelden
Rattiszell
Wiesent
Wörth a. d. Donau
Pröller 1048 m
Teisnach
Langdorf
REGENSBURG
Neutraubling
Falkenfels
Ascha
St. Englmar
Wörth-Ost
Wörth
Pfatter
Kirchroth
Mitterfels
Neukirchen
Ruhmannsfelden
Regen
Frauenau
Mintraching
Köfering
Straubing
Hunderdorf
Hirschenstein 1095 m
Richnach
Alteglofsheim
Rain
Parkstetten
Bogen
Schwarzach
Breitenauer Riegel 1121 m
Bischofsmais
Kirchdorf
Aufhausen
Sünching
Grafling
Kirchberg
Schierling
Gr. Laaber
Perkam
Aiterhofen
Metten
Kl. Laaber
Geiselhöring
Deggendorf
Lalling
Grafenau
Salching
Straßkirchen
Brotjacklriegel 1016 m
Mallersdorf-Pfaffenberg
Laberweinting
Plattling-West
AB-Kreuz Deggendorf
Auerbach
Hengersberg
Zenting
Leibfling
Plattling
DEUTSCHLAND
Wallersdorf-Nord
Schöllnach
Neufahrn
Bayerbach
Mengkofen
Wallersdorf-West
Wallersdorf
Iggensbach
Ergoldsbach
Pilsting
Eging
Moosthenning
Landau a. d. Isar
Osterhofen
Garham
Hofkirchen
Aicha
Wörth a. d. Isar
Niederviehbach
Dingolfing
Künzing
Essenbach
Niederaichbach
Isar
Vils
Eichendorf
Vilshofen
Windorf
Landshut
Adlkofen
Reisbach
Roßbach
Aldersbach
Kröning
Frontenhausen
Marklkofen
Arnstorf
Aldenbach
Passau-Mitte
Gerzen
Aham
Ortenburg
Passau-Süd
Regen
Isar

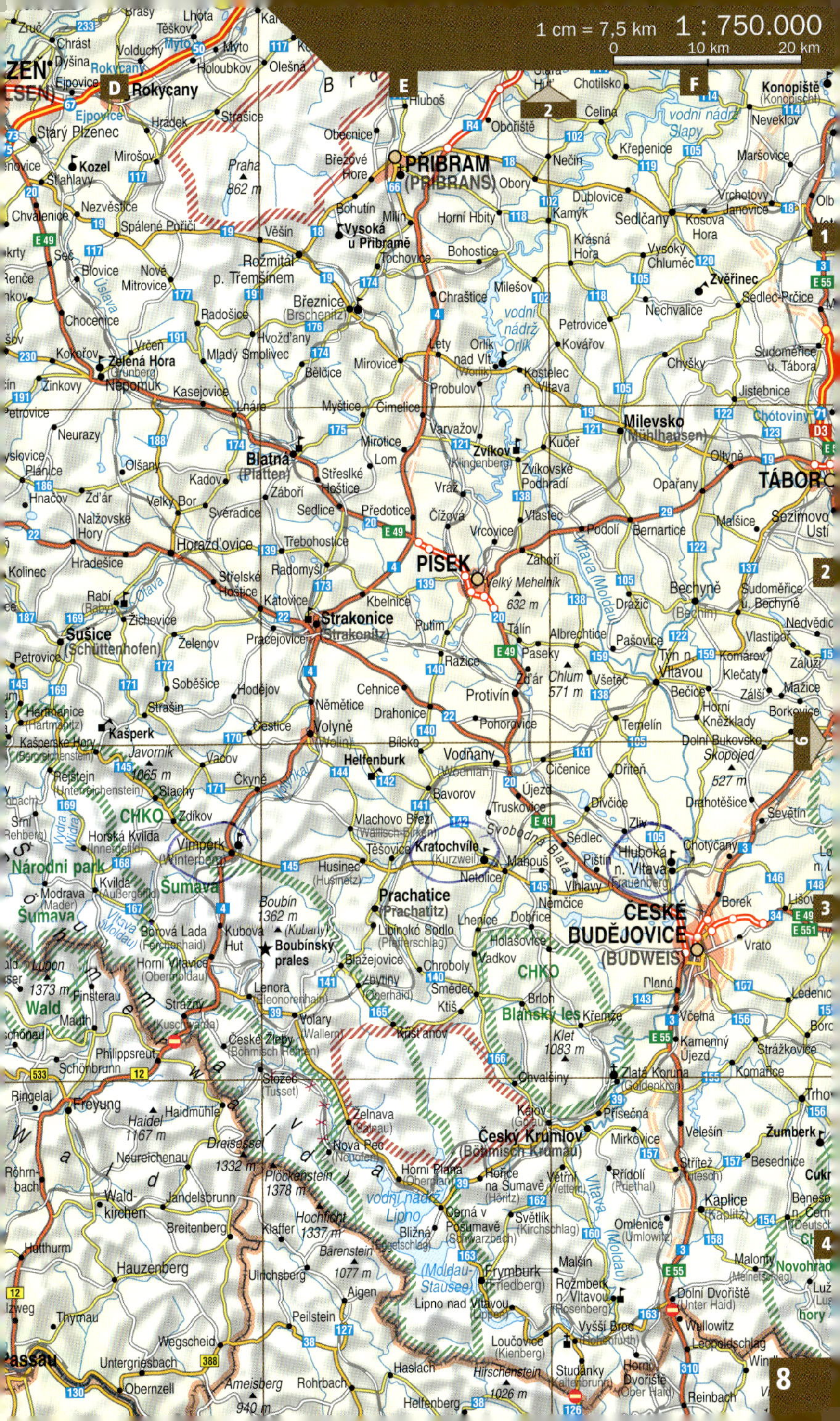
1 cm = 7,5 km
1 : 750.000
0
10 km
20 km
D
E
F
2
1
2
3
4
6
Rokycany
Starý Plzenec
Kozel
Šťáhlavy
Mirošov
Chválenice
Nezvěstice
Spálené Poříčí
Praha
862 m
Příbram
(Pribrans)
Obecnice
Březové Hory
Hluboš
Obořiště
Bohutín
Vysoká u Příbramě
Milín
Obory
Nečín
Chotilsko
Čelina
vodní nádrž Slapy
Konopiště
(Konopischt)
Neveklov
Křepenice
Maršovice
Dublovice
Kamýk
Sedlčany
Kosova Hora
Vrchotovy Janovice
Horní Hbity
Rožmitál p. Třemšínem
Věšín
Tochovice
Bohostice
Krásná Hora
Vysoký Chlumec
Zvěřinec
Blovice
Nové Mitrovice
Úslava
Březnice
(Brschenitz)
Chraštice
Milešov
vodní nádrž Orlík
Petrovice
Nechvalice
Sedlec-Prčice
Chocenice
Radošice
Hvožďany
Vrčeň
Kokořov
Zelená Hora
(Grünberg)
Nepomuk
Mladý Smolivec
Bělčice
Mirovice
Lety
Orlík nad Vlt.
Kostelec n. Vltava
Kovářov
Chyšky
Sudoměřice u. Tábora
Zinkovy
Kasejovice
Lnáře
Myštice
Čimelice
Probulov
Jistebnice
Milevsko
(Mühlhausen)
Chotoviny
Neurazy
Blatná
(Platten)
Mirotice
Varvažov
Zvíkov
(Klingenberg)
Kučeř
Zvíkovské Podhradí
Olšany
Kadov
Lom
Střelské Hoštice
Olšyně
Opařany
Tábor
Plánice
Hnačov
Žďár
Velký Bor
Záboří
Sedlice
Vráž
Nalžovské Hory
Sveradice
Předotice
Čížová
Vlastec
Vrcovice
Podolí
Bernartice
Malšice
Sezimovo Ústí
Horažďovice
Třebohostice
Záhoří
Hradešice
Radomyšl
Písek
Velký Mehelník
632 m
Kolinec
Rabí
Střelské Hoštice
Katovice
Strakonice
(Strakonitz)
Kbelnice
Putim
Tálín
Albrechtice
Bechyně
(Bechin)
Dražíč
Sudoměřice u. Bechyně
Nedvědice
Sušice
(Schüttenhofen)
Žichovice
Želenov
Pracejovice
Ražice
Paseky
Pašovice
Týn n. Vltavou
Vlastiboř
Komárov
Záluží
Petrovice
Soběšice
Hodějov
Cehnice
Žďár
Chlum
571 m
Všeteč
Klečaty
Bečice
Mažice
Hartmanice
(Hartmanitz)
Strašin
Němětice
Drahonice
Protivín
Horní Kněžklady
Záluží
Borkovice
Kašperk
Kašperské Hory
(Bergreichenstein)
Čestice
Volyně
(Wolin)
Bílsko
Pohorovice
Temelín
Dolní Bukovsko
Javorník
1065 m
Vacov
Helfenburk
Vodňany
(Wodnian)
Čičenice
Dříteň
Skopojed
527 m
Rejštejn
(Unterreichenstein)
Stachy
Čkyně
Bavorov
Újezd
Truskovice
Dívčice
Drahotěšice
Sevětín
Srní
CHKO
Zdíkov
Vlachovo Březí
(Wällisch-Birken)
Zliv
Horská Kvilda
Vimperk
(Winterberg)
Těšovice
Kratochvíle
(Kurzweil)
Svobodná Blata
Sedlec
Hluboká n. Vltavou
(Frauenberg)
Chotýčany
Národní park
Kvilda
(Außergefild)
Šumava
Husinec
(Husinetz)
Netolice
Mahouš
Pištín
Vlhlavy
Modrava
(Mader)
Šumava
Boubín
1362 m
Prachatice
(Prachatitz)
Němčice
České Budějovice
(Budweis)
Borek
Lišov
Vltava (Moldau)
Borová Lada
Kubova Huť
Boubínský prales
Libínské Sedlo
(Pfefferschlag)
Lhenice
Dobřice
Holašovice
Vadkov
Vrato
Luboň
1373 m
Finsterau
Horní Vltavice
(Obermoldau)
Blažejovice
Zbytiny
(Oberhaid)
Chroboly
Smědeč
CHKO
Planá
Ledenice
Lenora
(Eleonorenhain)
Ktiš
Brloh
Blanský les
Křemže
Včelná
Wald
Mauth
Strážný
Volary
(Wallern)
Křišťanov
Kleť
1083 m
Kamenný Újezd
Philippsreut
České Žleby
(Böhmisch Röhren)
Chvalšiny
Zlatá Koruna
(Goldenkron)
Komařice
Strážkovice
Schönbrunn
Ringelai
Freyung
Haidmühle
Stožec
(Tussett)
Kájov
Přísečná
Trhov
Haidel
1167 m
Zelnava
Český Krumlov
(Böhmisch Krumau)
Mirkovice
Velešín
Žumberk
Neureichenau
Dreisessel
1332 m
Nová Pec
(Neuofen)
Horní Planá
(Oberplan)
Hořice na Šumavě
(Höritz)
Větřní
(Wettern)
Přídolí
(Priethal)
Střítež
Besednice
Röhrnbach
Plöckenstein
1378 m
vodní nádrž Lipno
Černá v Pošumaví
(Schwarzbach)
Světlík
(Kirchschlag)
Kaplice
(Kaplitz)
Benešov n. Černou
Wald-kirchen
Jandelsbrunn
Hochficht
1337 m
Bližná
Omlenice
(Umlowitz)
Breitenberg
Klaffer
Bärenstein
1077 m
Frymburk
(Friedberg)
Malšín
Malonty
Novohrad. hory
Hutthurm
Hauzenberg
Ulrichsberg
Aigen
Lipno nad Vltavou
Rožmberk n. Vltavou
(Rosenberg)
Dolní Dvořiště
(Unter Haid)
Thyrnau
Peilstein
Vyšší Brod
(Hohenfurth)
Wullowitz
Leopoldschlag
Wegscheid
Loučovice
(Kienberg)
Passau
Untergriesbach
Haslach
Studánky
(Kaltenbrunn)
Horní Dvořiště
(Ober Haid)
Obernzell
Rohrbach
Hirschenstein
1026 m
Ameisberg
940 m
Helfenberg
Reinbach
Böhmerwald
Bayerischer Wald

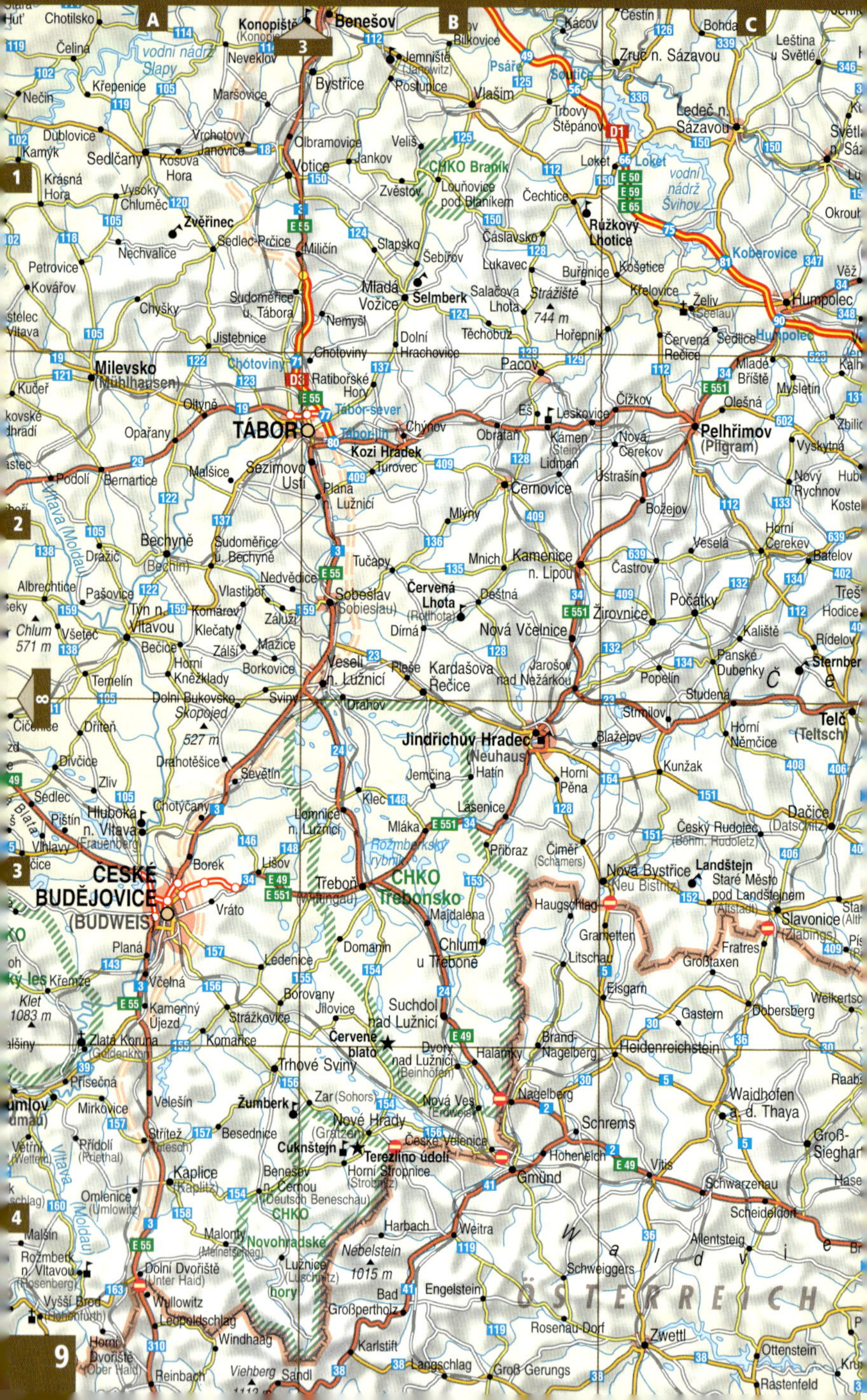
A
B
C
1
2
3
4
Chotilsko
Konopiště
Benešov
Neveklov
Bystřice
Jemniště
Postupice
Vlašim
Kácov
Zruč n. Sázavou
Čestín
Bohdaneč
Leština u Světlé
Čelina
vodní nádrž Slapy
Křepenice
Maršovice
Psáře
Soutice
Trhový Štěpánov
Ledeč n. Sázavou
Nečín
Dublovice
Kamýk
Sedlčany
Vrchotovy Janovice
Olbramovice
Veliš
Jankov
CHKO Blaník
Loket
vodní nádrž Švihov
Krásná Hora
Kosova Hora
Votice
Zvěstov
Louňovice pod Blaníkem
Čechtice
Vysoký Chlumec
Zvěřinec
Ružkový Lhotice
Okrouhlice
Petrovice
Kovářov
Nechvalice
Sedlec-Prčice
Miličín
Slapsko
Šebířov
Čáslavsko
Lukavec
Buřenice
Košetice
Koberovice
Chyšky
Sudoměřice u. Tábora
Mladá Vožice
Selmberk
Nemyšl
Salačova Lhota
Strážiště
744 m
Křelovice
Želiv
Humpolec
Jistebnice
Dolní Hrachovice
Těchobuz
Hořepník
Červená Řečice
Sedlice
Milevsko
(Mühlhausen)
Chotoviny
Ratibořské Hory
Pacov
Mladé Bříště
Myslotín
Kuděř
Tábor-sever
Oltyně
Opařany
TÁBOR
Táborjih
Chýnov
Obratan
Eš
Leskovice
Čížkov
Olešná
Pelhřimov
(Pilgram)
Kozí Hrádek
Kámen
Nová Cerekev
Vyskytná
Podolí
Bernartice
Malšice
Sezimovo Ústí
Turovec
Lidmaň
Ústrašín
Nový Rychnov
Planá n. Lužnicí
Černovice
Božejov
Bechyně
(Bechin)
Sudoměřice u. Bechyně
Mlýny
Veselá
Horní Cerekev
Dražíč
Tučapy
Mnich
Kamenice n. Lipou
Častrov
Batelov
Albrechtice
Pašovice
Nedvědice
Vlastiboř
Červená Lhota
(Rothlhota)
Deštná
Počátky
Týn n. Vltavou
Komárov
Soběslav
(Sobieslau)
Hodice
Chlum 571 m
Všeteč
Klečaty
Záluží
Dírná
Nová Včelnice
Kaliště
Bečice
Zálší
Mažice
Žirovnice
Řídelov
Temelín
Horní Kněžklady
Borkovice
Veselí n. Lužnicí
Pleše
Kardašova Řečice
Jarošov nad Nežárkou
Popelín
Panské Dubenky
Sternberk
Dolní Bukovsko
Sviny
Drahov
Studená
Skopojed
527 m
Dříteň
Strmilov
Telč
(Teltsch)
Jindřichův Hradec
(Neuhaus)
Blažejov
Horní Němčice
Dívčice
Drahotěšice
Zliv
Sevětín
Jemčina
Hatín
Horní Pěna
Kunžak
Sedlec
Hluboká n. Vltavou
(Frauenberg)
Chotýčany
Lomnice n. Lužnicí
Klec
Lásenice
Dačice
(Datschitz)
Pištín
Vlhavy
Mláka
Rožmberský rybník
Český Rudolec
(Böhm. Rudoletz)
Borek
Lišov
Příbraz
Číměř
(Schamers)
ČESKÉ BUDĚJOVICE
(BUDWEIS)
Třeboň
(Wittingau)
CHKO Třeboňsko
Nová Bystřice
(Neu Bistritz)
Landštejn
Staré Město pod Landštejnem
(Altstadt)
Vráto
Majdalena
Haugschlag
Slavonice
(Zlabings)
Planá
Domanín
Chlum u Třeboně
Grametten
Fratres
Ledenice
Litschau
Großtaxen
Křemže
Včelná
Borovany
Eisgarn
Klet 1083 m
Kamenný Újezd
Jílovice
Suchdol nad Lužnicí
Gastern
Dobersberg
Weikertschlag
Strážkovice
Zlatá Koruna
(Goldenkron)
Komařice
Červené blato
Dvory nad Lužnicí
(Beinhöfen)
Halámky
Brand-Nagelberg
Heidenreichstein
Trhové Sviny
Přísečná
Nagelberg
Raabs
Velešín
Žumberk
Zár (Sohors)
Nová Ves
(Erdweis)
Schrems
Waidhofen a. d. Thaya
Mirkovice
Nové Hrady
(Gratzen)
České Velenice
Groß-Siegharts
Střítež
Besednice
Cukrštejn
Terezino údolí
Horní Stropnice
(Strobnitz)
Hoheneich
Vitis
Přídolí
(Priethal)
Kaplice
(Kaplitz)
Benešov n. Černou
(Deutsch Beneschau)
Gmünd
Schwarzenau
Omlenice
(Umlowitz)
Vltava (Moldau)
CHKO Novohradské hory
Harbach
Weitra
Scheideldorf
Malonty
(Meinetschlag)
Nebelstein
1015 m
Allentsteig
Rožmberk n. Vltavou
(Rosenberg)
Dolní Dvořiště
(Unter Haid)
Lužnice
(Luschnitz)
Schweiggers
Vyšší Brod
(Hohenfurth)
Wullowitz
Bad Großpertholz
Engelstein
Leopoldschlag
Windhaag
Karlstift
Rosenau-Dorf
Zwettl
Horní Dvořiště
(Ober Haid)
Langschlag
Groß Gerungs
Ottenstein
Reinbach
Viehberg
Sandl
Rastenfeld
Waldviertel
ÖSTERREICH
D1
D3
E 50
E 55
E 59
E 65
E 49
E 551

1 cm = 7,5 km 1 : 750.000

0 10 km 20 km

Brno (Brünn), Uherské Hradiště (Ungarisch Hradisch)

1 cm = 7,5 km 1 : 750.000

0 10 km 20 km

AKG Berlin: S. 275
Bilderberg, Hamburg: S. 244 (Blickle), 50/51 (Horacek), 226, 251 (Knoll), 163 (Kunz), 26, 32 (Madej), 159 (Schmitt), 76/77, 310, 347 (Spalek), 17, 243, 332 (Steinhilber)
Bildagentur Huber, Garmisch-Partenkirchen: Titel, vordere Umschlagklappe, S. 67, 187, 188, 266, 292/293
Dorn, Jürgen, Krefeld: S. 167, 258
f1online, Frankfurt: S. 296, 341
Freyer, Ralf, Freiburg: S. 82
Hartmann, Gunter, Erbach: S. 11, 35, 193, 223, 265, 306, 322
HB Verlag/Specht, Ostfildern: S. 37, 46, 71, 93, 103, 113, 115, 116, 118/119, 126/127, 128, 133, 134, 309
Holzbachová/Bénet, Paris: S. 23, 90, 147, 148, 179, 216/217, 219, 247, 278, 335, 339
Ihlow, Frank, Potsdam: S. 64
laif, Köln: S. 253 (Holland Hoogte), 78/79, 98, 109 (Modrow), 20 (Spectrum Pictures), 272 (Westrich), 104/105 (Zanettini)
Look, München: S. 31, 56 (Franz Marc Frei)
Mauritius, Frankfurt: hintere Umschlagklappe (Bibikow), S. 224, 326/327 (Halaska), 235 (Jiri), 12 (Kuchelbauer), 68 (Vidler)
Meixner, Traute, Paris: S. 377
Micklitza, André, Cottbus: S. 174
Monheim Archiv, Meerbusch: S. 358
picture-alliance, Frankfurt: S. 364 (Galgonek), 45 (FoodPhotography Eising)
picture-alliance/AFP: S. 215 (Mlejnkova)
picture-alliance/akg-images: S. 25
picture-alliance/CTK: S. 15 (Galgonek), 210 (Sedlakova), 212 (Rychetsky), 43
picture-alliance/ZB: S. 100/101 (Baumgart), 177 (Wittchen), 184/185 (Pleul)
Schmitt, Caroline: S. 202
Spitta, Wilkin, Loham/Mariposching: S. 131, 152/153, 172/173, 199, 289
Tomek, Heinz, Giardini Naxos: S. 191, 194
transit, Leipzig: S. 8/9, 38, 40, 63, 86, 139, 140/141, 276, 282, 285 (Härtrich), 144, 200, 220/221, 238, 261 (Spitta)
Weiss, Helmut, Bremen: S. 316, 324, 353

Kartografie
DuMont Reisekartografie, Puchheim
© MAIRDUMONT, Ostfildern

Umschlagfotos
Titelbild: Karlovy Vary
Umschlagklappen: Landschaft mit Schneekoppe (vorn), Balustrade am Schloss von Český Krumlov (hinten)

Über die Autoren: Heinz Tomek und Eva Gründel, beide gebürtige Wiener und ausgebildete Journalisten, konzentrieren sich seit Jahren ganz auf das Thema Reisen. Zu ihren ›Steckenpferden‹ gehören seit jeher Prag und Tschechien sowie süditalienische Regionen.

Hinweis: Autoren und Verlag haben alle Informationen mit größtmöglicher Sorgfalt geprüft. Gleichwohl sind Fehler nicht vollständig auszuschließen. Alle Angaben erfolgen ohne Gewähr. Bitte schreiben Sie uns! Über Ihre Rückmeldung zum Buch und über Verbesserungsvorschläge freuen sich Autoren und Verlag:
DuMont Reiseverlag, Postfach 3151, 73751 Ostfildern, E-Mail: info@dumontreise.de

Grafisches Konzept: Groschwitz, Hamburg
Druck: Rasch, Bramsche
Buchbinderische Verarbeitung: Bramscher Buchbinder Betriebe